Management-Reihe Corporate Social Responsibility

Reihenherausgeber
René Schmidpeter
Dr. Jürgen Meyer Stiftungsprofessur für Internationale Wirtschaftsethik und CSR
Cologne Business School (CBS) Köln, Deutschland

Weitere Bände in dieser Reihe
http://www.springer.com/series/11764

Lizenz zum Wissen.

Sichern Sie sich umfassendes Wirtschaftswissen mit Sofortzugriff auf tausende Fachbücher und Fachzeitschriften aus den Bereichen: Management, Finance & Controlling, Business IT, Marketing, Public Relations, Vertrieb und Banking.

Exklusiv für Leser von Springer-Fachbüchern: Testen Sie Springer für Professionals 30 Tage unverbindlich. Nutzen Sie dazu im Bestellverlauf Ihren persönlichen Aktionscode C0005407 auf *www.springerprofessional.de/buchkunden/*

Springer für Professionals.
Digitale Fachbibliothek. Themen-Scout. Knowledge-Manager.

- Zugriff auf tausende von Fachbüchern und Fachzeitschriften
- Selektion, Komprimierung und Verknüpfung relevanter Themen durch Fachredaktionen
- Tools zur persönlichen Wissensorganisation und Vernetzung

www.entschieden-intelligenter.de

Springer für Professionals

Daniel Walden · André Depping
(Hrsg.)

CSR und Recht

Juristische Aspekte nachhaltiger
Unternehmensführung erkennen
und verstehen

Herausgeber
Daniel Walden
München
Deutschland

André Depping
München
Deutschland

ISSN 2197-4322　　　　　　　　　　ISSN 2197-4330 (electronic)
Management-Reihe Corporate Social Responsibility
ISBN 978-3-662-44118-3　　　　　　ISBN 978-3-662-44119-0 (eBook)
DOI 10.1007/978-3-662-44119-0

Die Deutsche Nationalbibliothek verzeichnet diese Publikation in der Deutschen Nationalbibliografie; detaillierte bibliografische Daten sind im Internet über http://dnb.d-nb.de abrufbar.

Springer Gabler
© Springer-Verlag Berlin Heidelberg 2015
Das Werk einschließlich aller seiner Teile ist urheberrechtlich geschützt. Jede Verwertung, die nicht ausdrücklich vom Urheberrechtsgesetz zugelassen ist, bedarf der vorherigen Zustimmung des Verlags. Das gilt insbesondere für Vervielfältigungen, Bearbeitungen, Übersetzungen, Mikroverfilmungen und die Einspeicherung und Verarbeitung in elektronischen Systemen.
Die Wiedergabe von Gebrauchsnamen, Handelsnamen, Warenbezeichnungen usw. in diesem Werk berechtigt auch ohne besondere Kennzeichnung nicht zu der Annahme, dass solche Namen im Sinne der Warenzeichen- und Markenschutz-Gesetzgebung als frei zu betrachten wären und daher von jedermann benutzt werden dürften.
Der Verlag, die Autoren und die Herausgeber gehen davon aus, dass die Angaben und Informationen in diesem Werk zum Zeitpunkt der Veröffentlichung vollständig und korrekt sind. Weder der Verlag noch die Autoren oder die Herausgeber übernehmen, ausdrücklich oder implizit, Gewähr für den Inhalt des Werkes, etwaige Fehler oder Äußerungen.

Lektoratskontakt und Coverfoto: Michael Bursik.

Gedruckt auf säurefreiem und chlorfrei gebleichtem Papier

Springer Berlin Heidelberg ist Teil der Fachverlagsgruppe Springer Science+Business Media
(www.springer.com)

Vorwort des Reihenherausgebers: Corporate Social Responsibility ist freiwillig, aber nicht beliebig!

Corporate Social Responsibility (CSR) ist ein Managementansatz, der in der Betriebswirtschaftslehre immer mehr Anerkennung erlangt. Insbesondere die wirtschaftliche, als auch die rechtliche Verantwortung von Unternehmen werden in den öffentlichen Diskussionen vermehrt eingefordert. Immer mehr Unternehmen erkennen dabei, dass mit CSR nicht nur der defensive Compliance orientierte Ansatz, sondern immer öfter auch ein proaktiver strategischer Managementansatz gemeint ist. CSR bedeutet nicht nur „füge keinen Schaden zu", sondern auch „generiere Mehrwert für dein Umfeld" und „sei innovativ in der Lösung wirtschaftlicher, sozialer und ökologischer Herausforderungen!"

Diese zum einen unternehmerische, zum anderen rechtliche Dimension ist in Europa aufgrund der sozialen Marktwirtschaft, dem Konzept des Ehrbaren Kaufmanns sowie einer stark mittelständisch geprägten Wirtschaft seit jeher fest in unserem Wirtschaftssystem verankert. Die Wechselwirkung zwischen wirtschaftlichem Erfolg und sozialen sowie ökologischen Belangen, spiegelt sich insbesondere auch in unseren einschlägigen Rechtssystemen, z. B. Arbeitsrecht, Umweltrecht, Sozialrecht wieder. In der sozialen Marktwirtschaft ist Unternehmertum vor allem dann zustimmungsfähig, wenn Gewinne zum Nutzen der Gesellschaft und nicht zu Lasten Dritter generiert werden. Soziale und ökologische Aspekte sind somit nicht die Bremse, sondern der Motor für mehr Unternehmertum in Deutschland. In der Lösung gesellschaftlicher Herausforderungen liegen immense unternehmerische Potenziale und Gewinnmöglichkeiten!

Das Konzept des „gemeinsamen Mehrwerts" gewinnt nun auch international an Bedeutung. Harvard-Ökonom Michael Porter prägte dafür den Begriff des „Shared Value". Aufgrund der Internationalisierung der Wirtschaft, globaler Wertschöpfungsketten sowie weltweiter Handelsbeziehungen ist die Diskussion um CSR international neu entfacht. Ist CSR freiwillig oder verpflichtend? Gelten für wirtschaftliches Handeln in Deutschland andere Normen als im Ausland? Ist das soziale und ökologische Engagement deutscher Unternehmen CSR oder einfach nur Compliance? Wie funktioniert das Wechselspiel zwischen gesetzlicher Standards bzw. verpflichtender Regeln und freiwilligen bzw. unternehmerischen Handeln? Gibt es sozusagen einen „Stand der Technik" gesellschaftlicher Verantwortung, der global einzuhalten ist? oder gilt das freie Spiel der Marktkräfte?

All diese Fragen wurden in der juristischen Diskussion viel zu lange vernachlässigt. Es fehlt ein systematischer Diskurs zwischen der Betriebswirtschaftslehre und den Rechtswissenschaften, um zu klären was es bedeutet, wenn zum Beispiel das CSR-Forum der deutschen Bundesregierung tituliert: „CSR ist freiwillig, aber nicht beliebig." Welche wirtschaftlichen und rechtlichen Rahmenbedingungen benötigen wir hierfür? Wie können wir Unternehmen die nötige Freiheit geben, um unter globalen Wettbewerbsbedingungen verantwortlich zu handeln? Welche gesetzlichen Rahmenbedingungen braucht es, um mehr Transparenz und Glaubwürdigkeit im unternehmerischen Handeln zu fördern? Aber auch: Welche gesetzliche Regeln stehen dem verantwortlichen Unternehmertum im Wege? Braucht es eine Berichtspflicht zu CSR oder reichen die freien Marktkräfte für mehr Transparenz aus?

Das Wechselspiel zwischen Wirtschaftlichkeit und rechtlicher Verbindlichkeit ist in all diesen Fragen sowohl für die Unternehmen, als auch die Politik gleichermaßen eine große Herausforderung. Insbesondere dann, wenn es um internationale Fragestellungen und um wirtschaftliche Kooperationen zwischen ganz unterschiedlichen Wirtschaftsräumen und -kulturen geht. So ist es nicht verwunderlich, dass sich die Diskussionen und Normen für verantwortliches Unternehmertum insbesondere im internationalen Raum (EU, UN, OECD) dynamisch verändern und sich mittlerweile einschlägige internationale Standards gebildet haben. Die deutschen Unternehmen stehen nun vor der Herausforderung, diese internationalen Entwicklungen für sich zu nutzen, um durch verantwortliches Unternehmertum, die eigene Wettbewerbsfähigkeit zu stärken. Aufgrund der langen Tradition der sozialen Marktwirtschaft ist dies für Europa eine einmalige historische Chance unser erfahrungsgesättigtes Verständnis des Ehrbaren Unternehmertums im globalen Kontext zu positionieren.

Unternehmer, Betriebswirte, und Juristen sollten dabei gemeinsam diskutieren: Wie ein professionelles CSR-Verständnis die Wettbewerbsfähigkeit der Unternehmens erhöhen und neue Innovationsimpulse generieren kann? Wie ökologische und soziale Fragestellungen direkt oder indirekt den unternehmerischen Erfolg der Unternehmens positiv beeinflussen können? Wie gesetzliche Rahmenbedingungen (Makroebene) und unternehmerische Wertschöpfung (Mikroebene) sich wechselseitig verstärken, um sowohl Mehrwert für die Unternehmen als auch für die Gesellschaft zu generieren. Welche Governance Systeme wir international benötigen, um Unternehmertum zur Lösung gesellschaftlicher und ökologischer Herausforderungen zu nutzen. In diesen Fragestellungen liegt die große Chance für Juristen und Betriebswirte gleichermaßen, ein Unternehmensverständnis zu entwickeln, welches auf einem gemeinsamen Fundament von unternehmerischer Freiheit und gesellschaftlicher Verantwortung aufbaut.

In der Management Reihe Corporate Social Responsibility zielt die vorliegende Publikation mit dem Titel „CSR und Recht" darauf, die Lücke zwischen der hauptsächlich betriebswirtschaftlich geprägten CSR-Diskussion und der juristischen Betrachtung gesellschaftlicher Verantwortung von Unternehmen zu schließen. Interdisziplinär und in einer neutralen Sichtweise behandelt sie die Rolle des Rechts für die Corporate Social Responsibility von Unternehmen. Es wird dabei deutlich, dass die Frage nach der richtigen Ausgestaltung von Rechtsnormen und -systemen sehr differenziert zu beantworten ist. Alle LeserInnen sind damit herzlich eingeladen, die in der Reihe dargelegten Gedanken aufzugreifen und für die eigenen beruflichen Herausforderungen zu nutzen sowie mit den Herausgebern, Autoren und Unterstützern dieser Reihe intensiv zu diskutieren. Ich möchte mich last but not least sehr herzlich bei den Herausgebern Dr. Daniel Walden und Dr. André Depping für ihr großes Engagement, bei Michael Bursik und Frau Janina Tschech vom Springer Gabler Verlag für die gute Zusammenarbeit sowie bei allen Unterstützern der Reihe aufrichtig bedanken und wünsche Ihnen, werte Leserinnen und werter Leser, nun eine interessante Lektüre.

Prof. Dr. René Schmidpeter

Vorwort

Das Thema dieses Bandes verblüfft. Corporate Social Responsibility und Recht? Was hat das miteinander zu tun? Auch wir stellten uns zunächst die Frage, als wir uns aus juristischer Perspektive mit der sogenannten „gesellschaftlichen Verantwortung von Unternehmen" beschäftigten. Heißt es doch gemeinhin, dass CSR die *freiwilligen* sozialen und ökologischen Maßnahmen der Unternehmen bezeichne, also solche, die über ihre rechtlichen Verpflichtungen hinausgehen. Dennoch eröffneten sich schnell zahlreiche Berührungspunkte an den Schnittstellen zwischen CSR und Recht. Von der Vielfalt der juristischen Fragestellungen waren wir erneut verblüfft. Und so fiel uns der Entschluss, sich des Themas CSR und Recht anzunehmen, leicht.

In dem vorliegenden Band findet sich ein inspirierender Reigen an Beiträgen zum Thema CSR aus der Perspektive hierfür wesentlicher Rechtsgebiete, angefangen beim Gesellschaftsrecht, dem Verfassungsrecht und dem internationalen Recht über Vorstandsvergütung, Lieferverträge, Arbeitsrecht, Vergaberecht, Wettbewerbsrecht, Steuerrecht und Strafrecht bis hin zum Umweltrecht, Auslandsinvestitionsrecht, Commons und Konfliktmanagement. Ein vergleichbar umfassendes Werk zu den rechtlichen Aspekten der Corporate Social Responsibility gibt es am deutschen Markt noch nicht. Wir freuen uns, diese Lücke mit der Unterstützung aller unserer Mitautoren schließen zu können.

Neben Führungskräften soll dieses Buch sowohl Unternehmensjuristen und Anwälten als auch CSR-Beratern in und außerhalb von Unternehmen als Handreichung dienen und für die Materie des jeweils anderen sensibilisieren. Die juristische Literatur befasst sich erst seit wenigen Jahren überhaupt mit CSR-Themen und auch dies nur höchst vereinzelt. Ein CSR-Berater wird seinerseits, sofern er keine juristische Ausbildung hat, nur mit Mühe juristische Probleme erkennen und lösen können. In welchem Umfang darf und muss die Unternehmensleitung CSR-Maßnahmen ergreifen? Wann ist eine gut gemeinte CSR-Klausel in Verträgen auch wirksam? Wie vermarktet man CSR-Aktivitäten im Einklang mit dem Wettbewerbsrecht? Auf solche und andere praktische Fragen will dieses Buch Antworten geben. Um das gegenseitige Verständnis zu fördern, sind die Texte vor allem praxisorientiert verfasst und vertiefen juristische Dogmatik und CSR-Theorien nur dort, wo es für das Verständnis erforderlich erscheint.

Unser Dank gilt zunächst Herrn Prof. Dr. Schmidpeter für die Idee zu diesem Band und das entgegengebrachte Vertrauen. Ein großer Dank gebührt auch dem Springer-Verlag, insbesondere Herrn Bursik für die professionelle Begleitung.

Vor allem möchten wir unseren Mitautoren danken, die ihre Beiträge mit Überzeugung und großem Engagement verfasst haben. Jeder Autor vereint in seinem Themenbereich ein tiefes wissenschaftliches Verständnis mit langjährigen Einblicken in die Praxis. Viele leisten in ihren Beiträgen echte Pionierarbeit. Dies erfordert Kreativität. Aus diesem Grund durfte und sollte jeder Autor sein eigenes Verständnis von CSR transportieren und ggf. seine eigenen rechtspolitischen Überzeugungen vertreten. Entstanden ist daraus eine spannende Sammlung außergewöhnlicher Beiträge, die die gesamte Meinungspalette der CSR-Diskussion im Spannungsfeld von freiwilligen Standards und zwingenden rechtlichen Vorgaben abbildet. Notwendigerweise kann Pionierarbeit manche Themen auch nur anreißen. Hier ist zu wünschen, dass diese Denkansätze aufgegriffen und vertieft werden.

Die vielen positiven Reaktionen, die wir aus Unternehmen für unser Projekt erhalten haben, stimmen uns hoffnungsvoll, dass dieses Werk von Unternehmern, CSR-Beratern und Juristen gleichermaßen als Ratgeber und Inspirationsquelle für eine nachhaltige Unternehmensführung in die Hand genommen wird.

München, im Februar 2015
André Depping
Daniel Walden

Inhaltsverzeichnis

Die Bedeutung von CSR für die Unternehmensleitung 1
Daniel Walden

Corporate Social Responsibility: Eine rechtspolitische
und verfassungsrechtliche Betrachtung 35
Felix Boor und Karsten Nowrot

CSR im Kontext von Nachhaltigkeit und Menschenrechten:
Internationaler Rahmen durch verbindliches Recht
und freiwillige Leitlinien 57
Babette Wehrmann

Abbildung von CSR in der Vorstandsvergütung: Theoretische
Grundlagen und Umsetzung in Deutschland 83
Sebastian Pacher, Robert Wagner, Alexander v. Preen und Neele Siemer

CSR in Berichterstattung und Bilanzrecht 105
Georg Lanfermann

CSR in internationalen Lieferverträgen: Möglichkeiten und Grenzen
der Vereinbarung von CSR-Regelungen in der Lieferkette 125
André Depping

CSR im Arbeitsrecht: Nachhaltiges Human Resource
Management als Basis der CSR-Strategie 143
Silke Wolf

CSR und Vergaberecht: Nachhaltige öffentliche Beschaffung
als Treiber für CSR 173
Andrea Wilhaus

**CSR und Wettbewerbsrecht: Zulässigkeit von Umweltwerbung
und CSR-Marketing** 191
Axel Birk

CSR und Steuerrecht: Steuerliches Verhalten im Lichte von CSR 213
Udo Hermann

CSR und nachhaltige Korruptionsprävention 235
Sina Janke

**CSR im Umwelt- und Energierecht: Motivation und Möglichkeiten
für freiwilligen betrieblichen Umweltschutz** 261
Alexander Rossner

**CSR im Auslandsinvestitionsrecht – Platzhalter für fehlende
globale rechtliche Steuerung und Überforderung
bereitwilliger Unternehmen** 279
Friederike Diaby-Pentzlin

**Corporate Sustainable Restructuring (CSR): Die planetaren
Commons konstituieren Zukunftsfähigkeit** 309
J. Daniel Dahm

**CSR und Konfliktmanagement: Spiegel des Bekenntnisses
zur unternehmerischen Sozialverantwortung** 337
Felix Wendenburg

Die Bedeutung von CSR für die Unternehmensleitung

Daniel Walden

Zusammenfassung

Der Begriff Corporate Social Responsibility (CSR) spricht die sozial, ökologisch und ökonomisch verantwortungsvolle Unternehmensführung an. Auf internationaler, nationaler und europäischer Ebene beschäftigen sich seit langem verschiedene Institutionen mit der inhaltlichen Konkretisierung von CSR. Die Unternehmen haben die steigende Bedeutung von CSR erkannt. Sie intensivieren ihre CSR-Maßnahmen, machen sie transparent und entwickeln neue, CSR-nahe Geschäftsmodelle. Ausgehend von diesem Befund erläutert der vorliegende Beitrag, wie sich CSR in die vorhandenen gesellschaftsrechtlichen Vorgaben für die Leitung eines Unternehmens einfügt.

Die Verpflichtung der Unternehmensleitung zu gesetzestreuem Verhalten (*Compliance*) begründet einen zwingend zu beachtenden CSR-Mindeststandard. Viele Rechtsvorschriften dienen *sui generis* Gemeinwohlinteressen und damit bestimmten CSR-Aspekten, etwa im Arbeitsrecht, Umweltrecht, Strafrecht und Steuerrecht. Der Beitrag beschreibt im Einzelnen, welchen Umfang die Compliance-Verantwortung der Unternehmensleitung im nationalen und internationalen Kontext, in konzerndimensionaler Sicht und im Hinblick auf die Beziehungen zu Geschäftspartnern hat. Er beschäftigt sich des Weiteren intensiv mit den gesellschaftsrechtlichen Vorgaben, die die Unternehmensleitung bei der Entscheidung über freiwillige CSR-Maßnahmen zu beachten hat. Grundsätzlich ist ihr dabei ein weites unternehmerisches Ermessen eröffnet (*business judgement rule*). Die daraus folgenden Voraussetzungen und Grenzen für freiwillige CSR-Maßnahmen werden anhand der BGH-Rechtsprechung illustriert.

D. Walden (✉)
Beiten Burkhardt Rechtsanwaltsgesellschaft mbH, München, Deutschland
E-Mail: Daniel.Walden@bblaw.com

© Springer-Verlag Berlin Heidelberg 2015
D. Walden, A. Depping (Hrsg.), *CSR und Recht,* Management-Reihe Corporate Social Responsibility, DOI 10.1007/978-3-662-44119-0_1

1 Corporate Social Responsibility – Begriff und Bedeutung

Kinderarbeit, Korruption, Marktmanipulation, internationale Steuergestaltung und -optimierung, menschenunwürdige und lebensgefährliche Arbeitsbedingungen, Energiewende, Umweltkatastrophen: In den Medien häufen sich verschiedenste Schlagzeilen, denen eines gemeinsam ist. Sie alle lassen sich dem Thema „Corporate Social Responsibilty" zuordnen.

Die EU-Kommission definiert Corporate Social Responsibility (CSR) weitgreifend als *„Verantwortung der Unternehmen für ihre Auswirkungen auf die Gesellschaft"*.[1] Die deutsche Bundesregierung spricht schlicht, aber ebenso umfassend, von der *„gesellschaftlichen Verantwortung von Unternehmen"*.[2] Was bedeutet das nun konkret? Gemeint ist letztlich eine sozial, ökologisch und ökonomisch verantwortungsvolle Unternehmensführung, die in die gesamte Unternehmenstätigkeit und damit in die gesamte Wertschöpfungskette hineinwirkt. Für die Unternehmensleitung konkretisiert sich eine verantwortungsvolle Unternehmensführung mit der Betrachtung und Gestaltung der Handlungsfelder Markt, Arbeitsplatz, Umwelt und Gemeinwesen. CSR betrifft die Schnittstellen und Wechselwirkungen zwischen der Tätigkeit des Unternehmens und der „Außenwelt". Es geht um die verantwortungsvolle Ausgestaltung der Beziehungen des Unternehmens zu seinen Inhabern, Kunden, Lieferanten, Arbeitnehmern und *last, but not least*, zur Allgemeinheit – modern formuliert den *Stakeholdern*.[3]

Die EU-Kommission vertritt die Auffassung, dass Unternehmen auf ein „Verfahren" zurückgreifen können sollten, um soziale, ökologische, ethische, Menschenrechts- und Verbraucherbelange in enger Zusammenarbeit mit den *Stakeholdern* in ihre Geschäftstätigkeit und Kernstrategie zu integrieren.[4] Warum aber sollen sich Unternehmensleiter überhaupt mit einem solchen CSR-Verfahren auseinandersetzen? Auch zu dieser Frage liefert die EU-Kommission eine Antwort. Es soll *„die Schaffung gemeinsamer Werte für die Eigentümer/Aktionäre der Unternehmen sowie die übrigen Stakeholder und die gesamte Gesellschaft optimiert werden"*, etwa durch *„Entwicklung innovativer Produkte, Dienstleistungen und Geschäftsmodelle [...], die zum Wohlergehen der Gesellschaft und zur Schaffung hochwertigerer und produktiverer Arbeitsplätze beitragen"*. Außerdem sollen *„etwaige negative Auswirkungen aufgezeigt, verhindert und abgefedert werden"*, z. B. durch *„eine risikobasierte Sorgfaltsprüfung auf der Ebene der Lieferketten"*. Damit wendet sich die EU-Kommission letztlich gegen kritische Stimmen, denen zufolge eine (auch) soziale und ökologische Ausrichtung des Unternehmens ausschließlich Kosten er-

---

[1] Strategiepapier der Europäischen Kommission „Eine neue EU Strategie (2011 – 2014) für die soziale Verantwortung von Unternehmen (CSR)" vom 25. Oktober 2011, KOM (2011) 681 endgültig, S. 7 f. (vgl. auch S. 4 zur vormaligen CSR-Definition).
[2] Elfter Bericht der Bundesregierung über ihre Menschenrechtspolitik, BT-Drs. 18/3484, S. 13.
[3] Noch näher zur Verwandtschaft zwischen CSR und *stakeholder*-Ansatz unten Ziff. 2.
[4] Vgl. EU-Kommission, http://ec.europa.eu/enterprise/policies/sustainable-business/corporate-social-responsibility/index_en.htm; CSR-Strategie, KOM(2011) 681 endgültig, S. 7.

zeuge und somit den ökonomischen Erfolg reduziere. Sie bejaht vielmehr die positive Verbindung zwischen dem sozial-ökologischen Verhalten und dem ökonomischen Erfolg. Kurz gefasst ließe sich also als Antwort auf die Frage „*Warum eigentlich CSR?*" die These formulieren „*CSR steigert den Unternehmenswert!*".[5]

Bei dem Thema CSR handelt es sich nicht um einen neuen Trend oder eine Modeerscheinung. CSR wird in den USA bereits seit den 50er Jahren diskutiert und kann letztlich als Fortführung des im Mittelalter geprägten Begriffs des ehrbaren Kaufmanns verstanden werden.[6] Allerdings sind die betriebs- und volkswirtschaftlichen Erkenntnisse seither rasant gewachsen. Gleichzeitig stellen sich mit der globalisierten Wirtschaft und dem Internet neue Herausforderungen für die Staaten, die Unternehmen und die Allgemeinheit.[7]

1.1 CSR auf internationaler Ebene

Auf internationaler Ebene existieren mittlerweile zahlreiche unverbindliche CSR-Regelwerke, darunter insbesondere:
- Die „*OECD-Leitsätze für multinationale Unternehmen*"[8] von 1976 (überarbeitet 2011) beschäftigen sich mit den bereits eingangs angesprochenen Themen Menschenrechte, Arbeitsnormen, Transparenz, Sozialpartnerschaft, Umwelt, Korruptionsbekämpfung, Verbraucherinteressen, Wissens- und Technologietransfer, Wettbewerb und Besteuerung. Sie enthalten „*nicht rechtsverbindliche Grundsätze und Maßstäbe für verantwortungsvolles unternehmerisches Handeln in einem globalen Kontext, das dem geltenden Recht und international anerkannten Normen entspricht*". Die OECD-Leitsätze sind also im Grundsatz ein unverbindlicher Verhaltenskodex für Unternehmen, der darauf abzielt, „*den positiven Beitrag zu fördern, den die Unternehmen zum ökonomischen, ökologischen und sozialen Fortschritt weltweit leisten können*".
- Die *UN-Leitprinzipien für Wirtschaft und Menschenrechte: Umsetzung des Rahmenprogramms* „*Protect, Respect and Remedy*" beruhen maßgeblich auf den Arbeiten des UN-Sonderbeauftragten Prof. John Ruggie und wurden vom Menschenrechtsrat der Vereinten Nationen im Juni 2011 einstimmig verabschiedet.[9] Die UN-Leitprinzipien

---

[5] Vgl. hierzu im einzelnen Peemöller/Braune, BB 2013, 2091 ff. m. w. N.
[6] Klink, ZfB-Special-Issue 3/2008, S. 57 ff.; Kort, NZG 2012, 926, 928; vgl. auch IHK München und Oberbayern [Hrsg.], „*Den Ehrbaren Kaufmann leben – Mit Tradition zur Innovation*", 2012, sowie „*Verantwortung lohnt sich. Eine IHK-Studie zum ehrbaren Kaufmann 2014*"; die IHK's sind gemäß § 1 Abs. 1 IHKG beauftragt, „*für Anstand und Sitte des Ehrbaren Kaufmanns zu wirken*", d. h. für Fairness und Nachhaltigkeit im Wirtschaftsleben einzutreten.
[7] Dazu näher unten Ziff. 1.5.
[8] OECD (2011), OECD-Leitsätze für multinationale Unternehmen, http://www.oecd.org/corporate/mne/48808708.pdf
[9] http://www.ohchr.org/Documents/Publications/GuidingPrinciplesBusinessHR_EN.pdf

gliedern sich in drei Säulen: i) die Pflicht der Staaten zum Schutz der Menschenrechte, ii) die Verantwortung der Unternehmen, das geltende Recht einzuhalten und die Menschenrechte zu achten, sowie iii) den Zugang zu angemessenen und wirksamen Abhilfemaßnahmen bei Menschenrechtsverletzungen.

- Der *UN Global Compact* ist die weltweit wohl umfassendste freiwillige Initiative zur Förderung unternehmerischer Verantwortung. Der Global Compact enthält zehn Prinzipien aus den Bereichen Menschenrechte, Arbeitsnormen, Umweltschutz und Korruptionsbekämpfung und verpflichtet seine Teilnehmer, regelmäßig über ihre Fortschritte bei der Umsetzung dieser Prinzipien zu berichten.[10] Stand Ende 2014 haben sich fast dreihundert deutsche Unternehmen, darunter die meisten DAX-Unternehmen, aber auch viele kleine und mittelständische Unternehmen, zum Global Compact bekannt.[11]
- Mit der ISO 26000 *„Guidance on Social Responsibility"* steht schließlich eine internationale (nicht zertifizierbare) Norm zur Verfügung, die Orientierung und Empfehlungen dazu gibt, wie sich Organisationen gesellschaftlich verantwortlich verhalten. Die Anwendung der ISO 26000 ist ebenfalls freiwillig.

Auf weitere anerkannte internationale Rahmenwerke wie z. B. die „Trilaterale Grundsatzerklärung der Internationalen Arbeitsorganisation zu multinationalen Unternehmen und zur Sozialpolitik" sowie die Global Reporting Initiative[12] soll an dieser Stelle aus Platzgründen nicht näher eingegangen werden.

1.2 CSR auf nationaler Ebene

Die Bundesregierung *„unterstützt und begrüßt"*, dass CSR zunehmende Anerkennung erfährt und immer mehr Unternehmen *„Verantwortung für die Beachtung von Arbeitsnormen, Menschenrechten, Umweltschutz und Korruptionsbekämpfung"* übernehmen.[13] Im Jahr 2010 hat sie eine nationale CSR-Strategie als „Aktionsplan CSR" verabschiedet. Sie hat ferner angekündigt, einen nationalen Aktionsplan zur Umsetzung der UN-Leitprinzipien zu erarbeiten.[14] Er soll im Jahr 2016 vom Kabinett verabschiedet werden.[15] Für die Bundesregierung liegt *„auf der Hand, dass in einer Welt der zunehmenden Vernetzung, des wirtschaftlichen Zusammenwachsens und der Globalisierung vieler Lebensbereiche die Rolle der Wirtschaft für die Wahrung der Menschenrechte zunehmende praktische Relevanz bekommt"*. Zwar gelte auch in einer globalisierten Welt weiterhin, dass jedes Land

---

[10] http://www.globalcompact.de/themen/fortschrittsberichte-cop
[11] http://www.globalcompact.de/teilnehmer.
[12] http://www.globalreporting.org.
[13] Elfter Bericht der Bundesregierung über ihre Menschenrechtspolitik, BT-Drs. 18/3494, S. 88.
[14] Elfter Bericht der Bundesregierung über ihre Menschenrechtspolitik, BT-Drs. 18/3494, S. 166.
[15] http://www.auswaertiges-amt.de/DE/Aussenpolitik/Aussenwirtschaft/Wirtschaft-und-Menschenrechte/NAPWiMR_Grundlage_node.html.

die Hauptverantwortung für seine wirtschaftliche und soziale Entwicklung selbst trage. Allerdings seien Grundfreiheiten, Rechtsstaatlichkeit und politischer und sozialer Ausgleich Grundlage staatlicher Stabilität – und damit Voraussetzung für prosperierende Gesellschaften und wirtschaftliches Wachstum. Daher läge die Einhaltung dieser Werte auch im Interesse transnational agierender Unternehmen. Hierfür wachse das Bewusstsein in der Wirtschaft immer weiter.[16]

1.3 CSR auf europäischer Ebene

Auch auf europäischer Ebene nimmt die CSR-Diskussion breiten Raum ein. Die Europäische Kommission hat im Oktober 2011 ihre *„Neue EU-Strategie (2011–2014) für die soziale Verantwortung von Unternehmen (CSR)"* vorgestellt, aus der eingangs bereits zitiert wurde. Die EU-Strategie zielt in erster Linie auf die Schaffung von Transparenz im Bereich CSR. Eine verbindliche Verpflichtung von Unternehmen auf bestimmte inhaltliche CSR-Ziele enthält sie nicht.[17] Die Kommission hat jedoch alle großen europäischen Unternehmen aufgerufen, bis Ende 2014 entweder die OECD-Leitsätze, den Global Compact oder die ISO 26000 umzusetzen. Dem sind die allermeisten DAX-Unternehmen durch den Beitritt zum UN Global Compact nachgekommen. Die Weiterentwicklung der CSR-Strategie der Kommission ab dem Jahr 2015 bleibt abzuwarten.[18]

Breites mediales Echo hat im Jahr 2014 bereits die sog. CSR-Richtlinie[19] erfahren. Sie betrifft große Unternehmen mit mehr als 500 Mitarbeitern, die von öffentlichem Interesse sind, also insbesondere kapitalmarktorientierte Unternehmen sowie Banken und Versicherungen. Voraussichtlich ab dem 1. Januar 2017 müssen diese Unternehmen im Lagebericht über ihre Leistungen in den Bereichen Umwelt, Gesellschaft, Mitarbeiter, Menschenrechte, Korruptionsbekämpfung und Vielfalt in Führungsgremien (Diversity) berichten.

---

[16] Elfter Bericht der Bundesregierung über ihre Menschenrechtspolitik, BT-Drs. 18/3494, S. 85.
[17] Kritisch Kort, NZG 2012, 926, 927: Auch rechtlich unverbindliche Regeln könnten – ähnlich wie beim Deutschen Corporate Governance Kodex – schnell faktisch verbindlich werden. Eine Pflicht zur Berichterstattung über gesellschaftliches Engagement impliziere das Bestehen entsprechender Pflichten. Es sollte daher die Freiwilligkeit der Regeln stärker betont werden. Dem ist entgegenzuhalten, dass ein faktisches Verbindlichwerden von freiwilligen Regeln ein entsprechendes gesellschaftliches Interesse an dem Thema voraussetzt. Die Auswirkungen können auf der Normsetzungsebene nicht ausgeschlossen werden.
[18] Die Europäische Kommission hat im Jahr 2014 eine öffentliche Konsultation durchgeführt, die die Bewertung ihrer auslaufenden Strategie 2011 – 2014 zum Gegenstand hat. Die Ergebnisse der Konsultation und ihre Diskussion auf dem EU-Stakeholder-Forum zum Thema CSR sollen wesentlichen Grundlage für die Entwicklung der weiteren CSR-Strategie der EU-Kommission sein, vgl. http://ec.europa.eu/enterprise/policies/sustainable-business/corporate-social-responsibility/public-consultation/index_en.html.
[19] EU-Richtlinie 2014/95/EU vom 22. Oktober 2014 zur Erweiterung der Berichterstattung über nichtfinanzielle und die Diversität betreffenden Informationen durch bestimmte große Unternehmen und Konzerne.

Nach Auffassung der Regierungskoalition wird die CSR-Richtlinie dazu beitragen, dass „*Arbeitsnormen eingehalten, Menschenrechte nicht verletzt und die Sicherheit am Arbeitsplatz verbessert werden. Sie ermöglicht es allen Kunden und insbesondere auch öffentlichen Einrichtungen, sozial, ökologisch und menschenrechtlich verantwortliche Anbieter zu bevorzugen, auch wenn diese ggf. teurer als die Konkurrenz sind*".[20]

Als einen möglichen Standard für die neue CSR-Berichterstattungspflicht hat die EU-Kommission den Deutschen Nachhaltigkeitskodex (DNK) genannt. Ursprünglich sollte bereits der DNK selbst – ähnlich wie der Deutsche Corporate Governance Kodex (DCGK) – eine an § 161 AktG angelehnte Berichtspflicht für börsennotierte Unternehmen nach sich ziehen. Dies unterblieb schließlich angesichts der Kodifizierungsbestrebungen auf europäischer Ebene. In seiner derzeitigen Konstruktion ist der DNK ein freiwilliges Instrument zur Selbstauskunft. Er beschreibt in zwanzig Kodex-Kriterien und ergänzenden Leistungsindikatoren den Kern unternehmerischer Nachhaltigkeit. Mittels Entsprechenserklärung können Unternehmen über die Erfüllung (*comply*) der Kodexkriterien bzw. erklären die Abweichung (*explain*).[21]

1.4 Die CSR-Sicht der Unternehmen

Das Deutsche Aktieninstitut (DAI) und das Sustainable Business Institute (SBI) stellten auf Basis einer Umfrage bereits 2011 fest: „*Für die große Mehrheit der börsennotierten Unternehmen hat sich der Stellenwert des Themas Nachhaltigkeit in den vergangenen Jahren spürbar erhöht.*" Die Mehrheit der Unternehmen gehe davon aus, dass „*ihre soziale, ökologische und ethische Verantwortung in den nächsten Jahren noch weiter zunehmen wird*".[22] Immer mehr private und institutionelle Investoren würden bei der Auswahl ihrer Investments auf ökologische, soziale und ethische Kriterien achten. Nach Angaben des Branchenverbands Eurosif habe das Gesamtvolumen des nachhaltig bzw. sozial verantwortlich investierten Vermögens in Europa im Jahr 2009 bei 5 Billionen € (davon 1,2 Billionen € Core-Investments) und damit um das Fünf- bis Zehnfache über den Werten von 2005 (1,1 Billionen €, davon 0,1 Billionen € Core-Investments) gelegen. DAI und SBI fassen zusammen:

> „*Unternehmen, die sich an Nachhaltigkeit orientieren, gehen von steigenden sozialen, ökologischen und ethischen Anforderungen aus und wollen ihre Marktleistung und Unternehmensentwicklung darauf ausrichten, ohne kurzfristige Markt- und Renditeziele zu vernachlässigen. Vor diesem Hintergrund treiben sie Innovationen voran, entwickeln Produkte und Leistungen und optimieren ihre Prozesse und Managementsysteme, die einer nachhaltigen Unterneh-*

---

[20] BT-Drs. 18/2739.
[21] Vgl. http://www.deutscher-nachhaltigkeitskodex.de; Hecker/Peters, NZG 2012, 55; Kort, NZG 2012, 926, 928.
[22] Von Flotow/Kachel (2011), in: Studien des DAI, S. 9.

mensentwicklung dienen. Nachhaltigkeitsorientierte Investoren sind für sie wichtige Shareholder, die als Partner der Kapitalseite ihre nachhaltige Zukunftsorientierung honorieren."[23]

Zahlreiche Unternehmen haben CSR-Aspekte in ihre Geschäftsstrategie integriert. Die wesentlichen Treiber dafür fassen DAI und SBI treffend zusammen. Die Unternehmen betonen zunehmend soziale, ökologische und ethische Aspekte ihres Handels und tragen dies nach außen, um den entsprechenden Anforderungen gerecht zu werden und damit ihre eigene Marktposition zu sichern und zu verbessern. Häufig wird die (Mit-)Befriedigung von Gemeinwohlinteressen sogar zum neuen Geschäftsmodell (zu denken ist z. B. an die Bereiche regenerative Energien, Elektromobilität, *share economy*, Recycling etc.).

1.5 Zwischenfazit zur Bedeutung von CSR

Trotz langer historischer Wurzeln ist CSR nicht nur alter Wein in neuen Schläuchen. In einer globalisierten Wirtschaft eröffnen sich zahlreiche neue Gestaltungsoptionen; gleichzeitig steigt der Wettbewerbsdruck. Weltweit inkonsistente ordnungsethische Rahmenbedingungen bieten die Möglichkeit, niedrige nationale Ordnungsstandards auszunutzen, um sich wirtschaftliche Vorteile gegenüber anderen Unternehmen zu verschaffen, die höheren Standards anderer Staaten unterworfen sind. Einen komplementären, globalen Rechtssetzungsprozess zur Schaffung einheitlicher Mindeststandards gibt es praktisch nicht; die nationalen Gesetzgeber sind im Wesentlichen auf das eigene Hoheitsgebiet beschränkt. Es liegt daher nahe, auf die gesellschaftliche Verantwortung der Unternehmen zurückzugreifen, die nicht an der Grenze endet. Die Unternehmen entscheiden darüber, wie sie selbst und ihre Tochtergesellschaften im Ausland agieren, mit welchen ausländischen Lieferanten und Kunden sie Geschäftsbeziehungen eingehen und wie sie diese ausgestalten.

Die Tätigkeit der Unternehmen wird in der modernen Informationsgesellschaft weltweit verfolgt und kritisch betrachtet. Die Anforderungen an ihr verantwortungsvolles Verhalten steigen. Insbesondere für die Tätigkeit im Ausland wird zunehmend Wert auf die Beachtung zumindest derjenigen Mindeststandards gelegt, die im Inland mittlerweile selbstverständlich sind. In diesem Umfeld können sich Unternehmen durch die Beachtung von sozialen und ökologischen Belangen Wettbewerbsvorteile verschaffen, etwa weil ihre Produkte besser werden oder der Markt ihre Leistung mehr schätzt. Allein Vertrauen kann bereits ein bedeutender Wettbewerbsvorteil sein. Nicht umsonst will z. B. der DCGK erklärtermaßen das Vertrauen in die Leitung und Überwachung deutscher börsennotierter Aktiengesellschaften fördern.[24]

Es ist eine allgegenwärtige Grundentscheidung der Unternehmensleitung, entweder schnellen Gewinn auf Kosten anderer („*win-loose*") oder eine nachhaltige Wertschöpfung

---

[23] Von Flotow/Kachel (2011), in: Studien des DAI, S. 13; zu einem ähnlichen Ergebnis kommt die Studie der IHK München und Oberbayern zum ehrbaren Kaufmann 2014 (*vgl. Fundstelle 6*) – hiernach haben die Unternehmen weitgehend erkannt, „dass verantwortungsvolles Wirtschaften im Sinne des ehrbaren Kaufmanns einen langfristig positiven Effekt auf den Unternehmenserfolg hat".
[24] Präambel DCGK, Abs. 1 S. 3.

unter Beteiligung aller *Stakeholder* („*win-win*") anzustreben. CSR kann nicht auf ein *add-on* beschränkt werden. Es geht – mit den Worten der EU-Kommission – um die Implementierung in die gesamte Geschäftstätigkeit und die Kernstrategie. Angesprochen ist damit nicht nur die Umsetzung von CSR-Inhalten, sondern auch die Einrichtung entsprechender Prozesse und Organisationsstrukturen.

Ein „CSR-Verfahren" im Sinne von Transparenz und Kontrolle ist eine zentrale Herausforderung im arbeitsteiligen Unternehmen, um CSR für die Unternehmensleitung steuerbar zu machen. Insoweit ähneln sich CSR und Compliance. Compliance im Sinne der Befolgung der geltenden Gesetze ist an und für sich eine Selbstverständlichkeit. Das macht ein darauf zielendes Managementsystem aber nicht entbehrlich. Wegen der Artverwandtheit und Vernetzung von Compliance und CSR wird bereits über eine Fortentwicklung der Compliance-Systeme zum Integrity Management nachgedacht. Die bisher zwiespältigen Erfahrungen mit den implementierten Compliance-Systemen unterstützt diese Überlegung.[25]

Für die dargestellte, weitgreifende Bedeutung des Themas CSR ist seine juristische Betrachtung in Deutschland noch geradezu stiefmütterlich. Dabei geht es längst nicht mehr nur um die Zulässigkeit von Spenden für wohltätige Organisationen. Es geht um ein mehrdimensionales, für die Unternehmensleitung bedeutsames Thema, das im gesamten Bereich des unternehmerischen Handelns relevant ist.

Nachfolgend wird anhand der rechtlichen Vorgaben für die Leitung eines Unternehmens dargestellt, wie sich das Thema CSR in den vorhandenen rechtlichen Rahmen einfügt.

2 Allgemeine rechtliche Vorgaben für die Unternehmensleitung

Die Unternehmensleitung muss die Geschäfte der Gesellschaft mit der Sorgfalt eines ordentlichen und gewissenhaften Geschäftsleiters führen. Der Gesetzgeber hat sich in § 93 Abs. 1 Satz 1 AktG[26] und in § 43 Abs. 1 GmbHG[27] im Wesentlichen auf diese generalklauselartige Normierung der Verhaltenspflichten und des Sorgfaltsmaßstab für die Unternehmensleitung beschränkt.[28]

Der zu beachtende Standard ist in Rechtsprechung und Literatur weiter konkretisiert worden. Im Mittelpunkt steht das Bild der treuhänderischen Verwaltung fremder Vermö-

---

[25] Vgl. näher Heißner/Benecke, BB 2013, 2923 ff.
[26] „*Die Vorstandsmitglieder haben bei ihrer Geschäftsführung die Sorgfalt eines ordentlichen und gewissenhaften Geschäftsleiters anzuwenden.*"
[27] „*Die Geschäftsführer haben in den Angelegenheiten der Gesellschaft die Sorgfalt eines ordentlichen Geschäftsmannes anzuwenden.*"
[28] Nach hM regeln §§ 93 Abs. 1 Satz 1 AktG, 43 Abs. 1 GmbHG nicht nur den Verschuldensmaßstab, sondern auch die objektiven Verhaltenspflichten, was durch Zusammenschau mit § 93 Abs. 1 Satz 2 AktG („*Eine Pflichtverletzung liegt nicht vor…*") bestätigt wird; vgl. Koch, in: Hüffer (2014), § 93 Rn. 5; Kleindiek, in: Lutter/Hommelhoff (2012), § 43 Rn. 11.

gensinteressen. Es wird darauf abgestellt, wie ein selbständiger Geschäftsmann in verantwortlich leitender Position zu handeln hat, der nicht mit eigenen Mitteln wirtschaftet, sondern wie ein Treuhänder fremde Vermögensinteressen wahrzunehmen hat. Art, Größe und Situation des Unternehmens sowie die Bedeutung der jeweiligen Geschäftsführungsmaßnahme können den zu beachtenden Standard im Einzelfall weiter beeinflussen.[29]

2.1 Verfolgung von Unternehmensgegenstand und Gesellschaftszweck

Mit dem ihr quasi treuhänderisch anvertrauten Vermögen hat die Unternehmensleitung den sog. Unternehmensgegenstand zu verfolgen. Der Unternehmensgegenstand ist in Satzung/Gesellschaftsvertrag festgelegt und umschreibt (grob) den Tätigkeitsbereich der Gesellschaft.[30] Zugleich ist aus dem Unternehmensgegenstand der Gesellschaftszweck abzuleiten, d. h. der finale Sinn des Verbands. Soweit der Unternehmensgegenstand im Betrieb eines Handelsgewerbes besteht, ist das in der Regel die Gewinnerzielung.[31] Das Leitbild des Gesetzes geht von einer selbstständigen, eigennützigen und erwerbswirtschaftlichen Teilnahme der Gesellschaft am Wirtschaftsverkehr aus.[32] Ein abweichender Gesellschaftszweck ist rechtlich zulässig, setzt aber eine entsprechende schriftliche Fixierung in Satzung/Gesellschaftsvertrag voraus.[33]

Aus dieser Grundkonzeption der Gewinnorientierung von Handelsunternehmen kann indes keine rechtliche Verpflichtung der Unternehmensleitung abgeleitet werden, die Geschäfte stets so zu führen, dass jeweils minimale Kosten anfallen und maximale Erträge erwirtschaftet werden.[34] Im Gegenteil: Gesellschaften sind in der Regel auf Dauer angelegt. Damit ist zunächst die zeitliche Komponente des etwas schillernden Begriffs der Nachhaltigkeit angesprochen. Die Unternehmensleitung ist verpflichtet, den Fortbestand der Gesellschaft zu sichern und für eine dauerhafte Rentabilität zu sorgen.[35] Sie muss die Geschäfte also so führen, dass die Gesellschaft (auch) langfristig und nachhaltig Gewinne erwirtschaften kann. Die Unternehmensleitung muss eine vernünftige Balance zwischen

---

[29] Koch, in: Hüffer (2014), § 93 Rn. 6; Zöllner/Noack, in: Baumbach/Hueck (2013), § 43 Rn. 9, jeweils m. w. N.

[30] Vgl. zum Unternehmensgegenstand näher Koch, in: Hüffer (2014), § 23 Rn. 21 ff.; Fastrich, in: Baumbach/Hueck (2013), § 3 Rn. 7 ff.

[31] Nach herkömmlicher Ansicht setzt ein Handelsgewerbe die Absicht dauernder Gewinnerzielung voraus; richtigerweise ist auch eine sonstige wirtschaftliche Tätigkeit am Markt ausreichend, vgl. Hopt, in: Baumbach/Hopt (2014), § 1 Rn. 15 f. m. w. N.

[32] Fleischer, in: MünchKomm GmbHG (2015), § 1 Rn. 12.

[33] Vgl. zu den Begriffen „Unternehmensgegenstand" und „Gesellschaftszweck" sowie deren im Einzelnen umstrittenen Beziehung zueinander Koch, in: Hüffer (2014), § 23 Rn. 22; Fastrich, in: Baumbach/Hueck (2013), § 1 Rn. 5 (jeweils m. w. N.).

[34] Vgl. BGH NJW 2002, 1585, 1586.

[35] Spindler, in: MünchKomm AktG (2014), § 76 Rn. 68 m. w. N.

kurzfristiger Gewinnerzielung und langfristiger Steigerung des Unternehmenswertes[36] der Gesellschaft finden.[37]

Damit sind mittelbar auch inhaltliche Aspekte des Nachhaltigkeitsbegriffes angesprochen. Eine langfristige Gewinnerzielung ist offensichtlich erschwert oder gar ausgeschlossen, wenn die Gesellschaft mit ihrer „Umwelt" (im weitesten Sinne verstanden) in schwere Konflikte gerät. Das illustriert ein einfaches – überspitztes – **Beispiel**:

> Ein Unternehmen ist in hohem Maße auf einen bestimmten Rohstoff angewiesen, der in wenigen Jahren verbraucht sein und dessen Preis bis dahin drastisch steigen wird. Es besteht die Aussicht, den Rohstoffverbrauch durch kostenintensive Forschung Schritt für Schritt erheblich reduzieren und den Rohstoff langfristig vollständig ersetzen zu können. Um den Bestand und die dauerhafte Rentabilität des Unternehmens nach Möglichkeit zu sichern, muss die Unternehmensleitung sorgfältig prüfen, ob die entsprechenden Investitionen finanzierbar sind, und bejahendenfalls rechtzeitig die entsprechenden Schritte einleiten.

Aus der rechtlichen Verpflichtung der Unternehmensleitung auf die (langfristige) Steigerung des Unternehmenswertes kann sich also ergeben, dass die Einbeziehung sozialer und/oder ökologischer Aspekte in die Unternehmensführung zulässig oder sogar geboten ist. Dies gilt – natürlich vorbehaltlich der Angemessenheit einzelner CSR-Maßnahmen – umso mehr, soweit sich in der Ökonomie die Auffassung durchsetzt, dass ein sozialökologisches Verhalten ökonomischem Erfolg nicht entgegensteht, sondern im Gegenteil den Unternehmenswert positiv beeinflusst.[38] Von einem solchen positiven Einfluss geht offenbar auch die EU-Kommission aus.[39]

So betrachtet ist bereits die von der Unternehmensleitung zu beachtende Gewinnorientierung der Gesellschaft mit Nachhaltigkeits- bzw. CSR-Aspekten verflochten. Eine gleichgerichtete Modifikation der Gewinnorientierung ergibt sich aus der Zunahme nachhaltigkeitsorientierter Investoren,[40] die ebenfalls CSR-Aspekte zu den „tradierten" finanziellen Interessen der Aktionäre/Gesellschafter hinzutreten lassen. Beide Aspekte müssen letztlich auch Vertreter des sog. *shareholder value*-Ansatzes mit einbeziehen, die dem Aktionärsinteresse Vorrang vor den Interessen der anderen *Stakeholder* einräumen wollen.[41]

---

[36] Für die Bestimmung des Unternehmenswertes wird heute üblicherweise das Ertragswertverfahren, das Discounted Cashflow-Verfahren bzw. die Multiplikatorenmethode angewandt; vgl. zu den Implikationen von CSR-Faktoren auf die Unternehmensbewertung Peemöller/Braune, BB 2013, 2091 ff..

[37] Ein darauf ausgerichtetes Vergütungssystem für die Unternehmensleitung kann eine entsprechende Anreizwirkung entfalten.

[38] Vgl. Peemöller/Braune, BB 2013, 2091 ff. m. w. N. insb. auf die Meta-Analyse von Orlitzky/Schmidt/Rynes, Organization Studies, 2003, 403 ff..

[39] Vgl. bereits einleitend unter Verweis auf die CSR-Strategie 2011 – 2014 der EU-Kommission, S. 8.

[40] Vgl. oben Ziff. 1.4.

[41] Die praktischen Unterschiede zwischen dem *shareholder value*-Konzept und dem nachfolgend dargestellten *stakeholder*-Ansatz bleiben daher im rechtlichen Ergebnis überschaubar. Nicht näher erörtert werden soll daher in diesem Beitrag, inwiefern eine durch CSR-Aspekte relativierte Ge-

Um es gleich vorwegzunehmen: CSR-Maßnahmen werden von den rechtswissenschaftlichen Vertretern des *shareholder value*- und des *stakeholder*-Ansatzes gleichermaßen grundsätzlich für zulässig gehalten, auch wenn sie freiwillig erfolgen. Beide Gruppen gehen davon aus, dass diese Aufwendungen der gesellschaftlichen Akzeptanz der Gesellschaft als „*good corporate citizen*" dienen und sich damit günstig auf ihr langfristiges Wirtschaften auswirken.[42] Der BGH brachte das bereits im Jahr 2002 wie folgt auf den Punkt:

> „*Gewinnstreben und Freigebigkeit werden dabei aber nicht stets als sich widersprechende, sondern durchaus als komplementäre Ziele angesehen. [...] Darüber hinaus kann und darf sich der Vorstand als Träger der Unternehmensfunktion nicht der Einsicht verschließen, dass die Aktiengesellschaft für ein dauerhaft erfolgreiches Wirtschaften auf den Rückhalt aller Bezugsgruppen angewiesen ist. Zwischen einem rein altruistischen und einem – langfristig – egoistischen Verhalten, das auf eine für den Erfolg des Unternehmens wesentliche Umweltstabilisierung – „good will-Verfestigung" – zielt, wird sich daher kaum je eine scharfe Unterscheidung treffen lassen.*"[43]

2.2 Berücksichtigung aller im Unternehmen zusammentreffenden Interessen

Der deutsche Gesetzgeber hielt es bereits in den sechziger Jahren für selbstverständlich, dass der Vorstand bei seinen Maßnahmen nicht nur die Belange der Aktionäre, sondern auch die Belange der Arbeitnehmer und der Allgemeinheit zu berücksichtigen habe.[44] Die Wahrung dieser Interessen soll nach den Vertretern des sog. *stakeholder*-Ansatzes dem Betrieb eines Unternehmens als „*sozialer Veranstaltung*" immanent sein.[45] Das folge nicht

---

winnorientierung das für den interessenmonistischen *shareholder value*-Ansatz angeführte rechtsökonomische Argument beträchtlicher, durch die erleichterte Messbarkeit des Erfolgs bedingter Kontrollkostenvorteile (vgl. dazu Fleischer, in: Spindler/Stilz (2010), § 76 Rn. 34) einschränkt. Ebenso wenig soll diskutiert werden, inwiefern eine zunehmende Messbarkeit nicht-finanzieller Aspekte die Validität des Arguments in Frage stellt.

[42] Koch, in: Hüffer (2014), § 76 Rn. 35 ff.; Haas/Ziemons, in: BeckOK GmbHG (2014), § 43 Rn. 127 ff.; vgl. auch BGH NJW 2002, 1585, 1586 (jeweils m. w. N.); näher dazu und zu den zu beachtenden Grenzen unten Ziff. 4.

[43] BGH NJW 2002, 1585, 1586.

[44] Er verzichtete daher auf die Übernahme der bis dato im AktG enthaltenen Gemeinwohlklausel in das AktG 1965, vgl. Begr RegE bei Kropff, S. 97; mit dem KonTraG hat der Gesetzgeber im Jahr 2005 allerdings ausschließlich den *shareholder value*-Gedanken angesprochen, vgl. BT-Drs. 13/9712, S. 11; vgl. zu beidem Spindler, in: MünchKomm AktG (2014), § 76 Rn. 60 f., 72 und § 93 Rn. 46. Welches Verständnis der Gesetzgeber insoweit mit dem 2009 in § 87 Abs. 1 Satz 2 AktG eingeführten Begriff der „*nachhaltigen Unternehmensentwicklung*" verfolgte, ist (ebenfalls) unklar, vgl. Koch, in: Hüffer (2014), § 76 Rn. 11 m. w. N.

[45] So explizit Spindler, in: MünchKomm AktG (2014), § 76 Rn. 62 f.

zuletzt auch aus der vom Bundesverfassungsgericht betonten Sozialbindung des in den Aktien verkörperten Eigentums gemäß Art. 14 Abs. 2 GG.[46]

Im Ergebnis entspricht es der ständigen Rechtsprechung und herrschenden Meinung im Aktienrecht, dass der Vorstand nicht nur die erwerbswirtschaftlichen Interessen der Gesellschaft, sondern auch die Interessen der Aktionäre und Gläubiger sowie das Wohl der Arbeitnehmer und der Allgemeinheit zu berücksichtigen hat (sog. „interessenplurale Zielkonzeption").[47] Der Deutsche Corporate Governance Kodex (DCGK) folgt diesem herrschenden Verständnis und formuliert in Ziff. 4.1.1:

> „Der Vorstand leitet das Unternehmen in eigener Verantwortung im Unternehmensinteresse, also unter Berücksichtigung der Belange der Aktionäre, seiner Arbeitnehmer und der sonstigen dem Unternehmen verbundenen Gruppen (Stakeholder) mit dem Ziel nachhaltiger Wertschöpfung."

Dieses für die AG entwickelte Leitbild bezieht sich u. a. darauf, dass der Vorstand die Gesellschaft nach § 76 Abs. 1 AktG „unter eigener Verantwortung", d. h. weisungsfrei zu leiten hat.[48] Für die GmbH gilt das Leitbild grundsätzlich in der gleichen Weise, allerdings mit der Einschränkung, dass die Geschäftsführung Weisungen der Gesellschafterversammlung Folge zu leisten hat.[49] Die Gesellschafterversammlung einer GmbH kann also – anders als die Hauptversammlung einer AG – aktiv auf das Leitbild Einfluss nehmen und dieses modifizieren.

Bei der Verfolgung von Unternehmensgegenstand und Gesellschaftszweck kommt der Unternehmensleitung grundsätzlich ein weiter unternehmerischer Ermessensspielraum zu (sog. *business judgement rule*). Das hat der Gesetzgeber in § 93 Abs. 1 Satz 2 AktG für den Vorstand einer AG mittlerweile ausdrücklich klargestellt. Für die Geschäftsführung einer GmbH gilt das grundsätzlich in gleicher Weise. Allerdings folgt aus ihrer Bindung an die Weisungen der Gesellschafterversammlung auch insoweit eine Einschränkung. Sie ist bei schwierigen Ermessensentscheidungen in viel größerem Maße als der Vorstand einer AG gehalten, die Entscheidung nicht selbst zu treffen, sondern sie der Gesellschafterversammlung zu überlassen.[50] Existieren bereits einschlägige, das Ermessen einschränkende Weisungen, so sind sie von der Geschäftsführung ohnehin zu beachten.

---

[46] Vgl. BVerfGE 14, 263, 282 (Feldmühle); BVerfGE 50, 290, 315 f. (Mitbestimmung); vgl. dazu auch Mertens/Cahn, in KölnKomm (2010), § 76 Rn. 33.

[47] BVerfGE 50, 290, 374; BGHZ 36, 296, 306, 310; BGH NJW 1979, 1823, 1826; OLG Frankfurt, AG 2011, 918, 919; Koch, in: Hüffer (2014), § 76 Rn. 30; Spindler, in: MünchKomm AktG (2014), § 93 Rn. 22 (jeweils m. w. N.).

[48] Zur Bedeutung und Abgrenzung von „Leitung" i. S. v. § 76 AktG und „Geschäftsführung" i. S. v. § 77 AktG Koch, in: Hüffer (2014), § 76 Rn. 8 ff.; Spindler, in: MünchKomm AktG (2014), § 76 Rn. 14 ff., § 77 Rn. 5 ff., jeweils m. w. N.

[49] Vgl. Zöllner/Noack, in: Baumbach/Hueck (2013), § 37 Rn. 20 m. w. N., § 43 Rn. 20.

[50] Zöllner/Noack, in: Baumbach/Hueck (2013), § 43 Rn. 22.

Eine bestimmte, festgefügte Rangfolge zwischen den von der Unternehmensleitung zu berücksichtigenden Interessen der Gesellschafter, Gläubiger, Arbeitnehmer und sonstigen Stakeholder besteht nach zutreffender Auffassung nicht. Nur weil ein bestimmtes soziales oder ökologisches Interesse besteht, muss es noch nicht zwingend umgesetzt werden. Die Unternehmensleitung ist vielmehr berechtigt und verpflichtet, etwa divergierende Interessen abzuwägen und zu einem praktischen Ausgleich zu bringen (Prinzip der praktischen Konkordanz).[51] Auch insoweit steht der Unternehmensleitung grundsätzlich ein weites Ermessen zu. Dabei muss sie das tradierte Interesse der Gesellschafter an einer risikoadäquaten Rendite für ihren Kapitaleinsatz angemessen – aber eben nicht ausschließlich – berücksichtigen.[52] So führt etwa die Zunahme nachhaltigkeitsorientierter Investoren dazu, dass das Gesellschafterinteresse nicht mehr auf eine reine Gewinnorientierung beschränkt werden kann. Dass bereits insoweit eine praktische Konkordanz zwischen den Zielen mehr nachhaltigkeitsorientierter und mehr gewinnorientierter Investoren hergestellt werden muss, wird in der juristischen Literatur bislang nicht diskutiert, liegt aber auf der Hand.

Seine äußere Grenze findet das Ermessen der Unternehmensleitung hinsichtlich der Berücksichtigung und Gewichtung der Interessen der einzelnen *Stakeholder* in jedem Fall in der Verpflichtung, für den Bestand des Unternehmens und damit für die dauerhafte Rentabilität zu sorgen.[53]

2.3 Weitere Konkretisierung erforderlich

Allein mit den bisherigen Überlegungen ist allerdings erst ein erster, grober Rahmen für die Pflichten der Unternehmensleitung abgesteckt, der teilweise als zu weit bzw. zu konturlos kritisiert wird. Auch nach drei Jahrzehnten rechtswissenschaftlicher Diskussion habe sich noch keine klare Leitlinie für das Handeln der Unternehmensleitung herausgebildet. Eine interessenplurale Zielkonzeption ohne klare Leitlinien sei eher dazu geeignet, die Verantwortung des Vorstands aufzulösen. Es bestehe die Gefahr, dass der Vorstand diese Konzeption dazu missbrauche, jedwede Maßnahme zu rechtfertigen.[54]

Allerdings liefern auch andere Konzepte wie der *shareholder value*-Ansatz im Ergebnis kaum mehr Klarheit.[55] Das ist so oder so aber auch gar nicht erstrebenswert, wenn eine volkswirtschaftlich zweifelhafte Risikoaversion von Unternehmensleitern nicht noch weiter befördert werden soll. Es geht schließlich darum, die Grenzen des mit Absicht *weiten* unternehmerischen Ermessensspielraums abzustecken, und nicht den Ermessensspielraum durch allzu konkrete und starre Regelungen einzuschränken. Im Übrigen stehen für die

---

[51] Vgl. Koch, in: Hüffer (2014), § 76 Rn. 32.; Spindler, in: MünchKomm AktG (2014), § 76 Rn. 63, jeweils m. w. N.
[52] Koch, in: Hüffer (2014), § 76 Rn. 33 m. N. auch auf die Gegenmeinung.
[53] Koch, in: Hüffer (2014), AktG. 11. Aufl. 2014, § 76 Rn. 34 m. w. N.
[54] Vgl. Spindler, in: MünchKomm AktG (2014), § 76 Rn. 64, 66.
[55] So selbst Spindler, in: MünchKomm AktG (2014), § 76 Rn. 66; Koch, in: Hüffer (2014), § 76 Rn. 33.

inhaltliche Ermessenskontrolle die auch aus anderen Rechtsgebieten (hier insbesondere dem öffentlichen Recht) bekannten und bewährten Kontrollinstrumente zur Verfügung.

Zur weiteren Konkretisierung der zu beachtenden Ermessensgrenzen und damit zur weiteren Strukturierung des Pflichtenhefts der Unternehmensleitung haben sich im Gesellschaftsrecht drei größere (Teil-)Pflichtenkreise herausgebildet:[56]

Erstens: Die Unternehmensleitung muss sich gesetzestreu verhalten (sog. Legalitätspflicht).

Zweitens: Die Unternehmensleitung muss die ihr übertragenen Aufgaben innerhalb des gesetzlich vorgegebenen Pflichtenrahmens umfänglich wahrnehmen und ihr Amt mit der erforderlichen Sorgfalt führen (sog. Sorgfaltspflicht im engeren Sinne).

Drittens: Jedes Mitglied der Unternehmensleitung muss sich in geeigneter Weise davon überzeugen, dass sich die übrigen Mitglieder der Unternehmensleitung sowie die Mitarbeiter recht- und zweckmäßig verhalten (sog. Überwachungspflicht).

Schuldhafte Verstöße gegen diese Pflichten ziehen jeweils eine Haftung des betreffenden Organmitglieds nach sich, wenn der Gesellschaft durch das pflichtwidrige Verhalten ein Schaden entsteht, § 93 Abs. 2 AktG, § 43 Abs. 2 GmbHG. Zahlreiche Organhaftungsfälle haben dies in den letzten Jahren in das Bewusstsein einer breiteren Öffentlichkeit gebracht und zugleich eine intensive Diskussion um den Reformbedarf bei der Organhaftung ausgelöst.[57]

3 Die Legalitätspflicht als äußere Ermessensgrenze

Der unternehmerische Handlungsspielraum wird durch den gesetzlich vorgegebenen Pflichtenrahmen begrenzt. Die Mitglieder der Unternehmensleitung (Organmitglieder) müssen einerseits die sie betreffenden Organpflichten erfüllen, die sich aus dem Aktiengesetz/GmbH-Gesetz, der Satzung bzw. dem Gesellschaftsvertrag und ggf. der Geschäftsordnung und dem Dienstvertrag ergeben (interne Pflichtenbindung).[58] Zum anderen müssen sie sämtliche Vorschriften einhalten, die das Unternehmen als Rechtssubjekt im Außenverhältnis treffen (externe Pflichtenbindung).[59] Ein rechtswidriges Verhalten im

---

[56] Vgl. nur Fleischer, in: Spindler/Stilz (2010), § 93 Rn. 12.
[57] Vgl. nur Haarmann/Weiß, BB 2014, 2115 ff.; Mayer, NZG 2014, 1208 ff., jeweils u. a. mit Bezug auf die diesbezügliche Diskussion auf dem 70. Deutschen Juristentag 2014.
[58] Vgl. nur Fleischer, in: Spindler/Stilz (2010), § 93 Rn. 12 ff.
[59] LG München, NZG 2014, 345, 346 (Siemens/Neubürger); BGH NZG 2012, 992, 994; BGH NJW 1997, 130, 131.

Außenverhältnis ist zugleich eine Pflichtverletzung im Innenverhältnis.[60] Das gilt auch bei sog. nützlichen Gesetzesverstößen, wenn die Unternehmensleitung Gesetzesverstöße in Abwägung der angestrebten geschäftlichen Vorteile einerseits und des Entdeckungs- und Verfolgungsrisikos andererseits in Kauf nimmt. Der Gesetzgeber hat mit der Einführung der *business judgement rule* im Jahr 2005 klargestellt, dass es für illegales Verhalten keinen „sicheren Hafen" geben soll,[61] also die Einhaltung des Rechts grundsätzlich nicht in das unternehmerische Ermessen gestellt ist. Die rechtsdogmatische Grundlage für diese heute im Grundsatz weithin anerkannte strikte Gesetzesbindung der Unternehmensleitung bleibt umstritten.[62]

Eine andere Frage ist, wie die Unternehmensleitung mit Situationen umzugehen hat, in denen eine erhebliche Rechtsunsicherheit besteht.[63] Der BGH hat in seiner *Ision*-Entscheidung[64] strenge Maßstäbe angelegt: Die Unternehmensleitung muss den relevanten Sachverhalt umfassend ermitteln, und auf dieser Basis internen und ggf. externen Rechtsrat einholen, um sich ein ausreichendes Bild von der Rechtslage zu machen.[65]

Die Legalitätspflicht ist zugleich Ursache und inhaltliche Zielsetzung von Compliance. Dies hat auch Niederschlag in Ziff. 4.1.3 DCGK gefunden:

„Der Vorstand hat für die Einhaltung der gesetzlichen Bestimmungen und der unternehmensinternen Richtlinien zu sorgen und wirkt auf deren Beachtung durch die Konzernunternehmen hin (Compliance)."

3.1 Legalitätspflicht als Basis von CSR

Wie bereits einleitend angeklungen ist, dienen zahlreiche von der Unternehmensleitung zu beachtende Rechtsnormen inhaltlich (auch) Gemeinwohlinteressen und damit bestimmten CSR-Aspekten. Das liegt etwa für das Umweltrecht, das Arbeitsrecht, das Strafrecht und das Steuerrecht unmittelbar auf der Hand.

Die bisherige Auffassung der EU-Kommission, CSR bezeichne (nur) *„Maßnahmen, die die Unternehmen über ihre rechtlichen Verpflichtungen gegenüber Gesellschaft und Umwelt hinaus ergreifen"*,[66] greift daher zu kurz. Die Legalitätspflicht ist vielmehr eine

---

[60] Fleischer, NZG 2014, 321, 322.
[61] Vgl. BegrRegE, BR-Drucks 3/05 S. 18.
[62] Offenlassend auch LG München, NZG 2014, 345; näher dazu Fleischer, NZG 2014, 321, 322 m. w. N.; kritisch zur Legalitätspflicht, insb. im Hinblick auf „nützliche" Gesetzesverstöße, Koch, in: Hüffer (2014), § 93 Rn. 6 f.
[63] Vgl. hierzu Spindler, in: MünchKomm AktG (2014), § 93 Rn. 75; näher Hasselbach/Ebbinghaus, AG 2014, 873 ff.
[64] BGH NZG 2011, 1271, 1273.
[65] Vgl. Spindler, in: MünchKomm AktG (2014), § 93 Rn. 77 ff.
[66] CSR-Strategie der Europäischen Kommission, KOM(2011) 681 endgültig, S. 4.

wesentliche Grundlage für das moralische Handeln von Unternehmen. *Adam Smith* zufolge soll Moral sogar nur wirksam werden, wenn sie in Regeln umgesetzt wird, die für alle Beteiligten gleichermaßen gelten. Der Anreiz, durch niedrigere moralische Standards seine Position im Wettbewerb zu Lasten anderer zu verbessern, wird durch rechtsverbindliche Verbote und Sanktionsandrohungen erheblich verringert. Dieser rechtliche Handlungsrahmen bildet letztlich die Basis für jede funktionierende Wirtschaftsordnung.[67]

Genau an dieser Stelle liegt aber auch eine große Herausforderung, die das globalisierte Leben und Wirtschaften mit sich bringt: Jeder Staat entscheidet über den bei ihm geltenden rechtlichen Rahmen grundsätzlich autonom. Staatenverbünde mit Normsetzungskompetenzen (wie z. B. die Europäische Union) oder internationale Abkommen über soziale und moralische Mindeststandards bilden die Ausnahme. Selbst innerhalb von Staatenverbünden verbleiben Möglichkeiten, sich durch laxere rechtliche Vorgaben Standortvorteile zu verschaffen. Dies gilt erst recht im internationalen Kontext. Gleichzeitig steigt die Fähigkeit der Unternehmen, nationale Unterschiede in den gesetzlichen Rahmenbedingungen für sich nutzbar zu machen, rasant an.

Beide Pole (Recht als Basis für eine funktionierende Wirtschaftsordnung *vs.* Recht als Standortvorteil) spielen eine wichtige, mitunter widerstreitende Rolle bei der alten rechtspolitischen Grund- und Streitfrage, ob ein Wettbewerb zwischen den nationalen Rechtsordnungen im Ergebnis zu einem *race to the top* oder zu einem *race to the bottom* führt.[68] Diese Frage wird sich jedenfalls nicht abstrakt-generell und erst recht mit knappen Erwägungen beantworten lassen.

In jedem Fall hat die rechtliche Grundordnung für die Absicherung ökologischer, sozialer und moralischer Mindeststandards eine erhebliche Bedeutung. Wie sich das Problem der Ausnutzung niedriger nationaler Standards global am besten lösen lässt, ist offen. Vertragliche Verhaltenskodizes und der Beitritt zu internationalen Wertegemeinschaften sind ein möglicher Ansatz. Transparenz und Informationsfreiheit erhöhen die Wahrscheinlichkeit, dass die Beachtung sozialer und ökologischer Belange einen Wettbewerbsvorteil darstellt, selbst wenn das in höheren Preisen resultiert.[69] Viel hängt hier von der Marktmacht der Verbraucher, aber auch den Ideen der Wirtschaft ab, CSR-Aspekte für die Verbraucher zu handhabbaren Entscheidungskriterien zu machen. Ein weiterer Lösungsansatz besteht in einem zunehmend extraterritorialen Geltungsanspruch der nationalen Gesetzgebung. Es liegt einerseits nahe, den im Inland ansässigen und damit der nationalen Gesetzgebung unterliegenden Unternehmen Vorgaben für ihr Tätigwerden im Ausland zu machen.

---

[67] In diese Richtung argumentiert auch die Bundesregierung im elften Bericht über ihre Menschenrechtspolitik, BT-Drs. 18/3494, S. 85.

[68] Als prominentes Beispiel für den „Wettbewerb der Rechtsordnungen" dient im Gesellschaftsrecht der sog. Delaware-Effekt, im europäischen Rahmen spätestens seit den EuGH-Entscheidungen *Centros* und *Überseering* auch die Konkurrenz der nationalen GmbH-Rechte (vgl. Fleischer, in: MünchKomm GmbHG (2015), Einleitung Rn. 222 ff.).

[69] Genau dies verspricht sich die Regierungskoalition von der CSR-Richtlinie, vgl. BT-Drs. 18/2739, S. 3.

Andererseits können ausländischen Unternehmen Vorgaben für ihre Tätigkeit im Inland gemacht werden. Beides ist in gewissem Maße selbstverständlich und heute schon gelebte Praxis, auch wenn rechtlich noch Klärungsbedarf besteht.

3.2 Pflicht zur Einhaltung inländischer und ausländischer Vorschriften

Welche Vorschriften vom Unternehmen im Rahmen der Legalitätspflicht einzuhalten sind, ergibt sich aus den für das Unternehmen jeweils maßgeblichen Rechtsordnungen. Für das Handeln einer deutschen Gesellschaft ist das zunächst die deutsche Rechtsordnung mit den Regelungen des Zivil- und Wirtschaftsrecht (z. B. Kapitalmarkt-, Bilanz-, Kartell-, und Wettbewerbsrecht), des Arbeits-, Sozial- und Steuerrechts, des Verwaltungsrechts (z. B. Gewerbeordnung, Umweltrecht, Außenwirtschaftsgesetz) sowie des Straf- und Ordnungswidrigkeitsrechts.[70] Die Einzelheiten der Legalitätspflicht sind auch in diesem ersten Teilbereich „Einhaltung der inländischen Rechtsordnung" noch nicht abschließend geklärt. Jedenfalls Verstöße gegen zwingende öffentlich-rechtliche und strafrechtliche Verbotsnormen lassen sich klar als Verletzung der Legalitätspflicht qualifizieren. Nach einzelnen Literaturstimmen soll bereits die Erfüllung sonstiger öffentlich-rechtlicher Pflichten, insb. öffentlich-rechtlicher Zahlungspflichten, nicht der Legalitätspflicht unterfallen.[71] Dem steht die Rechtsprechung des BGH entgegen, der die Erfüllung (öffentlich-) rechtlicher Verpflichtungen der Gesellschaft explizit in die Legalitätspflicht einbezieht.[72] Nach wohl überwiegender Auffassung gebietet die Legalitätspflicht jedenfalls nicht, ausnahmslos auch sämtliche vertraglich begründeten Leistungspflichten zu erfüllen, obgleich streng genommenen auch darin ein Gesetzesverstoß gegen die in § 241 Abs. 1 BGB angeordnete Erfüllungspflicht bzw. gegen das zivilrechtliche Grundprinzip *pacta sunt servanda* zu sehen sein könnte. Vielmehr soll es im Ermessen der Unternehmensleitung liegen, derartige Leistungspflichten zu verletzen, soweit dies unternehmerisch sinnvoll ist und damit im Interesse der Gesellschaft liegt.[73] Unklar ist, ob und in welchem Umfang dies auch für die Einhaltung vertraglicher Nebenpflichten gemäß § 241 Abs. 2 BGB gilt. Jedenfalls kein Verstoß gegen die Legalitätspflicht begründen Verletzungen der von der Unternehmensleitung selbst aufgestellten Verhaltensregeln, etwa in internen Verhaltenskodizes. Deutlicher erscheint wiederum die Einbeziehung deliktischer Pflichten der Gesellschaft in die Legalitätspflicht der Unternehmensleitung.[74] Offen bleiben kann die Zuordnung zur

---

[70] LG München, NZG 2014, 345, 346; Fleischer, in: Spindler/Stilz (2010), § 93 Rn. 23 m. w. N.

[71] Zweifelnd dazu Haas/Ziemons, in: Michalski (2010), § 43 Rn. 51a m. w. N.; vgl. auch Grigoleit/Tomasic, in: Grigoleit (2013), AktG, § 93 Rn. 14.

[72] BGH NZG 2012, 992, 994; BGH NJW 1997, 130, 131.

[73] Spindler, in: MünchKomm AktG (2014), § 93 Rn. 88; Fleischer, in: Spindler/Stilz (2010), § 93 Rn. 33; a. A. Koch, in: Hüffer (2014), § 93 Rn. 17 (jeweils m. w. N.).

[74] Spindler, in: MünchKomm AktG (2014), § 93 Rn. 88.

Legalitätspflicht im Ergebnis jedenfalls dann, wenn die Verletzung der jeweiligen, die Gesellschaft im Außenverhältnis treffenden Pflicht unternehmerisch nicht gerechtfertigt ist und quasi zwangsläufig zu einem Schaden der Gesellschaft führen muss; problematisch bleibt in Grenzfällen mithin die Einordnung von „nützlichen" Rechtsverletzungen.[75]

Fest steht wiederum, dass die deutsche Rechtsordnung auch dann maßgeblich sein kann, wenn die Gesellschaft im Ausland handelt. Prominentes Beispiel hierfür sind die Vorgaben des OECD-Übereinkommens über die Bekämpfung der Bestechung ausländischer Amtsträger im internationalen Geschäftsverkehr, die seit der innerstaatlichen Umsetzung bindendes deutsches Recht darstellen.[76]

Inwieweit die Unternehmensleitung bei Tätigkeiten mit Auslandsbezug in Ausprägung der Legalitätspflicht auch ausländisches Recht zu berücksichtigen hat, ist noch nicht abschließend geklärt. Klar zu bejahen ist eine Verletzung der Legalitätspflicht jedenfalls dann, wenn die einschlägige Vorschrift des deutschen bzw. des EU-weit vereinheitlichten Kollisionsrechts die betreffende ausländische Rechtsnorm für anwendbar erklärt und somit quasi inländischen Vorschriften gleichstellt.[77] Abgesehen davon ergibt sich als zentrale Fragestellung, ob der BGH an seiner Rechtsprechung aus dem Jahre 1985 zur Zulässigkeit von Schmiergeldzahlungen im Ausland festhalten wird. Der BGH führte damals aus:

> *„Die Verletzung ausländischer Rechtsnormen, die nach den in Deutschland herrschenden rechtlichen und sittlichen Anschauungen anzuerkennen sind, enthält gleichzeitig auch eine Verletzung allgemein gültiger sittlicher Grundsätze. Daß diese Voraussetzungen bei ausländischen Gesetzesvorschriften, die die Korruption verbieten und unter Strafe stellen, gegeben sind, bedarf keiner weiteren Darlegung. [...]*
> *Von einem deutschen Unternehmer kann zwar nicht erwartet werden, daß er in den Ländern, in denen staatliche Aufträge nur durch Bestechung der zuständigen Staatsorgane zu erlangen sind, auf dieses Mittel völlig verzichtet und damit das Geschäft weniger gewissenhaften Konkurrenten überläßt. Er wird daher seinen Angestellten und Handelsvertretern, die bei der Bewerbung um solche Aufträge in ortsüblicher Weise mit Schmiergeldern arbeiten, nicht den Vorwurf einer Verletzung ihrer Dienst- oder Vertragspflichten machen können; [...] Daraus folgt jedoch noch nicht, daß auch die Schmiergeldvereinbarung als solche, d. h. die Vereinbarung, durch die die Vornahme einer Amtshandlung gegen die Zahlung eines Schmiergeldes oder gegen eine sonstige vermögenswerte Leistung versprochen wurde, rechtlich anerkannt werden müßte. Rechtsgeschäfte, die schon nach ihrem objektiven Inhalt sittlich-rechtlichen Grundsätzen widersprechen, sind ohne Rücksicht auf die Vorstellungen der das Rechtsgeschäft vornehmenden Personen nichtig."*[78]

In der Literatur wird darauf verwiesen, dass diese Rechtsprechung des BGH ausschließlich insoweit überholt sei, als Zahlung von Schmiergeldern im Ausland seit der innerstaatlichen Umsetzung des o. g. OECD-Übereinkommens mittlerweile auch nach deut-

---

[75] Vgl. einleitend Ziff. 3.
[76] LG München, NZG 2014, 345, 346 m. w. N.
[77] Cichy/Cziupka, BB 2014, 1482, 1483 f. m. w. N.
[78] BGH NJW 1985, 2405.

schem Strafrecht verboten ist.[79] Damit bleibt gewissermaßen als Torso die Auffassung des BGH im Raum, dass die Unternehmensleitung bzw. die Mitarbeiter jedenfalls dann nicht pflichtwidrig handeln, wenn sie ausländische Rechtsnormen „*in ortsüblicher Weise*" verletzen und dies für das Unternehmen nützlich ist. Diese Sichtweise ist rechtspolitisch bedenklich. Sie wirft zugleich die Frage auf, warum der Unternehmensleitung die Verletzung inländischen Rechts strikt untersagt ist, die Verletzung ausländischen Rechts im Rahmen sorgfältiger unternehmerischer Entscheidung aber zulässig sein soll. Ein sachlicher Differenzierungsgrund hierfür ist nicht ohne weiteres ersichtlich. Teilweise wird angeführt, dass die Pflichten der Unternehmensleitung einer deutschen Gesellschaft nicht durch ausländisches Recht ausgeformt werden können, wenn es nach deutschem Recht gar nicht anwendbar ist.[80] Eine strikte Legalitätspflicht bestünde in der Folge nur insoweit, als die betreffende ausländische Rechtsnorm nach deutschem Kollisionsrecht zur Anwendung berufen ist[81] oder über eine deutsche Sachnorm, hier insbesondere das Verbot sittenwidriger Geschäfte in § 138 BGB, zur Anwendung gelangt.[82] Das greift zu kurz, wenn die Legalitätspflicht originär nicht nur die Beachtung des inländischen Rechts, sondern auch die Beachtung des ausländischen Rechts anordnet, das für das Handeln der Gesellschaft Geltung beansprucht. Hierfür könnte das als Begründung für die Legalitätspflicht herangezogene Gleichstellungsargument sprechen. Gesellschaften haben als juristische Personen die gleichen Pflichten zu beachten wie natürliche Personen, und sie können diese Pflichten nur über ihre Organmitglieder einhalten.[83] Wenn natürliche Personen ausländisches Recht zu beachten haben, weil sie mit ihrem Handeln über die Grenze hinaus wirken, kann für die Organmitglieder einer Gesellschaft grundsätzlich nichts anderes gelten. Teile der Literatur halten die einschlägigen in- und ausländischen Rechtsvorschriften dementsprechend grundsätzlich für gleichermaßen beachtlich.[84] Eine Antwort wird letztlich in der – allerdings unklaren[85] – rechtsdogmatischen Grundlage der strikten Legalitätspflicht zu suchen sein.

Rechtspraktisch ist in jedem Fall zu berücksichtigen, dass die Gesellschaft für den Verstoß gegen ausländisches Recht im Zweifel von den ausländischen Behörden oder vor den ausländischen Gerichten zur Verantwortung gezogen wird, ohne dass darauf ankommt, ob

---

[79] So Spindler, in: MünchKomm AktG (2014), § 93 Rn. 94.
[80] Cichy/Cziupka, BB 2014, 1482. 1484
[81] Spindler, in: MünchKomm AktG (2014), § 93 Rn. 95 (weiter aber offenbar in Rn. 22: „*soweit das Handeln der Gesellschaft ausländischem Recht unterworfen ist*"); Cichy/Cziupka, BB 2014, 1482, 1483 f. m. w. N.
[82] Cichy/Cziupka, BB 2014, 1482, 1483 f. m. w. N. (insoweit allerdings wohl gegen BGH NJW 1985, 2405, wonach die Sittenwidrigkeit des Geschäfts allein noch keine Pflichtverletzung indiziert, s. o.).
[83] So allgemein zur Legalitätspflicht Spindler, in: MünchKomm AktG (2014), § 93 Rn. 73.
[84] Cahn, in: KölnKomm (2010), § 93 Rn. 73; Haas/Ziemons, in: Michalski (2010), § 43 Rn. 48; Ziemons, in: N/Z/B (2014) Rn. 8.746.
[85] Vgl. oben einleitend Ziff. 3, Fn. 62.

das ausländische Recht auch nach deutschem Kollisionsrecht Anwendung findet. Nach allgemeiner Auffassung ergibt sich eine Pflicht der Unternehmensleitung zur Einhaltung der ausländischen Rechtsvorschriften hier jedenfalls als Ausprägung ihrer Schadensabwendungspflicht, die ihrerseits aus der allgemeinen Sorgfaltspflicht abgeleitet wird.[86] Dies ist unmittelbar einleuchtend für solche ausländische Rechtsvorschriften, die extraterritoriale Geltung beanspruchen, wie z. B. der US-amerikanische *Sarbanes Oxley Act* oder der *UK Bribery Act*.[87]

Die Anforderungen an die Unternehmensleitung bei unklarer Rechtslage[88] sind grundsätzlich auch dann zu beachten, wenn es um die Frage der Einhaltung ausländischen Rechts geht.[89]

3.3 Pflicht zur entsprechenden Unternehmensorganisation

Aufgrund der strikten Legalitätspflicht darf die Unternehmensleitung keine Gesetzesverstöße anordnen. Sie muss aber auch dafür sorgen, dass das Unternehmen so organisiert und beaufsichtigt wird, dass seitens der Gesellschaft und ihrer Mitarbeiter die zu beachtenden Rechtsvorschriften tatsächlich eingehalten werden und es nicht zu Gesetzesverstößen kommt. Dieser Organisationspflicht genügt die Unternehmensleitung – bei entsprechender Gefährdungslage – nur dann, wenn sie eine auf Schadensprävention und Risikokontrolle angelegte Compliance-Organisation einrichtet. Entscheidend für den Umfang sind dabei Art, Größe und Organisation des Unternehmens, die zu beachtenden Vorschriften, die geographische Präsenz sowie Verdachtsfälle aus der Vergangenheit.[90] Die Pflicht zur Einrichtung einer Compliance-Organisation stellt keine inhaltliche Neuerung dar; neu ist lediglich der Begriff „Compliance". Sie entspricht der Pflicht des Vorstands, rechtswidriges Verhalten innerhalb eines Unternehmens durch entsprechende organisatorische Vorkehrungen zu unterbinden.[91]

Ab wann die konkreten Umstände die Einrichtung einer institutionalisierten Compliance-Organisation gebieten, ist streitig. Bei kleineren Unternehmen ist denkbar, dass die Legalitätspflicht noch keine institutionalisierte Organisation erfordert. Allerdings sind standardisierte Compliance-Strukturen nach einheitlichem Schema mittlerweile derart etabliert, dass sie die herkömmlichen Standards der Unternehmenspraxis mitprägen könn-

---

[86] Cichy/Cziupka, BB 2014, 1482, 1483 f. m. w. N.
[87] Spindler, in: MünchKomm AktG (2014), § 93 Rn. 22.
[88] Vgl. oben einleitend Ziff. 3.
[89] Vgl. Spindler, in: MünchKomm AktG (2014), § 93 Rn. 96 (es gälten insofern möglicherweise großzügigere Maßstäbe).
[90] LG München, NZG 2014, 345, 346, 348.
[91] LG München, NZG 2014, 345, 346, 348.

ten. Der Vorstand muss also damit rechnen, dass seine Compliance-Aktivitäten auch an diesen Standards gemessen werden.[92]

3.4 Pflicht zur entsprechenden Konzernorganisation

Im Konzern sind für die Einhaltung der Legalitätspflichten auf der Ebene der Tochter- und Enkelgesellschaften zunächst jedenfalls deren Leitungen unmittelbar verantwortlich (soweit es sich um deutsche Gesellschaften handelt oder das maßgebliche ausländische Recht eine der Legalitätspflicht vergleichbare Pflicht statuiert). Gerade in internationalen Konzernen stellt sich aber die Frage, ob und inwieweit die Unternehmensleitung der deutschen Muttergesellschaft ihrerseits verpflichtet ist, für eine konzernweite Beachtung der jeweils einschlägigen Rechtsnormen Sorge zu tragen. Die wohl überwiegende Auffassung bejaht diese Frage. Die Konzernleitung ist hiernach verpflichtet, ein angemessenes konzernweites Compliance-System einzurichten, um auch Gesetzesverstöße durch die Organmitglieder und Mitarbeiter der Tochter- und Enkelgesellschaften zu verhindern.[93] Richtigerweise dürfte diese konzerndimensionale Pflicht nicht bei der heftig umstrittenen Frage der Konzernleitungspflicht, sondern bei der allgemein anerkannten Pflicht zur Konzernkontrolle zu verorten sein.[94]

Ziff. 4.1.3 DCGK bestätigt jedenfalls die Verpflichtung des Vorstands, (auch) auf die Beachtung der gesetzlichen Bestimmungen und der unternehmensinternen Richtlinien *„durch die Konzernunternehmen" „hinzuwirken"*.[95] Eine Detaillierung, wie der Vorstand dieser Pflicht nachkommen soll, oder eine Empfehlung zur Einrichtung eines Compliance-Systems enthält der DCGK hingegen nicht.[96]

Ihre Grenze findet die konzerndimensionale Legalitätspflicht in den jeweils ganz unterschiedlich ausgestalteten rechtlichen Einwirkungsmöglichkeiten der Konzernleitung auf die Tochter- und Enkelgesellschaften.[97] Paradebeispiel für eine stark eingeschränkte Einwirkungsmöglichkeit ist die faktisch konzernierte deutsche Tochter-AG, die von ihrem Vorstand in eigener Verantwortung und damit weisungsfrei zu führen ist. Unabhängig davon ist die konzerndimensionale Legalitätspflicht stets einem gewissen Mediatisierungs-

---

[92] Koch, in: Hüffer (2014), § 76 Rn. 13 ff. m. w. N.
[93] Fleischer, in: Spindler/Stilz (2010), § 91 Rn. 59 ff.; differenzierend Spindler, in: MünchKomm AktG (2014), § 91 Rn. 71 ff., 76 ff., jeweils m. w. N.
[94] Vgl. Liebscher, in: MünchKomm GmbHG (2015), § 13 Anh., Rn. 1217 ff.; vgl. zur Pflicht zur Überwachung nachgeordneter Gesellschaften allgemein BGH, NJW 1987, 1077, 1077 f.
[95] Hierbei handelt es sich zwar, wie Spindler (in: MüchKomm AktG, § 91 Rn. 76) zutreffend feststellt, zwar nicht um eine Empfehlung des DCGK (und auch nicht um eine Anregung), wohl aber um einen der *„übrigen sprachlich nicht so gekennzeichneten Teile des Kodex"*, die *„Beschreibungen gesetzlicher Vorschriften und Erläuterungen"* betreffen, vgl. Präambel, Abs. 10 DCGK.
[96] Ringleb, in: Ringleb (2014), Rn. 580 ff.
[97] So auch Spindler, in: MünchKomm AktG (2014), § 91 Rn. 78.

effekt ausgesetzt, da die Konzernleitung die Geschäfte der Tochter- und Enkelgesellschaften in der Regel nicht selbst führt und damit von vornherein auf eine Überwachung beschränkt ist.

Im Ergebnis bleiben durchaus gewisse Ungereimtheiten zwischen der Legalitätspflicht bezogen auf das Handeln der eigenen Gesellschaft im Ausland und der konzerndimensionalen Legalitätspflicht zu konstatieren. Während im ersteren Fall die Einhaltung ausländischer Vorschriften nach einer verbreiteten Strömung mitunter nicht der Legalitätspflicht der Unternehmensleitung zuzuordnen sein soll, hat sie im zweiten Fall in den dargestellten Grenzen auf eine umfassende Einhaltung des einschlägigen ausländischen Rechts durch ihre ausländischen Tochter- und Enkelgesellschaften hinzuwirken.

3.5 Pflicht zur entsprechenden Einwirkung auf Geschäftspartner?

Eine allgemeine Erstreckung der strikten Legalitätspflicht der Unternehmensleitung auf die Sicherstellung gesetzeskonformen Verhaltens sämtlicher Vertragspartner der Gesellschaft oder gar des gesamten Konzerns erscheint demgegenüber zu weitgehend. Eine dogmatische Grundlage für eine solche allgemeine Pflicht ist nicht ersichtlich.

Möglicherweise wird allerdings eine Ausnahme zu machen sein, wenn ein deutschem Recht unterstellter Vertrag mit einem ausländischen Geschäftspartner Regelungen enthält, die gegen eine ausländische Verbotsnorm verstoßen, und dies zur Sittenwidrigkeit gemäß § 138 BGB führt. Der Abschluss eines solchermaßen sittenwidrigen Vertrags wird teilweise als Verstoß gegen die Legalitätspflicht bewertet.[98] Findet statt deutschem Recht ausländisches Recht auf den Vertrag Anwendung, bliebe der Verstoß gegen die ausländische Verbotsnorm, der bei Geltung deutschem Rechts zur Nichtigkeit nach § 138 BGB führen soll, qualitativ der gleiche. Im Ergebnis könnte daraus der Schluss zu ziehen sein, dass jedenfalls ein nach dem Maßstab des § 138 BGB sittenwidriger Vertrag stets eine Verletzung der Legalitätspflicht darstellt, unabhängig davon, ob auf den betreffenden Vertrag deutsches Recht Anwendung findet oder nicht.

3.6 Pflicht zur Beachtung der Geschäftsmoral als ergänzende Basis für CSR?

Eine über die gesetzlichen Bindungen hinausgehende strikte Bindung der Unternehmensleitung an allgemein anerkannte Grundsätze der Geschäftsmoral wird wohl überwiegend als zu unbestimmt und damit nicht justiziabel abgelehnt.[99] Dem wird entgegengehalten, dass mit diesem Argument auch andere, z. B. aus der allgemeinen Treuepflicht abgeleite-

---

[98] Vgl. oben Fn. 82.
[99] Fleischer, in: Spindler/Stilz (2010), § 93 Rn. 25; Hölters, in: Hölters (2014), § 93 Rn. 70 m. w. N.

te Pflichten abgelehnt werden könnten.[100] Letztlich wird eine Entscheidung auch davon abhängen, ob der BGH seine Rechtsprechung aus dem Jahre 1985 aufrechterhält, wonach eine Verletzung allgemein gültiger sittlicher Grundsätze jedenfalls bei Handeln im Ausland nicht zwingend zu einer Pflichtverletzung führt.[101]

In jedem Fall pflichtwidrig ist ein Verstoß gegen die Geschäftsmoral, wenn er für die Gesellschaft nicht nützlich, sondern schadensträchtig ist. Die Unternehmensleitung muss bei ihrem Tätigwerden berücksichtigen, dass Verstöße gegen die Geschäftsmoral zu einem Vertrauensverlust gegenüber ihren Geschäftspartnern und zu Ansehensverlusten in der Öffentlichkeit führen können. Eine solche Beschädigung des Bildes als *„good corporate citizen"* wird nur selten im Gesellschaftsinteresse liegen kann ggf. handfeste Schäden nach sich ziehen.[102]

3.7 Mögliche Weiterungen

Die Legalitätspflicht der Unternehmensleitung ebenso wie ihre weiteren Pflichten gemäß § 93 Abs. 1 Satz 1 AktG, § 43 Abs. 1 GmbHG bestehen grundsätzlich nur im Innenverhältnis, also gegenüber der Gesellschaft. Sie dienen nicht dem Zweck, Gesellschaftsgläubiger vor den mittelbaren Folgen einer sorgfältigen Geschäftsführung zu schützen. Pflichtverletzungen begründen daher zwar eine Innenhaftung des betreffenden Organmitglieds gegenüber der Gesellschaft, aber in der Regel keine Haftung im Außenverhältnis gegenüber Dritten.[103]

Es gibt jedoch einige Ausnahmen, in denen Dritten unmittelbare Schadenersatzansprüche gegenüber Organmitgliedern zustehen können, etwa aus *culpa in contrahendo*, § 823 Abs. 1 und Abs. 2 BGB sowie § 826 BGB. Die Einzelheiten sind streitig.[104]

Schließlich kann auch ein Verstoß gegen ausländisches Recht – jedenfalls vor ausländischen Gerichten – zu einer unmittelbaren Haftung von Organmitgliedern gegenüber Dritten führen.

4 Die Sorgfaltspflicht als innere Ermessensgrenze

Mit der Legalitätspflicht ist unter Ziff. 3. der äußere, von der Unternehmensleitung zwingend zu beachtende Rahmen beschrieben worden. Innerhalb dieses Rahmens bleibt der Unternehmensleitung ein weiter Spielraum zur freien Gestaltung, um die von ihr zu ver-

---

[100] Ziemons, in: N/Z/B (2014) Rn. 8.700; ohne nähere Begründung für eine Pflicht zur Einhaltung der Geschäftsmoral Mertens/Cahn, in: KölnKomm (2010), § 93 Rn. 71.
[101] Vgl. oben Ziff. 3.2.
[102] Fleischer, in: Spindler/Stilz (2010), § 93 Rn. 25; Hölters, in: Hölters (2014), § 93 Rn. 70 m. w. N.
[103] BGH NZG 2012, 992, 994 m. w. N.
[104] Vgl. dazu näher Spindler, in: MünchKomm AktG (2014), § 93 Rn. 321 ff.

folgenden, unter Ziff. 2 grob umrissenen Ziele zu verwirklichen. Dieser weite unternehmerische Ermessensspielraum ist mit der *business judgement rule* in § 93 Abs. 1 Satz 2 AktG im Jahr 2005 (klarstellend) kodifiziert worden.

Damit sollte die Risikobereitschaft von Vorständen bestätigt und gestärkt und zudem den häufig komplexen Entscheidungssituationen Rechnung getragen werden, denen in besonderem Maße die Gefahr von Rückschaufehlern (*hindsight bias*) nach dem Motto „nachher ist man immer schlauer" innewohnt.[105] Rechtlich maßgeblich für die Beurteilung der Pflichtgemäßheit des Handelns ist stets der Zeitpunkt der Entscheidung (*ex ante*-Perspektive).[106] Eine Erfolgshaftung des Vorstands im Sinne einer umfassenden Übernahme des unternehmerischen Risikos widerspräche seiner quasi treuhänderischen Rolle als Verwalter fremden Vermögens sowie der interessenpluralen Zielkonzeption; sie würde zudem zu einer wirtschaftlich unerwünschten Risikoaversion führen.[107]

Der BGH hatte vor diesem Hintergrund bereits im Jahr 1997 entschieden, dass eine Pflichtverletzung und damit eine Schadenersatzhaftung des Vorstands nur bei schlechthin unvertretbarem unternehmerischem Handeln in Betracht komme. Ohne Zubilligung eines weiten Handlungsspielraums sei „*eine unternehmerische Tätigkeit schlechterdings nicht denkbar*". Dazu gehöre „*neben dem bewussten Eingehen geschäftlicher Risiken grundsätzlich auch die Gefahr von Fehlbeurteilungen und Fehleinschätzungen, der jeder Unternehmensleiter, mag er auch noch so verantwortungsbewußt handeln, ausgesetzt ist.*" Habe der Vorstand „*keine glückliche Hand*", könne der Aufsichtsrat auf dessen Ablösung hinwirken; eine Schadenersatzpflicht lasse sich daraus nicht herleiten. Diese komme erst in Betracht, wenn i) „*die Grenzen, in denen sich ein von Verantwortungsbewußtsein getragenes, ausschließlich am Unternehmenswohl orientiertes, auf sorgfältiger Ermittlung der Entscheidungsgrundlagen beruhendes unternehmerisches Handeln bewegen muß, deutlich überschritten sind*", ii) „*die Bereitschaft, unternehmerische Risiken einzugehen, in unverantwortlicher Weise überspannt worden ist*" oder iii) „*das Verhalten des Vorstands aus anderen Gründen als pflichtwidrig gelten muß.*"[108]

§ 93 Abs. 1 Satz 2 AktG schließt an diese Entscheidung des BGH an. Hält der Vorstand die *business judgement rule* ein, wird die Pflichtgemäßheit seines Handelns rechtlich unwiderlegbar vermutet. Eine objektive Pflichtverletzung ist dann von vornherein ausgeschlossen. Maßgeblich ist hierfür gemäß § 93 Abs. 1 Satz 2 AktG, ob der Vorstand „*bei einer unternehmerischen Entscheidung vernünftigerweise annehmen durfte, auf Grundlage angemessener Information zum Wohle der Gesellschaft zu handeln*".[109] Für die Geschäftsführung der GmbH gilt die business judgement rule grundsätzlich entsprechend.[110]

---

[105] Vgl. Koch, in: Hüffer (2014), § 93 Rn. 8.
[106] Spindler, in: MünchKomm AktG (2014), § 93 Rn. 25.
[107] Spindler, in: MünchKomm AktG (2014), § 93 Rn. 5, 36.
[108] BGH NJW 1997, 1926; vgl. auch Koch, in: Hüffer (2014), § 93 Rn. 7 ff. m. w. N.
[109] Koch, in: Hüffer (2014), § 93 Rn. 14 f. m. w. N.
[110] Vgl. oben Ziff. 2.2.

4.1 Die Voraussetzungen der business judgement rule im Allgemeinen

Die Vornahme – ebenso wie das Unterlassen – von freiwilligen, gesetzlich nicht vorgeschriebenen (und gesetzlich auch nicht verbotenen) CSR-Maßnahmen ist zweifelsohne eine unternehmerische Entscheidung im Sinne von § 93 Abs. 1 Satz 2 AktG, die an dem Sorgfaltsmaßstab der *business judgement rule* zu messen ist. Insbesondere wird es sich regelmäßig um eine Entscheidung unter Unsicherheit handeln. Dieses Merkmal wird teilweise für die Qualifikation als unternehmerische Entscheidung vorausgesetzt. Auf den unternehmerischen Ermessensspielraum kommt es gerade bei Prognoseentscheidungen an, deren ökonomischer Sinn von künftigen Entwicklungen und ihrer Beurteilung abhängt, aber auch sonst bei komplexen Entscheidungssituationen, denen unabhängig von zukunftsbezogenen Entscheidungselementen die Gefahr von Rückschaufehlern immanent ist (s. o.).[111] Keine unternehmerischen Entscheidungen sind jedenfalls die rechtlich gebundenen Entscheidungen.[112] Auch Rechtsunsicherheiten begründen nicht per se das Vorliegen einer unternehmerischen Entscheidung.[113] Die Unternehmensleitung muss hier zuverlässigen Rat über die Rechtslage einholen.[114] Ein unbewusst fahrlässiges Verstreichenlassen von Geschäftschancen soll – im Gegensatz zum bewussten Abstandnahme – ebenfalls keine unternehmerische Entscheidung darstellen und damit nicht in den Anwendungsbereich der *business judgement rule* fallen.[115]

Auf Grundlage angemessener Information entscheidet die Unternehmensleitung nach der Rechtsprechung des BGH jedenfalls dann, wenn sie *„in der konkreten Entscheidungssituation alle verfügbaren Informationsquellen tatsächlicher und rechtlicher Art [ausschöpft] und auf dieser Grundlage die Vor- und Nachteile der bestehenden Handlungsoptionen sorgfältig [abschätzt] und den erkennbaren Risiken Rechnung [trägt]."*[116] Die (mitunter unrealistisch) hohe Anforderung einer *„Ausschöpfung aller verfügbaren Informationsquellen"* wird nach zutreffender Auffassung bereits dadurch relativiert, dass der BGH auf die *„konkrete Entscheidungssituation"* Bezug nimmt. Entscheidend ist im Ergebnis, ob sich die Informationsgrundlage im Hinblick auf die Tragweite und Eilbedürftigkeit der Entscheidung als angemessen darstellt.[117] Dabei kommt es nicht auf eine rein objektive Beurteilung an, sondern darauf, ob die Unternehmensleitung *„vernünftigerweise von einer angemessenen Information"* ausgehen durfte, § 93 Abs. 1 Satz 2 AktG.[118]

---

[111] Koch, in: Hüffer (2014), § 93 Rn. 18 m. w. N.; kritisch Spindler, in: MünchKomm AktG (2014), § 93 Rn. 41 f.

[112] Spindler, in: MünchKomm AktG (2014), § 93 Rn. 42, 45; vgl. zur strikten Legalitätspflicht oben Ziff. 3.

[113] Vgl. hierzu näher Koch, in: Hüffer (2014), § 93 Rn. 19 m. w. N.

[114] Vgl. oben einleitend zu Ziff. 3.

[115] Spindler, in: MünchKomm AktG (2014), § 93 Rn. 44 m. w. N.

[116] BGH NJW 2008, 3361, 3362; ebenso NZG 2013, 1021, 1023 (für die GmbH); kritisch zu dem hohen Maßstab Spindler, in: MünchKomm AktG (2014), § 93 Rn. 48; Bayer, NJW 2014, 2546, 2547.

[117] Vgl. hierzu näher Koch, in: Hüffer (2014), § 93 Rn. 20 m. w. N.

[118] Auf den Wortlaut von § 93 Abs. 1 Satz 2 abstellend auch BGH NZG 2011, 549, 550; BGH NJW 2013, 1958, 1961 f.

Der Unternehmensleitung ist also auch bei der Informationsgewinnung ein (hinsichtlich seiner Reichweite umstrittener) Ermessensspielraum zuzubilligen.[119] Eine nach Situation, Zeitfenster und Kosten/Nutzen-Relation objektiv vertretbare Informationsbasis erscheint grundsätzlich ausreichend.[120] Nach dem so gesetzten Maßstab ist auch zu beurteilen, ob und inwieweit die Vorbereitung der Entscheidung der Unternehmensleitung eine externe Beratung erfordert und, wenn ja, ob der externe Rat vertrauenswürdig ist.[121]

Zum Wohl der Gesellschaft handelt die Unternehmensleitung mit den Worten des Gesetzgebers, wenn sie vernünftigerweise davon ausgehen darf, dass die Entscheidung der langfristigen Ertragsstärkung und Wettbewerbsfähigkeit der Gesellschaft, einschließlich der Tochtergesellschaften und des Gesamtkonzerns, dient. Diese Grenze ist erst dann überschritten, wenn sie das mit der unternehmerischen Entscheidung verbundene Risiko in völlig unverantwortlicher Weise falsch beurteilt.[122] Eine grundsätzliche Abkehr von der interessenpluralen Zielkonzeption soll mit dieser allein auf Ertrag und Wettbewerbsfähigkeit bezogenen Formulierung des Gesetzgebers übrigens nicht verbunden sein.[123] Eine klare Vorstellung hat der Gesetzgeber hingegen insoweit geäußert, dass ein Handeln zum Wohl der Gesellschaft zusätzlich voraussetzt, dass die Unternehmensleitung gutgläubig und frei von Sonderinteressen und sachfremden Erwägungen entscheidet.[124]

Mit diesem groben Aufriss der allgemeinen Voraussetzungen der *business judgement rule* soll es vorliegend sein Bewenden haben. Er reicht als Grundlage für die nachfolgende Betrachtung, wie die *business judgement rule* die Entscheidung über freiwillige CSR-Maßnahmen beeinflusst.

4.2 Die business judgement rule bei Entscheidungen über CSR-Maßnahmen im Speziellen

An die Beurteilung der Vornahme bzw. des Unterlassens von freiwilligen CSR-Maßnahmen unter der *business judgement rule* sind selbstredend die gleichen, zuvor skizzierten Maßstäbe anzulegen, die auch für alle übrigen unternehmerischen Entscheidungen gelten. Im Ausgangspunkt ist ein weites unternehmerisches Ermessen bei der Entscheidung der Unternehmensleitung über CSR-Maßnahmen zu bejahen. Wie bereits einleitend in Ziff. 2.1 angeklungen ist, werden Aufwendungen für freiwillige CSR-Maßnahmen nach ganz

---

[119] Vgl. hierzu näher Koch, in: Hüffer (2014), § 93 Rn. 21; Spindler, in: MünchKomm AktG (2014), § 93 Rn. 48 (jeweils m. w. N.)

[120] Bayer, NJW 2014, 2546, 2547.

[121] Vgl. hierzu näher Koch, in: Hüffer (2014), § 93 Rn. 22; Spindler, in: MünchKomm AktG (2014), § 93 Rn. 50 ff. (jeweils m. w. N.).

[122] Vgl. Koch, in: Hüffer (2014), § 93 Rn. 23; Spindler, in: MünchKomm AktG (2014), § 93 Rn. 46, jeweils m. N. u. a. auf RegBegr BT-Drs. 15/5092, S. 11.

[123] Vgl. bereits oben Ziff. 2.2, Fn. 44.

[124] Vgl. hierzu näher Koch, in: Hüffer (2014), § 93 Rn. 24 f. m. w. N.

überwiegender Auffassung grundsätzlich für zulässig gehalten, weil sie der gesellschaftlichen Akzeptanz des Unternehmens als „*good corporate citizen*" dienen und sich damit günstig auf ihr langfristiges Wirtschaften auswirken.

Was bedeutet das nun konkret? Wo sind im Einzelfall die Grenzen zu ziehen? Wann ist die Vornahme freiwilliger CSR-Maßnahmen pflichtwidrig? Und ist es auch denkbar, dass das Unterlassen von freiwilligen CSR-Maßnahmen als Pflichtverletzung der Unternehmensleitung zu qualifizieren ist?

Eines ist klar: Jenseits der strikten Legalitätspflicht, also jenseits der Einhaltung des gesetzlich vorgegebenen Mindeststandards, regelt das Gesellschaftsrecht nicht im Detail, welche CSR-Strategie die Unternehmensleitung einschlagen und welche Ziele sie zur Förderung des Unternehmenszwecks anstreben darf.[125] Ein unbegrenzter Freiraum ist der Unternehmensleitung aber ebenfalls nicht eröffnet. Die entscheidende Frage ist, welche äußeren Ermessensgrenzen die Unternehmensleitung bei der Entscheidung über CSR-Maßnahmen zu beachten hat.[126] Dazu sollen einige wesentliche Entscheidungen des BGH kurz vorgestellt werden, die einen guten Anhaltspunkt dafür liefern, anhand welcher Kriterien die Gerichte die Zulässigkeit von CSR-Maßnahmen bewerten könnten:

Für den „Extremfall" unentgeltlicher Zuwendungen zur Förderung von Kunst, Wissenschaft, Sozialwesen und Sport hat der I. Strafsenat des BGH im Jahr 2002 ausgeführt, dass eine direkt gewinnsteigernde Zielsetzung nicht erforderlich sei. Die vielberufene Werbewirkung derartiger Zuwendungen lasse sich keineswegs immer „*in Mark und Pfennig*" beziffern und schon gar nicht bilanziell abbilden. De facto würden Unternehmen die Förderung von Kultur- und Sportveranstaltungen für Werbezwecke nutzen, ohne dass der wirtschaftliche Nutzen im Einzelnen genau bestimmt werden könne. Gerade das Sportsponsoring diene zum großen Teil der Imagewerbung von Großunternehmen. Auch Zuwendungen, die nicht offen zu Werbezwecken eingesetzt werden, könnten als verdecktes Sponsoring den „*public relations*" dienen, wenn sie nach dem Grundsatz „*Tue Gutes und rede darüber*" eingesetzt werden. Da die Gesellschaft für ein dauerhaft erfolgreiches Wirtschaften auf den Rückhalt aller *Stakeholder* angewiesen sei, dürfe die Unternehmensleitung unentgeltliche Zuwendungen allein mit dem Ziel ausreichen, die soziale Akzeptanz der Gesellschaft zu verbessern und dadurch indirekt ihr wirtschaftliches Fortkommen zu verbessern. Ebenso wenig wie Werbemaßnahmen für einzelne Produkte unterliege daher die Frage, welche Form der Imagewerbung für das Gesamtunternehmen als erfolgversprechend anzusehen ist, einer gerichtlichen Kontrolle.[127]

Bei unentgeltlichen, nicht erkennbar mit dem Unternehmensgegenstand zusammenhängenden Zuwendungen an Dritte müsse sich der Vorstand dabei an dem möglichen Nut-

---

[125] So explizit BGH NJW 2002, 1585, 1586 für Zuwendungen zur Förderung von Kunst, Wissenschaft, Sozialwesen und Sport.
[126] BGH NJW 2002, 1585, 1587.
[127] BGH NJW 2002, 1585, 1586.

zen orientieren, den ein solches Verhalten der sozialen Akzeptanz des Unternehmens in der Öffentlichkeit bringe.[128]

Der für das Gesellschaftsrecht zuständige II. Zivilsenat des BGH tendiert offenbar in eine ähnliche Richtung, indem er eine Verpflichtung der Unternehmensleitung, Leistungen für die Gesellschaft stets zum geringstmöglichen Preis einzukaufen, ablehnt. Es sei der Unternehmensleitung vielmehr „– *selbstverständlich – nicht verwehrt, bei der Beauftragung einer Anwaltskanzlei höhere als die gesetzlichen Gebühren, etwa in Form von Pauschal- oder Stundenhonoraren, zu vereinbaren, wenn sachliche Gründe hierfür gegeben sind*", z. B. in Form der fachlichen Qualifikation. Die Unternehmensleitung könne das Pauschal- oder Stundenhonorar sogar dann auszahlen, wenn die ursprüngliche Honorarvereinbarung formunwirksam ist und die Gesellschaft daher aus rechtlichen Gründen eigentlich nur die niedrigeren gesetzlichen Gebühren schuldet. Auch ohne eine Rechtspflicht zur Zahlung könnten andere Kriterien, etwa „*die Exklusivität der Beratung, der Wunsch nach dauerhafter Bindung des Beraters*", die Vorbefassung des Beraters oder – im streitgegenständlichen Fall einer GmbH – ein „*von allen Gesellschaftern getragene Wille dafür sprechen, eine im kaufmännischen Verkehr ohne Rechtsbindung getroffene mündliche Vereinbarung einzuhalten.*"[129]

In einer weiteren Entscheidung hat der II. Zivilsenat des BGH klargestellt, dass die Unternehmensleitung auch solche Maßnahmen ergreifen darf, die der Absicherung der Geschäftstätigkeit der Gesellschaft, „*aber nicht der selbständigen Gewinnerzielung*" dienen (konkret ging es um Zinsderivatgeschäfte einer Hypothekenbank). Pflichtwidrig sei das Geschäft aber jedenfalls dann, wenn es vom Unternehmensgegenstand nicht (auch nicht als Neben- oder Hilfsgeschäft) gedeckt ist.[130]

Eine äußerste Grenze für das Leitungsermessen findet sich in der bekannten und heftig diskutierten *Mannesmann/Vodafone*-Entscheidung des III. Strafsenats des BGH. Der III. Strafsenat führte dort zunächst – ähnlich wie später der II. Zivilsenat (s. o.) – der Sache nach aus, dass auch freiwillige Zahlungen zulässig sein können, soweit dafür ein sachlicher Grund besteht. So seien nachträgliche Anerkennungsprämien an Vorstandsmitglieder ohne Rechtsgrundlage im Dienstvertrag (sog. *appreciation awards*) zulässig, wenn der Gesellschaft gleichzeitig Vorteile zufließen, die in einem angemessenen Verhältnis zur Anerkennungsprämie stehen. Das komme insbesondere in Betracht, wenn die Gesellschaft damit signalisiert, „*dass sich außergewöhnliche Leistungen lohnen, von ihr also eine für das Unternehmen vorteilhafte Anreizwirkung ausgeht*". Welche Grenzen sich daraus für die Höhe der Anerkennungsprämie ergeben, entziehe sich einer generalisierenden Betrachtung. Unzulässig sei jedenfalls eine „*kompensationslose Anerkennungsprämie*", „*die ausschließlich belohnenden Charakter hat und der Gesellschaft keinen zukunftsbezogenen Nutzen bringen kann*". Sie sei „*als treupflichtwidrige Verschwendung des anvertrauten Gesellschaftsvermögens zu bewerten*". In diesem Fall sei irrelevant, ob die Gesamtbezüge

---

[128] BGH NJW 2002, 1585, 1587.
[129] BGH NZG 2013, 1021, 1023 f.
[130] BGH NJW 2013, 1958, 1960.

des Vorstandsmitglieds unter Einschluss der (nicht geschuldeten) Sonderzahlung noch als angemessen i. S. v. § 87 Abs. 1 Satz 1 AktG beurteilt werden könnten.[131]

Das Gebot der Angemessenheit als weitere Grenze für das Leitungsermessen wendet der BGH auch über den Bereich der Vorstandsvergütung hinaus an. So hat der I. Strafsenat in seiner eingangs angesprochenen Entscheidung ausgeführt, dass sich unentgeltliche Zuwendungen „*insgesamt im Rahmen dessen halten [müssen], was nach Größenordnung und finanzieller Situation des Unternehmens als angemessen angesehen werden kann.*" Dafür sollen „*der Zuschnitt und die Ertragslage der Aktiengesellschaft wichtige Anhaltspunkte*" bieten.[132] Der II. Zivilsenat des BGH hatte zuvor keinen Anlass gesehen zu hinterfragen, ob ein Werbeetat von 3 % des Grundkapitals und 1,75 % des Jahresüberschusses „*wirtschaftlich in einer angemessenen kaufmännisch vertretbaren Relation zu dem angestrebten Ziel*" stehe.[133]

Bei angespannter Finanzlage ergeben sich „*besondere Beurteilungsschwierigkeiten*". Zwar müsse die Unternehmensleitung in Krisenzeiten auf Spenden ebenso wenig wie auf Werbemaßnahmen gänzlich verzichten. Bei längerfristiger Ertragsschwäche sei aber „*eine sorgfältige Prüfung der Spendenpraxis unter dem Gesichtspunkt des Unternehmensinteresses erforderlich*".[134]

Die wohl herrschende Auffassung in der Literatur folgt im Ergebnis den Leitlinien, die sich aus der dargestellten BGH-Rechtsprechung ergeben. Der Unternehmensleitung wird grundsätzlich ein weiter Ermessenspielraum hinsichtlich freiwilliger CSR-Maßnahmen zuerkannt. Ein konkreter Bezug zur Förderung der wirtschaftlichen Entwicklung bzw. eine Messbarkeit der finanziellen Auswirkungen wird nicht für zwingend erforderlich gehalten. Allerdings müssten die freiwilligen CSR-Maßnahmen in einem ausgewogenen Verhältnis zu den gewinnorientierten Tätigkeiten stehen und im Hinblick auf die finanzielle Situation der Gesellschaft angemessen sein. Stets muss der jeweiligen CSR-Maßnahme dabei eine angemessene Abwägung zugrunde liegen.[135]

Nicht zu folgen ist der Gegenauffassung in der Literatur, der zufolge es bei CSR-Maßnahmen – ebenso wie bei sonstigen Investitionsentscheidungen – maßgeblich darauf ankomme, ob der Barwert der erwarteten Zahlungsüberschüsse aus der Investition deren Opportunitätskosten übersteige.[136] Der BGH hat insoweit betont, dass nicht nur CSR-Maßnahmen, sondern auch andere Maßnahmen wie z. B. Werbung und Sponsoring, in ihren

---

[131] BGH NJW 2006, 522, 524; vgl. näher zur Frage der Zulässigkeit von *appreciation awards* und zur Kritik an der Mannesmann-Entscheidung des BGH Spindler, in: MünchKomm AktG (2014), § 87 Rn. 115 ff. m. w. N.

[132] BGH NJW 2002, 1585, 1587.

[133] BGH NJW 2000, 2356, 2357.

[134] BGH NJW 2002, 1585, 1587.

[135] Mit Differenzierungen im Detail und teilweise mit Bezug nur auf bestimmte CSR-Maßnahmen: Spindler, in: MünchKomm AktG (2014), § 76 Rn. 77 ff., 84 ff.; Mertens/Cahn, in: KölnKomm (2010), § 76 Rn. 33 ff.; Koch, in: Hüffer (2014), § 76 Rn. 35; Ziemons, in: N/Z/B (2014) Rn. 8.701 ff. (jeweils m. w. N.).

[136] Mülbert, AG 2009, 766, 773; ähnlich wohl Kort, NZG 2012, 926, 929.

finanziellen Auswirkungen häufig nicht genau beurteilt werden können. Selbst wenn man eine „Abschätzung" der konkreten finanziellen Auswirkungen ausreichen lassen wollte,[137] bliebe unberücksichtigt, dass der BGH eine direkt gewinnsteigernde Zielsetzung nicht voraussetzt, sondern im Rahmen der interessenpluralen Zielkonzeption auch die Berücksichtigung anderer Faktoren zulässt.

Richtig bleibt allerdings, dass sich die Unternehmensleitung im Ausgangspunkt ein angemessenes Bild davon machen muss, ob und inwieweit sich die CSR-Maßnahme wirtschaftlich lohnt. Investitionen sind nicht weniger intensiv zu prüfen, nur weil für sie ein CSR-Aspekt streitet. Erstellt die Unternehmensleitung bei einer Investitionsentscheidung eine pflichtgemäße Prognose[138] und kommt dabei zu dem Ergebnis, dass sich die Investition ökonomisch nicht vollständig rechnet oder wegen Quantifizierungsproblemen ein diesbezüglicher Verdacht nicht ausgeräumt werden kann, dann muss sie von der Investition nicht zwingend Abstand nehmen. Vielmehr können auch indirekte, nicht exakt messbare Vorteile sowie soziale und ökologische Belange den Ausschlag geben. Alles andere würde den Handlungsspielraum der Unternehmensleitung zu sehr einengen, wie bereits die vom BGH behandelten Beispiele zeigen. Die strenge Anwendung eines quantitativen Ansatzes liefe auf eine strikte Pflicht zur Gewinnmaximierung heraus. Bei jeder Entscheidung wäre konsequent prüfen, ob es eine Alternative gibt, die mit geringeren Kosten oder höheren Erträgen verbunden ist. Das zeigen die folgenden **Beispiele**:

Bei der Einstellung eines jeden Mitarbeiters wäre zu prüfen, ob seine Qualifikation hinreichend positive finanzielle Auswirkungen für die Gesellschaft verspricht, um das höhere Gehalt im Vergleich zu einem fachlich und/oder persönlich weniger qualifizierten (oder gar gleich qualifizierten) Bewerber aufzuwiegen. Entsprechendes gälte für freiwillige Sonderleistungen[139] und letztlich etwa auch für die Auswahl von Dienstwagen.

Bei der Anmietung von Räumen für die Konzernzentrale in Innenstadtlage wäre zu prüfen, ob damit positive finanzielle Auswirkungen für das Unternehmen zu erwarten sind, die die Mehrkosten gegenüber Räumen am Stadtrand übersteigen.

Beim Einkauf wäre jeweils zu prüfen, ob die Leistung nicht noch günstiger zu beziehen ist, und wenn ja, ob die Leistungsbeziehung zum teureren Lieferanten tatsächlich die Aussicht auf zusätzliche Erträge begründet, die den finanziellen Mehraufwand rechtfertigen. Jegliche anderen Kriterien, wie z. B. fragwürdige Geschäftspraktiken des Lieferanten oder die politische und soziale Lage in seinem Heimatstaat, dürften als solche keine Berücksichti-

---

[137] Mülbert, AG 2009, 766, 773 (es reiche eine entsprechende Abschätzung der Unternehmensleitung auf angemessener Informationsgrundlage und ihre diesbezügliche Gutgläubigkeit; die Richtigkeit der angestellten Investitionsrechnung sei nicht gefordert).
[138] Vgl. hierzu BGH NZG 2011, 549, 550 (die Prognose muss grundsätzlich auf einer angemessenen Informationsgrundlage und einer detaillierten Planung beruhen; dabei müssen „branchenübliche Prognosetechniken" berücksichtigt werden).
[139] Vgl. hierzu Spindler, in: MünchKomm AktG (2014), § 76 Rn. 84 f.

gung finden. Ähnliches gälte für die Überprüfung und ggf. Verlagerung unternehmenseigener Produktionsstandorte.[140]

Kulanzleistungen wären nur zulässig, wenn die konkrete Erwartung bestünde, dass mit dem Kulanzverhalten zusätzliche Kunden angesprochen werden können und der daraus fließende Ertrag die Aufwendungen für Kulanzleistungen übersteigt.[141]

Werbung wäre von vornherein ausgeschlossen, es sei denn, dass konkrete Anhaltspunkte für eine den Werbeetat übersteigende Ertragssteigerung vorliegen.

Investitionen in neue Produkte, neue Technologien etc. würden stets eine überwiegende, durch entsprechende konkrete Planungen bestätigte Wahrscheinlichkeit voraussetzen, dass sich die Investition ökonomisch auch rechnet.[142]

Eine derartige Überregulierung des unternehmerischen Ermessens in diesen und vielen ähnlichen denkbaren Fällen ist weder wünschenswert noch ist sie – wie gezeigt – rechtlich geboten. Für alle genannten Maßnahmen mögen im Einzelfall gute Gründe sprechen, die jenseits der Erwartung einer direkten Gewinnsteigerung für ihre rechtliche Zulässigkeit sprechen. Der BGH hat das treffend auf den Punkt gebracht:

> Dem Vorstand ist damit in der Frage, welchen Aufwand er für soziale Zwecke treibt, auf welche Gewinne er aus ethischen Gründen verzichtet und für welche sozialen, politischen und kulturellen Zwecke er Mittel der Gesellschaft einsetzt, ein breiter Ermessensspielraum einzuräumen.[143]

Freiwillige CSR-Maßnahmen können insbesondere auch dann zulässig sein, wenn sich auf dem Markt die Herausbildung bestimmter CSR-Erwartungen abzeichnet und die Unternehmensleitung diese Erwartungen zur Absicherung der Marktposition der Gesellschaft ebenfalls erfüllen will. Gleichermaßen zulässig muss es dann grundsätzlich sein, im Hinblick auf potentielle CSR-Erwartungen des Marktes eine *first mover*-Strategie zu verfolgen, um daraus bestenfalls Wettbewerbsvorteile zu generieren, jedenfalls aber die Marktposition der Gesellschaft vorausschauend abzusichern.

Im Einzelfall kann es durchaus auch geboten sein, gesetzlich nicht vorgeschriebene CSR-Maßnahmen zu ergreifen, wenn im Falle des Unterlassens handfeste Nachteile für

---

[140] Vgl. hierzu Mertens/Cahn, in: KölnKomm (2010), § 76 Rn. 34; Ziemons, in: N/Z/B (2014) Rn. 8.703.

[141] Tendenziell zu eng daher für Kulanzleistungen Wiersch, NZG 2013, 1206 ff.

[142] Beispielsweise hielt der Vorstand der Telekom bei der Ersteigerung der UMTS-Lizenzen nach BGH NJW 2008, 1583, 1584 den unternehmerischen Ermessensspielraum ein, weil den seitens der Telekom aufgewandten hohen Kosten für die UMTS-Lizenz (nicht näher quantifizierte) enorme wirtschaftliche Chancen gegenüber standen. Die Verdrängung eines Wettbewerbers habe ein Angebot von vielen Milliarden Euro gerechtfertigt. Dies werde dadurch bestätigt, dass auch zahlreiche andere Unternehmensleitungen an der Versteigerung teilgenommen hätten.

[143] BGH NJW 2002, 1585, 1586.

die Gesellschaft drohen. An das eingangs erwähnte Beispiel der Fortführung des Geschäftsmodells trotz kurzfristigem Versiegen des hierfür essentiellen Rohstoffs sei erinnert. Denkbar ist aber auch, dass der Schutz der Gesellschaft vor absehbaren Skandalen im Falle drohender Umsatzeinbrüche präventive CSR-Maßnahmen gebietet. Darüber hinaus kann aufgrund der von Geschäftspartnern geforderten CSR-Standards eine entsprechende verantwortungsvolle Unternehmensführung essentiell sein, z. B. innerhalb der Lieferkette, im Vergaberecht[144] oder wenn Investitionsgarantien oder Exportgarantien angestrebt werden.[145] Die Einhaltung der jeweils geforderten CSR-Standards ist in diesen Fällen zu Beginn als Türöffner und im Fortgang zum Schutz vor Sanktionsmaßnahmen erforderlich. Der Verstoß gegen eine ausschließlich vertraglich übernommene CSR-Verpflichtung bleibt aber zulässig, soweit er sich für die Gesellschaft als nützlich darstellt und nicht zugleich eine Gesetzesverletzung begründet.[146] Gleiches gilt für den Verstoß gegen Selbstverpflichtungserklärungen in internen Verhaltenskodizes.

4.3 Ergänzende prozedurale Aspekte

Nur in aller Kürze sollen abschließend, bevor ein Fazit gezogen wird, einige weitere formelle Aspekte für den Entscheidungsfindungsprozess Erwähnung finden.

Der Vorstand einer AG ist grundsätzlich nicht verpflichtet, die Entscheidung über CSR-Maßnahmen der Hauptversammlung vorzulegen.[147] Im Rahmen ihrer jeweiligen Ressortverantwortlichkeit können die Vorstandsmitglieder grundsätzlich selbst über CSR-Maßnahmen entscheiden. Bei Zweifeln, etwa über die Sinnhaftigkeit der Maßnahme oder die Angemessenheit der mit ihr verbundenen Kosten, sowie bei potentiellen persönlichen Motiven bzw. Eigeninteressen des Vorstandsmitglieds empfiehlt sich eine Befassung des Gesamtvorstands, soweit sich dies nicht ohnehin bereits aus der Geschäftsordnung für den Vorstand ergibt.[148]

Anders zu beurteilen ist die Lage in der GmbH, weil die Geschäftsführung im Gegensatz zum Vorstand einer AG den Weisungen der Gesellschafterversammlung unterworfen ist. Insbesondere bei grundsätzlichen Fragen sowie bei Zweifeln über die Sinnhaftigkeit

---

[144] Vgl. § 97 Abs. 4 Satz 2 GWB sowie den neuen europäischen Rechtsrahmen für die öffentliche Auftragsvergabe (Reform der allgemeinen Vergaberichtlinie und Sektoren-Richtlinie, neue Konzessionsrichtlinien); hierzu auch Elfter Bericht der Bundesregierung zu ihrer Menschenrechtspolitik, BT-Drs. 18/3494, S. 91 f.
[145] Vgl. Elfter Bericht der Bundesregierung zu ihrer Menschenrechtspolitik, BT-Drs. 18/3494, S. 86.
[146] Vgl. zu dem nach wohl herrschender Meinung bestehenden unternehmerischen Ermessen hinsichtlich des Inkaufnehmens von Vertragsverletzungen oben Ziff. 3.1.
[147] Koch, in: Hüffer (2014), § 76 Rn. 35; Mertens/Cahn, in: KölnKomm (2010), § 76 Rn. 34 (jeweils m. w. N.); für eine ungeschriebene Hauptversammlungskompetenz demgegenüber Mülbert, AG 2009, 766, 774.
[148] Spindler, in: MünchKomm AktG (2014), § 76 Rn. 163 m. w. N.; vgl. auch BGH NJW 2002 1585, 1587.

oder Angemessenheit einzelner CSR-Maßnahmen kann sich hier eine Pflicht zur Vorlage an die Gesellschafterversammlung ergeben.[149]

5 Fazit

Zusammenfassend soll der Versuch eines knappen Fazits gewagt werden, das angesichts der Vielzahl der zu beachtenden Einzelheiten keinen Anspruch auf Vollständigkeit und Allgemeingültigkeit erheben kann:

CSR-Maßnahmen sind grundsätzlich geeignet, zur langfristigen Steigerung des Unternehmenswerts beizutragen. Im internationalen Kontext können die Unternehmen als Repräsentanten ihrer zahlreichen *Stakeholder* maßgeblich dazu beitragen, dass niedrige soziale und ökologische Standards im Ausland unabhängig vom Tätigwerden des jeweils zuständigen nationalen Gesetzgebers faktisch angehoben werden können.

Die Unternehmensleitung muss grundsätzlich alle für die Unternehmenstätigkeit einschlägigen inländischen und ggf. auch ausländischen Rechtsvorschriften einhalten. Sie muss dafür Sorge tragen, dass sie auch auf den nachgeordneten Ebenen der Gesellschaft und im Konzern eingehalten werden. Dies gilt auch und gerade für Rechtsvorschriften, die CSR-Aspekte beinhalten. Sie bilden in ihrer Gesamtheit den zwingend einzuhaltenden CSR-Mindeststandard.

Darüber hinausgehende, freiwillige CSR-Maßnahmen fallen in den weiten unternehmerischen Ermessensspielraum der Unternehmensleitung. Eine Pflicht zur strikten Gewinnmaximierung besteht nicht. Die Unternehmensleitung muss zum Wohl der Gesellschaft im weiteren Sinne handeln. Das Gesellschaftsrecht definiert als Ziele die langfristige Stärkung der Ertragslage und Wettbewerbsfähigkeit der Gesellschaft sowie die angemessene Berücksichtigung der Interessen aller *Stakeholder*.

CSR-Maßnahmen müssen mithin nicht mit der Erwartung einer unmittelbaren Gewinnsteigerung verbunden sein, um rechtlich zulässig zu sein. Es reicht aus, wenn sie der Absicherung der Marktposition der Gesellschaft dienen oder soziale bzw. ökologische Gründe in einer Gesamtabwägung gegenüber Zweifeln an der Rentabilität der Maßnahme überwiegen. Bei CSR-Maßnahmen, die mit dem Unternehmensgegenstand in keinem direkten Zusammenhang stehen, muss sich die Unternehmensleitung in besonderem Maße an dem möglichen Nutzen für die soziale Akzeptanz des Unternehmens in der Öffentlichkeit orientieren. Erforderlich ist in jedem Fall, dass die Unternehmensleitung ihre Entscheidung auf einer der Bedeutung der Angelegenheit angemessenen Informationsgrundlage trifft.

Die Kosten der CSR-Maßnahmen müssen sich insgesamt im Rahmen dessen halten, was nach Größenordnung und finanzieller Situation des Unternehmens als angemessen angesehen werden kann. Bei angespannter Finanzlage ist besondere Vorsicht geboten.

---

[149] Haas/Ziemons, in: BeckOK GmbHG (2014), § 43 Rn. 129.

Literatur

Baumbach/Hopt, Kommentar zum Handelsgesetzbuch, 36. Aufl. 2014 (zitiert: *Bearbeiter*, in: Baumbach/Hopt (2014))

Baumbach/Hueck, Kommentar zum GmbH-Gesetz, 20. Aufl. 2013 (zitiert: *Bearbeiter*, in: Baumbach/Hueck (2013))

Bayer, Vorstandshaftung in der AG de lege lata und de lege ferenda, NJW 2014, S. 2546 ff.

Beck'scher Online-Kommentar zum GmbH-Gesetz, 20. Edition Stand 1. Oktober 2014 (zitiert: *Bearbeiter*, in: BeckOK GmbHG (2014))

Cichy/Cziupka, Compliance-Verantwortung der Geschäftsleiter bei Unternehmenstätigkeit mit Auslandsbezug, BB 2014, S. 1482 ff.

Fleischer, Aktienrechtliche Compliance-Pflichten im Praxistest: Das Siemens/Neubürger-Urteil des LG München I, NZG 2014, S. 321 ff.

Grigoleit, Kommentar zum Aktiengesetz, 1. Aufl. 2013 (zitiert: Bearbeiter, in: Grigoleit (2013))

Haarmann/Weiß, Reformbedarf bei der aktienrechtlichen Organhaftung, BB 2014, S. 2115 ff.

Hasselbach/Ebbinghaus, Anwendung der Business Judgement Rule bei unklarer Rechtslage, AG 2014, S. 873 ff.

Hecker/Peters, Der Deutsche Nachhaltigkeitskodex, NZG 2012, S. 55 ff.

Heißner/Benecke, Compliance-Praxis im Wandel: von der reinen Kontrolle zum Integrity Management, BB 2013, S. 2923 ff.

Hölters, Kommentar zum Aktiengesetz, 2. Aufl. 2014 (zitiert: Bearbeiter, in: Hölters (2014))

Hüffer, Kommentar zum Aktiengesetz, 11. Aufl. 2014 (zitiert: Koch, in: Hüffer (2014))

Klink, Der Ehrbare Kaufmann – Das ursprüngliche Leitbild der Betriebswirtschaftslehre und individuelle Grundlage für die CSR-Forschung, ZfB-Special-Issue 3/2008, S. 57 ff.

Kölner Kommentar zum Aktiengesetz, 3. Aufl. 2010 (zitiert: Bearbeiter, in: KölnKomm (2010))

Kort, Gemeinwohlbelange beim Vorstandshandeln, NZG 2012, S. 926 ff.

Lutter/Hommelhoff, Kommentar zum GmbH-Gesetz, 18. Aufl. 2012 (zitiert: *Bearbeiter*, in: Lutter/Hommelhoff (2012))

Mayer, Die aktienrechtliche Organhaftung – Reform durch juristische Methodik oder gesetzgeberisches Handeln?, NZG 2014, S. 1208 ff.

Michalski, Kommentar zum GmbH-Gesetz, 2. Aufl. 2010 (zitiert: *Bearbeiter*, in: Michalski (2010))

Mülbert, Soziale Verantwortung von Unternehmen im Gesellschaftsrecht, AG 2009, S. 766 ff.

Münchener Kommentar zum Aktiengesetz, 4. Aufl. 2014 (zitiert: *Bearbeiter*, in: MünchKomm AktG (2014))

Münchener Kommentar zum GmbH-Gesetz, 2. Aufl. 2015 (zitiert: *Bearbeiter*, in: MünchKomm GmbHG (2015))

Nirk/Ziemons/Binnewies, Handbuch der AG, Teil I., 2014 (zitiert: *Bearbeiter*, in: N/Z/B (2014))

Peemöller/Braune, Der Einfluss nachhaltigen Wirtschaftens auf den Unternehmenswert, BB 2013, S. 2091 ff.

Ringleb u. a., Kommentar zum Deutschen Corporate Governance Kodex, 5. Aufl. 2014 (zitiert: *Bearbeiter*, in: Ringleb (2014))

Spindler/Stilz, Kommentar zum Aktiengesetz, 2. Aufl. 2010 (zitiert: *Bearbeiter*, in: Spindler/Stilz (2010))

Von Flotow/Kachel, in: von Rosen, Studien des DAI, Heft 50: Nachhaltigkeit und Shareholder Value aus Sicht börsennotierter Unternehmen, 2011 (zitiert: von Flotow/Kachel, Studien des DAI (2011))

Wiersch, Geschäftsleiterpflichten bei Gewährung von Kulanzleistungen, NZG 2013, S. 1206 ff.

Corporate Social Responsibility: Eine rechtspolitische und verfassungsrechtliche Betrachtung

Felix Boor und Karsten Nowrot

Zusammenfassung

Eine Verrechtlichung der CSR ist – wie jede staatliche Normsetzung in der Bundesrepublik Deutschland – an den verfassungsrechtlichen Rahmen des Grundgesetzes gebunden. Dieser stellt zugleich die gesetzgeberische Befugnis wie Begrenzung dar. Wenn also nun, wie in den vergangenen Jahren vermehrt gefordert wird, eine Regulierung des Verhaltens deutscher transnationaler Unternehmen im Ausland erfolgen soll, muss das Grundgesetz eine dementsprechende Ermächtigungsgrundlage bereitstellen. Weiterhin darf eine solche gesetzliche Regelung insbesondere die Grundrechte der deutschen Unternehmer nicht verletzen. Über die mit dieser Thematik zusammenhängenden verfassungsrechtlichen Fragestellungen hinaus geht der folgende Beitrag auf das Problem ein, dass das Verhalten Privater im Ausland sich ersichtlich außerhalb des eigentlichen Fokus der Verfassung abspielt. Trotzdem gibt es einige Anhaltspunkte in der Rechtsprechung des BVerfG und im Schrifttum, die eine solche Verrechtlichung gerade auch im Hinblick auf menschenrechtsverletzendes Verhalten von deutschen Unternehmen und deren ausländischen Tochtergesellschaften für zulässig erachten lassen bzw. sogar darauf hindeuten, dass sich auf ihrer Grundlage eine Verpflichtung des deutschen Gesetzgebers zum Tätigwerden ergibt.

F. Boor (✉) · K. Nowrot
Universität Hamburg, Hamburg, Deutschland
E-Mail: Felix.Boor@wiso.uni-hamburg.de

1 Einleitung: Der „neue" Fokus der Corporate Social Responsibility auf den Heimatstaat der multinational agierenden Unternehmen

Bei der Corporate Social Responsibility (CSR) handelt es sich eher um einen politischen Sammelbegriff als um einen definierbaren Rechtsbegriff.[1] Als solcher umfasst er eine Reihe von gesellschaftlichen und sittlich-moralischen Zielvorgaben namentlich für multinational agierende Privatunternehmen, auf deren Grundlage diese nicht-staatlichen Akteure in die Prozesse der Gemeinwohlverwirklichung einbezogen werden sollen.[2] Nach überwiegender Ansicht werden unter dem CSR-Ansatz dabei nur solche Verhaltenserwartungen gefasst, die über den rechtsnormativ determinierten Pflichtenkreis hinausgehen und damit mangels rechtlicher Durchsetzbarkeit in die Sphäre der freiwilligen Befolgung fallen.[3] Geht man also davon aus, dass es sich bei der CSR in einem engeren Sinne um Nicht-Recht handelt, so muss und kann die verfassungsrechtliche Fragestellung nur darauf gerichtet sein, inwieweit die im Rahmen der CSR formulierten politischen Zielvorgaben einer Verrechtlichung im nationalen Recht zugänglich sind bzw. inwieweit eine solche Normierung sogar grundgesetzlich geboten erscheint.

Da sich im Grundsatz bereits im Laufe der vergangenen vierzig Jahre gerade auch im überstaatlichen Bereich ein Bewusstsein für diesen Problemkreis im Rahmen einiger internationaler Organisationen, darunter beispielsweise der OECD, der Vereinten Nationen oder der ILO entwickelt hat, sind die entsprechenden Verrechtlichungsziele am ehesten auf der völkerrechtlichen Ebene ausformuliert, jedoch bei Weitem noch nicht in der Weise ausgestaltet worden, dass man schon von einem effektiven Rechtsschutzsystem sprechen könnte. Man kann jedoch bei systematisierender Betrachtung zumindest zwei grobe Entwicklungslinien bzw. Realisierungsansätze erkennen, welche hier zum besseren Verständnis der verfassungsrechtlichen Perspektiven zumindest kurz nachgezeichnet werden sollen:

Die gerade auch von Seiten der Zivilgesellschaft eingeleiteten und unterstützten Bestrebungen der ersten Generation richteten und richten sich zunächst auf eine Begrenzung des unternehmerischen Handelns selbst; sei es durch Versuche, diese Unternehmen auf völkerrechtlicher Ebene als unmittelbare Regelungsadressaten an entsprechende Verhaltensvorgaben zu binden, sei es durch Einflussnahme auf die jeweiligen Gaststaaten, ihren menschenrechtlichen Schutzverpflichtungen gegenüber der eigenen Bevölkerung nachzukommen.[4] Die im Rahmen dieser Entwicklung geschaffenen Regelungswerke – herausgestellt seien an dieser Stelle vor allem die OECD Guidelines for Multinational Enterprises

---

[1] Besmer (2006): 289; Empt (2004): 25; Kyte (2008): 563: „there is no single, commonly accepted definition of CSR"; Muchlinski (2003): 34; Nowrot (2011): 420; Spießhofer (2009): 94.

[2] Zur Definition des Begriffs des „transnationalen Unternehmen" siehe Nowrot (2006): 51 ff.

[3] Aaronson (2007): 631; Besmer (2006): 280 ff.; Engel (1979): 5 f.; Förster (2008): 837; Kyte (2008): 563; Neal (2008): 464; Nowrot (2011): 421; Reinisch (2009): 351 f.; Spindler (2008): § 76 Rn. 82; Steurer/Tiroch (2009): 199.

[4] von Bernstorff (2011): 35.

aus dem Jahr 1976[5] – enthalten allerdings bekanntermaßen für die betroffenen Unternehmen weitgehend rechtlich unverbindliches soft law[6] bzw. die Anregung an diese privaten Akteure, Selbstverpflichtungserklärungen gegenüber den beteiligten Staaten abzugeben, die zwar öffentlich wirksam vermarktet werden können, aber dennoch bei Verstößen nur in besonderen Konstellationen rechtlich durchsetzbar sind.[7] Ohne diesen Normenkomplexen eine gewisse positive Steuerungsfunktion absprechen zu wollen, ist aus nationaler verfassungsrechtlicher Perspektive die fehlende Durchsetzungsmöglichkeit dieser Regelungen als im Ergebnis nicht ausreichend zu werten. Die beschriebene Rechtsentwicklung liegt aber in der Natur des Völkerrechts als ein jedenfalls traditionell im Wesentlichen zwischenstaatliches Recht. Da Private – abgesehen insbesondere vom Bereich des Völkerstrafrechts – derzeit grundsätzlich nicht direkt an völkerrechtliche Verhaltensvorgaben gebunden sind,[8] sondern regelmäßig nur Staaten sowie gegebenenfalls internationale Organisationen als Völkerrechtssubjekte, wurde von vielen Autoren mit einiger Berechtigung ein „rechtliches Vakuum"[9] bzw. eine „Zurechnungslücke"[10] für multinational agierende Unternehmen konstatiert.[11]

Vor diesem Hintergrund richtet sich die zweite Generation der internationalen Verrechtlichungsbestrebungen nunmehr direkt an die Heimatstaaten der entsprechenden transnationalen Wirtschaftssubjekte.[12] Insbesondere bei unternehmensbezogenen Menschenrechtsverletzungen zielt diese neue Entwicklungstendenz auf eine völkerrechtliche

---

[5] Das einflussreichste Regelungswerk dürften die OECD Guidelines for Multinational Enterprises sein, die als Annex zur „Declaration on International Investment and Multinational Enterprises" v. 21.06.1976 beschlossen worden sind. Die Guidelines wurden zuletzt 2011 in Einzelaspekten modifiziert. Eingehender hierzu Huarte Melgar/Nowrot/Wang (2011): 5 ff.; Weidmann (2014): 172 ff.

[6] Zur rechtlichen Qualität von soft law differenzierend Davarnejad (2010): 5 ff.

[7] So regelt beispielsweise Kap. I, Ziff. 1, S. 2 OECD-Guidelines, dass die Leitsätze „auf dem Prinzip der Freiwilligkeit [beruhen]" und „keinen rechtlich zwingenden Charakter [haben]". Zu der Rechtsnatur von Selbstverpflichtungserklärungen in Form der sog. Corporate Responsibility Codes siehe Augsburger (2014): 427 f. Im Hinblick auf die Durchsetzung vgl. u. a. die in einer Reihe von Staaten – darunter auf der Grundlage von § 5 Abs. 1 UWG auch in Deutschland – grundsätzlich für Konkurrenten und Konsumenten eröffnete Möglichkeit, einen Verstoß gegen diese Selbstverpflichtungen und unternehmenseigenen Verhaltenskodizes mit den Mitteln des Wettbewerbsrechts nach den Grundsätzen des so genannten „false or misleading advertising" vor innerstaatlichen Gerichten geltend zu machen. Eingehender zu dieser Rechtsrealisierungsoption z. B. Kocher (2005); Glinski (2007): 126 ff.; De Schutter (2008): 232 ff.

[8] Das BVerfG selbst geht davon aus, dass eine solche Verpflichtung Privater nur durch ein entsprechendes deutsches Zustimmungsgesetz entstehen kann und der entsprechende Vertrag dies zum Ausdruck bringen muss: BVerfGE 43, 203 (209): „Aus völkerrechtlichen Verträgen [...] können unmittelbare Handlungs- und Verhaltenspflichten einzelner Bürger nur abgeleitet werden, wenn und soweit dies der Vertragstext unzweideutig zum Ausdruck bringt."

[9] Kinley/Tadaki (2004): 935.

[10] Stephens (2002): 56 ff.

[11] Siehe zur Diskussion und für weitere Nachweise unter anderem Nowrot (2006): 549 ff.

[12] von Bernstorff (2011): 36.

Verantwortung der Heimatstaaten für das Handeln ihrer staatszugehörigen Unternehmen ab. Entgegen dem hohen Anspruch, den sich die beteiligten Staaten selbst gesetzt haben, sind jedoch alle Reformbestrebungen bisher auf internationaler Ebene nicht zuletzt aufgrund des Widerstands westlicher Staaten gescheitert.[13] Damit rückt das nationale Recht der Heimatstaaten transnationaler Unternehmen in den Fokus der CSR.

Im Folgenden soll sich daher aufgrund dieser neuen Entwicklungstendenzen mit der Frage beschäftigt werden, ob und inwieweit sich eine grundsätzliche Verpflichtung zu legislativem Handeln, aber auch eine entsprechende legislatorische Befugnis hinsichtlich der wirtschaftlichen Aktivitäten deutscher Unternehmen im Ausland aus den Normenstrukturen des Grundgesetzes entnehmen lassen kann.

2 Die maßgebliche Bedeutung des Verfassungsrechts für eine nationale Verrechtlichung der CSR und verfassungsrechtliche Bedenken

Für die Verrechtlichung der CSR ist eine Ermächtigung für ein legislatives Handeln, aber auch dessen Begrenzung, stets in zentraler Weise in den Normen der nationalen Verfassung als Geltungsgrund für jede nationale und internationale Rechtsnorm zu suchen. Nicht nur jede nationale Rechtsnorm muss den Vorgaben des deutschen Grundgesetzes entsprechen, sondern auch die völkervertraglichen Normen, an die sich die Bundesrepublik Deutschland binden will, müssen in Form des deutschen Zustimmungsgesetzes (Art. 59 Abs. 2 S. 1 GG) dieser Vorbedingung entsprechen, bevor eine Ratifizierung erfolgen kann.[14] Das BVerfG hat zuletzt hinsichtlich der Ratifizierung des Vertrags von Lissabon anhand des grundrechtsgleichen Wahlrechts des Art. 38 GG erhebliche Anforderungen an Voraussetzungen der Ratifikation geknüpft.

In diesem Zusammenhang hat das BVerfG die Pflicht des Gesetzgebers betont, dieses grundrechtsgleiche Recht über das Gesetzespaket zur Umsetzung des Vertrages zu schützen, und damit eine gesetzgeberische Pflicht zum Schutz des grundrechtsgleichen Rechts formuliert. Überträgt man diese Rechtsprechung auf den Normenkreis der CSR, so muss in diesem Zusammenhang gefragt werden, ob nicht auch in diesem Fall eine legislative Verpflichtung aus dem grundrechtlichen Rahmen gefolgert werden kann, um Verstöße zumindest gegen die objektive Werteordnung der Grundrechte verhindern oder zumindest begrenzen zu können.[15] Auch hier ist also die Verfassung aus deutscher Perspektive we-

---

[13] Vgl. beispielsweise zum Scheitern der Draft Norms on the Responsibilities of Transnational Corporations and Other Business Enterprises with Regard to Human Rights v. 2003 vor der damaligen UN-Menschenrechtskommission Nowrot (2006): 70 ff.; von Bernstorff (2011): 35 f.
[14] BVerfGE 123, 267 (341) („Lissabon").
[15] Vgl. Herdegen (2005): Rn. 19 zu den einzelnen Grundrechten, die als objektive Grundrechtskomponenten von der Rechtsprechung bisher (für den Schutz der eigenen Bürger) herangezogen worden sind (insbesondere Schutz und Förderung des Lebens, Schutz der Menschenwürde, der Meinungsfreiheit, der Versammlungsfreiheit und der Berufsfreiheit).

sentliche Richtschnur und begrenzt bzw. erweitert den hoheitlichen Handlungsrahmen bei jeder denkbaren Verrechtlichung der CSR.

3 Die neue Dimension der mittelbaren (Dritt-)Wirkung der Grundrechte auf Private

Dabei ist einer solchen Funktion des Grundgesetzes naturgemäß hinderlich, dass das Handeln von Privaten nicht in seinem Fokus steht. Das Grundgesetz als Ausdruck des verfassten Staates will in erster Linie den Staat organisieren und dem Bürger mit den Grundrechten Abwehrrechte gegenüber hoheitlichen Maßnahmen einräumen.[16] Daher ist eine unmittelbare Bindung privater Unternehmen, wie sie einst insbesondere das Bundesarbeitsgericht vertreten hat, durch das Grundgesetz sicherlich nicht vorgesehen.[17] Das BVerfG hat sich aber bekanntermaßen bereits früh für eine zumindest mittelbare (Dritt-)Wirkung der Grundrechte auf die Privaten ausgesprochen, die über die Zivilgerichte als durch die Grundrechte gebundener Teil der Judikative – insbesondere über die Auslegung der zivilrechtlichen Generalklauseln als Einfallstor der Grundrechte – vorhanden sei.[18] Im Ergebnis führt dieser Kunstgriff freilich zu keiner bedeutenden Einschränkung der Bindungswirkung, sofern deutsche Hoheitsträger mit ihrer Durchsetzung betraut sind.

Diese eigentlich längst entschiedene Streitfrage der lediglich mittelbaren Bindung Privater an die Grundrechte bekommt allerdings dann eine zusätzliche Dimension, sofern die Durchsetzung gegenüber deutschen Unternehmen durch deutsche Hoheitsträger nicht erfolgen kann, wie dies in vielen Fällen im Bereich der CSR der Fall sein wird. Betrachtet man nur die Teilbereiche der arbeits- und menschenrechtlichen oder umweltrechtlichen Aspekte, so wird klar, dass in vielen Fällen ein nationaler deutscher Rechtsschutz aus rechtlichen, aber auch rein faktischen Gründen nicht erfolgt. So wird es in vielen Fällen schon an einem deutschen Gerichtsstand fehlen, insbesondere in den Fällen, in denen das deutsche Unternehmen eine Tochtergesellschaft mit Sitz im Gaststaat errichtet hat. Ist ein deutscher Gerichtsstand jedoch ausnahmsweise vorhanden, so wird dieser oftmals aufgrund der Entfernung des potentiellen Klägers vom zuständigen deutschen Gericht,

---

[16] Exemplarisch BVerfGE 115, 320 (358) („Die Grundrechte sind dazu bestimmt, die Freiheitssphäre des Einzelnen vor Eingriffen der öffentlichen Gewalt zu sichern; sie sind Abwehrrechte des Bürgers gegen den Staat."); Kloepfer (2010): § 48, Rn. 13 ff.; Sachs (2006): § 39, Rn. 1 ff., jeweils m. w. N.

[17] Zum vormals namentlich vom Bundesarbeitsgericht vertretenen Ansatz einer unmittelbaren Drittwirkung der Grundrechte vgl. z. B. Hufen (2014): 97 m. w. N.; Dreier (2013): Vorb. Rn. 98: „Eine unmittelbare Drittwirkung im Sinne einer analog zur Staatsgewalt vorzustellenden vollständigen Grundrechtsbindung der Privatrechtssubjekte würde nach allgemeiner Auffassung die vom Grundgesetz im allgemeinen und den Grundrechten im besonderen gewollte Privatautonomie im Kern zerstören und die grundrechtlichen Freiheiten zu einer umfassenden Pflichtenordnung denaturieren."

[18] Grundlegend BVerfGE 7, 198 ff.; siehe hierzu überdies beispielsweise Pieroth/Schlink/Kingreen/Poscher (2014): Rn. 190 ff.; Herdegen (2005): Rn. 59; Müller-Franken (2009): 227 ff.

aufgrund sprachlicher Schwierigkeiten oder eines systemisch bedingten Bildungsdefizits im fremdstaatlichen System nicht effektiv genutzt werden können.[19] Die vielbeschworene objektive Werteordnung des Grundgesetzes[20] droht daher, sofern es sich um privates Handeln im Ausland handelt, ins Leere zu laufen.

Dies ist insbesondere dann fragwürdig, wenn der deutsche Staat die Auslandsinvestition im Vorfeld unterstützt hat. Deutschland hat nicht nur mit den meisten Staaten dieser Welt bilaterale Investitionsschutzabkommen geschlossen, und damit eine oftmals entscheidende Grundlage für die unternehmerische Tätigkeit deutscher Gesellschaften geschaffen, sondern unterstützt die Unternehmen zudem in vielen Fällen auch mit finanziellen Investitionsanreizen wie den Hermes-Bürgschaften. Wenn der deutsche Staat aber tatsächlich diese Anreize geschaffen hat, die dann ein fragwürdiges Gebaren deutscher Unternehmen im Ausland zur Folge haben, so muss gefragt werden, ob nicht durch dieses Verhalten des deutschen Staates eine Verpflichtung entsteht, eine weitergehende Reglementierung dieser im Ausland agierenden Unternehmen zu schaffen,[21] ohne dabei die unternehmerische Wettbewerbsfähigkeit durch zu massive, nicht ortsübliche Auflagen gleichsam zu ersticken.

4 Die deutsche Jurisdiktionsgewalt und die Sitztheorie

Dabei liegt das Argument nahe, dass dies kein systemischer Fehler des Grundgesetzes ist, sondern die Verfassung vielmehr grundsätzlich nur Handeln regeln will, das sich auf dem Gebiet der Bundesrepublik Deutschland abspielt bzw. das von einem deutschen Hoheitsträger – unabhängig vom Ort der Handlung – vorgenommen wird.[22] Eine darüber hinausgehende extraterritoriale Anwendung des Grundgesetzes auf ein menschenrechtsbeinträchtigendes Verhalten von deutschen Unternehmen im Ausland ist zumindest nach dem Wortlaut des Grundgesetzes nicht vorgesehen. Der hinter dieser Zurückhaltung des Grundgesetzes liegende Gedanke ist derjenige, dass der durch das Handeln des deutschen Privatunternehmens betroffene Staat selber in der Lage sein sollte, legislative Maßnahmen auf den Weg zu bringen, um ein der Verwirklichung von Gemeinwohlbelangen abträgliches Verhalten ausländischer Unternehmen effektiv zu unterbinden.

---

[19] Siehe exemplarisch hierzu Saage-Maaß (2014): 15 ff.
[20] Allgemein hierzu BVerfGE 5, 85 (204); 6, 32 (40); 6, 55 (72); 7, 198 (204); 10, 59 (81); 21, 362 (372); Dreier (2013): Vorb. Rn. 94 f.; Kannengießer (2014): Rn. 20; Sachs (2014): Rn. 28 f.
[21] Siehe Prinzip 4 der vom Sonderberichterstatter John Ruggie erarbeiteten Leitlinien der Vereinten Nationen für Wirtschaft und Menschenrechte „Protect, Respect and Remedy", UN-Doc. A/HRC/17/31 (2011): „States should take additional steps to protect against human rights abuses by business […] that receive substantial support and services from State agencies such as export credit agencies and official investment insurance or guarantee agencies […]"; vgl. zu diesem Aspekt auch Krajewski (2013): 1113 ff.
[22] BVerfGE 6, 290 (295); 57, 9 (23); dazu u. a. Sachs (2014): Rn. 19 f.

Allerdings unterliegt das handelnde deutsche Unternehmen natürlich auch im Ausland der deutschen Jurisdiktionsgewalt. Das gemäß Art. 25 GG mit übergesetzlichem Rang verbindliche Völkergewohnheitsrecht[23] sieht – losgelöst von der faktischen Möglichkeit der Durchsetzung – für legislatorische Maßnahmen neben einem territorialen bekanntermaßen auch einen personalen Anknüpfungspunkt für hoheitliches Handeln vor.[24] Dementsprechend ist zumindest aus völkerrechtlicher Sicht die Regelung des Verhaltens deutscher Unternehmen im Ausland zulässig. Auch ist es nicht ungewöhnlich, dass ein Hoheitsträger das Verhalten eigener Individuen regelt, obwohl sich das private Verhalten nur im Ausland auswirkt. Ein typisches Beispiel dafür sind kartellrechtliche Regelungen. Das gilt aus völkerrechtlicher Sicht zumindest dann, wenn das Unternehmen seinen Hauptverwaltungssitz in Deutschland hat oder nach deutschem Recht gegründet worden ist.[25]

Der personale Anknüpfungspunkt entfällt augenscheinlich jedoch, wenn das deutsche Unternehmen eine Tochtergesellschaft im Ausland gründet, die dann die Staatszugehörigkeit des Gaststaates besitzt. Eine Reglementierung dieser Gesellschaft wäre völkerrechtlich sicherlich nicht nur fragwürdig, sondern könnte auch Störungen der diplomatischen Beziehungen zum Gaststaat hervorrufen.

Das BVerfG hat sich über diese völkerrechtlichen Vorgaben hinaus – freilich im Zusammenhang mit der Befugnis von ausländischen juristischen Personen zur Erhebung einer Verfassungsbeschwerde und Art. 19 Abs. 3 GG – bekanntlich für eine strenge Anwendung der Sitztheorie bei der Bestimmung der Staatszugehörigkeit von Unternehmen ausgesprochen. Gemäß Art. 19 Abs. 3 GG ist nur die „inländische juristische Person" Trägerin der Grundrechte und damit zur Einlegung einer Verfassungsbeschwerde berechtigt. „Inländisch" sei nach Ansicht des BVerfG – von unionsrechtlichen Besonderheiten

---

[23] BVerfGE 46, 342 (403 f.): Die nicht unmittelbare Begründung von Rechten und Pflichten für den Einzelnen hindert nicht die Feststellung, dass „die festgestellte allgemeine Regel des Völkerrechts kraft Art. 25 S. 1 GG als solche mit ihren jeweiligen völkerrechtlichen Tragweite Bestandteil des objektiven, im Hoheitsgebiet der Bundesrepublik Deutschland geltenden Rechts ist und je nach Sachlage Rechtswirkungen für oder gegen private Einzelne haben kann, [...]." Das BVerfG hat als „allgemeine Regeln des Völkerrechts" das Völkergewohnheitsrecht und die allgemeinen Rechtsgrundsätze im Sinne des Art. 38 lit. c IGH-Statut identifiziert: BVerfGE 23, 288 (317); 31, 145 (177); 94, 315 (328); 95, 96 (129); 96, 68 (86); 109, 13 (27); 117, 141 (149); 118, 124 (134); Geiger (2013): § 35 II 1b; Heintschel v. Heinegg (2013): Art. 25 Rn. 19 ff.

[24] Allgemein zu den rechtlichen Grundlagen der Jurisdiktionsbegründung statt vieler Tietje (2009): 45 ff. m. w. N.

[25] IGH, Urteil v. 05.02.1970, ICJ Rep. 1970, 3, Barcelona Traction, 2nd phase, Rn. 55 ff.; allerdings erkennt auch der IGH Ausnahmen von diesem Grundsatz an: „It is in this context that the process of „lifting the corporate veil" or „disregarding the legal entity" has been found justified and equitable in certain circumstances or for certain purposes. The wealth of practice already accumulated on the subject in municipal law indicates that the veil is lifted, for instance, to prevent the misuse of the privileges of legal personality, as in certain cases of fraud or malfeasance, to protect third persons such as a creditor or purchaser, or to prevent the evasion of legal requirements or of obligations."

abgesehen[26] – aber nur diejenige juristische Person, die ihren Hauptverwaltungssitz auf dem Gebiet der Bundesrepublik Deutschland hat.[27] Führt man diesen Gedanken fort, so dürfte das privatrechtliche Verhältnis von den ausländischen Tochtergesellschaften deutscher Unternehmen beispielsweise zu den ausländischen Arbeitnehmern nicht mehr in den Fokus der Verfassung fallen. Die Regelungszuständigkeit ist aus grundgesetzlicher Perspektive also dem Staat zugewiesen, auf dessen Gebiet das Tochterunternehmen des deutschen Konzerns tätig ist.

Auch wenn diese Erwägungen zum verfassungsrechtlich gesetzten Regelungsrahmen am ehesten der völkerrechtlichen, auf den Souveränitätsgedanken abstellenden Betrachtungsweise entsprechen, kann diese rechtliche Grundstruktur jedoch zumindest dann empfindlich gestört werden, wenn der ausländische Gaststaat nicht mehr in der Lage oder willens ist, der ihm gegenüber der eigenen Bevölkerung obliegenden Schutzfunktion sowie der gegenüber den Tochtergesellschaften deutscher Unternehmen bestehenden Kontrollverpflichtung nachzukommen. Dies gilt umso mehr in den Fällen, in denen das deutsche Mutterunternehmen mutmaßlich ein ausländisches Tochterunternehmen in der Absicht gründet hat, die höheren deutschen menschen-, arbeits- und umweltrechtlichen Standards zu umgehen.[28]

Wenn allein der Heimatstaat in der Lage ist, ein solches teilweise menschenrechtlich gefordertes Schutzsystem zu etablieren bzw. effektiv gegenüber dem multinational agierenden Unternehmen durchzusetzen, dann muss die Frage gestellt werden, ob hier nicht – insbesondere vor dem Hintergrund der vom BVerfG skizzierten Erweiterung des Grundsatzes der Völkerrechtsfreundlichkeit des Grundgesetzes um eine Korrekturverpflichtung für das Handeln ausländischer Staaten – eine Ausdehnung der objektiven Werteordnung des Grundrechte auf ausländische Sachverhalte mit deutscher Beteiligung angezeigt ist.[29] Oder ob mit anderen Worten ein Rechtsdurchgriff auf die Tochtergesellschaft über das deutsche Mutterunternehmen teilweise rechtlich gefordert werden muss.[30]

Auch wenn diese Fragestellung noch nicht vom BVerfG behandelt worden ist, lassen sich auf der Grundlage der bisherigen höchstrichterlichen Rechtsprechung Argumente für solch einen Rechtsdurchgriff finden: Zum einen ist der offensichtliche Widerspruch zur bisher vom BVerfG vertretenen Sitztheorie nicht unbedingt für diese Frage ausschlaggebend. Das BVerfG nutzt die Sitztheorie ausschließlich dazu, die Beschwerdebefugnis zur Verfassungsbeschwerde zu begrenzen und kann sich dabei auf die Entstehungsgeschichte

---

[26] Ob solche Besonderheiten tatsächlich bestehen ist stark umstritten, dazu statt vieler Störmer (1998): 541–571; Weinzierl (2006):160 ff.

[27] BVerfGE 21, 207 (209); zustimmend Heintzen (2006): § 50 Rn. 10; Isensee (2011): § 199 Rn. 66; das BVerfG weicht in diesem Punkt vom der Rechtsprechung des EuGH ab, der die Gründungstheorie favorisiert, um Rechtsschutzlücken im grenzüberschreitenden Verkehr zu vermeiden, s. EuGH, Urteil v. 05.11.2002, Rs. C-208/00, Überseering BV gegen Nordic Construction Company Baumanagement GmbH, Slg. 2002, I-9919.

[28] Weilert (2009): 895.

[29] BVerfGE 112, 1 („Bodenreform III")

[30] Dazu Weilert (2009): 894 ff.

des Art. 19 Abs. 3 GG berufen. Der Parlamentarische Rat hatte den Anwendungsbereich des Art. 19 Abs. 3 GG mit dem Argument begrenzt, der außenpolitische Handlungsspielraum der Bundesrepublik Deutschland dürfe nicht über die Verfassungsbeschwerde beschränkt werden.[31] Letztlich dürfte dieses Argument im Zeitalter des Europarechts, der bilateralen Investitionsschutzverträge und der WTO jedoch kaum noch eine praktische Rolle spielen. Der hinter der Regelung des Art. 19 Abs. 3 GG liegende Gedanke, man müsse die außenpolitische Handlungsfähigkeit der Bundesrepublik Deutschland fördern, entspricht also nicht mehr der tatsächlichen Situation.

Zum anderen hat das BVerfG in seiner „Bodenreform III"-Entscheidung selbst mit der Theorie einer Korrekturverpflichtung deutscher Hoheitsträger für ein völkerrechtswidriges Verhalten ausländischer Staaten zumindest eine dogmatische Grundlage für solche Überlegungen geschaffen. In der Entscheidung erweitert der 2. Senat die Rechtsprechung zur „Völkerrechtsfreundlichkeit des Grundgesetzes" um ein Korrekturelement im Zusammenhang mit der Frage, ob die in der sowjetischen Besatzungszone in den 1940er Jahren durchgeführten Enteignungen rückgängig gemacht werden müssen. Der Senat des BVerfG zieht dabei die Rechtsfigur einer Korrekturverpflichtung für deutsche Hoheitsträger heran, die „unter bestimmten Voraussetzungen" in ihrem eigenen Verantwortungsbereich das Völkerrecht durchsetzen sollen, wenn dritte Staaten dies verletzen.[32] Leider gibt das Gericht aber nachfolgend keinen Hinweis darauf, welche Vorbedingungen erfüllt sein müssen, um die Korrekturverpflichtung aufleben zu lassen.

Jedenfalls lässt sich argumentieren, dass sich eine solche Korrekturverpflichtung aus dem Völkerrecht im Falle schwerwiegender Verstöße gegen völkerrechtliches *ius cogens* ergibt.[33] Eine weitergehende Verpflichtung könnte aus der Verfassung selbst, namentlich aus dem Grundsatz der Völkerrechtsfreundlichkeit des Grundgesetzes gefolgert werden. Die Konturen dieser Rechtsfigur bleiben allein aus den Entscheidungsgründen für die Rechtsanwendung im Einzelfall zu verschwommen, um tatsächlich eine Verpflichtung

---

[31] Die Einschränkung auf „inländische" juristische Personen hatte ihren Ursprung in einer Anmerkung aus dem Allgemeinen Redaktionsausschuss, Entwurf v. 13.12.1948, Art. 20a GG; siehe Leibholz/v. Mangoldt (Hrsg.), JöR 1951(1), Art. 19 Abs. 3 GG, S. 182. Eine Diskussion über die Gründe der Einschränkung findet sich jedoch nur in der Literatur; dazu ausführlich Quaritsch (2000): § 120 Rn. 38; Weinzierl (2006): 84.

[32] BVerfGE 112,1 (24): Die Pflicht, die allgemeinen Regeln des Völkerrechts gemäß Art. 25 GG zu respektieren, erfordere, „dass die deutschen Staatsorgane die die Bundesrepublik Deutschland bindenden Völkerrechtsnormen befolgen und Verletzungen unterlassen, dass der Gesetzgeber für die deutsche Rechtsordnung grundsätzlich eine Korrekturmöglichkeit für Verletzungen durch deutsche Staatsorgane gewährleistet und dass deutsche Staatsorgane – unter bestimmten Voraussetzungen – im eigenen Verantwortungsbereich das Völkerrecht durchsetzen, wenn dritte Staaten dieses verletzen".

[33] Art. 40, 41 Articles on State Responsibility: „Art. 40 § 1: This chapter applies to the international responsibility which is entailed by a serious breach by a State of an obligation arising under a peremptory norm of general international law. [...] Art. 41 § 2: No State shall recognize as lawful a situation created by a serious breach within the meaning of article 40, nor render aid or assistance in maintaining that situation."

für den deutschen Gesetzgeber zu begründen. Ein Begründungsansatz könnte aber darin liegen, dass die Bundesrepublik zumindest dann, wenn sie betreffende Anreize für ein deutsches Unternehmen im Ausland geschaffen hat, verpflichtet ist, so weit wie möglich, erstens, auf den betreffenden Gaststaat einzuwirken, die Rechtsverletzungen deutscher Unternehmen und deren Tochtergesellschaften durch legislatives Handeln aber auch exekutive Durchsetzung einzugrenzen, aber auch, zweitens, die deutsche Muttergesellschaft so weit wie möglich auch für ihr Verhalten im Ausland zur Rechenschaft zu ziehen.

Dabei muss eine solche Verpflichtung nicht darin münden, dass eine Regelung ausschließlich durch den deutschen Gesetzgeber geschaffen werden müsste. Vielmehr kann auch die Mitwirkung beim legislativen Wirken der EU-Organe eine wirksame Durchsetzung der grundgesetzlichen Vorgaben darstellen. Entscheidend ist nur, dass auf effektive Weise das durch das Handeln der Bundesrepublik geförderte, aber tatsächlich einer Verwirklichung von Gemeinwohlbelangen entgegenstehende Verhalten des Unternehmens effektiv begrenzt wird.

5 Die Grundrechte als Grenze und Ermächtigung der gesetzgeberischen Tätigkeit – die Berufsfreiheit und das Eigentumsrecht als unternehmerische Grundrechte

Um diese kursorisch dargestellten verfassungsrechtlichen Vorgaben genauer zu beleuchten, erscheint es angebracht, zunächst die spezifischen grundrechtlichen Vorgaben zu konkretisieren, die für ein deutsches unternehmerisches Handeln im Ausland eine Rolle spielen können. Ob die deutschen Grundrechte bei der Regelung ausländischer Sachverhalte überhaupt einschlägig sind, stellt sich bei näherer Betrachtung als ein Scheinproblem dar. Sobald der deutsche Gesetzgeber ein Verhalten von ihm unterliegenden Individuen regelt, unterliegt er selbstverständlich auch den entsprechenden Bindungen des Grundgesetzes, Art. 1 Abs. 3 GG.

Für deutsche Unternehmen und ihr wirtschaftliches Handeln sind im Wesentlichen drei grundrechtliche Vorgaben von besonderer Bedeutung: Die Berufsfreiheit gemäß Art. 12 Abs. 1 GG, die Eigentumsgarantie des Art. 14 GG und die Vereinigungsfreiheit nach Art. 9 GG, welche insbesondere für den Erhalt der Rechtspersönlichkeit der juristischen Person entscheidend ist. Für die hier zu untersuchende Frage, inwieweit die vielfältigen Vorgaben der CSR aus verfassungsrechtlicher Perspektive verrechtlicht werden können, dürften aber zunächst einmal primär die Berufs- und Eigentumsfreiheit von Bedeutung sein.

Der grundrechtliche Eigentumsschutz des Art. 14 GG, der grundsätzlich auch den eingerichteten und ausgeübten Gewerbebetrieb einschließt, wird durch die Unterscheidung von Enteignungen gemäß Art. 14 Abs. 3 S. 2 GG und enteignungsgleichen Eingriffen auf der einen Seite von den bloßen Schranken- und Inhaltsbestimmungen gemäß Art. 14 Abs. 1 S. 2 GG auf der anderen Seite geprägt. Zunächst hatte das BVerfG die beiden Rechtsinstitute anhand der Schwere des Eingriffs unterschieden. Nach den Vorgaben der

Nassauskiesungsentscheidung des BVerfG[34] komme es aber nunmehr nicht mehr auf die Intensität der Maßnahme an, sondern auf die Frage, ob die Maßnahme final auf einen Entzug von Eigentumspositionen gerichtet ist oder ob Eigentum durch die Regelungen ausgeformt wird. Eine Einschränkung unternehmerischen Handelns im Ausland wird demnach kaum jemals einer zielgerichteten Enteignung durch deutsche Hoheitsträger gleichkommen. Dementsprechend wird es sich bei gesetzgeberischen Einschränkungen unternehmerischen Handelns im Ausland weitgehend um Inhalts- und Schrankenbestimmungen handeln. Solche unterliegen einem veränderten Verhältnismäßigkeitsmaßstab unter besonderer Berücksichtigung der Sozialbindung des Eigentums, die mit der Privatnützigkeit des Eigentums in einen angemessenen Ausgleich gebracht werden muss.

Die gesetzliche Regelung des im Ausland stattfindenden Verhaltens deutscher Unternehmen wird dabei von einigen von der Verfassung vorgegebenen Prinzipien maßgeblich beeinflusst und begrenzt: Erstens darf eine Eigentumsbeschränkung nur zum Wohle der Allgemeinheit durchgeführt werden. Das Allgemeinwohl ist dabei nicht nur Grund, sondern auch Grenze für eine beschränkende Regelung.[35] Zwischen den Belangen der Gemeinschaft und der Privatnützigkeit ist das durch die Verfassung gewährleistete sozial gebundene Privateigentum in ein ausgewogenes Verhältnis zu bringen. Das bedeutet für den deutschen Gesetzgeber eine Rücksichtspflicht auch hinsichtlich der tatsächlichen Verhältnisse im Ausland. Er darf nicht die hohen deutschen Standards beispielsweise im Bereich des Arbeitsrechts oder Umweltrechts in Gänze für das deutsche Unternehmen im Ausland verbindlich machen, wenn dadurch vor Ort dessen Wettbewerbsfähigkeit erheblich herabgesetzt würde.

Zweitens muss diese Abwägung zwischen öffentlichen und privaten Interessen auch die Eigenart des zu beschränkenden vermögenswerten Rechts beachten.[36] Versucht man diesen Grundsatz auf die Auslandsinvestitionen deutscher Unternehmen und damit im Regelfall auf den ausgeübten und eingerichteten Gewerbebetrieb zu übertragen, bedeutet diese Forderung zumindest auch, dass in die Abwägung einfließen muss, dass diese Investition einen Nutzen für den ausländischen Gesamtstaat, aber auch für den Heimatstaat des Unternehmens haben kann und dieser Nutzen angemessen im Rahmen des legislativen Akts Berücksichtigung finden muss.

Drittens muss die gesetzliche Regelung Härteklauseln und Übergangsregelungen enthalten, um den Eingriff zu entschärfen.[37] Dies folgt nicht nur aus dem Verhältnismäßigkeitsgrundsatzes, sondern auch aus dem rechtsstaatlichen Vertrauensschutz. Dieser Vertrauensschutz erfordert eine besondere Rücksichtnahme auf nach altem Recht erworbene Rechte des Einzelnen.[38] Ein Argument für einen solchen Vertrauensschutz könnte beispielsweise sein, dass die Auslandsinvestition sogar durch den deutschen Staat auf die eine

---

[34] BVerfGE 58, 300.
[35] Wieland (2013): Rn. 104.
[36] Pieroth/Schlink/Kingreen/Poscher (2014): Rn. 1008; kritisch Ehlers (1992): 226 f.
[37] Pieroth/Schlink/Kingreen/Poscher (2014): Rn. 1014.
[38] Bryde (2012): Art. 14 Rn. 62.

oder andere Weise gefördert worden ist, obwohl dem Staat die möglicherweise bedenklichen Arbeitsbedingungen oder fehlenden Umweltvorschriften im jeweiligen Gaststaat bekannt gewesen sein müssen. Ein solcher Vertrauensschutz kann aber natürlich nur soweit angenommen werden, sofern das betroffene Unternehmen sich bisher tatsächlich wenigstens nach der Rechtsordnung des Gaststaates legal verhalten hat bzw. keine erheblichen Zweifel an der bisherigen Praxis entstehen mussten. Im Rahmen der Verrechtlichung der CSR wird daher kaum ein solcher Vertrauensschutz durch das Unternehmen beansprucht werden können, da jedenfalls soziale und moralische Verhaltensanforderungen bereits im Vorfeld an seine unternehmerische Tätigkeit gestellt worden sind. Der Gesetzgeber muss daher im Regelfall keinen besonders schonenden Übergang vom alten in das neue Recht schaffen.

Der Blick auf Art. 12 Abs. 1 GG wird durch die streng dogmatische Rechtsprechung des BVerfG gesteuert, die mit der 3-Stufen-Theorie ein Konstrukt zur besseren Beherrschbarkeit des Verhältnismäßigkeitsprinzips geschaffen hat.[39] Dabei unterscheidet die Judikatur bekanntermaßen zwischen objektiven und subjektiven Berufswahlverboten der ersten und zweiten Stufe einerseits sowie bloßen Berufsausübungseinschränkungen der dritten Stufe andererseits. Während die Berufswahlverbote einer strengen Regulierung unterliegen und die Abwendung der Gefährdung eines überragend wichtigen Guts des Gemeinwohls bezwecken müssen, unterliegen die hier fast ausschließlich in Frage kommenden bloßen Berufsausübungsregelungen der Sache nach einem einfachen Gesetzesvorbehalt. Da die gesetzliche Regelung nicht die Auslandsinvestition des betroffenen Unternehmens in Gänze in Frage stellen kann, wird die Berufswahl selbst nicht betroffen sein, sondern nur eine Regelung der Art und Weise der Berufsausübung vorliegen. Sie muss dementsprechend nur den Schutz des Gemeinwohls als legislativen Zweck verwirklichen und im Wesentlichen dem Verhältnismäßigkeitsprinzip entsprechen. Regelmäßig werden die oben genannten Kriterien, die auch bei einer Inhalts- und Schrankenbestimmung des Eigentums maßgeblich beachtet werden müssen, eine Rolle spielen.

Bei beiden Grundrechten ist der deutsche Gesetzgeber gehalten, die durch Art. 12 und 14 GG geschützte unternehmerische Freiheit auch mit den betroffenen Grundrechten Dritter (wie beispielsweise den ausländischen Arbeitnehmern) und andere verfassungsrechtlich geschützten Gütern zu einem angemessenen Ausgleich bringen. Bei einer konkreten Abwägung der betroffenen Rechte muss dabei eine Rolle spielen, dass das Individualrecht des ausländischen Arbeitnehmers, sofern es in der Bereich der CSR fällt, mutmaßlich intensiver betroffen sein wird als das Recht des Unternehmers, seine bisheriges sozialschädliches Verhalten fortzuführen.

Im Übrigen verfügt der Gesetzgeber bei der Frage des Gemeinwohls naturgemäß über einen weiten Einschätzungsspielraum. Insoweit braucht jedenfalls aus prozessualer Perspektive die seit langem kontrovers diskutierte Frage vorliegend nicht eingehender behandelt zu werden, welche Einzelbelange tatsächlich zum Gemeinwohl gehören und ob es sich dabei um das Gemeinwohl des Staates selbst handeln muss oder auch ein internatio-

---

[39] BVerfGE 7, 377 (404 ff.) („Apothekenurteil"); 54, 224 (234); 54, 237 (246); 102, 197 (213).

nal verstandenes Gemeinwohl verwirklicht werden kann.[40] Richtschnur dieser Beantwortung kann aus verfassungsrechtlicher Perspektive nur die grundrechtliche Rechtsordnung selbst sein.

6 Grundsätzliche Reichweite der gesellschaftlichen Unternehmensverantwortung aus verfassungsrechtlicher Perspektive

Die bisherigen Ausführungen haben deutlich werden lassen, dass Privatunternehmen bei ihren wirtschaftlichen Aktivitäten im Ausland, aber natürlich gerade auch im Geltungsbereich des Grundgesetzes selbst, auf einfachgesetzlicher Ebene einer Vielzahl an rechtlich verbindlichen Sollensanforderungen zur Verwirklichung von im Rahmen des Konzepts der CSR formulierten Zielvorgaben unterworfen werden können. Hierbei ist allerdings, und auch das ist bereits im Vorgenannten angesprochen worden, zu berücksichtigen, dass den wirtschaftlich tätigen Akteuren im Lichte ihrer Eigenschaft als Träger von verfassungsrechtlichen Grundrechten solche spezifischen einfachgesetzlichen Verpflichtungen aus der Perspektive des Grundgesetzes nur unter der Bedingung auferlegt werden können, dass auf diese Weise eine anerkennungswürdige, dem Gemeinwohl dienende Zwecksetzung in verhältnismäßiger Weise verfolgt wird. Vor diesem Hintergrund lässt sich durchaus argumentieren, dass auch schon in diesen zahlreichen Einzelregelungen aus unter anderem den Bereichen des Verwaltungs- und Arbeitsrechts die gesellschaftliche Rechtsverantwortung von Unternehmen ihren deutlichen Ausdruck findet und sich damit auch die rechtspolitische Diskussion primär auf diese Normierungsebene konzentriert.

Dennoch soll nicht verkannt werden, dass sich die Ordnungsidee gesellschaftlicher Unternehmensverantwortung in Gestalt des Konzepts der CSR selbst, zumindest in ihrem engeren Sinne keineswegs nur auf die Existenz und zukünftige Statuierung einfachgesetzlicher Sollensanforderungen mit territorialem und extraterritorialem Anwendungsbereich bezieht. Vielmehr zeichnet sie sich im Kern gerade auch durch eine übergreifende Perspektive aus, welche die Gebotenheit einer allgemeinen – und vielfach als „öffentlich" charakterisierten – Verpflichtung von Wirtschaftsunternehmen zu einem der Realisierung des Gemeinwohls bzw. öffentlicher Interessen dienenden Verhalten in denjenigen politischen Gemeinwesen zum Gegenstand hat, in denen diese privaten Akteure tätig sind.[41]

Diese charakteristische Betonung einer einzelbereichsübergreifenden, gesamtgesellschaftlichen Verantwortung lässt im Lichte eines verfassungsrechtlichen Analysefokus die Frage aufkommen, ob auch eine so artikulierte Erwartung, sein gesamtes Verhalten an der

---

[40] Allgemein und eingehend zum Verständnis des Gemeinwohls aus verfassungsrechtlicher Perspektive jüngst Nowrot (2014): 366 ff. m. umf. N.
[41] Allgemein zu der Differenzierung zwischen „privaten" und „öffentlichen" Unternehmenspflichten bereits Ruder (1965); zur Idee einer öffentlichen Unternehmensverantwortung überdies unter anderem Pernthaler 1996: 107 f.

Realisierung von Gemeinwohlbelangen auszurichten, aus grundgesetzlicher Perspektive vom Anwendungsbereich der rechtlichen Unternehmensverantwortung umfasst ist. Und in der Tat wird in der Rechtswissenschaft bezogen auf die innerstaatliche verfassungsrechtliche Ebene im Prinzip bereits seit langem über die Existenz und rechtliche Relevanz von mit den Grundrechten privater Akteure korrelierenden so genannten Grundpflichten durchaus intensiv und kontrovers diskutiert;[42] eine Vorstellung „korrespondierende[r] Statusverhältnisse" bzw. „spiegelbildliche[r] Grundrechte der politischen Gemeinschaft gegenüber den Individuen" und anderen Wirtschaftsakteuren,[43] wie sie sich überdies gerade in jüngerer Zeit zumindest in Ansätzen auch auf dem Gebiet des individualbezogenen Völkerrechts nachweisen lässt.[44] Überdies finden sich auch in der Rechtsprechung gelegentlich Aussagen, die zunächst einmal durchaus im Sinne der Anerkennung einer übergreifenden gesellschaftlichen Unternehmensverantwortung interpretiert werden können. So erwähnte das BVerfG beispielsweise vor einiger Zeit die „gemeinsame[...] Umweltverantwortung von Staat, Wirtschaft und Gesellschaft" und konstatierte in diesem Zusammenhang mit zugegebenermaßen aus juristischer Perspektive etwas vagen Worten: „Das Zusammenwirken von öffentlicher und privater Hand betont die gemeinsame Verantwortung für die Erfüllung einer öffentlichen Aufgabe, die von Wirtschaft und Gesellschaft nicht nur die Beachtung des Rechts fordert, [...]".[45]

Demgegenüber geht die wohl ganz überwiegende Auffassung im Schrifttum jedoch im Ergebnis zu Recht davon aus, dass – abgesehen von dem hier nicht weiter behandelten Rechtsstatus so genannter öffentlicher bzw. staatlich beherrschter Unternehmen[46] – weder Individuen noch andere nichtstaatliche Wirkungseinheiten wie Unternehmen aus verfassungsrechtlicher Perspektive ungeschriebenen übergreifenden rechtlichen Sollensanforderungen in Bezug auf die Realisierung öffentlicher und gesamtgesellschaftlicher Interessen unterliegen. Die positivrechtliche Verbindlichkeit entsprechender gemeinwohlorientierter Bürger- und Unternehmenspflichten erwächst also grundsätzlich weder aus der bloßen Zugehörigkeit zu einem politischen Gemeinwesen selbst noch aus verfassungsrechtlichen Vorgaben, sondern bedarf vielmehr einer – bei Vorliegen überwiegender öffentlicher Zwecksetzungen natürlich prinzipiell zulässigen – „Konkretisierung und Sanktionierung durch die einfache Gesetzgebung".[47] Vor diesem Hintergrund zeigt sich, dass eines der zentralen Anliegen des Konzepts gesellschaftlicher Unternehmensverantwortung in Gestalt der Forderung nach einem allgemein solidarischen und gemeinwohlorientierten Verhalten der privaten Wirtschaftssubjekte sich aus grundgesetzlicher Perspektive jedenfalls nicht in einem umfassenden Sinne als rechtlich verbindliche Sollensanforderung darstellt.

---

[42] Exemplarisch hierzu Randelzhofer (2006); Hofmann (2011); Saladin (1984): 67 ff.
[43] Hofmann (2011): 718.
[44] Siehe unter anderem Tomuschat (1983); Knox (2008).
[45] BVerfGE 98, 106 (121).
[46] Allgemein hierzu statt vieler Suerbaum (2012): 341 ff., m. w. N.
[47] Hofmann (2011): 724; vgl. überdies beispielsweise Badura (1982): 868; Isensee (1982): 612 f.; Calliess (2001): 556 f.; Ehlers (2013): 486 ff.; Hufen (2014): 65.

Auch im Lichte dieser verfassungsrechtlichen Überlegungen wird deutlich, warum sich die entsprechenden rechtspolitischen Auseinandersetzungen in der Praxis in erster Linie auf die Normierungsebene des einfachen Rechts konzentrieren.

7 Verfassungsrechtliche Impulsgebungspflichten als staatsgerichtete Verantwortungsdimension zur Verwirklichung von CSR

Zwar bezieht sich eine (verfassungs-)rechtliche Betrachtung der gesellschaftlichen Verantwortung von Unternehmen in erster Linie – und im Ergebnis wenig überraschend – zunächst einmal primär auf die Reichweite und inhaltliche Ausgestaltung entsprechender Rechtsverantwortungsstrukturen, wie sie in innerstaatlichen und überstaatlichen Rechtsordnungen ihren positivrechtlichen Niederschlag gefunden haben bzw. – aus rechtspolitischer Perspektive – zukünftig in zulässiger Weise finden können. Dieser Umstand sollte jedoch nicht vorschnell zu der Annahme veranlassen, dass die vielfältigen, nicht rechtlich gesetzten Sollensanforderungen an Unternehmen im Bereich der CSR, wie sie beispielsweise in unternehmenseigenen und von internationalen Organisationen verabschiedeten Verhaltenskodizes sowie weiteren zunächst einmal unverbindlichen Steuerungsregimen ihren Ausdruck gefunden haben, gänzlich außerhalb des Analysefokus der Jurisprudenz liegen.

Vielmehr bildet gerade auch die mögliche juristische Relevanz bzw. der rechtliche Kontext dieser außerrechtlichen Sollensanforderungen der CSR einen zunehmend bedeutsamen und praxisrelevanten Untersuchungsgegenstand der rechtswissenschaftlichen Forschung. Über die Identifikation und Analyse übereinstimmender Merkmale von Rechtsnormen einerseits und nicht rechtsverbindlichen Steuerungsmechanismen zur Förderung gesellschaftlicher Unternehmensverantwortung andererseits hinaus, gilt dies namentlich für das Phänomen sich herausbildender Verbindungsstrukturen zwischen rechtlichen und außerrechtlichen Verhaltenserwartungen im Bereich der CSR.[48]

Für die vorliegende verfassungsrechtliche Betrachtung dieser letztgenannten Gruppe von Phänomenen einer Verzahnung bzw. strukturellen Koppelung von rechtsverbindlichen Sollensanforderungen und außerrechtlichen Verhaltenserwartungen von besonderem Interesse ist dabei die Frage, ob und gegebenenfalls mit welchen Mitteln staatliche Organe berechtigt bzw. sogar verpflichtet sind, die Wahrnehmung gesamtgesellschaftlicher Verantwortung von Privatunternehmen in einer Weise zu fördern, die über den bereits angesprochenen Erlass entsprechender rechtlich verbindlicher Verhaltensanforderungen hinausgeht. Zwar unterliegen, wie schon ausgeführt, weder Individuen noch Privatunternehmen in umfassender Weise ungeschriebenen verfassungsrechtlichen Sollensanforderungen in Bezug auf die Verwirklichung von Gemeinwohlbelangen. Aus diesem Befund

---

[48] Allgemein und eingehender zu diesen beiden Gesichtspunkten Nowrot (2007): 7 ff.; Nowrot (2011): 424 ff., jeweils m. w. N.

ist jedoch keineswegs notwendigerweise der Schluss zu ziehen, dass das Verantwortungsbewusstsein dieser privatwirtschaftlichen Akteure für die Realisierung öffentlicher, gesamtgesellschaftlicher Interessen vollständig aus der Sphäre des deutschen Verfassungsrechts ausgeblendet ist.

Bereits im Lichte der allgemein anerkannten und wesentlichen Bedeutung einer möglichst breiten Schicht verantwortungsbewusster Bürger, Vereinigungen und Unternehmen für den Bestand eines funktionierenden politischen Gemeinwesens insgesamt[49] ist vielmehr zu konstatieren, dass gerade auch dem Staat die Aufgabe zukommt, diese ideellen und ethischen „Verfassungsvoraussetzungen" bzw. „Verfassungserwartungen"[50] unter adäquater Beachtung der Freiheit der Privatrechtssubjekte zu pflegen und zu unterstützen.[51] Zur Bestätigung dieses Befundes lassen sich in der Praxis denn auch in der Tat zahlreiche Ansätze nachweisen, unter Rückgriff auf ökonomische Steuerungsmechanismen bzw. einer indirekten Steuerung durch Anreizstrukturen die Wahrnehmung gesellschaftlicher Verantwortung durch Privatunternehmen über die rechtsverbindlichen Verhaltensvorgaben hinaus zu fördern. Ein prägnantes Beispiel hierfür bildet zunächst die Einbeziehung sogenannter „beschaffungsfremder Kriterien" bzw. Sekundärzwecke wie unter anderem die Bekämpfung von Kinderarbeit oder die Unterstützung von Belangen des Umweltschutzes in entsprechende Verfahren der öffentlichen Auftragsvergabe.[52] Weiterhin ist hier der Blick aber unter anderem insbesondere auch auf das Steuerrecht zu lenken. Mit Hilfe der diesem Rechtsbereich zuzuordnenden Steuerungsinstrumente wird dem Staat ermöglicht, insbesondere auf der Basis des Konzepts der Gemeinnützigkeit, wie es beispielsweise in Deutschland über die entsprechenden Normierungen in zahlreichen Einzelsteuergesetzen hinaus grundlegend in dem durch die §§ 51 ff. der Abgabenordnung ausgestalteten Gemeinnützigkeitsstatus privater Körperschaften seinen Ausdruck findet, vielfältige Anreize für ein gemeinwohlorientiertes Handeln von Bürgern und Unternehmen zu schaffen,[53] eine Zielsetzung, die durch die umfangreiche Reform des Spenden- und Gemeinnützigkeitsrecht im Zuge des Gesetzes zur weiteren Förderung des bürgerschaftlichen Engagements aus dem Jahre 2007 noch einmal eine besonders deutliche Akzentuierung erfahren hat.[54]

Diese Förderungsaufgabe des Staates hinsichtlich der Herausbildung und Erhaltung einer gesamtgesellschaftlichen Verantwortung von Privatunternehmen stellt sich im Übrigen nicht lediglich als eine Kompetenz dar, von der gleichsam nach Belieben Gebrauch oder eben auch Nicht-Gebrauch gemacht werden kann. Vielmehr können aus dieser staat-

---

[49] Zu dieser Wahrnehmung siehe u. a. Böckenförde (1991): 111 ff.; Schröder (2010); Berka (1996): 59 f.; Kriele (2003): 21.

[50] Grundlegend hierzu bereits Krüger (1973); siehe überdies z. B. Isensee (2011): 358 ff. m. w. N.

[51] Vgl. exemplarisch Kirchhof (1998): 61 f.; Volkmann (2012): 24 ff.; Papier (2011): 275 f.; Fleming/McClain (2013): 112 ff.; Nowrot (2014): 441 ff., jeweils m. w. N.

[52] Siehe hierzu statt vieler McCrudden (2007); Pünder (2012): 534 ff. m. w. N.

[53] Vgl. z. B. Isensee (1990); Droege (2010).

[54] Speziell hierzu statt vieler Fritz (2007).

lichen Einwirkungsverantwortung auch entsprechende rechtliche Impulsgebungspflichten erwachsen. Hinsichtlich der normativen Grundlage sei hier zunächst darauf verwiesen, dass sich im Völkerrecht in jüngerer Zeit zumindest eine Entwicklung abzeichnet, welche die Herausbildung und Anerkennung verbindlicher staatsgerichteter Impulsgebungspflichten in Bezug auf die Wahrnehmung gesellschaftlicher Unternehmensverantwortung indiziert.[55] Aus der vorliegend primär relevanten, verfassungsrechtlichen Perspektive lässt sich überdies argumentieren, dass die Ordnungsidee eines gesamtgesellschaftlichen Verantwortungsbewusstseins von Unternehmen als Zwecksetzung staatlicher Impulsgebungspflichten im Grundgesetz seine konstitutionelle Basis im republikanischen Prinzip gemäß Art. 20 Abs. 1 GG findet,[56] welches insgesamt gerade auch die Ausrichtung des politischen Gemeinwesens auf die Verwirklichung des Gemeinwohls zum Regelungsgegenstand hat.[57]

8 Fazit

Im Rahmen dieses vergleichsweise kurzen Beitrags ist es weder möglich gewesen, noch war es von seiner zugrunde liegenden Zwecksetzung her überhaupt intendiert, eine auch nur annähernd den Anspruch auf Vollständigkeit erhebende Darstellung und Analyse der verfassungsrechtlichen Einzelaspekte im Zusammenhang mit der Realisierung von CSR in den normativen Ordnungsstrukturen des nationalen Rechts zu leisten. Die vorangegangenen Ausführungen, welche sich somit notwendigerweise auf die Erörterung einiger ausgewählter und zentraler Fragestellungen beschränken mussten, haben jedoch bereits deutlich werden lassen, dass die gegenwärtig gerade auch in der Bundesrepublik Deutschland intensiv und kontrovers geführte rechtspolitische Diskussion über eine zukünftige, gegenstandsangemessene Verrechtlichung der durch das Konzept der CSR vorformulierten politischen Zielvorgaben gerade auch einer betrachtenden und systematisierenden Einordnung aus der Perspektive des Grundgesetzes selbst bedürfen; der im Prinzip unbestrittene Steuerungsanspruch moderner Verfassungen, die zentrale rechtliche Grundordnung eines politischen Gemeinwesens zu sein,[58] also nicht zuletzt auch im Rahmen der derzeit andauernden rechtlichen „Suchbewegungen" in Bezug auf eine adäquate normative Ausgestaltung der Idee gesellschaftlicher Unternehmensverantwortung hinreichende Beachtung verdient.

---

[55] Zu dieser Wahrnehmung auch beispielsweise Hepburn/Kuuya (2011): 601 („imposing an obligation to encourage the adoption of voluntary CSR measures"); eingehender Nowrot (2014): 587 ff.
[56] Eingehender hierzu Nowrot (2014): 427 ff.
[57] Siehe hierzu aus jüngerer Zeit Nowrot (2014): 361 ff. m. umf. N. auch zu von dem hier vertretenen Verständnis abweichenden Vorstellungen im Schrifttum.
[58] So beispielsweise besonders deutlich und prägnant Hesse (1995): 10.

Literatur

Aaronson, S.A. (2007): A Match Made in the Corporate and Public Interest: Marrying Voluntary CSR Initiatives and the WTO, Journal of World Trade 41, S. 629–659.

Augsburger, M. (2014): Lauterkeitsrechtliche Beurteilung von Corporate Responsibility Codes – Verbindliche Standards im Wettbewerb?, MultiMedia und Recht, S. 427–431.

Badura, P. (1982): Grundpflichten als verfassungsrechtliche Dimension, Deutsches Verwaltungsblatt 97, S. 861–872.

Berka, W. (1996): Bürgerverantwortung im demokratischen Verfassungsstaat, Veröffentlichungen der Vereinigung der Deutschen Staatsrechtslehrer 55, S. 48–89.

Bernstorff, J. v. (2011): Extraterritoriale menschenrechtliche Staatenpflichten und Corporate Social Responsibility, Archiv des Völkerrechts 49, S. 34–63.

Besmer, V. (2006): The Legal Character of Private Codes of Conduct: More than just a Pseudo-Formal Gloss on Corporate Social Responsibility, Hastings Business Law Journal 2, S. 279–306.

Böckenförde, E.-W. (1991): Die Entstehung des Staates als Vorgang der Säkularisierung. In: ders., Recht, Staat, Freiheit, Frankfurt am Main: Suhrkamp, S. 92–114.

Bryde, B.-O. (2012): Art. 14 GG. In: Münch, I. v./Kunig, P. (Hrsg.), Grundgesetz-Kommentar, Bd. 1: Präambel bis Art. 69, 6. Auflage, München: C.H. Beck.

Calliess, C. (2001): Rechtsstaat und Umweltstaat, Tübingen: Mohr Siebeck.

Davarnejad, L. (2010): The Impact of Non-State Actors on the International Law Regime of Corporate Social Responsibility: Blessing or Curse. In: Noortmann, M./Ryngart, C. (Hrsg.), Non State Actor Dynamics in International Law, Surrey: Ashgate.

De Schutter, O. (2008): Corporate Social Responsibility European Style, European Law Journal 14, S. 203–236.

Dreier, H. (2013): Vorbemerkung. In: ders. (Hrsg.), Grundgesetz-Kommentar, Bd. I: Art. 1–19, 3. Auflage, Tübingen: Mohr Siebeck.

Droege, M. (2010): Gemeinnützigkeit im offenen Steuerstaat, Tübingen: Mohr Siebeck.

Ehlers, D. (1992): Eigentumsschutz, Sozialbindung und Enteignung, Veröffentlichungen der Vereinigung der deutschen Staatrechtslehrer 51, S. 211–251.

Ehlers D. (2013): Verantwortung im öffentlichen Recht, Die Verwaltung 46, S. 467–491.

Empt, M. (2004): Corporate Social Responsibility – Das Ermessen des Management von Nichtaktionärsinteressen im US-amerikanischen und deutschen Aktienrecht, Berlin: Duncker & Humblot.

Engel, D.L. (1979): An Approach to Corporate Social Responsibility, Stanford Law Review 32, S. 1–98.

Fleming, J. E./McClain, L. C. (2013): Ordered Liberty – Rights, Responsibilities and Virtues, Cambridge/London: Harvard University Press.

Förster, C. (2008): Soziale Verantwortung von Unternehmen rechtlich reguliert – Corporate Social Responsibility (CSR) auf dem Prüfstand, Recht der Internationalen Wirtschaft 54, S. 833–840.

Fritz, T. (2007): Gesetz zur weiteren Stärkung des bürgerschaftlichen Engagements. Betriebs-Berater 62, S. 2546–2551.

Geiger, R. (2013): Grundgesetz und Völkerrecht, 6. Auflage, München: C.H. Beck.

Glinski, C. (2007): Corporate Codes of Conduct: Moral or Legal Obligation? In: McBarnet, A./Voiculescu, A./Campell, T. (Hrsg.), The New Corporate Accountability, Cambridge: Cambridge University Press, S. 119–147.

Heintschel von Heinegg, W. (2013): Art. 25 GG. In: Epping, V./Hillgruber, C. (Hrsg.), Grundgesetz-Kommentar, 2. Auflage, München: C.H. Beck.

Heintzen, M. (2006): Ausländer als Grundrechtsträger. In: Merten, D./Papier, H.-J. (Hrsg.), Handbuch der Grundrechte, Bd. II: Allgemeine Lehren I, § 50, Heidelberg: C.H. Beck, S. 1163–1202.

Hepburn, J./Kuuya, V. (2011): Corporate Social Responsibility and Investment Treaties. In: Cordonier Segger, M.-C./Gehring, M. W./Newcombe, A. (Hrsg.), Sustainable Development in World Investment Law, Alphen aan den Rijn u. a.: Kluwer Law International, S. 589–609.

Herdegen, M. (2005): Art. 1 Abs. 3 GG, Maunz, T./Dürig, G. u. a. (Hrsg.), Grundgesetz-Kommentar, 44. Ergänzungslieferung, München: C.H. Beck.

Hesse, K. (1995): Grundzüge des Verfassungsrechts der Bundesrepublik Deutschland, 20. Auflage, Heidelberg: C.F. Müller.

Hofmann, H. (2011): Grundpflichten und Grundrechte. In: Isensee J./Kirchhof P. (Hrsg.), Handbuch des Staatsrechts der Bundesrepublik Deutschland, Bd. IX, 3. Auflage, Heidelberg: C.F. Müller, S 699–730.

Huarte Melgar, B./Nowrot, K./Wang, Y. (2011): The 2011 Update of the OECD Guidelines for Multinational Enterprises: Balanced Outcome or an Opportunity Missed? Halle/Saale: MLU Institut für Wirtschaftsrecht.

Hufen, F. (2014): Staatsrecht II – Grundrechte, 4. Auflage, München: C.H. Beck.

Isensee J. (1982): Die verdrängten Grundpflichten des Bürgers, Die Öffentliche Verwaltung 35, S. 609–618.

Isensee, J. (1990): Gemeinwohl und Bürgersinn im Steuerstaat des Grundgesetzes. In: Maurer, H. (Hrsg.), Das akzeptierte Grundgesetz – Festschrift für Günter Dürig zum 70. Geburtstag, München: C.H. Beck, S. 33–65.

Isensee, J. (2011): Grundrechtsvoraussetzungen und Verfassungserwartungen an die Grundrechtsausübung. In: Isensee, J./Kirchhof, P. (Hrsg.), Handbuch des Staatsrechts der Bundesrepublik Deutschland, Bd. IX, 3. Auflage, Heidelberg: C.F. Müller, S. 265–411.

Kannengießer, C. (2014): Vorb. v. Art. 1. In: Schmidt-Bleibtreu, B./Hofmann, H./Henneke, H.-G. (Hrsg.), Grundgesetz-Kommentar, 13. Auflage, Köln: Carl Heymanns.

Kinley, D./Tadaki, J. (2004): From Talk to Walk: The Emergence of Human Rights Responsibilities for Corporations at International Law, Virginia Journal of International Law Association 44, S. 931–1023.

Kirchhof, P. (1998): Die Einheit des Staates in seinen Verfassungsvoraussetzungen. In: Depenheuer, O. u. a. (Hrsg.), Die Einheit des Staates, Heidelberg: C.F. Müller, S. 51–69.

Kloepfer, M. (2010): Verfassungsrecht II, München: C.H. Beck.

Knox J.H. (2008): Horizontal Human Rights Law, American Journal of International Law 102, S. 1–47.

Kocher, E. (2005): Unternehmerische Selbstverpflichtungen im Wettbewerb: Die Transformation von „soft law" in „hard law" durch das Wettbewerbsrecht, Gewerblicher Rechtsschutz und Urheberrecht 107, S. 647–652.

Krajewski, M. (2013): Menschenrechtliche Anforderungen an Investitionsgarantien der Bundesrepublik Deutschland. In: Breuer, M./Epiney, A./Haratsch, A./Schmahl, S./Weiß, N. (Hrsg.), Der Staat im Recht, Festschrift für Eckart Klein, Berlin: Duncker & Humblot, S. 1113–1126.

Kriele, M. (2003): Einführung in die Staatslehre, 6. Auflage, Stuttgart/Berlin/Köln: Kohlhammer.

Krüger, H. (1973): Verfassungsvoraussetzungen und Verfassungserwartungen. In: Ehmke, H. u. a. (Hrsg.), Festschrift für Ulrich Scheuner zum 70. Geburtstag, Berlin: Duncker & Humblot, S. 285–306.

Kyte, R. (2008): Balancing Rights with Responsibilities: Looking for the Global Drivers of Materiality in Corporate Social Responsibility and the Voluntary Initiatives that Develop and Support them, American University International Law Review 23, S. 559–576.

McCrudden, C. (2007): Corporate Social Responsibility and Public Procurement. In: McBarnet, A./Voiculescu, A/Campbell, T. (Hrsg.), The New Corporate Accountability, Cambridge: Cambridge University Press, S. 93–118.

Muchlinski, P. (2003): The Development of Human Rights Responsibilities for Multinational Enterprises. In: Sulivan, R. (Hrsg.), Business and Human Rights – Dilemmas and Solutions, Sheffield: Greenleaf, S. 33–51.

Müller-Franken, S. (2009): Bindung Privater an Grundrechte? – Zur Wirkung der Grundrechte auf Privatbeziehungen. In: Detterbeck, S./Rozek, J./von Coelln, C. (Hrsg.), Recht als Medium der Staatlichkeit – Festschrift für Herbert Bethge zum 70. Geburtstag, Berlin: Duncker & Humblot, S. 223–250.

Neal, A.C. (2008): Corporate Social Responsibility: Governance Gain or Laissez Faire Figleaf, Comparative Labor Law 29, S. 459–474.

Nowrot, K. (2006): Normative Ordnungsstruktur und private Wirkungsmacht – Konsequenzen der Beteiligung transnationaler Unternehmen an den Rechtssetzungsprozessen im internationalen Wirtschaftssystem, Berlin: Berliner Wissenschafts-Verlag.

Nowrot, K. (2007): The Relationship between National Legal Regulations and CSR Instruments – Complementary or Exclusionary Approaches to Good Corporate Citizenship? Halle/Saale: Institut für Wirtschaftsrecht.

Nowrot, K. (2011): Corporate Social Responsibility aus rechtswissenschaftlicher Perspektive. In: Raupp, J./Jarolimek, S./Schultz, F. (Hrsg.), Handbuch CSR, Wiesbaden: VS-Verlag für Sozialwissenschaften. Springer Fachmedien, S. 419–434.

Nowrot, K. (2014): Das Republikprinzip in der Rechtsordnungengemeinschaft – Methodische Annäherungen an die Normalität eines Verfassungsprinzips, Tübingen: Mohr Siebeck.

Papier, H.-J. (2011): Das Spannungsverhältnis von Freiheit und Sicherheit aus verfassungsrechtlicher Sicht. In: Baumeister, P./Roth, W./Ruthig, J. (Hrsg.), Staat, Verwaltung und Rechtsschutz – Festschrift für Wolf-Rüdiger Schenke zum 70. Geburtstag, Berlin: Duncker & Humblot, S. 263–276.

Pernthaler, P. (1996): Allgemeine Staatslehre und Verfassungslehre, 2. Auflage, Wien/New York: Springer.

Pieroth, B./Schlink, B./Kingreen, T./Poscher, R. (2014): Grundrechte – Staatsrecht II, 30. Auflage, Heidelberg: C.F. Müller.

Pünder, H. (2012): Vergaberecht. In: Ehlers, D./Fehling, M./Pünder, H. (Hrsg.), Besonderes Verwaltungsrecht, Bd. I, 3. Auflage, Heidelberg: C.F. Müller, S. 489–569.

Randelzhofer, A. (2006): Grundrechte und Grundpflichten. In: Merten, D./Papier, H.-J. (Hrsg.), Handbuch der Grundrechte in Deutschland und Europa, Bd. II, Heidelberg: C.F. Müller, S. 595–624.

Quaritsch, H. (2000): Der grundrechtliche Status der Ausländer. In: Isensee, J./Kirchhof, P., Handbuch des Staatsrechts, Bd. V, § 120, 2. Auflage, Heidelberg: C.H. Beck, S. 663–737.

Reinisch, A. (2009): Internationales Investitionsschutzrecht. In: Tietje, C. (Hrsg.), Internationales Wirtschaftsrecht, Berlin: De Gruyter Recht, S. 346–374.

Ruder, D.S. (1965): Public Obligations of Private Corporations. University of Pennsylvania Law Review 114, S. 209–229.

Saage-Maaß, M. (2014): Unternehmen zur Verantwortung ziehen – Erfahrungen mit transnationalen Menschenrechtsklagen, Berlin: European Center for Constitutional and Human Rights e. V./Brot für die Welt – Evangelischer Entwicklungsdienst.

Sachs, M. (2006): Abwehrrechte. In: Merten, D./Papier, H.-J. (Hrsg.), Handbuch der Grundrechte in Deutschland und Europa, Bd. II, Heidelberg: C.F. Müller, S. 655–677.

Sachs, M. (2014): Vor Art. 1. In: ders. (Hrsg.), Grundgesetz-Kommentar, 7. Auflage, München: C.H. Beck.

Saladin P. (1984): Verantwortung als Staatsprinzip, Bern/Stuttgart: Haupt.

Schröder, U.J. (2010): Wovon der Staat lebt, Juristen-Zeitung 65, S. 869–875.

Spießhofer, B. (2009): Corporate Social Responsibility – Auch ein Thema für Anwälte?, Anwaltsblatt, S. 94–95.

Spindler, G. (2008): Art. 76 AktG, In: Goette, W./Habersack, M. (Hrsg.), Münchener Kommentar zum Aktiengesetz, Bd. 2, 3. Auflage, München: Beck/Franz Vahlen.

Stephens, B. (2002): The Amorality of Profit: Transnational Corporations and Human Rights, Berkeley Journal of International Law, 20/1, S. 45–90.

Steurer, R./Tiroch, M. (2009): Corporate Social Responsibility (CSR) in Österreich: Wie substanziell ist der freiwillige Beitrag der Wirtschaft zu einer nachhaltigen Entwicklung?, Zeitschrift für Umweltpolitik und Steuerrecht 32, S. 199–222.

Störmer, R. (1998): Gemeinschaftsrechtliche Diskriminierungsverbote versus nationale Grundrechte?, Archiv des öffentlichen Rechts 123, S. 541–571.

Suerbaum, J. (2012): Kommunale und sonstige öffentliche Unternehmen. In: Ehlers D., Fehling M. & Pünder H. (Hrsg.), Besonderes Verwaltungsrecht, Bd. I, 3. Auflage, Heidelberg: C.F. Müller, S. 338–387.

Tietje, C. (2009): Begriff, Geschichte und Grundlagen des Internationalen Wirtschaftssystems und Wirtschaftsrechts. In: Tietje, C. (Hrsg.), Internationales Wirtschaftsrecht, Berlin: De Gruyter, S. 1–60.

Tomuschat C. (1983): Grundpflichten des Individuums nach Völkerrecht, Archiv des Völkerrechts 21, S. 289–315.

Volkmann, U. (2012): Darf der Staat seine Bürger erziehen? Baden-Baden: Nomos.

Weidmann, K. (2014): Der Beitrag der OECD-Leitsätze für multinationale Unternehmen zum Schutze der Menschenrechte, Berlin: Duncker & Humblot.

Weilert, K. (2009): Transnationale Unternehmen im rechtsfreien Raum? Geltung und Reichweite völkerrechtlicher Standards, Zeitschrift für ausländisches öffentliches Recht und Völkerrecht, S. 883–917.

Weinzierl, R. (2006): Europäisierung des deutschen Grundrechtsschutzes? Regensburg: S. Roderer.

Wieland, J. (2013): Art. 14 GG. In: Dreier, H. (Hrsg.), Grundgesetz-Kommentar, 3. Auflage, Tübingen: Mohr Siebeck.

CSR im Kontext von Nachhaltigkeit und Menschenrechten: Internationaler Rahmen durch verbindliches Recht und freiwillige Leitlinien

Babette Wehrmann

„Das Deutsche Volk bekennt sich [...] zu unverletzlichen und unveräußerlichen Menschenrechten als Grundlage jeder menschlichen Gemeinschaft, des Friedens und der Gerechtigkeit der Welt." (*Art. 1 Abs. 2 GG*).

Zusammenfassung

Internationales Hard und Soft Law setzen zahlreiche Standards zum Schutz der Menschenrechte und der Umwelt, die nicht nur für Staaten sondern zunehmend auch für Unternehmen gelten. In dem Artikel wird aufgezeigt, wie internationales verbindliches Recht sowie freiwillige Leitlinien zu Menschenrechten und Nachhaltigkeit die Grundlage für CSR-Standards bilden und wie und wieso diese internationalen Regeln damit auch für Unternehmen wirksam werden.

Des Weiteren bietet der Artikel einen strukturierten Überblick über die wichtigsten internationalen CSR Verhaltens- und Transparentstandards und zeigt an einem konkreten Beispiel auf, welche Ansprüche internationale Instrumente an Unternehmen stellen und welche Hilfestellungen bzw. Handreichungen sie ihnen liefern, um ihnen bei der Umsetzung behilflich zu sein.

1 Einleitung

Was haben Nachhaltigkeit und Menschenrechte mit CSR zu tun?

B. Wehrmann (✉)
Freie Gutachterin und Beraterin, Schliersee, Deutschland
E-Mail: babette.wehrmann@land-net.de

1.1 Achtung der Menschenrechte und nachhaltige Entwicklung – Eckpfeiler der menschlichen Entwicklung

„Alle Menschen sind frei und gleich an Würde und Rechten geboren. Sie sind mit Vernunft und Gewissen begabt und sollen einander im Geiste der Brüderlichkeit begegnen.
- Jeder hat das Recht auf Leben, Freiheit und Sicherheit der Person.
- Jeder hat das Recht auf Arbeit, auf freie Berufswahl, auf gerechte und befriedigende Arbeitsbedingungen sowie auf Schutz vor Arbeitslosigkeit.
- Jeder, ohne Unterschied, hat das Recht auf gleichen Lohn für gleiche Arbeit.
- Jeder, der arbeitet, hat das Recht auf gerechte und befriedigende Entlohnung, die ihm und seiner Familie eine der menschlichen Würde entsprechende Existenz sichert, gegebenenfalls ergänzt durch andere soziale Schutzmaßnahmen.
- Jeder hat das Recht, zum Schutze seiner Interessen Gewerkschaften zu bilden und solchen beizutreten.
- Jeder hat das Recht auf Erholung und Freizeit und insbesondere auf eine vernünftige Begrenzung der Arbeitszeit und regelmäßigen Urlaub.
- Jeder hat das Recht, [...] am wissenschaftlichen Fortschritt und dessen Errungenschaften teilzuhaben."

(Allgemeine Erklärung der Menschenrechte, Artikel 1, 3, 23, 24 und 27)[1]

Beispiel

Alltag in einer für den europäischen Markt produzierenden Textilfabrik in Asien
- *Arbeitszeit*: 6 Arbeitstage pro Woche à 10–12 h
- *Arbeitslohn*: ca. US $ 30 pro Monat (nicht existenzsichernd)
- *Arbeitsschutz*: häufig fehlende oder mangelnde Schutzkleidung und -ausrüstung, Fabrikhallen teilweise einsturzgefährdet, keine Fluchtwege bei Brand etc.
- *Schutz vor Arbeitslosigkeit*: geringe oder keine Kündigungsfristen, Kündigung bei Schwangerschaft etc.

Die „Allgemeine Erklärung der Menschenrechte" wurde 1948 von der Generalversammlung der Vereinten Nationen verabschiedet. Diese Menschenrechtscharta der UN ist selbst zwar nur eine Resolution der UN-Generalversammlung, so dass ihr keine rechtliche Verbindlichkeit zukommt. Sie hat inzwischen jedoch eine solche universelle Anerkennung erlangt, dass sie gemeinhin als Bestandteil des Völkergewohnheitsrechts angesehen wird. Zudem finden sich viele der Bestimmungen auch in den beiden 1966 geschlossenen und 1976 in Kraft getretenen bindenden internationalen Abkommen, dem UN-Zivilpakt und

---

[1] Resolution 217 A (III) der Vereinten Nationen vom 10. Dezember 1948.

dem UN-Sozialpakt[2,3], mit denen zusammen die Menschenrechtscharta den Internationalen Menschenrechtskodex („*International Bill of Rights*") bildet, der im Bereich der Menschenrechte den Grundkodex der internationalen Völkergemeinschaft darstellt.

Über diesen Internationalen Menschenrechtskodex hinaus, haben die Vereinten Nationen weitere Menschenrechtsinstrumente geschaffen, die für alle Staaten, die ihnen beigetreten sind, völkerrechtlich verbindlich sind. Zu diesen Menschenrechtsabkommen zählen beispielsweise die UN-Kinderrechtskonvention[4,5], UN-Frauenrechtskonvention[6] und UN-Wanderarbeiterkonvention[7]. Einige der Menschenrechtsabkommen werden von zusätzlichen Fakultativprotokollen ergänzt, mit denen oftmals Individualbeschwerdeverfahren eingeführt werden. Auch die wirtschaftlichen, sozialen und kulturellen Rechte, die sich aus dem UN-Sozialpakt ergeben, sind in Deutschland mittlerweile unmittelbar anwendbar und einklagbar.[8]

Mit der Verabschiedung der „UN Leitprinzipien für Wirtschaft und Menschenrechte" haben die Vereinten Nationen 2011 die unternehmerische Verantwortung, die Menschenrechte zu respektieren, als Leitprinzip für die Wirtschaft etabliert.

Neben den Menschenrechten stellt die Maxime der nachhaltigen Entwicklung einen weiteren Eckpfeiler der menschlichen Entwicklung dar, der ebenfalls von den Vereinten Nationen über die Jahrzehnte zu einem umfassenden teilweise verbindlichen, teilweise unverbindlichen Regelwerk entwickelt wurde.

---

[2] Pakt über Bürgerliche und Politische Rechte (UN-Zivilpakt); Pakt über Wirtschaftliche, Soziale und Kulturelle Rechte (UN-Sozialpakt).

[3] Auszug aus Kapitel 10 des UN-Sozialpaktes: „Die Vertragsstaaten erkennen an,
- dass Mütter während einer angemessenen Zeit vor und nach der Niederkunft besonderen Schutz genießen sollen. Während dieser Zeit sollen berufstätige Mütter bezahlten Urlaub oder Urlaub mit angemessenen Leistungen aus der Sozialen Sicherheit erhalten;
- Kinder und Jugendliche sollen vor wirtschaftlicher und sozialer Ausbeutung geschützt werden. Ihre Beschäftigung mit Arbeiten, die ihrer Moral oder Gesundheit schaden, soll gesetzlich strafbar sein."

[4] Konvention über die Rechte des Kindes vom 20. November 1989.

[5] Auszug aus Artikel 32 der UN-Kinderrechtskonvention: „Die Vertragsstaaten erkennen das Recht des Kindes an, vor wirtschaftlicher Ausbeutung geschützt und nicht zu einer Arbeit herangezogen zu werden, die Gefahren mit sich bringen, die Erziehung des Kindes behindern oder die Gesundheit des Kindes oder seine körperliche, geistige, seelische, sittliche oder soziale Entwicklung schädigen könnte."

[6] Übereinkommen zur Beseitigung jeder Form der Diskriminierung der Frau vom 18.12.1979. Resolution 34/180 der UN Generalversammlung. In Kraft getreten am 03.09.1981.

[7] Internationale Konvention zum Schutz der Rechte aller Wanderarbeitnehmer und ihrer Familienangehörigen vom 18.12.1990.

[8] Mahler, Claudia (2014): Wirtschaftliche, soziale und kulturelle Rechte sind einklagbar! UN-Sozialpakt hat mehr als Appell-Funktion – Bundesverfassungsgericht wendet ihn an. Schriftenreihe Anwaltsblatt, Anwaltschaft für Menschenrechte und Vielfalt, Zwölf Beiträge zur anwaltlichen Praxis, Bd. 4, S. 125–133.

"Nachhaltige Entwicklung ist eine Entwicklung, die den Bedürfnissen, der heutigen Generation entspricht, ohne die Möglichkeiten künftiger Generationen zu gefährden, ihre eigenen Bedürfnisse zu befriedigen und ihren Lebensstil zu wählen."[9] Um dies zu erreichen, muss das menschliche Handeln sowohl in sozialer als auch in ökonomischer und ökologischer Hinsicht nachhaltig sein. In der Internationalen Umwelt- und Entwicklungspolitik sind diese drei Dimensionen der Nachhaltigkeit, der gelegentlich noch die kulturelle Dimension als vierte hinzugefügt wird, seit der Verabschiedung der Rio-Deklaration 1992 und der damit im Zusammenhang stehenden Agenda 21 fest verankert.[10] Sie wurden 2012 von den Staats- und Regierungsoberhäuptern bestätigt[11] und bilden auch die Basis für die neue – gegenwärtig in Verhandlung befindliche – „Post-2015 Agenda", die die künftigen Entwicklungs- und Nachhaltigkeitsziele enthält. Diese sollen die ökonomische, ökologische und soziale Dimension einbeziehen und auf alle Länder der Welt anwendbar sein.[12]

Wichtige soziale Aspekte nachhaltiger Entwicklung mit Relevanz für CSR sind Armutsbekämpfung, Gesundheit, weitreichende Beteiligung aller Stakeholder und menschenwürdige Arbeit für alle. Zentrale ökologische Aspekte nachhaltiger Entwicklung sind der Schutz der Biodiversität und das nachhaltige Management natürlicher Ressourcen, das dafür Sorge tragen soll, dass natürliche Ressourcen wie Wasser, Land/Boden, Wälder, Rohstoffe etc. nur in dem Maße abgebaut oder genutzt werden, dass sie sich fortlaufend regenerieren können, um so auch zukünftigen Generationen zur Verfügung zu stehen.[13,14]

---

[9] Hauff, Volker (Hrsg.) (1987): Unsere gemeinsame Zukunft. Der Brundtland-Bericht der Weltkommission für Umwelt und Entwicklung. Eggenkamp Verlag. Greven.

[10] Konferenz für Umwelt und Entwicklung der Vereinten Nationen (UNCED) in Rio de Janeiro (Juni 1992): Agenda 21.

[11] Die Staats- und Regierungsoberhäupter trafen sich im Juni 2012 zur Konferenz für nachhaltige Entwicklung der Vereinten Nationen abermals in Rio de Janeiro – deshalb auch der Name Rio+20 Konferenz – und erneuerten ihr Bekenntnis zu nachhaltiger Entwicklung und dafür, die Förderung einer ökonomisch, sozial und ökologisch nachhaltigen Zukunft für unseren Planeten sowie für gegenwärtige und zukünftige Generationen sicherzustellen (United Nations, General Assembly, A/RES/66/288).

[12] Inspiriert durch die positive Ausstrahlung der UN Millenniumsentwicklungsziele beschloss die internationale Staatengemeinschaft bei der UN-Konferenz für nachhaltige Entwicklung (Rio+20) im Juni 2012, umfassende Ziele für eine nachhaltige Entwicklung auszuarbeiten. In Rio legten die Regierungen zudem fest, diese zwei parallel laufenden Prozesse zusammenzuführen, d. h. die Ausarbeitung einer neuen Entwicklungsagenda – als Nachfolgelösung für die Millenniumsentwicklungsziele – sowie die Formulierung globaler Ziele für eine nachhaltige Entwicklung. Diese neue Agenda, bezeichnet als „Post-2015 Agenda", wird folglich sowohl Nachhaltigkeits- als auch Entwicklungsziele beinhalten.

[13] United Nations, General Assembly, A/RES/66/288 (11. September 2012).

[14] Das vorgeschlagene Ziel 15 der Post-2015 Agenda lautet: „Protect, restore and promote sustainable use of terrestrial ecosystems, sustainably manage forests, combat desertification, and halt and reverse land degradation and halt biodiversity loss."

> **Beispiel**
>
> Erdölförderung multinationaler Unternehmen im Nigerdelta
> - *Ökologische Nachhaltigkeit*: großflächige Öllachen verschmutzen das Wasser sowie das angrenzende Land.
> - *Soziale Nachhaltigkeit*: durch die Verschmutzung des Trinkwasser erhöht sich das Krankheitsrisiko und die Lebenserwartung sinkt. Große Landstriche veröden und zerstören die Heimat der dort lebenden Menschen, denen häufig nur die Abwanderung in die Städte bleibt, in denen ihnen jedoch weder Unterkunft noch Essen noch Arbeit garantiert ist.
> - *Ökonomische Nachhaltigkeit*: die lokale Bevölkerung, deren Lebensraum umfangreich verschmutzt wird, wird nicht am Gewinn beteiligt. Darüber hinaus, gehen ihre Einkommensmöglichkeiten verloren, wie beispielsweise durch den durch die Verschmutzung nicht mehr möglichen Fischfang.
> - *Kulturelle Nachhaltigkeit*: die Grundlage für eine gewachsene traditionelle Lebensweise wird zerstört.

1.2 CSR in der aktuellen Wirtschaftspraxis: Compliance + wohltätige Maßnahmen

Aktuell gilt in vielen im Ausland tätigen Unternehmen: In Ländern, in denen niedrigere soziale und ökologische Standards herrschen, werden diese angewandt. Setzt sich ein Mitarbeiter für höhere Standards ein, droht ihm die Kündigung. Auf den ersten Blick mag dies legal erscheinen, denn das Unternehmen verstößt gegen kein in dem betreffenden Land bestehendes Recht. Aus der Perspektive der international anerkannten Menschenrechte hingegen erscheint es zweifelhaft, ob es rechtens ist, wenn europäische Unternehmen in Entwicklungs- und Schwellenländern wiederholt wissentlich Leib und Leben lokaler Angestellter gefährden (u. a. durch mangelnden Arbeitsschutz, den Einsatz in Europa verbotener giftiger Chemikalien und unzureichender Baustandards, die keine Fluchtwege bei Brand vorsehen oder zu einstürzenden Fabrikhallen führen). Aus der Perspektive der Nachhaltigkeit ist es ebenso fragwürdig, ob es mit rechten Dingen zugeht, wenn europäische Unternehmen im Ausland Gewässer verunreinigen oder Primärwald abholzen.

▶ **Merke** Die Einhaltung der (im Gastland) geltenden Gesetze (*Compliance*) garantiert weder die Einhaltung der Menschenrechte noch einen Beitrag zu nachhaltiger Entwicklung.

▶ **Merke** Compliance bedeutet die Einhaltung von rechtlicher Verpflichtung. Compliance sollte deshalb nicht als großzügige gesellschaftsfreundliche Extraleistung betrachtet oder vermarktet werden. Sie sollte vielmehr als Selbstverständlichkeit angesehen werden.

Unternehmen, die wie oben beschrieben handeln, unterhalten durchaus häufig ein sogenanntes CSR-Programm. So werden in den Gemeinden, in denen sie investieren, beispielsweise Schulen oder Brunnen gebaut, Fußballvereine oder Jugendgruppen unterstützt. Die positiven Wirkungen solcher werbewirksamen und zumeist steuerlich absetzbaren philanthropischen Maßnahmen stehen jedoch in keinem Verhältnis zu den durch das Kerngeschäft verursachten Menschenrechtsverletzungen und negativen Auswirkungen auf die Umwelt, durch die die Gewinnmargen erhöht werden. Der Bau von Schulen oder Krankenhäusern, insbesondere wenn das dafür notwenige Personal vom Unternehmen ausgebildet und dauerhaft finanziert wird, in Stand gesetzte Straßen oder Stromanschlüsse sind per se nicht zu verurteilen, die lokale Bevölkerung („*community*") wird sie aber nur dann dauerhaft schätzen, wenn[15]:

- das Unternehmen Fairness und Respekt gegenüber der lokalen Bevölkerung demonstriert. Hierzu zählt auch der Respekt aller existierenden Rechte – einschließlich der Menschenrechte und (traditionellen, nicht schriftlich nachweisbaren) Rechte an Land, Wasser, Wäldern und anderen Ressourcen – aller von den Aktivitäten des Unternehmens betroffenen Menschen;
- das Unternehmen Verantwortung für alle negativen Auswirkungen auf das Leben der Menschen übernimmt, die aus der Präsenz des Unternehmens resultieren;
- das Unternehmen durch die Schaffung direkter und indirekter Vorteile für die lokale Bevölkerung zur Verbesserung der wirtschaftlichen Perspektiven und sozialen Dienstleistungen beiträgt. Ein direkter Nutzen resultiert beispielsweise von Anstellung oder Untervertragnahme, Erweiterung des In-house Trainings für die Fachöffentlichkeit, Mentoring von angehenden Unternehmen und Beratung von KMU. Ein indirekter Nutzen resultiert von der Verbesserung der allgemeinen Lebensbedingungen, die durch vom Unternehmen ausgelöste erhöhte wirtschaftliche Aktivitäten (z. B. Auf- oder Ausbau von lokal ansässigen Zuliefer- oder Dienstleistungsbetrieben), durch erhöhte Präsenz der Regierung oder durch vom Unternehmen bereitgestellte soziale und technische Infrastruktur sowie soziale Dienstleitungen;
- ein für die Bevölkerung leicht zugänglicher Beschwerdemechanismus besteht oder eingerichtet wurde, wobei sich leicht zugänglich sowohl auf die räumliche Nähe als auch auf die Kosten und die Anforderungen an Bildung (so sollte Lese- und Schreibfähigkeit keine Bedingung sein) bezieht.

▶ **Merke** Die Bereitstellung und Unterhaltung sozialer und technischer Infrastruktur sowie sozialer Dienstleitungen durch ein Unternehmen (philanthropisches CSR) wird nur dann von der Bevölkerung geschätzt, wenn sie in einen umfassenderen CSR-Ansatz integriert ist, der auf Fairness, Respekt und *„Do-no-harm"* basiert.

---

[15] Erweitert nach Zandvliet, Luc und Mary B. Anderson (2009): Getting it Right. Making Corporate-Community Relations Work. Greenleaf Publishing Ltd. Sheffield, S. 18.

2 CSR in der internationalen Politik: Strategisches CSR und verantwortliches Handeln

Dem überwiegend von den Interessen der Gesellschafter geprägten Alltag vieler Unternehmen (Shareholder-Value-Prinzip) steht die auf dem Stakeholder-Ansatz basierende Vorstellung von CSR gegenüber, die sich in internationaler Wissenschaft und Politik etabliert hat. Als Stakeholder werden nach Freeman, dem wissenschaftlichen Begründer der Stakeholder-Theorie, „alle Gruppen oder Individuen" bezeichnet, „die das Erreichen des Firmenziels beeinflussen oder durch dieses beeinflusst werden können".[16]

Stakeholder theory is about how we cooperate together to create value and trade with each other. It's a new story about business. [...] The old story of business as just about profits and the money and shareholders, just doesn't work anymore, if it ever did. [...] The new narrative says that successful businesses are about more than money. They are driven by purpose. They create value for customers, suppliers, employees, communities, as well as the people with money, financiers. [...] If you change the underlying narrative of business to see it as „creating value for all stakeholders", then CSR just isn't necessary. This is a subtle but important point: As long as we continue to talk about CSR as separate from „the business" then we are implicitly approving of the old narrative of business.[17]

In diesem Sinne ist CSR ein fest in das Unternehmen und seine Abläufe integrierter Bestandteil, durch den das Unternehmen die Auswirkungen seines Handelns – sprich seiner Kernaktivitäten – auf alle Stakeholder (Zulieferer, Mitarbeiter, Kunden, lokale Bevölkerung, Anteilseigner sowie die breite Öffentlichkeit und die Umwelt) durch Monitoring beobachtet und bei Bedarf korrigierend eingreift.

2.1 CSR Definitionen der EU

Dieses Verständnis von CSR kommt auch bei den CSR Definitionen der EU zum Tragen. Während es in der Definition von 2001 darum ging, soziale und Umweltbelange in die Wechselbeziehungen mit den Stakeholdern zu integrieren, spricht die aktuelle Definition von 2011 von enger Kooperation mit den Stakeholdern mit den Zielen, den Gewinn für alle Stakeholder zu maximieren und negative Auswirkungen zu identifizieren, verhindern und vermindern.

CSR Definition der EU, 2011
CSR is:

---

[16] Freeman, Edward (1984): Strategic Management. A Stakeholder Approach. Pitman. Boston, S. 25. Siehe auch: Freeman, Edward et al (2010): Stakeholder Theory. The State of the Art. Cambridge University Press. Cambridge.

[17] Freeman, Edward und Alexander Moutchnik (2013): Stakeholder management and CSR: questions and answers. In: UmweltWirtschaftsForum, Springer Verlag, Bd. 21, Nr. 1, S. 5–6.

- „the responsibility of enterprises for their impacts on society",
- „a process to integrate social, environmental, ethical and human rights concerns into their business operations and core strategy in close interaction with their stakeholders, with the aim of:
  - maximizing the creation of shared value for their onwers/shareholders *and* for their other stakeholders and society at large;
  - Identifying, preventing and mitigating their possible adverse impacts".[18]

Ein solches strategisches CSR ist folglich weitaus umfangreicher als die gängige Praxis der Legal Compliance garniert mit ein paar wohltätigen Maßnahmen (philanthropisches CSR). Strategisches CSR setzt an den Kernaktivitäten eines Unternehmens an und umfasst die gesamte Wertschöpfungskette, wobei – laut EU Definition – sicherzustellen ist, dass soziale, ethische, Umwelt- und menschenrechtliche Belange in die Geschäftstätigkeiten und -strategien integriert werden.

▶ **Merke** Die Europäische Kommission definiert CSR als „Verantwortung von Unternehmen für ihre Auswirkungen auf die Gesellschaft".

▶ **Merke** Mit ihrer aktuellen Definition konstatiert die EU-Kommission unmissverständlich, dass CSR bedeutet, sowohl soziale und ökologische als auch ethische und menschenrechtliche Belange in die Geschäftstätigkeiten und -strategien eines Unternehmens zu integrieren. Dabei geht es sowohl darum, negative Auswirkungen, wie Menschenrechtsverletzungen und Umweltschädigung zu vermeiden („Do-no-harm"), als auch darüber hinaus die wirtschaftlichen und sozialen Bedingungen sowohl aller Stakeholder als auch der Gesellschaft/Gemeinschaft, in der ein Unternehmen operiert, zu verbessern.[19]

---

[18] Mitteilung der Kommission „Eine neue EU-Strategie (2011–14) für die soziale Verantwortung der Unternehmen (CSR)" vom 25.10.2011.

[19] Das in der CSR Definition der EU enthaltene Konzept des Shared Value, auf das hier Bezug genommen wird, soll zur Verbesserung der Konkurrenzfähigkeit des Unternehmens führen und zugleich die wirtschaftlichen und sozialen Bedingungen der Gemeinschaft verbessern. Es geht somit darum, die Wertschöpfung/den Gewinn so zu teilen, dass das Unternehmen, seine Stakeholder und die Gesellschaft (zumindest die lokale Gemeinschaft) gleichermaßen davon profitieren und einen Nutzen daraus ziehen (Schaffen einer win-win-win Situation). Wirtschaftliche und soziale Bedingungen ließen sich in vielen Regionen bereits durch den Respekt bestehender Rechte, angemessene Löhne, akzeptable Arbeitsbedingungen und -zeiten sowie die Vermeidung von Umweltschäden erheblich verbessern. Kämen noch Fortbildungen für Mitarbeiter und Zulieferer sowie ähnliche Maßnahmen hinzu, könnte dies weitreichende Entwicklungsimpulse geben.

2.2 CSR und Menschenrechte im Spiegel des internationalen Hard und Soft Laws

In ihrem Aktionsplan 2011 bis 2014 formulierte die Europäische Kommission darüber hinaus die Erwartung, dass alle europäischen Unternehmen (bei all ihren Aktivitäten weltweit), die Menschenrechte respektieren, wie in den 2011 von den Vereinten Nationen verabschiedeten „Leitprinzipien für Wirtschaft und Menschenrechte" vorgesehen. Diese basieren auf den drei von John G. Ruggie, dem damaligen UN-Sonderbeauftragten für Wirtschaft und Menschenrechte, identifizierten Säulen „Protect, Respect and Remedy": Staaten haben die *Pflicht*, Menschenrechte zu *respektieren*, zu *schützen* (auch gegen Beeinträchtigungen durch Unternehmen) und zu *erfüllen*; Unternehmen die *Verantwortung*, Menschenrechte zu *respektieren*. Als Teil ihrer Plicht, ihre Bevölkerung vor Menschenrechtsverletzungen durch Unternehmen zu schützen, müssen Staaten angemessene Beschwerdemechanismen (*„remedy"*) sicherstellen. Und auch Unternehmen sollten effektive Beschwerdemechanismen für Individuen und Gemeinden (*„communities"*), die von negativen Auswirkungen ihrer Geschäftstätigkeit betroffen sein könnten, etablieren oder ihnen beitreten.

Mit diesem Regelwerk haben die Vereinten Nationen (multinationalen) Unternehmen Verantwortungen zugewiesen, die auch eine Haftung nach sich ziehen können. Zwar geben die Leitprinzipien selbst vor, kein internationales „Recht" schaffen zu wollen und sie sprechen von Verantwortung nicht Verpflichtung der Unternehmen, doch sollen sie durchaus normative Kraft entwickeln. So können nationale Gerichte durchaus die Vorgaben der UN-Leitprinzipien in Haftungstatbestände integrieren. Spießhofer[20] spricht in diesem Zusammenhang von „soft law with hard sanctions".

Die UN-Leitprinzipien sind mittlerweile in den ISO 26000 zu sozialer Verantwortung und die Neufassung der OECD-Leitsätze für multinationale Unternehmen eingeflossen. Letzterer bietet auch einen Beschwerdemechanismus, so genannte Nationale Kontaktstellen, deren Verfahren sich mit der Verabschiedung der UN-Leitprinzipien signifikant erhöht haben.[21]

Die UN-Leitprinzipien zeigen relativ konkret auf, was ein Unternehmen tun soll, um zu vermeiden durch eigene Aktivitäten Menschenrechte zu verletzen oder zu ihrer Verletzung beizutragen sowie um Menschenrechtsverletzungen zu verhindern oder mindern, die in direktem Zusammenhang mit Arbeitsabläufen, Produkten und Dienstleistungen durch seine Geschäftspartner stehen, auch wenn es selbst nicht dazu beigetragen hat. Zu den

---

[20] Spießhofer, Birgit (2014): Wirtschaft und Menschenrechte – rechtliche Aspekte der Corporate Social Responsibility. NJW 2014, 2473 – beck-online.

[21] Allerdings können hier nur Verstöße multinationaler Unternehmen gegen die OECD-Leitsätze und auch nur von den Betroffenen direkt angezeigt werden. Die Klärung von Anträgen seitens zivilgesellschaftlicher Organisationen, wie in den UN-Leitprinzipien vorgesehen, oder bezüglich über die OECD-Leitsätze hinausgehende negative Auswirkungen von Unternehmen ist jedoch nicht vorgesehen.

Anforderungen an Unternehmen zählen unter anderem eine Verpflichtungserklärung, ein Human Rights Due Diligence Prozess, Human Rights Assessments, ernst gemeinte Stakeholder Konsultationen, transparentes Reporting und die Bereitstellung von Beschwerdemechanismen.

UN Guiding Principles on Business and Human Rights (extract)

II. The Corporate Responsibility to Respect Human Rights[22]
   A. Foundational Principles
   - Business enterprises should respect human rights. This means that they should avoid infringing on the human rights of others and should address adverse human rights impacts with which they are involved.
   - The responsibility of business enterprises to respect human rights refers to internationally recognized human rights – understood, at a minimum, as those expressed in the International Bill of Human Rights and the principles concerning fundamental rights set out in the International Labour Organisation's Declaration on Fundamental Principles and Rights at Work.
   - The responsibility to respect human rights requires that business enterprises:
     – Avoid causing or contributing to adverse human rights impacts through their own activities, and address such impacts when they occur;
     – Seek to prevent or mitigate adverse human rights impacts that are directly linked to their operations, products or services by their business relationships, even if they have not contributed to those impacts.
   - The responsibility of business enterprises to respect human rights applies to all enterprises regardless of their size, sector, operational context, ownership and structure. Nevertheless, the scale and complexity of the means through which enterprises met that responsibility may vary according to these factors and with the severity of the enterprise's adverse human rights impacts.
   - In order to meet their responsibility to respect human rights, business enterprises should have in place policies and processes appropriate to their size and circumstances, including:
     – A policy commitment to meet their responsibility to respect human rights;
     – A human rights due diligence process to identify, prevent, mitigate and account for how they address their impacts on human rights;
     – Processes to enable the remediation of any adverse human rights impacts they cause or to which they contribute.

---

[22] Im Originaltext ist jedem Leitprinzip (hier durch ein Aufzählungszeichen dargestellt) ein Kommentar beigefügt.

B. Operational Principles
Policy Commitment
- As the basis for embedding their responsibility to respects human rights, business enterprises should express their commitment to meet this responsibility through a statement of policy that:
    - Is approved at the most senior level of the business enterprise;
    - Is informed by relevant internal and/or external expertise;
    - Stipulates the enterprise's human rights expectations of personnel, business partners and other partners directly linked to its operations, products and services;
    - Is publicly available and communicated internally and externally to all personnel, business partners and other relevant parties;
    - Is reflected in operational policies and procedures necessary to embed it throughout the business enterprise.

Human Rights Due Diligence
- In order to identify, prevent, mitigate and account for how they address their adverse human rights impacts, business enterprises should carry out human rights due diligence. The process should include assessing actual and potential human rights impacts, integrating and acting upon the findings, tracking responses, and communicating how impacts are addressed. Human rights due diligence:
    - Should cover adverse human rights impacts that the business enterprise may cause or contribute to through its own activities, or which may be directly linked to its operations, products or services by its business relationships;
    - Will vary in complexity with the size of the business enterprise, the risk of severe human rights impacts, and the nature and context of its operations;
    - Should be ongoing recognizing that the human rights risk may change over time as the business enterprise's operations and operating context evolve.
- In order to gauge human rights risks, business enterprises should identify and assess any actual or potential adverse human rights impacts with which they may be involved either through their own activities or as a result of their business relationships. This process should:
    - Draw on internal and/or external human rights expertise;
    - Involve meaningful consultation with potentially affected groups and other relevant stakeholder, as appropriate to the size of the business enterprise and the nature and context of the operation.
- In order to prevent and mitigate adverse human rights impacts, business enterprises should integrate the findings from their impact assessments across relevant internal functions and processes, and take appropriate action.
    - Effective integration requires that
        - Responsibility for addressing such impacts is assigned to the appropriate level and function within the business enterprise,
        - Internal decision-making, budget allocations and oversight processes enable effective responses to such impacts.

- Appropriate action will vary accord to:
  - Whether the business enterprise causes or contributes to an adverse impact, or whether it is involved solely because the impact is directly linked to its operations or services by a business relationship;
  - The extent of its leverage in addressing the adverse impact.
- In order to verify whether adverse human rights impacts are being addressed, business enterprises should track the effectiveness of their responses. Tracking should:
  - Be based on appropriate qualitative and quantitative indicators;
  - Draw on feedback from both internal and external sources, including affected stakeholders.
- In order to account for how they address their human rights impacts, business enterprises should be prepared to communicate this externally, particularly when concerns are raised by or on behalf of affected stakeholders. Business enterprises whose operations or operating context pose risks of severe human rights impacts should report formally on how they address them. In all instances, communications should:
  - Be of a form and frequency that reflect an enterprise's human rights impacts and that are accessible to its intended audiences;
  - Provide information that is sufficient to evaluate the adequacy of an enterprise's response to the particular human rights impact involved;
  - In turn not pose risks to affected stakeholders, personnel or to legitimate requirements of commercial confidentially.

REMEDIATION
- Where business enterprises identify that they have caused or contributed to adverse impacts, they should provide for or cooperate in their remediation through legitimate processes.

ISSUES OF CONTEXT
- In all contexts, business enterprises should:
  - Comply with all applicable laws and respect internationally recognized human rights, wherever they operate;
  - Seek ways to honour the principles of internationally recognized human rights when faced with conflicting requirements;
  - Treat the risk of causing or contributing to gross human rights abuses as a legal compliance issue wherever they operate.
- Where it is necessary to prioritize actions to address actual and potential adverse human rights impacts, business enterprises should first seek to prevent and mitigate those that are most severe or where delayed response would make them irremediable.

III. ACCESS TO REMEDY[23]

[....]

- To make it possible for grievances to be addressed early and remediated directly, business enterprises should establish or participate in effective operational-level grievance mechanisms for individuals and communities who may be adversely impacted.
- Industry, multi-stakeholder and other collaborative initiatives that are passed on respect for human rights-related standards should ensure that effective grievance mechanisms are available.
- In order to ensure their effectiveness, non-judicial grievance mechanisms, both State-based and non-State, should be: legitimate [...], accessible [...], predictable [...], equitable [...], transparent [...], rights-compatible [...] and a source of continuous learning [...]. Operational-level mechanisms should also be based on engagement and dialogue [...].

In der EU gilt für Finanzdienstleister und börsennotierte Unternehmen mit mehr als 500 Mitarbeitern bereits eine CSR-Berichtspflicht. Mitte April 2014 hat das EU-Parlament die Richtlinie zur verpflichtenden CSR-Berichterstattung beschlossen. Erstmals werden künftig etwa 6000 große Unternehmen europaweit über nichtfinanzielle Aspekte, wie Umwelt-, Sozial- und Arbeitnehmerbelange, Achtung der Menschenrechte und Bekämpfung der Korruption, in ihren Jahresberichten Rechenschaft ablegen müssen.[24] Dies schließt auch die diesbezügliche Performance von Tochterunternehmen bei zu konsolidierenden Unternehmen mit ein.[25]

Damit erhöht sich die normative Kraft der UN-Leitprinzipien für Wirtschaft und Menschenrechte und anderer nicht verbindlicher CSR-Instrumente[26] – auch wenn unter die Berichtspflicht, zumindest zunächst, weniger Unternehmen fallen als ursprünglich angestrebt und klare Überprüfungs- und Sanktionsmechanismen fehlen.[27] Aus der Unternehmensverantwortung wird zunehmend eine (teilweise) Verpflichtung für Unternehmen. Zu einem weiteren „Hardening" dieses „Soft Law" wird es spätestens dann kommen, wenn

---

[23] Dieser Abschnitt enthält nur die für Unternehmen relevanten Leitprinzipien, nicht die für Staaten.

[24] Vgl. 3.2.

[25] Richtlinie des Europäischen Parlaments und des Rates zur Änderung der Richtlinien 78/660/EWG und 83/349/EWG des Rates im Hinblick auf die Offenlegung nichtfinanzieller und die Diversität betreffender Informationen durch bestimmte große Gesellschaften und Konzerne.

[26] Hierzu zählen nationale, EU-basierte und internationale Rahmenwerke, wie die OECD-Leitsätze für multinationale Unternehmen, ISO 26000, UN Global Compact und der Leitfaden zur Nachhaltigkeitsberichtstattung („Sustainability Reporting Guidelines") der Global Reporting Initiative, auf die sich die Unternehmen bei der verpflichtenden Berichterstattung stützen können (vgl. 3.1 und 3.2).

[27] Vgl. hierzu: Aachener Stiftung Kathy Beys (Hrsg.): Lexikon der Nachhaltigkeit – Nachhaltigkeitsberichte & CSR-Berichterstattungspflicht. Unter: www.nachhaltigkeit.info/artikel/csr_berichte_1037.htm [Stand 16.10.2014].

die Bundesregierung ihren „Nationalen Aktionsplan zur Umsetzung der UN-Leitprinzipien" erstellt und verabschiedet hat.[28] Damit sollen die Leitprinzipien der Vereinten Nationen für Wirtschaft und Menschenrechte auch für die Aktivitäten deutscher Unternehmen national wie auch global in ihren Wertschöpfungs- und Lieferketten Anwendung finden.[29]

„Die UN-Leitprinzipien etablieren letztlich eigene Verpflichtungen des Unternehmens, nicht nur hinsichtlich des eigenen Wirtschaftens, sondern auch hinsichtlich des menschenrechtlich relevanten Verhaltens von in- und ausländischen Lieferanten, Tochterunternehmen und Geschäftspartnern. [...] Es zeichnet sich bereits jetzt eine Tendenz ab, über eine Erweiterung von menschenrechtsbezogenen Sorgfaltspflichten von (Mutter-)Unternehmen die extraterritoriale Reichweite nationaler Gerichte auszudehnen und eine Verantwortung europäischer Unternehmen für riskantes Verhalten selbstständiger Dritter – Tochterunternehmen wie auch Zulieferer oder Lieferkettenunternehmen – zu begründen. Erste Gerichtsentscheidungen liegen – auch in Deutschland – vor und können Pilotfunktion übernehmen."[30]

2.3 CSR und Nachhaltigkeit im Spiegel des internationalen Hard und Soft Laws

CSR und Nachhaltigkeit sind so eng mit einander verknüpft, dass die Begriffe CSR-Berichterstattung und Nachhaltigkeitsberichterstattung oft synonym verwendet werden. Denn genau darum geht es, um die Offenlegung von Informationen zu sozialen (einschließlich ethischen und menschenrechtlichen) und ökologischen Aspekten zusätzlich zu der bestehenden wirtschaftlichen Berichterstattung.

Soziale und ökologische Aspekte sollten jedoch nicht nur transparent gemacht werden, sondern sie sollen im unternehmerischen Alltag fortlaufend mitgedacht werden. Die EU Definition drückt dies deutlich aus: „CSR ist ein Prozess, soziale, Umwelt-, ethische und menschenrechtliche Belange in die Arbeitsabläufe und Kernstrategien in enger Kooperation mit den Stakeholdern zu integrieren".

Auf mikroökonomischer Ebene entspricht CSR folglich dem Konzept der nachhaltigen Unternehmensführung. Welche Rolle spielen dabei internationale Nachhaltigkeitsziele, wie die Post-2015 Agenda, sowie für Staaten verbindliche (Umwelt-)Konventionen, wie

---

[28] Am 6. November 2014 ist die Bundesregierung ihrer längst überfälligen Verpflichtung gegenüber der EU nachgekommen, mit der Erstellung eines Nationalen Aktionsplans für „Wirtschaft und Menschenrechte" zu beginnen. Nach Angaben des Auswärtigen Amtes wird die Erarbeitung des Aktionsplans in einem engen Konsultationsprozess mit Vertretern aus Politik, Unternehmen, Gewerkschaften, Zivilgesellschaft, Verbänden und Wissenschaft stattfinden und ist auf zwei Jahre angelegt. Damit soll eine größtmögliche gesellschaftliche Unterstützung für den Nationalen Aktionsplan der Bundesregierung erreicht werden. Im Jahr 2016 soll der Aktionsplan durch das Bundeskabinett verabschiedet werden.

[29] Auswärtiges Amt unter: http://www.auswaertigesamt.de/DE/Aussenpolitik/Aussenwirtschaft/Wirtschaft-und-Menschenrechte/NAPWiMR_Grundlage_node.html [Stand 27.11.2014].

[30] Spießhofer ibid.

Internationale CSR-Standards	Überbetriebliche CSR-Standards	
(der internationalen Gemeinschaft)	(des Privatsektors)	
UN Global Compact	diverse Produktstandards	
OECD-Leitsätze für multinationale Unternehmen	Dow Jones Sustainability Index	
	KPIs for ESG	
ISO 26000	AA 1000	
SA 8000		
ISO 14000 Gruppe		
EMAS		
GRI		UN-Leitprinzipien für Wirtschaft und Menschenrechte
Internationales Hard und Soft Law		
Internationaler Menschenrechtskodex und darauf aufbauende **Konventionen**	*Agenda 21* und darauf aufbauende **Konventionen**	Diverse *ILO* **Abkommen**	*Antikorruptionskonvention*	

Legende: in kursiv und fett gedruckt = Hard Law, nur in kursiv gedruckt = Soft Law

Abb. 1 Auf internationalem Hard und Soft Law basierende CSR-Standards

die Klima-, die Biodiversitäts- und die Konvention zur Desertifikationsbekämpfung? Sie geben einen Entwicklungspfad vor, der Gesellschafts- und Wirtschaftspolitik verbindet, und sich im internationalen, EU und nationalen CSR-Rahmenwerk widerspiegelt.[31]

3 Internationale CSR-Standards

Internationale CSR-Standards basieren auf und/oder reflektieren internationales Hard und Soft Law bezüglich Menschenrechte, Nachhaltigkeit und Governance sowie Arbeitsbedingungen (soweit diese nicht Teil der Menschenrechte und sozialen Nachhaltigkeit sind), die spätestens durch die UN Leitprinzipien für Wirtschaft und Menschenrechte zumindest teilweise auch in den Verantwortungsbereich von Unternehmen fallen (Abb. 1).

CSR-Standards haben Normcharakter. Sie enthalten Normen, die auf ideale Ziele gerichtet sind. Obwohl alle CSR Normen im rechtlichen Sinn unverbindlich sind, variiert ihre

---

[31] Vgl. auch: Schneider, Andreas (2012): Reifegradmodell CSR – eine Begriffserklärung und -abgrenzung. In: Schneider, Andreas und R. Schmidpeter (Hrsg.): Corporate Social Responsibility. Springer-Verlag. Berlin/Heidelberg, S. 24–26. Hervorzuheben ist hier die graphische Darstellung der geschichtlichen Entwicklung von CSR und Nachhaltigkeit, die unterstreicht, dass „zusammenwächst, was zusammen gehört".

Verbindlichkeit je nach Standard. In vielen Fällen muss lediglich eine Auseinandersetzung mit den Normen stattfinden. Andere Standards definieren Mindeststandards, die einzuhalten sind, wenn ein Unternehmen dem Standard beitritt und/oder sich auf der Grundlage zertifizieren lassen will. Der Beitritt und die Zertifizierung sind freiwilliger Natur. Einmal dem Standard beigetreten, besteht jedoch eine Verpflichtung, diesen einzuhalten. Geschieht dies nicht, folgen Sanktionen. Eine Sanktion in Form von öffentlicher Bekanntgabe eines Verstoßes gegen CSR-Standards kann selbst dann erfolgen, wenn ein Unternehmen nicht aktiv einem Standard beitritt, beispielsweise dann, wenn eine Beschwerde bei den nationalen Beschwerdestellen der OECD eingereicht wird, dass ein Unternehmen gegen die OECD Leitsätze für multinationale Unternehmen verstoßen hat und sich diese Beschwerde als gerechtfertigt erweist.

„CSR-Standards sind in Grundsätze oder Leitlinien gegossene Erwartungen, welche die Stakeholder – über die Gesetzestreue hinaus – an Unternehmen stellen (können), und geben den Unternehmen dadurch auch ein gewisses Maß an Sicherheit, dass bei Beachtung dieser Standards die Reputation des Unternehmens nicht gefährdet ist."[32]

CSR-Standards können durch folgende Akte Geltung erlangen[33]:
- Anreiz (z. B. OECD-Leitsätze)
- Beitritt (z. B. UN Global Compact)
- Zertifizierung (z. B. SA 8000, ISO 14000, EMAS, FSC, RSB, RSPO)

Als Sanktionen drohen bei den auf Anreiz basierenden Standards Beschwerde und Veröffentlichung, bei den auf Beitritt basierenden Standards Ausschluss und bei den auf Zertifizierung basierenden Standards der Verlust der Zertifizierung.

CSR-Standards können in zwei Arten von Standards unterschieden werden: Verhaltens- und Transparenzstandards. Verhaltensstandards stellen direkt Grundsätze oder Leitlinien für das Verhalten von Unternehmen auf. Sie beantworten die Frage, was verantwortungsvolle Unternehmen tun bzw. nicht tun sollen. Transparenzstandards enthalten Bestimmungen über die Offenlegung von CSR-Aktivitäten und beeinflussen dadurch indirekt das Verhalten von Unternehmen. Sie legen fest, wie und was Stakeholder und die Öffentlichkeit darüber, was ein Unternehmen wie tut oder nicht, erfahren sollen.[34]

3.1 Internationale Verhaltensstandards

a) CSR Verhaltensstandards internationaler Organisationen und der EU
In Bezug auf die Achtung der Menschenrechte sind als erster Verhaltensstandard zu nennen:

---

[32] Birk, Axel (2015): Corporate Social Responsibility im Lauterkeitsrecht. In: Fezer, Karl-Heinz (Hrsg.): Lauterkeitsrecht – UWG, Zweiter Teil. C. H. Beck. München. S 17, Rn. 24.
[33] Ibid.
[34] Ibid.

- **UN Leitprinzipien für Wirtschaft und Menschenrechte**
  2011 von der UN verabschiedet definieren sie die Unternehmensverantwortung zur Achtung der Menschenrechte.[35]

Die folgenden drei Verhaltensstandards sind die umfassendsten, in dem sie alle CSR-Bereiche abdecken. Dabei bleibt der UN Global Compact sehr an der Oberfläche und pickt sich aus den zentralen CSR-Themenbereichen nur wenige Aspekte heraus. Die OECD-Leitsätze und die ISO 26000 spiegeln den oben dargelegten internationalen Rahmen wesentlich ausführlicher wider. Beide wurden nach der Verabschiedung der UN-Leitprinzipien für Wirtschaft und Menschenrechte aktualisiert, um sie daran anzupassen.

- **UN Global Compact**
  Der UN Global Compact, 2000 von der UN ins Leben gerufen, umfasst kurz und bündig 10 Prinzipien zu den vier Themenbereichen Menschenrechte, Arbeitsbedingungen, Umweltschutz und Korruption, die abgeleitet wurden von:
  - der „Allgemeinen Erklärung der Menschenrechte" (UN 1948)
  - der „Erklärung über die grundlegenden Prinzipien und Rechte bei der Arbeit" der Internationalen Arbeitsorganisation (ILO 1998)
  - der „Rio Deklaration zu Umwelt und Entwicklung" (UNCED 1992) und
  - der UN Konvention gegen Korruption (UN 2005).[36]
- **OECD-Leitsätze für multinationale Unternehmen**
  1976 veröffentlicht und 2011 aktualisiert, u. a. um sie an die UN Leitprinzipien für Wirtschaft und Menschenrechte anzupassen und ein neues, umfassendes Konzept der Sorgfaltspflicht („*due diligence*") zu integrieren, geben Unternehmen zu den folgenden neun Themen Empfehlungen für verantwortliches Handeln: Offenlegung von Information, Menschenrechte, Beschäftigung und Beziehung zwischen den Sozialpartnern, Umwelt, Bekämpfung der Korruption, Verbraucherinteressen, Wissenschaft und Technologie, Wettbewerb und Besteuerung. Die OECD-Leitsätze sind wesentlich detaillierter als die 10 Prinzipien des UN Global Compact.
- **ISO 26000 der International Organization for Standardisation**
  2011 veröffentlicht und die UN Leitprinzipien für Wirtschaft und Menschenrechte bereits reflektierend, stellen die ISO 26000 kein Zertifizierungsschema sondern vielmehr eine Art Handbuch zu CSR dar. Sie umfassen die folgenden sieben Kernthemen: Organisationsführung, Menschenrechte, Arbeitspraktiken, Umwelt, faire Betriebs- und Geschäftspraktiken, Konsumentenanliegen, Einbindung und Entwicklung der lokalen

---

[35] Vgl. 1.1 und 1.2.

[36] Gegenwärtig werden im Rahmen des UN Global Compact zusätzlich erste branchenspezifische Verhaltensstands entwickelt, die die branchenübergreifenden ergänzen sollen. Zu nennen sind hier die „Food and Agriculture Business Principles", die im engen Zusammenhang mit den „CFS Principles for Responsible Agricultural Investment" des Komitees für Welternährung betrachtet werden müssen.

Bevölkerung („*community*"). Hinzu kommen folgende sieben Handlungsprinzipien: Verantwortlichkeit/Haftung/Rechenschaftspflicht („*accountability*"), Transparenz, ethisches Verhalten, Achtung der Interessen der Stakeholder, Achtung der Rechtsstaatlichkeit, Achtung internationaler Verhaltensnormen, Achtung der Menschenrechte.

▶ **Merke** Diese vier grundlegenden internationalen CSR-Verhaltensstandards enthalten alle die Verpflichtung der Unternehmen zur Achtung der Menschenrechte.

„Die Unternehmen werden zu einem Sorgfaltsprozess verpflichtet, der eigene und die „Mittäterschaft" an fremden Menschenrechtsverletzungen vermeiden bzw. abmildern soll. Interessant ist in diesem Zusammenhang die Definition des Begriffs „Mittäterschaft" in der ISO 26000. Dort wird zwischen dem juristischen und dem nicht-juristischen Verständnis des Begriffs unterschieden. Mittäterschaft im nicht-juristischen Sinn leite sich danach aus „allgemeinen gesellschaftlichen Verhaltenserwartungen" ab. Über die Hilfestellung hinaus sei ein Unternehmen auch dann für Handlungen anderer, die mit internationalen Verhaltensstandards nicht vereinbar sind, verantwortlich, wenn es nur einfach „Stillschweigen wahrt oder von diesem Vorgehen profitiert".[37]

Neben diesen umfassenden, entweder alle CSR-Bereiche abdeckenden oder die Menschenrechte in den Mittelpunkt stellenden Verhaltensstandards, gibt es weitere, die sich auf die beiden Teilaspekte Arbeitsbedingungen und Umwelt beziehen. Für die drei letztgenannten sind Zertifizierungen möglich.

- **Dreigliedrige Grundsatzerklärung über multinationale Unternehmen und Sozialpolitik der IAA/ILO**
  1977 vom Internationalen Arbeitsamt (IAA), einer Teilorganisation der Internationalen Arbeitsorganisation (ILO), verabschiedet und zuletzt 2006 aktualisiert verstehen sich die Grundsätze als Richtlinie für multinationale Unternehmen, Regierungen und Arbeitgeber- und Arbeitnehmerverbände (daher auch die Bezeichnung „dreigliedrig") in den Bereichen Beschäftigung, Ausbildung, Arbeits- und Lebensbedingungen und Arbeitsbeziehungen. Ergänzend zu den 59 Grundsätzen enthält das Regelwerk 14 Übereinkommen mit den dazugehörigen Empfehlungen.[38]

---

[37] Ibid.
[38] Auszug aus der Dreigliedrigen Grundsatzerklärung über multinationale Unternehmen und Sozialpolitik (IAA 2006): „Multinationale Unternehmen sollten, in Übereinstimmung mit den nationalen Erfordernissen, die höchsten Arbeitsschutznormen einhalten und dabei ihre einschlägigen Erfahrungen innerhalb des Gesamtunternehmens, einschließlich der Kenntnisse über besondere Gefahren, berücksichtigen. Sie sollten ferner [...] Informationen über die von ihnen in anderen Ländern eingehaltenen Arbeitsschutznormen liefern. Insbesondere sollten sie die Betroffenen über besondere Gefahren und entsprechende Schutzmaßnahmen im Zusammenhang mit neuen Produkten und Verfahren aufklären. Sie sollten [...] eine führende Rolle bei der Untersuchung der Ursachen von Arbeitsgefahren und bei der Anwendung der sich hieraus ergebenen Verbesserungen innerhalb des Gesamtunternehmens spielen" (Grundsatz 38).

- **Die Sozial- und Arbeitsstandards SA 8000**
  1997/1998 von der Social Accountability International, einer Nichtregierungsorganisation, entwickelt, basiert der Standard weitgehend auf den ILO Konventionen und enthält Vorgaben (Mindeststandards) zu Kinderarbeit, Zwangsarbeit, Gesundheitsschutz und Arbeitssicherung, Gewerkschaftsbildung, Diskriminierung, physischer oder psychischer Bestrafung, Arbeitszeit und Lohnniveau sowie weitere Anforderungen an das Management. Die Befolgung des Standards kann zertifiziert werden.
- **ISO 14000 Gruppe**
  Die ISO 14000 Gruppe legt Anforderungen an ein Umweltmanagement fest. Unternehmen, können nach einer Prüfung durch Institutionen, die von der ISO akkreditiert sind, eine Zertifizierung erhalten.
- **Eco-Management and Audit Scheme (EMAS) der EU**
  EMAS dient Unternehmen (und Organisationen) dazu, ein nachhaltiges Umweltmanagementsystem aufzubauen. Rechtsgrundlage ist die sogenannte EMAS-Verordnung. Die teilnehmenden Unternehmen berichten jährlich über ihre selbst gesteckten Umweltziele und deren Umsetzung in der EMAS-Umwelterklärung, die von einem staatlich beaufsichtigten, unabhängigen Umweltgutachter validiert wird, der dann das EMAS-Zertifikat verleiht.

Darüber hinaus gibt es zahlreiche themenspezifische Prinzipien, die sich auf einzelne – in Bezug auf die Achtung von Menschenrechten besonders kritischen – Aspekte des unternehmerischen Handelns beziehen. Hierzu zählen:

- **Principles for responsible contracts: integrating the management of human rights into State-investor contract negotiations: guidance for negotiators** (UN Human Rights Council, 2011)[39]
- **Large-scale land acquisition and leases: A set of minimum principles and measures to address the human rights challenge** (UN Human Rights Council, 2009)[40]
- **Guiding principles on human rights impact assessments of trade and investment agreements** (UN Human Rights Council, 2011)[41]

b) Überbetriebliche CSR Verhaltensstandards im internationalen Kontext[42]

Im Gegensatz zu den internationalen Standards werden überbetriebliche Standards von Unternehmen bzw. ihren Verbänden und Kammern und nicht von internationalen Organisationen entwickelt. Sie variieren stark in ihrer Wirksamkeit bezüglich der Einhaltung internationaler Standards und ihrer Legitimation. Dabei spielt eine maßgebliche Rolle,

---

[39] United Nations, General Assembly, A/HRC/17/31/Add.3.
[40] United Nations, General Assembly, A/HRC/13/33/Add.2.
[41] United Nations, General Assembly, A/HRC/19/59/Add.5.
[42] Dieser Abschnitt enthält nur überbetriebliche Standards, die auf supra-nationaler Ebene entwickelt und verabschiedet wurden.

ob sie ausschließlich von Vertretern der Wirtschaft oder von diesen gemeinsam mit Vertretern der Zivilgesellschaft, anerkannter (internationaler) Nichtregierungsorganisationen und ggf. auch Vertretern zwischenstaatlicher Organisationen entwickelt wurden.

Überbetriebliche Standards können in branchen- und themenbezogene unterschieden werden, deren Zahl so groß ist, dass hier nur eine Auswahl getroffen werden kann.

Bei den branchenbezogenen Standards sind diejenigen besonders hervorzuheben, die von Unternehmen dieser Branche gemeinsam mit zivilgesellschaftlichen und Nichtregierungsorganisationen sowie teilweise auch zwischenstaatlichen Organisationen einschließlich UN Organisationen entwickelt wurden, da sie über eine höhere Legitimität verfügen als solche, die nur von Unternehmen und ihren Verbänden und Kammern entwickelt wurden, und meistens höhere Standards setzen. Hierzu zählen die auf konkrete Produkte bezogenen Standards („*commodity standards*") wie „Forest Stewardship Council" (FSC) für nachhaltige Holzprodukte, „Round Table on Sustainable Palm Oel" (RSPO) für nachhaltig produziertes Palmöl und „Round Table on Sustainable Biomaterials" (RSB).

Branchenbezogene Standards greifen nicht unbedingt alle CSR-Aspekte auf, sondern fokussieren auf die Aspekte, die in der entsprechenden Branche unter besonderer Kritik stehen. So konzentrierte sich das Teppichqualitätssiegel *Good Weave* (ehemals Rugmark) zunächst auf den Ausschluss von Kinderarbeit bei der Teppichherstellung (mittlerweile kamen weitere soziale und ökologische Standards hinzu). Das *Fair Wear Siegel* zertifiziert faire und menschenwürdige Arbeitsbedingungen in der Bekleidungsindustrie.

Ein themenbezogener, branchenübergreifender Standard ist beispielsweise das Fair-Trade-Siegel. Die Vergabe des Fair-Trade-Logos ist an eine Reihe von Kriterien geknüpft, die von der *Fairtrade Labelling Organisations International* (FLO) in Bonn entwickelt und festgelegt werden. Unter anderem zählen dazu der direkte Handel mit den Produzentengruppen ohne Zwischenhändler, Vorfinanzierung und langfristige Lieferbeziehungen sowie ökologische Standards. Im Kern der Fair-Trade-Standards steht die Zahlung eines garantierten Mindestpreises, der die Lebenshaltungs- und Produktionskosten der Produzenten decken soll. Zudem muss eine Sozialprämie, die so genannte Fair-Trade-Prämie gezahlt werden, die ökonomische und Entwicklungsprojekte ermöglicht.

Abschließend sei hier auch noch der von der Wirtschaft für die Wirtschaft entwickelte Dow Jones Sustainability Index genannt, der Unternehmen den Leistungsvergleich (Benchmarking) bezüglich ihrer Nachhaltigkeitsperformance ermöglicht.

3.2 Internationale Transparenzstandards

Die wirksamste Transparenz wird durch eine CSR-Berichtspflicht erzielt. Die erste, jüngst von der EU eingeführte, CSR-Berichterstattungspflicht[43] gilt jedoch nur für Finanzdienstleister und börsennotierte Unternehmen mit mehr als 500 Mitarbeitern und enthält keine

---

[43] Vgl. 2.2.

klaren Sanktionsmechanismen. Einen eigenen Standard für die Berichterstattung, d. h. welche Informationen, wie bereit gestellt werden sollen, setzt die Richtlinie nicht, sondern verweist auf bestehende internationale, EU-basierte und nationale Rahmenwerke. Explizit genannt werden dabei die UN-Leitprinzipien zu Wirtschaft und Menschenrechten, der UN Global Compact, die Dreigliedrige Grundsatzerklärung über multinationale Unternehmen und Sozialpolitik der ILO, die OECD-Leitsätze, ISO 26000, EMAS sowie die Global Reporting Initiative.

a) CSR-Transparenzstandard einer internationalen Nichtregierungsorganisation Global Reporting Initiative (GRI)
GRI, eine Not-for-profit Organisation mit einer breiten Netzwerkstruktur hat mit der Hilfe zahlreicher internationaler Experten einen Nachhaltigkeitsberichterstattungsrahmen entwickelt, der weltweit die größte Verwendung findet. GRI verfügt über strategische Partnerschaften mit der UN Umweltorganisation UNEP, UN Global Compact, OECD und der Internationalen Organisation für Standardisierung (ISO), was zeigt, dass die drei wesentlichen CSR-Verhaltensstandards in das Reportingschema eingeflossen sind.

b) Überbetriebliche CSR-Transparenzstandards im internationalen Kontext
Hier sind zwei Standards – aus der Wirtschaft für die Wirtschaft – zu nennen, wobei letzter auf einem Multi-Stakeholder Konsultationsprozess basiert:
- Key Performance Indicators for Environmental, Social & Governance Issues (KPIs for ESG) der European Federation of Financial Analysts Societies. Dabei geht es um die Integration von Umwelt-, sozialen und Governance-Belangen in die Finanzanalyse und die Unternehmensbewertung.
- AA 1000 Standards der Beratungsfirma AccountAbility. Neben der Nachhaltigkeitsberichterstattung steht hier auch das effektive Einbinden der Stakeholder im Mittelpunkt.

3.3 Internationale und überbetriebliche Leitfäden

Schließlich bieten die Vereinten Nationen und ihre vielfältigen Organisationen, Programme, Konventionen etc. zahlreiche Leitfäden, die Standards setzen, wie soziale, ökologische und auf Menschenrechte ausgerichtete Wirkungsanalysen und das dazugehörige Monitoring durchgeführt werden sollten oder wie mit bestimmten Aspekten des unternehmerischen Handelns umgegangen werden soll. Hierzu zählen[44]:

---

[44] Hierbei handelt es sich nur um eine ganz kleine Auswahl. Die Auswahl wurde zusammengestellt, um ein Gefühl dafür zu vermitteln, welch weitreichende und detaillierte Leitfäden Unternehmen zur Verfügung stehen.

- OECD Due Diligence Guidance for Responsible Supply Chains of Minerals from Conflict-Affected and High-Risk Areas (OECD, 2013)
- Akwé: Kon. Voluntary guidelines for the conduct of cultural, environmental and social impact assessments regarding developments proposed to take place on, or which are likely to impact on, sacred sites and on lands and waters traditionally occupied or used by indigenous and local communities (Secretariat of the Convention on Biological Diversity, 2004)
- Voluntary Guidelines on the Responsible Governance of Tenure of Land, Fisheries and Forests in the context of national food security (CFS/FAO, 2012)[45]

Zu den Leitfäden aus der Wirtschaft für die Wirtschaft zählt beispielsweise der Leitfaden zur Verantwortung für die Zulieferkette der International Chamber of Commerce[46].

4 Der internationale Rahmen an einem konkreten Beispiel: Verantwortungsvoller Umgang mit Land

Der faire Zugang zu und die nachhaltige Nutzung von Land stellen deshalb für die Mehrzahl der Unternehmen CSR-Themen dar, da sie an die Kernaktivitäten der meisten Unternehmen gekoppelt sind. Denn Unternehmen benötigen Land für die Produktion, als Lagerflächen und als Bauland für die Produktions- und Verwaltungsstätten. Dasselbe gilt für ihre Zulieferer.

Land ist nicht nur für viele Unternehmen ein wichtiger Produktionsfaktor, Land hat noch viele andere Funktionen zu erfüllen. Land kann als ökologische Ausgleichfläche dienen, es kann – insbesondere, wenn sich Wälder darauf befinden – CO_2 aufnehmen und damit den Klimawandel verringern, es kann als Agrarland in der Subsistenzwirtschaft genutzt werden und damit großen Teilen der ländlichen Bevölkerung weltweit das Überleben sichern oder als Bauland für soziale Infrastruktur oder (sozialen) Wohnungsbau genutzt werden etc. Land ist also nicht nur ein Produktionsfaktor oder Investitionsgegenstand. Land stellt für viele Menschen ihre Lebensgrundlage dar und gibt ihnen ein Zuhause und eine Identität.

Der verantwortungsvolle Umgang mit dieser Ressource Land, einschließlich des sich darauf befindlichen Bodens und der Vegetation, umfasst zwei zentrale Aspekte: den Respekt der bestehenden Eigentums-, Besitz- und Nutzungsrechte und die ökologisch nachhaltige Nutzung.

---

[45] Vgl. 4.

[46] „ICC guide to responsible sourcing. Integrating social and environmental considerations into the supply chain" (International Chamber of Commerce, 2008).

> **Beispiel**
>
> **Internationale Anforderung versus Praxis**
> - „Niemand darf willkürlich seines Eigentums beraubt werden."[47]
> - „Business enterprises have a responsibility to respect human rights and legitimate tenure rights."[48]
> - „Ensure environmental sustainability."[49]
>
> Die Realität sieht anders aus:
> - Vielerorts wird auf der grünen Wiese gebaut, statt nicht mehr genutzte Industrie- und Gewerbeflächen zu „recyceln",
> - Kultur- und Naturlandschaften werden durch großflächige eingeschossige Gewerbe- und Industriegebäude mit dazugehörigen Lagerflächen, Parkplätzen und umfangreicher Verkehrsinfrastruktur zerstört,
> - Primärwälder (Regenwälder) müssen riesigen Monokulturen weichen,
> - der Boden wird unsachgemäß genutzt, so dass seine Qualität unter Erosion, Versalzung oder Kontamination leidet,
> - Menschen werden vertrieben oder umgesiedelt, weil Unternehmen das Land, das diese Menschen seit Generationen besitzen, vom Staat, der diese Rechte nicht anerkennt, für ihre wirtschaftlichen Zwecke gepachtet haben („Landgrabbing").
>
> Gleich ein ganzes Spektrum von Menschenrechten riskieren Unternehmen beim Landgrabbing zu verletzen. Hierzu zählen: Recht auf Nahrung, Recht auf angemessenes Wohnen, Recht auf Wasser, Recht auf Leben, Recht auf Sicherheit, Recht, nicht seines Eigentums beraubt zu werden, Recht auf Gesundheit, Recht auf Arbeit, Recht auf Information, Recht auf Selbstbestimmung, Recht auf freie Meinungsäußerung, Versammlungsrecht, Recht, an öffentlichen Angelegenheiten teilzuhaben (right to take part in public affairs), Recht auf effektive Rechtsmittel/Rechtsbehelf (right to effective remedy) sowie Recht auf ein rechtsstaatliches Verfahren (due process) etc.

---

[47] Allgemeine Erklärung der Menschenrechte, Artikel 17 (2)

[48] Voluntary Guidelines on the Responsible Governance of Tenure of Land, Fisheries and Forests in the context of national food security (CFS/FAO, 2012). Die Verantwortung von Unternehmen, Menschen- und Landrechte zu respektieren, wird im weiteren Text wie folgt ausgeführt: „Business enterprises should act with due diligence to avoid infringing on the human rights and legitimate tenure rights of others. They should include appropriate risk management systems to prevent and address adverse impacts on human rights and legitimate tenure rights. Business enterprises should provide for and cooperate in non-judicial mechanisms to provide remedy, including effective operational-level grievance mechanisms, where appropriate, where they have caused or contributed to adverse impacts on human rights and legitimate tenure rights. Business enterprises should identify and assess any actual or potential impacts on human rights and legitimate tenure rights in which they may be involved."

[49] Millennium Development Goal (MDG) Goal 7 (UNCED (Rio-Konferenz) 1992).

Unternehmensverantwortung bedeutet in diesem Kontext:
- „Zero-tolerance policy on land grabbing"[50,51]
- „Zero-tolerance policy on land degradation"[52]

Zur Vermeidung von Landgrabbing können Unternehmen auf detailliert ausgearbeitete internationale Handreichungen zurückgreifen, wie z. B.:
- „Voluntary Guidelines on the Responsible Governance of Tenure of Land, Fisheries and Forests in the context of national food security" (CFS/FAO, 2012)
- „Large-scale land acquisition and leases: A set of minimum principles and measures to address the human rights challenge"[53]
- „Guiding principles on human rights impact assessments of trade and investment agreements"[54]
- „Guiding principles for responsible contract farming operations"[55]
- „Dealing with disclosure: Improving transparency in decision-making over large-scale land acquisitions, allocations and investments"[56]

Zur Vermeidung von Bodendegradation und -zerstörung gelten folgende Regeln: Einhalten höchster ökologischer Standards beim Einsatz von Pestiziden und Düngemitteln, Umsetzung aller wissenschaftlicher Erkenntnisse und technologischer Möglichkeiten (z. B. Tröpfchenbewässerung zur Vermeidung von weitflächigen Versalzungen), flächensparendes Bauen, kein Bau auf der grünen Wiese sondern Nutzung von Industrie- und Gewerbebrachen, keine Korruption bei Baulandausweisung und Einhaltung von Landnutzungsvorgaben, insbesondere wenn diese dem Schutz der Biodiversität und Umwelt gelten etc.

Bei der Produktion in Entwicklungsländern können beide Aspekte beispielsweise dadurch verknüpft werden, dass ausländische Unternehmen mit Kleinbauern oder ihren Genossenschaften faire Verträge abschließen, die den Kleinbauern ermöglichen, ökologisch nachhaltig und damit ressourcenschonend zu produzieren und damit wiederum dauerhaft existenzsichernde Einkommen für sich und ihre Familien zu erzielen.

---

[50] Dies entspricht der Umsetzung der „Voluntary Guidelines on the Responsible Governance of Tenure…".

[51] Als erstes multinationales Unternehmen hat sich Coca Cola Company diesem Ziel verpflichtet, fordert selbiges von seinen Zulieferern und analysiert derzeit weltweit seine Lieferketten unter diesem Aspekt. Ihr folgten bisher PepsiCo und weitere.

[52] entsprechend der Forderung der internationalen Konferenz Rio+20.

[53] UN Human Rights Council, 2009.

[54] UN Human Rights Council, 2011.

[55] FAO, 2012.

[56] International Land Coalition, the Oakland Institute and global witness, 2012.

5 Zusammenfassung und Ausblick

Gemäß bestehenden internationalen Hard und Soft Laws geht CSR über die gesetzlichen Bestimmungen (Compliance) hinaus und umfasst Werthaltungen und Aktivitäten entlang der gesamten Wertschöpfungskette. Die zentralen CSR-Standards, wie der Global Compact, die OECD-Leitsätze für multinationale Unternehmen, ISO 26000 und GRI, enthalten die Verpflichtung der Unternehmen auf Achtung der Menschenrechte. Eine zentrale Rolle kommt dabei den UN-Leitprinzipien für Wirtschaft und Menschenrechte zu, die die Verantwortung von Unternehmen zur Achtung der Menschenrechte definieren und detailliert darlegen.

Internationale CSR-Standards basieren zudem auf zentralen internationalen Abkommen und Leitprinzipien in den Bereichen Umweltschutz, Arbeitsbedingungen und Korruptionsbekämpfung und legen damit die Grundlage für ein sozial und ökologisch nachhaltiges Handeln von Unternehmen, die bereit sind, ihre Verantwortung gegenüber der Gesellschaft und der Umwelt zu übernehmen und diese Standards effektiv anzuwenden.

Unternehmensverantwortung wird international zunehmend von Unternehmen eingefordert, was die eingeführte Berichterstattungspflicht börsennotierter Unternehmen in der EU zeigt. Dabei bezieht sich die Verantwortung der Unternehmen nicht mehr nur auf ihr eigenes Handeln, sondern schließt auch das von Tochterunternehmen mit ein. Die Tendenz geht dazu, auch eine Verantwortung von Unternehmen für das Verhalten ihrer Zulieferer zu erwarten. Einige Unternehmen haben diese – nachdem sie durch internationale Kampagnen von der Zivilgesellschaft dazu aufgefordert wurden – bereits in ausgewählten Bereichen anerkannt und übernommen.

Aus der Perspektive internationaler Vereinbarungen zum Schutz der Menschenrechte und der Umwelt wäre – angesichts der zögerlichen Haltung vieler Unternehmen, Verantwortung für negative Auswirkungen des eigenen unternehmerischen Handelns auf Menschen und die Umwelt zu übernehmen – eine noch höhere rechtliche Verbindlichkeit von CSR bzw. eine Verpflichtung zu CSR wünschenswert und wird von Menschenrechts- und Umweltorganisationen gefordert. Dies sollte die Einführung von Sanktionen bei mangelnder Unternehmensverantwortung einschließen.

Darüber hinaus wird aufgrund der hohen Zahl von Menschenrechtsverletzungen und Umweltschäden durch Unternehmen von Regierungen erwartet, sich für die Schaffung internationaler verbindlicher Sozial- und Umweltstandards für Unternehmen einzusetzen. Diese Standards sollten so gewählt sein, dass sie einen effektiven Schutz der Menschenrechte und der Umwelt darstellen.

Die „UN Leitprinzipien für Wirtschaft und Menschenrechte" heben deutlich die Relevanz von effektiven Beschwerdemechanismen hervor, derer es bedarf, um Unternehmensverantwortung dort, wo sie nicht stattfindet, einfordern zu können. Der Zugang zu solchen Rechtsmitteln – sowohl für Opfer von Menschenrechtsverletzungen als auch für Umweltschützer und Whistleblower – ist gegenwärtig in vielen Fällen noch nicht (ausreichend) gegeben. Denkbar wären Anlaufstellen bei den nationalen Botschaften für von

Menschenrechtsverletzungen betroffene Personen, deren Leistungen Unternehmen aus dem betreffenden Staat zugutekommt, sowie für Whistleblower.

Damit CSR aber wirklich verstanden und gelebt wird, ist es unerlässlich, dass sich vom Mitarbeiter bis zum Shareholder das notwendige Anstandsgefühl bzw. Verantwortungsbewusstsein entwickelt. Hierzu bedarf es eines Konsenses über ethische Werte, der nicht zuletzt in der Ausbildung geschaffen werden sollte. Hier sei an Ausbildungsinstitutionen und ihre Lehrkräfte appelliert, die Philosophie Friedmans[57], die die Lehre vom betriebswirtschaftlichen Bachelorstudiengang bis zum Graduiertencollege vielerorts noch heute prägt, durch Freemans Erkenntnisse[58] abzulösen.[59] Gewinnmaximierung als ausschließliche Verantwortung eines Unternehmens, wie es Friedman[60] bezeichnet hat, verstößt gegen die bestehenden internationalen Regeln des 21. Jahrhunderts.

„Wirtschaftliche Interessen und Einhaltung der Menschenrechte sind keine Gegensätze. Es liegt im gemeinsamen Interesse von Staat und Wirtschaft, dass im Ausland operierende Unternehmen anerkannte Standards einhalten. Mehr noch: Die Einhaltung von Menschenrechts-, Sozial- und Umweltstandards trägt zum Ansehen deutscher Unternehmen und zu einem positiven Image Deutschlands bei."[61]

Literatur

Birk, Axel (2015): Corporate Social Responsibility im Lauterkeitsrecht. In: Fezer, Karl-Heinz (Hrsg.): Lauterkeitsrecht – UWG, Zweiter Teil. C. H. Beck. München. S 17.

Mahler, Claudia (2014): Wirtschaftliche, soziale und kulturelle Rechte sind einklagbar! UN-Sozialpakt hat mehr als Appell-Funktion – Bundesverfassungsgericht wendet ihn an. Schriftenreihe Anwaltsblatt, Anwaltschaft für Menschenrechte und Vielfalt, Zwölf Beiträge zur anwaltlichen Praxis, Bd. 4, S. 125–133.

Spießhofer, Birgit (2014): Wirtschaft und Menschenrechte – rechtliche Aspekte der Corporate Social Responsibility. NJW 2014, 2473 – beck-online.

United Nations (2011): Guiding Principles on Business and Human Rights. Implementing the United Nations „Protect, Respect and Remedy" Framework. New York/Geneva.

---

[57] Friedman, Milton (1970): The Social Responsibility of Business is to Increase its Profit. In: *New York Times Magazine*, September 13, 1970.

[58] Siehe Fußnoten 16 und 17 sowie das dazugehörige Zitat von Freeman im Text.

[59] Vgl. Herles, Benedikt (2013): Die kaputte Elite. Ein Schadensbericht aus unseren Chefetagen. München. Albrecht Knaus Verlag. Siehe auch UN (2014): UNCTAD World Investment Report 2014, in dem eine Reform der Betriebswirtschaftslehre und anderer Aus- und Fortbildungen für (zukünftige) Manager gefordert wird. Aus- und Fortbildung soll das nötige Wissen und die nötigen Fähigkeiten vermitteln, wie private Investoren zu nachhaltiger Entwicklung und Armutsbekämpfung beitragen können.

[60] Milton Friedman konstatierte 1970: „There is one and only one social responsibility of business – to use its resources and engage in activities designated to increase its profits as long as it stays within the rules of the game".

[61] Gudrun Kopp, damalige Parlamentarische Staatssekretärin im BMZ, Pressemitteilung des BMZ, 21.01.2010.

Abbildung von CSR in der Vorstandsvergütung: Theoretische Grundlagen und Umsetzung in Deutschland

Sebastian Pacher, Robert Wagner, Alexander v. Preen und Neele Siemer

Zusammenfassung

Die globale Wirtschaftskrise, zunehmende Ressourcenknappheit und der immer sichtbarer werdende Klimawandel haben in weiten Teilen von Gesellschaft und Politik zu harscher Kritik bestehender Systeme und Organisationen geführt. Kernpunkt hierbei ist die Erkenntnis, dass Anreizmechanismen, die das individuelle Handeln innerhalb von Systemen bestimmen, häufig zu einem kurzsichtigen und gegebenenfalls sogar schädlichen Verhalten führen können. Solche Fehlanreize sind in vielen Unternehmen immer noch verbreitet und führen zu sozio-ökonomischen und ökologischen Problemen. Somit stellt sich die Frage, ob – beziehungsweise wie – Entscheidungsträger in Unternehmen zu nachhaltigerem Handeln bewegt werden können. Neben der Etablierung eines auf Nachhaltigkeit ausgerichteten Unternehmensleitbildes, ist die Vorstandsvergütung ein häufig genanntes Instrument, durch das eine entsprechende Verhaltensänderung herbeigeführt werden kann. Jedoch bestehen hier noch viele offene Fragen: sollte die Vorstandsvergütung aus ökonomischer Sicht für die Incentivierung von Corporate Social Responsibility (CSR) und Nachhaltigkeit genutzt werden oder werden somit nur neue Fehlanreize geschaffen? Inwiefern werden CSR und Nachhaltigkeit bereits in den gesetzlichen Rahmenbedingungen zur Vorstandsvergütung berücksichtigt? Wie hat sich die Vergütung von Vorständen in großen Kapitalgesellschaften in Deutschland

S. Pacher (✉) · R. Wagner · A. v. Preen · N. Siemer
Kienbaum Management Consultants GmbH, Gummersbach, Deutschland
E-Mail: Sebastian.Pacher@kienbaum.de

R. Wagner
München, Deutschland

N. Siemer
Frankfurt am Main, Deutschland

speziell hinsichtlich einer nachhaltigen Ausgestaltung entwickelt? Welcher Zusammenhang besteht zwischen der Vorstandsvergütung und der CSR-Performance eines Unternehmens? Diese und weitere Fragen werden im Rahmen vorliegenden Beitrags erörtert.

1 Einleitung

Die Bedeutung einer nachhaltigen Unternehmensführung hat in den letzten Jahren zugenommen. Dieser Trend wird aus unserer Sicht auch in Zukunft nicht abbrechen. Denn es gibt gute Gründe dafür, dass sich Unternehmen mit dem Thema Nachhaltigkeit und Corporate Social Responsibility (CSR) auseinandersetzen und Maßnahmen in diese Richtung ergreifen. Der Nutzen von CSR lässt sich auf zwei funktionale Dimensionen reduzieren: die Vermeidung unnötiger Risiken (Godfrey, 2005) und die Schaffung von Wettbewerbsvorteilen (Porter & Kramer, 2002). In beiden Fällen dient CSR dem Zweck, den langfristigen Erfolg des Unternehmens zu sichern.

Konkrete CSR-Maßnahmen können zudem hinsichtlich dreier thematischer Dimensionen unterteilt werden: ökologische Maßnahmen, soziale Maßnahmen, sowie Governance (Unternehmensführung) und unternehmensbezogene Maßnahmen (siehe bspw. Raible & Schmidt, 2009; Schäfer, 2009).[1] Verschiedene Studien lassen darauf schließen, dass sich CSR-Maßnahmen in allen drei Themenfeldern positiv auf die Unternehmensperformance auswirken können. Edmans (2011) zeigt beispielsweise, dass sich ein hohes Maß an Mitarbeiterzufriedenheit positiv auf den Unternehmenswert auswirkt (Abb. 1).

Allerdings profitieren nicht alle Unternehmen gleichermaßen von CSR (Servaes & Tamayo, 2013). Für viele Unternehmen sind Investitionen in CSR ein Verlustgeschäft, auch weil diese Unternehmen zu sehr auf generische Maßnahmen setzen, die nicht hinreichend auf ihre spezifischen Gegebenheiten und ihre Strategie ausgerichtet sind. Wenn CSR nachhaltig Wert schaffen soll, müssen alle CSR-Maßnahmen auf die langfristigen Ziele und auf die Spezifika des jeweiligen Unternehmens zugeschnitten werden (Porter &

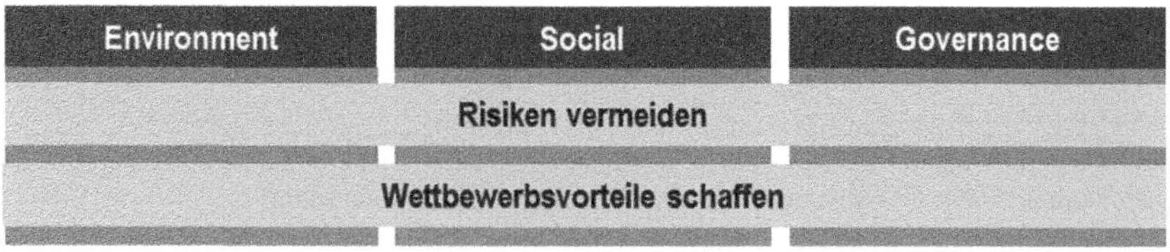

Abb. 1 Dimensionen von Corporate Social Responsibility

---

[1] Diese Klassifizierung entspringt der stetig wachsenden Literatur zum Thema nachhaltige Investitionen. Im englischen Sprachgebrauch hat sich die Abkürzung ESG etabliert. Das Akronym steht für die Begriffe **E**nvironmental, **S**ocial und **G**overnance (Unternehmensführung).

Kramer, 2002). Unsere Beratungserfahrung zeigt zudem, dass Anreizsysteme geschaffen werden müssen, die dafür Sorge tragen, dass die erarbeiteten Maßnahmen in der Kultur verankert und beschlossene Richtlinien eingehalten werden. Die Vorstandsvergütung kann ein entscheidendes Element eines solchen Anreizsystems sein und spielt somit auch im Rahmen der CSR-Diskussion eine prominente Rolle (Berrone & Gomez-Mejia, 2009; Coombs & Gilley, 2005). Eine CSR-konforme Incentivierung der Geschäftsführung führt in der Regel zur Etablierung von CSR-Maßnahmen auf Unternehmensebene. Allerdings stellt sich in diesem Kontext die Frage, wie CSR im Rahmen der Vorstandsvergütung sinnvoll abgebildet werden kann.

Der vorliegende Beitrag beschäftigt sich daher zunächst mit der Frage, ob und wie es für Unternehmen aus ökonomischer Sicht sinnvoll sein kann, CSR Aspekte im Kontext der Anreizstruktur zu berücksichtigen und welche Möglichkeiten es für eine entsprechende Implementierung gibt. Hierzu zeigen wir die grundsätzlichen Gestaltungsalternativen für die Abbildung von Nachhaltigkeit und CSR im Rahmen der Vorstandsvergütung auf. Im dritten Abschnitt zeigen wir in gebotener Kürze die rechtlichen Vorgaben für die Berücksichtigung von CSR im Kontext der Vorstandsvergütung auf, bevor wir in Abschnitt vier einen Überblick über die Vergütungshöhe und -struktur im DAX und MDAX geben, um die Umsetzung der rechtlichen Vorgaben in der Vergütungspraxis aufzuzeigen. In Abschnitt fünf gehen wir näher auf den Zusammenhang zwischen der CSR-Unternehmensperformance und den Vergütungskomponenten der Vorstände im DAX Segment. Der Betrag schließt mit einem zusammenfassenden Fazit.[2]

2 Nachhaltigkeit, CSR und Vorstandsvergütung aus ökonomischer Sicht

Gemäß dem Aktiengesetz ist der Vorstand bei unternehmerischen Entscheidungen in erster Linie dem Unternehmensinteresse verpflichtet. Auch für den Aufsichtsrat steht die Wahrung des Unternehmensinteresses bei der Ausgestaltung der Vorstandsvergütung im Mittelpunkt. Der abstrakte Begriff des Unternehmensinteresses ist jedoch schwer einzugrenzen. In der Praxis unterscheiden sich die Interessen einzelner Unternehmen oft deutlich. Selbst innerhalb eines Unternehmens kann sich das Unternehmensinteresse im Lauf der Zeit weiterentwickeln und verändern. In der ökonomischen Theorie haben sich zwei dominierende Ansätze – der *Shareholder Ansatz* und der *Stakeholder Ansatz* – herausgebildet, aus denen sich Aussagen über das Unternehmensinteresse ableiten lassen. Aus diesen Ansätzen ergeben sich zentrale Leitlinien, sowohl für das Handeln von Vorständen wie

---

[2] Die Grundlage für den vorliegenden Buchbeitrag bildet sowohl einschlägige Fachliteratur, wie auch unsere Erkenntnisse aus langjähriger Beratungstätigkeit. Durch den engen Bezug auf ein dualistisches System in welchem die Geschäftsführung durch den Vorstand von der Überwachung durch den Aufsichtsrat getrennt wird, begrenzen wir die nachfolgenden Ausführungen auf börsennotierte Gesellschaften mit Sitz in Deutschland.

auch für die Rechtsprechung, die unter den Überbegriffen „Nachhaltigkeit" und „Langfristigkeit" zusammengefasst werden können. Im Folgenden werden wir beide Ansätze mit ihren jeweiligen Implikationen für die Vorstandsvergütung diskutieren.

2.1 Der Shareholder-Value Ansatz

Der Shareholder-Value-Ansatz hat seinen Ursprung in der Prinzipal-Agent Theorie (Jensen & Meckling, 1979; Jensen 1993). Diese Theorie geht von einer Trennung zwischen den Eigentümern eines Unternehmens und der Unternehmensleitung aus. Die Eigentümer – die Prinzipale – delegieren die Kontrolle über die Ressourcen des Unternehmens an die Agenten. In Aktiengesellschaften werden letztere durch den Vorstand verkörpert. Die Rolle der Prinzipale kommt den Aktionären oder deren Vertreten – dem Aufsichtsrat – zu.[3] Die Interessen von Prinzipalen und Agenten stimmen in der Theorie nicht überein. Während Prinzipale grundsätzlich an der langfristigen Wertentwicklung des Unternehmens interessiert sind, haben Agenten persönliche Interessen, die nicht zwangsläufig mit denen der Prinzipale übereinstimmen. Auch der Informationsstand divergiert zwischen den beiden Parteien. Den Agenten wird ein grundsätzlicher Informationsvorsprung gegenüber den Prinzipalen zugeschrieben. Bieten sich den Agenten Ermessensspielräume, bei denen sie entweder im Interesse der Prinzipale oder im eigenen Interesse entscheiden können, so handeln sie gemäß der Prinzipal-Agent Theorie opportunistisch zu ihrem eigenen Vorteil (Williamson, 1985: 47).

Die Vergütung bietet den Eigentümern die Möglichkeit, verhaltenssteuernd auf den Vorstand einzuwirken. Gemäß der Principal-Agent Theorie sollte die Vorstandsvergütung also so ausgestaltet werden, dass sie die aus der Trennung von Eigentum und Kontrolle resultierenden Probleme divergierender Interessen und asymmetrischer Informationen zwischen Vorstand und Eigentümern möglichst effizient löst und den Vorstand dazu motiviert den langfristigen Wert des Unternehmens zu maximieren. Unter der Annahme effizienter Märkte stimmt der langfristige Unternehmenswert mit dem derzeitigen Börsenwert des Unternehmens überein. Aus der Prinzipal-Agent Theorie leitet sich also die Forderung nach einer möglichst hohen erfolgsabhängigen aktienbasierten Vergütungskomponente für den Vorstand ab, um somit die Interessen des Vorstands mit denen der Aktionäre in Einklang zu bringen (Jensen, 1993; Jensen et al., 2004). Regulatorische Bestrebungen, die aus dieser Denkweise herrühren, lassen sich auch in Deutschland, zum Beispiel im 1998 in Kraft getretenen Gesetz zur Kontrolle und Transparenz im Unternehmensbereich

---

[3] Auch zwischen dem Aufsichtsrat und den Aktionären existiert eine Prinzipal-Agent Beziehung (Jensen, Murphy & Wruck, 2004). In Deutschland werden die Anteilseignervertreter des Aufsichtsrats zwar durch die Hauptversammlung gewählt, um den Vorstand im Auftrag der Kapitalgeber zu überwachen und zu beraten, sie sind aber im Sinne der Principal-Agent Theorie nie perfekte Agenten. Daher muss es auch Governance-Mechanismen geben, die das Verhältnis zwischen den Aktionären und ihren Vertretern im Aufsichtsrat geben. Auf diese Beziehung werden wir im Rahmen dieser Ausarbeitung aus Platzgründen nicht eingehen.

(KonTraG), finden. Das KonTraG hat unter anderem die Gewährung von Aktienoptionen im Rahmen der Vorstandsvergütung vereinfacht und somit für eine stärkere Orientierung der Vorstandsvergütung an Kapitalmarktzielen gesorgt.

Doch der langfristige Unternehmenswert reflektiert auch die Wertschöpfungsbeiträge anderer Bezugsgruppen; zum Beispiel die Beiträge der Mitarbeiter oder der Gesellschaft. Somit können sich auch im Rahmen der Shareholder-Value Perspektive Anreize für den Vorstand ergeben, in CSR und in Nachhaltigkeit zu investieren. Allerdings sollte dies gemäß den Vertretern dieser Perspektive nur solange geschehen, wie die entsprechenden Maßnahmen zur Steigerung des langfristigen Unternehmenswertes beitragen. Diese Überlegung ist als sogenannter Enlightened Shareholder-Value Ansatz in die Literatur eingegangen (Jensen et al., 2004).

Ein grundsätzliches Problem bei der Umsetzung des Shareholder-Value Ansatzes liegt darin, dass der langfristige Unternehmenswert – auf den sich die Principal-Agent Theorie als Zielgröße bezieht – in der Praxis nur bedingt messbar ist. Der Börsenkurs eines Unternehmens unterliegt kräftigen kurzfristigen Schwankungen und stimmt somit zumindest nicht zu jedem Zeitpunkt mit dem langfristigen Unternehmenswert überein (Hong & Stein, 2003). Hohe aktienbasierte Vergütungsbestandteile – insbesondere Aktienoptionen – haben somit auch dazu geführt, dass manche Vorstände sich eher der kurzfristigen Erhöhung des Aktienkurses, als der Steigerung des langfristigen Unternehmenswertes verpflichtet fühlen. Dies hat Vorstände mitunter zu kurzsichtigem und opportunistischem Handeln und zum Eingehen unnötiger Risiken verleitet (Faber & v. Werder, 2014; Jensen et al., 2004). Dieser *short-term bias* ist auch aus Sicht der Unternehmenseigner äußerst kritisch zu bewerten, da kurzsichtiges Handeln einen negativen Einfluss auf den langfristigen Unternehmenswert haben kann (Bénabou & Tirole, 2010). Insofern stellt sich auch für Vertreter der Enlightened Shareholder-Value Perspektive immer stärker die Frage, wie Vergütungssysteme so gestaltet werden können, dass sie Vorstände stärker zu einer langfristigen Denk- und Handlungsweise motivieren und kurzsichtige Verhaltensweisen sanktionieren.[4]

Neben dem *short-term bias* existieren noch weitere Herausforderungen bei der Umsetzung des Shareholder-Value Ansatzes. So mehren sich die Anzeichen dafür, dass Aktienmärkte die zukünftigen Erträge, die einem Unternehmen aus bestimmten Investitionen – insbesondere jenen Investitionen, deren Erträge dem Unternehmen erst mittelfristig oder langfristig zufließen und nur schwer quantifizierbar sind – zu niedrig bewerten. Hiervon sind viele Investitionen in immaterielle Vermögensgegenstände, wie bspw. Investitionen in Forschung und Entwicklung oder in Maßnahmen zur Steigerung der Mitarbeiterzufriedenheit betroffen (Edmans, 2011; Epstein & Schneider, 2008; Hussinger & Pacher, 2014). Es ist daher denkbar, dass Vorstände, deren Vergütungspakete hohe aktienbasierte Bestandteile enthalten, nicht genügend Anreize erhalten, um Investitionen in immaterielle

---

[4] Mit dieser Frage hat sich auch der Gesetzgeber zuletzt intensiv auseinandergesetzt. Zu erwähnen ist hier beispielsweise die Forderung nach einer mehrjährigen Bemessungsgrundlage bei der variablen Vergütung, worauf wir im weiteren Verlauf dieses Beitrages noch genauer eingehen werden.

Vermögensgegenstände zu tätigen, obwohl diese im langfristigen Interesse des Unternehmens lägen.

2.2 Der Stakeholder-Value Ansatz

Der Shareholder-Value Ansatz hat in Deutschland eine vergleichsweise kurze Tradition. Durch die Mitbestimmung wird traditionell den Interessen der Mitarbeiter deutlich stärker Rechnung getragen als dies in anderen Ländern der Fall ist. In den 1980er Jahren hat sich in der ökonomischen Forschung, neben dem Shareholder-Value Ansatz, der sogenannte Stakeholder-Ansatz etabliert (Freeman, 1984). Als Stakeholder werden alle Akteure bezeichnet, die einen Beitrag zur Wertschöpf des Unternehmens leisten. Hierzu gehören zum Beispiel die Mitarbeiter, die Lieferanten, sowie der Staat und die Gesellschaft an sich. Auch im Rahmen der Stakeholder Perspektive ist der Vorstand der Steigerung des langfristigen Unternehmenswertes verpflichtet. Letzterer leitet sich jedoch im Vergleich zum Shareholder-Value Ansatz nicht aus dem langfristigen Wert des Unternehmens für die Aktionäre ab, sondern ergibt sich aus der Summe der Wertschöpfungsbeiträge aller Bezugsgruppen des Unternehmens. Ziel des Vorstands sollte es demnach sein, diese Wertschöpfungsbeiträge durch eine hinreichende Berücksichtigung der Interessen aller Stakeholder langfristig sicherzustellen (Faber & v. Werder, 2014).

Diesen Gedanken greift bspw. der DCGK in Ziffer 4.1.1 auf: „Der Vorstand leitet das Unternehmen in eigener Verantwortung im Unternehmensinteresse, also unter Berücksichtigung der Belange der Aktionäre, seiner Arbeitnehmer und der sonstigen dem Unternehmen verbundenen Gruppen (Stakeholder) mit dem Ziel nachhaltiger Wertschöpfung." Die Ausrichtung der Unternehmensführung auf die Belange unterschiedlicher Gruppen, wie Gesellschaft, Umwelt oder Mitarbeiter, ist ein Kernelement der CSR-Literatur. Der CSR-Gedanke ist dem Stakeholder-Ansatz somit sehr ähnlich. Freeman & Velamuri (2008) schlagen daher sogar vor, den Begriff *Corporate Social Responsibility* durch den Terminus *Corporate Stakeholder Responsibility* zu ersetzen.

Da sich das langfristige Unternehmensinteresse aus den Teilinteressen der einzelnen Stakeholder ableitet, muss die Vorstandsvergütung aus CSR-Perspektive dafür Sorge tragen, dass die Interessen aller Bezugsgruppen zu angemessenen Teilen im Rahmen der Unternehmensleitung und -steuerung berücksichtigt werden. Reine Finanzziele eignen sich hierfür häufig nicht, da nicht alle Stakeholder-Interessen in monetären Werten ausgedrückt werden können. CSR-Zielen liegen somit vielfach qualitative oder nicht-finanzielle Bemessungskriterien zugrunde (Faber & v. Werder, 2014).

Verfechter des Shareholder-Value Ansatzes kritisieren derartige Ziele scharf. Aus ihrer Sicht liegt der größte Nachteil von Stakeholder bezogenen Zielen darin, dass Manager zwangsläufig mehrere Zielfunktionen gleichzeitig maximieren sollen. Dabei besteht die Gefahr, dass sie das eigentliche Unternehmensinteresse aus den Augen verlieren. Wie Jensen (1993: 238) es ausdrückt: „[i]t is logically impossible to maximize in more than one dimension at the same time unless the dimensions are monotone transformations of one another." Zudem kann der Erreichungsgrad nicht-finanzieller Ziele oft nicht präzise oder nicht regelmäßig gemessen werden. Unsere Beratungserfahrung zeigt, dass es meist deutlich aufwändiger ist, sinnvolle nicht-finanzielle Ziele zu formulieren und zu implementieren. Wir empfehlen unseren Klienten die Anzahl der Ziele auf ca. vier bis sechs zu begrenzen. Denn neben einem höheren Konfliktpotenzial zwischen einzelnen Zielen, führt eine zu große Anzahl von Zielen auch zu einer geringen Gewichtung einzelner Teilziele und somit zu einer geringen Anreiz- und Steuerungswirkung.[5]

Darüber hinaus können nicht-finanzielle Ziele dem Vorstand auch die Möglichkeit bieten, die Zielkategorien so zu definieren, dass sie vergleichsweise leicht zu erreichen oder nicht im eigentlichen Interesse des Unternehmens liegen. Das führt dazu, dass Vorstände, die gemäß der Prinzipal-Agent Theorie ja einen Informationsvorsprung gegenüber den Aktionären und dem Aufsichtsrat haben, geeignete Zielfunktionen gemäß ihren eigenen Präferenzen wählen und die Ressourcen des Unternehmens zu ihrem eigenen Nutzen verwenden können (Bebchuk, Fried & Walker, 2002). CSR-Ziele stellen somit hohe Anforderungen an den Informationsstand und die Informationsversorgung des Aufsichtsrats, damit dieser seinen Kontroll- und Aufsichtspflichten gerecht werden kann. Die Informationsversorgung des Aufsichtsrats kann und sollte aus unserer Sicht regelmäßig, beispielsweise durch eine vom DCGK geforderte Effizienzprüfung des Aufsichtsrats, kritisch überprüft werden.

Werden die oben genannten Kriterien berücksichtigt, können nicht-finanzielle CSR-Ziele im Rahmen der erfolgsabhängigen Vergütung aus unserer Sicht eine sehr sinnvolle Ergänzung der Vorstandsvergütung sein. Hier kommt es ganz entscheidend darauf an, dass sich die CSR-Ziele klar aus der Strategie des Unternehmens ableiten. Zudem muss auch die wirtschaftliche Lage des Unternehmens berücksichtigt werden. Beispielsweise kann es in Krisenzeiten kontraproduktiv sein, die Vorstandsvergütung an Mitarbeiterziele – wie beispielsweise die Mitarbeiterzufriedenheit – zu koppeln, da notwendige Maßnahmen zur Neuausrichtung des Unternehmens häufig nicht mit diesen Mitarbeiterzielen zu vereinbaren sind.

3 Grundlagen der Vorstandsvergütung

Bei der Gestaltung der Vorstandsvergütung müssen sich Unternehmen an gesetzliche und regulatorische Vorgaben halten. Inwiefern wirken sich diese Vorgaben auf die Abbildung von Nachhaltigkeit und CSR im Rahmen der Vorstandsvergütung aus? Als Grundlage für die weitere Ausarbeitung erörtern wir in diesem Abschnitt die zentralen rechtlichen und regulatorischen Vorgaben und Rahmenbedingungen, sowie weitere Anforderungen, die

---

[5] Aus unserer Sicht sind Konflikte zwischen verschiedenen Zielen allerdings nicht zwangsläufig als negativ zu bewerten. Zwar steigt die Komplexität der Managementaufgabe durch Konflikte zwischen Zielen deutlich, allerdings entstehen dadurch auch wichtige Spannungsfelder, die dazu führen, dass Vorstände ihre Ziele in der gewünschten Ausgewogenheit verfolgen.

bei der Festsetzung von Vorstandsbezügen zu beachten sind. Die regulatorischen Vorgaben zur Vorstandsvergütung wurden in den letzten Jahren deutlich verschärft und konkretisiert. Zu beachten sind dabei primär die Vorschriften des Aktiengesetztes (AktG) sowie die Empfehlungen des Deutschen Corporate Governance Kodex (DCGK).[6]

3.1 Grundlagen der Vorstandsvergütung

Nach § 87 Abs. 1 AktG und Ziff. 4.2.2 DCGK obliegt es dem Aufsichtsrat börsennotierter Gesellschaften, die Gesamtvergütung der Vorstandsmitglieder festzusetzen. Diese Verantwortung wird auch im Rahmen des VorstAG nochmals explizit betont. Durch das VorstAG sind auch zusätzliche, bzw. konkretisierte Haftungsrisiken für den Aufsichtsrat entstanden. So macht sich der Aufsichtsrat beispielsweise haftbar, wenn er (als Gremium) eine unangemessene Vorstandsvergütung festsetzt oder aber die Bezüge des Vorstandes nicht reduziert, wenn eine Weitergewährung in voller Höhe unbillig wäre. Auch aus einem Urteil des BGH (II ZR 234/09) vom 20. September 2011 ergibt sich ein zum Teil deutlich verändertes Haftungsrisiko für Aufsichtsräte. Dies gilt insbesondere für Aufsichtsräte, die über beruflich erworbene Spezialkenntnisse verfügen und damit ggf. einem erhöhten Sorgfaltsmaßstab unterliegen.

Typischerweise bestehen Vergütungspakete von Vorständen aus einer leistungsunabhängigen Komponente, der Grundvergütung, sowie aus leistungsabhängigen Komponenten (Ziff. 4.2.3 DCGK). Leistungsabhängige Komponenten werden auch als variable Vergütungsbestanteile bezeichnet, die sowohl eine jahresbezogene als auch eine mehrjährige Bemessungsgrundlage aufweisen können. Neben rein monetären Vergütungsbestandteilen, erhalten Vorstände üblicherweise auch einen angemessen Dienstwagen sowie eine attraktive Altersversorgung. Die oben genannten Vergütungskomponenten können bei der Ausgestaltung des Vergütungssystems nicht losgelöst voneinander betrachtet werden. Die Vergütung des Vorstandsgremiums muss vielmehr in ihrer Gesamtheit betrachtet werden und sowohl internen als auch externen Anforderungen gerecht werden. Abbildung 2 fasst die möglichen Bestandteile der Vorstandsvergütung zusammen.

Die Festlegung der Vorstandsvergütung stellt den Aufsichtsrat vor die komplexe Aufgabe, unterschiedliche Interessen, Anforderungen und regulatorische Vorgaben unter dem Begriff der Angemessenheit zusammenzufassen. Während es im Interesse des Unternehmens liegt, dass die Vergütung die strategischen Unternehmensziele und damit auch die nachhaltige Unternehmensentwicklung fördert, muss gleichzeitig auch die Attraktivität des Unternehmens als Arbeitgeber sichergestellt werden. In diesem Kontext muss der Aufsichtsrat darauf achten, dass die Verdienstmöglichkeiten im Vergleich zum (inter-)

---

[6] Die Einbeziehung weiterer Vergütungsverordnungen, wie beispielsweise die Institutsvergütungsverordnung (InstitutsVergV) für bedeutende Banken, würde den Rahmen des vorliegenden Beitrages sprengen. Daher werden weitere Vergütungsverordnungen im Rahmen der folgenden Ausführungen nicht berücksichtigt.

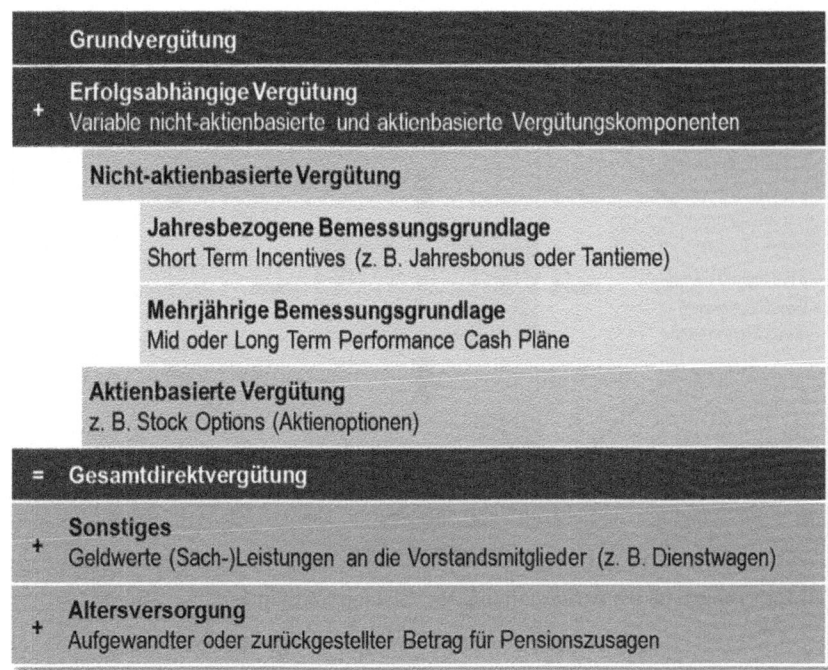

Abb. 2 Bestandteile der Vorstandsvergütung gemäß dem Kienbaum Total-Compensation-Ansatz

nationalen Markt attraktiv sind, das System aber gleichzeitig eine leistungs- und erfolgsgerechte Vergütung der Vorstände ermöglicht. Die anreizkompatible Ausgestaltung des Vergütungssystems ist auch ein wichtiger Motivator für Vorstände. Eine gute Performance des Vorstands sollte sich einer deutlichen Höherdotierung variabler Vergütungsbestandteile niederschlagen.

Einerseits muss das Vergütungssystem also so ausgestaltet werden, dass die Attraktivität als Arbeitgeber sichergestellt wird und gute Leistungen des Vorstands im Rahmen der Unternehmensstrategie entsprechend honoriert werden. Gleichzeitig muss der Aufsichtsrat bei der Ausgestaltung des Vergütungssystems berücksichtigen, dass Shareholder, und zunehmend auch alle übrigen Stakeholder, ein starkes Interesse daran haben, dass das Vergütungsniveau angemessen ist, nur die tatsächliche Leistungserbringung der Vorstände honoriert wird und das Vergütungssystem nachvollziehbar kommuniziert wird. Durch die anhaltende öffentliche Kritik an der Vergütungspolitik großer Aktiengesellschaften, wurde im Jahr 2009 das Gesetz zur Angemessenheit der Vorstandsvergütung (VorstAG) verabschiedet. Hierin wurde insbesondere die nachhaltige Ausgestaltung von anreizkompatiblen Vergütungselementen für Vorstände, die Transparenz von Vorstandsbezügen und die Organhaftung geregelt. Neben internen Anforderungen an die Vorstandsvergütung muss der Aufsichtsrat auch externe Anforderungen und regulatorische Vorgaben berücksichtigen (Abb. 3).

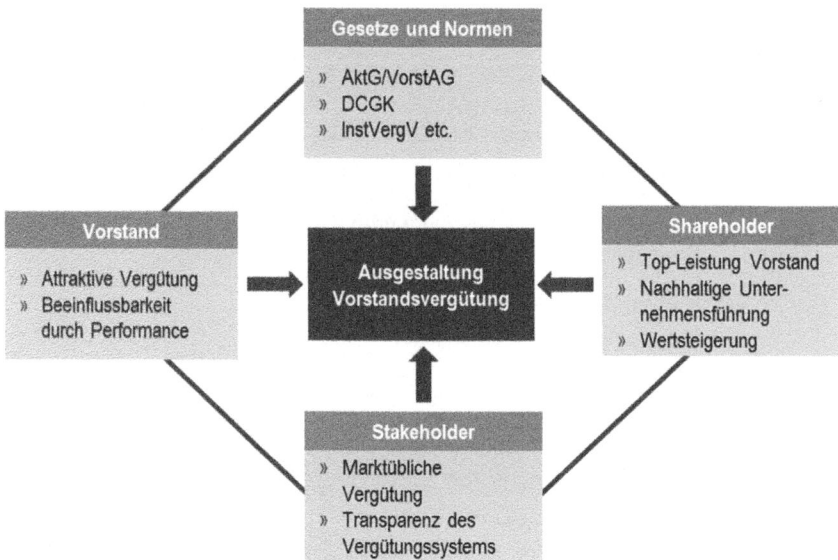

Abb. 3 Anforderungen an die Ausgestaltung der Vorstandsvergütung

3.2 Angemessenheit von Vorstandsbezügen

Nach § 87 AktG und Ziffer 4.2.2 DCGK sind Aufsichtsräte verpflichtet, eine angemessene Vergütung der Vorstände zu gewährleisten. Der DCGK nennt als Kriterien für die Angemessenheit die Aufgaben und Leistungen des Vorstandsmitglieds sowie die Lage der Gesellschaft. Zusätzlich dürfen die Gesamtbezüge die übliche Vergütung nicht ohne besonderen Grund übersteigen. Nach dem Rechtsausschuss des Bundestages zum Gesetz zur Angemessenheit der Vorstandsvergütung (VorstAG) von 2009, bezieht sich die Bezeichnung „übliche Vergütung" auf die branchen-, größen- und landesübliche Vergütung. Der Vergleich von Vorstandsbezügen mit einem branchen-, größen- und landesüblichen Umfeld wird als „horizontale Dimension" der Angemessenheit bezeichnet. Ziffer 4.2.3 DCGK empfiehlt zudem, dass die Vorstandsvergütung betragsmäßige Höchstgrenzen oder Caps aufweisen soll und das Vergütungssystem positiven und negativen Entwicklungen Rechnung trägt. Die einzelnen Vergütungsbestandteile sollen jeweils für sich genommen dem Anspruch der Angemessenheit genügen und dürfen insbesondere nicht zum Eingehen unangemessener Risiken verleiten.

Zusätzlich sind Aufsichtsräte bei der Festsetzung von Vorstandsbezügen dazu angehalten die „Vergütungsstruktur, die ansonsten in der Gesellschaft gilt" zu berücksichtigen (Ziff. 4.2.2 DCGK). Diese „vertikale Dimension" der Angemessenheit von Vorstandsbezügen soll sicherstellen, „dass die Vergütungsstaffelung im Unternehmen beim Vorstand nicht Maß und Bezug zu den Vergütungsgepflogenheiten und dem Vergütungssystem im Unternehmen im Übrigen verliert." (Rechtsausschuss des Bundestages zum VorstAG). Daher muss im Rahmen der vertikalen Angemessenheit insbesondere die zeitliche Entwicklung der Bezüge innerhalb des Unternehmens berücksichtigt werden. Unsere Beratungspraxis zeigt, dass es bei der vertikalen Angemessenheit noch viele offene Punkte gibt. Unklarheit besteht beispielsweise häufig bei der Frage, welche vertikale Relation als angemessen gelten kann. Die Frage nach einer marktüblichen Vergütungsrelation kann aber nicht pauschal beantwortet werden, da es sehr starke Branchen- und Größeneffekte zu berücksichtigen gilt (siehe v. Preen et al., 2014).

3.3 Nachhaltigkeit von Vorstandsbezügen

Spätestens seit dem Ausbruch der Banken- und Finanzkrise im Jahr 2007 ist auch die Zusammensetzung der Vergütung bzw. die Gewichtung einzelner Vergütungskomponenten wieder stärker ins Blickfeld des Gesetzgebers geraten. Dabei lautet das übergeordnete Ziel, die Vergütungsstruktur stärker auf eine nachhaltige Unternehmensentwicklung auszurichten und Fehlanreize durch überhöhte kurzfristige Bonuspotenziale zu vermeiden.[7] Dies ist bemerkenswert, da es dem Gesetzgeber nicht länger nur um einer Begrenzung der Höhe der Vorstandsvergütung geht. Vielmehr wird die Gesetzgebung verstärkt dazu eingesetzt, verhaltenssteuernd auf die Vorstände in den Unternehmen einzuwirken.

Nachhaltigkeit im Sinne des AktG und des VorstAG bedeutet in erster Linie, dass variable Vergütungsbestandteile über mehrjährige Bemessungsgrundlagen verfügen sollen. Dies wird ebenfalls durch Ziffer 4.2.3 DCGK betont. Kurzfristige variable Vergütungselemente werden jedoch nicht grundsätzlich ausgeschlossen. Sofern kurzfristige Vergütungsbestandteile ihrerseits der Nachhaltigkeit verpflichtet sind und innerhalb des Gesamtvergütungssystems nicht deutlich überwiegen, sind kurzfristige Komponenten auch weiterhin zulässig. Bei einer Kombination von kurzfristig und langfristig orientierten Maßnahmen sollte also darauf geachtet werden, dass im Ergebnis ein langfristiger Verhaltensanreiz erzeugt wird.

Mehrjährigkeit bedeutet auch, dass eine Antwort auf die Frage gefunden werden muss, wie lang die Laufzeit langfristig orientierter Vergütungselemente sein sollte. Das VorstAG gibt hierfür wichtige Anhaltspunkte mit der Heraufsetzung der Sperrfrist von Aktienoptionen von zwei auf vier Jahre. Diese Vorschrift kann durchaus so interpretiert werden, dass sich alle Long Term Incentives mit ihrer Laufzeit an dieser Frist orientieren sollen. Im Markt werden langfristige Vergütungsbestandteile derzeit von Unternehmen so ausgestaltet, dass zwischen Zusage und Auszahlung mindestens zwei und maximal fünf Jahre liegen. Unsere Erfahrung zeigt, dass Modelle mit dreijähriger Laufzeit am häufigsten in der Praxis anzutreffen sind.

---

[7] Siehe bspw. Ziff. 4.2.3 DCGK und § 87 Abs. 1 Nr. 3 AktG.

3.4 CSR im Kontext der Regulatorik

Fasst man die obigen Ausführungen zur Regulatorik von Vorstandsbezügen vor dem Hintergrund von Nachhaltigkeit und CSR zusammen, so bleibt festzuhalten, dass trotz einer Vielzahl regulatorischer Eingriffe nur Teilaspekte einer vollumfänglichen CSR von gesetzlichen Regelungen erfasst werden. Von den einleitend beschriebenen drei CSR-Dimensionen *Environmental*, *Social* und *Governance (Unternehmensführung)*, werden lediglich die beiden zuletzt genannten Dimension teilweise durch gesetzliche Vorschriften reglementiert.[8] Dies sollte aus unserer Sicht auch zukünftig so bleiben. Denn wie oben beschrieben, ist der langfristige Erfolg von CSR daran gebunden, wie gut diese Maßnahmen an die Strategie und die Besonderheiten der Unternehmen angepasst sind. Die Abbildung von Nachhaltigkeit im Rahmen der Vorstandsvergütung sollte demnach aus unserer Sicht auch weiterhin eine zentrale Verantwortung und Gestaltungsaufgabe des Aufsichtsrats bleiben. Weitere regulatorische und gesetzgeberische Maßnahmen sollten mit Bedacht und allenfalls flankierend hierzu erfolgen.

4 Struktur und Höhe der Vorstandsvergütung im DAX und MDAX

In diesem Abschnitt zeigen wir anhand der Veränderung der Vergütungshöhe und -struktur im DAX und MDAX, in welchem Umfang die gesetzlichen Anforderungen zur Nachhaltigkeit mittels langfristig ausgestalteter variabler Vergütungskomponenten berücksichtigt umgesetzt werden. Abbildung 4 gibt einen Überblick über die Entwicklung der Vorstandsbezüge im DAX und MDAX. Bei allen dargestellten Funktionen ist ein deutlicher Rückgang der durchschnittlichen Vergütung im Krisenjahr 2009 festzustellen. Dies kann als Indikator für eine überwiegende Koppelung der Anreizsysteme für Vorstände an die wirtschaftliche Entwicklung des Unternehmens interpretiert werden. Nach 2009 haben sich die Vorstandsbezüge im Schnitt wieder gestiegen. Der betragsmäßig höchste Anstieg der durchschnittlichen Bezüge erfolgte bei den Vorstandsvorsitzenden im DAX-Segment. Hier stiegen die Bezüge im Zeitraum von 2009 bis 2011 um knapp 1,2 Mio. €. In allen anderen Bereichen lag der Anstieg im gleichen Zeitraum zwischen ca. 250 Tsd.

---

[8] Die Dimension Social wird indirekt auf der Ebene der Mitarbeiter mittels der vertikalen Angemessenheit von Vorstandsbezügen geregelt. Berücksichtigt ein Unternehmen insbesondere die zeitliche Entwicklung der Vergütungsstruktur innerhalb des Unternehmens, wird ein Auseinanderdriften der Bezüge, zumindest auf Unternehmensebene, verhindert. Hierdurch kann ein Unternehmen seiner sozialen Verantwortung gerecht werden und einer vermeintlich zunehmenden gesellschaftlichen Ungleichheit entgegenwirken. Die Dimension Governance (Unternehmensführung) wird durch den Fokus des Gesetzgebers auf eine nachhaltige Ausgestaltung der Vorstandsvergütung erfasst. Im Rahmen der Ausgestaltung von Vergütungssystemen für Vorstände beschränkt sich das Nachhaltigkeitskriterium jedoch häufig nur auf eine mehrjährige bzw. langfristige Ausgestaltung variabler Vergütungskomponenten.

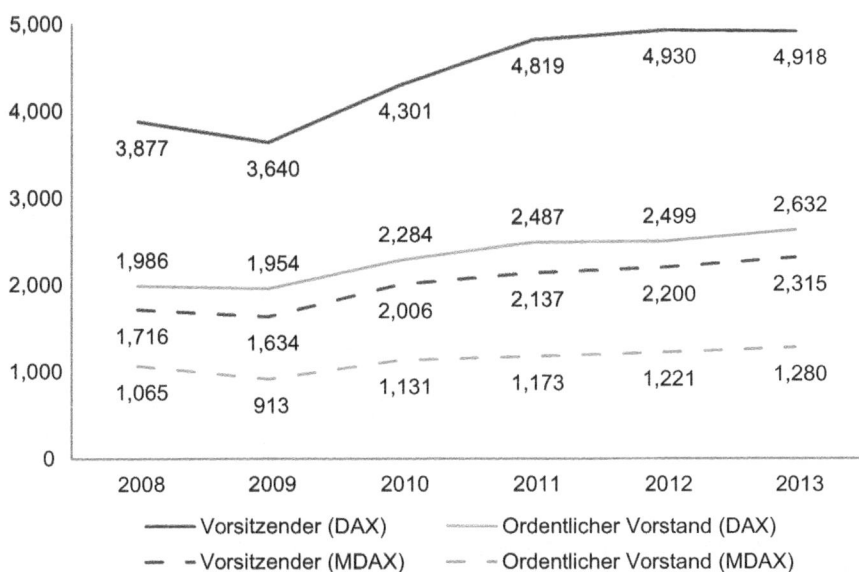

Abb. 4 Höhe der Vorstandsvergütung in DAX und MDAX im Zeitverlauf (Durchschnitt in Tsd. €)

und 500 Tsd. €. Seit dem Geschäftsjahr 2011 sind nur noch vergleichsweise kleine Veränderungen der durchschnittlichen Bezüge zu beobachten.

Betrachtet man die Entwicklung der Vergütungsstruktur – also die Anteile unterschiedlicher Vergütungskomponenten an der Gesamtdirektvergütung – zeigt sich, dass die Vorgaben des VorstAG hinsichtlich einer nachhaltigen und langfristigen Ausgestaltung der Vorstandsvergütung bereits größtenteils umgesetzt wurden. Abbildung 5 zeigt, dass der überwiegende Teil der Vergütung von Vorstandsvorsitzenden im DAX und MDAX variabel ausgestaltet ist. Im Jahr 2013 betrug der Anteil der Fixbezüge an der Gesamtdirektvergütung im DAX lediglich 30 % und im MDAX 34 %. Darüber hinaus waren im Jahr 2013 variable Vergütungsbestandteile mit mehrjähriger Bemessungsgrundlage[9] mit insgesamt 47 % im DAX und 40 % im MDAX deutlich stärker gewichtet als variable Vergütungskomponenten mit einjähriger Bemessungsgrundlage (23 bis 25 %).

Ein vergleichbares Bild ergibt sich für die Vergütungsstruktur von ordentlichen Vorständen im DAX und MDAX Bereich. Auch hier dominieren variable Vergütungsbestandteile die Gesamtdirektvergütung und innerhalb der variablen Vergütung nehmen langfristig orientierte Vergütungskomponenten mit ca. 2/3 den deutlichen größeren Anteil ein. Insbesondere im Bereich des MDAX kann eine durchschnittliche Abnahme des Festvergütungsanteils um 5 Prozentpunkte seit 2011 gezeigt werden. Außerdem zeigt sich für ordentliche Vorstände im MDAX eine deutliche Zunahme der aktienbasierten Vergütung seit dem Jahr 2011 (Abb. 6).

---

[9] Dies umfasst nicht-aktienbasierte variable Vergütung mit mehrjähriger Bemessungsgrundlage und aktienbasierte Vergütung.

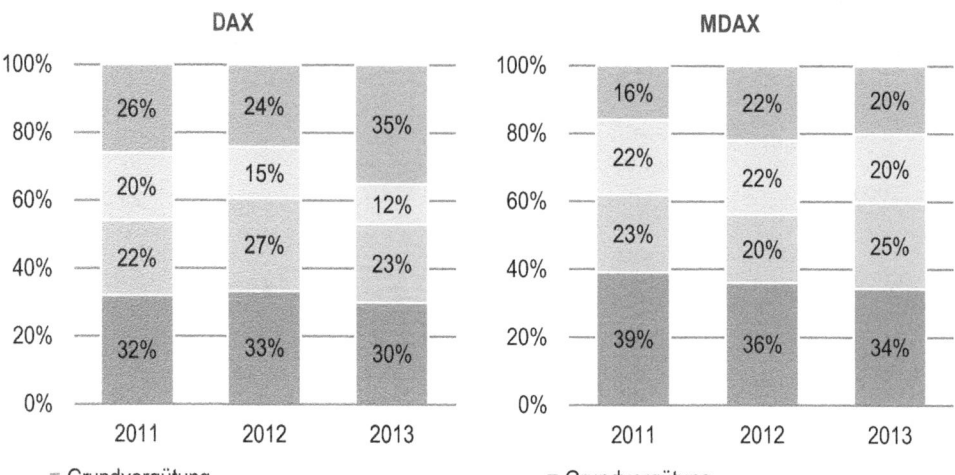

Abb. 5 Zusammensetzung der Vergütung der Vorstandsvorsitzenden

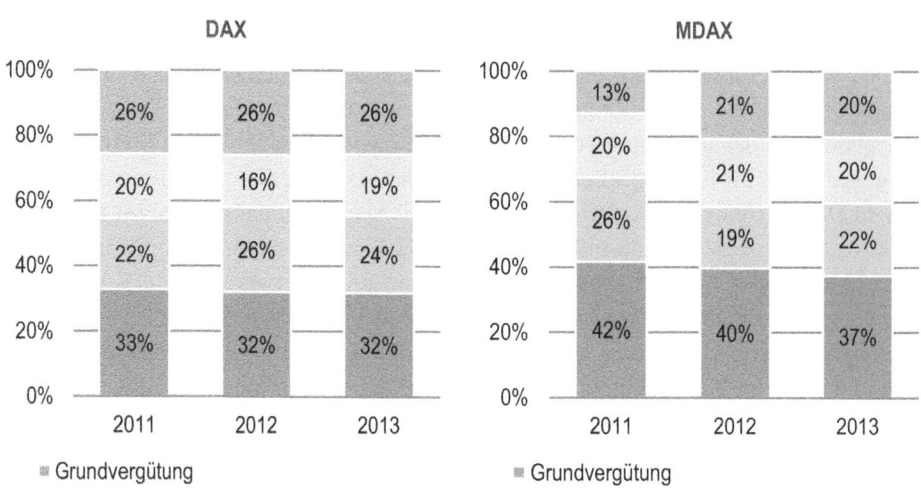

Abb. 6 Zusammensetzung der Vergütung ordentlicher Vorstandsmitglieder

Als Bemessungsgrundlagen für die variable Vergütung von Vorständen dominieren unternehmensbezogene Kennziffern. Für nicht-aktienbasierte variable Vergütungskomponenten ziehen DAX und MDAX Unternehmen überwiegend Bemessungsgrundlagen wie ROCE, EBIT, EBITDA, Dividende, Umsatzwachstum etc. in unterschiedlichen Kombinationen heran. Für aktienbasierte Vergütungskomponenten wird häufig die Aktienperformance im Vergleich zu einer definierten Vergleichsgruppe oder die absolute Aktienperformance herangezogen. Der Vorteil etablierter Kennzahlen besteht darin, dass sie im Jahresabschluss publiziert werden und daher eine hohe Validität und Reliabilität genießen. In einigen Fällen ziehen DAX und MDAX Unternehmen qualitative Erfolgsziele wie beispielsweise Mitarbeiterzufriedenheit oder andere CSR relevante Kennziffern heran. Zwar ist es denkbar, dass CSR Ziele zusätzlich im Rahmen individueller Ziele eine Rolle spielen, allerdings wird dies durch die Unternehmen in der Regel nicht im Vergütungsbericht publiziert.

Betrachtet man die Entwicklung der Vorstandsbezüge über die letzten Jahre, kann festgehalten werden, dass die Anforderungen des VorstAG hinsichtlich einer nachhaltigen Ausgestaltung der Bezüge, überwiegend über die Implementierung langfristig ausgestalteter variabler Vergütungskomponenten erfolgte. Die Berücksichtigung von CSR relevanten Bemessungsgrundlagen als Nachhaltigkeitskriterium für die Bestimmung der Vorstandsvergütung kann auf Basis öffentlich zugänglicher Informationen hingegen nicht gezeigt werden.

5 Zusammensetzung der Vorstandsvergütung und CSR-Performance bei DAX-30 Gesellschaften

Im folgenden Abschnitt wird untersucht, ob es einen Zusammenhang zwischen der Ausgestaltung der Vorstandsvergütung und CSR-Performance von Unternehmen gibt. Verschiedene Studien – vornehmlich aus den USA – deuten auf einen Zusammenhang zwischen der Ausgestaltung der Vorstandsvergütung und der CSR-Performance von Unternehmen hin (siehe beispielsweise Berrone & Gomez-Mejia, 2009; Deckop, Merriman & Gupta, 2006). Die Gestaltung der Vorstandsvergütung ist somit ein wichtiger Stellhebel, um die CSR-Performance eines Unternehmens zu beeinflussen. Diese Wirkung wird zudem dadurch verstärkt, dass das Verhalten des Vorstands zum Teil starke Auswirkungen auf das Handeln auf nachgelagerten Führungsebenen haben kann (Berrone & Gomez-Mejia, 2009).

Lässt sich ein Zusammenhang zwischen der Zusammensetzung der Vorstandsvergütung und der CSR-Performance auch in Deutschland feststellen? Um dieser Frage nachzugehen ziehen wir das Kirchhoff Good Company Ranking 2013 als Maß für CSR-Performance heran.[10] Die Daten zur Zusammensetzung der Vorstandsvergütung der DAX-30 Vorstände

---

[10] http://www.kirchhoff.de/fileadmin/20_Download/2013-Highlights/Studie_Good_Company_Ranking_2013.pdf.

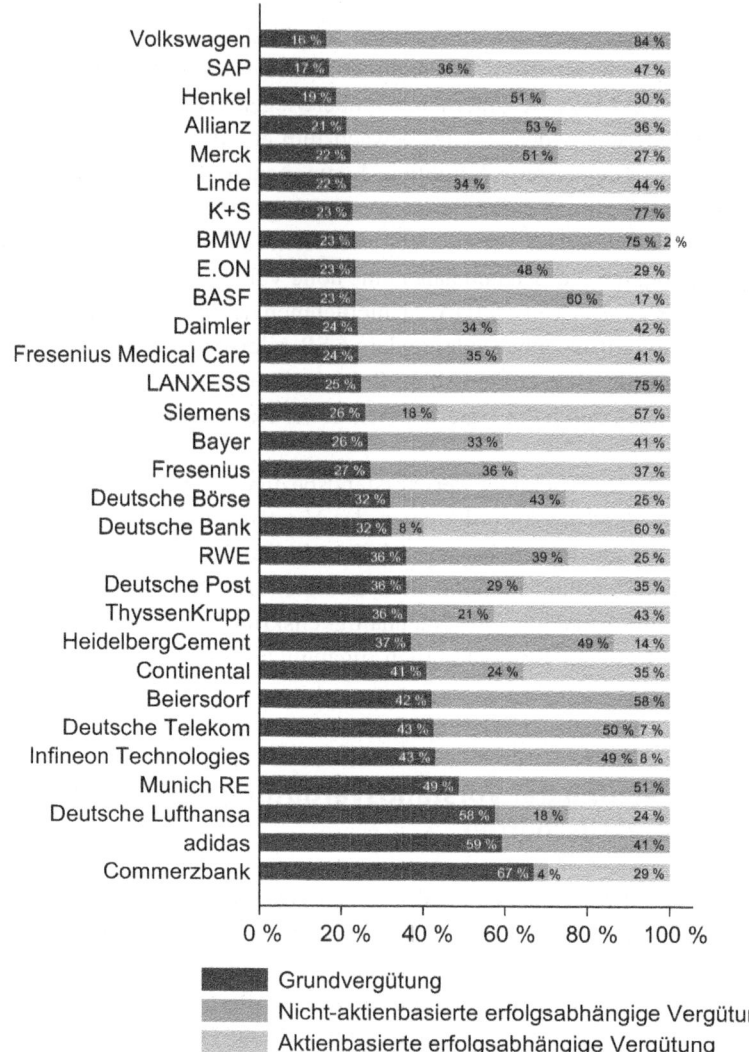

Abb. 7 Zusammensetzung der Vorstandsvergütung in Prozent der Gesamtdirektvergütung

entnehmen wir der bewährten Kienbaum Vergütungsdatenbank. Sowohl die CSR-Daten, wie auch die Vergütungsdaten beziehen sich auf das Geschäftsjahr 2012.

Abbildung 7 zeigt die relative Zusammensetzung der Vorstandsvergütung für die DAX-30 Gesellschaften. Dargestellt werden sowohl die Grundvergütung, die nicht-aktienbasierte erfolgsabhängige Vergütung und die aktienbasierte erfolgsabhängige Vergütung jeweils in Relation zur Gesamtdirektvergütung. Obwohl sich einige Parameter gleichen, zeigt Abb. 7 deutlich, dass die Zusammensetzung der Vorstandsvergütung der DAX-Gesellschaften stark variiert. Hierfür gibt es mehrere Ursachen. Zum einen müssen Vergütungssysteme für den Vorstand immer auch unternehmensspezifischen Besonderheiten Rechnung tragen. Hier sind beispielsweise die Positionierung des Unternehmens im Wettbewerb sowie andere strategische Überlegungen zu berücksichtigen. Zudem spielen auch die Größe und die Ertragslage der Unternehmen sowie eine Vielzahl anderer Faktoren bei der Ausgestaltung der Vergütungssysteme für den Vorstand eine Rolle.

Das Kirchhoff Good Company Ranking misst die CSR-Performance von 70 europäischen Unternehmen auf vier Dimensionen: Gesellschaft, Mitarbeiter, Umwelt und Performance. Die Dimension *Gesellschaft* zielt auf die Nachhaltigkeit und Unternehmensverantwortung ab und kann als „Stakeholder-übergeordnetes Kriterium" zusammengefasst werden. Die Dimension *Mitarbeiter* beschäftigt sich damit, wie ökonomisch, ökologisch und sozial nachhaltig mit den Mitarbeitern in den Unternehmen umgegangen wird. Unter der Perspektive *Umwelt* werden die Aspekte Umweltschutz und Umweltmanagement der Unternehmen beleuchtet. Die Dimension *Performance* beschäftigt sich mit dem wirtschaftlichen Erfolg (Berücksichtigung von finanziellen und nicht finanziellen Kennzahlen) des Unternehmens. Abbildung 8 zeigt die Ranking Ergebnisse für alle DAX-30-Gesellschaften.

Im nächsten Schritt erfolgt eine deskriptive Analyse des Zusammenhangs von Vorstandsvergütung und CSR-Performance gemessen durch das Kirchhoff Good Company Ranking.[11] Abbildung 9 zeigt den Zusammenhang zwischen der Höhe der Grundvergütung von Vorständen und der CSR-Performance. Hier zeichnet sich eine positive Korrelation ab. Da die Höhe der Grundvergütung aber primär durch die Unternehmensgröße getrieben wird, wird für die weitere Analyse von einer absoluten Betrachtung der Grundvergütungshöhe zu einer relativen Betrachtung des Grundvergütungsanteils gewechselt.

Für die Aussage dieses Beitrags ist der Zusammenhang zwischen der Vergütungsstruktur und der CSR-Performance jedoch von größerer Relevanz. Abbildung 10 zeigt den Zusammenhang zwischen dem Anteil der Grundvergütung an der Gesamtdirektvergütung und der CSR-Performance. Hier ist eine negative Korrelation zu erkennen. Diese Korrelation bleibt negativ und signifikant, auch wenn wir für zusätzliche Faktoren, wie Größe, Profitabilität und Branchenzugehörigkeit der Unternehmen im Rahmen einer Regressionsanalyse kontrollieren. Dieses Ergebnis lässt darauf schließen, dass Unternehmen mit einem geringeren Anteil der Grundvergütung an der Gesamtdirektvergütung häufig eine bessere CSR-Performance aufweisen als Unternehmen mit einem höheren Grundvergütungsanteil. Im Umkehrschluss bedeutet das, dass Unternehmen mit einem höheren variablen Anteil häufig auch eine bessere CSR-Performance aufweisen. Eine detaillierte Analyse der Sub-CSR-Indikatoren zeigt, dass der negative Zusammenhang zwischen dem Anteil der Grundvergütung an der Gesamtdirektvergütung und der CSR-Performance hauptsächlich durch die CSR-Dimensionen *Gesellschaft* und *Performance* hervorgerufen wird.

Zusammenfassend kann festgehalten werden, dass auch zwischen der Vergütungszusammensetzung von Vorständen der DAX-30-Gesellschaften und deren CSR-Performan-

---

[11] Eine kausale Ursache-Wirkungs-Analyse der Zusammenhänge zwischen Vorstandsbezügen und CSR-Performance ist auf Basis der eingeschränkten Datenbasis nicht möglich.

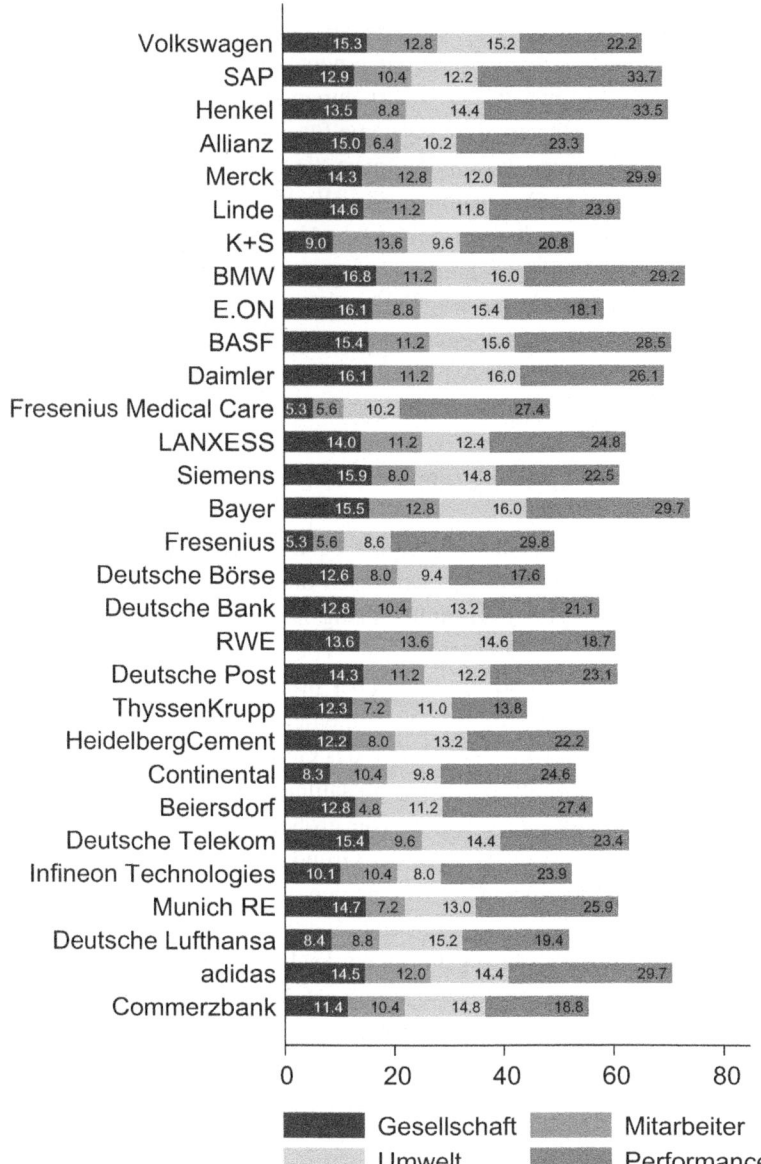

Abb. 8 Good Company Ranking für die DAX-30-Gesellschaften

ce gezeigt werden kann. DAX-30-Gesellschaften mit einer hohen CSR-Performance weisen häufig auch einen relativ hohen Anteil variabler Vergütung auf. Einschränkend muss angemerkt werden, dass die oben beschriebenen Zusammenhänge rein statistischer Natur sind und nicht kausal interpretiert werden können. Das bedeutet, ein relativ höherer Anteil variabler Vergütung führt nicht zwangsläufig zu einer besseren CSR-Performance.

Abbildung von CSR in der Vorstandsvergütung

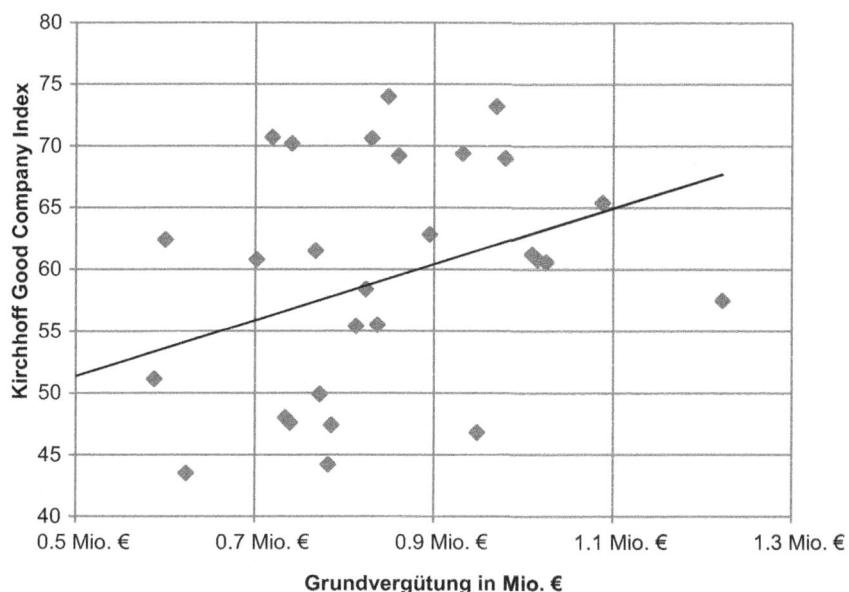

Abb. 9 Scatterplott Kirchhoff Good Company Ranking und Grundvergütung

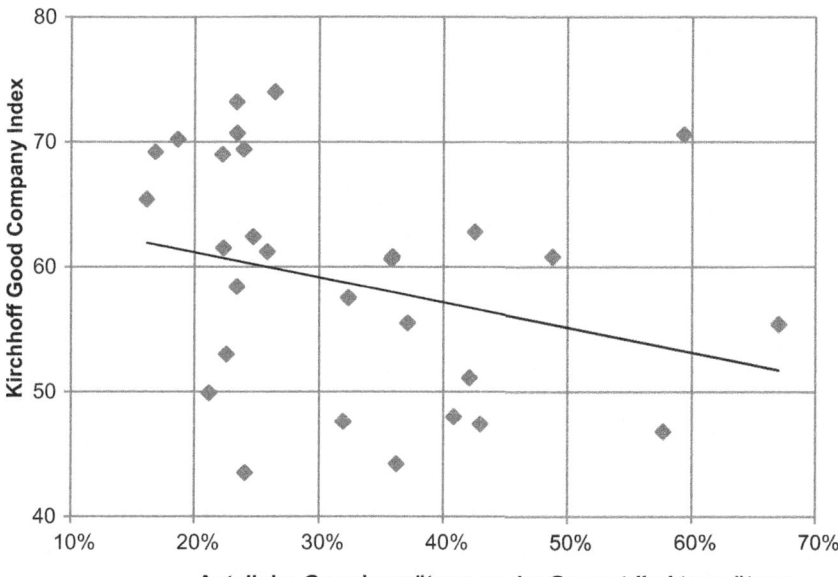

Abb. 10 Scatterplott Kirchhoff Good Company Ranking und Anteil Grundvergütung

6 Fazit

Die Bedeutung von CSR im Sinne einer nachhaltigen Unternehmensführung ist in den letzten Jahren deutlich gestiegen. Zahlreiche Studien und Erfahrungsberichte deuten darauf hin, dass Unternehmen von einer stärkeren Ausrichtung auf CSR langfristig profitieren. Vor dem Hintergrund einer langfristigen und nachhaltig ausgestalteten Unternehmensführung kann CSR somit eine ökonomisch sinnvolle Maßnahme darstellen, um einerseits Risiken zu vermeiden und andererseits Wettbewerbsvorteile zu schaffen. Über die Verankerung von CSR Indikatoren im Zielsystem von Vorständen besteht die Möglichkeit CSR auf Unternehmensebene zu etablieren. Allerdings profitieren nicht alle Unternehmen gleichermaßen von ihren Investitionen in CSR. Für eine erfolgreiche Umsetzung von CSR ist es entscheidend, dass sich Indikatoren und Zielgrößen aus der Unternehmensstrategie ableiten lassen und die Spezifika der Unternehmen berücksichtigen. Die Abbildung von CSR im Rahmen der Vorstandsvergütung ist somit eine anspruchsvolle Aufgabe und eine zentrale Verantwortung und Gestaltungsaufgabe des Aufsichtsrats. Regulatorische und gesetzgeberische Maßnahmen sollten mit Bedacht und allenfalls flankierend hierzu erfolgen.

Literatur

Bebchuk, L. A., Fried, J. M., & Walker, D. I. (2002). Managerial Power and Rent Extraction in the Design of Executive Compensation (No. w9068). National bureau of economic research.

Bénabou, R. & Tirole, J. (2010). Individual and Corporate Social Responsibility. Economica, 77(305), 1–19.

Berrone, P. & Gomez-Mejia, L. R. (2009). Environmental Performance and Executive Compensation: An Integrated Agency-Institutional Perspective. Academy of Management Journal, 52(1), 103–126.

Berrone, P. & Gomez-Mejia, L. R. (2009). The Pros and Cons of Rewarding Social Responsibility at the Top. Human Resource Management, 48(6), 959–971.

Coombs, J. E. & Gilley, K. M. (2005). Stakeholder Management as a Predictor of CEO Compensation: Main Effects and Interactions With Financial Performance. Strategic Management Journal, 26(9), 827–840.

Deckop, J. R., Merriman, K. K., & Gupta, S. (2006). The Effects of CEO Pay Structure on Corporate Social Performance. Journal of Management, 32(3), 329–342.

Edmans, A. (2011). Does the Stock Market Fully Value Intangibles? Employee Satisfaction and Equity Prices. Journal of Financial Economics, 101(3), 621–640.

Epstein, L. G. & Schneider, M. (2008). Ambiguity, Information Quality, and Asset Pricing. The Journal of Finance, 63(1), 197–228.

Faber, J. & v. Werder, A. (2014). Nicht-finanzielle Ziele als Element nachhaltiger Vorstandsvergütung. Die Aktiengesellschaft, 608–620.

Freeman, R.E. (1984). Strategic Management. A Stakeholder Approach. Pitman, 1984.

Freeman, R. E. & Velamuri, S. R. (2008). A New Approach to CSR: Company Stakeholder Responsibility. Available at SSRN 1186223.

Godfrey, P.C. (2005). The Relationship between Corporate Philanthropy and Shareholder Wealth: A Risk Management Perspective. The Academy of Management Review, Vol. 30(4), 777–798.

Hong, H. & Stein, J. C. (2003). Differences of Opinion, Short-Sales Constraints, and Market Crashes. Review of Financial Studies, 16(2), 487–525.

Hussinger, K. & Pacher, S. (2014). Information Ambiguity and Firm Value. Applied Economics Letters, (im Erscheinen).

Jensen, M. C. (1993). The Modern Industrial Revolution, Exit, and the Failure of Internal Control Systems. The Journal of Finance, 48(3), 831–880.

Jensen, M. C. & Meckling, W. H. (1979). Theory of the Firm: Managerial Behavior, Agency Costs, and Ownership Structure (pp. 163–231). Springer Netherlands.

Jensen, M. C., Murphy, K. J., & Wruck, E. G. (2004). Remuneration: Where we've been, how we got to here, what are the problems, and how to fix them.

Porter, M.J. & Kramer, M.R. (2002). The Competitive Advantage of Corporate Philanthropy. Harvard Business Review, December 2002, 57–68.

v. Preen, A., Raible, K.F., Pacher, S. & Wagner, R. (2014). Zur Angemessenheit von Vorstandsbezügen. Zeitschrift für Corporate Governance, Ausgabe 03/2014, 101–105.

Raible, K. F. & Schmidt, W. (2009). Ist die Ausrichtung der Vergütungsstruktur auf eine nachhaltige Unternehmensführung mit einer Jahrestantieme vereinbar? Zeitschrift für Corporate Governance, 249–253.

Schäfer, H. (2009). Verantwortliches Investieren: Zur wachsenden ökonomischen Relevanz von Corporate Social Responsibility auf den internationalen Finanzmärkten, in: Bonnet, G. & Ulshöfer R. (Hrsg.). Corporate Social Responsibility auf dem Finanzmarkt, Wiesbaden, VS Verlag für Sozialwissenschaften, 64–80.

Servaes, H. & Tamayo, A. (2013). The Impact of Corporate Social Responsibility on Firm Value: The Role of Customer Awareness. Management Science, 59(5), 1045–1061.

Williamson, O. E. (1985). The Economic Institutions of Capitalism. Simon and Schuster.

CSR in Berichterstattung und Bilanzrecht

Georg Lanfermann

Zusammenfassung

Die CSR-Berichterstattung – in Deutschland häufig auch als Nachhaltigkeitsberichterstattung bezeichnet – ist mittlerweile ein gängiger Bestandteil der Unternehmenskommunikation geworden. Auch wenn die diesbezügliche Transparenz regelmäßig auf freiwilligen Standards beruht, hat die rasante Entwicklung der CSR-Berichterstattung auch das Interesse des Gesetzgebers gefunden und hierbei insbesondere der Europäischen Union. Der Beitrag gibt einen aktuellen Überblick zu den wichtigsten freiwilligen Rahmenwerken, wobei der GRI-Leitfaden als in Deutschland und weltweit verbreiteteste Form der Berichterstattung im Vordergrund steht. Beleuchtet wird auch die sich weiter verstärkende Tendenz, die Berichterstattung über finanzielle und nichtfinanzielle Informationen mittels des internationalen Projekts des Integrated Reporting zu verknüpfen. Dem schließt sich eine Darstellung der gegenwärtigen CSR-Berichtspflichten im Lagebericht unter Berücksichtigung des seit 2013 anzuwendenden deutschen Rechnungslegungsstandard DRS 20 an. Schließlich werden ausführlich die Anforderungen einer neuen EU-Richtlinie zur Angabe von nicht-finanziellen Informationen dargestellt. Der deutsche Gesetzgeber ist gehalten, diese neuen EU-Anforderungen zügig in deutsches Bilanzrecht umzusetzen, da die neuen EU-Berichtspflichten bereits für Geschäftsjahre anzuwenden sein werden, die ab 1. Januar 2017 beginnen.

G. Lanfermann (✉)
KPMG AG Wirtschaftsprüfungsgesellschaft
E-Mail: glanfermann@kpmg.com

1 CSR-Berichterstattung im Wandel

Die Berichterstattung von Unternehmen zu Sozial-, Umwelt- und Nachhaltigkeitsaspekten hat in den letzten 20 Jahren in Deutschland und weltweit eine rasante Entwicklung genommen.[1] Rund um den Globus ist es in den unterschiedlichsten Branchen mittlerweile gängige Praxis, dass große Unternehmen CSR-Berichterstattung betreiben. Sie bedienen sich dabei in der Regel freiwilliger Rahmenwerke, die kontinuierlich weiterentwickelt werden. Vor dem Hintergrund dieser dynamischen Entwicklung in der internationalen Praxis, die immer wieder von verschiedenen gesellschaftlichen Strömungen bzw. Initiativen weitergetrieben wird, hat sich eine Vielzahl von Berichtsrahmen etabliert. Unter diesen internationalen Berichtsrahmen stechen einige hervor, insbesondere der derzeit weltweit führende Berichtsrahmen der „Global Reporting Initiative (GRI)". Der ungebrochene Wettbewerb zwischen diesen Berichtsrahmen, aber auch die zunehmende Synchronisierung von deren verschiedenen Anforderungen hält weiter an.

Gleichzeitig gibt es das Bestreben, die klassische Finanzberichterstattung umzugestalten und mit nicht-finanziellen Berichtselementen stärker zu verknüpfen. Im Vordergrund steht hier die weltweite Initiative der integrierten Berichterstattung („Integrated Reporting"), die in den letzten Jahren viel Unterstützung erfahren hat. Idealerweise sollen Unternehmen künftig nur noch einen einzigen umfassenden Bericht erstellen, der finanzielle und nicht-finanzielle Informationen mit Risikomanagement- und Governance-Aspekten verbindet und somit die Berichterstattung der Unternehmen für deren Adressaten wieder relevanter macht.

Auch der Gesetzgeber hat die Bedeutsamkeit dieser Entwicklungen auf dem Gebiet der CSR-Berichterstattung erkannt und es gibt von der gesetzgeberischen Seite den Trend zur stärkeren gesetzlichen Normierung.[2] Grundlage bzw. Treiber für solche gesetzlichen Pflichten ist insbesondere die Europäische Union. Bereits die heutigen, sehr gemäßigten gesetzlichen Anforderungen im deutschen Bilanzrecht zu nicht-finanziellen Leistungsindikatoren gehen auf europäische Richtlinienvorgaben zur Rechnungslegung zurück. Im Zuge dessen wird die CSR-Berichterstattung stärker in den Zusammenhang mit der klassischen Finanzberichterstattung gebracht und zumindest mit Blick auf die verpflichtenden Regelungsinstrumente mit ihr verzahnt.

Im Dezember 2014 ist eine neue europäische Richtlinie[3] (Änderungsrichtlinie zur EU-Bilanzrichtlinie – im Folgenden: EU-Änderungsrichtlinie) in Kraft getreten, die im Rahmen der nationalen Umsetzung auch in Deutschland eine grundsätzliche Pflicht zur CSR-Berichterstattung herbeiführen und weitergehende Anpassung der HGB-Vorschriften hinsichtlich der CSR-Berichterstattung notwendig machen wird.[4] Hintergrund für die-

---

[1] Vgl. KPMG, The KPMG Survey of Corporate Responsibility Reporting 2013, S. 4, abrufbar unter: http://www.kpmg.com/Global/en/IssuesAndInsights/ArticlesPublications/corporate-responsibility/Documents/kpmg-survey-of-corporate-responsibility-reporting-2013.pdf (26.1.2015).

[2] Vgl. Schrader, ZUR 2013, S. 452 ff.

[3] Richtlinie 2014/95/EU vom 22.10.2014.

[4] Vgl. Lanfermann, WPg 2015, S. 322 ff.

se grundsätzliche Pflicht zur CSR-Berichterstattung war insbesondere eine Ankündigung in der Mitteilung der Europäischen Kommission „Eine neue EU-Strategie (2011–2014) für die soziale Verantwortung der Unternehmen" vom Oktober 2011. Diese EU-Strategie steht auch im Zusammenhang mit vergleichbaren gesetzgeberischen Maßnahmen der vergangenen Jahre in Großbritannien, Schweden, Spanien, Dänemark und Frankreich. Deutschland hatte sich aufgrund des freiwillig anzuwendenden Deutschen Nachhaltigkeitskodex mit der Initiative der Europäischen Kommission zunächst schwer getan.[5]

Die EU-Änderungsrichtlinie verpflichtet Unternehmen des öffentlichen Interesses mit mehr als 500 Arbeitnehmern, künftig jährlich umfangreichere Angaben zu nicht-finanziellen Informationen zu veröffentlichen. Diese neuen Angabepflichten müssen nunmehr zügig vom deutschen Gesetzgeber in nationales Recht umgesetzt werden, da sie bereits für Geschäftsjahre zur Anwendung kommen sollen, die ab dem 01.01.2017 beginnen.

2 CSR-Transparenz auf der Grundlage von freiwilligen Rahmenwerken

2.1 Internationale Rahmenwerke als Triebfeder der Transparenz

CSR-Berichterstattung – in Deutschland häufig auch als Nachhaltigkeitsberichterstattung bezeichnet – trägt zur Umsetzung einer gesellschaftlich verantwortungsvollen Unternehmensstrategie entscheidend bei. Einerseits zeigt sie Stakeholdern auf, wie Unternehmen mit sozialen, ökologischen und ökonomischen Herausforderungen umgehen, und schafft damit die Vertrauensbasis für einen zukunftsorientierten Dialog mit diesen Stakeholdern. Dies gilt insbesondere auch gegenüber aktuellen und potentiellen Investoren, die auf eine solche Berichterstattung zunehmend Wert legen. Andererseits fördert eine langfristig angelegte CSR-Berichterstattung innerbetriebliche Anpassungsprozesse, die diese sozialen, ökologischen und ökonomischen Herausforderungen mit sich bringen. Auf diese Weise ist eine solche Berichterstattung zentraler Bestandteil einer konsequenten Unternehmensstrategie. Allerdings kann die CSR-Berichterstattung die beabsichtigte Wirkung erst entfalten, wenn das Unternehmen alle aus CSR-Sicht wesentlichen Themen in der CSR-Berichterstattung adäquat behandelt. Zu diesem Zweck bedienen sich Unternehmen bei ihrer CSR-Berichterstattung in der Regel bestimmter freiwilliger internationaler Rahmenwerke[6], die kontinuierlich weiterentwickelt werden und damit darauf abzielen, den jeweiligen Bedürfnissen von Unternehmen und deren Stakeholdern gerecht zu werden.

---

[5] Beschluss des Nationalen CSR Forums vom 30. August 2012, S.14, abrufbar unter: http://www.csr-in-deutschland.de/fileadmin/user_upload/Downloads/CSR_in_Deutschland/CSR_Forum/Download/Beschluss_Stellungnahme_CSR_Forum_zu_CSR_Mitteilung_EU_final-Reinschrift-.pdf (1.5.2013).

[6] In den 1970er Jahren wurde in Deutschland in Form von separaten Personal- und Sozialberichten über soziale Aspekte berichtet. In der 1980er Jahren wurden insbesondere Umweltthemen in Form von separaten Umweltberichten beleuchtet. Vgl. hierzu Simon-Heckroth, WPg 2014, S. 312.

Eine KPMG-Studie aus dem Jahr 2013 zeigt, dass der Nutzen der CSR-Berichterstattung weltweit anerkannt ist und mittlerweile über die unterschiedlichen Branchen hinweg flächendeckend Verbreitung gefunden hat. Es hat den Anschein, dass sich für Unternehmen weniger die Frage stellt, ob sie überhaupt CSR-Berichterstattung betreiben, sondern nur noch in welcher Weise sie dieses tun.[7]

Bezogen auf Deutschland informierten nach einer KPMG Untersuchung für den deutschen Markt mit Stand 2013 von den 100 umsatzstärksten deutschen Unternehmen 94 % über CSR-Aspekte.[8] Dabei ist das vorrangige Berichtsinstrument mit 52 % dieser Unternehmen der klassische separate Nachhaltigkeitsbericht, 13 % der Unternehmen gebrauchen den Geschäftsbericht als vorrangiges Berichtsformat. Aufgrund der gesetzlichen Berichtspflicht nach §§ 289, 315 HGB sowie dem ergänzenden deutschen Rechnungslegungsstandard DRS 20 finden sich aber auch CSR-Angaben im Lagebericht.[9]

Neben den Instrumenten, mit denen CSR-Informationen vermittelt werden, ist insbesondere das verwendete Rahmenwerk für diese Berichterstattung von besonderem Interesse. Hier gab es im Laufe der Jahre immer wieder neue Initiativen für Berichtsstandards. Exemplarisch kann für die Vielfalt dieser Rahmenwerke auf die im Rahmen der Initiative für eine europaweite Berichtspflicht von der Europäischen Kommission im Jahre 2013 genannten Berichtsrahmenwerke verwiesen werden, die aus ihrer Sicht – nicht abschließend – zu den anerkannten Berichtsrahmen zählen (Tab. 1).

2.2 GRI-Leitfaden als führende internationale Initiative

Sowohl weltweit als auch in Deutschland führend ist die Verwendung des Leitfadens der Global Reporting Initiative (GRI). Die GRI ist eine gemeinnützige Stiftung, die im Jahr 1997 durch die Coalition for Environmentally Responsible Economy (CERES) und dem Umweltprogramm der Vereinten Nationen (UNEP) gegründet wurde.

Nach einer internationalen KPMG Studie aus 2013 nutzen 78 % der weltweit untersuchten 4100 Unternehmen diesen Leitfaden. Bezogen auf die weltweit 250 umsatzstärksten Unternehmen ist der Wert sogar noch höher; hier nutzen 82 % der Unternehmen den GRI Leitfaden.[10] Für den deutschen Markt stellt KPMG ebenfalls eine beherrschende Stellung des GRI-Leitfadens fest. Von den 100 umsatzstärksten deutschen Unternehmen wenden 75 % GRI an. Ergänzend werden zum Teil unternehmensinterne Berichtkriterien

---

[7] Siehe Fn. 1. Die Studie untersucht die Anwendung von freiwilligen Rahmenwerken in 41 Ländern weltweit, wobei jeweils die 100 größten Unternehmen hinsichtlich ihrer Berichterstattungspraktiken untersucht wurden.

[8] Vgl. KPMG, KPMG Handbuch zur Nachhaltigkeitsberichterstattung – Update 2013, abrufbar unter: http://www.kpmg.com/DE/de/Documents/handbuch-nachhaltigkeitsbericherstattung.pdf (8.2.2015).

[9] Vgl. Abschn. 3.

[10] Siehe Fn. 1.

Tab. 1 Standard, Region, Schwerpunkt, Webseite, Referenz Europäische Kommission, Stand 1.5.2013

Standard	Region	Schwerpunkt	Webseite
Eco-Management and Audit Scheme (EMAS)	Europa	Messung der Umweltleistung	http://www.emas.de/
UN Global Compact	International	Grundsätze zu Menschenrechten; Beschäftigung; Umwelt; Anti-Korruption	http://www.unglobalcompact.org/
Guiding Principles on Business and Human Rights implementing the UN ‚Protect, Respect and Remedy' framework	International	Grundsätze zu Menschen-rechten	http://www.business-humanrights.org/SpecialRepPortal/Home/Protect-Respect-Remedy-Framework/GuidingPrinciples
OECD Guidelines for Multinational Enterprises	International	Leitlinien zur Informationsoffenlegung; Beschäftigung; Umwelt; Bestechung; Verbraucherinteressen; Wissenschaft u. Technologie; Wettbewerb; Besteuerung	http://www.oecd.org/daf/inv/mne/
ISO 26000	International	Grundsätze zur sozialen Verantwortung: Organisation; Menschenrechte; Beschäftigung; Umwelt; Wettbewerb; Verbraucherinteressen; gesellschaftliche Einbindung	http://www.iso.org/iso/home/standards/iso26000.htm
ILO Tripartite Declaration of principles concerning multinational enterprises and social policy	International	Grundsätze zur Beschäftigung	http://www.ilo.org/empent/Publications/WCMS_094386/lang–en/
Global Reporting Initiative	International	Prinzipien und Indikatoren zur Messung der ökonomischen, ökologischen und sozialen Leistung	https://www.globalreporting.org/languages/german/Pages/default.aspx
Deutscher Nachhaltigkeitskodex	Deutschland	Kriterien und Leistungsindikatoren zu ökonomischen, sozialen und ökologischen Aspekten	http://www.nachhaltigkeitsrat.de/uploads/media/RNE_Der_Deutsche_Nachhaltigkeitskodex_DNK_texte_Nr_41_Januar_2012_02.pdf

Tab. 2 Entwicklung des GRI Leitfadens. (Quelle: KPMG 2013)

GRI-Leitfaden	Jahr	Inhaltliche Schwerpunkte/Neuerungen
G1	2000	Grundstruktur mit allgemeinen Profilangaben und konkreten Leistungsindikatoren
		Überwiegend Umweltindikatoren
G2	2002	Einführung der Unterscheidung von Kernindikatoren und zusätzlichen Indikatoren
		In-Accordance-Berichtsoption
G3	2006	Einführung von Anwendungsebenen und Indikatorprotokollen
		Stärkere Betonung des Wesentlichkeitsprinzips und der Stakeholderinklusivität
G3.1	2011	Erhöhte Anforderungen in Bezug auf Menschenrechte, Community und Diversität
		Abschaffung der Anwendungsebenen für zwei In-Accordance Optionen
G4	2013	Wesentlichkeit als Kernprozess
		Neue Anforderungen im Bereich Corporate Governance und Lieferkette

verwendet. Zu den ansonsten in Deutschland am häufigsten aufgeführten Rahmenwerken zählt das Greenhouse Gas (GHG) Protocol, der UN Global Compact sowie ISO 26000.

Der große Einfluss der Global Reporting Initiative zeigt sich auch darin, dass strategische Allianzen mit der OECD, dem UN Global Compact und der Internationalen Organisation für Standardisierung (ISO) eingegangen worden sind.

Die Entwicklung des GRI-Leitfadens vollzog sich in mehreren Etappen (Tab. 2)

Der GRI-Berichtsrahmen G3.1 wurde im März 2011 veröffentlicht und kann bis zum 31.12.2015 angewandt werden. Er umfasst neben Indikatorprotokollen, branchenspezifischen Ergänzungen und technischen Protokollen den Leitfaden zur CSR-Berichterstattung. Im Leitfaden werden die Grundsätze der Berichterstattung sowie die Standardangaben detailliert beschrieben.

Die Berichtsgrundsätze beinhalten Prinzipien zur Bestimmung des Berichtsinhalts, der Berichtsqualität und auch Prinzipien zur Festlegung von Berichtsgrenzen. Die Standardangaben geben Berichtselemente und Leistungsindikatoren vor. Das Unternehmen soll über seine Geschäftstätigkeit, seine Strategie sowie über Chancen und Risiken der künftigen Entwicklung einschließlich des Nachhaltigkeitsmanagements berichten. Der Leitfaden sieht insgesamt 84 Leistungsindikatoren vor, die in 55 Kernindikatoren und 29 Zusatzindikatoren eingeteilt werden. Sie erfassen ökonomische, ökologische sowie soziale Aspekte.

Zur Erleichterung des Zugangs für Erstanwender, aber auch zur Befriedigung von höheren Ansprüchen von Unternehmen mit langjähriger Berichterstattungspraxis sind verschiedene Anwendungsebenen vorgesehen. Die erste Anwendungsebene C erfordert nur einige Standardangaben und offeriert den Unternehmen zehn Leistungsindikatoren zu ökonomischen, ökologischen und sozialen Aspekten. Die höchste Anwendungsebene A erfordert detaillierte Angaben zum Managementansatz, die Berichterstattung zu allen Standardangaben und Kernindikatoren. Darüber hinaus sind auf Anwendungsebene A branchenspezifische Ergänzungen („sector supplements") vorzunehmen. Sofern ein Unternehmen die Überprüfung dieser Angaben durch einen externen Dritten durchführen lässt, so wird die entsprechende Anwendungsebene mit einem zusätzlichen „+" versehen. Bezogen auf Deutschland hat KPMG mit Stand 2013 festgestellt[11], dass die meisten deutschen Berichterstatter die höchste Anwendungsebene verwenden.

Im Mai 2013 wurde nach umfangreicher Stakeholder-Konsultation die vierte Version G4 des GRI-Leitfadens veröffentlicht. Der inhaltliche Schwerpunkt des überarbeiteten Leitfadens ist die Bestimmung wesentlicher und damit berichtspflichtiger Aspekte. Nunmehr sind unternehmenseigene Prozesse und Ergebnisse der Wesentlichkeitsanalyse maßgeblich für die Bestimmung der Berichtsinhalte. Umfang und Detaillierungsgrad der Angaben eines G4-Berichts sollen der unternehmensindividuellen Wesentlichkeitseinstufung einzelner Aspekte entsprechen. Die verschiedenen Anwendungsebenen werden abgeschafft und durch die In-Accordance Optionen „core" und „comprehensive" ersetzt. Die „core"-Option ist für Einsteiger gedacht, setzt aber höhere Anforderungen als die bisherige Anwendungsebene C. Neue Standardangaben sind in Bezug auf die Governance von Unternehmen zu machen. Es handelt sich hierbei um Informationen zur Zusammensetzung, Mitwirkung und Autorität des höchsten Governance-Organs des Unternehmens hinsichtlich von CSR-Aspekten. Diesbezügliche „Comprehensive"-Optionen umfassen beispielsweise Angaben zu den Vergütungsverhältnissen. Weiterhin werden die Anforderungen an die Berichterstattung zu Lieferketten verschärft. Nunmehr sollen CSR-Aspekte über die gesamte Lieferkette hinweg betrachtet werden.

Der GRI G4-Leitfaden soll für Berichte verwendet werden, die nach dem 31.12.2015 veröffentlicht werden.

2.3 Integrated Reporting als Hoffnungsträger für die Zukunft

Eine noch relativ neue Entwicklung, die in den kommenden Jahren auch die weitere Entwicklung der CSR-Berichterstattung entscheidend prägen könnte, ist die integrierte Berichterstattung (integrated reporting) des International Integrated Reporting Council (IIRC). Ziel ist es, bisher separierte Teile der Berichterstattung von Unternehmen, d. h. die klassische Finanzberichterstattung und die CSR-/Nachhaltigkeitsberichterstattung, miteinander in Beziehung zu setzen und so ein ganzheitliches Unternehmensbild zu zeigen. Dabei geht es nicht um die Vermittlung von mehr Informationen, sondern um eine verbesserte Informationsqualität. Hierzu soll ein weltweit anerkanntes Rahmenkonzept zur Berichterstattung von finanziellen und nicht-finanziellen Informationen entwickelt

---

[11] Siehe Fn. 5.

werden. Die Darstellung des Wertschöpfungsprozesses soll insbesondere Anlegern helfen, Anlageentscheidungen zu treffen.

Im August 2010 wurde der IIRC[12] auf Initiative von dem von Prince Charles gegründeten Projekt „Accounting for Sustainability" (A4S), GRI und der internationalen Prüferorganisation IFAC ins Leben gerufen. Das IIRC ist ein globaler Zusammenschluss von Wissenschaft, politisch-regulatorischen Organisationen (z. B. Weltbank, IOSCO), institutionellen Anlegern, Unternehmen, Standardsetzern, Nichtregierungsorganisationen und dem Berufsstand der Wirtschaftsprüfer. Nach einem umfangreichen Konsultationsprozess[13] wurde im Dezember 2013 die erste 35-seitige Version des International Framework als Rahmenkonzept veröffentlicht.[14]

Ein integrierter Bericht stellt prägnant dar, wie Strategie, Führungskultur, Leistungsfähigkeit und Zukunftsaussichten eines Unternehmens im Rahmen des jeweiligen Umfeldes zur Wertschöpfung in der nahen, mittelfristigen und fernen Zukunft führen sollen. Im ersten Teil des Frameworks werden die fundamentalen Grundsätze der integrierten Berichterstattung erläutert. Der zweite Teil befasst sich mit den Inhalten eines integrierten Berichts, indem sowohl dessen grundlegende Eigenschaften als auch die Wesentlichkeit enthaltener Elemente aufgezeigt werden. Hinweise auf konkrete Angaben oder Kennzahlen sind im Rahmen des Frameworks eher exemplarischer Natur.

Mit Stand 2013 wenden nach der KPMG Studie allerdings erst zwei der 100 umsatzstärksten deutschen Unternehmen dieses Berichtskonzept an.

2.4 Deutscher Nachhaltigkeitskodex

In Deutschland hat sich die nationale Diskussion über die Berichterstattung zu CSR bisher auf die Initiative eines freiwillig anzuwendenden Deutschen Nachhaltigkeitskodex (DNK)[15] fokussiert. Der Deutsche Nachhaltigkeitskodex ist eine Empfehlung des Rates für Nachhaltige Entwicklung (RNE), der im Jahre 2001 von der deutschen Bundesregierung geschaffen wurde.

Die Entwicklung des Deutschen Nachhaltigkeitskodex ist eng verwoben mit der Umsetzung einer breit angelegten Initiative der Bundesregierung zur gesellschaftlichen Verantwortung von Unternehmen (CSR)[16]. Der deutsche Nachhaltigkeitskodex wurde, nach

---

[12] Die ursprünglich als „International Integrated Reporting Committee" bezeichnete Einrichtung wurde in 2002 in „International Integrated Reporting Council" umbenannt.

[13] Vgl. AKEU, BB 2013, S. 875 ff.; Noodt/Grede, DB 2013, S. 714 ff.; Maniora, KoR 2013, S. 360 ff.; Kajüter/Hannen, KOR 2014, S. 75 ff.; Haller/Zellner, DB 2013, S. 1125 ff.

[14] Vgl. IIRC, The International IR Framework, Dezember 2013, abrufbar unter: http://www.theiirc.org/wp-content/uploads/2013/12/13-12-08-THE-INTERNATIONAL-IR-FRAMEWORK-2-1.pdf (12.2.2015); Berndt/Bilolo/Müller, BB 2014, S. 363 ff.

[15] Abrufbar unter: http://qfc-news.com/wp-content/uploads/2014/11/RNE_Der_Deutsche_Nachhaltigkeitskodex_DNK_Aktualisierung_August_2014-Oktober2014.pdf (6.2.2015).

[16] Details zu dieser Initiative finden sich unter: www.csr-in-deutschland.de (6.2.2015).

Durchführung eines Konsultationsprozesses mit Stakeholdern, erstmals am 13. Oktober 2011 vom Rat für Nachhaltige Entwicklung zur freiwilligen Anwendung empfohlen. Am 15. Oktober 2014 wurde eine aktualisierte Neufassung des Deutschen Nachhaltigkeitskodex veröffentlicht.

Der Kodex bildet anhand von 20 Kriterien bedeutende ökologische, soziale und Governance-Aspekte mit jeweils bis zu zwei Leistungsindikatoren ab. Zwecks Einhaltung des DNK geben Unternehmen eine Entsprechenserklärung auf der Grundlage des Comply-or-Explain Prinzips ab. Diese wird auf der Webseite des Nachhaltigkeitsrates und auf der Webseite des Unternehmens, sowie in dessen Geschäfts- bzw. Nachhaltigkeitsbericht veröffentlicht.

Die Berichterstattung zu den 20 Kriterien erfolgt nach ausgewählten Indikatoren der Global Reporting Initiative (GRI) und des Dachverbandes der nationalen Verbände der europäischen Finanzanalysten (European Federation of Financial Analysts Societies – EFFAS). Bei der jüngsten Überarbeitung in 2014 hat sich die Zahl der GRI-Leistungsindikatoren im Deutschen Nachhaltigkeitskodex von 27 GRI G3.1 auf 28 GRI G4 Indikatoren gesteigert.

Unternehmen, die am UN Global Compact teilnehmen, können die Entsprechenserklärung auch als Fortschrittsmitteilung nutzen. Um die Mindestanforderungen des Global Compact zu erfüllen, sollte die Entsprechenserklärung zusätzlich eine Erklärung der Geschäftsführung zum fortdauernden Engagement des Unternehmens im Global Compact und zu weiteren Anstrengungen zur Umsetzung und Förderung der zehn Prinzipien enthalten.

Der freiwillig anzuwendende Nachhaltigkeitskodex findet bisher nur begrenzte Anwendung in Deutschland. Bis November 2014 haben nur 75 Unternehmen eine Entsprechenserklärung abgegeben. Der Rat für nachhaltige Entwicklung erhofft sich neue Impulse für die Anwendung des DNK durch die auf europäischer Ebene eingeführte CSR-Berichtspflicht.[17]

3 Gegenwärtige CSR-Berichtspflichten im deutschen Bilanzrecht und CSR-Angaben im Zusammenhang mit DRS 20

3.1 Anforderungen nach §§ 289 HGB, 315 HGB

Mit dem Bilanzrechtsreformgesetz (BilReG) wurde im Jahre 2005 in Deutschland eine Berichterstattungspflicht hinsichtlich bestimmter CSR-Aspekte im Lagebericht als auch im Konzernlagebericht eingeführt. Ihrer Art nach sind sie eher zurückhaltend ausgestaltet. Nach § 289 Abs. 3 HGB müssen große Kapitalgesellschaften im Sinne des § 267 Abs. 3 HGB im Lagebericht im Rahmen ihrer Analyse auch die für die Geschäftstätigkeit bedeutsamsten nicht-finanziellen Leistungsindikatoren einbeziehen. Diese sind unter Bezugnah-

---

[17] Siehe hierzu Abschn. 4.

me auf die im Jahresabschluss ausgewiesenen Beträge und Angaben zu erläutern, soweit sie für das Verständnis des Geschäftsverlaufs von Bedeutung sind. Hinsichtlich des Konzernlageberichts verpflichtet § 315 Abs. 1 S. 4 in gleicher Weise alle Mutterunternehmen solche Angaben zu machen.

Die deutschen Bestimmungen beruhen ihrerseits auf verpflichtenden Angaben auf europäischer Ebene, die seinerzeit in Art. 46 Abs. 1 Buchstabe b der Vierten Richtlinie bzw. Art. 36 Abs. 1 der Siebten Richtlinie festgelegt wurden[18]. Hinsichtlich des Lageberichtes zum Einzelabschluss sind die Pflichtangaben in der europäischen Rechnungslegungsrichtlinie auf große Kapitalgesellschaften begrenzt. Diese europäische Pflicht hat der deutsche Gesetzgeber im Rahmen des BilReG in § 289 Abs. 3 HGB bzw. § 315 Abs. 1 S. 4 HGB umgesetzt.

Mit den Pflichtangaben sollen ökologische und soziale Bezüge der Geschäftstätigkeit stärker als zuvor in die Finanzberichterstattung der Unternehmen einbezogen werden.[19] Die nicht-finanziellen Leistungsindikatoren werden nicht genauer definiert, es werden beispielhaft nur Informationen zu Umwelt- und Arbeitnehmerbelangen genannt. Dennoch ist davon auszugehen, dass der Begriff der nicht-finanziellen Leistungsindikatoren weit gefasst ist und alle Angelegenheiten des Unternehmens umfasst, die für das Verständnis von Geschäftsverlauf, Geschäftsergebnis oder Lage des betroffenen Unternehmens/ Konzern von Bedeutung ist bzw. die voraussichtliche Entwicklung des Unternehmens/ Konzern wesentlich beeinflussen kann.[20]

Für den Konzernlagebericht sind die HGB-Vorgaben in der Folge durch den deutschen Rechnungslegungsstandard DRS 20 konkretisiert worden.

3.2 DRS 20

Der seit dem 01.01.2013 anzuwendende deutsche Rechnungslegungsstandard DRS 20[21] beabsichtigt eine weitere Aufwertung der im HGB gesetzlich verankerten Berichterstattung zu nicht-finanziellen Leistungsindikatoren.[22] Dies soll durch die parallele Ausgestaltung der Berichtsanforderungen an finanzielle und nicht-finanzielle Leistungsindikatoren zum Ausdruck kommen.[23] Damit stellt DRS 20 gleichzeitig ein umfassendes Konzept zur

---

[18] Sowohl die Vierte als auch die Siebte RL sind zwischenzeitlich in der EU-Rechnungslegungsrichtlinie zusammengeführt worden, siehe hierzu Lanfermann, WPg 2013, S. 849 ff.

[19] Vgl. Begründung RegE BilReG, BR-Drs 326/04, S. 62.

[20] Ebenda.

[21] DRS 20 wurde am 04.12.2012 vom Bundesministerium der Justiz im Rahmen der Ermächtigung nach § 342 Abs. 2 HGB bekanntgegeben.

[22] Vgl. Behncke/Hoffmann/Wulff, BB 2012, S. 3063; Haller/Fuhrmann, KoR 2012, S. 462; Lackmann/Stich, KoR 2013, S. 238 f.

[23] DRS 20.B26.

Lageberichterstattung im Konzern dar, dessen integraler Bestandteil die Berichterstattung zu nicht-finanziellen Leistungsindikatoren ist.

In diesem Zusammenhang wird durch den DRS 20 auch grundsätzlich eine Integration von Rahmenwerken im Rahmen der Nachhaltigkeitsberichterstattung vorgesehen.[24] Aufgrund der entsprechenden Angabepflichten nach §§ 289, 315 HGB wird eine befreiende Offenlegung der von DRS 20 erfassten, nicht-finanziellen Leistungsindikatoren außerhalb des Konzernlageberichts jedoch als nicht zulässig angesehen.[25]

Konkret sind nach dem DRS 20 im Falle des Wirtschaftsberichts die bedeutendsten nicht-finanziellen Leistungsindikatoren in die Analyse des Geschäftsverlaufs und der Lage des Konzerns einzubeziehen, die für das Verständnis von Bedeutung sind (DRS 20.105). Einzubeziehen sind jene nicht-finanziellen Leistungsindikatoren, die auch zur internen Steuerung des Konzerns herangezogen werden (DRS 20.106). Letzteres ist auch bei den Angaben zu den Grundlagen des Konzerns, vor allem beim Steuerungssystem von Bedeutung. Auch im Prognose-, Chancen- und Risikobericht spielen nicht-finanzielle Leistungsindikatoren eine Rolle (DRS 20.126). Ferner ist auch im Folgejahr ein Abgleich der Prognosewerte für nicht-finanzielle Leistungsindikatoren vorzunehmen.[26]

Beispielhaft zählt DRS 20 nicht-finanzielle Leistungsindikatoren zu Kunden- (u. a. hinsichtlich Kundenstamm, Kundenzufriedenheit) und Umwelt- (u. a. Emissionswerte, Energieverbrauch) sowie Arbeitnehmerbelangen (u. a. Fluktuation, Mitarbeiterzufriedenheit) auf. Weiterhin werden Beispiele zu Forschung und Entwicklung als auch zur gesellschaftlichen Reputation, u. a. zum sozialen und kulturellen Engagement, angeführt. Inhaltlich zeigen sich hier Parallelen zur Nachhaltigkeitsberichterstattung nach dem Berichtrahmen der Global Reporting Initiative.[27]

Die tatsächliche Praxiswirkung von DRS 20 auf die Lageberichterstattung erscheint mit Blick auf die CSR-Berichterstattung derzeit noch begrenzt. Erste Untersuchungen zu den Auswirkungen des DRS 20 auf die Berichterstattung zu nicht-finanziellen Informationen bei den DAX 30 Unternehmen im Geschäftsjahr 2013 deuten eher auf eine sehr eingeschränkte Änderung hin.[28] So kommt es zu einer leicht verbesserten Berichterstattung von Leistungsindikatoren im Bereich der wirtschaftlichen Leistung, aber auch bei ökologischen und sozialen Aspekten. Jedoch könnte diese Verbesserung der Berichterstattung auch eher aus der international gestiegenen Relevanz dieser Themen resultieren.

---

[24] Siehe dazu DRS 20.110 sowie DRS 20.111.
[25] Siehe dazu DRS 20.110 i. V. mit DRS 20.12 und DRS 20.15.
[26] Vgl. auch Barth/Rahe/Rabenhorst, KoR 2014, S. 47 ff.
[27] Vgl. Abschn. 2.1.
[28] Vgl. Schaefer/Schröder, KoR 2015, S. 95 ff. Die hier vorgenommene vergleichende Untersuchung der Geschäftsberichte 2011 und 2013 der DAX 30 Unternehmen fokussierte sich auf die Berichterstattung zu bestimmten GRI-Leistungsindikatoren vor und nach der Einführung von DRS 20.

4 Zukünftige Berichtpflichten zu CSR aufgrund der EU-Richtlinie zur Angabe von nicht-finanziellen Informationen

4.1 Regulierungsansatz der Europäischen Union: Verpflichtende Erklärung zu nicht-finanziellen Informationen

Die EU-Änderungsrichtlinie[29], die die EU-Rechnungslegungsrichtlinie[30] ändert, wurde im April 2014 nach nur einjähriger Verhandlungszeit vom Europäischen Parlament beschlossen. Sie wurde am 29.09.2014 nach einigen redaktionellen Änderungen und einer erneuten Bestätigung durch das Europäische Parlament vom EU-Ministerrat bestätigt. Der endgültige Richtlinientext ist 20 Tage nach der am 15.11.2014 erfolgten Veröffentlichung im EU-Amtsblatt in Kraft getreten. Kern der EU-Änderungsrichtlinie ist es, im Rahmen der EU-Rechnungslegungsvorschriften die Pflicht einer jährlichen Erklärung zu nicht-finanziellen Informationen zu verankern, die von den einzelnen EU-Mitgliedstaaten in nationales Recht umzusetzen sind.[31]

Der deutsche Gesetzgeber ist aufgefordert, die EU-Änderungsrichtlinie innerhalb von zwei Jahren nach Inkrafttreten in nationales Recht umzusetzen – konkret bis zum 06.12.2016. Nach Art. 4 der EU-Änderungsrichtlinie finden die europäischen Vorgaben bei den betroffenen Unternehmen bereits für Geschäftsjahre Anwendung, die ab dem 01.01.2017 beginnen.

4.2 Kreis der betroffenen Unternehmen

Bislang waren die Vorschriften zu nicht-finanziellen Informationen in Einzel- und Konzernlageberichten auf europäischer Ebene in Art. 19 Abs. 1 und Art. 29 Abs. 1 EU-Rechnungslegungsrichtlinie[32] eher zurückhaltend ausgestaltet und in ihrer Anwendung auf Jahresabschlüsse von großen Kapitalgesellschaften begrenzt. Die europäischen Vorgaben wurden vom deutschen Gesetzgeber in § 289 Abs. 3 HGB bzw. § 315 Abs. 1 Sätze 3 und 4 HGB umgesetzt. Danach sind nicht-finanzielle Leistungsindikatoren, wie Informationen über Umwelt- und Arbeitnehmerbelange, im (Konzern-) Lagebericht anzugeben, soweit sie für das Verständnis des Geschäftsverlaufs oder der -lage von Bedeutung sind. Hinsichtlich des Konzernlageberichtes werden die HGB-Vorgaben im DRS 20 weiter konkretisiert.

---

[29] Richtlinie 2014/95/EU vom 22.10.2015, ABl.EU Nr. L 330/1 vom 15.11.2014.
[30] Richtlinie 2013/34/EU vom 26.06.2013, ABl.EU Nr. L 182/19. Dabei handelt es sich um die konsolidierte Fassung der entfallenen Vierten und Siebten EU-Richtlinien; vgl. hierzu etwa Lanfermann, WPg 2013, S. 849 ff.
[31] Vgl. Lanfermann, WPg 2015 (veröffentlicht im April 2015).
[32] Zuvor Art. 46 Abs. 1 Buchst. b der Vierten EU-Richtlinie und Art. 36 Abs. 1 der Siebten EU-Richtlinie.

Die EU-Änderungsrichtlinie führt nicht zu einer grundsätzlichen Abschaffung der bisherigen Angabepflichten. Es wird vielmehr nach Art. 19a EU-Rechnungslegungsrichtlinie (Lagebericht) sowie nach Art. 29a EU-Rechnungslegungsrichtlinie (Konzernlagebericht) für einen bestimmten Kreis von Unternehmen eine Erklärung zu nicht-finanziellen Informationen verlangt. Für diese Unternehmen gelten die bis dato erforderlichen HGB-Angaben zu Umwelt- und Sozialbelangen mittels der Abgabe einer solchen Erklärung „als erfüllt" (Art. 19a Abs. 2 bzw. Art. 29a Abs. 2 EU-Rechnungslegungsrichtlinie).

Erklärungspflichtig sind große Unternehmen des öffentlichen Interesses, die im Geschäftsjahr durchschnittlich mehr als 500 Arbeitnehmer beschäftigen. Unternehmen des öffentlichen Interesses sind nach Art. 2 Nr. 1 EU-Rechnungslegungsrichtlinie grundsätzlich jene Unternehmen, deren Wertpapiere an einem geregelten EU-Markt zugelassen sind, sowie alle übrigen Banken und Versicherungsunternehmen.[33] Große Unternehmen sind solche im Sinne des § 267 Abs. 3 HGB, wobei kapitalmarktorientierte Unternehmen gemäß § 264d HGB immer als große Kapitalgesellschaften gelten. Neu ist bei dieser Regelung, dass das besonders festgelegte Kriterium von mehr als 500 Arbeitnehmern stets erfüllt sein muss, um eine Angabepflicht zu begründen.

Bemerkenswert ist, dass nicht-börsennotierte, große Kapitalgesellschaften bzw. Unternehmen des öffentlichen Interesses mit weniger als 500 Arbeitnehmern nach der Umsetzung der EU-Änderungsrichtlinie unverändert nach der heute geltenden HGB-Konzeption zu Umwelt- und Sozialbelangen berichten werden müssen. Hier könnte auch weiterhin DRS 20 in der heutigen Form angewendet werden, bei dem die auf den bisherigen HGB-Regelungen fußenden Angaben zu Umwelt- und Sozialbelangen einen integralen Bestandteil der Lageberichterstattung darstellen.

4.3 Mindestangaben gemäß EU-Richtlinie und ersetzende Rahmenwerke

Art. 19a und 29a EU-Rechnungslegungsrichtlinie beinhalten kongruente Anforderungen an die Lageberichterstattung zu nicht-finanziellen Informationen bei Jahres- und Konzernabschlüssen. Der (Konzern-) Lagebericht hat grundsätzlich eine Erklärung zu nicht-finanziellen Informationen zu umfassen, die neben Umwelt- und Sozialbelangen auch auf Arbeitnehmerangelegenheiten, die Einhaltung von Menschenrechten sowie auf Anti-Korruptionsmaßnahmen und Bestechungsaspekte eingehen soll. In diesem Rahmen sind zusätzlich zu einer kurzen Beschreibung des Geschäftsmodells zumindest die Konzepte bezüglich dieser Aspekte zu beschreiben. Weiterhin sind die Ergebnisse dieser Konzepte anzugeben. Neben einer reinen Beschreibung der allgemeinen Grundsätze in den genannten Bereichen hat jeweils auch eine Leistungseinschätzung mittels geeigneter Indikato-

---

[33] Bisher gibt es keine besondere Definition von Unternehmen des öffentlichen Interesses im HGB. Eine solche Definition könnte im Rahmen der Umsetzung der im Juni 2014 in Kraft getretenen geänderten EU-Abschlussprüferrichtlinie erwartet werden.

ren zu erfolgen, die für die Geschäftstätigkeit von Bedeutung sind. Schließlich wird für diese Bereiche auch eine Erläuterung der wesentlichen Risiken gefordert, bei denen es wahrscheinlich ist, dass diese negative Auswirkungen auf die Konzepte haben werden. Auch soll dargestellt werden, wie diese Risiken im Unternehmen bzw. Konzern bewältigt werden. Dabei sollen neben der Geschäftstätigkeit explizit auch Erzeugnisse und Geschäftsbeziehungen einbezogen werden. Es wird hierdurch erkennbar, dass seitens der betroffenen Unternehmen ein aktives Risikomanagement einzelner festgestellter Risiken unterstellt wird.

Hinsichtlich der einzelnen Berichtsaspekte regt Erwägungsgrund 7 der EU-Änderungsrichtlinie an, dass die Erklärung in Bezug auf Umweltbelange Details zu aktuellen und prognostizierbaren Auswirkungen des Geschäftsbetriebs auf die Umwelt umfassen soll. Dabei sollen ggf. auch Angaben zur Gesundheit und Sicherheit sowie zur Nutzung erneuerbarer und fossiler Energien, Treibhausgasemissionen, Wasserverbrauch und Luftverschmutzung erfolgen. Bezüglich sozialer und Arbeitnehmerbelange sollen Maßnahmen zur Geschlechtergleichstellung angegeben werden. Weiterhin wird angeregt, Angaben zur Umsetzung der Übereinkommen der Internationalen Arbeitsorganisation(ILO), zu Arbeitsbedingungen, zum sozialen Dialog, zur Achtung der Arbeitnehmer- und Gewerkschaftsrechte sowie zu Gesundheitsschutz und Arbeitsplatzsicherheit zu machen. Im Hinblick auf Menschenrechte und Anti-Korruptionsmaßnahmen legt der Erwägungsgrund nahe, über Maßnahmen zur Verhinderung von Menschenrechtsverletzungen und bestehende Instrumente zur Korruptionsbekämpfung zu berichten.

Erwägungsgrund 8 gibt weitere Hinweise bezüglich des Umfangs der Angaben und hinsichtlich des Zusammenhanges mit verbundenen Risiken. Danach sollen angemessene Informationen zu den einzelnen Aspekten angegeben werden, soweit es sich um wesentliche Risiken mit folgenschweren Auswirkungen handelt. Die Schwere ist hierbei nach dem Ausmaß und der Intensität der Auswirkungen zu beurteilen. Bei der Beurteilung sollen sich die betroffenen Unternehmen nicht auf die eigene, unmittelbare Geschäftstätigkeit beschränken, sondern – soweit dies relevant und proportional ist – auch Erzeugnisse und Geschäftsbeziehungen umfassen. Dabei werden ausdrücklich auch Lieferketten und Subunternehmer genannt.

Bemerkenswert ist auch, dass nach Art. 19a bzw. 29a EU-Rechnungslegungsrichtlinie gesonderte Angaben unterlassen werden können, sofern ein Unternehmen bzw. Konzern kein Konzept in einem der genannten Bereiche verfolgt. In diesem Zusammenhang muss klar erläutert und begründet werden, warum diese Angaben nicht erfolgen („Comply or Explain"-Ansatz). Weiterhin können einzelne EU-Mitgliedstaaten es Unternehmen erlauben, ausnahmsweise Angaben zu unterlassen, falls diese der Geschäftslage des Unternehmens ernsthaft schaden würden und die Nicht-Angabe einem ausgewogenen Verständnis für die Lage des Unternehmens und die Auswirkungen seiner Tätigkeit nicht entgegensteht.

Nach Art. 19a und 29a EU-Rechnungslegungsrichtlinie kann sich das Unternehmen bei seiner Berichterstattung darüberhinausgehend auch eines nationalen, europäischen oder internationalen Rahmenwerkes bedienen. Erwägungsgrund 9 der EU-Änderungsrichtlinie nennt explizit eine Reihe von Rahmenwerken. Im europäischen Zusammenhang wird das Umweltmanagement- und -betriebsprüfungssystem EMAS erwähnt. International wird u. a. der UN Global Compact, die OECD-Leitlinien für multinationale Unternehmen, ISO 26000 und die Global Reporting Initiative (GRI) in Bezug genommen.[34] Daneben sollen auch andere international anerkannte Rahmenwerke zulässig sein. Unternehmen haben jedoch immer anzugeben, auf welche Rahmenwerke sie sich gestützt haben. Angesichts der noch nicht abgeschlossenen dynamischen Weiterentwicklung der Rahmenwerke zu Umwelt- und Sozialbelangen bzw. Nachhaltigkeitsaspekten hat der europäische Gesetzgeber darauf verzichtet, sich hierbei auf ein konkretes Rahmenwerk festzulegen. Beachtenswert ist, dass das Konzept des Integrated Reporting des IIRC keine besondere Erwähnung findet.[35] Ein gewisser Mindeststandard ist bei der Berichterstattung jedoch beabsichtigt, da bei Verwendung dieser Rahmenwerke – wie es auch in Erwägungsgrund 6 der EU-Änderungsrichtlinie erkennbar ist – unverändert die Mindestanforderungen an die Erklärung zu nicht-finanziellen Informationen gemäß Art. 19a und 29a EU-Rechnungslegungsrichtlinie zu beachten sind.

Eine solche Integration von Rahmenwerken sieht auch der DRS 20 im Rahmen der Nachhaltigkeitsberichterstattung vor.[36] Aufgrund der entsprechenden Angabepflichten nach §§ 289, 315 HGB wird eine befreiende Offenlegung der von DRS 20 erfassten, nicht-finanziellen Leistungsindikatoren außerhalb des Konzernlageberichts de lege lata als nicht zulässig angesehen.[37]

4.4 Befreiender gesonderter Bericht

Anstelle der Erklärung zu nicht-finanziellen Information im (Konzern-)Lagebericht können nach Art. 19a bzw. 29a Abs. 4 EU-Bilanzrichtlinie von der Erklärungspflicht betroffene Unternehmen künftig ersatzweise auch einen gesonderten Bericht veröffentlichen. Dies stellt eine fundamentale Änderung gegenüber den gegenwärtigen Angabepflichten nach §§ 289, 315 HGB dar, die eine Berichterstattung zu nicht-finanziellen Informationen ausschließlich im Rahmen des (Konzern-) Lageberichts vorsehen. Der gesonderte Bericht muss sich auf dasselbe Geschäftsjahr beziehen. Er kann sich auf nationale Rahmenwerke stützen, wenn die nach Art. 19a bzw. 29a Abs. 1 EU-Rechnungslegungsrichtlinie geforderten Mindestangaben beachtet werden. Weiterhin muss der gesonderte Bericht entweder gemeinsam mit dem Lagebericht oder innerhalb von sechs Monaten auf der Webseite des Unternehmens veröffentlicht werden. Insoweit müssen im letzteren Fall die Berichtsprozesse nicht notwendigerweise zeitlich synchronisiert sein. Im Lagebericht ist dann aber auf die Veröffentlichung über die Webseite hinzuweisen.

---

[34] Siehe hierzu Abschn. 2.
[35] Zur Frage einer ausdrücklich Berücksichtigung der integrierten Berichterstattung im EU-Regulierungsrahmen, vgl. Maniora, KoR 2013, S. 489.
[36] Siehe dazu DRS 20.110 sowie DRS 20.111.
[37] Siehe dazu DRS 20.110 i. V. mit DRS 20.12 und DRS 20.15.

Nach Art. 19a bzw. 29a Abs. 4 EU-Rechnungslegungsrichtlinie gelten die bisher geltenden HGB-Angabepflichten zu Umwelt- und Sozialbelangen „als erfüllt". Bei einer befreienden Berichterstattung außerhalb des Lageberichts ist fraglich, ob aufgrund der erforderlichen Gesetzesänderung in §§ 289, 315 HGB die gegenwärtige Konzeption des DRS 20 in ihrer jetzigen Form aufrechterhalten werden kann.

4.5 Ausnahmen im Konzernverbund

Sofern ein berichtspflichtiges Unternehmen ein Tochterunternehmen ist, könnte gemäß Art. 19a bzw. 29a Abs. 3 EU-Rechnungslegungsrichtlinie auf eine Berichterstattung im jeweiligen Lagebericht oder in einem gesonderten Bericht verzichtet werden, wenn für das Tochterunternehmen befreiend im Konzernlagebericht oder im gesonderten Bericht eines anderen Unternehmens berichtet wird und diese Berichterstattung die Anforderungen nach Art. 29 und Art. 19a bzw. 29a EU-Rechnungslegungsrichtlinie berücksichtigt.

4.6 Erlass von Berichtsleitlinien durch die Europäische Kommission

Grundsätzlich bietet der neue gesetzliche Rahmen zur Erklärungspflicht ausreichend Flexibilität, um die Weiterentwicklung der Berichterstattungspraxis nicht zu behindern. Dies gilt insbesondere für die Berichterstattung nach nationalen, europäischen oder internationalen Rahmenwerken. Trotzdem hat sich die Europäische Kommission eine weitergehende Regelungskompetenz mittels des Erlasses von unverbindlichen Leitlinien offengehalten. Dem Inhalt nach sollen diese Leitlinien vor allem die wichtigsten allgemeinen sowie sektorspezifischen, nicht-finanziellen Leistungsindikatoren umfassen. Im Ergebnis sollen die Berichtsleitlinien die Relevanz, Zweckdienlichkeit und Vergleichbarkeit der angegebenen nicht-finanziellen Informationen verbessern. Folglich könnten solche Leitlinien künftig den Ton für die Anwendungspraxis prägen.[38]

4.7 Prüfungsaspekte

Gemäß § 317 Abs. 2 HGB unterliegen die Lageberichtsangaben zu nicht-finanziellen Informationen nach §§ 289 Abs. 3 und 315 Abs. 1 HGB den Prüfungsanforderungen an Lageberichte. Sie umfassen sowohl die Einklangsprüfung mit dem Jahres- bzw. Konzernabschluss als auch eine Prüfung, ob die Ausführungen zu den nicht-finanziellen Leistungsindikatoren dazu beitragen, ein zutreffendes Bild von der Vermögens-, Finanz- und Ertragslage der großen Kapitalgesellschaft bzw. des Konzerns zu vermitteln. Diese Anforderungen werden im *IDW PS 350* zur Lageberichtsprüfung weiter konkretisiert.

---

[38] Vgl. Hillmer, KoR 2014, S. 280 ff.

Die Erklärung zu den nicht-finanziellen Informationen ist gemäß dem – mittels der EU-Änderungsrichtlinie neu eingeführten – Art. 34 Abs. 5 EU-Rechnungslegungsrichtlinie künftig nicht zwingend Gegenstand der gesetzlichen Abschlussprüfung. In Anlehnung an die Regelung zur Erklärung zur Unternehmensführung soll der Abschlussprüfer nur sicherstellen, dass eine Erklärung zu nicht-finanziellen Informationen abgegeben wurde bzw. dass ein separater Bericht verfügbar ist. Erstaunlich ist, dass die Prüfungsanforderungen bei großen Kapitalgesellschaften bzw. Konzernen, die definitionsgemäß als Unternehmen von öffentlichem Interesse gelten und mindestens 500 Arbeitnehmer beschäftigen, im Vergleich zu jenen, die nicht hierunter fallen, weniger umfangreich und somit im Gesamtbild nicht konsistent geregelt sind. Unternehmen, die nicht im öffentlichen Interesse stehen, bleiben weiterhin hinsichtlich der Angabe nicht-finanzieller Informationen materiellen Prüfungsanforderungen unterworfen.

Es bleibt den einzelnen EU-Mitgliedstaat im Rahmen der nationalen Umsetzung der EU-Vorgaben überlassen, ob die Erklärung zu nicht-finanziellen Informationen Gegenstand einer zusätzlichen Assurance-Leistung sein soll. Diese Leistung muss aber nicht unbedingt von einem Wirtschaftsprüfer, sondern kann nach Art. 19a Abs. 6 bzw. Art. 29a Abs. 6 EU-Rechnungslegungsrichtlinie auch von einem bisher im europäischen Recht nicht verankerten „unabhängigen Erbringer von Bestätigungsleistungen" erbracht werden. Wer diese Person sein könnte, mit welcher konkreten Zielsetzung sie erfolgt und wie eine solche Überprüfung im Detail aussehen soll, wird nicht geregelt. Ein möglicher Ausgangspunkt für eine solche Überprüfung könnte der internationale Berufsstandard zu Assurance-Leistungen, ISAE 3000, bieten.

5 Ausblick

Die CSR-Berichterstattung, die sich heute vorrangig auf freiwillige Rahmenwerke – insbesondere den GRI-Leitfaden – stützt, wird sich auch in Zukunft dynamisch weiterentwickeln und Antworten auf aktuelle gesellschaftliche Entwicklungen finden müssen. Insbesondere der Übergang auf die GRI G4 Berichterstattung dürfte viele Unternehmen weltweit, die bereits GRI anwenden, vor praktische Herausforderungen stellen.

Es wird zu beobachten sein, in welcher Weise die Verquickung der CSR-Berichterstattung mit der klassischen Finanzberichterstattung voranschreiten wird. Der vielversprechende Ansatz der integrierten Berichterstattung wird sich in den kommenden Jahren in der Praxis beweisen müssen und letztlich wird die Frage entscheidend sein, inwieweit es gelingt, beide Berichterstattungsaspekte konsistent miteinander zu verknüpfen. Derzeit zeichnet es sich eher ab, dass de facto die Informationsvermittlung doch mittels zweier separater Berichte erfolgen soll.

Mit Blick auf die neuen EU-Pflichten zur CSR-Berichterstattung ist jetzt der deutsche Gesetzgeber am Zug, die verbindlichen Brüsseler Vorgaben in nationales Bilanzrecht umzusetzen. Teilweise muss auch der deutsche Rechnungslegungsstandardsetzer den DRS 20 an die neuen Brüsseler Vorgaben anpassen. Grundsätzlich bietet die Brüsseler Regulierung den betroffenen Unternehmen dennoch ausreichend Flexibilität ein geeignetes Format für eine CSR-Berichterstattung zu entwickeln und weiterhin auch freiwillige internationale Rahmenwerke dieser Berichterstattung zugrunde zu legen. Dies könnte grundsätzlich auch zukünftig in Form von separaten zusätzlichen Berichten geschehen.

Hinsichtlich der Berichterstattung mittels nationaler, europäischer oder internationaler Rahmenwerken lässt der EU-Gesetzgeber der weiterhin dynamischen Weiterentwicklung dieser Rahmenwerke grundsätzlich freien Lauf – auch wenn die Mindestangaben der EU-Änderungsrichtlinie beachtet werden müssen. Eine weitere direkte Einflussmöglichkeit für politische Vorgaben zur Berichterstattung könnten unverbindliche Leitlinien der Europäischen Kommission sein, um Richtlinienvorgaben zukünftig zu konkretisieren. Somit kommt es in Zukunft darauf an, dass die verwandten freiwilligen Rahmenwerke ausreichend aktuelle gesellschaftliche Anliegen berücksichtigen, um die Breite der Stakeholder und damit nicht zuletzt auch die politischen Institutionen von der Art und Weise der Berichterstattung zu überzeugen.

Literatur

Barth/Rahe/Rabenhorst, Ausgewählte Anwendungsfragen zur Konzernlageberichterstattung nach DRS 20, KoR 2014, S. 47.
Behncke/Hoffmann/Wulff, DRS 20: Auf dem Weg zum Integrated Reporting?, BB 2012, S. 3063.
Berndt/Bilolo/Müller, International Integrated Reporting Framework: Leitfaden für eine moderne Unternehmensberichterstattung?, BB 2014, S. 363.
Haller/Fuhrmann, Die Entwicklung der Lageberichterstattung in Deutschland vor dem Hintergrund des Konzepts des „Integrated Reporting", KoR 2012, S. 462.
Haller/Zellner, Das Integrated Reporting Framework – kurz vor der Zielgeraden, DB 2013, S. 1125.
Hillmer, Offenlegung nicht-finanzieller Informationen – Bericht zur DAI-Konferenz vom 19.03.2014, KoR 2014, S. 280.
Kajüter/Hannen, Integrated Reporting nach dem Rahmenkonzept des IIRC – Anforderungen, Anwendung und offene Fragen, KoR 2014, S. 75.
KPMG, The KPMG Survey on Corporate Responsibility Reporting 2013.
KPMG, KPMG Handbuch zur Nachhaltigkeitsberichterstattung – Update 2013.
Lackmann/Stich, Nicht-finanzielle Leistungsindikatoren und Aspekte der Nachhaltigkeit bei der Anwendung von DRS 20 – Was sich durch DRS 20 in der Konzernlageberichterstattung tatsächlich ändert, KoR 2013, S. 236.
Lanfermann, EU-Rechnungslegungsrichtlinie: Zum Handlungsbedarf des deutschen Gesetzgebers, WPg 2013, S. 849.
Lanfermann, EU-Richtlinie zur Angabe von nicht-finanziellen Informationen, WPg 2015, S. 322–326.
Maniora, Integrated Reporting – Vom Diskussionspapier zum Konsultationsentwurf des IIRC – Eine kritische Analyse unter Berücksichtigung eingegangener Stellungnahmen, KoR 2013, S. 360.
Maniora, Der GRI G4 Standard – Synergie oder Antagonismus zum IIRC-Rahmenwerk? Erste empirische Ergebnisse über das Anwendungsverhältnis beider Rahmenwerke, KoR 2013, S. 479.
Noodt/Grede, Die Welt ändert sich – die Rechnungslegung auch – Der Weg zur integrierten Berichterstattung, DB 2013, S. 714.

Schaefer/Schröder, Auswirkungen des DRS 20 auf die Berichterstattung nichtfinanzieller Leistungsindikatoren in den Lageberichten der DAX30-Unternehmen, KoR 2015, S. 95.

Schrader, Nachhaltigkeit in Unternehmen – Verrechtlichung von Corporate Social Responsibility (CSR), ZUR 2013, S. 452.

Simon-Heckroth, Nachhaltigkeitsberichterstattung und Integrated Reporting : neue Anforderungen an den Berufsstand, WPg 2014, S. 311.

CSR in internationalen Lieferverträgen: Möglichkeiten und Grenzen der Vereinbarung von CSR-Regelungen in der Lieferkette

André Depping

Zusammenfassung

Für eine glaubwürdige und konsistente CSR-Strategie ist es erforderlich, die Wahrung der Menschenrechte und Förderung von Nachhaltigkeit in der gesamten Lieferkette sicherzustellen. Die dazu erforderlichen Regelungen in Klauseln der Lieferverträge oder einem separaten Verhaltenskodex werden regelmäßig als Allgemeine Geschäftsbedingungen zu qualifizieren sein. Sie sind somit nur wirksam, wenn sie nicht überraschend oder unklar sind und den Lieferanten nicht unangemessen benachteiligen. Daher ist es ratsam, die Regelungen in Verhaltenskodizes streng an bestehenden internationalen Instrumenten auszurichten. Kerninhalte der Verhaltenskodizes sind Regelungen zu Menschenrechten und Arbeitnehmerschutz, Umweltschutz und Korruptionsverbot.

Lieferverträge sollten als Kontrollinstrument ein sorgfältig formuliertes Auditierungsrecht des Auftraggebers vorsehen. Bei Beanstandungen sollten Verbesserungsmaßnahmen und Fristen zu deren Umsetzung gemeinsam erarbeitet, vereinbart und überprüft werden. Eine Kündigung des Liefervertrags sollte erst das letzte Mittel sein.

Der Beitrag enthält für viele Regelungsgegenstände Klauselvorschläge.

1 Praxisbeispiel und Überblick

Ein europäisches Handelsunternehmen verpflichtet seine Lieferanten in einem Verhaltenskodex u. a. zur Achtung bestimmter Arbeitnehmerrechte, die auf den ILO-Arbeits- und Sozialstandards beruhen. Der Verhaltenskodex sieht vor, dass das Handelsunternehmen

A. Depping (✉)
Beiten Burkhardt Rechtsanwaltsgesellschaft mbH, München, Deutschland
E-Mail: Andre.Depping@bblaw.com

bei den Lieferanten Audits durchführen darf, um die Einhaltung der verlangten Standards zu prüfen. Beim Abschluss eines Liefervertrages, der auf den Verhaltenskodex Bezug nimmt, mit einem asiatischen Textilhersteller führt das Handelsunternehmen vor Ort ein Audit durch. In einigen Punkten werden Verstöße gegen Arbeitnehmerrechte beanstandet. Die Geschäftsführung des Textilherstellers verpflichtet sich schriftlich, die beanstandeten Missstände abzustellen. Zu einer weiteren Prüfung kommt es nicht. Das Handelsunternehmen verkauft in seinen Warenhäusern einige Jahre unter einer eigenen Marke die Kleidung des Textilherstellers. Wenige Tage vor der einer Jahreshauptversammlung des Handelsunternehmens berichtet eine zivilgesellschaftliche Organisation über den Tod einer 18jährigen Näherin des Textilherstellers. Diese habe dort regelmäßig Schichten von 14 h ohne Pause arbeiten müssen und sei geschlagen worden, wenn man mit ihrer Leistung nicht zufrieden war. Obwohl sie über Schmerzen in der Brust geklagt hatte, habe man ihr das Verlassen des Arbeitsplatzes nicht erlaubt. Die Behandlung dieser Näherin sei bei dem betreffenden Textilhersteller kein Einzelfall. Die Medien greifen den Fall sofort auf. Das Handelsunternehmen kündigt den Vertrag mit dem Textilhersteller fristlos und entfernt sofort dessen Produkte aus den Verkaufsregalen. Auf der Jahreshauptversammlung gibt der Vorstand ein klares Bekenntnis zu den international anerkannten Arbeitsstandards ab.

Der Praxisfalls zeigt, dass es für Unternehmen aufwendig und mühsam ist, einen Überblick über das Verhalten ihrer Lieferanten oder gar deren Lieferanten zu erlangen und zu behalten. In der global vernetzten Wirtschaft kann ein Unternehmen aber nur dann eine effektive CSR-Strategie verfolgen, wenn es seine Lieferanten darin einbezieht. In vielen Branchen findet ein Großteil der Wertschöpfung bei Zulieferern statt. In der Automobilindustrie liegt deren Wertschöpfungsanteil z. B. bei 75 %. Ein PKW besteht aus fast 10.000 Hauptkomponenten, die von ca. 3500 Lieferanten hergestellt werden, die wiederum 500 bis 1500 Vorlieferanten haben.[1] Auch diese Vorlieferanten haben nicht selten ihrerseits auf weiteren Ebenen Vorlieferanten. Ziel einer nachhaltigen Lieferkette ist es, für alle an der Herstellung und Vermarktung beteiligten Akteure langfristig einen ökologischen, sozialen und wirtschaftlichen Nutzen zu schaffen.[2]

Die Beziehung zu Lieferanten bedeutet für viele europäische Unternehmen auch einen starken Bezug zum nicht europäischen Ausland, insbesondere zu Entwicklungsländern. In der Textilbranche finden sich die produzierenden Lieferanten fast ausschließlich in Entwicklungsländern. Selbst die europäischen Automobilhersteller beziehen inzwischen 50–80 % der Zulieferkomponenten aus dem nicht europäischen Ausland. Allein die Konfrontation mit einer anderen Rechtsordnung, Sprache, Gesellschafts- und Arbeitskultur kann bereits die Verhandlungen zum Abschluss des Liefervertrages zu einem Abenteuer machen. Aber auch Fragen sozialer Verantwortung stellen sich hier in besonderer Weise, da Umwelt- und Sozialstandards in Entwicklungsländern meistens weit hinter den europäischen Standards zurück bleiben. Europäische Unternehmen können durch wirtschaftlich integrative Gestaltung ihrer Lieferketten in Entwicklungsländern Arbeitsplätze

---

[1] Kolberg (2012), S. 58.
[2] Deutsches Global Compact Netzwerk (2012), S. 5.

schaffen und das Lohnniveau heben und damit maßgeblich die soziale und ökologische Entwicklung beeinflussen. Sie können aber auch durch die Ausnutzung laxer Standards und fehlender Kontrollen maßgeblich zur ökologischen und sozialen Zerstörung dieser Länder betragen.

Der Verbraucher identifiziert komplexe Konsumgegenstände meistens ausschließlich mit der Firma des Herstellers des Endproduktes. Insofern trägt ein nachhaltiges Lieferketten-Management entscheidend zur Integrität einer Marke bei. Nicht entdecktes Fehlverhalten in der Lieferkette kann dagegen der Glaubwürdigkeit der eigenen CSR-Strategie und damit auch der Geschäftsentwicklung empfindlich schaden.[3]

Rechtlicher Ausgangspunkt jeder Einbeziehung von Lieferanten in die CSR-Strategie sind die Vereinbarungen im Liefervertrag. Es stellt sich damit für das Unternehmen zunächst die Frage, was bei der Implementierung von CSR-Aspekten in Lieferverträge formell zu beachten ist (2.). Inhaltlich sind drei Themenkomplexe zu unterscheiden: Zu welchen Verhaltensweisen sollten Lieferanten verpflichtet werden (3.), wie kann deren Verhalten kontrolliert (4.) und mögliches Fehlverhalten sanktioniert werden (5.)? Die Erfahrung zeigt, dass oft bereits auf der ersten Stufe durch zu allgemein formulierte Verhaltensanforderungen eine wirksame CSR-Strategie verfehlt wird. Noch größere Defizite sind wie im Praxisfall bei der Kontrolle des Lieferantenverhaltens zu beobachten. Über wirksame Anreiz- und Sanktionierungsinstrumente wird selten nachgedacht, so dass im Extremfall nur die Beendigung der Geschäftsbeziehung bleibt.

2 Implementierung von CSR-Aspekten in die Lieferkette

Um CSR-Aspekte wirksam in die Lieferkette einzubringen, sollten sie verbindlich mit den Lieferanten vereinbart werden.

2.1 Eigenständiger Verhaltenskodex oder Vertragsklauseln?

Eine Vereinbarung von CSR-Aspekten kann zum einen in einzelnen Klauseln des Liefervertrages selbst oder in den Regelungen einbezogener allgemeiner Einkaufsbedingungen erfolgen. Zum anderen kann im Liefervertrag auf einen vom Auftraggeber veröffentlichten bzw. dem Lieferanten übergebenen Verhaltenskodex Bezug genommen werden. Unternehmen, die Hunderte oder gar Tausende von Lieferantenbeziehungen haben, verfügen in der Regel über einen solchen Verhaltenskodex (Code of Conduct) für Lieferanten. Dabei beschränken sich die meisten Unternehmen auf einen Kodex von 1 bis 3 Seiten, einige

---

[3] In der EU-Strategie 2011–2014, COM (2011) 681, S. 8, heißt es: „Damit etwaige negative Auswirkungen aufgezeigt, verhindert und abgefedert werden, werden große Unternehmen sowie Unternehmen, die von derartigen Auswirkungen besonders betroffen sein könnten, darin bestärkt, eine risikobasierte Sorgfaltsprüfung, auch auf der Ebene der Lieferketten, vorzunehmen."

haben für ihre Lieferanten aber auch ganze Broschüren erstellt, die Themenbereiche näher erläutern und mit Bildern illustriert sind. Diese regelmäßig auf der Website des Unternehmens veröffentlichten Broschüren sollen nicht zuletzt auch dem Kunden signalisieren, dass das Unternehmen seine Verantwortung für die Lieferkette wahrnimmt.

Teilweise wird heftige Kritik an Verhaltenskodizes geübt. Die Verhaltenskodizes enthielten vielfach ungenügende Anforderungen und deren Umsetzung würde nicht kontrolliert. Sie würden zudem von den Lieferanten verwendet, um auf dem Papier angemessene Arbeitsbedingungen vorzuweisen und Initiativen von Arbeitern, Gewerkschaften und Regierungen für eine echte Verbesserung der Arbeitsbedingungen zu verhindern.[4] Diese Kritik kann jedenfalls dann nicht geteilt werden, wenn die Regelungen im Verhaltenskodex nicht hinter bestehenden internationalen Standards zurück bleiben, die Förderung von freien Gewerkschaften oder Betriebsräten vorsehen und angemessene Kontroll- und Sanktionsmechanismen integriert werden.

2.2 Maßstab des Rechts der Allgemeinen Geschäftsbedingungen (AGB)

Unterliegt der Liefervertrag deutschem Recht, wird die Wirksamkeit der einbezogenen CSR-Klauseln oder – Regelwerke fast immer am Recht der Allgemeinen Geschäftsbedingungen (§§ 305 ff. BGB) zu messen sein, das anders als in vielen anderen Rechtsordnungen grundsätzlich auch im kaufmännischen Verkehr gilt. Dies wird bisweilen als ein Standortnachteil für das deutsche Recht angesehen.[5] Gemäß § 310 Abs. 1 BGB sind die Handelsverträge jedoch nur einer beschränkten Inhaltskontrolle unterworfen und die Klauseln damit nur dann unwirksam, wenn sie überraschend sind (§ 305c Abs. 1 BGB) oder den Vertragspartner des Verwenders entgegen Treu und Glauben unangemessen benachteiligen (§ 307 Abs. 1 Satz 1 BGB). Eine unangemessene Benachteiligung kann sich insbesondere daraus ergeben, dass eine Klausel nicht klar und verständlich ist (§ 307 Abs. 1 Satz 2 BGB). In der Rechtspraxis werden nach allgemeiner Auffassung bei dieser beschränkten Inhaltskontrolle die gegenüber Verbrauchern geltenden Klauselverbote von § 308 BGB und insbesondere von § 309 BGB als Indiz herangezogen.[6]

Soweit das ergänzende nationale Recht das deutsche ist, sind die §§ 305c, 307 BGB auch unter der Geltung des UN-Kaufrechts (CISG) anzuwenden, da die Gültigkeit der Vertragsbestimmungen nicht Gegenstand des UN-Kaufrechts ist, Art. 4 Buchst. a CISG. Teilweise wird zur Vermeidung einer strengen Prüfung empfohlen, den Vertrag dem Schweizer Recht zu unterwerfen, sofern dies zulässig ist. Dieses sieht für den Geschäftsverkehr zwi-

---

[4] Singh (2011), S. 117 f.; zur Kritik an Verhaltenskodizes auch Loew (2005), S. 40, und E. Kocher, Corporate Social Responsibility – Instrumente zur Gestaltung transnationaler Arbeitsbeziehungen, WSI Mitteilungen 4/2008, S. 198.

[5] W. Müller, Die AGB-Kontrolle im unternehmerischen Rechtsverkehr – Standortnachteil für das deutsche Recht, BB 2013, S. 1355 f.

[6] Palandt/Grüneberg, 74. Aufl., § 307 BGB Rn. 40 m. w. N.

schen Unternehmen keine offene Inhaltsprüfung von AGB vor, sondern nur eine verdeckte anhand der Ungewöhnlichkeits- und Unklarheitenregel, die selten zum Tragen kommt.[7]

Es handelt sich nur dann bei einer CSR-Klausel um keine Allgemeine Geschäftsbedingung, wenn diese individuell ausgehandelt worden ist. Das setzt grundsätzlich voraus, dass der Verwender den gesetzesfremden Kerngehalt der von ihm vorgegebenen Regelung inhaltlich ernsthaft zur Disposition stellt und dem anderen Vertragspartner Gestaltungsfreiheit zur Wahrung eigener Interessen einräumt, so dass der Vertragspartner des Verwenders die reale Möglichkeit erhält, den Inhalt der Vertragsbedingungen zu beeinflussen.[8] Bei CSR-Klauseln, die sich in Einkaufsbedingungen oder einem Verhaltenskodex befinden, wird dies nie der Fall sein, da der Verwender den Inhalt solcher Regelwerke in der Regel gerade nicht zur Disposition stellen will.

Individualvereinbarungen kommen daher allenfalls bei im Liefervertrag selbst enthaltenen CSR-Klauseln in Betracht. Im kaufmännischen Rechtsverkehr sind die Anforderungen an ein Aushandeln im Sinne von § 305 Abs. 1 Satz 3 BGB weniger streng als bei Verbraucherverträgen. Es genügt, dass der Verwender dem Vertragspartner eine angemessene Verhandlungsmöglichkeit einräumt und dieser sein Recht in der konkreten Verhandlungssituation mit zumutbarem Aufwand selbst wahrnehmen kann.[9] Ein individuelles Aushandeln kann unter Umständen selbst dann bejaht werden, wenn der Verwender eine bestimmte Klausel als unabdingbar erklärt.[10] Letztlich wird aber ein Unternehmen, das eine Vielzahl von Lieferantenbeziehungen pflegt und eine konsistente CSR-Strategie verfolgt, immer auf Musterklauseln zurückgreifen und diese allenfalls erläutern, aber nicht verhandeln. In der Regel sind somit alle CSR-Klauseln am Maßstab der §§ 305 ff. BGB zu messen.[11]

Dass in der Praxis auch CSR-Klauseln vereinbart werden, deren Wirksamkeit als AGB zweifelhaft ist, hängt meistens mit der Marktmacht des Verwenders dieser Klauseln zusammen. In Branchen mit wenigen Endherstellern kann sich ein Lieferant während des Lieferverhältnisses kaum auf die Unwirksamkeit einer Regelung berufen, ohne eine Kündigung der Geschäftsbeziehung mit unabsehbaren wirtschaftlichen Folgen zu riskieren.

Sollte sich in gewissen Branchen die Vereinbarung bestimmter CSR-Standards durchsetzen und zu einer langjährigen Übung werden, könnten diese Standards zukünftig als Handelsbräuche im Sinne von § 346 HGB[12] zu qualifizieren sein, was sie einer Prüfung nach §§ 305 ff. BGB entziehen würde. Eine solche Entwicklung ist momentan aber noch nicht absehbar und wird durch im Detail häufig unterschiedliche Formulierungen von Anforderungen an die Lieferanten erschwert.

---

[7] Vgl. Richter, B., Allgemeine Geschäftsbedingungen im B2B-Verkehr in Deutschland, der Schweiz und England, Diss. Köln 2014, S. 116 ff.
[8] Palandt/Grüneberg, 74. Aufl., § 305 Rn. 20.
[9] Palandt/Grüneberg, 74. Aufl., § 305 Rn. 22.
[10] BGH NJW 1992, S. 2285.
[11] Davon gehen auch Spießhofer/Graf von Westphalen (2015), S. 76, 79, aus.
[12] Dazu Spießhofer/Graf von Westphalen (2015), S. 79.

2.3 Einbeziehung der gesamten Lieferkette

Da bei den meisten Produkten inzwischen mehr als zwei Lieferebenen vorkommen, besteht ein Bedürfnis, Lieferanten zu verpflichten, ihrerseits die CSR-Bestimmungen an ihre Lieferanten weiterzugeben. Insbesondere wenn am Anfang der Lieferkette die Gewinnung eines Rohstoffs steht, liegen dort häufig die gravierendsten ökologischen und sozialen Probleme.

In der Praxis finden sich sowohl Klauseln, die die Lieferanten verpflichten, ihre Vorlieferanten ebenfalls auf die vereinbarten CSR-Regeln zu verpflichten, als auch solche, die ihnen lediglich die Pflicht auferlegen, sich bestmöglich um eine solche Weitergabe zu bemühen. Wirksam ist nach deutschem Recht in jedem Fall eine Bemühensklausel.[13] Sowohl eine Verpflichtung des Lieferanten in AGB, dass auch die Unterlieferanten sämtliche CSR-Bestimmungen einhalten, als auch eine verbindliche Verpflichtung zur Weitergabe der CSR-Bestimmungen können dagegen als unwirksam wegen unangemessener Benachteiligung des Lieferanten gemäß § 307 Abs. 2 Satz 1 BGB zu werten sein.[14] Je nach regionalen und Branchenverhältnissen schränken solche Pflichten zur Weitergabe der Verhaltensanforderungen die Einkaufsmöglichkeiten des Lieferanten empfindlich ein. Anders kann jedoch der Fall zu beurteilen sein, dass die Pflicht zur Weitergabe nur auf bestimmte einzelne Verhaltensanforderungen bezogen wird oder nur auf solche, die der Vorlieferant ohnehin bereits gesetzlich einzuhalten hat. Eine in AGB vereinbarte Einstandspflicht des Lieferanten für Verstöße seines Vorlieferanten gegen einen Verhaltenskodex ist allerdings in jedem Fall nach § 307 Abs. 2 Nr. 1 BGB unwirksam, da der Vorlieferant bzw. Hersteller kein Erfüllungsgehilfe des Lieferanten nach § 278 BGB ist und die Regelung damit elementaren Grundsätzen des Kaufrechts widerspricht.[15]

Einen auch individualvertraglich unzulässigen Vertrag zu Lasten Dritter kreieren Weitergabepflichten jedoch nicht[16], da der Vorlieferant nicht unmittelbar belastet wird.

Klauselvorschlag

Der Lieferant wird die Inhalte dieser CSR-Bestimmungen an seine Lieferanten berichten und sich bestmöglich bemühen, diese entsprechend zu verpflichten und die Einhaltung der Pflichten regelmäßig zu prüfen.

Unternehmen mit zahlreichen komplexen Lieferketten ist zu empfehlen, zumindest die Hauptlieferanten dazu anzuhalten, einen entsprechenden eigenen Verhaltenskodex für Lieferanten zu veröffentlichen, dem sich Vorlieferanten unterwerfen müssen.

---

[13] Teicke/Matthiesen (2013), S. 773.
[14] Gilch/Pelz (2008), S. 133, im Ergebnis auch Spießhofer/Graf von Westphalen (2015), S. 82.
[15] Teicke/Matthiesen (2013), S. 773; Spießhofer/Graf von Westphalen (2015), S. 81; ebenso für den Fall einer Garantie.
[16] A.a. Gilch/Pelz (2008), S. 133.

3 Inhalte der Verhaltensstandards

Es macht wenig Sinn, *en detail* eigene CSR-Bestimmungen zu entwerfen. In der Regel genügt es, internationale Instrumente durch Vereinbarung mit dem Lieferanten für diesen verbindlich zu machen. Die strengsten Kodizes sind häufig diejenigen, die Regelungen aus internationalen Instrumenten wörtlich übernehmen oder sogar nur auf diese verweisen.[17] Werden eigene Formulierungen verwendet, dient dies oft nur der Abschwächung dieser Regelungen. Durch die Orientierung an internationalen Standards wird auch vermieden, dass der Lieferant möglicherweise mit inhaltlich unterschiedlichen Verhaltenskodizes verschiedener Auftraggeber konfrontiert wird.

Dabei sind für Sozialfragen überwiegend allgemeine Regelwerke zu berücksichtigen, in anderen Bereichen, wie Arbeitssicherheit und Umweltschutz, aber vorwiegend auf Spezifika der Branche passende Standards.[18] Hilfreich kann dabei ein Blick auf die großen Unternehmen der Branche sein, die in der Regel über einen Verhaltenskodex für Lieferanten verfügen. In der Elektroindustrie hat die Electronic Industry Citizenship Coalition (EICC), in der sich führende Unternehmen zusammengeschlossen haben, einen gemeinsamen Verhaltenskodex für Lieferanten veröffentlicht. Soweit ein Unternehmen Branchenkodizes verwenden oder gemeinsame Kodizes mit einem oder mehreren Wettbewerbern erarbeiten möchte, sollte es diese Kodizes jedoch vor der Verwendung einer sorgfältigen wettbewerbsrechtlichen Prüfung unterziehen.

Auch im Hinblick auf eine Prüfung der Regelungen nach §§ 305 ff. BGB ist es sinnvoll, sich auf bestehende internationale Instrumente zu beziehen. Eine Vereinbarung von darin enthaltenen Grundprinzipien und Standards ist weder überraschend noch dürfte sie als unangemessene Benachteiligung anzusehen sein.[19] Insbesondere ist trotz des teilweise hohen Abstraktionsgrads der Regelungen in internationalen Instrumenten nicht zu erwarten, dass ein Gericht diese als unklar oder unverständlich qualifizieren würde.

Ein Verweis auf bestimmte andere Regelwerke (Branchenkodizes, internationale Instrumente) wäre nach § 307 BGB nicht zu beanstanden, soweit diese dem Lieferanten ohne weiteres zugänglich sind.[20] Eine solche Regelungstechnik wird sich insbesondere dann zur Entlastung anbieten, wenn CSR-Klauseln direkt in den Liefervertrag aufgenommen werden. Verhaltenskodizes leben dagegen gerade von einer Ausformulierung der Anforderungen.

---

[17] Ein positives Beispiel ist der Code of Conduct for Suppliers von Beiersdorf (Stand 2013).

[18] Einen guten Überblick über Branchenbesonderheiten und bestehende Branchenkodizes liefert Loew (2005); zu den für die Automobilindustrie maßgeblichen internationalen Standards Kolberg, B. (2012), S. 23 ff.

[19] Vgl. Gilch/Pelz (2008), S. 133.

[20] Vgl. Staudinger/Coester, BGB, 2006, § 307 Rn. 200. Dies gilt ebenso für eine Klausel im Liefervertrag, die auf die Geltung des Verhaltenskodex des Auftraggebers verweist. Jedoch sind dessen Regelungen einer Inhaltskontrolle nach §§ 305c und 307 BGB unterworfen.

Grundlage der meisten Verhaltenskodizes sind die zehn Prinzipien des UN Global Compact.[21] Sie enthalten somit vorwiegend Regelungen zu Sozialstandards/Arbeitsbedingungen, Umweltbelangen und Korruptionsbekämpfung. Auftraggeber, die Mitglied bei Global Compact sind, nehmen teilweise in ihre Lieferverträge oder Verhaltenskodizes auch die folgende allgemeine Klausel auf:

> Wir sind Mitglied bei Global Compact, einem im Jahre 2000 gegründeten CSR-Netzwerk der Vereinten Nationen (UN). Die Mitglieder verpflichten sich, zehn Prinzipien aus den Bereichen Menschenrechte, Arbeitsnormen, Umweltschutz und Korruptionsbekämpfung einzuhalten und in die Unternehmensprozesse zu integrieren. Über den Fortschritt der Verwirklichung der zehn Prinzipien müssen die Unternehmen regelmäßig einen Bericht veröffentlichen. Wir würden es begrüßen, wenn auch Sie sich diesem Netzwerk der UN als Mitglied anschließen würden.

Generell sollten im Sinne einer glaubwürdigen und konsistenten CSR-Strategie die mit den Lieferanten vereinbarten Regelungen zu den eigenen Verhaltensvorgaben und CSR-Standards passen.

3.1 Allgemeine Gesetzestreuepflicht?

Viele Verhaltenskodizes beginnen mit der Pflicht des Lieferanten, sich an alle in seinem Land geltenden Gesetze zu halten. Durch einen solchen Complianceansatz wird inhaltlich kein besonderer Verhaltensstandard gesetzt, da der Lieferant sich selbstverständlich ohnehin an die Gesetze halten muss, die für ihn gelten. Es findet lediglich eine Privatisierung des Gesetzes statt. Soweit mit einem Verstoß gegen eine solche allgemeine Gesetzestreuepflicht Sanktionen verbunden werden, dürfte die Klausel als eine unangemessene Benachteiligung im Sinne von § 307 BGB zu werten sein[22], da der Lieferant sich grundsätzlich mit jedem Gesetzesverstoß der Sanktion aussetzt, auch wenn er die Interessen des Auftraggebers kaum berührt. Im Übrigen sollte bedacht werden, ob eine solche Gesetzestreuepflicht gerade für Lieferanten in Ländern, deren gesetzliche Standards in Umwelt- und Sozialbelagen gering sind, das gewünschte Signal setzt. Für solche Lieferanten sollen CSR-Klauseln und Verhaltenskodizes gerade die Verhaltensanforderungen über das nationale Recht hinaus auf internationale CSR-Standards heben.

---

[21] Dies entspricht auch den wesentlichen Empfehlungen, z. B. ICC Commission on Business in Society (2008), S. 4;. Deutsches Global Compact Netzwerk (DGCN) (2012), S. 8 f. Vgl. zu Standards nachhaltig gemeinsamer Wertschöpfung auch D'heur (2014), S. 77 ff. Eine Auswertung typischer Inhalte von Verhaltenskodizes findet sich bei Loew (2005), S. 10 ff. Zu den Prinzipien des Global Compact in diesem Handbuch Wehrmann, CSR im Kontext von Nachhaltigkeit und Menschenrechten.

[22] So auch Spießhofer/Graf von Westphalen (2015), S. 80, 81.

3.2 Sozialstandards

Die Sozialstandards der CSR-Klauseln bzw. des Verhaltenskodex sollten sich an den Prinzipien zu Menschenrechten und Arbeitsnormen im UN Global Compact, der Allgemeinen Erklärung der Menschenrechte sowie den Kernarbeitsnormen Internationalen Arbeitsorganisation (ILO) orientieren. Gelegentlich werden auch die Standards der Ethical Trading Initiative (ETI) oder der Modellkodex des Internationalen Verbands der freien Gewerkschaften (IFTU) und der Internationalen Handelssekretariate (IST) verwendet.

Üblicherweise beginnt ein Regelwerk mit den Verboten von Kinder- und Zwangsarbeit. Weitere typische Themen sind Löhne und Sozialleistungen, menschenwürdige Behandlung, Diskriminierungsverbot, Vereinigungs- und Tariffreiheit und Regelungen zum Arbeitsschutz.[23] Vergleicht man die Verhaltenskodizes großer deutscher Unternehmen, stellt man fest, dass im Detail durchaus Unterschiede bestehen. Es stellen sich insbesondere die Fragen: Soll die absolute Altersuntergrenze für Arbeitnehmer bei 15 Jahren liegen oder im Falle einer früheren Beendigung der Schulpflicht Arbeit ab 14 Jahren erlaubt sein? Soll die Obergrenze für die wöchentliche Arbeitszeit bei 60 h oder bei 48 h und maximal 12 freiwilligen Überstunden liegen? Soll die Vergütung mindestens dem nationalen gesetzlichen Mindestlohn oder dem national üblichen Lohn entsprechen oder soll sie geeignet sein, den Grundbedarf des Arbeitnehmers (und seiner Familie) zu decken? Gerade die Regelung der Frage der Mindestvergütung sollte gründlich vorbereitet und ggf. mit den Hauptlieferanten diskutiert werden. Es sollte z. B. ermittelt werden, ob es überhaupt gesetzliche Mindestlöhne in den Produktionsländern gibt und wie hoch diese sind. Auch der in den Produktionsländern bestehende Finanzbedarf für einen bescheidenen Lebensunterhalt einer Familie sollte – sofern es dazu Erhebungen gibt – ermittelt werden.[24] Eine Vergütungsregelung, die nicht den Branchenstandards entspricht und den Lieferanten wirtschaftlich überfordert oder die unklar ist, kann als unangemessene Benachteiligung gewertet werden.

Gerade die Regelungen zu den Sozialstandards sollten sich eng an internationalen Standards orientieren, da sie wirtschaftlich und organisatorisch tief in den Gewerbebetrieb des Lieferanten eingreifen. Unklare oder zu strenge Maßgaben können aufgrund unangemessener Benachteiligung des Lieferanten nichtig sein. Ein Regelwerk könnte etwa wie folgt lauten:

1. **Ausschluss von Zwangsarbeit und Disziplinarmaßnahmen**
   Die Leistungen eines Arbeitnehmers müssen freiwillig erbracht werden. Insbesondere ist jede Form der Zwangsarbeit (z. B. durch Einbehaltung von Ausweispapieren) verboten. Alle Arbeitnehmer sind mit Respekt und Würde zu behandeln. Körperliche Bestrafungen, psychische oder physische Nötigung und verbale Beläs-

---

[23] Gute Übersichten findet sich z. B. bei Hopkins (2007), S. 155.
[24] Ausführungen zu den Frage, was überhaupt zu einem solchen Lebensunterhalt gehört, finden sich bei Hopkins (2007), S. 159.

tigung sowie jegliche andere Form der Einschüchterung sind verboten. Lohnabzüge als Disziplinarmaßnahme sind verboten. Mitarbeiter, die eine Beschwerde wegen Verstößen gegen diesen Verhaltenskodex oder einschlägige Gesetze erheben, dürfen in keiner Form Disziplinarmaßnahmen ausgesetzt werden.

2. **Verbot der Kinderarbeit**

   Die Beschäftigung von Kindern unter 15 Jahren ist verboten. Sofern die nationalen Bestimmungen ein höheres Alter vorschreiben, ist dieses maßgeblich. Wenn Kinder bei der Arbeit angetroffen werden, hat der Lieferant die Maßnahmen zu dokumentieren, die zu ergreifen sind, um Abhilfe zu schaffen und den Kindern den Besuch einer Schule zu ermöglichen. Die Rechte junger Arbeitnehmer sind zu schützen und besondere Schutzvorschriften einzuhalten.

3. **Arbeitszeiten**

   Arbeitszeiten müssen den jeweils geltenden nationalen Bestimmungen und industriellen Standards entsprechen; die jeweils strengste Bestimmung ist anzuwenden. Die wöchentliche Arbeitszeit darf 48 h nicht regelmäßig überschreiten. Maximal 12 Überstunden dürfen geleistet werden, sofern dies freiwillig geschieht.

4. **Arbeitsentgelt**

   Das Entgelt für reguläre Arbeitsstunden und Überstunden muss dem nationalen gesetzlichen Mindestlohn oder den branchenüblichen Mindeststandards entsprechen, je nachdem, welcher Betrag höher ist. Das Entgelt für Überstunden muss in jedem Fall das Entgelt für reguläre Stunden übersteigen. Soweit das Entgelt nicht ausreicht, die Kosten des gewöhnlichen Lebensunterhalts zu decken und ein Mindestmaß an Rücklagen zu bilden, ist der Lieferant verpflichtet, das Entgelt entsprechend zu erhöhen. Den Arbeitnehmern sind alle gesetzlich vorgeschriebenen Leistungen zu gewähren. Der Lieferant hat sicherzustellen, dass die Arbeitnehmer klare, detaillierte und regelmäßige schriftliche Informationen über die Zusammensetzung ihres Entgelts erhalten.

5. **Anstellungsbedingungen**

   Die Beschäftigung muss auf einem formellen Dokument basieren (z. B. Arbeitsvertrag oder Einstellungsbrief). Dieses Dokument muss Auskunft erteilen über die Anstellungs- und Beschäftigungsbedingungen einschließlich Löhnen und Zeitraum der Zahlung, Vorsorgeleistungen, Arbeitszeit und Urlaubsanspruch.

6. **Diskriminierungsverbot**

   Alle Arbeitnehmer haben das Recht auf Gleichbehandlung und Chancengleichheit. Jegliche Diskriminierung aufgrund von Geschlecht, Alter, Religion, Weltanschauung, Rasse, Gesellschaftsklasse, sozialem Hintergrund, Behinderung, ethnischer und nationaler Herkunft, Nationalität, Mitgliedschaft in Arbeitnehmerorganisationen, politischer Einstellung, sexueller Orientierung oder sonstiger persönlicher Merkmale, zum Beispiel im Hinblick auf Beschäftigung, Arbeitsentgelt, Zugang zu weiterbildenden Maßnahmen, Beförderung, Beendigung des Arbeitsverhältnisses oder Pensionierung, ist unzulässig.

7. **Gesundheit und Sicherheit am Arbeitsplatz**
Der Arbeitgeber hat die Gesundheit und Sicherheit am Arbeitsplatz zu gewährleisten. Regelungen und Verfahren zur Sicherstellung der Gesundheit und Sicherheit sind einzuführen und den Arbeitnehmern zur Kenntnis zu bringen, um Unfälle und Verletzungen während der Arbeit zu verhindern. Alle maßgeblichen Bestimmungen über die Gesundheit und Sicherheit am Arbeitsplatz müssen eingehalten werden.
8. **Vereinigungsfreiheit und das Recht zu Kollektivverhandlungen**
Das Recht der Arbeitnehmer, Organisationen ihrer Wahl zu gründen, ihnen beizutreten und Kollektivverhandlungen zu führen, ist zu respektieren. In Fällen, in denen die Vereinigungsfreiheit und das Recht zu Kollektivverhandlungen gesetzlich eingeschränkt sind, sind alternative Möglichkeiten eines unabhängigen und freien Zusammenschlusses der Arbeitnehmer zum Zweck von Kollektivverhandlungen einzuräumen. Arbeitnehmervertreter sind vor Diskriminierung zu schützen. Ihnen ist freier Zugang zu den Arbeitsplätzen ihrer Kollegen zu gewähren, um sicherzustellen, dass sie ihre Rechte in gesetzmäßiger und friedlicher Weise wahrnehmen können.

Der Lieferant sollte dazu verpflichtet werden, die mit dem Auftraggeber vereinbarten Arbeitsbedingungen seinen Mitarbeitern in geeigneter Form mitzuteilen. Hierzu ist es nützlich, die Regelungen in den Sprachen der Länder der Hauptlieferanten bereit zu stellen oder gemeinsam mit diesen Lieferanten vor Ort Mitarbeiterschulungen durchzuführen. Es kann auch die Schaffung von Beschwerdestellen geregelt werden, bei denen Mitarbeiter Verstöße gegen den Verhaltenskodex anzeigen können, ohne Sanktionen befürchten zu müssen.

3.3 Umweltstandards

Welche Umweltthemen in CSR-Klauseln bzw. einem Verhaltenskodex behandelt werden sollten, hängt vor allem von der betroffenen Branche ab. In einigen Branchen kann es auch sinnvoll sein, von den Lieferanten den Nachweis bestimmter Umwelt-Produktdeklarationen (EPDs) zu verlangen. Diese EPDs basieren auf internationalen Normen (ISO 14025; ISO 14040 ff.) sowie der Europäischen DIN EN 15804. Es handelt sich dabei um sogenannte ISO Typ III Umweltkennzeichen, die sich nicht an den Endverbraucher, sondern an gewerbliche Einkäufer richten und daher für die Berücksichtigung von ökologischen Aspekten in der Lieferkette besonders geeignet sind.[25]

Gelegentlich wird von den Lieferanten auch die Einrichtung eines umweltbezogenen Managementsystems verlangt, z. B. auf Basis der ISO 14001.

---

[25] Loew (2005), S. 13.

> **Klauselvorschlag**
>
> Der Lieferant verpflichtet sich, sämtliche einschlägigen Gesetze und Bestimmungen zum Umweltschutz zu erfüllen oder höhere Standards einzuhalten; Umweltbelastungen zu vermeiden und den Umweltschutz durch verantwortlichen Umgang mit Ressourcen und die Entwicklung und Verwendung von nachhaltigen Materialien, Technologien und Produkten kontinuierlich zu verbessern; ein angemessenes Umweltmanagementsystem aufzubauen und anzuwenden.

3.4 Korruptionsbekämpfung

Korruptionsrisiken sind in der Lieferkette trotz einer zunehmenden Sensibilisierung der Unternehmen und Behörden noch immer erheblich. Sie können vor allem in Form von korrupten Praktiken zwischen Lieferanten und staatlichen Stellen im Produktionsland auftreten, aber auch bei Beschaffungsentscheidungen des Lieferanten oder gar in der Geschäftsbeziehung zwischen dem Auftraggeber und dem Lieferanten selbst. Einen Bezugspunkt für Regelungen liefern z. B. die OECD-Leitsätze für multinationale Unternehmen, Teil 1.VII.

> **Klauselvorschlag**
>
> Lieferanten dürfen weder direkt noch indirekt Bestechungsgelder oder andere ungerechtfertigte Zuwendungen anbieten, versprechen oder zusagen, um sich einen Auftrag oder einen anderen ungerechtfertigten Vorteil zu verschaffen. Ebenso wenig dürfen Bestechungsgelder oder andere ungerechtfertigte Zuwendungen von Lieferanten verlangt oder erwartet werden.[26]

3.5 Liefervertrag im Übrigen

Die speziellen CSR-Regelungen müssen eingebettet sein in einen fairen Umgang mit Zulieferern auch hinsichtlich der wirtschaftlichen, logistischen und technischen Vertragsbedingungen. Wenn Lieferfristen verkürzt und Preise gedrückt werden, wird man von den Lieferanten keine Verbesserung der Sozialstandards erwarten können.[27] In ökologischer Hinsicht beklagen Lieferanten vielfach, dass sie erhebliche Investitionen zur Verbesserung der Umweltverträglichkeit und für Zertifizierungen leisten, die von den Auftraggebern wenig beachtet werden. Insoweit müssen die hergebrachten Ziele des Lieferanten-

---

[26] Ausführlichere Musterformulierungen sowie Hinweise zur Bekämpfung von Korruption in der Lieferkette bietet Global Compact, Fighting Corruption in the Supply Chain: A Guide for Customers and Suppliers, New York 2010.

[27] So auch Hopkins (2007), S. 149, und Kolberg, B. (2012), S. 52.

managements, Kosten zu senken und Effizienz zu steigern, mit CSR-Zielen sinnvoll in Einklang gebracht werden, was eine intelligente langfristige Strategie erfordert.

Hilfreich ist auch, dass dem Lieferanten durch den Vertrag signalisiert wird, dass Interesse an einer langfristigen vertrauensvollen Geschäftsbeziehung besteht. Hierzu kann ein Bekenntnis in der Vertragspräambel, eine Vertragsverlängerungsoption oder auch eine Mediationsklausel beitragen. Langfristige Kooperationen und vertrauensvolle Beziehungen werden in der Praxis immer wieder als die entscheidenden Faktoren für eine nachhaltige gemeinsame Wertschöpfung genannt. Keinesfalls sollte den Lieferanten signalisiert werden, allein sie seien für die Umsetzung von CSR-Standards in der Lieferkette verantwortlich.

4 Kontrolle

Die größte Herausforderung bei der Umsetzung von CSR-Standards in der Lieferkette ist die Prüfung der Einhaltung der vereinbarten Pflichten. Findet eine solche Prüfung nicht oder nicht wirksam statt, kann ein Verhaltenskodex mehr Schaden als Nutzen stiften, da er ein Wohlverhalten des Lieferanten suggeriert, das in der Realität gar nicht besteht, und somit Maßnahmen von Behörden und Gewerkschaften erschwert. Zudem steht die Glaubwürdigkeit der eigenen CSR-Strategie des Auftraggebers auf dem Spiel. Insbesondere wenn die Lieferantenverträge Prüfungsrechte des Auftraggebers vorsehen, sollte dieser für Auditierungen auch entsprechend geschultes Personal und die erforderlichen finanziellen Mittel bereitstellen.

4.1 Selbstauskunft (Self-Assessment)

Zügig und ohne großen Aufwand kann eine Selbstauskunft des Lieferanten durchgeführt werden. Der Auftraggeber kann hierzu standardisierte Plattformen nutzen, um Arbeits- und Umweltbedingungen seiner Lieferanten anhand von festen Kriterien zu erfassen.[28] Er kann aber auch eigene Fragebögen entwerfen, in denen der Lieferant kurz zu den einzelnen Themen des Verhaltenskodex angibt, ob er die Vorgaben einhält und wie er die Einhaltung sicherstellt. Eigene Fragebögen haben den Vorteil, dass sie ggf. auf Besonderheiten der Branche abgestimmt werden können und erkennen lassen, worauf der Auftraggeber besonderen Wert legt.

Soweit dies zeitlich möglich ist, sollte eine solche Selbstauskunft zu CSR-Themen vor dem Vertragsschluss mit dem Lieferanten eingeholt werden. Ein Angebot, den Lieferanten in Bereichen zu unterstützen, bei denen er noch Nachholbedarf sieht, kann zur wahrheitsgemäßen Beantwortung von Fragen beitragen.

---

[28] Sehr verbreitet ist Supplier Data Exchange (SEDEX).

In Allgemeinen Geschäftsbedingungen ist die Verpflichtung zur Selbstauskunft hinsichtlich der in den CSR-Bestimmungen behandelten Themen unproblematisch umzusetzen. Hilfreich kann hier der Hinweis sein, dass von der Auskunftsverpflichtung Betriebs- und Geschäftsgeheimnisse des Lieferanten ausgenommen sind.

Die Selbstauskunft kann später eine wichtige Grundlage für externe Audits sein.

4.2 Audit

Ein Mittel zur Kontrolle der Einhaltung von CSR-Standards ist die Auditierung des Lieferanten vor Ort durch geschultes Personal des Auftraggebers oder durch einen unabhängigen Dritten. Ein Lieferanten-Audit besteht üblicherweise aus Gesprächen mit der Geschäftsleitung und einer repräsentativen Auswahl von Mitarbeitern, einer Standortbegehung sowie einer Prüfung bestimmter Dokumentbestände zu Umwelt- und Personalfragen. Häufig findet man in Verhaltenskodizes allgemeine Auditierungsklauseln der folgenden Art:

> Der Lieferant erklärt sich damit einverstanden, dass der Auftraggeber die Einhaltung dieses Kodex durch Maßnahmen überprüft, die er für sachdienlich hält. Hierzu gehören auch angemeldete und unangemeldete Inspektionen der Betriebsstätten des Lieferanten durch vom Auftraggeber beauftragte Personen.

Soweit ein entsprechendes Machtgefälle besteht, wird sich der Lieferant einer solchen Inspektion kaum entziehen können. An der rechtlichen Wirksamkeit einer solchen weiten Auditierungsklausel bestehen indessen erhebliche Zweifel. Zwar wird man eine solche Klausel angesichts der inzwischen recht häufigen Verwendung kaum noch als überraschend im Sinne von § 305c Abs. 1 BGB bezeichnen können.[29] Jedenfalls dürfte aber der Lieferant durch ein solches Recht zur unangekündigten und nicht näher konkretisierten Auditierung unangemessen benachteiligt werden. Der Lieferant läuft durch eine solche unbeschränkte Auditierung Gefahr, nicht nur eigene Betriebs- und Geschäftsgeheimnisse zu offenbaren, sondern auch gegen Vertraulichkeitsvereinbarungen mit Dritten und – soweit anwendbar – gegen datenschutzrechtliche Vorgaben zu verstoßen.[30] Selbst Individualvereinbarungen, nach denen Kaufleuten jederzeit mit einer umfassenden Überprüfung rechnen müssen, sind sittenwidrig im Sinne von § 138 BGB und daher nichtig.[31]

Um eine rechtssichere Auditierungsklausel zu vereinbaren, sollte diese jedenfalls vorsehen, dass die Auditierung mit einer kurzen Frist angekündigt wird, während der üblichen Geschäftszeiten stattfindet sowie Unterlagen und sonstige Informationsquellen ausnimmt, die Betriebs- und Geschäftsgeheimnisse des Lieferanten oder Dritter enthalten können. Eine detaillierte Auditierungsklausel kann auch Informationen darüber enthalten, wer die

---

[29] Anders noch Gilch/Pelz (2008), S. 135.
[30] Teicke/Matthiesen (2013), S. 773 f.
[31] Vgl. OLG Hamm, BB 1970, S. 374.

Prüfung durchführt, welche Unterlagen geprüft werden, welches Prozedere bei Interviews einzuhalten ist, wie die zu befragenden Personen ausgewählt werden, welche Vertraulichkeitsregelungen gelten und auf welche Weise ein Lieferant Prüfungsmaßnahmen widersprechen kann. Je detaillierter eine Auditierungsklausel abgefasst ist, umso besser hält sie einer Prüfung anhand der §§ 305 ff. BGB stand[32], stößt sie auf Akzeptanz beim Lieferanten und hilft sie, Streit bei der Durchführung der Prüfungsmaßnahmen zu vermeiden.

Wenn es sich für ein Unternehmen nicht lohnt, eigenes Know How und personelle Ressourcen für die Auditierung von Lieferanten aufzubauen, können professionelle Prüfungsgesellschaften beauftragt werden, die eine Auditierung nach standardisierten Abläufen durchführen. Verbreitet ist z. B. eine Auditierung nach dem Standard Social Accountability (SA) 8000, die im Wesentlichen eine Einhaltung der ILO Kernarbeitsnormen prüft und von vielen internationalen Prüfungsgesellschaften geleistet wird. Das geprüfte Unternehmen erhält eine Zertifizierung nach SA8000, die drei Jahre gültig ist.

In einigen Branchen schließen sich auch Unternehmen zusammen, um gemeinsame Audits bei wichtigen Zulieferbetrieben durchzuführen.[33]

Teilweise wird an Kontrollstrategien, die ausschließlich auf Audits setzen, kritisiert, dass Audits jeweils nur punktuelle Bestandsaufnahmen bieten und Auditoren, die ihre Prüfung üblicherweise einige Tage vorher angekündigt haben, vielfach manipulierte Unterlagen sowie ausgesuchte manipulierte Interviewpartner vorfinden.[34] Audits würden letztlich keine wesentlichen Verbesserungen der Sozialstandards bringen. Richtig ist, dass Manipulationen bei Prüfungen nicht auszuschließen sind und eine Begleitung der Prüfung durch gemeinsame Trainings des Auftraggebers mit dem Management und Arbeitnehmern des Lieferanten sehr sinnvoll ist. Dennoch sind Audits für eine wirksame CSR-Strategie in der Lieferkette unersetzlich.

5 Anreiz- und Sanktionsinstrumente

Die Vereinbarung von CSR-Regelungen mit Lieferanten ist weitgehend wertlos, wenn festgestellte Verstöße folgenlos bleiben. Generell denkt man an das übliche juristische Instrumentarium von Vertragsstrafen, Schadensersatz und Kündigung. Die Erfahrung zeigt, dass Unternehmen oft aber eher durch Belohnungen als durch Strafen zu einem vertragskonformen Verhalten angehalten werden können, so dass auch solche Anreizmechanismen in Erwägung gezogen werden sollten.

---

[32] Vgl. BGH NJW 1988, S. 1726 ff., wonach der Vertragspartner des Verwenders der Allgemeinen Geschäftsbedingungen grundsätzlich die Möglichkeit haben muss, sich aus den Allgemeinen Geschäftsbedingungen zuverlässig über Inhalt und Umfang seiner Rechte und Pflichten zu informieren, damit er bei der Vertragsabwicklung nicht von der Durchsetzung seiner Rechte abgehalten wird.

[33] Vgl. ICC Commission on Business in Society (2008), S. 6.

[34] Burckhardt/Merk (2011), S. 121 ff.

5.1 Boni/Belohnungen

Ein besonders wirksames, aber auch anspruchsvolles System zur Sicherstellung CSR-konformen Verhaltens ist die Vereinbarung von Boni für die Erreichung bestimmter Ziele. Hierzu bedarf es einer genauen Definition der Voraussetzungen der Boni. Ziel kann es nicht allein sein, den Verhaltenskodex einzuhalten, sondern es sollten bestimmte prüfbare Indikatoren genannt werden, die einen Bonus auslösen, wenn sie erfüllt sind. Selbstverständlich können auch Boni vereinbart werden für den Fall, dass Lieferanten in bestimmten Bereichen höhere Standards als im Verhaltenskodex vorgegeben erreichen.

Wichtig ist, dass die Kriterien, die einen Bonus auslösen, prüfbar sind und solche Prüfungen auch tatsächlich durchgeführt werden. Da hiermit erheblicher Aufwand verbunden ist, wird eine Bonusregelung regelmäßig auf einzelne, je nach Branche und/oder Land besonders kritische Themen zu beschränken sein. Ein umfassendes Bonussystem kommt allenfalls für Auftraggeber in Betracht, die über ein personell und finanziell gut ausgestattetes Lieferantenmanagement und ein damit vernetztes erfahrenes CSR-Management verfügen.

Anreize können selbstverständlich nicht nur in Form von Boni erfolgen, sondern auch durch die Zusage anderer Vorteile, wie z. B. einer Ausweitung der Geschäftsbeziehung, der Übernahme eines Teils der Kosten für Verbesserungen oder von Auszeichnungen.[35]

5.2 Schadensersatz/Vertragsstrafen

Ein schuldhafter Verstoß gegen vereinbarte CSR-Regelungen kann Schadensersatzansprüche nach § 280 BGB begründen, da sie als vertragliche Nebenpflichten anzusehen sind. Es wird allerdings in der Praxis nicht einfach sein, den aus einem Verstoß gegen die CSR-Bestimmungen resultierenden Vermögensschaden darzulegen und zu beweisen. Eine spezielle Vertragsklausel zum Anspruch auf Schadensersatz schafft keinen Mehrwert. Insbesondere lässt sich mit einer Klausel in Allgemeinen Geschäftsbedingungen nicht wirksam eine verschuldensunabhängige Haftung begründen.[36]

Vertragsstrafen bzw. pauschalierter Schadensersatz sind generell ein bewährtes Sanktionsmittel. Dennoch sind solche Sanktionsregelungen in der Praxis im Zusammenhang mit CSR-Klauseln unüblich. Dies mag damit zusammenhängen, dass die Rechtsprechung Vertragsstrafen in Allgemeinen Geschäftsbedingungen einer strengen Prüfung unterzieht und insbesondere bei Pflichtverstößen, die den Vertragspartner nicht unmittelbar beeinträchtigen, allenfalls sehr geringe Vertragsstrafen zulässt. Pauschalierter Schadensersatz muss sich an einem typischerweise zu erwartenden Schaden orientieren (§ 309 Nr. 5a BGB), der bei Verstößen gegen CSR-Standards nur schwer zu bestimmen ist. In der Regel

---

[35] Vgl. Deutsches Global Compact Netzwerk (2012), S. 34 mit weiteren Beispielen.
[36] BGH NJW-RR 1993, S. 1056, 1059; Spießhofer/Graf von Westphalen (2015), S. 80.

werden sich Verstöße zunächst sogar wirtschaftlich vorteilhaft auswirken und erst – wenn sie öffentlich bekannt werden – einen schwer quantifizierbaren Reputationsschaden auslösen.

5.3 Außerordentliche Kündigung

Die mögliche Beendigung der Geschäftsbeziehung sollte in jedem Fall bei den Sanktionsmitteln genannt werden, zumal sie bei schweren Verstößen, die öffentlich angeprangert werden, zur Vermeidung eines Reputationsverlustes erforderlich sein kann. Dennoch sollte die Kündigung die *ultima ratio* sein, da sie im Zweifel die Lage der Arbeitnehmer des Lieferanten noch verschlechtert.[37]

Die meisten Kündigungsklauseln, die sich in Verhaltenskodizes finden, sind nach AGB-Recht unwirksam. Tatsächlich ist bei der Abfassung einer Kündigungsklausel sowie beim Ausspruch einer außerordentlichen Kündigung zu beachten, dass eine Kündigung gemäß § 314 Abs. 2 Satz 1 BGB regelmäßig nur bei schuldhaftem Verhalten, Unzumutbarkeit einer ordentlichen Kündigung und nur nach Setzung einer angemessenen Nachfrist zur Abstellung der Pflichtverletzung möglich ist.[38] Lediglich bei besonders schweren Pflichtverstößen kann eine Kündigung ohne Nachfristsetzung im Einzelfall ausnahmsweise möglich sein (vgl. § 314 Abs. 2 Satz 3 BGB).

Klauselvorschlag

Sollte ein Verstoß gegen die Regelungen dieses Verhaltenskodex festgestellt werden, wird der Auftraggeber dies dem Lieferanten innerhalb von einem Monat schriftlich mitteilen und ihm eine angemessene Nachfrist setzen, um sein Verhalten mit diesen Regelungen in Einklang zu bringen. Wenn ein solcher Verstoß schuldhaft erfolgte und eine Fortsetzung des Vertrages bis zur ordentlichen Beendigung für den Auftraggeber unzumutbar macht, kann der Auftraggeber den Vertrag nach fruchtlosem Ablauf der gesetzten Frist beenden, wenn er dies bei der Nachfristsetzung angedroht hat. Das Recht zur außerordentlichen Kündigung ohne Nachfristsetzung gemäß § 314 Abs. 2 Satz 3 BGB bleibt ebenso wie das Recht auf Schadenersatz unberührt.

In der Praxis wird häufig das Verfahren gewählt, einen Verstoß dem Lieferanten zunächst anzuzeigen und mit ihm gemeinsam Korrekturmaßnahmen zu erarbeiten und sinnvolle Fristen zu deren Umsetzung zu vereinbaren, bevor eine förmliche Nachfrist gesetzt wird.

---

[37] ICC Commission on Business in Society (2008), S. 9.
[38] Vgl. Spießhofer/Graf von Westphalen (2015), S. 82.

Literatur

Burckhardt, G./Merk, J. (2011): Sozialaudits – was bringen sie den Näherinnen in den Sweatshops?, in Burckhardt, G. (Hg.), Mythos CSR. Unternehmensverantwortung und Regulierungslücken, Bonn 2011, S. 119–124.

Deutsches Global Compact Netzwerk (DGCN) (2012): Nachhaltigkeit in der Lieferkette. Ein praktischer Leitfaden zur kontinuierlichen Verbesserung, Berlin.

D'heur, M. (2014): shared.value.chain: Profitables Wachstum durch nachhaltig gemeinsame Wertschöpfung, in: D'heur (Hg.), CSR und Value Chain Management, Berlin.

Gilch, A./Pelz, C. (2008): Compliance-Clauseln – Gut gemeint aber unwirksam?, CCZ 2008, S. 131–136.

Hopkins, M. (2007): Corporate Social Responsibility & International Development, London 2007, S. 146 ff.

ICC Commission on Business in Society (2008): ICC guide to responsible sourcing. Integrating social and environmental considerations into the supply chain, Paris.

Kolberg, B. (2012): Soziale und ökologische Nachhaltigkeitskommunikation in der Automobilindustrie Wie kommuniziert das soziale System am Beispiel der Lieferantenkette? Hildesheim: Masterarbeit.

Loew, T. (2005): CSR in der Supply Chain. Herausforderungen und Ansatzpunkte für Unternehmen, Institute 4 Sustainability, Berlin.

Singh, S. (2011): Verhaltenskodex: Echtes Anliegen oder bloß Augenwischerei?, in Burckhardt, G. (Hg.), Mythos CSR. Unternehmensverantwortung und Regulierungslücken, Bonn 2011 S. 114–118.

Spießhofer, B./Graf von Westphalen, F. (2015): Corporate Social Responsibility und AGB-Recht, Betriebsberater 2015, S. 75 ff.

Teicke, T./Matthiesen, R. (2013): Compliance-Klauseln als sinnvoller Bestandteil eines Compliance-Systems, BB 2013, S. 771 ff.

CSR im Arbeitsrecht: Nachhaltiges Human Resource Management als Basis der CSR-Strategie

Silke Wolf

Zusammenfassung

Die Arbeitnehmer sind die wichtigsten Stakeholder jedes CSR-Programms. Sie sind diejenigen, die es mit Leben füllen, es in der täglichen Praxis gegenüber ihren Vertragspartnern umsetzen und glaubhaft kommunizieren. Je intensiver sie selbst die Wahrnehmung sozialer Verantwortung im Unternehmen erleben, desto überzeugender werden sie die Werte gegenüber Externen vertreten. Unternehmen, die CSR in ihre Unternehmensstrategie aufgenommen haben und den daran geknüpften Anspruch nachhaltig umsetzen, werden sich im Wettbewerb um qualifizierte Fach- und Führungskräfte als die attraktiveren Arbeitgeber präsentieren. Das deutsche Arbeitsrecht sorgt aufgrund des überwiegend zwingenden Charakters seiner Rechtsvorschriften bereits für ein hohes Arbeitnehmerschutzniveau. Für Bereiche, in denen keine gesetzlichen Handlungspflichten bestehen oder die den Anwendungsbereich deutschen Rechts verlassen, bietet die Offenheit von Unternehmen für das Thema CSR Anknüpfungspunkte für weitergehende freiwillige Maßnahmen und Regelungen, die das bestehende CSR-Programm strategisch ergänzen.

I. Arbeitnehmer als Adressaten von CSR

„Employees prefer to work for organizations aligned with their values; thus, incorporating CSR into the employee brand can enhance recruitment and retention, particularly in tight labour markets[1]." Vor dem Hintergrund des demographischen Wandels und des damit

---

[1] Strandberg (2009), S. 2.

S. Wolf (✉)
Bayerischer Bankenverband, München, Deutschland
E-Mail: s.wolf@bayerischer-bankenverband.de

einhergehenden prognostizierbaren Arbeitskräftemangels in Deutschland[2] entwickelt sich der Arbeitsmarkt zunehmend von einem Arbeitgeber- zu einem Arbeitnehmermarkt. Gut ausgebildete Arbeitnehmer werden von den Arbeitgebern mittlerweile umworben; dabei geht es nicht nur um einen „war of talents", sondern auch Fachkräfte werden von der Wirtschaft dringend benötigt. Daher ist es nicht weiter verwunderlich, dass sich immer mehr Unternehmen weit über das gesetzlich geforderte Maß hinaus für die Arbeitsbedingungen ihrer Beschäftigten, für Gesellschaft und Umwelt einsetzen. Denn Unternehmen, die Corporate Social Resposibility in ihre Unternehmensstrategie aufgenommen haben und den daran geknüpften Anspruch glaubhaft leben, sind attraktiver für hoch qualifizierte Arbeitnehmer[3] und wettbewerbsfähiger am Markt[4]. Das gilt gleichermaßen für das Recruiting als auch für das Halten qualifizierter Beschäftigter. So kann sich eine erfolgreich implementierte CSR-Strategie deutlich positiv auf die Motivation und das Commitment der Beschäftigten auswirken mit der Folge nachhaltiger Reduzierung der Fluktuation[5].

Die Definition von Corporate Social Responsibility[6] ist bislang nicht gefestigt und klar umrissen[7]. Relativ weit verbreitet sind die CSR-Definitionen der Europäischen Kommission aus den Jahren 2001 und 2002, die auch dieser Ausarbeitung zugrunde gelegt werden sollen. Im Grünbuch der Kommission aus dem Jahre 2001 wird CSR als „soziale Verantwortung der Unternehmen" definiert. Es ist ein „Konzept, das den Unternehmen als Grundlage dient, auf freiwilliger Basis soziale Belange und Umweltbelange in ihre Tätigkeit und in die Wechselbeziehungen mit den Stakeholdern zu integrieren"[8]. Ergänzt wird diese Definition durch die Mitteilung der Europäischen Kommission vom 2. Juli 2002, in der festgehalten wird, dass „CSR nicht etwas sei, was dem Kerngeschäft von Unternehmen aufgepfropft werden soll. Vielmehr gehe es um eine Art des Unternehmensmanagements."[9] Eine begriffliche Weiterentwicklung erfährt die CSR-Definition in

---

[2] Prognos AG (2014), Wirtschaft 2040, Studie im Auftrag der Vereinigung der Bayerischen Wirtschaft, S. 84 ff.

[3] Aus Gründen der besseren Lesbarkeit soll hier nur die maskuline Form verwandt werden, eine Diskriminierung der weiblichen Form ist nicht beabsichtigt.

[4] Strandberg (2009), S. 9: Nach einer Studie des Apsen Institute in 2007 sagten 26 % der befragten Studierenden (im Vergleich zu 15 % in einer Vergleichsstudie in 2002), dass es für sie wichtig sei, einen Job zu finden, in den sie einen Beitrag zur Entwicklung der Gesellschaft leisten können.

[5] Vgl. Strandberg (2009), S. 6.

[6] Im Folgenden wird anstelle der ausgeschriebenen Begrifflichkeit das Kürzel „CSR" verwandt.

[7] Zum Meinungsstand A. Schneider, Reifegradmodell CSR – eine Begriffserklärung und Abgrenzung, in Schneider/Schmidpeter, S. 17.

[8] Kommission der Europäischen Gemeinschaften (2001), Europäische Rahmenbedingungen für die soziale Verantwortung der Unternehmen, Grünbuch S. 8.

[9] Kommission der Europäischen Gemeinschaften (2002), Mitteilung der Kommission betreffend die soziale Verantwortung der Unternehmen; ein Unternehmensbeitrag zur nachhaltigen Entwicklung, S. 6.

der Mitteilung der Kommission aus dem Jahre 2011.[10] Danach wird CSR als ganzheitliches, strategisches Konzept verstanden mit dem Ziel, gesellschaftlichen Mehrwert für das Unternehmen und die Gesellschaft zu erzielen. CSR geht, der Kommission zufolge, deutlich über die gesetzlichen Bestimmungen und Kollektivverträge hinaus und wird als Integration von gesellschaftlichen, ökologischen und ethischen Themen sowie von Fragen der Menschenrechte in die Geschäftsstrategie und Geschäftätigkeit verstanden – in enger Abstimmung mit den Anspruchsgruppen[11]. In der von der Bundesregierung im November 2011 beschlossenen gemeinsamen Position wird diese Initiative der Europäischen Kommission zur Stärkung und Modernisierung von CSR ausdrücklich begrüßt.[12]

Nach diesem Konzept stellt CSR also eine freiwillige Selbstverpflichtung der Unternehmen zu verantwortlichem Handeln anhand der gesamten Wertschöpfungskette (Beschaffung, Transport, Produktion, Konsum, Entsorgung etc.) dar. Es handelt sich nicht um eine reine Public-Relation-Aktion der Abteilung für Öffentlichkeitsarbeit, CSR beschreibt vielmehr einen klar umrissenen Auftrag an die Unternehmensführung. Es geht um die Verantwortung des Unternehmens mit seiner ganzen Unternehmenstätigkeit im gesellschaftlichen Umfeld und damit letztlich um die Kernwerte des Unternehmens, das interne Führungsverständnis, die interne Kommunikation und die Unternehmenskultur, die die mit CSR einhergehenden Prinzipien der Nachhaltigkeit, der Verantwortung, der Transparenz und der Berechenbarkeit transparent machen. Dabei ist CSR kein Selbstzweck; die Europäische Union hat die soziale Verantwortung der Unternehmen zu ihrem Anliegen gemacht, weil sie überzeugt ist, dass CSR zur Verwirklichung des strategischen Ziels beitragen kann, die Union zum „wettbewerbsfähigsten und dynamischsten wissensbasierten Wirtschaftsraum der Welt zu machen – einem Wirtschaftsraum, der fähig ist, ein dauerhaftes Wirtschaftswachstum mit mehr und besseren Arbeitsplätzen und einem größeren sozialen Zusammenhalt zu erzielen"[13].

Mit diesem Verständnis von CSR rückt zwangsläufig der Mitarbeiter in den Fokus der Betrachtungen, und zwar in unterschiedlichen Ausprägungen: zum einen ist er derjenige, der die Unternehmenswerte nach außen sichtbar lebt, der sie umsetzt, indem er z. B. mit

---

[10] Europäische Kommission(2011), Mitteilung der Kommission an das Europäische Parlament, den Rat, den Europäischen Wirtschafts- und Sozialausschuss und den Ausschuss der Regionen, Eine neue EU-Strategie (2011–14) für die sozial Verantwortung der Unternehmen (CSR), S. 7 f.

[11] Kritisch zu dieser neuen Begriffsdefinition A. Schneider, Reifegradmodell CSR – eine Begriffserklärung und Abgrenzung, in Schneider/Schmidpeter, S. 21 ff.

[12] Bundesministerium für Arbeit und Soziales, CSR-Mitteilung der EU-Kommission, www.csr-in-deutschland.de/ueber-csr/leitsaetze-und-instrumente/csr-mitteilung-der-eu-kommission. Allerdings bringt die Bundesregierung gleichzeitig auch ihre Skepsis zum Ausdruck hinsichtlich der von der EU-Kommission geplanten Gesetzesinitiative für eine verpflichtende nichtwirtschaftliche Berichterstattung von Unternehmen. Dies sei mit dem Grundsatz der Freiwilligkeit von CSR kaum zu vereinbaren. Es gelte vielmehr, Anreize für CSR zu fördern und gesellschaftliches verantwortliches Engagement von Unternehmen sichtbar zu machen.

[13] Kommission der Europäischen Gemeinschaften (2001), Europäische Rahmenbedingungen für die soziale Verantwortung der Unternehmen, Grünbuch S. 4.

Lieferanten, Subunternehmern und Transporteuren entsprechende CSR-konforme Verträge aushandelt, der sich deutlich erkennbar an seinem Arbeitsplatz für die Erreichung der Unternehmensziele einsetzt und die Unternehmenskultur mit Leben füllt. Andererseits ist er selbst Adressat vieler unternehmensinterner Maßnahmen, die erforderlich sind, um ein Unternehmen so weiterzuentwickeln, dass es seiner sozialen Verantwortung in vollem Umfang gerecht werden kann. Je intensiver der Arbeitnehmer diese Werte selbst erlebt, erfahren und bestenfalls sogar selbst mit entwickelt hat, um so glaubhafter wird er in der Lage sein zu vermitteln, dass soziale, ökologische, ethische, Menschenrechts- und Verbraucherbelange in die Unternehmensführung und in die Kernstrategie seines Unternehmens integriert sind.

Schließlich werden sich die Arbeitnehmer in der Regel stärker mit einem Unternehmen identifizieren, das die soziale Verantwortung in seiner Unternehmensstrategie umgesetzt hat, sich in allen wesentlichen Unternehmensbereichen im täglichen Geschäft an diesen orientiert und sie aktiv und für Dritte erkennbar lebt. Arbeitnehmer bevorzugen es, für Unternehmen tätig zu sein, deren Werte mit ihrem eigenen Wertekanon übereinstimmen. Die Umsetzung einer tragfähigen CSR-Strategie wird daher dazu beitragen, Mitarbeiter an das Unternehmen zu binden und die Fluktuation zu reduzieren. Es wird zudem helfen, Mitarbeiter für das Unternehmen zu gewinnen, ein entscheidender Wettbewerbsvorteil gerade in einem angespannten Arbeitsmarkt, in dem gut qualifizierte Arbeitskräfte intensiv nachgefragt sind. Beim Mitarbeiter entscheidet sich also, ob Anspruch und Wirklichkeit von CSR deckungsgleich sind[14]. Arbeitnehmer sind daher die wichtigsten Stakeholder eines CSR-Programms.

Die Verantwortung für die Entwicklung und Umsetzung eines tragfähigen, von den relevanten Stakeholdern anerkannten CSR-Konzeptes im Unternehmen trägt das Management. Entsprechend versteht sich CSR als ein systematisches, integriertes, zukunftsgerichtetes, strategisches Managementkonzept[15] mit Führungs- und Gestaltungsauftrag der obersten Leitung[16]. Nur wenn es gelingt, die CSR-Strategie in die Unternehmensziele, in die Wirkungsmechanismen der Wertschöpfungsprozesse zu integrieren und das oberste Management eine überzeugende CSR-Strategie vorgibt und vorlebt, kann sich das Unternehmen im Sinne der von der europäischen Kommission definierten Grundsätze weiterentwickeln.

Dabei kommt dem HR-Ressort[17] im Unternehmen eine entscheidende Rolle zu. Aufgrund seiner Querschnittsfunktion und seiner Fokussierung auf den Menschen kann HR entscheidend dazu beitragen, dass die mit CSR verfolgten Ziele fest im Bewusstsein der

---

[14] Vgl. auch Sutter, CSR und Human Ressource Management, in Schneider/Schmidpeter S. 400; Strandberg (2009), S. 4.

[15] Vgl. Pircher-Friedrich/Friedrich, CSR und Führungs-und Gestaltungsverantwortung, in Schneider/Schmidpeter S. 203 ff.

[16] A. Schneider, Reifegradmodell CSR – eine Begriffserklärung und Abgrenzung, in Schneider/Schmidpeter, S. 31.

[17] HR = Human Ressourses Management.

Mitarbeiter verankert werden und Einstellungen und Haltungen der Mitarbeiter entsprechend verändert werden. Als Businesspartner der Führungskräfte kann HR diese dabei unterstützen, die aus der CSR-Strategie folgenden Anforderungen in das Tagesgeschäft umzusetzen. Zudem verfügt HR über geeignete Personalinstrumente, die CSR für die Mitarbeiter erlebbar machen und damit zur Wirksamkeit verhelfen. Voraussetzung hierfür ist jedoch, dass HR eine aktive Rolle im Unternehmen einnimmt, dass es sich weiterentwickelt hat von einer Verwaltungseinheit zu einem strategischen Partner, der sich auf Augenhöhe mit der Geschäftsleitung positioniert[18].

Auch wenn die Europäische Kommission in ihrer CSR-Definition beschreibt, dass CSR „deutlich über die gesetzlichen Bestimmungen und Kollektivverträge hinaus" geht, so ist zunächst die Einhaltung dieser Bestimmungen eine wesentliche Voraussetzung eines tragfähigen CSR-Konzeptes. Daher sollen in einem ersten Teil die die Arbeitsbedingungen im weitesten Sinne betreffenden Grundlagen von CSR und ihre Bindungswirkung für die Unternehmen näher betrachtet werden, bevor in einem zweiten Teil Beispiele für weitergehende unternehmerische Initiativen mit Bezug zu den Arbeits- und Beschäftigungsbedingungen beschrieben werden. Der dritte Teil widmet sich den transnational tätigen Unternehmen.

II. Die rechtlichen Grundlagen von CSR im Bereich der Arbeitsbedingungen

1 International anerkannte Grundsätze und Leitlinien

Hinsichtlich der Grundlagen ihrer CSR-Konzepte können sich die Unternehmen auf internationaler Ebene an den maßgeblichen international anerkannten Grundsätzen und Leitlinien orientieren, vor allem an den jüngst aktualisierten *OECD-Leitsätzen für multinationale Unternehmen*[19], den zehn Grundsätzen des „*Global Compact*" der Vereinten Nationen[20], der *ISO-Norm 26000 zur sozialen Verantwortung*[21], der *Dreigliedrigen Grundsatzerklärung des Internationalen Arbeitsamtes (IAA)* über multinationale Unternehmen und Sozialpolitik und den *Leitprinzipien der Vereinten Nationen für Unternehmen und Menschenrechte* (United Nations Guiding Principles on Business and Human Rights). Dieser Kernbestand an international anerkannten Grundsätzen und Leitlinien steht für einen sich weiterentwickelnden und kürzlich aufgewerteten globalen CSR-Rahmen[22]. Er beinhaltet politische Erwartungen an das Verhalten von Unternehmen und ist für diese

---

[18] Sutter, CSR und Human Ressource Management, in Schneider/Schmidpeter S. 414 f.
[19] Download www.oecd.org/corporate/mne/48808708.pdf.
[20] Download www.unglobalcompact.org/Languages/german/die_zehn_prinzipien.html.
[21] Download www.csr-in-deutschland.de/fileadmin/user_upload/Downloads/ueber_csr/Die_DIN_ISO_26000__Leitfaden_zur_gesellschaftlichen_Vera.pdf.
[22] Europäische Kommission(2011), Mitteilung der Kommission an das Europäische Parlament, den Rat, den Europäischen Wirtschafts- und Sozialausschuss und den Ausschuss der Regionen, Eine neue EU-Strategie (2011–14) für die soziale Verantwortung der Unternehmen (CSR), S. 8.

– mangels demokratischer Legitimation – nur von eingeschränkter rechtlicher Verbindlichkeit. Das gilt selbst dann, wenn sich die Unternehmen den jeweiligen Leitsätzen oder Prinzipien unterworfen haben. Zudem fehlen in der Regel Sanktionsmechanismen, die bei Nichteinhaltung der Regelungen greifen. Nach dem allgemeinen Verständnis sollen die Unternehmen aus ihrem eigenen ökonomischen Interesse heraus bestimmte Mindeststandards einhalten.

1.1 OECD-Leitsätze für multinationale Unternehmen

Die OECD-Leitsätze für multinationale Unternehmen sind ein Verhaltenskodex für weltweit verantwortliches Handeln von Unternehmen und stellen Empfehlungen von Regierungen an die Wirtschaft dar. Sie sind Teil der Erklärung über internationale Investitionen und multinationale Unternehmen der OECD, die darüber hinaus Fragen zum Investitionsklima und zur Förderung von Auslandsinvestitionen behandelt. Die Leitsätze geben Empfehlungen für verantwortliches Unternehmerverhalten bezüglich Transparenz, Arbeitsbeziehungen, Umwelt, Korruption, Verbraucherschutz, Technologietransfer, Wettbewerb und Steuern. Sie beziehen sich auf internationale Vereinbarungen wie die Allgemeine Erklärung der Menschenrechte und die ILO-Kernarbeitsnormen und betonen das Leitbild der Nachhaltigen Entwicklung sowie das Vorsorgeprinzip[23]. Sie beziehen sich nur auf Unternehmen aus den OECD- Unterzeichnerstaaten, sind für die Unternehmen rechtlich nicht bindend und sehen keinen Sanktionsmechanismus vor. Im Gegensatz zu vielen anderen freiwilligen Instrumenten beinhalten sie jedoch einen relativ einfach anwendbaren Beschwerdemechanismus gegenüber der jeweiligen nationalen Kontaktstelle[24].

Die Leitsätze umfassen elf Kapitel mit unterschiedlichen Themenbereichen. Das Kapitel „Beschäftigung und Beziehungen zwischen den Sozialpartnern" deckt die international anerkannten Kernarbeitsnormen[25] ab. Unternehmen und Arbeitnehmerorganisationen sollen sich zudem bemühen, konstruktiv zusammenzuarbeiten, sich auszutauschen und beispielsweise auch das Zustandekommen wirksamer Tarifverträge fördern. Unternehmen sollen soweit möglich einheimische Arbeitskräfte beschäftigen und für Fortbildungsmaßnahmen zur Anhebung des Bildungs- und Qualifikationsniveaus sorgen. Mögliche Veränderungen der Geschäftstätigkeit oder der Struktur des Arbeitgebers sollen vorher mit den Arbeitnehmervertretern beraten werden.

---

[23] OECD-Leitsätze für multinationale Unternehmen, Oktober 2011.
[24] Bis Dezember 2014 wurden insgesamt 198 OECD-Beschwerdeverfahren eingeleitet, siehe OECD Watch Quarterly Case Update December 2014.
[25] ILO Declaration on Fundamental Principles and Rights at Work and its Follow-up, download www.ilo.org/declaration/thedeclaration/textdeclaration/lang-en/index.htm.

1.2 Die Kernarbeitsnormen der Internationalen Arbeitsorganisation

Als Sonderorganisation der UNO ist die internationale Arbeitsorganisation (International Labor Organisation, kurz ILO) damit befasst, internationale Mindeststandards in Arbeitsbedingungen zu entwickeln und durchzusetzen. 1998 proklamierte sie vier grundlegende Prinzipien und Rechte bei der Arbeit, die als Kernarbeitsnormen von besonderer Bedeutung sind[26]: das Verbot von Zwangs- und Pflichtarbeit, die Vereinigungsfreiheit und das Recht auf Kollektivverhandlungen, die Abschaffung der Kinderarbeit sowie das Verbot der Diskriminierung bei der Arbeit. Diese vier Kernarbeitsnormen gehen zurück auf frühere ILO-Übereinkommen, in denen die Rechte im Einzelnen näher definiert sind.

Wie alle Übereinkommen der ILO sind auch die vier Kernarbeitsnormen nur für die Mitgliedsstaaten bindend, die das entsprechende Übereinkommen ratifiziert haben. Intensive Kampagnen führten dazu, dass bis dato bereits mehr als 138 Staaten alle Kernübereinkommen ratifiziert haben[27]. Die Fortschritte der Mitgliedstaaten bei der Erfüllung ihrer Pflichten werden durch einen regelmäßigen Folgemechanismus überprüft. Hierzu müssen die Mitgliedstaaten jährlich über ihre Aktivitäten zur Durchsetzung der Grundprinzipien berichten. Aus diesen Berichten erstellt der Generaldirektor der ILO einen Gesamtbericht, der die Situation weltweit wiedergibt und der Internationalen Arbeitskonferenz zur Beratung vorgelegt wird. Damit wird deutlich, dass die ILO zwar eine wichtige Rolle bei der Schaffung von Mindeststandards der Beschäftigung spielt, auf der Ebene der rechtlichen Umsetzung allerdings wenig durchsetzen kann[28]. Zudem binden die Kernarbeitsnormen als Völkerrecht nur Staaten, nicht Unternehmen.

Die Kernarbeitsnormen der ILO erfassen nur die schärfsten Formen von Ausbeutung menschlicher Arbeitskraft. Um ein Minimum an sozialer Absicherung zu erreichen, bedarf es weiterer Regelungen insbesondere zu Gesundheitsschutz und Arbeitssicherheit, zu Arbeitszeit und Arbeitsentgelt.

1.3 Zehn Grundsätze des „Global Compact" der Vereinten Nationen

Der Global Compact der Vereinten Nationen ist eine strategische Initiative für Unternehmen, die sich verpflichten, ihre Geschäftstätigkeiten und Strategien an zehn universell anerkannten Prinzipien aus den Bereichen Menschenrechte, Arbeitsnormen, Umweltschutz

---

[26] ILO Declaration on Fundamental Principles and Rights at Work and its Follow-up, download a. a. O.
[27] Vgl. Überblick Ratifications of fundamental Conventions and Protocols by country, download www.ilo.org/dyn/normlex/en/f?p=1000:10011:0::NO:10011:P10011_DISPLAY_BY,P10011_CONVENTION_TYPE_CODE:2,F.
[28] Reingard Zimmer, Die Durchsetzung internationaler Mindeststandards von Arbeitsbedingungen, Forum Recht online – 4/2003, S. 2.

und Korruptionsbekämpfung auszurichten[29]. Er bietet seinen Teilnehmern einen praxisorientierten Rahmen zur Entwicklung, Umsetzung und Offenlegung von Nachhaltigkeitsstrategien und -praktiken sowie ein breites Spektrum an Arbeitsfeldern und Management-Werkzeugen, die alle einem Zweck dienen: der Förderung nachhaltiger Geschäftsmodelle und gesellschaftlichen Engagements. Damit kann die Wirtschaft als wichtige treibende Kraft der Globalisierung dazu beitragen, dass die Entwicklung von Märkten und Handelsbeziehungen, von Technologien und Finanzwesen allen Wirtschaftsräumen und Gesellschaften zugutekommt. Mit mehr als 12.000 Teilnehmern aus über 145 Ländern ist der Global Compact mittlerweile die weltweit größte Initiative gesellschaftlich engagierter Unternehmen und anderer Stakeholder.

Die Grundlagen der zehn universell anerkannten Prinzipien des Global Compact sind die Allgemeine Erklärung der Menschenrechte, die Erklärung über die grundlegenden Prinzipien und Rechte bei der Arbeit der Internationalen Arbeitsorganisation, die Grundsätze der Erklärung von Rio zu Umwelt und Entwicklung und die UN-Konvention gegen Korruption. Im Bereich der Arbeitsnormen fokussieren die Prinzipien des Global Compact deshalb wiederum auf den vier Kernarbeitsnormen der ILO: das Verbot von Zwangs- und Pflichtarbeit, die Vereinigungsfreiheit und das Recht auf Kollektivverhandlungen, die Abschaffung der Kinderarbeit sowie das Verbot der Diskriminierung bei der Arbeit. Unternehmen, die dem Global Compact beitreten, verpflichten sich, diese Prinzipien zu unterstützen und zum Bestandteil ihrer Unternehmensstrategie sowie ihrer Organisationsstruktur zu machen und in der täglichen Praxis umzusetzen. Sie verpflichten sich weiterhin, in ihren Jahres- oder Nachhaltigkeitsberichten regelmäßig über die Fortschritte bei der Umsetzung der zehn Prinzipien zu berichten und sich aktiv und öffentlich für den Global Compact und eine verantwortungsvolle Unternehmensführung einzusetzen.

Kritisiert wird, dass es sich auch bei dem Global Compact nur um eine freiwillige Initiative handelt, die zwar die Unternehmen, die sich dem Netzwerk anschließen, bindet, ohne jedoch Sanktionen bei Nichteinhaltung der Prinzipien vorzusehen. Dies widerspräche allerdings dem Selbstverständnis des Global Compact: er versteht sich als Lern- und Dialogplattform; er dient nicht dazu, das Handeln von Unternehmen zu kontrollieren oder Verhaltensänderungen zu erzwingen. Vielmehr will er zu Veränderungen anregen, das gesellschaftliche Engagement von Unternehmen fördern und Mut machen, innovative Wege zu gehen und neue Partnerschaften zu schließen.

1.4 Die DIN ISO 26000 „Leitfaden zur gesellschaftlichen Verantwortung von Organisationen"

Die DIN ISO 26000 ist ein 2010 veröffentlichter Leitfaden, der Orientierung und Empfehlungen gibt, wie sich Organisationen jeglicher Art verhalten sollten, damit sie als gesellschaftlich verantwortlich angesehen werden können. Er baut auf den Richtlinien der Ver-

---

[29] United Nations Global Compact, download www.unglobalcompact.org.

einten Nationen und denen der internationalen Arbeitsorganisation ILO auf und umfasst Best Practices gesellschaftlich verantwortlichen Handelns von Organisationen. Die ISO 26000 ist keine zertifizierbare Managementsystem-Norm, ihre Anwendung ist freiwillig[30]. Ihr Ziel ist es, Organisationen von der guten Absicht zur guten Praxis zu bewegen[31]. Dazu definiert sie sieben Prinzipien[32] (Rechenschaftspflicht, Transparenz, Ethisches Verhalten, Achtung der Interessen der Anspruchsgruppen, Achtung internationaler Verhaltensstandards, der Rechtsstaatlichkeit und der Menschenrechte) sowie weitere sieben Kernthemen[33] sozialer Verantwortung.

Eines der sieben Kernthemen betrifft die Arbeitspraktiken von Organisationen. Gesellschaftlich verantwortliche Arbeitspraktiken werden als unverzichtbar für soziale Gerechtigkeit, Stabilität und Frieden erachtet. In fünf Handlungsfeldern zu den Themen
- Beschäftigung und Beschäftigungsverhältnisse
- Arbeitsbedingungen und Sozialschutz
- Sozialer Dialog
- Gesundheit und Sicherheit am Arbeitsplatz
- Menschliche Entwicklung und Schulung am Arbeitsplatz

werden allgemeingültige Ziele formuliert, ohne jedoch konkret nachvollziehbare und überprüfbare Anforderungen im Einzelnen zu definieren. Dies war auch nicht das Ziel der Norm[34]. Die DIN ISO 26000 weist vielmehr viele inhaltliche Überschneidungen und Anknüpfungspunkte bei Themen auf, die heute bereits Gegenstand einzelner Standards oder Managementsystemnormen sind: Von Corporate Governance, Werte- und Integritätsmanagement über Qualitätsmanagement, Arbeitssicherheit und Gesundheitsschutz bis hin zu Umweltschutz und Compliance. DIN ISO 26000 will diesen themenspezifischen Ansätzen keine eigene neue Managementsystemnorm hinzufügen. Vielmehr will sie dazu anregen, die unterschiedlichen Themen, die Bestandteil der Wahrnehmung gesellschaftlicher Verantwortung von Organisationen sind, unter eben diesem inhaltlichen Dach zu bündeln und so in ihren Wechselwirkungen und Zusammenhängen zu erfassen und zu managen.

---

[30] Dies haben auch die Spitzenverbände der Deutschen Wirtschaft, BDA, BDI, ZDH und DIHK, gemeinsam mit den beteiligten Bundesressorts in einer gemeinsamen Stellungnahme zur Nichtzertifizierung der Norm unterstrichen, vgl. Bundesministerium für Arbeit und Soziales, Die DIN ISO 26000, S. 9.
[31] Franz/Kleinfeld/Thorns/Vitt, S. 2.
[32] DIN ISO 26000 Leitfaden zur gesellschaftlichen Verantwortung, Beuth Verlag Berlin, Wien, Zürich, S. 8 bzw. 22 ff.; Bundesministerium für Arbeit und Soziales, Die DIN ISO 26000, S. 13 f.
[33] DIN ISO 26000 Leitfaden zur gesellschaftlichen Verantwortung, Beuth Verlag Berlin, Wien, Zürich, S. 8 bzw. 32 ff.; Bundesministerium für Arbeit und Soziales, Die DIN ISO 26000, S. 14 f.
[34] Bundesministerium für Arbeit und Soziales, Die DIN ISO 26000 „Leitfaden zur gesellschaftlichen Verantwortung von Organisationen" S. 7 f.

1.5 Dreigliedrige Grundsatzerklärung des Internationalen Arbeitsamtes (IAA) über multinationale Unternehmen und Sozialpolitik und den Leitprinzipien der Vereinten Nationen für Unternehmen und Menschenrechte

Die in diesem universalen Instrument niedergelegten Grundsätze verstehen sich als Richtlinien für multinationale Unternehmen, Regierungen sowie Arbeitgeber- und Arbeitnehmerverbände in den Bereichen Beschäftigung, Ausbildung, Arbeits- und Lebensbedingungen sowie Arbeitsbeziehungen. Seine Bestimmungen stützen sich auf bestimmte internationale Arbeitsübereinkommen und -empfehlungen, die von den Sozialpartnern soweit wie möglich berücksichtigt und angewendet werden sollten[35]. Die Grundsätze bauen auf den vier Kernarbeitsnormen der ILO auf und konkretisieren und ergänzen sie, indem sie beispielsweise multinationale Unternehmen verpflichten, die Beschäftigung, insbesondere in Entwicklungsländern zu fördern und Arbeitsplätze zu schaffen, die Beschäftigung zu sichern und willkürliche Entlassungen zu vermeiden, Chancengleichheit und Gleichbehandlung zu fördern und in Ausbildung zu investieren. Löhne, soziale Leistungen und Arbeitsbedingungen sollten nicht ungünstiger sein als die vergleichbarer Arbeitgeber im jeweiligen Land. Die Regierungen sollten sicherstellen, dass multinationale und nationale Unternehmen geeignete Arbeitsschutznormen für ihre Arbeitnehmer bieten. Zudem sollten die Arbeitnehmer dieser Unternehmen das uneingeschränkte Recht haben, Organisationen eigener Wahl zu bilden und diesen beizutreten sowie Kollektivverhandlungen zu führen.

1.6 Leitprinzipien der Vereinten Nationen für Unternehmen und Menschenrechte

Die im Jahr 2011 einstimmig vom Menschenrechtsrat der Vereinten Nationen angenommenen einunddreißig Leitprinzipien für Wirtschaft und Menschenrechte nehmen Bezug auf die internationale Menschenrechtscharta und die Grundsatzerklärung der ILO und konkretisieren den Ansatz „Protect, Respect and Remedy"[36]. Entsprechend sind die Leitlinien auf drei Säulen aufgebaut: „Protect" als der staatlichen Rechtspflicht zum Schutz der Menschenrechte, „Respect" als die Verantwortung von Unternehmen, Menschenrechte zu respektieren und „Remedy" als Pflicht sowohl des Staates als auch der Unternehmen, Zugang zu Abhilfemechanismen und Wiedergutmachung zu ermöglichen. Die Leitprinzipien sind für die Unternehmen freiwillig, das heißt – sofern die Leitprinzipien auf staatlicher Seite nicht in nationales Recht umgesetzt wurden – besteht für Unternehmen keine Rechtspflicht, diese zu berücksichtigen.

---

[35] Internationales Arbeitsamt: Dreigliedrige Grundsatzerklärung über multinationale Unternehmen und Sozialpolitik, Genf 2006.

[36] Guiding Principles on Business and Human Rights, S. 1 download http://www.csr-weltweit.de/uploads/tx_jpdownloads/GuidingPrinciplesBusinessHR_EN.pdf.

Ergänzend zu diesen grundlegenden international anerkannten Grundsätzen und Leitlinien haben sich mittlerweile eine Vielzahl von freiwilligen, teils branchenübergreifenden, teils branchenspezifischen Unternehmensinitiativen im Bereich CSR gebildet, die den Unternehmen Orientierung und Hilfe bei der Entwicklung eigener CSR-Programme bieten[37]. In Dialog- und Lernforen werden „Best Practice"-Beispiele vorgestellt und der Austausch über CSR-Maßnahmen unterstützt. Die Netzwerkarbeit sowie die Anbahnung neuer Partnerschaften zwischen Unternehmen und ihren Anspruchsgruppen stehen dabei im Mittelpunkt der Unternehmensinitiativen.

Klauselvorschlag

(Die Firma) erklärt sich bereit zur Beachtung der maßgeblichen international anerkannten Grundsätze und Leitlinien, insbesondere den Grundsätzen des Global Compact der Vereinten Nationen, der Dreigliedrigen Grundsatzerklärung des Internationalen Arbeitsamtes (IAA) über multinationale Unternehmen und Sozialpolitik und den Leitprinzipien der Vereinten Nationen für Unternehmen und Menschenrechte. Sie wendet die Grundsätze der OECD für multinationale Unternehmen und die Kernarbeitsnormen der ILO in vollem Umfang an.

2 Europäisches Arbeitsrecht

Europäisches Recht ist in weiten Teilen für das nationale Recht maßgebend und prägend. Arbeitsrechtliche Vorschriften ergeben sich zum Teil unmittelbar aus dem Unionsrecht, z. B. die Gleichbehandlung von Mann und Frau (Art. 3 Abs. 3 EUV[38], Art. 8 und Art. 10 AEUV[39]), der Lohngleichheitssatz (Art. 157 AEUV) sowie die Freizügigkeit (Art. 21, 45 AEUV). Sie sind für die nationalen Gesetzgeber bindend und haben dazu geführt, dass arbeitsrechtliche Gesetze an das europäische Recht angepasst wurden (z. B. die Durchführung des Lohngleichheitssatzes von Mann und Frau oder der Massenentlassungsschutz). Die Europäische Union hat sich zum Ziel gesetzt, innerhalb der Gemeinschaft den sozialen Fortschritt zu fördern und die Lebens- und Beschäftigungsbedingungen der Menschen in Europa zu verbessern[40]. Abweichend vom Grundsatz der Subsidiarität[41] (Art. 5 Abs. 1

---

[37] www.csr-weltweit.de/de/initiativen-prinzipien/initiativen-der-wirtschaft/index.html.

[38] Vertrag über die Europäische Union (EUV), „Maastrichter Vertrag".

[39] Vertrag über die Arbeitsweise der Europäischen Union (AEUV); gemäß Art. 1 III S. 1 EUV stellen EUV und AEUV zusammen „die Grundlage der Union" dar bzw. „bilden die Verträge, auf die sich die Union gründet"; siehe Art. 1 II S. 1 AEUV.

[40] Präambel des Vertrags über die Arbeitsweise der Europäischen Union (AEUV).

[41] Der Grundsatz der Subsidiarität besagt, dass die EU nur dann tätig werden kann, wenn sie in der Lage ist, effizienter zu handeln als die Mitgliedstaaten. Aufgaben sollen demnach so weit wie möglich selbstbestimmt und eigenverantwortlich von den Mitgliedstaaten übernommen werden.

und Abs. 3 EUV) hat die EU im Bereich des Arbeitsrechts laut EU-Vertrag dementsprechend das Recht erhalten, die Rechtsetzungsinitiativen der einzelnen EU-Länder durch die Festlegung von Mindeststandards zu ergänzen[42]. Diese Mindeststandards betreffen die folgenden Bereiche[43]:

a) Verbesserung der Arbeitsumwelt zum Schutz von Gesundheit und Sicherheit der Arbeitnehmer,
b) Arbeitsbedingungen,
c) soziale Sicherheit und sozialer Schutz der Arbeitnehmer,
d) Schutz der Arbeitnehmer bei Beendigung des Arbeitsvertrags,
e) Unterrichtung und Anhörung der Arbeitnehmer,
f) Vertretung und kollektive Wahrnehmung der Arbeitnehmer- und Arbeitgeberinteressen,
g) Beschäftigungsbedingungen der Staatsangehörigen dritter Länder, die sich rechtmäßig im Gebiet der Union aufhalten,
h) berufliche Eingliederung der aus dem Arbeitsmarkt ausgegrenzten Personen,
i) Chancengleichheit von Männern und Frauen auf dem Arbeitsmarkt und Gleichbehandlung am Arbeitsplatz.

Europäisches Parlament und Rat nehmen in den o.g. Themenbereichen Richtlinien an, die die EU-Länder in nationales Recht umsetzen und anwenden. Zu nennen sind hier z. B. die Richtlinie über Aspekte der Arbeitszeitgestaltung[44] und die Rahmenrichtlinie Sicherheit und Gesundheitsschutz bei der Arbeit[45], auf deren Grundlage eine Reihe von Einzelrichtlinien erlassen wurden, die bestimmte Aspekte der Sicherheit und des Gesundheitsschutzes bei der Arbeit zum Gegenstand haben, wie z. B. die Richtlinie zum Schutz an Bildschirmgeräten[46] oder die Arbeitsstättenrichtlinie[47]. Die Richtlinie über die Entsendung von Arbeitnehmern[48] erklärt im Interesse der Vermeidung von „Sozialdumping" bei Tätigkeit von Arbeitnehmern in einem anderen Mitgliedstaat einen gewissen Kernbereich von dessen Sicherheits- und Sozialstandards für anwendbar (Bestimmungslandprinzip). So gelten aufgrund der Entsenderichtlinie auch für Arbeitnehmer, die von Leiharbeitsfirmen in einen anderen Mitgliedstaat entsandt werden, die nationalen Mindestlöhne des Ziel- oder Bestimmungslandes (Art. 3 (1) Buchst. c) der Entsenderichtlinie).

Einen Schwerpunkt der „eigenständigen" arbeitsrechtlichen Regulierungstätigkeit stellt die rechtliche Gleichstellung atypischer Arbeitsverhältnisse (z. B. Teilzeitarbeit, befristete Beschäftigung, Leiharbeit) mit dem Normalarbeitsverhältnis (d. h. einer unbefristeten,

---

[42] Art. 153 Abs. 2 b AEUV.
[43] Art. 153 Abs. 1 AEUV.
[44] Richtlinie 2003/88/EG.
[45] Richtlinie 89/391/EWG.
[46] Richtlinie 90/270/EWG als 5. Einzelrichtlinie zur 89/391/EWG.
[47] Richtlinie 89/654/EWG.
[48] Richtlinie 96/71/EG.

unselbstständigen Vollzeiterwerbstätigkeit) dar, vor allem im Zusammenhang mit den Zielen der Geschlechtergleichstellung und der Vereinbarkeit von Familie und Beruf. Hierunter fallen die Richtlinien zur Teilzeitarbeit[49] und zu befristeten Beschäftigungsverhältnissen[50]. Weitere Richtlinien im Bereich des EU-Arbeitsrechts betreffen die Angleichung der Rechte der Arbeitnehmer bei Massenentlassungen[51], ihren Schutz bei Zahlungsunfähigkeit des Arbeitgebers[52] und die Rechte der Arbeitnehmer bei einem Betriebsübergang[53]. Die EU-Richtlinie über Europäische Betriebsräte[54] sieht kollektive Informations- und Anhörungsrechte der Arbeitnehmer in grenzüberschreitend tätigen Unternehmen vor.

Da die EU-Richtlinien lediglich Mindeststandards festlegen, ist es den einzelnen EU-Ländern unbenommen, höhere Schutzniveaus vorzusehen. Dies ist beispielsweise im deutschen Arbeitsrecht im Hinblick auf den Mindesturlaub erfolgt. Haben die Arbeitnehmer in der EU nach der Arbeitszeitrichtlinie[55] Anspruch auf 20 Tage bezahlten Urlaub auf der Basis einer sechs-Tage-Woche, stehen ihnen in Deutschland gesetzlich 24 Tage zu.

Die EU-Richtlinien sind von den EU-Ländern in nationales Recht umzusetzen und anzuwenden. Dies hat zur Folge, dass die nationalen Behörden, beispielsweise die Arbeitsaufsichtsbehörden und die Gerichte, für die Durchsetzung der Vorschriften zuständig sind. Zudem überprüft die Kommission die Umsetzung der EU-Richtlinien in das jeweilige nationale Recht und stellt durch systematische Beaufsichtigung sicher, dass die EU-Länder die Vorschriften richtig anwenden. Ist die Kommission der Meinung, dass ein EU-Land eine Richtlinie nicht korrekt umgesetzt hat, kann sie ein Vertragsverletzungsverfahren beschließen. Allerdings bietet sie einzelnen Betroffenen keine Rechtsbehelfe. Sie kann beispielsweise keinen Schadensersatz leisten oder einem konkreten Missstand abhelfen. Dies wiederum ist Sache der nationalen Gerichte.

3 Nationales Arbeitsrecht in Deutschland

Deutsches Arbeitsrecht umfasst die Gesamtheit aller Rechtsregeln, die sich mit der unselbständigen, abhängigen Arbeit befassen, d. h. der Arbeit, die von Personen geleistet wird, die in einen Betrieb eingegliedert fremdbestimmte Arbeit leisten und dabei an Weisungen hinsichtlich Art, Ausführung, Ort und Zeit gebunden sind[56]. Es wird unterschieden in individuelles Arbeitsrecht, nämlich die rechtliche Beziehung zwischen Arbeitgeber und Arbeitnehmern, und kollektivem Arbeitsrecht. Dabei handelt es sich um die Regelungen

---

[49] Richtlinie 97/81/EG.
[50] Richtlinie 99/70/EG.
[51] Richtlinie 98/59/EG.
[52] Richtlinie 80/987/EG.
[53] Richtlinie 77/187/EG.
[54] Richtlinie 2009/38/EG.
[55] Richtlinie 2003/88/EG.
[56] Wichert, Joachim, Stichwort Arbeitsrecht, Gabler Wirtschaftslexikon; Schaub, I. Buch § 2 II 1.

der Beziehungen zwischen den Zusammenschlüssen von Arbeitgebern und -nehmern, und zwar der Beziehungen zwischen Gewerkschaften und Arbeitgeberverbänden (Koalition) oder einzelnen Arbeitgebern sowie zwischen Betriebsräten und Arbeitgebern, insbesondere vor dem Hintergrund des Zustandekommens von Gesamtvereinbarungen (Tarifvertrag, Betriebsvereinbarung).

3.1 Individualarbeitsrecht

Arbeitsrecht ist – wie jedes Recht – Ordnungsrecht[57]. Es dient dem gerechten Ausgleich der Interessen zwischen Arbeitgeber und Arbeitnehmer und wird daher oft auch als Arbeitnehmerschutzrecht bezeichnet[58]. Aufgrund der persönlichen und in der Regel auch der wirtschaftlichen Abhängigkeit des Arbeitnehmers von seinem Arbeitgeber bedarf dieser eines besonderen Schutzes. Hier greifen zunächst zahlreiche privatrechtliche Schutznormen. Das Arbeitsverhältnis wird durch privatrechtlichen Vertrag begründet; entsprechende Schutznormen tragen dafür Sorge, dass der Arbeitnehmer bei der vertraglichen Ausgestaltung des Arbeitsverhältnisses nicht durch unangemessene Bedingungen übermäßig gebunden wird. Zu nennen sind z. B. das Nachweisgesetz, das sicherstellt, dass der Arbeitnehmer spätestens einen Monat nach dem vereinbarten Beginn des Arbeitsverhältnisses ein Dokument erhält, in dem die wesentlichen Arbeitsbedingungen, u. a. die vereinbarte Arbeitszeit, der Arbeitsort, das Arbeitsentgelt und die Kündigungsfristen schriftlich niedergelegt sind. Das Entgeltfortzahlungsgesetz durchbricht den Grundsatz „ohne Arbeit kein Lohn"[59] und regelt die Fortzahlung des Arbeitsentgelts an gesetzlichen Feiertagen und im Fall der Krankheit des Arbeitnehmers. Nach dem Bundesurlaubsgesetz stehen dem vollzeitbeschäftigten Arbeitnehmer jährlich mindestens 24 Werktage Urlaub zu, von denen mindestens 12 Tage zusammenhängend zu gewähren sind. Ebenso ist der Schutz vor dem Verlust des Arbeitsplatzes privatrechtlich durch das Kündigungsschutzgesetz geregelt. Das Gesetz zur Verbesserung der betrieblichen Altersversorgung sorgt dafür, dass der wirtschaftlich abhängige Arbeitnehmer, dem eine entsprechende Zusage erteilt wurde, nicht nur während seines Arbeitsverhältnisses, sondern auch im Alter durch zusätzliche betriebliche Ruhegelder finanziell abgesichert ist.

Da der Arbeitnehmer in den Betrieb des Arbeitgebers eingegliedert ist, sorgen eine Reihe öffentlich rechtlicher Vorschriften dafür, dass die aus dem Betrieb des Arbeitgebers resultierenden Gefahren für Leben, Gesundheit und Eigentum des Arbeitnehmers so gering wie möglich gehalten oder ganz beseitigt werden. Hierfür enthält das Arbeitsrecht zahlreiche öffentlich-rechtliche Regelungen, die die Durchsetzung bestimmter Gestaltungen unmittelbar in staatliche Verantwortung stellen, und nicht von den Beteiligten selbst abhängig machen. Zu nennen sind hier z. B. das Arbeitszeitgesetz, das gewährleistet, dass

---

[57] Waltermann, Arbeitsrecht § 2 Rn. 18; Hromadka, Maschmann § 2 Rn. 4.
[58] Hromadka, Maschmann § 2 Rn. 4.
[59] Brox, Kap. 6, Rn. 362 ff.; Jünger Kap. 2 C III Rn. 167 ff.

die Arbeitskraft des Arbeitnehmers in zeitlicher Hinsicht nicht übermäßig ausgenutzt wird oder das Mindestlohngesetz, das ihn davor schützt, ein Gehalt zu erhalten, das trotz Vollzeitarbeit für den Unterhalt seiner Familie nicht auskömmlich ist. Hierzu gehören auch das Arbeitsschutzgesetz, das Arbeitssicherheitsgesetz sowie der Datenschutz. Neben den für alle Arbeitnehmer geltenden Schutzvorschriften bestehen Sondervorschriften für bestimmte Gruppen von Arbeitnehmern, denen eine besondere Schutzbedürftigkeit zukommt, wie z. B. Mütter am Arbeitsplatz, arbeitende Jugendliche oder schwerbehinderte Menschen.

Für den Arbeitsvertrag gilt grundsätzlich das Prinzip der Vertragsfreiheit[60]. Dieses umfasst die Freiheit zu entscheiden, ob überhaupt ein Arbeitsvertrag abgeschlossen wird, mit wem und mit welchem Inhalt er abgeschlossen sowie in welcher Form er abgeschlossen wird. Die Vertragsfreiheit ist jedoch im Arbeitsrecht in zahlreichen Fällen eingeschränkt. Dies begründet sich zum einen mit der rechtlichen Unerfahrenheit des Arbeitnehmers, zum anderen mit der für ihn gegebenen Notwendigkeit, seinen Lebensunterhalt durch seine Arbeit verdienen zu müssen. Das Arbeitsrecht enthält daher eine Vielzahl von Gesetzen, die von den Vertragsparteien zwingend zu berücksichtigen sind und von denen sie im Vertrag nicht zu Lasten des Arbeitnehmers abweichen dürfen. Unter dieses zwingende Recht[61] fallen sämtliche Bestimmungen des oben beschriebenen öffentlich-rechtlichen Arbeitsschutzrechts, also z. B. das Mutterschutzgesetz, das Kündigungsschutzgesetz, das Arbeitsschutz- und das Arbeitssicherheitsgesetz, das Arbeitszeit- und das Jugendarbeitsschutzgesetz. Dieses einseitig zwingende Gesetzesrecht erlaubt Abweichungen von den gesetzlichen Vorschriften nur dann, wenn diese den Arbeitnehmer günstiger stellen (Günstigkeitsprinzip)[62]. Aufgrund des Schutzcharakters des Arbeitsrechts gibt es nur wenige dispositive, d. h. abdingbare Bestimmungen. Ein Beispiel stellt § 616 BGB dar. Das Gesetz erwartet vom Arbeitgeber, dass er den Arbeitnehmer bei kurzfristiger und unverschuldeter Abwesenheit aus persönlichen Gründen weiterbezahlt, z. B. wegen Hochzeit, Trauerfall etc.; eine andere Vereinbarung, die den Anspruch ganz oder teilweise untersagt, ist jedoch möglich. Der einem CSR-Konzept verpflichtete Arbeitgeber wird von dieser Möglichkeit allerdings wohl keinen Gebrauch machen.

3.2 Umsetzung der Kernarbeitsnormen der Internationalen Arbeitsorganisation in deutsches Arbeitsrecht

Die Kernarbeitsnormen der Internationalen Arbeitsorganisation haben im deutschen (Arbeits-) Recht ihren Niederschlag gefunden.

---

[60] Schaub, § 31 II 1.
[61] Schaub, § 31 III 2.
[62] Schaub, § 207 III 3.

3.2.1 Das Verbot von Diskriminierung bei der Arbeit

Der sich aus Artikel 3 Grundgesetz (GG) ergebende arbeitsrechtliche Gleichbehandlungsgrundsatz ist eine Antwort auf das Diskriminierungsverbot. Er wird durch das Allgemeine Gleichbehandlungsgesetz (AGG) ergänzt.

> **Klauselvorschlag**
>
> Chancengleichheit und Gleichbehandlung, ungeachtet von ethnischer Herkunft, Hautfarbe, Geschlecht, Religion, Staatsangehörigkeit, sexueller Ausrichtung, sozialer Herkunft oder politischer Einstellung, soweit diese auf demokratischen Prinzipien und Toleranz gegenüber Andersdenkenden beruhen, wird gewährleistet.

3.2.2 Das Verbot von Zwangs- und Pflichtarbeit sowie von Kinderarbeit

Nach dem Grundgesetz darf niemand zu einer bestimmten Arbeit gezwungen werden außer im Rahmen einer herkömmlichen allgemeinen, für alle gleichen, öffentlichen Dienstleistungspflicht. Zwangsarbeit ist nur bei einer gerichtlich angeordneten Freiheitsentziehung zulässig. (Art. 12 Abs. 2 und 3 GG). Die Beschäftigung von Kindern bis zur Vollendung des 15. Lebensjahres ist grundsätzlich verboten (§ 5 Abs. 1 Jugendarbeitsschutzgesetz (JArbSchG)). Ausgenommen sind lediglich angemessene Tätigkeiten im Familienhaushalt und Gefälligkeiten.

> **Klauselvorschlag**
>
> (Die Firma) lehnt jede Art der Zwangsarbeit ab. Kinderarbeit ist untersagt.

3.2.3 Vereinigungsfreiheit und das Recht auf Kollektivverhandlungen

Die Vereinigungsfreiheit wird in Art. 9 GG garantiert. Das Grundgesetz unterscheidet zwischen der allgemeinen Vereinigungsfreiheit des Art. 9 Abs. 1 GG und der Koalitionsfreiheit des Art. 9 Abs. 3 GG. Letztere bezieht sich auf das Recht, Gewerkschaften zu gründen, ohne dass diese staatlichen Eingriffen ausgesetzt sind.

> **Klauselvorschlag**
>
> (Die Firma) erkennt das Recht der Belegschaft an, sich gewerkschaftlich zu organisieren. Die Gewerkschaften und das Unternehmen halten demokratische Grundprinzipien ein und stellen damit sicher, dass die Beschäftigten eine freie Entscheidung treffen können. Das Recht auf Tarifverhandlungen wird akzeptiert.

3.3 Kollektivarbeitsrecht

Unter Kollektivarbeitsrecht ist das Verhältnis zwischen Gewerkschaften und Betriebsräten auf der einen Seite und den Arbeitgeberverbänden und Arbeitgebern auf der anderen Seite zu verstehen. Insbesondere das Betriebsverfassungsgesetz begrenzt die Alleinentscheidungsbefugnis des Arbeitgebers, indem es Mitwirkungs- und Mitbestimmungsrechte der Arbeitnehmer bei den Entscheidungen des Arbeitgebers begründet. Diese Beteiligungsrechte werden wahrgenommen durch gewählte und damit demokratisch legitimierte Interessenvertreter, die Betriebsräte. Damit ist das Betriebsverfassungsrecht ebenfalls Arbeitnehmerschutzrecht[63].

Die Tarifparteien, d. h. Arbeitgeber oder ihre Verbände und Gewerkschaften oder die Betriebsparteien, das sind der Unternehmer und der Betriebsrat, haben die Möglichkeit, Kollektivverträge abzuschließen, die Rechtsnormen enthalten können, die für alle Angehörigen der Vertragsparteien verbindlich sind. Diese Normen, die Inhalt, Abschluss und Beendigung von Arbeitsverhältnissen sowie sonstige betriebliche oder betriebsverfassungsrechtliche Themen wie z. B. die Überwachung von Arbeitnehmern mit Kameras, Telefonaufzeichnung oder Zugangskontrollverfahren regeln können, haben ranghöheres Recht zu beachten, gehen ihrerseits aber rangniedrigerem Recht vor. Für die Anwendung der Vorschriften, die das Rechtsverhältnis zwischen Arbeitgeber und Arbeitnehmer regeln, gilt die Rangfolge[64]: Gesetz – Tarifvertrag – Betriebsvereinbarung – Arbeitsvertrag – Direktionsrecht des Arbeitgebers. Dies bedeutet, dass z. B. der Inhalt des Arbeitsvertrags Vorrang vor dem Direktionsrecht (Einzelanweisungen) des Arbeitgebers hat, der Inhalt eines Tarifvertrages hat zwingendes Gesetzesrecht zu beachten und geht seinerseits einer Betriebsvereinbarung vor. Im Vertrauen auf die besondere Sachkunde und das Machtgleichgewicht der Tarifparteien gestattet der Gesetzgeber in einigen Ausnahmefällen Abweichungen von dieser Rangfolge zu Lasten der Arbeitnehmer. So können z. B. abweichende Vereinbarungen von den gesetzlichen Kündigungsfristen tarifvertraglich vereinbart werden (§ 622 Abs. 4 S. 1 BGB), die Ausgestaltung des Urlaubs kann abweichend geregelt (§ 13 Abs. 1 S. 1 BurlG) oder die tägliche Arbeitszeit über 10 Stunden ausgedehnt werden, wenn in die Arbeitszeit regelmäßig und in erheblichem Umfang Arbeitsbereitschaft fällt (§ 7 ArbZG).

Vor dem Hintergrund der bestehenden umfangreichen Mitwirkungs- und Mitbestimmungsrechte der Betriebsräte bieten sich Betriebsvereinbarungen – zwingende oder freiwillige – auch zur Regelung von Maßnahmen im Rahmen eines CSR-Konzeptes an (Siehe dazu Ziffer III.7.).

---

[63] Fitting § 1 Rn. 1.

[64] Wichert, Joachim, Gabler Wirtschaftslexikon, Stichwort Arbeitsrecht.

3.4 Komplexität des deutschen Arbeitsrechts

Die Anwendung des deutschen Arbeitsrechts ist für den Unternehmer nicht einfach: es ist in zahlreiche Einzelgesetze (z. B. Arbeitszeitgesetz, Bundesurlaubsgesetz, Jugendarbeitsschutzgesetz, Betriebsverfassungsgesetz und Kündigungsschutzgesetz) zersplittert. Zudem gelten etliche Bestimmungen allgemeiner Gesetze (z. B. §§ 611 ff. BGB, §§ 105 ff. GewO). Ein zusammenfassendes Arbeitsgesetzbuch wurde daher in der Vergangenheit immer wieder erwogen, jedoch nie realisiert[65]. Deutsches Arbeitsrecht ist zudem zu einem erheblichen Teil Richterrecht. Aus dem Fehlen einer umfassenden Kodifikation folgt, dass maßgebende Grundsätze nicht in Gesetzesrecht ausgeformt sind, wie z. B. die Arbeitnehmerhaftung oder das Arbeitskampfrecht. Die Arbeitsgerichtsbarkeit, insbesondere das Bundesarbeitsgericht sehen sich daher immer wieder zur Schließung von Gesetzeslücken und zur Rechtsfortbildung veranlasst. Das Bundesverfassungsgericht[66] hat dabei jedoch einen klaren Rahmen vorgegeben: Da der Richter nicht Recht setzt, sondern es anwendet, muss das Gericht bei unzureichenden Vorgaben das materielle Recht mit den anerkannten Methoden der Rechtsfindung aus den Rechtsgrundlagen ableiten.

Aufgrund seiner Zersplitterung und des erheblichen Anteils an Richterrecht setzt die Anwendung deutschen Arbeitsrechts umfassende Rechtskenntnisse voraus, die es insbesondere mittelständischen Unternehmen zum Teil schwer machen, sich in allen Bereichen rechtskonform zu verhalten. Während Großunternehmen in der Regel mehrere Arbeitsrechtsspezialisten entweder im HR-Bereich oder in der Rechtsabteilung beschäftigen, die die Beachtung aller maßgeblichen arbeitsrechtlichen Regelungen sicherstellen, ist dies bei mittelständischen Unternehmen eher selten der Fall. Hier wird das Arbeitsrecht entweder von in der Rechtsabteilung beschäftigten Unternehmensjuristen mit abgedeckt oder sie bedienen sich externer Anwälte, die die grundlegenden Fragen klären oder mit entsprechenden Mustertexten unterstützen. Besonders problematisch stellt sich die Situation insoweit für die Einzelfirma da. Anwaltliche Unterstützung bei der Beschäftigung von Arbeitnehmern zur Sicherstellung der Einhaltung aller maßgeblichen Vorgaben stellt einen erheblichen Kostenfaktor dar, der in der Praxis gerne auch einmal vermieden wird – mit entsprechenden teilweise erheblichen Konsequenzen, wenn gegen zwingendes Gesetzesrecht – unwissentlich – verstoßen wird. Wird ein Arbeitnehmer beispielsweise mehr als zehn Stunden beschäftigt, so stellt dies eine Ordnungswidrigkeit dar, die mit einer Geldbuße oder, wenn sie vorsätzlich begangen und dadurch die Gesundheit oder die Arbeitskraft des Arbeitnehmers gefährdet wurde, mit einer Freiheitsstrafe von bis zu einem Jahr oder einer Geldstrafe geahndet werden kann (vgl. §§ 3, 22, 23 Arbeitszeitgesetz).

Das deutsche Arbeitsrecht lässt dem Unternehmer aufgrund des überwiegend zwingenden Charakters seiner Rechtsvorschriften wenig Spielraum für Abwägungen und Entscheidungen. Es gibt klare Regeln vor, die einzuhalten sind. Von ihnen kann im Regelfall nur zu Gunsten des Arbeitnehmers abgewichen werden. Selbstverständlich kann der

---

[65] Zum aktuellen Meinungsstand: Iannone, S. 372 ff.
[66] BVerfGE 84, 212, 226 f.

Unternehmer über das bestehende Recht hinaus weitere Urlaubstage, zusätzliche Sozialleistungen oder eine bessere Betriebsrente etc. zusagen. Dabei ist allerdings zu berücksichtigen, dass solche zusätzlichen Leistungen auch einen entsprechenden finanziellen Aufwand bewirken. Da das Arbeitsschutzniveau in deutschen Betrieben im europäischen Vergleich ohnehin recht hoch ist mit vergleichsweise hohen Arbeitskosten[67], ist sehr genau zu überlegen, welche zusätzlichen Leistungen die Motivation der Arbeitnehmer zu steigern oder Mitarbeiter intensiver an das Unternehmen zu binden vermögen.

Für Bereiche, in denen keine gesetzlichen Handlungspflichten bestehen oder die den Anwendungsbereich deutschen Rechts verlassen, bietet die Offenheit von Unternehmen für das Thema CSR Anknüpfungspunkte für weitergehende Regelungen, die in der Regel auf kollektivrechtlicher Vereinbarungen beruhen.

III. Freiwillige Maßnahmen und Leistungen in HR

4 Freiwillige Maßnahmen und Leistungen im Bereich der Arbeits- und Beschäftigungsbedingungen

Wie eingangs dargestellt, beschränkt sich die unternehmerische Verantwortung im Bereich CSR nicht auf die Erfüllung zwingender gesetzlicher Vorgaben. Gerade im Bereich Human Ressources werden bereits in vielen deutschen Unternehmen freiwillige, über die gesetzlichen Anforderungen hinaus gehende Maßnahmen und Leistungen angeboten. Idealerweise sollten diese Teile der jeweiligen unternehmensweiten CSR-Strategie sein. Vor Implementierung einer entsprechenden Maßnahme oder Leistung ist daher zu fragen, welche Zielsetzung mit der jeweiligen Maßnahme/Leistung verfolgt werden soll und ob diese Zielsetzung kompatibel mit der CSR-Strategie ist, wer die Adressaten dieser Maßnahme sind und wo die Maßnahme wirken soll. Letzteres betrifft insbesondere international tätige Unternehmen, bei denen in der Regel unterschieden wird zwischen Maßnahmen, die im Inland wirken und denen, die auch das Ausland betreffen.

Freiwillige Maßnahmen im Bereich der Arbeitsbedingungen bieten sich an in folgenden Bereichen:

4.1 Arbeitszeit und Urlaub

Im Rahmen einer familienorientierten Personalpolitik kommt dem Thema Flexibilisierung von Arbeitszeit und -ort eine bedeutende Rolle zu. Zur besseren Vereinbarkeit von Beruf und Familie ist ein Angebot von verschiedenen Teilzeitmodellen wünschenswert. Die Lage der Arbeitszeit kann sich dabei auf die Vormittagsstunden oder alternativ auf

---

[67] Vgl. Lorz, Stefan, Steigende Arbeitskosten überschatten Tarifrunde, Börsenzeitung vom 14.01.2015, S. 7: nach Großbritannien, Italien und Norwegen hat Deutschland die dritt höchsten Lohnstückkosten im europäischen Vergleich.

die Nachmittagsstunden beschränken, andere Modelle, die wochenweise oder tageweise Arbeitszeiten im Wechsel mit arbeitsfreien Zeiten vorsehen, sind ebenso denkbar. Entscheidend ist, dass das jeweilige Teilzeitmodell den Interessen des Mitarbeiters entspricht und in den Betriebsablauf integriert werden kann. Eine Teilzeitbeschäftigung sollte keine unfreiwillige Endstation der Karriere im Unternehmen darstellen, der Wechsel zurück in ein Vollzeitbeschäftigungsverhältnis sollte ebenso möglich sein wie die Teilnahme an einem beruflichen Aufstieg. Selbstverständlich sollte Teilzeitbeschäftigten die Teilnahme an betrieblichen und außerbetrieblichen Qualifizierungsmaßnahmen offenstehen. Ebenso sollte Teilzeit – mit einem entsprechend hohem Teilzeitfaktor – nicht nur in Fach-, sondern auch in Führungspositionen angeboten werden.

Das Angebot teilweiser Arbeit aus dem häuslichen Arbeitszimmer (Home Office) trägt ebenfalls zur besseren Vereinbarkeit von Beruf und Familie bei, ist aber auch für Arbeitnehmer mit weiten Anfahrtswegen zum betrieblichen Arbeitsplatz interessant und dient damit auch dem Umweltschutz.

Eine familienorientierte Personalpolitik beschränkt sich jedoch nicht auf das Angebot von Teilzeit und Arbeit am häuslichen Arbeitsplatz. Sie sollte ergänzt werden durch Beratungsangebote für Eltern sowie Kontakthalte- und Wiedereinstiegsprogramme für Arbeitnehmer in Elternzeit. Wichtig ist gerade für diese Arbeitnehmergruppe, in den unternehmensinternen Kommunikationsfluss eingebunden zu sein, durch kurzzeitige Arbeitseinsätze während der Elternzeit im Rahmen von Urlaubs- oder Krankheitsvertretungen ihr Knowhow aufrecht zu erhalten und an den betrieblichen Fortschritt anzupassen sowie den Kontakt zu Führungskräften und Kollegen zu halten. Ob sich Unternehmen im Bereich der Kinderbetreuung engagieren wollen, ist vor allem eine finanzielle Entscheidung, die vor dem Hintergrund des konkret verfügbaren öffentlichen Angebots und des Standorts des Betriebes zu sehen ist. Um eine Kinderbetreuung während der Schulferien sicherzustellen, kann ein zusätzliches Angebot unbezahlter Arbeitszeiten während dieser Zeit attraktiv sein. Alternativ könnte auch ein Jahresarbeitszeitmodell vereinbart werden, bei dem i. d. R. die Arbeitnehmerin während der Schulzeit ihre Arbeit auf der Basis eines erhöhten Wochenarbeitszeitfaktors leistet, um diesen dann während der Schulferien durch teilweise Nichtarbeit wieder auszugleichen.

4.2 Arbeitsentgelt

Eine wettbewerbsfähige Vergütung ist ein wichtiger Baustein einer erfolgreichen Unternehmensstrategie. Das Grundgehalt muss den nationalen Mindestlohn berücksichtigen und sollte sich an den branchenüblichen Standards orientieren. In vielen Branchen ergeben sich diese aus den jeweils anwendbaren Flächentarifverträgen. Mit einer im Vergleich zum Festgehalt angemessenen variablen Vergütung[68] kann nachhaltiges Verhalten

---

[68] Im Rahmen der Finanzkrise ab 2007 rückte allerdings eine Debatte um die Angemessenheit der variablen Vergütungssysteme im Finanzbereich und in den Führungsetagen anderer großer Wirt-

und Handeln gefördert werden, vorausgesetzt, das Vergütungssystem wird transparent gestaltet und Fehlanreize vermieden. So kann beispielsweise der individuelle Bonus eines in der Kundenberatung einer Bank tätigen Arbeitnehmers zu einem gewissen Prozentsatz von der Zufriedenheit der von ihm betreuten Kunden abhängig gemacht werden.

Mit Mitarbeiterbeteiligungsprogrammen können Motivation, Leistungsbereitschaft und Produktivität der Mitarbeiter gesteigert werden. Dabei stehen mehrere Modelle zur Auswahl. Die Arbeitnehmer können entweder am Unternehmenserfolg oder an der Substanz (dem Kapital) beteiligt sein. Möglich ist auch eine Kombination beider Systeme. Entscheidend für den Erfolg solcher Beteiligungsmodelle sind die Freiwilligkeit der Beteiligung, die Transparenz des Systems sowie die Vermeidung unzumutbarer Risiken für die Arbeitnehmer und die partnerschaftliche Implementierung, sofern eine Arbeitnehmervertretung im Unternehmen besteht.

Von Beschäftigungsformen wie Leiharbeit und geringfügiger Beschäftigung sollte nur zurückhaltend Gebrauch gemacht werden. Leiharbeit ist ein geeignetes Mittel zur Abfederung von Produktionsspitzen, es ersetzt jedoch nicht reguläre dauerhafte Beschäftigung. Geringfügige Beschäftigung sollte nur auf Wunsch des Betroffenen zum Einsatz kommen, nicht aber als grundsätzliches Personalkonzept. Werkverträge sollten eingesetzt werden, wenn es sich tatsächlich um ein Werk handelt, das unabhängig von der regulären Produktion bzw. Dienstleistung ist.

4.3 Arbeits- und Gesundheitsschutz

Ging es im Bereich des Arbeits- und Gesundheitsschutzes vor etwa 20 Jahren noch im Wesentlichen um die Begrenzung der Arbeitsunfälle und Verletzungen sowie die Suchthilfe und die Suchtprävention, so haben sich die Herausforderungen in den letzten Jahren durch die Zunahme psychischer Belastungen und Erkrankungen bis hin zum Burnout, durch alternde Belegschaften aufgrund der demografischen Entwicklung sowie durch Kosten- und steigenden Produktivitätsdruck deutlich verändert[69].

Ein strategisches Gesundheitsmanagement mit systematisch aufeinander abgestimmten Maßnahmen zum Arbeitsschutz, zur Gesundheitsförderung und zur Prävention im Sinne einer ganzheitlichen Betrachtung von Körper und Seele kann maßgeblich dazu beitragen, den gestiegenen Herausforderungen am Arbeitsplatz zu begegnen. Die klassischen Einrichtungen wie der Betriebsmedizinische Dienst, die Sozialberatung und die Arbeits-

---

schaftsunternehmen in den Fokus des öffentlichen Interesses. Nachdem sich im Laufe des Jahres 2009 die G20-Staaten auf Grundsätze zur Ausgestaltung von angemessenen Bonus-Systemen verständigt hatten, wurde in Deutschland die Institutsvergütungsverordnung erlassen, die Boni in den Kreditinstituten nur noch in engen Grenzen für zulässig erachtet.

[69] Vgl. Psychosocial risks in Europe, Prevalence and strategies for prevention, A joint report from the European Foundation for the Improvement of Living and Working Conditions and the European Agency for Safety and Health at Work 2014.

sicherheit können dazu wesentliche Beiträge leisten. Gesundheitschecks und -screenings, Kurse zu Stressbewältigung und gesunder Ernährung sowie Angebote für sportliche Betätigung werden regelmäßig von den Belegschaften gut angenommen und zeigen einen messbaren Erfolg.

4.4 Aus- und Weiterbildung

Die Ausbildung talentierter Nachwuchskräfte sichert nicht nur den eigenen betrieblichen Nachwuchs, sondern leistet auch einen wichtigen gesellschaftspolitischen Beitrag. Betriebsinterne Traineeprogramme können anspruchsvolle Einstiegs- und Entwicklungsperspektiven insbesondere für Hochschulabsolventen bieten. Als Alternative zu einem Vollzeitstudium hat das duale Studium in den letzten Jahren einen regelrechten Boom erlebt. Immer mehr Schulabgänger und Studieninteressenten entscheiden sich für die Kombination aus Praxisphasen im Unternehmen und theoretischen Vorlesungszeiten in einer Uni, Fachhochschule, dualen Hochschule oder Berufsakademie. Allein im Zeitraum von 2006 bis 2012 ist die Zahl der dualen Studiengänge in Deutschland um mehr als 50 % gestiegen[70]. Unternehmen, die solche Programme anbieten, haben eine hohe Zustimmungsquote bei den Berufseinsteigern.

In der sich immer schneller verändernden Arbeitswelt ist eine kontinuierliche Weiterbildung der Arbeitnehmer nicht nur unter dem Gesichtspunkt der CSR unabdingbar. Die Unternehmen haben dafür zu sorgen, dass ihre Arbeitnehmer stets über das notwendige Knowhow für die Erfüllung ihrer Arbeitspflichten verfügen. Bei Bedarf ist das Knowhow weiterzuentwickeln und an geänderte Anforderungen anzupassen. Damit erhält der Arbeitnehmer zugleich auch seine Beschäftigungsfähigkeit, d. h. seine Fähigkeit zur Partizipation am Arbeits- und Berufsleben[71]. Angesichts der raschen Veränderung von Rahmenbedingungen und Nachfrage auf dem Arbeitsmarkt kommt dieser eine besondere Bedeutung für den Arbeitnehmer zu. So gilt auch für den Arbeitnehmer: Wer sich heute in der Arbeitswelt bewähren möchte und sich neuen Herausforderungen stellt, merkt, wie wichtig es ist, sein Fachwissen laufend zu vertiefen, Kompetenzen zu erweitern und kontinuierlich weiterzuentwickeln. Lebenslanges Lernen und die damit einhergehende Ausweitung des individuellen Erfahrungshorizontes sind daher unerlässlich. Der Arbeitnehmer kann dabei auf eine breit gefächerte Angebotspalette von privaten und öffentlichen Anbietern zurückgreifen.

Die berufliche Weiterbildung findet zum überwiegenden Teil während der Arbeitszeit, je nach Thema und Zielsetzung aber auch teilweise in der Freizeit, z. B. am Wochenende, statt. Der Arbeitnehmer ist damit gefordert, sich zeitlich zu beteiligen. Dagegen werden die Kosten der betrieblichen Weiterbildung in der Regel vom Arbeitgeber getragen. Eine Kostenbeteiligung des Arbeitnehmers kommt aber z. B. bei Weiterbildungsveranstaltun-

---

[70] www.wegweiser-duales-studium.de.
[71] Rump/Völker, § 1 S. 5 ff.

gen in Betracht, bei denen auch ein privater Nutzen für den Arbeitnehmer im Raum steht, z. B. bei einer Ernährungsberatung oder einem Training zur Stressbewältigung. Eher selten können öffentliche Fördermittel eingesetzt werden, z. B. von der Agentur für Arbeit, Förderprogramme der Bundesländer oder der EU.

4.5 Zusätzliche Leistungen

4.5.1 Zusätzliche Sozialleistungen

Finanzielle Unterstützung bei Mitgliedschaften in Sport- und Fitnessclubs sind geeignete Maßnahmen der Hilfe zur Selbsthilfe und können einen Beitrag dazu leisten, die Gesundheit der Arbeitnehmer zu verbessern. Auch eine finanzielle Beteiligung des Arbeitgebers bei der Verpflegung der Belegschaft, sei es in der Form eines Zuschusses oder der Zurverfügungstellung einer Kantine, die gesundheitsbewusste Ernährung anbietet, spielt dabei eine wichtige Rolle und erhöht zudem die Zufriedenheit der Arbeitnehmer. Vor dem Hintergrund eines zunehmenden Absinkens des Versorgungsniveaus aus der gesetzlichen Rentenversicherung kommt dem Angebot einer betrieblichen Altersversorgung eine besondere Bedeutung zu. Eine solche Leistung ist zwar mit erheblichen Kosten verbunden und sollte daher gut überlegt sein, sie ist jedoch geeignet, deutlich zur Attraktivität des Arbeitgebers beizutragen.

4.5.2 Whistleblowing-Systeme

Die Einrichtung eines Systems, in dem Missstände oder Straftaten wie Korruption, Insiderhandel, Menschenrechtsverletzungen oder Datenmissbrauch im Unternehmen anonym gemeldet werden können, kann dazu beitragen, CSR im Unternehmen glaubhaft und überzeugend zu implementieren. Hat ein Arbeitnehmer an seinem Arbeitsplatz oder in anderem Zusammenhang von einem solchen erheblichen Missstand erfahren, so gebietet es die arbeitsrechtliche Treuepflicht, dass er betriebsinterne Angelegenheiten nicht einfach veröffentlicht, sondern zunächst intern kommuniziert. Nicht selten wirken sich solche Informationen allerdings für den Arbeitnehmer selbst negativ aus, ihm wird nicht geglaubt, er wird gemobbt, sein Arbeitsverhältnis wird gekündigt oder er wird wegen Geheimnisverrats vor Gericht gebracht. Nur langsam wächst die Einsicht in den Unternehmen, dass es durchaus von Vorteil ist, wenn Missstände intern schnell bekannt werden, so dass man sie beheben kann, bevor die Öffentlichkeit davon erfährt, der Ruf des Unternehmens möglicherweise negativ tangiert ist oder sogar Strafzahlungen auf das Unternehmen zukommen. Um die Arbeitnehmer zu ermutigen, solche relevanten Informationen im Unternehmen weiterzugeben, muss der Schutz des Hinweisgebers hinreichend gewährleistet sein. Dies kann z. B. erfolgen durch die Einrichtung einer externen Hotline, bei der der Hinweisgeber anonym und ohne Gefahr für Leib oder Leben und ohne um den Bestand seines Arbeitsverhältnisses fürchten zu müssen, Informationen über Missstände im Unternehmen weitergeben kann[72]. Geeignet kann auch ein externer Ombudsmann sein, z. B. ein Rechtsanwalt, an den sich die Arbeitnehmer vertrauensvoll wenden können und der die ihm gegebenen Informationen an die Geschäftsleitung weitergibt, ohne die Identität seines Informanden offenzulegen.

4.6 Beschäftigungssicherung und Restrukturierung

Betriebliche Veränderungsprozesse stellen für die Belegschaften regelmäßig eine große Belastung dar. Im Rahmen einer glaubwürdigen und konsistenten CSR Strategie sollte es das vorrangige Ziel der Geschäftsleitung sein, ggf. gemeinsam mit einer bestehenden Arbeitnehmervertretung, Auftragsschwankungen durch geeignete Personalinstrumente wie Zeitkonten, Teilzeit- und Altersteilzeitmodelle, Kurzarbeit und befristete Arbeitsverträge vorausschauend abzufedern. Besteht unternehmensseitig dennoch das Erfordernis, einen Standort zu restrukturieren, so empfiehlt sich, diese Last gleichmäßig zu verteilen und auch andere Standorte in die Restrukturierungsmaßnahme mit einzubeziehen. Dies erhöht den Spielraum, sozialverträgliche Lösungen für eine Vielzahl von Arbeitnehmern zu finden. Massenentlassungen sollten so weit wie möglich vermieden werden. Vorrangig sollten einvernehmliche unternehmensweite Versetzungen und freiwillige Abfindungsvereinbarungen angeboten werden, gegebenenfalls verbunden mit individuellen Qualifizierungsmaßnahmen, um die für den Arbeitsmarkt erforderliche Employability wiederherzustellen. Outplacement oder Unterstützung bei der beruflichen Neuorientierung können weitere Instrumente der sozialverträglichen Umsetzung von betrieblichen Restrukturierungsmaßnahmen sein.

5 Betriebliche Mitbestimmung

Ein in seiner Bedeutung nicht zu unterschätzendes Thema ist die vertrauensvolle Zusammenarbeit mit der bzw. den im Unternehmen bestehenden Arbeitnehmervertretungen und zwar nicht nur im Hinblick auf die Umsetzung von CSR-bezogenen Maßnahmen, sondern in allen Bereichen betrieblicher Aktivitäten. Auch in dem Verhältnis der Unternehmensleitung zu seinen Betriebsräten bzw. zum Gesamtbetriebsrat spiegelt sich, ob ein im Unternehmen bestehendes CSR-Konzept glaubwürdig und konsistent umgesetzt ist. Im Hinblick auf die über den bereits gesetzlich geregelten Rahmen hinaus gehenden freiwilligen Maßnahmen und Leistungen in HR, wie die unter Ziffer 1.1. bis 1.6. genannten, ist die Arbeitnehmervertretung auf vielfältige Weise rechtzeitig und auf der Basis verschiedener betriebsverfassungsrechtlicher Beteiligungsrechte einzubinden. So ist ein Betriebsrat bzw. ein Gesamtbetriebsrat gemäß § 80 Abs. 2 BetrVG über alle Maßnahmen,

---

[72] Helene Bubrowski, Raus aus der Schmuddelecke, 2015, www.faz.net/-gyo-7ym9k; Sandra Voigt, Whistleblowing – oder das Alarmschlagen mit der Trillerpfeife, 2013, www.anwalt.de.

die seinen Zuständigkeitsbereich betreffen (§ 80 Abs. 1 BetrVG) rechtzeitig und umfassend zu unterrichten. Betriebliche Vergütungs- und Bonussysteme unterliegen dem Mitbestimmungsrecht nach § 87 Abs. 1 Nr. 10 bzw. 11 BetrVG. Soweit aus CSR-Maßnahmen konkrete Verhaltenspflichten für die Beschäftigten abgeleitet werden, können sich auch Mitbestimmungsrechte aus § 87 Abs. 1 Nr. 1 BetrVG ergeben. Hierunter fallen etwa das Verbot, Geschenke anzunehmen, Insidergeschäfte zu tätigen, aber auch das Einrichten von Beschwerdehotlines, in denen Verstöße u. a. gegen ethische Leitsätze anonym gemeldet werden können. Im Bereich der beruflichen und betrieblichen Bildung hat der Betriebsrat gestufte Beteiligungsrechte vom Informationsrecht bis zum Mitbestimmungsrecht (§§ 96–98 BetrVG). Bei betrieblichen Veränderungen, die als Betriebsänderungen nach § 111 BetrVG einzuordnen sind, hat der Unternehmer den Betriebsrat rechtzeitig und umfassend zu informieren. Er hat zudem einen Interessenausgleich zu verhandeln und muss einen Sozialplan zur Abfederung der wirtschaftlichen Nachteile für die betroffenen Arbeitnehmer abschließen (§ 112 BetrVG).

Über zusätzliche freiwillige Leistungen können freiwillige Betriebsvereinbarungen nach § 88 BetrVG abgeschlossen werden. Der Inhalt dieser Vereinbarungen ist für beide Vertragsparteien, für den Unternehmer und den Betriebsrat/Gesamtbetriebsrat verbindlich. In der Regel ergeben sich daraus unmittelbare Forderungsrechte der Arbeitnehmer, zu deren Gunsten die Vereinbarung abgeschlossen wird.

IV. International tätige Unternehmen

6 Beachtung lokaler Rechtsvorschriften

6.1 Auslandsentsendung und Auslandsversetzung

Für international tätige Unternehmen, die Arbeitnehmer in verschiedenen Ländern beschäftigen, stellt sich auch unter dem Aspekt von CSR die Frage, welche Rechtsvorschriften für die Arbeitnehmer im Ausland gelten und welche nationalen Rechtsordnungen sie zusätzlich zum Recht im Inland zu berücksichtigen haben. Da die Rechtsordnungen der einzelnen Länder unterschiedlich sind mit unterschiedlichen Rechtsfolgen, ist die Klärung dieser Frage auch für die betroffenen Arbeitnehmer im Hinblick auf die maßgeblichen Arbeitnehmerschutzvorschriften von besonderem Interesse. Grundsätzlich gilt für alle abhängig Beschäftigten das Recht des Beschäftigungsortes, d. h. des jeweiligen Staates, in dem die Arbeitnehmer tätig sind. Die entsprechenden nationalen Rechtsvorschriften sind demnach zu beachten. Ausnahmsweise kann aber auch das deutsche Recht weiterhin maßgeblich sein, wenn es sich um eine Entsendung von Arbeitnehmern handelt. Dies betrifft regelmäßig eine kleine Gruppe von Arbeitnehmern, insbesondere Führungskräfte. Sie werden von der deutschen Unternehmenszentrale vorübergehend in die jeweilige Auslandseinheit entsandt, um sicherzustellen, dass die in Deutschland gelebte Unternehmenskultur auch Eingang in die im Ausland befindliche Niederlassung oder

Tochtergesellschaft findet. Zudem sollen sie für einen effizienten Knowhow-Transfer und umfassenden Erfahrungsaustausch sorgen. Eine solche vorübergehende Auslandstätigkeit kann rechtlich gesehen auf zwei verschiedenen Grundlagen beruhen[73]: Entweder wird der Arbeitsvertrag mit dem deutschen Arbeitgeber weiter vollzogen, nun jedoch im Ausland. Dann tritt neben den weiterhin „aktiven" Arbeitsvertrag ein zusätzlicher ergänzender Vertrag – der Entsendungsvertrag. Dieser regelt die finanziellen und sonstigen Einzelheiten des Auslandseinsatzes. Bei dieser Form der Auslandstätigkeit bleibt der deutsche Arbeitgeber weiterhin zuständig für die Gehaltsabrechnung, die Gehaltszahlungen und oftmals auch für die fachlichen Weisungen, selbst wenn der entsandte Arbeitnehmer in den Betrieb einer ausländischen Tochterfirma oder einer ausländischen Niederlassung eingebunden ist. Eine andere rechtliche Grundlage der Auslandstätigkeit ist die Versetzung zu einem ausländischen Tochterunternehmen des Arbeitgebers. In diesem Fall wechselt der Arbeitnehmer für die Dauer des Auslandseinsatzes den Arbeitgeber. An die Stelle des deutschen Mutterunternehmens tritt das ausländische Tochterunternehmen als Arbeitgeber. Dennoch behält der Arbeitnehmer seine vertragliche Anbindung an seinen bisherigen deutschen Arbeitgeber. Das mit diesem bestehende Arbeitsverhältnis wird jedoch ruhend gestellt. Bei der Versetzung werden daher zwei Verträge geschlossen, nämlich ein zeitlich befristeter Arbeitsvertrag mit dem ausländischen Tochterunternehmen des deutschen Arbeitgebers („Versetzungsvertrag") und eine Ruhensvereinbarung, die klarstellt, dass für die Dauer des Auslandseinsatzes der deutsche Arbeitsvertrag nicht vollzogen wird.

6.2 Bestimmung des anwendbaren Rechts

Bei Sachverhalten, die eine Verbindung zum Recht verschiedener Staaten aufweisen, wie dies bei einer Auslandsentsendung oder Auslandsversetzung regelmäßig der Fall ist, sind im Geltungsbereich der EU die Einheitsvorschriften des Übereinkommens von Rom (sogenannte Rom I-Verordnung[74]) für die Bestimmung des anwendbaren nationalen Rechts maßgeblich. Mit der Rom I-Verordnung wird das europäische Kollisionsrecht weiter vereinheitlicht[75]. Ein Vertrag unterliegt nach Artikel 3 Rom I-Verordnung grundsätzlich dem von den Vertragsparteien gewählten Recht. Die Wahl eines bestimmten Rechts muss entweder ausdrücklich im Vertrag geregelt sein oder sich mit hinreichender Sicherheit aus den Bestimmungen des Vertrages oder den Umständen des Falles ergeben. Möglich ist

---

[73] Hensche, E, Entsendung ins Ausland (Auslandsentsendung, Auslandstätigkeit).
[74] Verordnung (EG) Nr. 593/2008 des Europäischen Parlaments und des Rates vom 17.06.2008 über das auf vertragliche Schuldverhältnisse anzuwendende Recht (ABL. EU Nr. L 177 vom 04.07.2008, S. 6) (Rom-I-VO); Art. 28 Rom-I-VO ordnet an, dass sie für Verträge gilt, die „nach dem 17.12.2009 geschlossen werden".
[75] So sollen insbesondere die in den Mitgliedsstaaten geltenden Kollisionsnormen im Interesse eines funktionierenden Binnenmarktes unabhängig von den Staat, in dem sich das Gericht befindet, bei dem ein Anspruch geltend gemacht wird, dasselbe Recht bestimmen, vgl. Begründungserwägung 6 der Rom-I-VO.

auch eine Teilrechtswahl, nach der nur – nach sinnvollen Kriterien – bestimmte, abgrenzbare Gebiete einer Rechtsordnung vereinbart werden, z. B. der Kündigungsschutz nach deutschem Recht[76]. Ohne ausdrückliche oder konkludente Rechtswahl bestimmt sich das anzuwendende Recht bei einem Arbeitsverhältnis nach dem Recht des Staates, in dem der Arbeitsort gelegen ist (Art. 4 Abs. 2 Rom I-Verordnung). Um Unsicherheiten oder spätere Streitigkeiten über das anzuwendende Recht zu vermeiden, sollte eine ausdrückliche Rechtswahl im Entsendungs- oder Versetzungsvertrag vorgenommen werden. Dabei empfiehlt sich für aus einem deutschen Mutterunternehmen ins Ausland entsandte oder versetzte Arbeitnehmer regelmäßig die Vereinbarung deutschen Rechts. Dies begründet sich nicht nur aus der besseren Rechtskenntnis der Parteien. Auch einen arbeitsgerichtlichen Prozess werden Arbeitgeber und Arbeitnehmer, wenn sie ihn denn nicht vermeiden können, meist lieber vor einem deutschen Arbeitsgericht in deutscher Sprache führen wollen als vor einem ausländischen Gericht.

Bei Arbeitsverträgen unterliegt die Rechtswahl Einschränkungen. Dem Arbeitnehmer kann durch Rechtswahl der Parteien der Schutz nicht entzogen werden, der ihm durch zwingende Bestimmungen der anwendbaren Rechtsordnung gewährt würde, die bei einer objektiven Anknüpfung mangels Rechtswahl anzuwenden wäre (Art. 8 Rom I-Verordnung). Ist z. B. auf der Grundlage der Begleitumstände davon auszugehen, dass deutsches (Arbeits-)Rechts anzuwenden ist, vereinbaren die Parteien aber vertraglich die Anwendung einer anderen Rechtsordnung, so sind dennoch die zwingenden arbeitnehmerschützenden Vorschriften des deutschen Rechts zu beachten[77]. Der EuGH lässt zudem die Wahl eines Drittstaatenrechts nicht zu, wenn dies die Anwendung zwingender Vorschriften aus EU-Richtlinien vereiteln würde[78].

Bei einer Entsendung in ein Nicht EU-Land ist die Wahl deutschen Rechts ebenfalls für die Dauer der Entsendung möglich. Anderseits sollte bei einer Auslandsentsendung oder -versetzung nicht ohne weitere Prüfung deutsches Recht vereinbart werden. Zu bedenken ist, dass es möglicherweise zwingende Bestimmungen in dem Land geben könnte, in das der Arbeitnehmer entsandt wird. Die möglichen Konsequenzen, die sich aus einer Mischung dieser Bestimmungen mit den Regelungen des deutschen Rechts ergeben, lassen sich kaum zu überblicken[79].

---

[76] BAG Urteil vom 23. 4. 1998 – 2 AZR 489/97, NZA 1998, 995.
[77] Schlachter, Erfurter Kommentar, 535. Verordnung (EG) Nr. 593/2008 des Europäischen Parlaments und des Rates vom 17. Juni 2008 über das auf vertragliche Schuldverhältnisse anzuwendende Recht („Rom I"), Artikel 3 Rn. 18.
[78] EuGH, Urteil vom 9. 11. 2000 – Rs. C-381/98, NJW 2001, 2007 (2008).
[79] Hümmerich/Reufels/*Borgmann*, § 2 Ziff. 4 Rn. 179.

6.3 Anwendbarkeit sozialversicherungsrechtlicher Vorschriften

Für den Geltungsbereich der Europäischen Union haben die Verordnung (EG) 883/04 und die Verordnung (EG) 987/09 das Entsenderecht vorsichtig und sinnvoll an die aktuellen Bedürfnisse des europäischen Binnenmarktes angepasst[80]. So sieht die Kollisionsregelung der Verordnung als Ausnahme vom Recht des Beschäftigungsortes für abhängig Beschäftigte die Weitergeltung des Sozialversicherungsrechts des Entsendestaates vor, sofern die Entsendungsdauer von 24 Monaten nicht überschritten wird. Es gilt das Prinzip der Ausstrahlung des deutschen Sozialversicherungsrechts ins Ausland gemäß § 4 Viertes Buch Sozialgesetzbuch (SGB IV)[81]. Bei einer Versetzung ist das deutsche Sozialversicherungsrecht dagegen in aller Regel während der Dauer der Auslandstätigkeit nicht anwendbar, weil der Arbeitnehmer nicht mehr in Deutschland von einem deutschen, sondern von einem im Ausland ansässigen Arbeitgeber beschäftigt wird. In einem solchen Fall besteht allerdings die Möglichkeit, sich freiwillig in den verschiedenen Zweigen der Sozialversicherung weiter zu versichern[82].

Bei einer Entsendung in ein Land außerhalb der Europäischen Union folgt die Sozialversicherungspflicht dem Territorialitätsprinzip (§ 3 Nr. 1 SGB IV). Es gilt das Sozialversicherungssystem des Beschäftigungslandes. Die Weitergeltung des deutschen Sozialversicherungsrechts kann jedoch aufgrund eines bestehenden Sozialversicherungsabkommens wiederum in Betracht kommen.

7 Vereinbarung weitergehender Arbeitnehmerschutzrechte

Abhängig von jeweiligen Schutzniveau der Arbeitsbedingungen nach lokalem Recht sollte der international tätige Unternehmer insbesondere unter dem Gesichtspunkt von CSR weitere Regelungen zum Schutze der Arbeitnehmer vor Ort vereinbaren. Ist das Schutzniveau in dem jeweiligen Land ähnlich hoch wie deutsches Arbeitnehmerschutzrecht, ergibt sich weniger Handlungsbedarf als bei geschäftlichen Aktivitäten in Ländern, die eine oder mehrere Kernarbeitsnormen der ILO nicht ratifiziert oder nicht in nationales Recht umgesetzt haben. Die folgenden Ausführungen beziehen sich daher auf diese Länder.

Wesentliche Voraussetzung für eine glaubwürdige und konsistente CSR-Strategie eines international tätigen Unternehmens ist in erster Linie die Anerkennung und Umsetzung der ILO-Kernarbeitsnormen, d. h. das Verbot von Kinderarbeit, das Verbot von Zwangsarbeit, das Gebot der Nichtdiskriminierung sowie das Recht auf Vereinigungs- und Kollektivverhandlungsfreiheit. Wünschenswert ist darüber hinaus die Selbstverpflichtung des

---

[80] Vgl. Tiedemann, Michael, Bestimmung des anwendbaren Sozialversicherungsrechts bei Entsendung in der EU – Regelung nach Inkrafttreten der VO (EG) 883/04 und VO (EG) 987/09, NZS 2011, S. 41 ff.

[81] Hümmerich/Reufels/*Borgmann*, § 2 Rn. 186–190.

[82] Hensche, E, Entsendung ins Ausland (Auslandsentsendung, Auslandstätigkeit).

Unternehmen auf die international anerkannten Grundsätze und Leitlinien, insbesondere den Global Compact und den Leitfaden zur gesellschaftlichen Verantwortung von Organisationen sowie die Beachtung der Regelungen in der täglichen Praxis. Letzteres setzt die inhaltliche Konkretisierung und Anpassung der sehr allgemein gehaltenen internationalen Regelungen zu den Mindeststandards der Arbeitsbedingungen an die jeweilige Situation vor Ort voraus. Gegebenenfalls sind weitere Maßnahmen zur Verbesserung des Arbeits- und Gesundheitsschutz, zum Mindestlohn, zu Urlaub und zur Qualifizierung von lokal Beschäftigten zu vereinbaren. Katastrophen wie der Einsturz eines Fabrikgebäudes in der Nähe von Dhaka mit mehr als 1100 Toten und fast 2500 Verletzten oder der Brand in der Textilfabrik in Bangladesch[83] mit etlichen Toten dürfen sich nicht wieder ereignen.

> **Klauselvorschlag**
>
> (Die Firma) erklärt sich zur Beachtung, Sicherung bzw. zum Ausbau der generell akzeptierten ILO-Kernarbeitsnormen und der Menschenrechte bereit und wendet die Grundsätze der OECD für multinationale Unternehmen in vollem Umfang an.

Folgende Leitfragen können helfen, zielführende Maßnahmen zu implementieren: Welche Maßnahmen sollen ergriffen werden? Was ist die zugrunde liegende Motivation für diese Maßnahmen? Wo sollen die Maßnahmen ergriffen werden und wer soll davon profitieren?

Entsprechende Regelungen international gültiger Mindeststandards und weitergehender Arbeitnehmerschutzrechte können Gegenstand einer einseitigen unternehmerischen Erklärung oder Selbstverpflichtung, z. B. eines Code of Conduct oder einer Ethikrichtlinie des international tätigen Unternehmens sein[84]. Ebenso denkbar ist auch der Abschluss einer internationalen Rahmenvereinbarung. Als Vertragspartner kommen hier unter anderem die globalen Gewerkschaftsverbände, z. T. unter Beteiligung nationaler Einzelgewerkschaften in Betracht. Ob ein in dem international tätigen Unternehmen bestehender europäischer Betriebsrat die Abschlusskompetenz für eine solche Vereinbarung hat, ist umstritten.[85] Weltweit ist bislang nur ein kleiner Teil der unternehmerischen Selbstverpflichtungen Ergebnis von Verhandlungen zwischen Unternehmensleitung und Gewerkschaften[86]. Dies ist wohl im Wesentlichen auf den noch geringen Organisationsgrad transnationaler Arbeitnehmervertreter zurückzuführen[87].

In Zeiten einer sich immer stärker vernetzenden Welt mit Internet, globalem Handel und herausragenden technologischen Entwicklungen werden zunehmend mehr Unternehmen global tätig. Sie werden damit zuständig für globale Belegschaften mit ganz unter-

---

[83] www.sueddeutsche.de/panorama/bangladesch-tote-bei-brand-in-textilfabrik-1.1790431.

[84] Vgl. Kocher, Eva, Corporate Social Responsibiliy – Instrumente zur Gestaltung transnationaler Arbeitsbeziehungen, WSI Mitteilungen 4/2008, S. 198.

[85] Masche/Zimmer, Kap. 1 Seite 17.

[86] Vgl. Kocher, a. a. O., S. 198 (200).

[87] Kocher, a. a. O., S. 198 (200).

schiedlichen Kulturen und Arbeitsbedingungen. Mit der globalen Expansion entsteht eine weitergehende Verantwortung für die Beschäftigen, der sich die Unternehmen annehmen müssen. Die Unternehmen müssen ihr eigenes Profil entwickeln, mit dem sie global erfolgreich tätig sein wollen. Ein tragfähiges CSR-Konzept kann sie dabei unterstützen und gleichzeitig einen deutlichen Mehrwert bieten für alle Stakeholder.

Literatur

Brox, Hans/Rüthers, Bernd/Henssler, Martin, Arbeitsrecht; Kahlhammer Verlag, Stuttgart, Berlin, Köln, 17. Auflage 2007 (zit: Brox).
Erfurter Kommentar zum Arbeitsrecht, Hrsg. Thomas Dieterich, Peter Hanau, Verlag C.H. Beck, München, 15. Auflage 2015 (zit: Erfurter Kommentar).
Fitting, Karl/Engels, Gerd/Trebinger, Yvonne/Schmidt, Ingrid/Linsenmaier, Wolfgang, Betriebsverfassungsgesetz, Verlag Franz Vahlen, München, 27. Auflage 2014 (zit: Fitting).
Franz, Peter/Kleinfeld, Annette/Thorns, Matthias/Vitt, Judith, Gesellschaftliche Verantwortung nach DIN ISO 26000, Beuth Verlag, Berlin, Wien, Zürich 2011.
Hensche, Martin, Handbuch Arbeitsrecht, Berlin, www.hensche.de.
Hromadka, Wolfgang/Frank Maschman, Arbeitsrecht Bd. 1: Individualarbeitsrecht, Springer Verlag, Heidelberg, Dordrecht, London, New York, 6. Auflage 2014.
Hümmerich, Klaus/Reufels, Martin, Gestaltung von Arbeitsverträgen, Nomos Verlagsgesellschaft, Baden-Baden, 2. Auflage 2011.
Iannone, Enrico, Die Kodifizierung des Arbeitsvertragsrecht – ein Jahrhundertprojekt ohne Erfolgsaussicht? Verlag Peter Lang, Frankfurt am Main 2009.
Jünger, Jean-Martin, Arbeitsrecht, C.F.Müller Juristischer Verlag, Heidelberg, 2. Auflage 2013.
Masche, Manuela/Zimmer Reingart, CSR-gesellschaftliche Verantwortung von Unternehmen, Bundverlag, Frankfurt/Main 2013.
Rump, Jutta/Völker, Rainer, Employability in der Unternehmenspraxis, Physica Verlag, Heidelberg 2007
Schaub, Günter, Arbeitsrechtshandbuch, Beck-Verlag, 15. Auflage 2013.
Schneider, Andreas/Schmidpeter, René (Hrsg.), Corporate Social Responsibility, Springer-Verlag Berlin Heidelberg 2012.
Strandberg, Coro (2009): The Role of Human Resource Management in Corporate Social Responsibilty, Issue Brief and Roadmap.
Waltermann, Raimund, Arbeitsrecht, Verlag Franz Vahlen, München, 17. Auflage 2014.

CSR und Vergaberecht: Nachhaltige öffentliche Beschaffung als Treiber für CSR

Andrea Wilhaus

Zusammenfassung

In Deutschland werden jährlich über 400 Mrd. € im Rahmen der öffentlichen Beschaffung ausgegeben. Die Politik hat das Potenzial erkannt, mit dieser gewaltigen Nachfragemacht gezielt unternehmerische Verantwortung in sozialen und ökologischen voranzutreiben. Die EU-Vergaberechtsreformen der letzten Jahre bieten der öffentlichen Hand heute diverse Möglichkeiten nachhaltiger Beschaffung, etwa bei der Einhaltung von Arbeitsstandards in der Produktionskette und der Nutzung von Nachhaltigkeitslabels und -zertifikaten. Für die Unternehmen ist dies ein gewichtiger Grund mehr, CSR als echten „Business Case" zu nutzen. Und auch Kommunen erkennen unter dem Stichwort „Fairtrade-Stadt" verstärkt die positive Imagewirkung ökofairer Beschaffung.

Allerdings findet CSR findet nach wie vor überwiegend auf freiwilliger Basis statt – jenseits vergaberechtlicher Vorgaben. CSR lebt von dem Innovationsgeist und der Kreativität der Privatwirtschaft. Der Beitrag zeigt auf, wie das öffentliche Beschaffungswesen die mit CSR verbundenen positiven Effekte unter Beachtung der vergaberechtlichen Grenzen nutzen kann.

A. Wilhaus (✉)
Nachhaltige Konzepte, Düsseldorf, Deutschland
E-Mail: mail@nachhaltige-konzepte.de

1 Potential nachhaltiger Beschaffung für CSR

In Deutschland wurden im Jahr 2010 480 Mrd. € im Rahmen der öffentlichen Beschaffung ausgegeben[1]. Mit dieser gewaltigen Nachfragemacht ist ein großes Potenzial verbunden, gezielt gesellschaftliche Entwicklungen, wie etwa CSR, voranzutreiben. Aus diesem Grund räumt die Bundesregierung in ihrem Fortschrittsbericht 2012 zur nationalen Nachhaltigkeitsstrategie einer an Nachhaltigkeit ausgerichteten öffentlichen Beschaffung eine wichtige Rolle ein.

Im privaten Beschaffungswesen ist die Beachtung von CSR-Anforderungen in der Zulieferkette und damit einhergehend der Zuwachs von freiwilligen Verhaltenskodizes mittlerweile zu einem bedeutsamen Thema geworden. So ist das private Beschaffungswesen, also das Einkaufsverhalten der Unternehmen gegenüber ihren Lieferanten, ein wichtiger Ansatzpunkt, um weltweit soziale, ethische und ökologische Standards durchzusetzen.

Die Unternehmen erkennen die Wettbewerbsvorteile einer nachhaltigen Beschaffungspraxis: ein verbessertes Image und damit verbunden die Stärkung ihrer Marke.

Dies wirft die Frage auf, warum nicht auch der am Gemeinwohl orientierte öffentliche Sektor seine Vergabeentscheidungen verstärkt nach CSR-Maßstäben ausrichtet. Wenn der Staat bei der Auftragsvergabe seine aktive Rolle als Käufer wahrnimmt und seiner Verantwortung für die Umwelt und die Interessen benachteiligter Stakeholdergruppen gerecht wird, übt er eine wichtige Vorbildfunktion aus und sendet ein positives Signal an die Marktteilnehmer des Privatsektors aus. Denn hieraus können sich beträchtliche Nachahmungseffekte bei gesellschaftlich sensibilisierten Verbrauchern und Privatunternehmen ergeben[2]. Wenn zudem Unternehmen, die in CSR investieren, bessere Chancen bei der Auftragsvergabe eingeräumt werden, entsteht so ein echter Wettbewerbsvorteil. Eine solche Anreizpolitik liefert den Unternehmen einen gewichtigen Grund, CSR als echten „Business Case" zu betrachten.

Die ausschreibende Behörde sichert sich mit Nachhaltigkeitsanforderungen gleichzeitig vor Reputationsschäden ab, die auftreten können, wenn in der Öffentlichkeit bekannt wird, dass sie mit ihrem Einkaufsverhalten soziale Missstände, wie Kinderarbeit, oder umweltschädliches Verhalten ausnutzt. Immer mehr Kommunen nutzen daher verstärkt die positive Imagewirkung ökofairer Beschaffung und bewerben sich um den Titel „Fairtrade-Stadt" bzw. „Fairtrade-Gemeinde".

---

[1] European Commission (2011), S. 1.
[2] Zur Vorbildfunktion des Staates: Burgi (2008), Rn. 6; Frenz (2007), Rn. 2987.

2 Das Vergaberecht im Spannungsfeld wirtschaftlicher und gesellschaftspolitischer Zielsetzungen

Das Vergaberecht als Teil der europäischen Binnenmarktpolitik verfolgt primär den Zweck, den Wettbewerb zu fördern, die Bieter durch ein transparentes Vergabeverfahren vor Diskriminierung aus Gründen der Staatsangehörigkeit zu schützen und den öffentlichen Auftragsgebern ein optimales Preis-Leistungsverhältnis zu ermöglichen[3].

Allerdings sind in Art. 2 und 3 EGV neben wirtschaftlichen Vorgaben auch soziale Zielsetzungen und das Postulat der Nachhaltigkeit verankert. Gerade im öffentlichen Auftragswesen wird deutlich, dass zwischen den Zielen des offenen Marktes und des freien Wettbewerbs einerseits und den gemeinwohlorientieren Zielen andererseits Kollisionen auftreten können. Und so befindet sich die öffentliche Hand vor der Herausforderung: Einerseits soll eine kostengünstige Beschaffung gewährleistet werden – insbesondere im Hinblick auf den bewussten Umgang mit Steuergeldern. Andererseits gilt es aufgrund der exponierten Stellung der Verwaltungen und der damit verbundenen Vorbildfunktion den akuten Herausforderungen wie Klimawandel, Sozialdumping und der zunehmenden Komplexität globaler Lieferantennetzwerke im Rahmen der Beschaffung gerecht zu werden. Denn die zunehmend sensibilisierte Bevölkerung fordert einen verantwortungsbewussten Umgang mit ihrem Geld, der auch den volkswirtschaftlichen Mehrwert umweltfreundlicher Waren oder Dienstleistungen, etwa reduzierte CO_2-Emissionen, und eines fairen Einkaufs berücksichtigen sollte.

3 Die Vergaberechtsreform

Die Europäische Kommission hatte bereits in 2002 eine europäische CSR-Strategie entwickelt[4]. Dabei kam sie unter anderem zu dem Ergebnis, dass angesichts der enormen Kaufkraft der europäischen öffentlichen Stellen das öffentliche Beschaffungswesen durch die Einbeziehung von sozialen und ökologischen Kriterien in das Vergabeverfahren hierzu einen wichtigen Impuls leisten könne.

Die Umsetzung folgte im Jahr 2004 mit den novellierten europäischen Vergaberichtlinien[5], welche seitdem ausdrücklich die Möglichkeit vorsehen, soziale und ökologische Aspekte bei der Vergabe öffentlicher Aufträge zuzulassen. Damit wurde ein bedeutsames „Einfallstor" für CSR im öffentlichen Beschaffungswesen geschaffen. Ab dem Jahr 2009

---

[3] Boesen (2000), § 97, Rn. 5–42, 153.

[4] Europäische Kommission (2002).

[5] Richtlinie 2004/17/EG vom 31.03.2004 zur Koordinierung der Zuschlagserteilung durch Auftraggeber im Bereich der Wasser-, Energie- und Verkehrsversorgung sowie der Postdienste, abgelöst durch die Richtlinie 2014/23/EU vom 26.02.2014, sowie Richtlinie 2004/18/EG v. 31.03.2004 über die Koordinierung der Verfahren zur Vergabe öffentlicher Bauaufträge, Lieferaufträge und Dienstleistungsaufträge, abgelöst durch die Richtlinie 2014/24/EU vom 26.02.2014.

wurde auch das deutsche Vergaberecht zunächst auf Bundes- und anschließend auf Landesebene entsprechend angepasst. Die im März 2014 abermals revidierten EU-Vergaberichtlinien bieten der öffentlichen Hand noch weitergehende Möglichkeiten nachhaltiger Beschaffung, etwa bei der Einhaltung von Arbeitsstandards in der Produktionskette und der Nutzung von Nachhaltigkeitslabels und -zertifikaten. Die neuen Richtlinien sind bis zum Jahr 2016 in nationales Recht umzusetzen.

Die Politik sendet damit ein Signal an die Privatwirtschaft, das öffentliche Beschaffungswesen als Steuerungsinstrument zur Steigerung der unternehmerischen Verantwortung in sozialen und ökologischen Fragen anzuerkennen.

Der Kodifizierung gemeinwohlorientierter Belange im Vergabeverfahren ging eine jahrelange Debatte über die Möglichkeiten und Grenzen der Berücksichtigung sogenannter vergabefremder Kriterien in der juristischen Literatur voraus[6]. Angeregt wurde die Diskussion durch die inzwischen gefestigte Rechtsprechung des Europäischen Gerichtshofs (EuGH), der die Verfolgung gemeinwohlorientierter Ziele bei der öffentlichen Auftragsvergabe für zulässig hält.

4 Die Rechtsprechung des EuGH

Die erste Grundsatzentscheidung zur Frage der Zulässigkeit gesellschaftspolitischer Ziele im Auftragswesen erging im Jahr 1988 im Fall *Beentjes*[7]. Eine niederländische Vergabestelle hatte einen Bauauftrag ausgeschrieben und dabei unter anderem in den Verdingungsunterlagen festgelegt, dass für den Auftrag Langzeitarbeitslose einzusetzen seien. Die Firma Beentjes hatte zwar das Angebot mit dem niedrigsten Preis abgegeben, jedoch wurde ihr der Zuschlag verwehrt mit der Begründung, sie sei nicht in der Lage, Langzeitarbeitslose zu beschäftigen. Der Fall wurde vor dem EuGH verhandelt.

Der Gerichtshof erkannte, dass die Befähigung, Langzeitarbeitslose zu beschäftigen, keine Frage der wirtschaftlichen, finanziellen und technischen Leistungsfähigkeit des Bieters sei, also nichts mit dessen Eignung zu tun habe. Gleichzeitig handelte es sich aber auch nicht um ein Zuschlagskriterium auf das wirtschaftlich günstigste Angebot. Allerdings stehe es den öffentlichen Auftraggebern frei, besondere zusätzliche Bedingungen – so die Bezeichnung des EuGH für die streitige Auflage – für die Vergabe öffentlicher Aufträge festzulegen.

Viele Jahre später folgten weitere Urteile, in denen der EuGH es für zulässig befand, dass ein Auftrag über die Sanierung und Instandhaltung von Schulgebäuden als Bedingung eine Beschäftigungsmaßnahme zum Kampf gegen die Arbeitslosigkeit vorsah[8] und für einen ausgeschriebenen Linienverkehrsvertrag Abgas- und Lärmgrenzwerte festgeschrie-

---

[6] Einen Überblick mit Literaturhinweisen zu den Bedenken bei der Einbeziehung sog. „vergabefremder" Kriterien gibt Burgi (2008), Rn. 7.
[7] EuGH vom 20.09.1988, Rs 31/87, Beentjes.
[8] EuGH vom 26.09.2000, Rs C-225/98, Nord-Pas-de-Calais.

ben wurden[9]. Der Gerichtshof stellte klar, dass nicht jedes Vergabekriterium notwendig rein wirtschaftlicher Art sein müsse. Es sei nämlich nicht auszuschließen, dass Faktoren zwar nicht mit einem rein wirtschaftlichen Nutzen für den Auftraggeber verbunden seien, aber sich dennoch auf den Wert für den Auftraggeber auswirkten.

Im Jahr 2003 hatte der Gerichtshof über einen Auftrag für die Lieferung von sogenanntem grünen Strom zu entscheiden und ließ erneut die Verfolgung gesellschaftspolitischer Steuerungsaspekte im Rahmen der öffentlichen Auftragsvergabe zu[10]. Die Republik Österreich hatte einen Auftrag über die Lieferung von Elektrizität ausgeschrieben und dabei als ein mit 45 % gewichtetes Zuschlagskriterium festgelegt, dass der Strom aus erneuerbaren Energieträgern zu liefern sei. Der EuGH ging in seiner Urteilsbegründung auf die umweltpolitische Bedeutung des Ziels ein, welches mit dem in Rede stehenden Kriterium verfolgt werde, nämlich den Verbrauch an Strom aus erneuerbaren Energiequellen zu erhöhen, was zur Verringerung der Emission von Treibhausgasen führe und damit einen Beitrag zum Klimaschutz leiste. Angesichts der hohen Priorität, die die Bekämpfung des Klimawandels in der Europäischen Gemeinschaft besitze, stehe die Gewichtung des Kriteriums mit 45 % der Ermittlung des wirtschaftlich günstigsten Angebots nicht entgegen.

Im Jahr 2012 äußerte sich der EuGH erstmals zu Öko-und Fairtrade-Produkten und räumte einer niederländischen Vergabestelle das Recht ein, Forderungen dahingehend anzustellen, dass der zu liefernde Kaffee und Tee aus ökologischer Landwirtschaft bzw. fairem Handel stammt[11].

In den genannten Urteilen hat der EuGH die Berücksichtigung von sozialen und ökologischen Zielen bei der Auftragsvergabe an die Einhaltung folgender, sich aus dem europäischen Primärrecht und den Vergaberichtlinien ergebener Vorgaben geknüpft:

- das allgemeine Diskriminierungsverbot aus Gründen der Staatsangehörigkeit ist zu beachten. Es dürfen also keine Bedingungen zugrunde gelegt werden, die nur von einheimischen Bietern bzw. von Bietern aus anderen Mitgliedsstaaten nur unter großen Schwierigkeiten erfüllt werden könnten (Gleichbehandlungsgebot)
- die gewünschten zusätzlichen Bedingungen müssen ausdrücklich in den Ausschreibungsunterlagen genannt sein, damit alle Bieter von ihnen Kenntnis nehmen können (Publizitätsvorschrift)
- das Kriterium muss mit dem ausgeschriebenen Auftragsgegenstand zusammenhängen
- die verschiedenen Angebote müssen objektiv und transparent bewertet werden können, das heißt, der Auftraggeber muss willens und in der Lage sein, effektiv zu kontrollieren, inwieweit die Angebote die sozialen oder umweltbezogenen Kriterien objektiv erfüllen.

---
[9] EuGH vom 17.09.2002, Rs C-513/99, Concordia Bus Finland.
[10] EuGH vom 04.12.2003, Rs C-448/01, EVN und Wienstrom.
[11] EuGH vom 10.5.2012, Rs. C 368/10, EKO und Max Havelaar.

Die Restriktionen des EuGH verdeutlichen den entscheidenden Unterschied zur Privatwirtschaft: Der Staat wirtschaftet nämlich nicht auf eigenes Risiko; er verwaltet vielmehr Steuergelder und zahlt insofern den Einkauf von Leistungen Privater mit „fremdem Geld". Aus dieser besonderen Verantwortung heraus sind bei der Verwendung dieser Mittel objektive Kriterien zugrunde zu legen. Bei CSR spielen oftmals subjektive Faktoren wie Imagefragen und Marketingstrategien eine Rolle, von denen der Staat sich nicht leiten lassen darf. Die Einbeziehung von CSR-Anforderungen in den öffentlichen Beschaffungsvorgang ist daher immer unter dem Blickwinkel zu betrachten, dass sie auch nachprüfbar und durchsetzbar sein müssen.

5 Möglichkeiten der Einbeziehung von CSR im Vergabeverfahren

Wie also kann die öffentliche Hand ihrer gesellschaftlichen Verantwortung unter Beachtung der vergaberechtlichen Grenzen Rechnung tragen?

▶ **Praxistipp** Es wurden mittlerweile zahlreiche Leitfäden etwa vom Bundesumweltamt oder der Europäischen Kommission veröffentlicht, die praktische Ansätze und Beispiele zur Handhabung einer ökofairen und energieeffizienten öffentlichen Beschaffung liefern.

Im Vorfeld der Auftragsvergabe hat die ausschreibende Behörde sich darüber Klarheit zu verschaffen, in welcher Phase des Vergabeverfahrens sie CSR-Aspekte einführen will:

1. bei der Prüfung der Eignung des Bieters
2. als technische Spezifikation in der Leistungsbeschreibung
3. als Zuschlagskriterium oder
4. als zusätzliche Ausführungsbedingung.

Dabei ist jede Phase an eigene nationale und europarechtliche Voraussetzungen geknüpft[12].

5.1 Die Eignung des Bieters

Ob ein Bieter für die Ausführung eines Auftrags geeignet ist, richtet sich gemäß Art. 58 Abs. 1 der Richtlinie im Wesentlichen nach seiner technischen sowie wirtschaftlichen und finanziellen Leistungsfähigkeit[13]. Dabei geht es im Rahmen der Eignungsprüfung nicht

---

[12] Die folgenden Ausführungen beziehen sich auf Vergaben oberhalb der Schwellenwerte. Es werden die Vorschriften der Richtlinie 2014/24/EU vom 26.02.2014 über die öffentliche Auftragsvergabe und zur Aufhebung der Richtlinie 2004/18/EG (im Folgenden: „Richtlinie") und, soweit sinnvoll, Bundes- und Landesvorschriften zitiert.

[13] Vgl. die entsprechende nationale Vorschrift in § 97 Abs. 4 S. 1 GWB.

um die Ermittlung des besten Bewerbers, vielmehr sind Mindestanforderungen festzulegen, die der Bewerber entweder erfüllt oder nicht.

▶ **Praxishinweis** *Die Abgrenzung von den Ausführungskriterien zu den Eignungskriterien ist darin vorzunehmen, dass erstere erst im Rahmen der Vertragsausführung zu verwirklichen sind, während letztere bereits im Zeitpunkt der Angebotsabgabe vorliegen müssen.*

Die reformierten Vergaberechtsrichtlinien sehen vor, dass die öffentliche Hand als Beleg für die technische Leistungsfähigkeit der Bewerber Angaben zu deren Umweltmanagementsystem fordern kann[14]. Dabei wird ausdrücklich auf die Zertifizierung nach dem europäischen System für das Umweltmanagement und die Umweltbetriebsprüfung („Eco-Management and Audit Scheme" – EMAS) Bezug genommen. Unternehmen, die im EMAS-Register gemeldet sind, legen ihre betriebliche Umweltpolitik fest und verpflichten sich zur kontinuierlichen Verbesserung ihrer Umweltleistung.

Die Unternehmenspolitik des Bewerbers hat also im Hinblick auf dessen ökologische Verantwortung in die Eignungsprüfung Eingang gefunden. Dabei wird vorausgesetzt, dass entsprechende Umweltmanagementmaßnahmen bei der Ausführung des Auftrags zur Anwendung kommen sollen, und insofern das Umweltmanagementsystem des Bewerbers Rückschlüsse auf dessen Fähigkeit zur Ausführung des Auftrags ziehen lässt[15].

Darüber hinaus ist allerdings die allgemeine Unternehmenspolitik des Bieters nicht Gegenstand der Eignungsprüfung. Insbesondere darf vom Bieter nicht generell eine Politik der sozialen und ökologischen Verantwortung verlangt werden[16]. So ließ auch der EuGH in seiner Entscheidung *EKO und Max Havelaer* es grundsätzlich nicht zu, im Rahmen der Eignung Nachweise zum nachhaltigen Wirtschaften der Bieter zu fordern, mit dem Hinweis, dass die in der Vergaberichtlinie genannten Eignungskriterien abschließend seien[17].

Eine dem Umweltmanagement entsprechende Regelung für eine „soziales Management" des Unternehmens sehen die Vergaberichtlinien nicht vor. Auch die Verpflichtung zur Einhaltung der ILO-Kernarbeitsnormen – diese verbieten unter anderem ausbeuterische Kinderarbeit und Zwangsarbeit – stellt keine allgemeine Anforderung an die Bieter dar, vielmehr handelt es sich dabei um eine Vertragsbedingung zur Auftragsausführung[18] – dazu gleich mehr. Insofern bestehen in der Phase der Überprüfung der Eignung der Bieter kaum Ansatzpunkte, soziale Gesichtspunkte mit einzubeziehen[19].

Die Vergabestelle hat allerdings vielfältige Möglichkeiten, soziale bzw. ethische Kriterien bei der Durchführung von Aufträgen zu beauflagen. Es ist davon auszugehen, dass

---

[14] Art. 62 Abs. 2 der Richtlinie.
[15] 88. Erwägungsgrund der Richtlinie.
[16] Gröning (2008), S. 343
[17] EuGH vom 10.5.2012, Rs. C 368/10, EKO und Max Havelaar.
[18] so auch OLG Düsseldorf, 29.01.2014, Az. VII-Verg 28/13.
[19] Im Ergebnis auch Dreher (2014), § 97, Rn. 268.

Bewerber, die CSR als dauerhafte Unternehmensstrategie verfolgen, hier im Vergabeverfahren einen Vorteil erlangen, da sie aufgrund ihrer strategischen Ausrichtung auf ein CSR-Management diese Standards leichter erfüllen können bzw. längst in ihr Tagesgeschäft integriert haben.

5.2 CSR-Aspekte in der Leistungsbeschreibung

Die Behörde ist zunächst einmal frei darin zu entscheiden, welche Leistung genau sie benötigt. Im Rahmen der Ausschreibung erarbeitet sie auf Basis ihrer Bedürfnisse den genauen Zuschnitt der Leistung und kann dabei auch soziale und ökologische Merkmale definieren.

Solange Nachhaltigkeitsanforderungen dem Hauptzweck der ausgeschriebenen Leistung dienen (zum Beispiel ein behindertengerechtes Bauwerk), handelt es sich um leistungsbeschreibende Merkmale. Ebenso eignen sich die Recyclingfähigkeit oder der schadstoffarme Emissionsausstoß eines nachgefragten Produkts als technische Spezifikationen[20].

In Umsetzung der EU-Energieeffizienzrichtlinien[21] schreibt die Vergabeverordnung der einkaufenden Behörde vor, dass energieverbrauchsrelevante Waren und technische Geräte in der Leistungsbeschreibung dem höchsten Leistungsniveau an Energieeffizienz entsprechen sollen[22].

Im Unterschied zu den im Folgenden dargestellten Zuschlagskriterien stellen leistungsbeschreibende Kriterien zwingende Anforderungen dar, die nicht mit anderen Merkmalen, wie etwa dem Kaufpreis, in die am Gebot der Wirtschaftlichkeit orientierte Angebotswertung einbezogen und gewichtet werden.

5.3 CSR-Aspekte als Zuschlagskriterien

Der Zuschlag erfolgt gemäß Art. 67 Abs. 1 und 2 der Richtlinie auf das aus Sicht des Auftragsgebers wirtschaftlich günstigste Angebot, und zwar anhand der vorher festgelegten Zuschlagskriterien. Die beispielhafte Aufzählung der Zuschlagskriterien nennt soziale und umweltbezogene Eigenschaften, die in die Bewertung der Angebote einbezogen werden können.

Die Wirtschaftlichkeit der Angebote wird mit Hilfe einer Bewertungsmatrix ermittelt, bei der jedes Zuschlagskriterium bewertet wird und bei dessen Erfüllung durch das jeweilige Angebot entsprechend Punkte vergeben werden. Daraus folgt, dass bei der Angebots-

---

[20] Brackmann (2014), S. 313.
[21] Richtlinie 2006/32/EG vom 5.4.2006 über Energieeffizienz und Energiedienstleistungen, abgelöst durch die Richtlinie 2012/27/EU vom 25.10.2012.
[22] § 4 Abs. 4 und 5 VgV; entsprechende Vorschriften sieht auch die Sektorenverordnung vor.

bewertung soziale und umweltbezogene Faktoren nur einen von mehreren darstellen, die von den Bewerbern bei Nichtbeachtung durch eine hohe Bewertung anderer Qualitätsfaktoren, aber auch der Preisgestaltung ausgeglichen werden können. Dabei bestimmt der öffentliche Auftraggeber nach eigenem Ermessen, welchen Mehraufwand die ihm wichtigen gemeinwohlorientierten Erfordernisse rechtfertigen.

Art. 67 der Richtlinie grenzt allerdings den weiten Ermessensspielraum der Behörde ein, indem er die zu den gemeinwohlorientierten Zuschlagskriterien ergangene Rechtsprechung des EuGH aufgreift. Danach müssen
- die Zuschlagskriterien im Zusammenhang mit dem Auftragsgegenstand stehen,
- die Kriterien in den Ausschreibungsunterlagen ausdrücklich erwähnt werden und
- die Informationen und Nachweise zur Erfüllung der Kriterien einer wirksamen Überprüfung zugänglich sein.

Es ist darauf zu achten, dass auf der Ebene der Zuschlagskriterien keine „versteckten" Anforderungen an die Eignung der Bewerber eingeführt werden. So kann beispielsweise im sozialpolitischen Bereich gefordert werden, dass bei der Herstellung der ausgeschriebenen Erzeugnisse ein Mindestanteil von Frauen beschäftig wird. Außerhalb der ausgeschriebenen Leistung liegen jedoch Vorgaben, welche die allgemeine Betriebsorganisation des Bewerbers betreffen, wie beispielsweise die Forderung nach einer Frauenbeauftragten im Unternehmen[23]. Hier fehlt es am Zusammenhang mit dem Auftragsgegenstand.

5.4 Einkauf von umwelt- und sozialgerecht hergestellten Produkten

Lange Zeit war es nicht eindeutig geregelt, ob und in welcher Phase der Ausschreibung die Vergabestelle das Herstellungsverfahren des zu liefernden Produkts oder der verwendeten Materialien berücksichtigen kann.

So stellt sich bei der Ausschreibung eines Auftrags für den Bau und Betrieb einer öffentlichen Einrichtung die Frage, ob die Behörde in der Leistungsbeschreibung fordern kann, dass die zu verwendenden (Bau-) Materialien und die für den Betrieb benötigten Produkte unter Einhaltung ethischer Produktionsbedingungen hergestellt werden. Auch wenn fair gehandelte Produkte oftmals mit einem entsprechenden Zertifikat ausgezeichnet sind, ist dieses Kriterium nicht unmittelbar in dem Endprodukt erkennbar, sondern betrifft die Produktionsbedingungen in der vorgelagerten Lieferantenkette.

Eine umwelt- oder sozialgerechte Herstellung des Auftragsgegenstands dient üblicherweise nicht dem Hauptzweck, etwa einer verbesserten Nutzung, und schlägt sich nicht sichtbar in dem zu erwerbenden Leistungsgegenstand nieder, so sie nicht unter die freie Leistungsbeschreibung zu fassen ist.

---

[23] Vgl. das Beispiel bei Frenz (2007), Rn. 2994.

Seit der Entscheidung des EuGH in der Rechtssache *EVN/Wienstrom*, in der die Verwendung von Ökostrom ein maßgebliches Kriterium bei der Bewertung des Angebots darstellte[24], ist es geklärt, dass die Produktionsmethode des Auftragsgegenstandes ein zulässiges Zuschlagskriterium im Vergabeverfahren ist. Folgerichtig bestätigt der EuGH in seinem Urteil zu den Gütezeichen *EKO und Max Havelaar* ausdrücklich, dass auch die Herkunft von Produkten aus ökologischer Landwirtschaft und fairem Handel zulässige Zuschlagskriterien sind[25].

Entsprechend stellen die im Jahr 2014 reformierten Vergaberichtlinien nun ausdrücklich klar, dass bei der Zuschlagserteilung alle Faktoren berücksichtigt werden dürfen, die sich in irgendeiner Hinsicht und in irgendeinem Lebenszyklus-Stadium auf die zu erbringenden Leistung beziehen, auch wenn sich derartige Faktoren nicht auf die materiellen Eigenschaften des Auftragsgegenstandes auswirken (Art. 67 Abs. 3 der Richtlinie).

Mehrere deutsche Städte und Kommunen sind schon Jahre zuvor aktiv geworden und haben in ihren Vergabeordnungen festgelegt, dass keine Produkte aus ausbeuterischer Kinderarbeit beschafft werden dürfen und stattdessen möglichst Produkten aus fairem Handel der Vorzug zu geben ist[26].

> **Beispiel**
>
> *Ausschnitt aus der Vergabeordnung der Stadt Düsseldorf, Stand: 08.08.2006:*
>
> (…) „Weiterhin ist zu beachten, dass keine Produkte aus ausbeuterischer Kinderarbeit beschafft werden. Wenn möglich, ist Produkten aus fairem Handel der Vorzug zu geben. Als Nachweis gilt eine unabhängige Zertifizierung (z. B. ein TransFair-Siegel oder Rugmark-Siegel). Existiert für die betroffenen Produkte keine Zertifizierung, gilt die Erklärung durch die Anerkennung der zusätzlichen Vertragsbedingungen für die Ausführung von Bauleistungen bzw. die Anerkennung der zusätzlichen Vertragsbedingungen VOL." (…)

Das Land Nordrhein-Westfalen hat im Jahr 2012 als erstes Bundesland in seinem Tariftreue- und Vergabegesetz NRW (TVgG NRW) neben den Zielen der Tariftreue und des Mindestlohns weitere umwelt- und sozialpolitische Ziele öffentlicher Beschaffung festgelegt[27]. Es regelt die Voraussetzung einer umweltfreundlichen und energieeffizienten Beschaffung und verlangt außerdem, dass bei der Ausführung öffentlicher Aufträge keine Waren verwendet werden, die gegen die ILO-Kernarbeitsnormen verstoßen[28].

---

[24] EuGH vom 04.12.2003, Rs. C-448/01, EVN und Wienstrom.

[25] EuGH vom 10.5.2012, Rs. C 368/10, EKO und Max Havelaar.

[26] Vorreiter war hier die Stadt München, die im Jahr 2003 als erste Kommune Deutschlands den Beschluss gefasst hat, dass nur noch Produkte und Dienstleistungen beschafft werden, die ohne ausbeuterische Kinderarbeit hergestellt sind.

[27] Dazu auch Brackmann (2014), S. 311, 313.

[28] vgl. §§ 17 und 18 TVgG NRW.

Für die öffentlichen Auftraggeber ist heute also eindeutig geregelt, dass sie auf die Arbeits- und Sozialstandards der Zulieferbetriebe ihrer privaten Partner Einfluss nehmen können. Wenn beispielsweise die Beschaffung der Arbeitsbekleidung oder Bettwäsche in Krankenhäusern und anderen Versorgungseinrichtungen in private Hände abgegeben wird, bietet es sich im Rahmen der Ausschreibung an, die Einhaltung der ILO-Kernarbeitsnormen bei der Produktion der Textilien zu verlangen. Denn gerade an der Textilindustrie wird immer wieder öffentliche Kritik an den menschenunwürdigen Produktionsbedingungen in den Textilfabriken der Schwellen- und Entwicklungsländer geübt. Die Erzeugung der Rohstoffe wie etwa Baumwolle ist häufig mit einem unsachgemäßen Einsatz von Düngemitteln und Pestiziden verbunden, die starke Gesundheitsschäden bei den Arbeitern hervorrufen.

> **Beispiel**
>
> *Schon seit dem Jahr 2002 beschafft die Feuerwehr der Stadt Düsseldorf „faire" Dienstkleidung, die unter Einhaltung der ILO-Kernarbeitsnormen hergestellt wird.*

Auch bei Baumaßnahmen der öffentlichen Hand bestehen Ansatzpunkte, die Beschaffung der Baumaterialien auf dem globalen Markt mit der Forderung nach sozialen Produktionsbedingungen in den Zulieferbetrieben zu verbinden.

> **Beispiel**
>
> *Die Nachfrage in Deutschland nach Natursteinen wird vornehmlich aus Indien befriedigt. Jedoch sind gerade die indischen Steinbrüche durch soziale Missstände, insbesondere durch ausbeuterische Beschäftigung von Kindern, in die Kritik geraten. Die Stadt München hat im Jahr 2011 ihre Vergabeordnung unter anderem dahingehend geändert, dass der Bieter durch einen unabhängigen Nachweis belegen muss, dass die Natursteine, sofern sie aus Afrika, Asien oder Lateinamerika stammen, ohne ausbeuterische Kinderarbeit produziert wurden.*

Erklärt die öffentliche Hand die ILO-konforme Herstellung der für die ausgeschriebene Maßnahme benötigten Materialien und Produkte aus Schwellen- und Entwicklungsländern zum Zuschlagskriterium, setzt sie damit das eindeutige Signal, ethische Geschäftspraktiken in diesen Ländern fördern zu wollen. Die ausschreibende Kommune sichert sich so vor etwaigen Reputationsschäden ab, die auftreten können, wenn in der Öffentlichkeit bekannt wird, dass sie mit ihrem Einkaufsverhalten soziale Missstände in Entwicklungsländern ausnutzt. Sie stärkt damit im Ergebnis ihre politische Glaubwürdigkeit. Gleichzeitig erlangen Anbieter, die ihre weltweite Verantwortung dadurch wahrnehmen, dass sie von ihren Lieferanten die Fertigung der bestellten Güter unter sozialverträglichen Arbeitsbedingungen verlangen, einen Vorteil im Wettbewerb um öffentliche Aufträge.

Die Grundsätze der Transparenz und Nichtdiskriminierung fordern allerdings, dass die Zuschlagskriterien effektiv überprüfbar und vergleichbar sind[29]. Verlässt sich der öffentliche Auftraggeber nur auf nicht widerlegbare Eigenerklärungen der Bieter, droht eine Wettbewerbsverzerrung. Unterliegt ein Bieter mit dem preislich günstigsten Angebot gegenüber einem anderen Bieter, der vornehmlich aufgrund der Abgabe einer Eigenerklärung betreffend die Einhaltung der ILO-Kernkonventionen in der Bewertung aufgestiegen ist und daher den Zuschlag erhält, riskiert die Vergabestelle ein Nachprüfungsverfahren.

Die neuen Richtlinien sehen nun vor, dass die ausschreibende Behörde Gütesiegel und Zertifikate von den Bietern verlangen kann, um soziale und ökologische Kriterien nachzuweisen[30].

Für umweltfreundliche Produktionsmethoden gibt es mittlerweile zahlreiche Label und Zertifikate, wie etwa der Blaue Engel, das EU-Ecolabel oder das EU-Bio-Siegel. Beim so genannten fairen Einkauf, also der Einhaltung von Mindestsozialstandards wie etwa der ILO-Kernarbeitsnormen gibt es allerdings bislang nur für einige wenige Produkte die Möglichkeit des Nachweises über unabhängige Zertifikate, die den Behörden eine transparente und überprüfbare Bewertung der Angebote ermöglichen.

> **Beispiel**
>
> *Das „Rugmark"-Siegel wird für aus Indien importierte Teppiche vergeben, die ohne Einsatz ausbeuterischer Kinderarbeit hergestellt wurden. Unter dem Dach von FLO International (Fairtrade Labelling Organizations International) befinden sich diverse nationale Labels für fair gehandelte Produkte, deren Erzeugern angemessene Mindestlöhne gezahlt werden. Dazu gehört das in Deutschland verwendete Trans-Fair-Siegel. Allerdings werden auch hier nur bestimmte Produkte, vornehmlich Lebensmittel, zertifiziert. Das internationale Forest Stewardship Council (FSC) zeichnet Forste und Wälder bzw. deren Produkte aus, die neben ökologischen auch soziale und ökonomische Kriterien berücksichtigen. Wer demnach Holz oder Papier mit dem FSC-Siegel einkauft, stellt sicher, dass es aus einer umweltgerechten, sozialverträglichen und wirtschaftlich tragfähigen Waldwirtschaft stammt.*

Wichtig ist, dass die Anforderungen des Gütezeichens auf objektiv nachprüfbaren und nicht diskriminierenden Kriterien basieren, zudem müssen diese Anforderungen von einem Dritten festgelegt werden, auf den der Wirtschaftsteilnehmer, der das Gütezeichen beantragt, keinen maßgeblichen Einfluss ausüben kann[31]. Insofern muss die ausschreibende Stelle darauf achten, dass das beizubringende Gütezeichen für die möglichen Bewerber auch aus anderen Mitgliedsstaaten zugänglich und verfügbar ist. Die Verwendung

---

[29] so zu Ökostrom als Zuschlagskriterium: EuGH vom 04.12.2003, Rs. C-448/01, EVN und Wienstrom.

[30] Art. 43 der Richtlinie.

[31] Art. 43 der Richtlinie.

rein nationaler Gütesiegel in den Vergabeunterlagen bevorzugt im Zweifelsfall die einheimischen Bewerber und verstößt damit gegen das Diskriminierungsverbot, jedenfalls wenn nicht auch gleichwertige Standards anerkannt werden. In seinem Urteil zu den niederländischen Gütezeichen EKO und Max Havelaar hat der EuGH dementsprechend die bloße Bezugnahme und den Rückgriff auf bestimmte Gütezeichen gerügt, da den Bietern die konkreten Maßstäbe der Bewertung nicht hinreichend transparent gemacht wurden, sondern stattdessen lediglich auf ein Siegel verwiesen wurde. Denn der Grundsatz der Transparenz bedeutet, dass alle Anforderungen des Gütezeichens klar und präzise in der Vergabebekanntmachung formuliert werden.

Die Komplexität der Lieferantennetzwerke macht es dem Anbieter schwer, die Einhaltung von sozialen und ökologischen Standards entlang der Lieferkette zu garantieren. Hier sind Politik und Wirtschaft gefragt, gerade zur Einhaltung ethischer Standards unabhängige Zertifizierungslösungen und Lieferkettennachweise zu erarbeiten und nachvollziehbar zu kommunizieren. Durch einheitliche Standards kann damit eine Vergleichbarkeit der Angebote zur Einhaltung wettbewerblicher Bedingungen im Vergabeverfahren gewährleistet werden.

5.5 Soziale und Umweltauflagen bei der Ausführung

Vor allem die Phase der Auftragsausführung bietet den Kommunen vielfältige Chancen, CSR-Anforderungen an den privaten Partner zu stellen. Denn die Vergaberichtlinien sehen vor, dass der öffentliche Auftraggeber seine gewünschte Leistung durch zusätzliche Bedingungen für die Ausführung des Auftrags ergänzen kann. Diese Auflagen können ausdrücklich soziale, umweltbezogene oder beschäftigungspolitische Aspekte betreffen[32].

In den Erwägungsgründen zum Erlass der EU-Vergaberichtlinien findet sich Näheres zum Inhalt der Auflagen. So können die Ausführungsbedingungen dem Ziel dienen, die Gleichstellung von Frauen und Männern am Arbeitsplatz zu erreichen, mehr Frauen am Erwerbsleben zu beteiligen, die Vereinbarkeit von Arbeit und Privatleben zu verbessern, den Umwelt- oder Tierschutz zu begünstigen, die Kernarbeitsnormen der ILO zu erfüllen oder mehr benachteiligte Personen über das gesetzliche Maß hinaus einzustellen. Die Erwägungsgründe geben den öffentlichen Anwendern in dem Zusammenhang Anregungen an die Hand und zählen beispielhaft einige mögliche sozialpolitische Verpflichtungen auf, die den privaten Auftragnehmern auferlegt werden können. So besteht etwa die Möglichkeit, den privaten Partner während der Vertragserfüllung zu verpflichten, Langzeitarbeitslose einzustellen, Jugendliche auszubilden, für Gesundheitsschutz des eingesetzten Personals zu sorgen oder Maßnahmen zur Abfallminimierung oder Ressourceneffizienz umzusetzen. Die Beispiele machen deutlich, dass derartige Vertragsauflagen vor allem

---

[32] Art. 70 der Richtlinie. Die entsprechende nationale Vorschrift findet sich in § 97 Abs. 4 Satz 2 GWB.

bei längerfristigen Dienstleistungsaufträgen oder Betreiberprojekten sinnvoll eingesetzt werden können.

Auch bei den Ausführungsbedingungen gilt, dass sie Bewerber aus anderen Mitgliedsstaaten nicht benachteiligen dürfen und bereits in der Bekanntmachung oder in den Verdingungsunterlagen angegeben werden müssen. Sie sind damit für den privaten Anbieter bindend. Da es sich hier um künftig zu erbringende Vertragsleistungen handelt, die sich ausschließlich auf den ausgeschriebenen Auftrag beziehen dürfen, können von den Bewerbern keine Nachweise hinsichtlich der Erfüllung dieser Anforderungen verlangt werden. Insbesondere kann nicht verlangt werden, dass der Bewerber die geforderten Vertragsbedingungen schon bei der Angebotsabgabe erfüllt[33]. In der Regel werden im Vergabeverfahren von den Bewerbern entsprechende Verpflichtungserklärungen verlangt, dass sie der Anforderung nachkommen, wenn sie den Zuschlag erhalten[34]. Im Ergebnis beeinflussen die Ausführungsbedingungen damit den Teilnehmerkreis, da die Bewerber, die die Auftragsbedingung nicht akzeptieren, vom Vergabeverfahren ausscheiden. Sofern die CSR-Auflagen für alle Bewerber gelten und keine einheimischen Bewerber mittelbar oder unmittelbar bevorzugen, sind sie wettbewerbsneutral und insoweit vergaberechtlich nicht zu beanstanden.

Die Festlegung von Vertragsbedingungen zur Auftragsausführung eröffnet den Vergabestellen vielfältige Möglichkeiten, Anforderungen an die gesellschaftliche Verantwortung der privaten Partner zu stellen. Dies gilt vornehmlich für die CSR-relevanten Themen Transparenz und Informationsoffenheit, beschäftigungsfördernde Maßnahmen sowie internes Arbeitsumfeld.

So kann die Kommune beauflagen, dass der private Partner einen bestimmten Anteil von Unteraufträgen an Unternehmen bzw. soziale Organisationen, die benachteiligte Gruppen beschäftigen, zu vergeben hat. Zu denken ist dabei vor allem an die Einbindung von geschützten Werkstätten für Menschen mit Behinderungen[35]. Es kann aber auch vorgesehen sein, dass andere Organisationen mit Wiedereingliederungsprogrammen, beispielsweise für ehemalige Strafgefangene oder Langzeitarbeitslose, unterbeauftragt werden.

Darüber hinaus können dem privaten Auftragnehmer in seiner Rolle als Arbeitgeber vertragliche Verpflichtungen auferlegt werden, etwa Maßnahmen zur Förderung der Chancengleichheit zwischen Mann und Frau oder zugunsten von Minderheiten durchzuführen. Gemeint ist damit das Personalmanagementkonzept Diversity, das im Sinne von CSR auf eine win-win-Situation für die Gesellschaft und die Unternehmen abzielt. Diversity wird nämlich zum einen angesichts der demografischen Veränderungen als arbeitspolitische Notwendigkeit gesehen, ist aber zum anderen auch ein privatwirtschaftliches Managementinstrument, das die heterogene Zusammensetzung der Belegschaft als Wettbewerbs-

---

[33] OLG Düsseldorf, 07.05.2014, Az. VII-Verg 46/13.
[34] Burgi (2008), Rn. 32.
[35] Anzumerken ist in diesem Zusammenhang, dass Art. 20 der Richtlinie es zulässt, dass öffentliche Aufträge unter Einschränkung des Teilnehmerkreises auf geschützte Werkstätten, in denen überwiegend Menschen mit Behinderungen beschäftigt sind, ausgeschrieben werden.

vorteil nutzt. Auch wenn man das Konzept von Diversity nicht als eine reine Quotenfrage auffassen sollte, wird sich die Förderung von Diversity im Rahmen des öffentlichen Beschaffungswesens in der praktischen Umsetzung wohl auf Vorgaben der Vergabestelle beschränken, dass ein bestimmter Prozentsatz des zur Vertragsausführung tätigen Personals aus Menschen mit Behinderungen, ethnischen Minderheiten, Frauen und/oder älteren Arbeitnehmern besteht. Sie hat damit die Möglichkeit auf die Zusammenstellung der Mitarbeiterstruktur und die Chancengleichheit der Mitarbeiter Einfluss zu nehmen. Derartige Vertragsklauseln stellen einen Anreiz für potentielle Auftragnehmer der öffentlichen Hand dar, sich verstärkt mit dem Thema Diversity auseinanderzusetzen.

Daneben bieten sich zur Stärkung des internen Arbeitsumfelds vertragliche Vorgaben seitens des öffentlichen Partners zur Mitarbeiterqualifikation an. Insbesondere wenn das ehemals öffentliche Personal im Rahmen eines Outsourcing in ein privates Arbeitsverhältnis übergeleitet wird, ist ein solcher Übergang oft mit Vorbehalten verbunden. Es werden Gehaltseinbußen und der Verlust des sicheren Arbeitsplatzes befürchtet, was sich wiederum negativ auf die Motivation der Mitarbeiter auswirken kann. Weiterbildungsangebote und auf das neue Aufgabengebiet zugeschnittene Qualifikationsmaßnahmen können diesen Hemmnissen entgegenwirken, da sie den Mitarbeitern Wertschätzung signalisieren und ihnen auf Dauer Berufschancen (Stichwort: „Lebenslanges Lernen") eröffnen. Gleichzeitig dienen natürlich die so erworbenen Qualifikationen dem effektiven Einsatz der Mitarbeiter im Rahmen der Dienstleistung.

5.6 Einbindung von Stakeholdern

Stakeholdermanagement, also die Berücksichtigung der Interessen betroffener Anspruchsgruppen, ist eine wichtige strategische Aufgabe im Zusammenhang mit CSR.

Gerade bei der Privatisierung von Aufgaben der öffentlichen Daseinsvorsorge, sei es auf dem Gebiet der Ver- und Entsorgung, der Kultur oder der Stadtentwicklung, stehen hier transparentes Vorgehen und die Einbindung der Bevölkerung vor Ort im Vordergrund und sind nicht selten Voraussetzung für ein gutes Gelingen des Projekts. Ein solches Vorgehen lässt sich hingegen nur schwer in Vertragsklauseln fassen. Es hängt vielmehr stark vom individuellen Engagement des privaten Betreibers, aber auch der beteiligten Kommune ab. Letztere hat im Vorfeld der Ausschreibung die maßgebliche Aufgabe, die betroffene Bevölkerung über das Vorhaben zu informieren, Fragen zu beantworten und politische Gruppierungen in die Vergabeüberlegungen einzubeziehen, um so für die nötige Transparenz zu sorgen und Vertrauen in eine private Lösung aufzubauen.

Vertragsklauseln können die Mitbestimmungsmöglichkeiten der Bürger sowie deren Information während des anschließenden Betriebs durch einen Privaten regeln. Der Umfang solcher Auflagen ist freilich von Projekt zu Projekt unterschiedlich und wird beispielsweise beim privaten Betrieb einer JVA oder Schule größer sein als etwa bei einer Klinik, da gerade die Ausbildung der Kinder und die Sicherheit in der Gemeinde sehr sensible Themen darstellen. Sofern Öffentlichkeitsarbeit beauflagt wird, sollte dies näher konkretisiert werden, etwa indem ein jährlicher „Tag der offenen Tür" festgelegt wird. Auch ein Internetauftritt, eine „Hotline" oder ein fester Ansprechpartner für die Bürger zeugen von einer offenen Haltung gegenüber dem Informationsbedürfnis der betroffenen Menschen.

6 Möglichkeiten und Grenzen von CSR-Auflagen im Vergabeverfahren

Das öffentliche Beschaffungswesen bietet viele Ansatzpunkte, mehr unternehmerische Verantwortung einzufordern und so die mit CSR verbundenen positiven Effekte zu heben.

Das Gebot der Transparenz erfordert es, die wesentlichen Leistungsparameter schon bei der Ausschreibung bekannt zu geben, da sie zum einen den Preis beeinflussen und zum anderen auf Basis dieser Indikatoren leistungsabhängige Zahlungsmechanismen vereinbart werden können. Im Hinblick auf eine gute und vertrauensvolle Zusammenarbeit sollte der öffentliche Partner freilich sorgfältig abwägen, ob er auch die Leistungsfaktoren, die das gesellschaftliche Engagement des Betreibers als Corporate Citizen umfassen, bei Schlechterfüllung zur Grundlage von Entgeltkürzungen machen möchte. Denn CSR geschieht in erster Linie aus der inneren Haltung, dem Ideenreichtum und der Initiative des Unternehmens heraus. Dementsprechend sind vertragliche Auflagen, die zum Ziel haben, das gesellschaftliche Engagement des privaten Anbieters in der Region zu stärken, nur begrenzt möglich. Maßnahmen zur Stärkung der regionalen Verbundenheit eines Unternehmens lassen sich nur schwerlich von außen bestimmen. Letztlich muss der private Partner vor allem den Willen und die Eigeninitiative aufbringen, sich als Corporate Citizen in die vor Ort bestehenden Netzwerke einzubinden.

Unternehmerisches gesellschaftliches Engagement findet nach wie vor überwiegend auf freiwilliger Basis statt – jenseits vergaberechtlicher Vorgaben, weil die Unternehmen die Chancen eines strategischen CSR-Managements erkennen.

Beispiel

Für ein privat betriebenes Ver- und Entsorgungsunternehmen bietet es sich an, in der Region Schulprojekte zum Thema Umweltschutz zu unterstützen. Derartige CSR-Aktivitäten sind unmittelbar auf das Kerngeschäft ausgerichtet und unterstreichen damit ganz besonders die Glaubwürdigkeit des Engagements. Gleichzeitig verschafft sich der private Betreiber frühzeitigen Zugang zu potenziellen Nachwuchskräften.

Insofern sollte die Vergabestelle darauf achten, nicht mit zu detaillierten vertraglichen Vorgaben gesellschaftlicher Art möglicherweise kontraproduktiv im Hinblick auf darüber hinausgehende freiwillige CSR-Aktivitäten des Betreibers zu wirken. Sowohl die private Übernahme von Verantwortung in der Daseinsvorsorge als auch das gesellschaftliche Engagement von Unternehmen im Rahmen von CSR leben nämlich von dem Innovationsgeist und der Kreativität der Privatwirtschaft. Hier gilt es, die gesellschaftspolitischen und die privatwirtschaftlichen Interessen sorgfältig abzuwägen.

Eine für soziale und ökologische Aspekte offene Vergabepolitik kann den Handlungsrahmen für CSR bieten und als Anreizinstrument für die gesellschaftliche Einbindung der Privatwirtschaft wirken. Die gesetzlichen Möglichkeiten hierfür wurden in den letzten Jahren von der EU, aber auch von immer mehr Kommunen vorangetrieben. Die Politik auf EU- und Bundesebene sollte den Prozess strategisch mit klaren Zielen, Kriterien und einem Monitoring unterstützen und die Mitarbeiterinnen und Mitarbeiter in den Vergabestellen motivieren, umweltfreundliche und sozialgerechte Lösungen einzukaufen.

Literatur

Boesen, Arnold (2000): Vergaberecht, Kommentar zum 4. Teil des GWB, Köln 2000.
Brackmann, Roswitha (2014), Nachhaltige Beschaffung in der Vergabepraxis, in: Zeitschrift für das gesamte Vergaberecht, Heft 2a, Mai 2014, S. 310 ff.
Burgi, Martin (2008): Vergabefremde Kriterien, B 13, in: Grabitz, Eberhard/Hilf, Meinhard (Hrsg.), Das Recht der Europäischen Union, Kommentar, Band IV, 31. Ergänzungslieferung, Stand: Juli 2008, München 2008.
Dreher, Meinrad (2014): in: Immega, Ulrich/Mestmäcker, Ernst-Joachim (Hrsg.), Wettbewerbsrecht, Band 2, GWB/Teil 2, Kommentar zum Deutschen Kartellrecht, §§ 97–129b (Vergaberecht), 5. Auflage, München 2014.
European Commission (2011), Public Procurement Indicators 2010, Brussels 4 November 2011.
Europäische Kommission (2002), Mitteilung der Kommission über die Auslegung des gemeinschaftlichen Vergaberechts und die Möglichkeiten zur Berücksichtigung sozialer Belange bei der Vergabe öffentlicher Aufträge, 15.10.2001, KOM (2001) 566 endgültig.
Frenz, Walter (2007): Handbuch Europarecht, Band 3, Beihilfe- und Vergaberecht, Berlin/Heidelberg 2007.
Gröning, Jochem (2014): Die neue Richtlinie für die öffentliche Auftragsvergabe – ein Überblick, in: Zeitschrift für das gesamte Vergaberecht, Heft 3, Mai 2014, S. 339 ff.

CSR und Wettbewerbsrecht: Zulässigkeit von Umweltwerbung und CSR-Marketing

Axel Birk

Zusammenfassung

Muss ein Unternehmen seine Kunden darüber aufklären, dass das Tropenholz, aus dem die Gartenmöbel sind, aus Plantagen stammt? Stellt es eine Irreführung dar, wenn ein Unternehmen mit seiner Mitgliedschaft in einem CSR-Netzwerk wirbt und nicht darüber aufklärt, dass damit keine Garantie über die Einhaltung sozialer und ökologischer Standards verbunden ist, sondern lediglich ein Bemühen um Verbesserung solcher Umstände erreicht werden soll? Wer solche Fragen stellt, muss sich mit dem Gesetz gegen unlauteren Wettbewerb (UWG) beschäftigen. Das UWG hat u. a. den Sinn, grundlegende Anforderungen an die externe Kommunikation von Unternehmen zu stellen, um die Rationalität der Kundenentscheidung zu schützen. Werbliche Kommunikation und Verkaufsgespräche dürfen daher nicht irreführen, nicht in aggressiver Weise die Kunden beeinflussen oder zu stark in deren Privatsphäre eindringen. CSR verlangt eine ehrliche und glaubwürdige Marketingkommunikation. Das UWG flankiert also nur moralische Grundsätze, die sich aus einer CSR-Verantwortung der Unternehmen ohnehin ergeben. Im Zentrum stehen dabei das Verbot der irreführenden Werbung und die Frage nach etwaigen Aufklärungspflichten über die ökologischen und sozialen Umstände der Produktion. Der Beitrag untersucht neben der bereits seit langem bekannten Umweltwerbung und dem CSR-Labelling auch spezielle Formen des CSR-Marketings wie etwa das Cause-related Marketing, das Social Marketing und die Cause Promotion.

A. Birk (✉)
Institut für Unternehmensrecht,
Hochschule Heilbronn, Heilbronn, Deutschland
E-Mail: axel.birk@hs-heilbronn.de

© Springer-Verlag Berlin Heidelberg 2015
D. Walden, A. Depping (Hrsg.), *CSR und Recht,* Management-Reihe Corporate Social Responsibility, DOI 10.1007/978-3-662-44119-0_9

1 Fälle aus der Praxis

Der „Business Case" für CSR nimmt an, dass sich Unternehmen durch die Beachtung von sozialen und ökologischen Belangen im Wettbewerb Vorteile verschaffen. Das kann nur gelingen, wenn Unternehmen ihre CSR-Aktivitäten nach außen gegenüber den einzelnen Stakeholdern, insbesondere gegenüber den Kunden, kommunizieren. Dabei unterliegen die Unternehmenskommunikation und das Marketing dem Gesetz gegen unlauteren Wettbewerb (UWG). Zum Einstieg in das Thema seien drei Beispiele aus der Praxis herausgegriffen:

Beispiel 1

Eine Arbeitsgruppe aus der Marketingabteilung eines amerikanischen Unternehmens der Outdoor-Bekleidungsindustrie überlegt sich, wie das bestehende CSR-Engagement an die Kunden kommuniziert werden kann. Man diskutiert über die Vielzahl an existierenden, oftmals nur national bekannten Öko- und Soziallabel, die im Bekleidungsbereich zur Verfügung stehen, und stellt fest, dass diese ganz unterschiedliche Anforderungen stellen und ganz unterschiedliche Prüf- und Zertifizierungsverfahren vorsehen. Dazu hat sich die Arbeitsgruppe Siegel wie z. B. „GOTS", „Blue Sign" und „Öko-Tex Standard 100" bzw. „Öko-Tex Standard 1000" angesehen. Weil keines der Siegel befriedigend alle für das Unternehmen wichtigen CSR-Aspekte abdeckt und auch keines der Siegel weltweit bekannt ist, entscheidet man sich dazu, ein eigenes Siegel zu entwerfen, dem ein eigenes CSR-Bewertungssystem zugrunde liegt. Kaum ist das Siegel in Deutschland in Verwendung, erhält das Unternehmen eine wettbewerbsrechtliche Abmahnung eines deutschen Konkurrenten wegen irreführender Werbung. Der Vorwurf lautet: Den Kunden sei nicht erkennbar, dass es sich um ein selbst kreiertes Label handelt. Dies sei irreführend, weil der Kunde erwarte, dass Gütesiegel von unabhängigen Institutionen verliehen und laufend geprüft werden.

Beispiel 2

Ein Handelsunternehmen ist Mitglied der Business Social Compliance Initiative (BSCI).[1] Die Mitgliedsunternehmen der BSCI verpflichten sich u. a. auf den Standard der ILO-Kernarbeitsnormen.[2] Diese enthalten vier Grundsätze: das Recht der Vereinigungsfreiheit und Kollektivverhandlungen (Abschluss von Tarifverträgen), die Beseitigung der Zwangsarbeit, die Abschaffung der Kinderarbeit und das Verbot der Diskriminierung in Beschäftigung und Beruf (nach Geschlecht, Alter, Religion, Rasse etc.). Die BSCI verlangt von den Mitgliedern aber nicht die lückenlose Umsetzung, sondern

---

[1] Zur BCSI siehe http://www.bsci-intl.org/.
[2] Die Kernarbeitsnormen der International Labour Organization sind abrufbar unter: http://www.ilo.org/berlin/arbeits-und-standards/kernarbeitsnormen/lang-de/index.htm.

ein ernsthaftes Bemühen:[3] „Die im BSCI-Verhaltenskodex festgelegten Grundsätze stellen die angestrebten Ziele und Mindesterwartungen der BSCI-Teilnehmer mit Blick auf das soziale Verhalten ihrer Lieferketten dar. ... Die BSCI-Teilnehmer verpflichten sich, alle zumutbaren Anstrengungen zu unternehmen, um die im BSCI-Verhaltenskodex festgelegten Zielsetzungen zu erreichen." Eine Untersuchung im Auftrag von zwei deutschen NGOs hat ergeben, dass in Zulieferbetrieben des Handelsunternehmens die ILO-Kernarbeitsnormen nicht eingehalten werden. Im Wesentlichen waren Überschreitungen der Höchstarbeitsdauer, die Nichteinhaltung der Sechs-Tage-Woche, repressive Maßnahmen gegenüber den Arbeitern und unberechtigte Lohnkürzungen festgestellt worden. Ist allein schon der Verstoß gegen die ILO-Kernarbeitsnormen zugleich ein Verstoß gegen das deutsche UWG? Ist die Nichteinhaltung einer freiwillig eingegangenen unternehmerischen Selbstverpflichtung unlauterer Wettbewerb? Wie verhält es sich, wenn das Handelsunternehmen über seine Mitgliedschaft in der BSCI mit folgenden Aussagen in seinen wöchentlich in den Filialen ausliegenden Werbeprospekten Werbung gemacht hat: „Als BSCI-Mitglied setzt sich X für sozialverträgliche Produkte ein. Auf diese Weise leistet X einen großen Beitrag zur nachhaltigen Verbesserung der Arbeitsbedingungen in der weltweiten Lieferkette, vor allem in Entwicklungs- und Schwellenländern."? Können die NGOs gegen das Handelsunternehmen vorgehen und wettbewerbsrechtliche Ansprüche geltend machen?

Beispiel 3

Ein Hersteller von Gartenmöbeln hat eine breite Produktpalette unterschiedlicher Möbel aus unterschiedlichen Holzarten, darunter auch Tropenhölzer. Die Verwendung von Tropenhölzern ist problematisch, weil dadurch die Abholzung von Regenwäldern, die Zerstörung von Ökosystemen und auch soziale Missstände in den jeweiligen Ländern gefördert werden. Da Tropenhölzer jedoch einzigartige Eigenschaften aufweisen, besteht eine Kompromisslösung darin, nur Hölzer aus Plantagen zu verwenden. Die Hamburger Verbraucherzentrale in Zusammenarbeit mit dem Verein „Rettet den Regenwald e.V." ist der Auffassung, dass der Gartenmöbelhersteller die Verbraucher über die Herkunft der Hölzer seiner Produkte informieren und die Produkte entsprechend kennzeichnen muss. Viele Verbraucher seien umweltbewusst. Daher sei die Herkunft der Hölzer ein wichtiges Kaufkriterium.

Grundlegend in allen drei Fällen ist zunächst die Frage, welche unternehmerischen Verhaltensweisen überhaupt vom UWG erfasst werden und wer solche Ansprüche geltend machen kann (2.). Erst nach dieser Klärung kann es um die Anwendung der einzelnen Regeln des UWG gehen. Dabei spielt das Verbot irreführender Werbung gemäß § 5 UWG eine zentrale Rolle (3.). Hinsichtlich der in der Praxis häufig eingegangenen unternehme-

---

[3] Vgl. BSCI Code of Conduct Stand Jan. 2014, S. 3 unter Gliederungspunkt IV.

rischen Selbstverpflichtungen zu CSR sind aber auch der sog. „Rechtsbruchtatbestand" des § 4 Nr. 11 UWG und die Generalklausel des § 3 UWG zu diskutieren (4.). Schließlich stellt sich gemäß § 5a UWG die Frage, ob es eine Informationspflicht über csr-relevante Umstände gibt (5.). Die wichtigsten Handlungsempfehlungen werden im Fazit zusammengefasst (6.).

2 Welches unternehmerische Handeln wird vom UWG überhaupt erfasst und wer kann Ansprüche geltend machen?

Die Beispielsfälle werfen im ersten Zugriff drei Fragen auf:
- Muss sich ein ausländisches Unternehmen am deutschen Wettbewerbsrecht orientieren, auch wenn es alle Rechtsvorschriften des eigenen Landes bei der Werbung beachtet?
- Unterliegen alle Bereiche unternehmerischen Handelns dem Wettbewerbsrecht oder erfasst das UWG nur die Werbung?
- Wer kann überhaupt Ansprüche aus unlauterem Wettbewerb geltend machen?

2.1 Internationaler Anwendungsbereich

Wie bei jedem nationalen Gesetz beschränkt sich die Geltung des UWG auf die Grenzen der Bundesrepublik Deutschland. Sobald aber ein Auslandsbezug, wie im Beispiel 1 durch den Sitz eines Unternehmens im Ausland, entsteht, geht es um den internationalen Anwendungsbereich des UWG. Diese Frage regelt Art. 6 der sog. „Rom-II-Verordnung", die für alle EU-Mitgliedstaaten einen Teil des internationalen Privatrechts enthält.[4] Art. 6 Abs. 1 Rom-II-VO lautet:

> *„Auf außervertragliche Schuldverhältnisse aus unlauterem Wettbewerbsverhalten ist das Recht des Staates anzuwenden, in dessen Gebiet die Wettbewerbsbeziehungen oder die kollektiven Interessen der Verbraucher beeinträchtigt worden sind oder wahrscheinlich beeinträchtigt werden."*

Nach allgemeiner Meinung kommt in dieser Formulierung das „Marktortprinzip" zum Ausdruck. Anwendbar ist danach die staatliche Rechtsordnung, auf deren Markt durch die unternehmerischen Aktivitäten eingewirkt und um Marktanteile gekämpft wird.[5] Auch wenn ein Unternehmen eine in seinem Heimatmarkt unbedenkliche Werbemaßnahme auf andere Länder „ausrollt", hat es dabei die rechtlichen Besonderheiten auf den jeweiligen

---

[4] Verordnung (EG) Nr. 864/2007.
[5] Köhler/Bornkamm/*Köhler* (2015), Einleitung Rn. 5.33–5.36.

Zielmärkten zu beachten. Im Beispiel 1 hat das amerikanische Unternehmen also deutsches UWG bei der Verwendung seines CSR-Labels zu beachten.

2.2 Sachlicher Anwendungsbereich

Im Beispiel 2 stellt sich die Frage, ob das UWG bereits Verstöße gegen Produktionsbedingungen im Ausland erfasst oder lediglich etwaige Werbeaussagen darüber. Diese Frage berührt den sachlichen Anwendungsbereich des UWG, welcher durch den Begriff der „geschäftlichen Handlung" bestimmt wird. Den Begriff definiert § 2 Abs. 1 Nr. 1 UWG:

„Eine geschäftliche Handlung ist „jedes Verhalten einer Person zugunsten des eigenen oder eines fremden Unternehmens vor, bei oder nach einem Geschäftsabschluss, das mit der Förderung des Absatzes oder des Bezugs von Waren oder Dienstleistungen oder mit dem Abschluss oder der Durchführung eines Vertrags über Waren oder Dienstleistungen objektiv zusammenhängt".

Im Kern erfasst das UWG also nur das unternehmerische Verhalten, das mit der Absatzförderung objektiv zusammenhängt. Dieser objektive Zusammenhang besteht nicht nur, wenn Unternehmen direkt die geschäftlichen Entscheidungen der Kunden oder Interessenten beeinflussen wollen, sondern auch, wenn sie durch reine Aufmerksamkeits- oder Imagewerbung ihre Bekanntheit bzw. ihre Reputation verbessern wollen.[6] Im Fall einer Public Relations Maßnahme ist jedoch nur dann eine geschäftliche Handlung anzunehmen, wenn sich die Kommunikationsmaßnahme ausschließlich oder zumindest vorrangig an Verbraucher oder Geschäftskunden richtet und geeignet ist, deren geschäftliche Entscheidung zu beeinflussen.[7]

Betriebswirtschaftlich gesehen kann man in grober Sortierung uwg-relevante von nicht uwg-relevanten Unternehmensbereichen trennen: uwg-relevant sind Marketing und Vertrieb sowie die Unternehmenskommunikation (Public Relations), nicht uwg-relevant sind Beschaffung, Produktion, Rechnungswesen, Finanzierung, Organisation und Personal. Unter dem Aspekt des unlauteren Wettbewerbs kann es also nur um etwaige unzutreffende oder irreführende Werbeaussagen über die Mitgliedschaft in der BSCI gehen. Henning-Bodewig hat es pointiert so ausgedrückt:[8] „Das Lauterkeitsrecht ist nicht der richtige Ort, um Unternehmen zu einer ‚good governance' zu zwingen – es kann weder etwas gegen Diskriminierung oder menschenunwürdige Arbeitsbedingungen noch gegen die Zerstörung der Umwelt oder das traurige Schicksal von Hühnern ausrichten." Daher ist – wie im

---

[6] Vgl. Regierungsentwurf zur UWG-Novelle 2008, BT-Drs. 16/10145, 21; Köhler/Bornkamm/ *Köhler* (2015), § 2 Rn. 47 f.
[7] Dies ergibt sich aus Erwägungsgrund 7 der UGP-Richtlinie der EU, die dem UWG in der aktuellen Fassung vom Jahr 2008 zugrunde liegt.
[8] *Henning-Bodewig*, WRP 2011, 1014 (1023).

Beispiel 2 geschildert – der Verstoß gegen die ILO-Kernarbeitsnormen oder gegen eine freiwillige unternehmerische Selbstverpflichtung für sich noch kein unlauterer Wettbewerb. Erst durch die Werbeaussage über die Mitgliedschaft in der BSCI gerät das Handelsunternehmen in den Fokus des UWG.

Als Grundsatz kann man festhalten, dass nicht die CSR-Aktivitäten selbst, wohl aber die Kommunikation über CSR dem UWG unterfällt. Allerdings ist dieser Grundsatz noch zu weit formuliert, weil es Kommunikation über CSR gibt, die sich nicht vorrangig an Verbraucher oder Geschäftskunden richtet oder jedenfalls nicht darauf zielt, deren geschäftliche Entscheidungen zu beeinflussen. Dazu zwei Beispiele:

Nachhaltigkeitsberichterstattung Momentan werden Nachhaltigkeitsberichte von den Unternehmen freiwillig aufgestellt, es existiert aber eine Richtlinie der EU-Kommission, welche die Erstellung für Unternehmen ab einer gewissen Größenordnung verpflichtend macht.[9] Nach der Theorie richten sich Nachhaltigkeitsberichte an alle Stakeholder, also auch die Kunden des Unternehmens.[10] Kaum ein Autokäufer wird aber vor seiner Entscheidung für ein Modell einer bestimmten Marke die Nachhaltigkeitsberichte der jeweiligen Hersteller lesen und diese Informationen als wesentlich für seine Kaufentscheidung ansehen. Eine realistische Definition der wichtigsten externen Zielgruppen von Nachhaltigkeitsberichten findet sich im Richtlinienentwurf der EU-Kommission. Es sind dies die „Investoren und Finanzmärkte, Organisationen der Zivilgesellschaft (NGOs) und lokale Gebietskörperschaften".[11] Da sich Nachhaltigkeitsberichte nicht vorrangig an Verbraucher und Kunden richten bzw. nicht darauf gerichtet sind, deren Kaufentscheidungen zu beeinflussen, liegt auch keine „geschäftliche Handlung" im Sinne des § 2 Abs. 1 Nr. 1 UWG vor.

Social Marketing In der Marketingliteratur werden als besondere Formen des CSR-Marketings u. a. Cause Promotion und Social Marketing genannt.[12] Die beiden Arten lassen sich nicht ganz trennscharf unterscheiden. Bei einer Cause Promotion spendet das Unternehmen Geld oder Sachmittel und unterstützt damit eine Aktion oder ein Projekt, das sich mit einem umwelt-, sozial- oder gesellschaftspolitischen Thema befasst. Im Rahmen des Social Marketings startet das Unternehmen selbst Kampagnen, welche die Bevölkerung oder einzelne Bevölkerungsgruppen zur Änderung ihres Verhaltens aufruft. In beiden Fällen stehen die CSR-Aktivitäten zunächst in keinem unmittelbaren Zusammenhang mit dem Verkauf von Produkten, sondern dienen allenfalls der Imageverbesserung des Unternehmens. Ein Beispiel für Social Marketing ist etwa die Initiative „MobileKids" der Daimler AG.[13] Mit dieser Initiative fördert Daimler die Verkehrserziehung von Kindern.

---

[9] Richtlinie Nachhaltigkeitsberichterstattung (2014).
[10] Vgl. *Hentze/Thies* (2012), Kap. 5.
[11] Richtlinienvorschlag Nachhaltigkeitsberichterstattung (2013), S. 2.
[12] Vgl. *Kotler* (2013), Kap. 2.
[13] Siehe unter www.mobilekids.de.

Die Initiative ist durchaus geeignet, das Image von Daimler bei Kindern und Eltern zu fördern, jedoch wird die Initiative wohl kaum die „geschäftlichen Entscheidungen" der Eltern beim Kauf eines Autos wesentlich beeinflussen. Wenn Cause Promotion und Social Marketing von Unternehmen nur darauf gerichtet sind, das Bewusstsein von Bevölkerungsgruppen für bestimmte gesellschaftspolitische Themen zu wecken bzw. zu ändern, ist keine geschäftliche Handlung anzunehmen. Die Beurteilung ändert sich aber, wenn das Social Marketing mit den Produkten des Unternehmens verknüpft wird. So ist es z. B. bei der Rubrik „Nachhaltig zu Hause leben" auf der Homepage von IKEA. Durch den einleitenden Satz „Bei IKEA gibt es viele günstige Produkte und Lösungen, die dir dabei helfen, ein nachhaltigeres Leben zu Hause zu führen" liegt eine geschäftliche Handlung gemäß § 2 Abs. 1 Nr. 1 UWG vor.

2.3 Besonderheiten des Wettbewerbsrechts: Wer kann überhaupt klagen und wie werden die Ansprüche geltend gemacht?

Irritationen entstehen bei Nicht-Juristen immer wieder zu der Frage, wer überhaupt Ansprüche aus unlauterem Wettbewerb geltend machen kann. Das Gesetz beschränkt in § 8 Abs. 3 UWG den Kreis der anspruchs- und klagebefugten Personen auf die Konkurrenten, die Wettbewerbsvereine („Verbände zum Schutz gewerblicher und selbständiger Interessen"), Verbraucherschutzverbände sowie die Industrie- und Handelskammern.[14] Verbraucher oder sonstige Institutionen, wie insbes. NGOs, zählen nicht dazu. Im Beispiel 2 benötigt die NGO daher die Hilfe einer Verbraucherzentrale, um gegen das Handelsunternehmen vorgehen zu können.

Besonderheiten gibt es auch im wettbewerbsrechtlichen Verfahren, das – wie im Beispiel 1 – mit einer sog. „Abmahnung" beginnt. Mit dieser Abmahnung soll gemäß § 12 Abs. 1 UWG dem Gegner die Möglichkeit einer außergerichtlichen Streitbeilegung eingeräumt werden. Erst wenn die Abmahnung erfolglos bleibt, muss zur Durchsetzung der Ansprüche ein Antrag auf Erlass einer einstweiligen Verfügung oder Klage beim zuständigen Gericht erhoben werden.[15]

3 Irreführende CSR-Werbung

Das Wettbewerbsrecht erfasst den Teil der Unternehmenskommunikation, der auf Verbraucher, Kunden und Interessenten gerichtet und geeignet ist, deren Kaufentscheidung zu beeinflussen; und diese Art der Kommunikation ist in der Praxis häufig irreführend. § 5 Abs. 1 S. 1 UWG sagt lapidar:

---

[14] Näher zu den anspruchsberechtigten Personen siehe *Birk/Löffler* (2012), Kap. 6.2.3.
[15] Näher zum Verfahren siehe *Birk/Löffler* (2012), Kap. 6.2.5.

"Unlauter handelt, wer eine irreführende geschäftliche Handlung vornimmt."

Satz 2 erläutert dann näher, was unter einer Irreführung zu verstehen ist:

"Eine geschäftliche Handlung ist irreführend, wenn sie unwahre Angaben enthält oder sonstige zur Täuschung geeignete Angaben über folgende Umstände enthält:
1. die wesentlichen Merkmale der Ware oder Dienstleistung ...;
2. den Anlass des Verkaufs wie das Vorhandensein eines besonderen Preisvorteils, den Preis oder die Art und Weise, in der er berechnet wird, oder die Bedingungen, unter denen die Ware geliefert oder die Dienstleistung erbracht wird;
3. die Person, Eigenschaften oder Rechte des Unternehmers ..."

Maßgeblich für die Beurteilung einer Irreführung ist der sog. „Durchschnittsverbraucher". Das ist eine fiktive Person, von der man annimmt, dass sie durchschnittlich informiert, aufmerksam und kritisch ist. Zusätzlich muss die Irreführung gemäß § 3 Abs. 2 S. 1 UWG spürbar sein, d. h., die Fähigkeit des Durchschnittsverbrauchers, sich auf Grund von Informationen zu entscheiden, „wesentlich beeinflussen". Unter dem Aspekt der irreführenden Werbung sind drei in der Praxis wichtige CSR-Werbeformen näher zu betrachten:
- Werbung unter Verwendung bestimmter Umweltbegriffe kann schnell irreführend sein (3.1),
- bei Verwendung von CSR-Label sind bestimmte Anforderungen zu beachten (3.2) und
- Cause-related Marketingaktionen sind in zutreffender Weise zu kommunizieren (3.3).

3.1 Irreführende Werbeaussagen

Werbung mit Aussagen, die man heutzutage dem Bereich CSR zuordnet, gab es auch schon früher. Wenn ein Unternehmen seine Produkte als „umweltfreundlich" bezeichnet oder wenn damit geworben wird, dass die Tageseinnahmen wegen des Firmenjubiläums direkt an die Mitarbeiter ausgeschüttet werden, sind das keine neuen Phänomene. Lediglich die Themen variieren je nach Produkt und Zeitgeschehen. Rechtlich ist zu unterscheiden, ob sich die CSR-Werbeaussagen auf das Produkt oder – wie im Beispielsfall 2 – auf das Unternehmen beziehen.

Rechtlich unproblematisch sind konkrete Werbeaussagen über Produkteigenschaften. Wird z. B. eine Babytrinkflasche als „BPA-frei" bezeichnet, muss diese Angabe eben stimmen. Trifft sie nicht zu, ist die Irreführung auch wesentlich, weil viele Kunden sonst die Flasche nicht gekauft hätten. Das Problem produktbezogener Umweltwerbung besteht aber häufig darin, dass die verwendeten Begriffe oder Formulierungen unklar sind und vom Kunden kaum überprüft werden können. Wer seine Produkte mit allgemeinen Begriffen als „umweltfreundlich", „grün", „nachhaltig" oder „natürlich" bezeichnet, sagt

nichts Konkretes, suggeriert dem Verbraucher aber, dass die Produkte besser für die Gesundheit oder die Umwelt verträglich seien. Daher hat die Rechtsprechung hat mit Beginn der Umweltwerbung in den 1980er-Jahren die auch heute noch geltenden Grundsätze zur Verwendung solch allgemeiner Begriffe aufgestellt:
- Wird ein Produkt als „umweltfreundlich" o. ä. bezeichnet, erwarten die Verbraucher, dass das Produkt nach dem momentanen Erkenntnisstand ein hohes Maß an Umweltschonung innerhalb der Produktgruppe (im relativen Sinn) verwirklicht.[16]
- Da die Verbraucher zu Schlagworten wie „umweltfreundlich", „umweltverträglich", „umweltschonend" etc. kein klares Verständnis haben, ist zusätzlich anzugeben, in welcher konkreten Hinsicht das Produkt umweltfreundlich sein soll.[17] Fehlt es an einer solchen Präzisierung, muss das Produkt tatsächlich in allen Belangen umweltfreundlicher als vergleichbare Konkurrenzprodukte sein, um eine Irreführung zu vermeiden.

Besonderheiten bestehen für die Verwendung der Begriffe „biologisch" und „ökologisch" sowie der Kürzel „bio" und „öko". Diese Wörter dürfen bei Lebensmitteln und landwirtschaftlichen Erzeugnissen nur verwendet werden, wenn die Produkte den Anforderungen der EG-Öko-BasisVO[18] zum ökologischen Landbau entsprechen. Werden die Wörter „bio" etc. für andere Produkte verwendet, nimmt die Rechtsprechung an, dass die Verbraucher diese Begriffe grundsätzlich im Sinne von „frei von chemischen Stoffen", „weitgehend naturbelassen" und „frei von Rückstands- und Schadstoffen" verstehen.[19]

Allgemein großzügiger beurteilt wird Umweltwerbung, wenn sie sich nicht auf das Produkt, sondern auf das Unternehmen bezieht. Solcherart Werbung dient zwar der Imageverbesserung des Unternehmens, löst beim Verbraucher aber keine Vorstellungen über die ökologischen Vorteile des Produkts aus. Daher ist es nicht irreführend, wenn Unternehmen mit Slogans wie z. B. „Wir kümmern uns um die Umwelt" werben, ohne das Engagement näher zu präzisieren. Es muss lediglich ein tatsächliches Bemühen um den Umweltschutz im Unternehmen vorhanden und nachweisbar sein.

Ob die Grundsätze zur Umweltwerbung auf Werbung mit sozialem Engagement übertragen werden können, ist fraglich und von der Rechtsprechung noch nicht abschließend geklärt. Es gibt bislang noch keine Entscheidung des Bundesgerichtshofes (BGH) dazu, ob bei der Verwendung von Begriffen wie z. B. „fair", „ethisch" oder „sozial verantwortlich" für die Produktwerbung eine zusätzliche Präzisierung erfolgen muss, in welcher konkreten Hinsicht das Produkt „fair" hergestellt oder gehandelt wurde. Gegen eine solche Präzisierungspflicht spricht, dass – anders als bei der Umweltwerbung – die Verbraucher keinen Bezug zu ihrer Gesundheit herstellen. Zudem ist allgemein bekannt, dass ein „fairer" Handel oder eine „faire" Produktion nur ein Bemühen um die Verbesserung

---

[16] BGH, 20.10.1988 – I ZR 219/87, GRUR 1991, 548 (549) – Umweltengel.
[17] Grundlegend BGH, 20.10.1988 – I ZR 219/87, GRUR 1991, 548 (549) – Umweltengel.
[18] Verordnung (EG) Nr. 834/2007 vom 28.6.2007, ABl. EU 2007 L 189/1.
[19] BGH, 04.11.2010 – I ZR 139/09, GRUR 2011, 633 Rn. 26 – BIO TABAK; BGH, 13.09.2012 – I ZR 230/11, GRUR 2013, 401 Rn. 34 – Biomineralwasser.

von Arbeitsbedingungen in den Zuliefererländern sein kann. Die unternehmensbezogene Werbeaussage des Handelsunternehmens im Beispiel 2 ist somit nicht als irreführend zu bewerten, zumal ausdrücklich nur von einem „Beitrag zur nachhaltigen Verbesserung der Arbeitsbedingungen" die Rede ist.

3.2 CSR-Labelling

Um dem Verbraucher CSR-Anstrengungen zu kommunizieren, greifen viele Unternehmen auf die Verwendung von Label zurück. Label sind eine Abkürzung für produkt- oder prozessbezogene Informationen, die in anderer Weise dem Verbraucher am Point of Sale kaum vermittelt werden könnten. Auch im Fall von CSR-Label sind die produkt- von den unternehmensbezogenen zu unterscheiden. Unternehmensbezogene CSR-Label sind etwa die umweltbezogenen Zertifizierungsstandards ISO 14001 und EMAS oder die sozialstandardbezogenen SA 8000. Eine kaum noch überschaubare Vielfalt hat sich bei produktbezogenen CSR-Label entwickelt.[20] Es gibt:
- von Dritten verliehe oder unternehmenseigene Label,[21]
- staatlich oder privat verliehene Label,[22]
- branchenbezogene und branchenübergreifende Label,[23]
- produktqualitätsbezogene und herstellungsbezogene Label,[24]
- umweltstandard- und/oder sozialstandardbezogene Label.[25]

Hinsichtlich der Formen einer Irreführung über CSR-Label kann man vier Täuschungsarten unterscheiden, nämlich
- die Täuschung über die Verleihung,
- die Täuschung durch Nachahmung,
- die Täuschung der Objektivitätserwartungen und
- die Täuschung der Qualitätserwartungen.

---

[20] Um dem Verbraucher Orientierung im Siegel-Dschungel zu geben, gibt es verschiedene Initiativen, u. a. die Webseiten der Verbraucher Initiative e. V. unter www.label-online.de oder die Suchmaschine „Wegreen.de".

[21] In der Regel werden Siegel wegen der Glaubwürdigkeit von Dritten vergeben. Ein unternehmenseigenes Siegel ist z. B. das „Eco-Siegel" des Otto-Versand.

[22] Das wohl bekannteste staatliche Label ist das „Öko-Sechseck" zur Kennzeichnung von Bio-Lebensmitteln.

[23] Das bekannteste, produktübergreifende CSR-Label dürfte das „Fair-Trade-Siegel" des Vereins TransFair sein. Branchenbezogen ist etwa das „Öko-Tex-Standard-100-Siegel" für Textilprodukte.

[24] Produktqualitätsbezogen ist z. B. das „Öko-Tex-Standard-100-Siegel", indem es Textilen auf Schadstoffrückstände prüft. Herstellungsbezogen ist z. B. das Label „bluesign" der schweizerischen bluesign technologies AG, das Grenzwerte für eine Vielzahl von chemischen Substanzen aufstellt.

[25] Ökologisch orientiert ist das „Öko-Tex Standard 100 Siegel", sozialethisch orientiert das „Fair Trade-Siegel".

Ein klarer Fall von Täuschung über die Verleihung eines CSR-Labels liegt vor, wenn ein Unternehmen mit einem CSR-Siegel wirbt, ohne das Zertifikat erhalten zu haben. Eine Täuschung über die Verleihung liegt aber auch dann vor, wenn das CSR-Label über seine Gültigkeitsdauer hinaus verwendet wird oder wenn es für Dinge verwendet wird, für die es nicht verliehen wurde. Wer also eine unternehmensbezogene Zertifizierung nach ISO 14000 für die Produktwerbung verwendet, handelt irreführend.

Immer wieder versuchen sich Unternehmen an das positive Image von Label anzuhängen und kreieren dazu Siegel, die einem bekannten Label zum Verwechseln ähnlich sind. Bei staatlich verliehenen Label ist eine Nachahmung durch die jeweilige gesetzliche Grundlage untersagt. So regelt z. B. § 1 Abs. 2 Nr. 2 ÖkoKennzG für das bekannte Label „Bio-Sechseck", dass eine Nachahmung unzulässig ist. Ein Verstoß dagegen ist lauterkeitsrechtlich eine Irreführung und zugleich ein Rechtsbruch nach § 4 Nr. 11 UWG. Bei privat verliehenen Label stellt die Nachahmung in der Regel eine Markenverletzung nach § 14 MarkenG dar.

Die Verbraucher verbinden mit einem CSR-Label eine gewisse Objektivitätserwartung dahingehend, dass das Zeichen von einem objektiven, unabhängigen Dritten in einem objektiven Verfahren vergeben wurde. Verwendet ein Unternehmen ein selbst entwickeltes CSR-Label muss dieser Umstand dem Verbraucher daher eindeutig kommuniziert werden. Im Beispielfall 1 liegt somit eine Irreführung vor, wenn der Verbraucher denken könnte, das Label sei von einer unabhängigen Institution verliehen worden. Von einem objektiven Verfahren zur Verleihung eines CSR-Labels erwartet das Publikum eine Prüfung und Kontrolle, die nach vorher festgelegten Kriterien erfolgt, und in einem gewissen, regelmäßigen Turnus wiederholt wird. Wirbt ein Unternehmen mit dem selbstentworfenen CSR-Label „Wir unterstützen keine Kinderarbeit", muss es also sicherstellen, dass dazu ein „zuverlässiges und einigermaßen dichtes Kontroll- und Überwachungssystem" besteht.[26]

Die Verbraucher bringen einem Label auch eine gewisse Qualitätserwartung entgegen, nämlich dass die so gekennzeichnete Ware eine oder mehrere besondere Eigenschaften hat, die Dienstleistung durch besonders qualifizierte Personen ausgeübt wird oder das Unternehmen besondere Prozesse installiert hat, welche die Ware, Dienstleistung oder das Unternehmen von der Konkurrenz abheben.[27] Der Durchschnittsverbraucher wird zu einem einzelnen CSR-Label aber keine konkreten Detailvorstellungen haben, sondern nur ein grobes Vorstellungsbild. Verwendet ein Unternehmen z. B. das „Fair-Wear-Siegel" der Fair-Wear-Foundation wird der Verbraucher nicht erwarten, dass in der gesamten Wertschöpfungskette der Textilbranche, von der Baumwolle bis zur Kleiderfertigung, die Sozialstandards lückenlos eingehalten werden. Er wird vielmehr „nur" erwarten, dass sich das so gekennzeichnete Unternehmen einem Kontroll- und Monitoringsystem unterworfen hat, mit dem versucht wird, die von der Fair Wear Foundation definierten Sozialstandards bei sich und den Zulieferern umzusetzen.

---

[26] LG Stuttgart, 12.04.2006 – 42 O 8/06, BeckRS 2006, 11378.
[27] BGH, 09.06.2011 – I ZR 113/10, GRUR 2012, 215 Rn. 13 – Zertifizierter Testamentsvollstrecker.

3.3 Cause-related Marketing

Die in Deutschland wohl bekannteste Cause-related Marketingaktion ist das Regenwaldprojekt von Krombacher. Cause-related Marketing ist die Kopplung des Produktverkaufs mit dem Sponsoring eines CSR-Projekts. Die deutsche Rechtsprechung bezeichnet es als „Social Sponsoring". Das Cause-related Marketing erfreut sich nicht nur einer großen Beliebtheit als typisches CSR-Marketinginstrument,[28] sondern hat auch für zwei Grundsatzurteile des BGH gesorgt. Wie immer, wenn es um Irreführung geht, kommt es entscheidend darauf an, wie die Rechtsprechung die Erwartungen des Durchschnittsverbrauchers definiert. Dazu hat der BGH folgende Grundsätze aufgestellt:

- Der Verbraucher erwartet von Cause-related Marketingaktionen, dass das werbende Unternehmen überhaupt und zeitnah eine Unterstützungsleistung für den ökologischen oder sozialen Zweck erbringt und die Leistung in einer nennenswerten Größenordnung erfolgt, welche die werbliche Herausstellung rechtfertigt.[29] Wer also wie Krombacher eine deutschlandweit ausgerollte Aktion unter Einsatz der Massenmedien startet, muss auch einen erheblichen Betrag einsammeln und damit das jeweilige Projekt unterstützen.
- Eine Verpflichtung, über die Art und Weise der Unterstützung oder über die Höhe bzw. den Wert der Zuwendung aufzuklären, besteht grundsätzlich nicht.[30] Wenn aber konkrete Angaben zum Umfang des Sponsorings gemacht werden, müssen diese zutreffen. Im Fall Krombacher ging es daher um die Frage, ob die Verbraucher den Satz „Schützen Sie 1 m³ Regenwald" wörtlich verstehen und annehmen, dass mit jedem verkauften Kasten die Firma Krombacher bzw. der WWF Eigentum an einem Quadratmeter Regenwald erwerben, und ob dieser Satz so verstanden zutrifft oder nicht.
- Selbst wenn der Werbende durch etwaig missverständliche, mehrdeutige oder vollmundige Formulierungen („Schützen Sie 1 m³ Regenwald") Fehlvorstellungen bei einem Teil des Publikums hervorruft, ist immer noch zu prüfen, ob dieser Irrtum wesentlich ist, d. h., ob der Verbraucher seine Kaufentscheidung tatsächlich davon beeinflussen lässt.[31]

Damit behandelt der BGH die Kommunikation von Cause-related Marketingaktionen recht großzügig. Insbesondere verlangt die Rechtsprechung grundsätzlich keine konkreten Angaben über die Höhe der insgesamt geleisteten Beiträge und auch nicht über den

---

[28] Cause-related Marketing erlebt in Deutschland eine gewisse Mode. Eine beispielhafte Aufzählung von Aktionen findet sich auf den Webseiten der UPJ unter: http://www.upj.de/Trends.30.0.html?&tx_ttnews[pointer]=1&cHash=b378532fc0.

[29] BGH, 26.10.2006 – I ZR 33/04, GRUR 2007, 247 Rn. 25 – Regenwaldprojekt I.

[30] BGH, 26.10.2006 – I ZR 33/04, GRUR 2007, 247 Rn. 25 (33) – Regenwaldprojekt I.

[31] BGH, 26.10.2006 – I ZR 33/04, GRUR 2007, 247 Rn. 34 – Regenwaldprojekt I.

Spendenbeitrag, den der Verbraucher beim einzelnen Kauf leistet, obwohl nach Umfragen dazu deutliche Fehlvorstellungen zu konstatieren sind.[32]

4 Unternehmerische Selbstverpflichtungen im Bereich CSR

Die Umsetzung einer CSR-Strategie erfolgt im Rahmen der normativen Unternehmensführung in der Praxis regelmäßig so, dass das Unternehmen sich auf die Beachtung eines oder mehrerer CSR-Standards verpflichtet, also eine freiwillige, und dadurch moralische, Selbstverpflichtung eingeht. Das hat im Beispielfall 2 das Handelsunternehmen durch den Beitritt zur BSCI getan. Die BSCI ist eine internationale, von der Foreign Trade Association (FTA) ins Leben gerufene, branchenbezogene Initiative für Handelsunternehmen. Branchenübergreifend gibt es aktuell drei bedeutende internationale CSR-Standards, nämlich den UN Global Compact,[33] die OECD-Leitsätze für multinationale Unternehmen[34] und die ISO 26000.[35] Ein ebenfalls recht verbreiteter, aber auf Sozial- und Arbeitsnormen beschränkter Standard ist der SA 8000 der Social Accountability International (SAI), einer internationalen Nichtregierungsorganisation mit Sitz in New York.[36]

4.1 Geschäftliche Handlung

Die Übernahme einer Selbstverpflichtung im Bereich CSR alleine ist noch keine geschäftliche Handlung im Sinne des § 2 Abs. 1 Nr. 1 UWG und daher lauterkeitsrechtlich noch nicht relevant.

Informiert ein Unternehmen – wie es üblich ist – auf den Internetseiten z. B. über seine Mitgliedschaft im UN Global Compact, kann man sich fragen, ob bereits darin eine geschäftliche Handlung zu sehen ist, dient diese Information doch sicherlich auch der Imageverbesserung des Unternehmens. Das alleine genügt jedoch noch nicht, um eine geschäftliche Handlung anzunehmen. Eine solche liegt – wie oben bereits beim Thema Nachhaltigkeitsberichterstattung erläutert – erst dann vor, wenn sich die Kommunikationsmaßnahme gezielt oder zumindest vorrangig an die Verbraucher oder Geschäftskunden richtet. Das ist bei CSR-Informationen auf den Webseiten des Unternehmens grund-

---

[32] Bei der Pampers-Aktion „1 Packung = 1 Impfdosis" wird pro Packung 5,4 Cent an UNICEF gespendet, was tatsächlich den Kosten einer Tetanus-Impfdosis entspricht. Die Vorstellungen der Verbraucher über die Höhe der Spende pro Packungskauf weichen davon aber in der Regel deutlich ab: vgl. *Geißel* (2011), Kap. 4.3.1.

[33] Siehe dazu http://www.unglobalcompact.org/Languages/german/.

[34] Siehe dazu http://www.oecd.org/berlin/publikationen/oecd-leitsaetze-fuer-multinationale-unternehmen.htm.

[35] Die ISO 26000 ist im Internet nicht kostenlos abrufbar. Die deutsche Version ist im Beuth Verlag erschienen.

[36] Siehe dazu http://www.sa-intl.org/index.cfm?fuseaction=Page.ViewPage&PageID=937.

sätzlich nicht der Fall, weil diese Angaben vorrangig der Information der Finanzmärkte (Nachhaltigkeitsratingagenturen, Nachhaltigkeitsindizes und an Nachhaltigkeit orientierte Investoren), der NGOs oder der Gesellschaft allgemein dienen. Dies ist auch durch die Gestaltung der Webseiten leicht erkennbar, weil sich die CSR-Informationen unter Rubriken mit der Bezeichnung „Unternehmen", „Über uns" bzw. „Investor Relations" oder gesondert unter Stichwörtern wie „Nachhaltigkeit", „Sustainability" oder „Verantwortung" finden.

Sobald ein Unternehmen mit seiner CSR-Selbstverpflichtung aber gegenüber Kunden Werbung betreibt, liegt eindeutig ein objektiver Zusammenhang mit der Absatzförderung vor. Daher handelt es sich im Beispielfall 2 bei der Aussage in einem Werbeprospekt über die Mitgliedschaft in der BSCI klar um eine geschäftliche Handlung.

4.2 Unlautere Werbung mit der Übernahme einer Selbstverpflichtung

Wer dem bekannten Motto folgt „Tue Gutes und rede darüber", ist moralisch dazu angehalten, dass Wort und Tat übereinstimmen. Fehlt es daran, spricht man aktuell gerne vom „Green-Washing" der Unternehmen, wobei häufig die Erwartungen gegenüber den Unternehmen deutlich überzogen und damit Missverständnisse vorprogrammiert sind. Unter der Perspektive des UWG wirft ein Verstoß gegen eine unternehmerische Selbstverpflichtung, mit der geworben wird, mehrere Fragestellungen auf:

- Es könnte sich um einen sog. „Rechtsbruch" gemäß § 4 Nr. 11 UWG bzw. den Verstoß gegen einen „Verhaltenskodex" handeln.
- Des Weiteren ist es möglich, dass eine Irreführung nach § 5 UWG vorliegt.
- Schließlich könnte der Verstoß gegen eine unternehmerische Selbstverpflichtung von den sog. „Generalklauseln" des § 3 Abs. 2 und 3 UWG erfasst werden.

Nach der Regelung des § 4 Nr. 11 UWG handelt unlauter, wer

> „einer gesetzlichen Vorschrift zuwiderhandelt, die auch dazu bestimmt ist, im Interesse der Marktteilnehmer das Marktverhalten zu regeln."

Aus zwei Gründen kann diese Regelung nicht auf Werbung mit unternehmerischen Selbstverpflichtungen Anwendung finden: Zum einen handelt es sich bei Selbstverpflichtungen nicht um „gesetzliche Vorschriften", sondern um freiwillig übernommene, moralische Normen. Zum zweiten enthalten die meisten CSR-Regelwerke auch gar keine Normen, die das „Marktverhalten" regeln, sondern Bestimmungen zum Umweltschutz und zum Arbeitnehmerschutz. Unterhalb der Ebene der „gesetzlichen Vorschrift" setzt der Begriff „Verhaltenskodex" an, der auf Grund europarechtlicher Vorgaben 2008 ins UWG aufgenommen wurde und dort an verschiedener Stelle auftaucht.[37] Der Gesetzgeber versucht damit, den Unternehmensverbänden Anreize zur branchenorientierten Selbstregulierung und Konkretisierung des lauteren Wettbewerbs zu geben. Verhaltenskodizes sind daher nur solche Regelwerke von Unternehmerverbänden, die sich auf das „Marktverhalten" beziehen, d. h., Regelungen zum Verhalten im Wettbewerb aufstellen. Typische Verhaltenskodizes in diesem Sinn sind z. B. die verschiedenen „Verhaltensregeln des Deutschen Werberats",[38] der „Werbekodex des Deutschen Zigarettenverbands"[39] oder die „Richtlinien des Zentralverbands der deutschen Werbewirtschaft (ZAW) für redaktionell gestaltete Anzeigen".[40] Die genannten internationalen CSR-Standards enthalten aber ganz überwiegend überhaupt keine Regelungen zum Wettbewerbsverhalten, sondern zur Beachtung der Menschenrechte, zum Umweltschutz, zum Arbeitnehmerschutz und zur Korruption. Lediglich in den OECD-Leitsätzen und in der ISO 26000 finden sich Vorschriften zum lauteren Wettbewerb.[41] Beide Standards sind aber deswegen kein „Verhaltenskodex", weil es sich nicht um Regelwerke handelt, die zwischen mehreren Unternehmen oder einem Unternehmensverband ausgearbeitet, verabschiedet und für verbindlich erklärt worden sind.

Wer mit einer unternehmerischen Selbstverpflichtung wirbt, darf darüber gemäß § 5 UWG nicht irreführen. Ein klarer, aber seltener Fall einer irreführenden Werbung mit der Übernahme einer freiwilligen Selbstverpflichtung liegt dann vor, wenn das Unternehmen die Selbstverpflichtung gar nicht eingegangen ist. Das Unternehmen schmückt sich dann „mit fremden Federn". Für die Praxis viel bedeutsamer ist jedoch die Frage, ob auch dann eine Irreführung vorliegt, wenn dem Unternehmen einzelne Verfehlungen gegenüber der Selbstverpflichtung vorgeworfen und nachgewiesen werden können, so wie dies im Beispielfall 2 geschehen ist. Entscheidend ist dabei die Frage, zu was genau sich ein Unternehmen verpflichtet, wenn es etwa dem UN Global Compact oder der BSCI beitritt. Im Fall der BSCI verpflichten sich die Unternehmen auf ein Ziel sowie darauf „alle zumutbaren Anstrengungen zu unternehmen, um die im BSCI-Verhaltenskodex festgelegten Zielsetzungen zu erreichen." Versprochen wird also nicht etwa eine lückenlose Umsetzung der festgelegten Standards durch die gesamte Zulieferkette, sondern ein Bemühen, konkret das Implementieren geeigneter Prozesse und wirksamer Monitoringsysteme. Gleiches gilt für alle anderen genannten CSR-Standards. Eine Irreführung liegt daher nur dann vor, wenn ein Unternehmen, das sich auf einen CSR-Standard verpflichtet hat, keinerlei Aktivitäten zur Umsetzung des jeweiligen Standards entwickelt. In der juristischen Literatur wird von einzelnen Autoren gefordert, dass die Unternehmen die Verbraucher über den Umstand, dass

---

[37] Der Begriff wird definiert in § 2 Abs. 1 Nr. 5 UWG. Er hat Bedeutung für § 5 Abs. 1 S. 2 Nr. 6 UWG und die Nr. 1 und 3 des Anhangs zu § 3 Abs. 3 UWG.
[38] Siehe dazu http://www.werberat.de/verhaltensregeln.
[39] Siehe dazu http://www.zigarettenverband.de/de/93/Positionen/Werbung.
[40] Siehe dazu http://www.zaw.de/index.php?menuid=130.
[41] In den OECD Leitsätzen im „Abschnitt VIII. Verbraucherinteressen" und in der ISO 26000 im Abschnitt „6.7.3 Konsumentenanliegen".

es sich lediglich um ein Bemühen handelt, aufklären müssen. Argumentiert wird dazu mit der dargestellten Rechtsprechung zur produktbezogenen Umweltwerbung bei Verwendung nichtssagender und unklarer Begriffe (vgl. oben 3.1). Diese Begründung überzeugt nicht, weil es bei der Umweltwerbung um gesundheitsbezogene Vorstellungen geht, die für die Kaufentscheidung des Verbrauchers eine maßgebliche Rolle spielen. Das ist bei einer Werbung über die Mitgliedschaft in einem CSR-Netzwerk oder über eine CSR-Selbstverpflichtung nicht der Fall. Die Werbeaussage im Beispielsfall 2 ist daher auch nicht irreführend.

Von einzelnen Autoren in der juristischen Literatur wird schließlich vertreten, dass ein Verstoß gegen eine CSR-Selbstverpflichtung zugleich ein Verstoß gegen die sog. „Generalklausel" des § 3 UWG wäre. Die Regelungen in § 3 Abs. 1-3 lauten:

„(1) Unlautere geschäftliche Handlungen sind unzulässig.
(2) Geschäftliche Handlungen, die sich an Verbraucher richten oder diese erreichen, sind unlauter im Sinne des Absatzes 1, wenn sie nicht der für den Unternehmer jeweils geltenden fachlichen Sorgfalt entsprechen und dazu geeignet sind, das wirtschaftliche Verhalten des Verbrauchers wesentlich zu beeinflussen. ...
(3) Geschäftliche Handlungen, die sich weder an Verbraucher richten noch diese erreichen, sind unlauter im Sinne des Absatzes 1, wenn sie nicht der für den Unternehmer jeweils geltenden fachlichen Sorgfalt entsprechen und dazu geeignet sind, die Interessen von Mitbewerbern oder sonstigen Marktteilnehmern spürbar zu beeinträchtigen. Geschäftliche Handlungen, die sich zwar an Verbraucher richten oder diese erreichen, aber ausschließlich die wirtschaftlichen Interessen von Mitbewerbern schädigen, sind unlauter, wenn sie nicht der für den Unternehmer jeweils geltenden fachlichen Sorgfalt entsprechen."

Von einer Generalklausel spricht man, weil es in der Praxis zu unlauteren geschäftlichen Handlungen kommen kann, die nicht von den Regelungen der §§ 4–7 UWG erfasst sind. Einem solchen Rückgriff auf § 3 UWG bei Verstoß gegen nicht-gesetzliche Regelwerke hat die Rechtsprechung jedoch zu Recht eine deutliche Absage erteilt:[42] Der Verstoß gegen eine nichtgesetzliche Vorschrift könne – so der BGH – allenfalls ein Indiz für unlauteres geschäftliches Handeln sein, weil private Wettbewerbsregeln aus verfassungsrechtlichen Gründen und mangels Gesetzesqualität nicht geeignet sind, Maßstäbe zur Konkretisierung der Generalklauseln in § 3 Abs. 2 und 3 aufzustellen. Mit anderen Worten: Das UWG ist nicht dazu da, freiwillige CSR-Standards zu verrechtlichen und zu sanktionieren.

5 Informationspflichten über CSR?

Das Beispiel 3 macht deutlich: Man kann nicht nur durch übertriebene Werbeaussagen irreführen, sondern auch durch Verschweigen von entscheidungsrelevanten Umständen. Dieses Problem regelt die im Jahr 2008 eingeführte Vorschrift des § 5a UWG:

---

[42] BGH, 09.09.2010 – I ZR 157/08, GRUR 2011, 431 – FSA-Kodex.

„§ 5a Irreführung durch Unterlassen
(1) Bei der Beurteilung, ob das Verschweigen einer Tatsache irreführend ist, sind insbesondere deren Bedeutung für die geschäftliche Entscheidung nach der Verkehrsauffassung sowie die Eignung des Verschweigens zur Beeinflussung der Entscheidung zu berücksichtigen.
Unlauter im Sinne des § 3 Absatz 1 handelt, wer dem Verbraucher eine Information vorenthält,
1. die im konkreten Fall unter Berücksichtigung aller Umstände wesentlich ist,
2. die der Verbraucher je nach den Umständen benötigt, um eine informierte geschäftliche Entscheidung zu treffen und
3. deren Vorenthalten geeignet ist, den Verbraucher zu einer geschäftlichen Entscheidung zu veranlassen, die er andernfalls nicht getroffen hätte.
Als Vorenthalten gilt auch
1. das Verheimlichen wesentlicher Informationen,
2. die Bereitstellung wesentlicher Informationen in unklarer, unverständlicher oder zweideutiger Weise,
3. die nicht rechtzeitige Bereitstellung wesentlicher Informationen oder
4. die Bereitstellung wesentlicher Informationen in einer Weise, die den kommerziellen Zweck einer geschäftlichen Handlung nicht kenntlich macht, sofern sich dieser nicht unmittelbar aus den Umständen ergibt.
ergibt.
(3) Werden Waren oder Dienstleistungen unter Hinweis auf deren Merkmale und Preis in einer dem verwendeten Kommunikationsmittel angemessenen Weise so angeboten, dass ein durchschnittlicher Verbraucher das Geschäft abschließen kann, gelten folgende Informationen als wesentlich im Sinne des Absatzes 2 Satz 1 Nummer 1, sofern sie sich nicht unmittelbar aus den Umständen ergeben:
1. alle wesentlichen Merkmale der Ware oder Dienstleistung in dem dieser und dem verwendeten Kommunikationsmittel angemessenen Umfang; ..."

Während Abs. 1 lediglich normiert, was nach der Rechtsprechung ohnehin schon nach altem Recht galt, enthalten die Abs. 2 und 3 eine neuartige Informationspflicht gegenüber Verbrauchern.

Schon immer – und das wird nunmehr in Abs. 1 ausdrücklich gesagt – gab es Werbung, die eine oder gar mehrere wesentliche, entscheidungsrelevante Umstände verschweigt und dadurch irreführt: Wer einen Neuwagen anbietet, erklärt damit nach dem Verständnis der Interessenten zugleich, dass es sich nicht um ein Auslaufmodell handelt.[43] Wer in eine Werbeanzeige mit der Aussage „Telefonieren für 0 Cent!" wirbt, muss über die für die Bereitstellung des erforderlichen Telefonanschlusses aufzuwendenden Kosten sowie die monatlich anfallenden Grundgebühren informieren.[44]

---

[43] BGH, 06.10.1999 – I ZR 92/97, GRUR 2006, 616 – Auslaufmodelle III.
[44] BGH, 17.07.2008 – I ZR 139/05, GRUR 2009, 73 – Telefonieren für 0 Cent!.

Geht es um Werbung zwischen Unternehmen und Verbrauchern enthalten die Abs. 2 und 3 nunmehr zusätzliche Bestimmungen, die beide das Wort „wesentlich" enthalten. Das Ziel des § 5a Abs. 2 UWG definiert die zugrunde liegende europäische Richtlinie folgendermaßen: Der Verbraucher soll eine „informierte geschäftliche Entscheidung" treffen können. Die Frage lautet demgemäß: Welche Informationen sind für den Verbraucher für seine Entscheidung so wesentlich, dass das werbende Unternehmen darauf ungefragt hinweisen muss. Auf der anderen Seite ist auch das Interesse der Unternehmen zu berücksichtigen, nicht alle negativen Eigenschaften seiner Produkte in der Werbung angeben zu müssen. Daher nimmt die Rechtsprechung eine Interessenabwägung vor, bei der auf der Seite der Verbraucher das berechtigte Informationsinteresse und auf der Seite der Unternehmen die Beschränkungen des Kommunikationsmittels und das Interesse an Vermeidung negativer Darstellung zu berücksichtigen sind.[45] Was aber bedeutet diese Interessenabwägung für die Frage nach der Information über csr-relevante Umstände? Muss der Gartenmöbelhersteller im Beispielfall 3 angeben, ob die verwendeten Tropenhölzer aus dem Urwald oder aus Plantagen stammen? Muss ein Unternehmen angeben, dass seine Produkte ggf. unter Verletzung von Menschenrechten hergestellt wurden? Welches Unternehmen der Mineralölindustrie oder welches Unternehmen, das in China produziert bzw. produzieren lässt, könnte dann auf einen solchen Hinweis verzichten und wie müsste er konkret aussehen?

Zur Frage der Informationspflichten über csr-relevante Umstände gibt es lediglich ein Urteil des BGH, das jedoch aus dem Jahr 1980 stammt. Damals hat das Gericht entschieden, dass ein Asbest-Importeur nicht über die Herstellungsbedingungen in Südkorea aufklären muss, weil der Verkehr lediglich Informationen erwarte, welche den wirtschaftlichen Wert oder die Qualität des Produkts betreffen. Es sei nicht anzunehmen, dass für das Publikum die (prekären) Arbeitsbedingungen im Ausland für den Kaufentschluss von wesentlicher Bedeutung sind.[46] Diese Entscheidung erging zum alten UWG und es fragt sich daher, ob die Einführung des § 5a UWG eine andere Beurteilung verlangt. Nach der hier vertretenen Auffassung kann es auch nach neuer Rechtslage keine allgemeine Informationspflicht über csr-relevante Umstände geben. Dafür sprechen zentral zwei Argumente:

- Der Begriff der „informierten Entscheidung" umfasst nach der Forschung zum Konsumentenverhalten auch den Aspekt der Komplexität.[47] Eine sinnvolle, verbraucherorientierte und einfach verständliche Information über csr-relevante Umstände scheitert an der Komplexität der zu vermittelnden Lebenssachverhalte.
- Das Interesse der Unternehmen an Rechtssicherheit verlangt für Aufklärungspflichten klare und eindeutige Standards, über was genau zu informieren ist. Solche einheitlichen Standards existieren im CSR-Bereich, zumindest bislang, nicht.

---

[45] BGH, 16.05.2012 – I ZR 74/11, GRUR 2012, 1275 Rn. 36 – Zweigstellenbriefbogen; Köhler/Bornkamm/*Bornkamm* (2015), § 5a Rn. 29b.
[46] BGH, 09.05.1980 – I ZR 76/78, GRUR 1980, 858 – Asbestimporte.
[47] Vgl. *Kroeber-Riehl/Gröppel-Klein* (2013), 4. Teil B.

Das erste Argument sei an dem aktuell vieldiskutierten „Carbon Footprint" näher erläutert. Die Information, welche Menge CO_2 die Herstellung eines Produktes oder die Erbringung einer Dienstleistung verursacht, könnte eine Information sein, die einige Verbraucher interessiert. So versucht es z. B. der Deutsche Paketdienst (DPD) mit folgender Information:[48] „CO_2-neutral – total zero. Bei der Erstellung unserer Transportdienstleistungen fällt eine beachtliche Menge an CO_2 an. Über 90 % dieser Emissionen entstehen durch den Pakettransport, die restlichen 10 % durch Verpackungen und den Betrieb der Depots. Wir messen diesen Ausstoß und arbeiten kontinuierlich daran, ihn weiter zu reduzieren. Die nicht vermeidbaren Emissionen kompensieren wir durch den Kauf von Emissionszertifikaten im Emissionshandel. Das Geld aus dem Emissionshandel fließt in Projekte zur Reduzierung von CO_2." Das klingt gut. Die Aussagen enthalten jedoch bei näherer Betrachtung ein gehörige Menge an Unklarheiten: Schon der Begriff des „Product Carbon Footprint" ist nicht geklärt. Hinzu kommen methodische Probleme, den „Product Carbon Footprint" zu berechnen.[49] Dazu in aller Kürze einige Hinweise: Im strengsten Sinne ist bei der CO_2-Bilanz eines Produktes die gesamte Wertschöpfungskette von der Rohstoffgewinnung bis zur Entsorgung zu berücksichtigen. Problematisch ist insbesondere die Bezifferung der Nutzungsdauer eines Produkts, bei dem es große Unterschiede geben kann. Langlebige Produkte haben wegen ihrer hohen Nutzungsdauer oft eine deutlich bessere CO_2-Bilanz als qualitativ schlechtere Produkte. Selbst wenn es über die geplante ISO 14067 zu einer internationalen Standardisierung kommen sollte, können die Verbraucher mit der Angabe von rein numerischen CO_2-Werten aber nichts anfangen, da man aus den Zahlen kaum Verhaltensweisen für eine optimale Nutzung unter Klimagesichtspunkten ablesen kann und andere Umweltaspekte ignoriert werden. Der Verbraucher erhält durch die Angabe eines Product Carbon Footprint eine kaum brauchbare, dazu noch irreführende Information. Das Memorandum des Bundesministeriums für Umwelt, Naturschutz und Reaktorsicherheit macht es am Beispiel des CO_2-Fußabdrucks von Äpfeln deutlich:[50] „Der Energieaufwand zur Produktion und Lagerung von Äpfeln schwankt von Betrieb zu Betrieb und kann zwischen großen und kleinen Betrieben um den Faktor 2–3 unterschiedlich sein. Die Transportentfernung kann ebenfalls sehr unterschiedlich ausfallen: das Bodensee-Obst wird am Bodensee verkauft, aber auch in Kassel oder Berlin. Die Äpfel können aber auch aus Neuseeland oder Chile importiert werden. Die in Deutschland erzeugten Äpfel werden bis ins späte Frühjahr hinein gelagert und dabei gekühlt. Der PCF steigt damit von Monat zu Monat." Wenn es aber schon im naturwissenschaftlich erfassbaren Umweltbereich so schwierig ist, csr-relevante Informationen sinnvoll zu ermitteln und verbrauchergerecht zu kommunizieren, wieviel größer sind dann erst die Unklarheiten und Unsicherheiten im Bereich der Sozial- und Arbeitsnormen und der Menschenrechte.

---

[48] Siehe dazu: http://www.dpd.com/de/home/verantwortung/umwelt/total_zero/das_prinzip.
[49] Siehe dazu Memorandum Product Carbon Footprint des BMU.
[50] Memorandum Product Carbon Footprint des BMU, S. 32.

Zum zweiten Argument: Eine klassische juristische und moralphilosophische Unterscheidung wird zwischen Tun und Unterlassen gezogen.[51] Der Grundsatz lautet, dass ein Unterlassen nur dann rechtlich vorwerfbar ist, wenn es eine klar definierte Pflicht zum Handeln gibt. Eine Informationspflicht kann es damit auch nur dann geben, wenn es für die Unternehmen klare und einheitlich definierte Standards gibt, über was genau und in welcher Form zu informieren ist. Solche Standards enthalten im Umweltbereich z. B. die Energieverbrauchskennzeichnungsverordnung (EnVKV), welche die Auszeichnung von Elektrogeräten mit der allgemein bekannten Ampelskala in Pfeilform verlangt. Diese Rechtssicherheit schaffen weder die internationalen CSR-Standards UN Global Compact, der OECD-Leitsätze oder der ISO 26000 noch etwa die Standards zur Nachhaltigkeitsberichterstattung wie z. B. die G4-Leitlinien der Global Reporting Initiative. Weder handelt es sich um allgemeingültige, gesetzliche, in irgendeiner Form demokratisch legitimierte Regelwerke, noch enthalten die Standards einheitliche, aufeinander abgestimmte Vorgaben. Es gibt somit noch nicht einmal in Teilbereichen von CSR klare und eindeutige Bestimmungen, über was und in welcher Form zu informieren wäre.

6 Fazit und Handlungsempfehlungen

Das UWG ist das Recht der werblichen Kommunikation des Unternehmens. Aus dem Bereich von CSR unterfallen daher eine Reihe von Aktivitäten gar nicht dem Anwendungsbereich des UWG. Dies gilt für die Nachhaltigkeitsberichterstattung, für produktunabhängige Formen des Social Marketings und für die Aufstellung von Code of Ethics oder den Beitritt zu CSR-Netzwerken. Das gilt erst recht für die Umstände der Produktion und Herstellung in eigenen Betrieben und denen der Zulieferer.

Wer allerdings Werbung mit seinen CSR-Aktivitäten zum Zweck der Imageverbesserung oder direkt zur Förderung des Absatzes betreibt, unterliegt im Wesentlichen dem Verbot der irreführenden Werbung. Strenge Maßstäbe bestehen hier bei produktbezogener Umweltwerbung unter Verwendung allgemeiner und unklarer Begriffe („umweltfreundlich" etc.). Die Rechtsprechung verlangt dann eine Präzisierung darüber, in welcher Hinsicht das Produkt umweltfreundlich ist. Diese Präzisierungspflicht besteht aber nicht bei unternehmensbezogener Werbung und bei Werbung über andere csr-relevante Bereiche, wie insbesondere die Einhaltung von Sozial- und Arbeitsstandards.

Eine Werbung mit einer unternehmerischen Selbstverpflichtung zur Einhaltung gewisser CSR-Standards muss nicht extra darüber aufklären, dass es sich lediglich um ein Bemühen handelt und nicht etwa die lückenlose Umsetzung garantiert wird. Schon gar nicht kann über das UWG die Einhaltung von CSR-Standards sanktioniert werden.

---

[51] Vgl. *Röhl/Röhl* (2008), § 22 III, § 60 IV; *Werner*, in: Düwell, Handbuch Ethik, Kap. B.2 Deontologische Ansätze, unter Abschn. 3. Praxis.

Eine allgemeine Pflicht zur Information der Verbraucher über csr-relevante Umstände besteht nicht. Nur da, wo der Gesetzgeber ausdrückliche Informationspflichten regelt, ist zu informieren. Im Bereich Umweltschutz ist das z. B. durch die EnVKV der Fall.

Literatur

Birk, A. (2011): Corporate Responsibility, unternehmerische Selbstverpflichtungen und unlauterer Wettbewerb. Gewerblicher Rechtsschutz und Urheberrecht (GRUR) 2011, S. 196–203.
Birk, A. (2014): Irreführung über CSR – Informationspflichten über CSR?. In: Hilty, R./Henning-Bodewig, Fr.: Corporate Social Responsibility. Berlin – Heidelberg: Springer.
Birk, A. (2015): Corporate Social Responsibility im Lauterkeitsrecht. In: Fezer, K.-H. (Hrsg.), Lauterkeitsrecht – UWG, Zweiter Teil S 17. München: C. H. Beck.
Birk, A./Löffler, J. (2012): Marketing- und Vertriebsrecht. München: Vahlen.
Düwell, M./Hübenthal, Ch./Werner, M. (2011): Handbuch Ethik. Stuttgart – Weimar: J. B. Metzler.
Geißel, T. (2011): Cause Related Marketing – Bestimmung erfolgskritischer Faktoren. Hamburg: Diplomica Verlag.
Henning-Bodewig, Fr. (2011): Der „ehrbare Kaufmann" – Corporate Social Responsibility und das Lauterkeitsrecht. In: Wettbewerb in Recht und Praxis (WRP) 2011, S. 1014–1023.
Hentze J./Thies B. (2012): Unternehmensethik und Nachhaltigkeitsmanagement. Bern – Stuttgart – Wien: Haupt UTB.
Köhler, H./Bornkamm, J. (2015): Gesetz gegen den unlauteren Wettbewerb. München: C. H. Beck.
Kotler, Ph. (2013): Good Works!. Offenbach: GABAL.
Kroeber-Riel, W./Gröppel-Klein, A. (2013): Konsumentenverhalten, München: Vahlen.
Memorandum Product Carbon Footprint des Bundesministeriums für Umwelt, Naturschutz und Reaktorsicherheit (BMU) vom Dezember 2009, abrufbar unter http://www.bmub.bund.de/filead min/bmu-import/files/pdfs/allgemein/application/pdf/memorandum_pcf_lang_bf.pdf.
Regierungsentwurf UWG-Novelle (2008): Gesetzentwurf der Bundesregierung – Entwurf eines Ersten Gesetzes zur Änderung des Gesetzes gegen den unlauteren Wettbewerb, Bundestag Drucksache 16/10145 vom 20.08.2008, abrufbar unter: http://dipbt.bundestag.de/extrakt/ba/ WP16/142/14246.html.
Richtlinie Nachhaltigkeitsberichterstattung (2014): Richtlinie 2014/95/EU vom 22.10.2014 zur Änderung der Richtlinie 2013/34/EU im Hinblick auf die Offenlegung nichtfinanzieller und die Diversität betreffender Informationen durch bestimmte große Unternehmen und Gruppen, ABl. EU L 330/1.
Richtlinienvorschlag Nachhaltigkeitsberichterstattung (2013): Richtlinienvorschlag vom 16.04.2013 zur Änderung der Richtlinien 78/660/EWG und 83/349/EWG des Rates im Hinblick auf die Offenlegung nichtfinanzieller und die Diversität betreffender Informationen durch bestimmte große Gesellschaften und Konzerne, COM(2013) 207 final, abrufbar unter: http://eur-lex.europa.eu/ legal-content/DE/TXT/?uri=CELEX:52013PC0207.
Rom-II-VO: Verordnung (EG) Nr. 864/2007 des Europäischen Parlaments und des Rates vom 11. Juli 2007 über das auf außervertragliche Schuldverhältnisse anzuwendende Recht (Rom II), abrufbar unter: http://eur-lex.europa.eu/homepage.html?locale=de.
Röhl, K. F./Röhl, H. C. (2008): Allgemeine Rechtslehre. Köln – München: Carl Heymanns Verlag.
UGP-Richtlinie: Richtlinie 2005/29/EG des Europäischen Parlaments und des Rates vom 11. Mai 2005 über unlautere Geschäftspraktiken, abrufbar unter: http://eur-lex.europa.eu/homepage. html?locale=de.

CSR und Steuerrecht: Steuerliches Verhalten im Lichte von CSR

Udo Hermann

> **Zusammenfassung**
> Sollten Unternehmen freiwillig Steuern zahlen, damit die „Ethik siegt"? Sollten ihre steuerlichen Berater selbst CSR zur Grundlage ihres Verhaltens gegenüber der Finanzverwaltung machen? Gibt es geeignete CSR-Richtlinien, die für Unternehmen Richtlinien für „steuerliches Wohlverhalten" sein können? Ist es „ethisch korrekt", sich als Unternehmen, selbst gewählte CSR-Maßnahmen durch die Allgemeinheit subventionieren zu lassen? Und welche Maßnahmen sind steuerlich betrachtet am effizientesten? Der Beitrag geht diesen und weiteren Aspekten von CSR nach.
>
> *„A Wild and Crazy Corporate CSR Idea: Pay Your Taxes!" (Bob Willard). (http://sustainabilityadvantage.com/2014/04/01/a-wild-and-crazy-corporate-csr-idea-pay-your-taxes/ (abgerufen am 28.10.2014))*

1 Einleitung

In der deutschsprachigen Literatur der drei Forschungszweige zum Thema „Steuern", also der Steuerrechtswissenschaft, der Finanzwissenschaft und der betriebswirtschaftlichen Steuerlehre, findet man den Begriff der „Corporal Social Responsibility" (CSR) und seine

---

Prof. Dr./StB U. Hermann (✉)
Wirtschaft und Recht
Rheinische Fachhochschule Köln, Köln, Deutschland
E-Mail: StBUdoHermann@aol.com

Auseinandersetzung mit ihm selten[1], so dass man insoweit immer noch von einem „Missing Link"[2] sprechen kann. Die Ursache kann darin vermutet werden, dass offensichtlich nicht nur Teile der Wissenschaft weiterhin die Auffassung vertreten, dass es die originäre Aufgabe eines Staates ist, das Steueraufkommen für die Finanzierung staatlicher Leistungen zu generieren. Dies gilt auch dann, wenn durch legale Steuerkonstruktionen multinationaler Konzerne wie Google, Amazon und Starbucks „Base Erosion and Profit Shifting" (BEPS) eintreten und angeblich „Steueraufkommen" verlorengeht.[3]

Steueraufkommen geht aber auch den einzelnen Nationalstaaten verloren, wenn kleine und mittelständische Unternehmen legale Möglichkeiten nutzen, um ihre Steuerlast zu senken. Dies wird auch vom Gesetzgeber als weitgehend selbstverständlich gesehen, wenn nicht sogar gefördert. Aber wo ist die Grenze zwischen dem akzeptierten legalen und dem nicht akzeptierten legalen steuerlichen Verhalten von Unternehmen? Hilft der CSR-Ansatz bei der Beantwortung dieser Frage weiter?

CSR und Steuerrecht geht damit über die Diskussion der „Tax Compliance" hinaus, weil es nicht nur um die strategisch abgesicherte Befolgung und Unterwerfung unter die

---

[1] Siehe aber die betriebswirtschaftliche Dissertation von Hardeck (2013): Reputative Risiken bei aggressiver Steuerplanung – Empirische Evidenz und internationale Bezüge, Berlin. Siehe auch Wagner (2013): „Steuervermeidung und Corporate Social Responsibility", Präsentation, Bochum (https://www.steuern.wiwi.uni-due.de/uploads/media/Ankuendigung_Gastvortrag_Wagner.pdf; abgerufen am 28.10.2014), Pöllath (2008): „Unternehmensführung (Corporate Governance) und Besteuerung" in: Transaktionen, Vermögen, Pro Bono, Festschrift zum zehnjährigen Bestehen von P+P Pöllath+Partners, S. 3–27, und Hüttemann (2009): „Steuerliche Aspekte der Corporate Social Responsibility von Unternehmen" in: Steuerzentrierte Rechtsberatung, Festschrift für Harald Schaumburg, Köln. Weber (2014): „Der Einfluss von Steuern auf Corporate Social Responsibility-Instrumente – dargestellt am Beispiel von Spenden", Quantitative Research in Taxation – Discussion Papers – arqus Discussion Paper No. 159 (arqus – Arbeitskreis Quantitative Steuerlehre), beschäftigt sich ebenso in einer neuen, ökonomisch geprägten Arbeit mit dem Thema, indem er einen Teilaspekt analysiert.

[2] Desai, Mihir A., and Dhammika Dharmapala. „Corporate Social Responsibility and Taxation: The Missing Link." *Leading Perspectives* (winter 2006); aktuell gibt es folgende Initiativen, um das Thema Steuern in CSR zu implementieren: „Action Aid, 2011", „Corporate Citizenship, 2014" und „Fair Tax Mark" (International Centre for Tax and Development (2014): „Is tax the next big corporate social responsibility issue?"; http://www.ictd.ac/en/tax-next-big-corporate-social-responsibility-issue?; abgerufen am 28.10.2014).

[3] Siehe hierzu: Richter/Hontheim (2013): „Double Irish with a Dutch Sandwich: Pikante Steuergestaltung der US-Konzerne – zugleich Anm. zu den Gegensteuerungsmaßnahmen supranationaler Organisationen" in: Der Betrieb vom 07.06.2013, Heft 23, S. 1260–1264, und Hey (2013): „Kampf gegen aggressive Steuerplanung und -hinterziehung BEPS – Base erosion and profit shifting: Wende im internationalen Steuerrecht?" in: Der Betrieb, Heft 13, S. 21–22. Interessant an der Diskussion ist, dass offenbar niemand weiß, wie er den aus solchen legalen Steueroptimierungen von Großkonzernen entstehenden „Schaden" berechnen soll, „weil hier weniger eindeutig als bei der Einkommensteuer ist, an welcher Referenzgröße die Einbußen gemessen werden sollen." (Gärtner (2013): „Das Ende der Steueroasen?" in: Wirtschaftsdienst, S. 370).

steuerrechtlichen Gesetze und Verordnungen geht, um haftungs- und strafrechtliche Risiken zu minimieren[4], sondern um eine darüber hinaus gehende Werthaltung.[5]

Im folgenden Beitrag soll der Ansatz des Corporate Social Responsibilty (CSR) unter steuerrechtlichen und steuerökonomischen Aspekten analysiert werden. Dazu wird zunächst der normativen Frage nachgegangen, ob Unternehmen sich auch steuerlich im Sinne von CSR verhalten sollten, weil z. B. „Ethik siegt"? Danach geht es konkret um die Frage, ob und ggf. inwieweit z. B. Steuervermeidung mit CSR vereinbar ist, und um die Rolle der steuerlichen Berater im Verhältnis zur Finanzverwaltung. Den Hauptteil bildet allerdings die quantitative Analyse einzelner CSR-Maßnahmen in Hinblick auf ihre Effizienz auf Grundlage des deutschen Steuerrechts.

2 CSR und Steuerrecht: „Ethik siegt"[6]?

Wenn mit dem Begriff CSR „alle Werthaltungen und Aktivitäten von Unternehmen ... bezeichn[net werden], die auf eine nachhaltige ökonomische Wertschöpfung, die Einhaltung der jeweiligen gesetzlichen Rahmenbedingungen und einen darüber hinausgehenden Beitrag für die Umwelt und die Gesellschaft gerichtet sind"[7], dann ist dies nach dem heutigen Verständnis nicht nur eine Beschreibung, sondern eine Aufforderung an Unternehmen („moral suasion"[8]), sich entsprechend zu verhalten, denn: „Ethik siegt"! Dies soll heißen: Selbst dann, wenn verantwortungsvolles Verhalten für sie keinen Wert an sich darstellt, können Unternehmen damit rechnen, dass es sich u. a. für sie positiv auf das Kaufverhalten der Konsumenten auswirken kann, wofür es tatsächlich empirische Hinweise gibt.[9] Aber was bedeutet es, sich im Bereich der Steuern verantwortungsvoll zu verhalten? Sollen Unternehmen vielleicht sogar freiwillig Steuern zahlen, um die „Social License" zu sichern oder zurückzuerhalten?[10]

---

[4] Siehe Streck/Bennewies (2009): „Tax Compliance" in: DStR, S. 229 ff.

[5] Siehe auch den neueren Ansatz in der Darstellung von Rasche (2014); „PESTEL-Compliance" in: WISU 8–9/14, S. 1008 ff. PESTEL steht für: *P*olitical, *E*conomic, *S*ocial, *T*echnological, *E*cological and *L*egal Environment.

[6] Überschrift eines Aufsatzes von Christoph Lütge in der Süddeutschen Zeitung v. 08.12.2014, in dem er dafür plädiert, dass „auch bei den Steuern die maximale Vermeidung keine sinnvolle Steuerstrategie sei".

[7] Birk (2014): „A. Das Phänomen>Corporate Social Responsibility<" in: Fezer (2014): UWG-Kommentar Bd. 2, München, S. 5. *Demnächst erscheinend.*

[8] Dieser Begriff kommt aus der Volkswirtschaftslehre und bezeichnet eine Politik, die versucht, durch Überredung und Appelle an die Einsicht der Angesprochenen, ein gesellschaftlich gewolltes Ergebnis zu erreichen. Vgl. Frey/Kirchgässner (2002): Demokratische Wirtschaftspolitik, München, S. 316.

[9] Siehe Hardeck, a. a. O., S. 90 und die dortigen Literaturhinweise.

[10] Siehe Allison (2013): „How Starbucks Lost Its Social License – and Paid £ 20 Million to Get It Back" in: tax notes international, Vol. 71, No 7.

In einem Teil ihrer Leitsätze beschreibt die Organisation for Economic Co-operation and Development (OECD), was sie unter steuerlich verantwortungsvollem Verhalten versteht.[11] Sie sind zwar in erster Linie an das Management multinationaler Unternehmen gerichtet, werden aber hier mangels zur Verfügung stehender anderer Quellen, herangezogen.[12] Darin heißt es u. a.:

„Insbesondere sollten die Unternehmen dem Buchstaben und dem Geist der Steuergesetze und -vorschriften der Länder, in denen sie ihre Geschäftstätigkeit ausüben, gerecht werden. Dem Geist der Rechtsvorschriften gerecht zu werden, bedeutet, die Absicht des Gesetzgebers zu erkennen und zu befolgen. Es ist indessen nicht erforderlich, dass ein Unternehmen Zahlungen vornimmt, die über den auf Grund einer solchen Interpretation gesetzlich vorgeschriebenen Betrag hinausgehen." Also: „Pay Your Taxes – but don't pay more!" Diese Auffassung setzt allerdings voraus, dass die Steuergesetze der zugrundeliegenden Verfassung entsprechen, also rechtmäßig sind. Dies entscheidet in einer modernen demokratischen Gesellschaft mit Gewaltenteilung im Zweifel ihr höchstes Gericht, wie z. B. in Deutschland aktuell das Urteil des Bundesverfassungsgerichts zum Erbschaftsteuerrecht[13] gezeigt hat. Und von noch höherer Ebene betrachtet: Sind die verfassungsmäßigen Steuergesetze ethisch korrekt z. B. im Sinne einer „Steuergerechtigkeit"[14] oder ihrer Verwendung für nicht funktionierende Flughäfen oder korrupte Regierungen? Die Leitlinie der OECD stellt sich diesen Fragen nicht, sondern zieht sich auf das Gesetz zurück, obwohl CSR ja u. a. dort greifen soll, wo die gesetzlichen Bestimmungen nicht ausreichen.

An dieser Stelle soll bereits auf eine weitere Problematik hingewiesen werden:[15] Wenn CSR, z. B. durch abzugsfähige Spenden, steuermindernde Wirkungen entfaltet, dann wird der eine CSR-Beitrag „Spende" quasi auf Kosten des anderen CSR-Beitrages „Steuerzahlung" mitfinanziert. Ob und inwieweit ist dies mit CSR vereinbar?

Darüber hinaus vermittelt CSR vereinzelt den Eindruck (obwohl freiwillige Steuerzahlungen nicht „erforderlich" sind), dass das bloße Zahlen von Steuern Eigenschaften eines immateriellen Wirtschaftsgutes hat, das Nutzen spendet. Dies widerspricht allerdings nicht

---

[11] OECD: OECD-Leitsätze für multinationale Unternehmen – Ausgabe 2011 (http://www.oecd.org/berlin/publikationen/oecd-leitsaetze-fuer-multinationale-unternehmen.htm; abgerufen am: 11.11.2014). S. 70 ff.

[12] „Many of the internationally recognized principles and guidelines above do not handle tax issues at all. The OECD Guidelines for Multinational Enterprises are, however, an exception" Knuutinen (2014): „Corporate Social Responsibility, Taxation and Aggressive Tax Planning" in: Nordic Tax Journal 2014: 1, S. 36 ff. Weder in der ISO 26000 (2010) noch in dem Strategiepapier der Europäischen Union finden sich konkrete Hinweise, wie steuerliches Wohlverhalten aussehen soll.

[13] BVErfG, Urteil vom 17.12.2014, 1BvL 21/12.

[14] Aus Sicht der politischen Ökonomie betrachtet, kann das Steuerrecht einer politischen Mehrheit z. B. dazu dienen, die Minderheit auszubeuten. Siehe z. B. Feld/Schaltegger (2012): „Die politische Ökonomik der Besteuerung" in: Perspektiven der Wirtschaftspolitik, S. 116 ff. und die dort angegebene Literatur.

[15] Weiter unten in Abschn. 5.1 wird darauf noch detaillierter eingegangen werden.

nur der Alltagserfahrung in der Steuerberatung, sondern allen gängigen Ansätzen in der Steuerlehre.[16] Und dies hat seine Ursache: Steuern dienen der Finanzierung öffentlicher Güter, der gesellschaftlichen Umverteilung und teilweise auch der mikro- und makroökonomischen Lenkung des Wirtschaftsgeschehens. Sie haben damit einen funktionalen und belastenden Charakter, wie auch § 3 der Abgabenordnung (AO) im deutschen Steuerrecht zeigt. Für Unternehmen ist daher eine Politik der Steuerminimierung umso wichtiger, um z. B. Arbeitsplätze zu sichern, niedrigere Preise für Produkte zu ermöglichen und höhere Gewinnausschüttungen für Gesellschafter zu gewährleisten. Ebenso ist es aufgrund der steuerjuristischen Komplexität nicht nur für Unternehmen schwierig und mit hohen Kosten verbunden, dem „Geist der Steuergesetze und -vorschriften gerecht zu werden", wenn ein renommierter deutscher Universitätsprofessor auf einer steuerlichen Fachtagung freimütig äußert: „Ich kann meinen Studierenden das deutsche Steuerrecht nicht mehr erklären"[17]. Gibt es aber nicht nur vor diesem Hintergrund überhaupt einen Grund, sich als Unternehmen beim Thema Steuern gegenüber dem Staat kooperativ zu verhalten?

Ein Grund könnte sein, dass sich der einzelne Unternehmer oder Manager tatsächlich „moralisch" besser fühlt, wenn er mit den Finanzbehörden vertrauensvoll zusammenarbeitet, also eine intrinsische Motivation besitzt. Vorherrschen dürften dagegen extrinsische Motivationen: Z. B. die Erwartung, dass die Finanzverwaltung ein gewisses Wohlverhalten belohnt oder dass transparente Steuerpolitik im Sinne von CSR als Investition betrachtet wird, die langfristig über das Kaufverhalten eine positive interne Verzinsung abwirft. Darüber hinaus sind die höhere Sicherheit für die Steuerplanung[18] oder schlicht das Steuerstrafrecht Anreize, sich steuerrechtlich korrekt zu verhalten. Letztlich hat aber jedes Unternehmen in einer Marktwirtschaft selbst zu beurteilen und zu entscheiden, wie es sich in seinen steuerlichen Angelegenheiten verhält, so wie es auch entscheiden muss, ob es Gewinnmaximierung betreiben oder andere Unternehmensziele (z. B. Kostende-

---

[16] Vgl. z. B. Homburg (2015): Allgemeine Steuerlehre, München: „Die Besteuerung stellt eine Wegnahme des Selbsterwirtschafteten durch den Staat dar und bedarf deshalb einer ausdrücklichen Legitimation", S. 8, oder auch Konrad (2013): „Aber für den einzelnen Bürger steht seinen Steuern nun einmal keine konkret messbare Gegenleistung gegenüber, die direkt und erkennbar mit seiner eigenen Steuerzahlung korrespondiert und die ihm ein direktes Gefühl der Kompensation für das Zahlen von Steuern geben könnte. Er empfindet seine Steuerzahlung deshalb als Last. Kein Wunder, dass er Phantasie entwickelt und versucht, Steuern zu vermeiden. Für Kapitalgesellschaften ist das Steuersparen als Teilaspekt der Gewinnmaximierung sogar geradezu eine Komponente des primären Unternehmenszieles" in: „Steuerflucht und Steueroasen" in: Wirtschaftsdienst, S. 359 f. Auch sorgt die Neigung von Individuen zum sog. „Trittbrettfahrerverhalten" dafür, dass bei Freiwilligkeit kein ausreichendes Steueraufkommen zustande kommen würde.

[17] Prof. Dr. Roman Seer auf der 65. Düsseldorfer Fachtagung am 20.2.2014. Es sei aber hierzu relativierend Wagner (2014) zitiert, dessen Analyse zeigt, dass das weit verbreitete Vorurteil: „Der Textumfang deutscher Steuergesetze ist weltweit am größten" nicht stimmt und gemessen an der durchschnittlichen Bearbeitungszeit von Umsatzsteuer, Lohnsteuer und Ertragsteuern das deutsche Steuerrecht international im Mittelfeld liegt. Wagner (2014): „Der Homo oeconomicus als Menschenbild des Steuerrechts", in: DStR, S. 1134 ff.

[18] Vgl. Hardeck, a. a. O., S. 267 f.

ckung) verfolgen möchte.[19] Die Vertreter von CSR können hierzu bisher noch keine Hilfestellung geben.

3 CSR im Spannungsfeld von Steuerhinterziehung, -vermeidung und -umgehung

Ohne Zweifel ist *Steuerhinterziehung*, also das vorsätzliche Verschweigen oder leichtfertige Vorenthalten von Informationen über steuerlich erhebliche Sachverhalte (vgl. § 370 AO), nicht mit einem Verhalten vereinbar, das CSR entspricht, weil Gesetze gebrochen werden.

Nach Seer[20] können davon die Steuervermeidung und die Steuerumgehung unterschieden werden: Bei einer *Steuervermeidung* versucht der Steuerpflichtige, durch Sachverhaltsgestaltung steuerlich erhebliche Tatbestände so zu vermeiden, dass keine steuerliche Folge entstehen kann oder sie in ihrem Ausmaß verringert wird. Sie ist legal. Als Beispiele für eine solche Sachverhaltsgestaltung insbesondere bei kleinen und mittelständischen Unternehmen können die Rechtsform- und Standortwahl, die Frage der Eigen- und Fremdfinanzierung, die Wahl der Gewinnermittlungsart, die Wahl der Zeitpunkte zur Vornahme von Investitionen oder auch die Gewinnverwendungspolitik angeführt werden. Daneben gehört auch die Nutzung von Ansatz- und Bewertungswahlrechten im Bereich der Sachverhaltsabbildung zur legalen Steuervermeidung.

Von der Steuervermeidung durch Sachverhaltsgestaltung oder Wahlmöglichkeiten bei der Sachverhaltsabbildung ist allerdings die *Steuerumgehung* zu unterscheiden. Unter ihr versteht man den „Missbrauch von Gestaltungsmöglichkeiten" (§ 42 AO): „In den Fällen des § 42 AO vermeidet der Stpfl. den [steuerlich erheblichen; der Verf.] Tatbestand so, dass die Methoden Auslegung und Rechtsfortbildung nicht mehr ausreichen, um den Stpfl. einer nach dem Zweck des Gesetzes zutreffenden Besteuerung zuzuführen" (Seer)[21]. Die steuerliche Behandlung erfolgt dann so, wie es „bei einer den wirtschaftlichen Vorgängen angemessenen rechtlichen Gestaltung" (§ 42 (1) S. 2 AO) erfolgt wäre. Im Unterschied zu Fällen der Steuerhinterziehung führen Maßnahmen der Steuerumgehung aber nicht zu strafrechtlichen Sanktionen, sondern „nur" zu Steuernachzahlungen und ggf. zu nach § 233a AO zu zahlenden Zinsen.

Liest man das folgende Zitat aus den CSR-Leitlinien der OECD, dann ist der Einsatz von vertraglichen Instrumenten zur Steuerumgehung abzulehnen; steuervermeidende Maßnahmen sind dagegen „erlaubt": „Die Geschäfte sollten nicht so strukturiert werden,

---

[19] Avi-Yonah (2009): „Taxations, Corporate Social Responsibility and the Business Enterprise" in: CLPE Research Paper 19/2009 Vol. 05 No. 03, weist aber zu Recht darauf hin, dass CSR-konformes Verhalten bei Kapitalgesellschaften als „illegitimate tax on shareholders" betrachtet werden kann, weil ihr Eigenkapital gemindert wird.

[20] Seer in: Tipke/Lang (2013): Steuerrecht, S. 217.

[21] A. a. O., S. 200.

dass sie zu steuerlichen Ergebnissen führen, die nicht mit den grundlegenden wirtschaftlichen Gegebenheiten des jeweiligen Geschäfts im Einklang stehen, es sei denn, dass eine konkrete Rechtsvorschrift vorhanden wäre, mit der eben dieses Ergebnis herbeigeführt werden soll. In diesem Fall sollte das Unternehmen zu Recht davon ausgehen können, dass das Geschäft so strukturiert werden kann, dass ein steuerliches Ergebnis für das Unternehmen herbeigeführt wird, das der Absicht des Gesetzgebers nicht widerspricht."[22]

Danach sind die Steuerkonstrukte von Konzernen wie Starbucks, Google, Amazon[23] und IKEA[24] unter Nutzung von Steueroasen und auch die sog. Verrechnungspreisproblematik („transfer-pricing"), bei der der Preis von Gütern, die innerhalb eines Konzerns gehandelt werden, administrativ möglichst konzernsteuerminimierend festgelegt werden kann, weil es meist keinen Marktpreis für das Gut gibt, nicht mit CSR vereinbar[25]. Insgesamt betrachtet, dürfte deutlich geworden sein, dass Maßnahmen der Steuerhinterziehung und Steuerumgehung aus Sicht einer CSR nicht akzeptabel sind. Dagegen ist der Einsatz von Instrumenten der Steuervermeidung nicht zu beanstanden. Es bleibt aber den Unternehmen überlassen festzustellen, wo die Grenze zwischen beiden verläuft; nach CSR dürften bereits Gestaltungen, bei denen der Verdacht der Steuerumgehung besteht, nicht zulässig sein.

4 CSR, der steuerliche Berater und die Finanzverwaltung

Die Tätigkeit eines Steuerberaters ist in höchstem Maße von dem Vertrauen seiner Mandanten abhängig. Sie müssen ihm vertrauen, weil sich ihnen angesichts der komplexen steuerrechtlichen Materie, aber auch der schwierig zu durchschauenden Arbeitsprozesse, wenige Möglichkeiten der Kontrolle im Sinne des Prinzipal-Agent-Ansatzes bieten. Gerade kleine und mittlere Kanzleien haben daher die Möglichkeit, den CSR-Ansatz glaubhaft persönlich zu vertreten: Insbesondere im Umgang mit Mandanten, Mitarbeitern und Dienstleistern oder Lieferanten. Fraglich ist, ob man sich auch gegenüber der Finanzverwaltung zum Wohle seiner Mandanten kooperativ verhalten sollte, wenn man sie als Stakeholder im Sinne von CSR betrachtet:

Zunächst kann festgestellt werden, dass z. B. der Steuerberater nach § 2 (1) seiner Berufsordnung (BO) seinen Mandanten (z. B. auch in Steuerstrafverfahren) gegenüber als unabhängiges Organ der Rechtspflege verpflichtet ist. Dies wird aber aktuell durch Bestrebungen der Finanzverwaltung, im Rahmen der immer weiter fortschreitenden Digita-

---

[22] A. a. O., S. 71.
[23] Siehe hierzu: „Fürstlich Steuern sparen" in: Frankfurter Allgemeine Sonntagszeitung v. 09.11.2014.
[24] „Wie Firmen sich um Steuern drücken" in: www.faz.net/aktuell/wirtschaft/recht-steuern/luxemburg-rueckt-in-den-fokus-de (abgerufen am 10.11.2014).
[25] Siehe zur Problematik z. B. Schreiber (2013): International Company Taxation, Heidelberg u. a., S. 70 ff., oder Brähler (2014): Internationales Steuerrecht, Wiesbaden, S. 398 ff.

lisierung ein „Risikomanagement" zu nutzen, das „steuerliches Wohlverhalten" (vielleicht z. B. das unterdurchschnittlich häufige Einlegen von Rechtsbehelfen oder von Klagen gegen die Finanzverwaltungen) der steuerlichen Berater, belohnt.[26] Unabhängig davon, dass Mann[27] zuzustimmen ist, dass durch solche Maßnahmen die in Art. 12 des Grundgesetzes garantierte Berufsfreiheit des Steuerberaters in Gefahr geraten könnte, hat auch der einzelne Steuerberater als Unternehmer zu entscheiden, ob und inwieweit er CSR im Umgang mit der Finanzverwaltung umsetzt: Ob und inwieweit verzichtet er auf aggressive Steuervermeidungsberatung aus Gründen seiner Vorstellung von verantwortungsvollem Verhalten? Letztlich muss er also auch für sich die Frage beantworten, ob und inwieweit für ihn gelten könnte: „Ethik siegt".

5 CSR-Maßnahmen und ihre Effizienz

CSR-Maßnahmen haben wie fast alle Aktivitäten eines Unternehmens steuerliche Auswirkungen. Fraglich aber ist, ob das Ausmaß stets gleich ist oder ob es Unterschiede gibt. Dies wird in den folgenden Abschnitten an Hand ausgewählter Beispiele untersucht und soll Anhaltspunkte für die praktische Steuerberatung geben, aber auch normative Fragen diskutieren. Umsatzsteuerliche Aspekte werden an einer Stelle mit einbezogen; erbschaft-/ und schenkungsteuerliche Betrachtungen bleiben dagegen aus Gründen der Vereinfachung und Abgrenzung zur besseren Darstellung außen vor.

5.1 CSR-Maßnahmen und Steuersubvention

Auf der einen Seite kann die Zahlung von Steuern zur Finanzierung öffentlicher Leistungen als Verhalten betrachtet werden, das von Unternehmen, die sich an CSR orientieren, gefordert wird. Auf der anderen Seite verringern viele CSR-Maßnahmen selbst die Ertragsteuern des leistenden Unternehmens: Es sei angenommen, dass ein Unternehmen mit einem Grenzsteuersatz von 40 % das Ziel habe, eine gemeinnützige Organisation mit 100,00 € zu fördern. In der Regel wird das Unternehmen 100,00 € spenden und steuerlich abzugsfähig beim Finanzamt geltend machen, um 40,00 € erstattet zu erhalten, so dass es de facto nur 60,00 € selbst aufwenden muss und der Rest durch den Staat finanziert wird.

---

[26] So wurde beispielsweise auf dem Steuerberaterkammertag 2014 in Köln z. B. zwischen Vertretern der Steuerberater und der Finanzverwaltung die Frage diskutiert, ob nicht die Steuererklärungsfristen individualisiert werden sollten, was de facto dazu führen könnte, dass den Steuerberatern vorgeschrieben würde, wann sie welche Fälle zu bearbeiten haben. Siehe auch die Stellungnahme der Steuerberaterkammer zur fortschreitenden Digitalisierung bei der Finanzverwaltung gegenüber dem Bundesministerium der Finanzen am 28.3.2014: http://www.bstbk.de/de/presse/stellungnahmen/archiv/20140328_eingabe_bstbk/index.html (abgerufen am 11.11.2014).
[27] Mann (2009): „Der Steuerberater als Compliance-Faktor" in: DStR, S. 506 ff.

Was aber wäre, wenn das Unternehmen auf Grundlage von CSR überlegt, die staatliche Subvention gar nicht oder nur teilweise in Anspruch zu nehmen? Dann könnte es in praxi z. B. die Spendenaufwendungen oder einen Teil von ihnen als „nichtabzugsfähige Spenden" buchen und sie dementsprechend in der Steuererklärung nicht angeben. Wenn es die 100,00 € also steuerlich nicht berücksichtigt, dann liegt die Subvention bei 0,00 €; bei einer Berücksichtigung von z. B. nur 50,00 € beträgt die Subvention dementsprechend nur 20,00 € (40 % von 50,00 €). Das Unternehmen würde dann aufgrund seiner Vorstellungen von gesellschaftlich verantwortungsvollem Verhalten über die Art der Finanzierung seines CSR-Beitrages entscheiden. In den folgenden Abschnitten wird dieser Gedanke dadurch aufgegriffen, dass zum einen angenommen wird, dass das Unternehmen die staatliche Subvention voll in Anspruch nehmen möchte, zum anderen sie gar nicht nutzen möchte.

5.2 Steuerliche Effizienz

Blieb die Darstellung bis zu diesem Punkt allgemein, so wird sie nun quantitativ konkret. Es geht darum, unter verschiedenen Annahmen der Frage nachzugehen: Wie viel Prozent einer Ausgabe für die jeweils betrachtete CSR-Maßnahme müssen nach Steuern effektiv eingesetzt werden, um das angestrebte Ziel zu erreichen?

Dies kann wie folgt operationalisiert werden:

$$x = \frac{B(1-t)}{B(1-t_E)} \to \text{bzw} \to x = \frac{1-t}{1-t_E} \tag{1}$$

wobei

x = Maß für die steuerliche Effizienz
B = Beitrag des Unternehmens zu einer CSR-Maßnahme
t = Grenzsteuerbelastung des Unternehmens
t_E Grenzsteuerbelastung des Empfängers

Es können die folgenden Fälle unterschieden werden:

a. $t = 0$: In diesem Fall erhält das betrachtete Unternehmen für seinen CSR-Beitrag keine Steuerentlastung, weil es z. B. noch einen Verlustvortrag aus Vorjahren nutzen kann, oder weil es – wie in Abschn. 5.1 beschrieben – zu 100 % auf die staatliche Subvention verzichtet.
b. $t > 0$: Hier nimmt das Unternehmen die Steuerentlastung voll in Anspruch.
c. $t_E = 0$: Der Empfänger der CSR-Maßnahme, z. B. eine gemeinnützige Organisation, ist steuerbefreit.
d. $t_E > 0$: Der Empfänger hat die empfangende Leistung zu versteuern.

Bei $x = 100\,\%$ entspricht der Beitrag des Unternehmens genau dem Betrag, der beim Empfänger ankommt, dies ist der Fall bei $t = t_E$. Bei $t > t_E$, also wenn die Steuerentlastung des Gebers größer ist als die Steuerbelastung des Empfängers, dann ist $x < 100\,\%$, was der Regelfall ist, und die Maßnahme wird durch den Staat subventioniert. Wenn dagegen $t < t_E$, ist, dann profitiert der Staat, was allerdings die Ausnahme sein dürfte.

5.3 Die Grenzsteuerbelastung von Unternehmen

Der Grenzsteuersatz ist „das Verhältnis von zusätzlicher Steuer ΔT und einem Zuwachs ΔY der Bemessungsgrundlage."[28] Oder anders und sehr vereinfacht ausgedrückt: Wenn z. B. ein Arbeitnehmer eine Gehaltserhöhung von 100,00 € brutto erhält, aber davon nur 60,00 € netto übrigbleiben, hat er einen Grenzsteuersatz von 40 %.

Die ertragsteuerlichen Auswirkungen von CSR-Beiträgen in Deutschland, also ihre Auswirkungen auf Einkommen-, Gewerbe- und Körperschaftsteuer sowie auf die sog. Annexsteuern wie Kirchensteuer und Solidaritätszuschlag, hängen in der Regel von der Tätigkeit des betrachteten Unternehmens (freiberuflich oder gewerblich), von seiner Rechtsform (Personenunternehmen[29] oder Kapitalgesellschaft), der Art der Beteiligung (betrieblich oder privat) und den individuellen Einkommensteuerbelastungen der Inhaber bzw. Gesellschafter ab.[30] Um das Vorgehen und die Ergebnisse der Analyse transparent, überschaubar und für die Praxis geeignet zu belassen, werden folgende Annahmen getroffen:

- die Grenzsteuerbelastung der Inhaber/Gesellschafter der Unternehmen sei bei der Einkommensteuer 42 %[31]
- der Grenzsteuersatz eines Arbeitnehmers, der von CSR-Beiträgen profitiert, sei dagegen mit 35 % angenommen[32]
- weder derjenige, der einen CSR-Beitrag leistet, noch derjenige, der ihn ggf. erhält, sei kirchensteuerpflichtig

---

[28] Homburg, a. a. O., S. 62. Y bezeichnet dabei das Einkommen oder den Gewinn; T die absolute Steuer.

[29] Unter Personenunternehmen werden z. B. Unternehmen in der Rechtsform des Einzelunternehmens, der GbR, der OHG und der KG verstanden.

[30] Siehe hierzu insbesondere die Steuerbelastungsvergleichsrechnungen von König/Maßbaum/Sureth (2013): Besteuerung und Rechtsformwahl, Herne. S. 91 ff.

[31] Dies entspricht nach § 32a (1) Nr. 4 EStG einem Einkommen, das für Nichtverheiratete zwischen 52.882 und 250.730,00 Euro liegt.

[32] Dies entspricht einem Bruttoeinkommen von rd. 38.000,00 Euro, was nach Angaben des Statistischen Bundesamtes nur geringfügig unter dem durchschnittlichen Bruttojahresgehalt eines deutschen Arbeitnehmers i. H. v. rd. 41.388,00 Euro für 2013 liegt. Durch den Unterschied zum Grenzeinkommensteuersatz des Unternehmers soll der Effekt bei unterschiedlichen Steuersätzen dargestellt werden.

- es gibt jeweils nur eine natürliche Person als Gesellschafter, so dass es de facto nur um folgende Rechtsformen geht: Das freiberufliche Einzelunternehmen, das gewerbliche Einzelunternehmen und die stets nach § 8 (2) KStG als gewerblich eingestufte Kapitalgesellschaft
- die Beteiligung an der betrachteten Kapitalgesellschaft befindet sich im Privatvermögen und die daraus entstehenden Gewinnausschüttungen werden nach § 32 d (1) S. 1 EStG mit dem Abgeltungssteuersatz i. H. v. 25 % belastet
- die Kapitalgesellschaft sei nicht steuerbefreit oder begünstigt
- bei der Kapitalgesellschaft wird stets angenommen, dass der Gewinn an den Gesellschafter ausgeschüttet wird
- der Gewerbesteuerhebesatz sei 428 %, was nach einer Umfrage des Deutschen Industrie- und Handelskammertages in 2013 dem Bundesdurchschnitt entsprochen hat[33]
- der Freibetrag für gewerbliche Gewinne von Personenunternehmen bei der Gewerbesteuer i. H. v. 24.500,00 € (§ 11 (1) S. 3 Nr. 1 GewStG) spiele für diese Grenzsteuerbetrachtung keine Rolle
- die Hinzurechnungen und Kürzungen bei der Gewerbesteuer (§§ 8, 9 GewStG) werden nur insoweit berücksichtigt, wie sie sich z. B. bei Spenden auswirken
- die Unternehmen können bei keiner der betrachteten Ertragsteuern Verlustvor- oder –rückträge nutzen

Daneben ist folgendes zu beachten: Der Solidaritätszuschlag beträgt nach §§ 3, 4 Solidaritätszuschlagsgesetz 5,5 % der Einkommensteuer, Kapitalertragsteuer bzw. der Körperschaftsteuer.

Unter diesen Bedingungen ergeben sich folgende Grenzsteuersätze für:

a. das *freiberufliche Einzelunternehmen (F)*:

$$t_F = 0,42 \cdot 1,055 = 0,4431 = 44,31\,\%, \tag{2}$$

b. das *gewerbliche Einzelunternehmen (G)*:

Zusätzlich zu der einkommensteuerlichen Grenzsteuerbelastung i. H. v. 44,31 % ist noch die Belastung durch die Gewerbesteuer zu beachten: Die Gewerbesteuer berechnet sich nach § 16 GewStG ohne Berücksichtigung des Freibetrages nach § 11 (1) S. 3 Nr. 1 GewStG durch Multiplikation des Gewerbeertrags (*G*) mit der Steuermesszahl, die nach § 11 (2) GewStG 3,5 % ist, und mit dem Hebesatz, der hier mit 428 % angenommen wurde: $G \cdot 0,035 \cdot 4,28 = G \cdot 0,1498 = G \cdot 14,98\,\%$. Im Gegensatz zur Behandlung bei den Kapitalgesellschaften erfolgt aber nach § 35 (1) S. 1 Nr. 1 EStG eine Entlastung von der Gewerbesteuer durch eine Ermäßigung bei der Einkommensteuer

---

[33] https://www.muenchen.ihk.de/de/recht/Anhaenge/hebesaetze-ergebnisse-2013.pdf (abgerufen am 26.10.2014).

i. H. v. $G \cdot 0,035 \cdot 3,8 = G \cdot 0,133 = G \cdot 13,3\,\%$. Der Grenzgewerbesteuersatz beträgt dann: $14,98\,\% - 13,3\,\% = 1,68\,\%$, so dass sich für das gewerbliche Einzelunternehmen insgesamt folgender Grenzgesamtsteuersatz ergibt:

$$t_G = 0,4431 + 0,0168 = 0,4599 = 45,99\,\% \text{ und} \tag{3}$$

c. die *Kapitalgesellschaft (K):*

Es ist die Ebene der Gesellschaft von der Ebene ihrer Gesellschafter zu unterscheiden: Die steuerliche Belastung auf der Ebene der Gesellschaft (Ebene 1) ergibt sich aus Körperschaft- und Gewerbesteuer. Erstere beträgt nach § 23 (1) KStG 15 % vom zu versteuernden Einkommen, was hier annahmegemäß dem Gewinn vor Steuern entsprechen soll. Der sich daraus ergebende Grenzkörperschaftsteuersatz unter Berücksichtigung des Solidaritätszuschlages beträgt dann: $0,15 \cdot 1,055 = 0,15825 = 15,825\,\%$. Die Belastung mit Gewerbesteuer beträgt mangels gewerbesteuerlicher Anrechnung: $14,98\,\%$ (s. o.), so dass der Grenzsteuersatz auf Ebene 1 insgesamt

$$t_{K1} = 0,15825 + 0,1498 = 0,30805 = 30,805\,\%\,\text{beträgt.} \tag{4}$$

Auf der Ebene der Gesellschafter (Ebene 2) wird die ausgeschüttete Dividende nach § 32 d (1) S. 1 EStG mit 25 % zuzüglich Solidaritätszuschlag belastet. Die Grenzsteuerbelastung ist insoweit also: $0,25 \cdot 1,055 = 0,26375 = 26,375\,\%$. Die gesamte Grenzsteuerbelastung auf den Ebenen 1 und 2 ist dann also:

$$t_{K1+2} = 0,30805 + (1 - 0,30805)\,0,26375 = 0,49055 \tag{5}$$

5.4 CSR-Beiträge

Unter CSR-Beiträgen sollen hier Kosten oder Mindererträge verstanden werden, die entstehen, wenn CSR-Maßnahmen von Unternehmen ergriffen werden. Es werden dabei Allgemeine CSR-Beiträge, Spenden, Maßnahmen des Sponsoring und Beiträge für Arbeitnehmer unterschieden.

a. Allgemeine CSR-Beiträge

Als allgemeine CSR-Beiträge, die zum uneingeschränkten Betriebsausgabenabzug führen, können z. B. Umstellungskosten für die Einführung von CSR-Standards, Kontrollkosten für die Einhaltung von Sozialstandards in ausländischen Betriebsstätten usw. betrachtet werden. Sicher für manchen Leser ungewöhnlich, aber dennoch in diesem Zusammenhang zu erwähnen, sind der *Verzicht auf Bestechung, auf Verstöße gegen das Kartellverbot oder auf den Einsatz unfairer Praktiken im Wettbewerb,* der letztlich dazu führt, dass Betriebseinnahmen nicht erzielt werden und damit der Gewinn im Vergleich zur Referenzsituation genauso wie bei Betriebsausgaben gemindert wird. Mit einem solchen Verzicht leisten die Unternehmen einen Beitrag zum „Schutz der deutschen Rechtsordnung"[34]. Die jeweilige steuerliche Effizienz kann dann wie folgt berechnet werden, wenn mit B die durch allgemeine CSR-Maßnahmen veranlasste Gewinnminderung bezeichnet wird:[35]

Für das *freiberufliche Einzelunternehmen (F)*:

$$x_F = \frac{B \cdot (1 - 0{,}4331)}{B} = 1 - 0{,}4331 = 0{,}5669 = 56{,}69\,\% \tag{6}$$

Für das *gewerbliche Einzelunternehmen (G)*:

$$x_G = \frac{B \cdot (1 - 0{,}4599)}{B} = 1 - 0{,}4599 = 0{,}5669 = 54{,}01\,\% \tag{7}$$

Für die *Kapitalgesellschaft (K)*:

$$x_{K1} = \frac{B \cdot (1 - 0{,}30805)}{B} = 1 - 0{,}30805 = 0{,}69195 = 69{,}20\,\% \tag{8}$$

$$x_{K1+2} = \frac{B \cdot (1 - 0{,}49055)}{B} = 1 - 0{,}49055 = 0{,}50945 = 50{,}95\,\% \tag{9}$$

Allgemeine CSR-Maßnahmen sind also besonders lohnend für Kapitalgesellschaften, wenn beide Ebenen betrachtet werden: Wenn beispielsweise die Umstellung auf CSR vor Steuern 100.000,00 € kostet, so müssen für sie effektiv nur 50.945,00 € aufgebracht werden. Handeln allerdings die Manager der Kapitalgesellschaft, ohne die Ausschüttungsbelastung der Gesellschafter zu beachten, oder erfolgt keine Ausschüttung, dann müssen 69.195,00 € effektiv aufgebracht werden. Wenn das Unternehmen dagegen auf die Steuerentlastung vollständig verzichtet, also bei $t = 0$, ergibt sich:

$$x_F = x_G = x_{K1} = x_{K1+2} = 100\,\% \tag{10}$$

b. Spenden

Spenden können in Anlehnung an Hey[36] als „altruistisch motivierte, unentgeltliche Zuwendungen oder Geschenke" bezeichnet werden. Sie können als Geld- oder Sachspen-

---

[34] Hey in: Tipke/Lang (2013): Steuerrecht, Köln, S. 363.
[35] Da es keinen konkreten Empfänger gibt, der durch diese Maßnahmen gefördert werden soll, ist $t_E = 0$.
[36] A. a. O, S. 1043.

den oder als Verzicht auf Erstattungen von Aufwendungen (Aufwandsspenden und Rückspenden) geleistet werden, wenn sie nach §§ 52–54 AO gemeinnützigen, mildtätigen oder kirchlichen Zwecken dienen und die sonstigen Voraussetzungen für die steuerliche Abzugsfähigkeit erfüllt sind.

Steuerliche Berücksichtigung beim Spender: Bei Personenunternehmen werden begünstigte Zuwendungen steuerlich nicht als Betriebsausgaben gebucht, sondern als Privatentnahmen, die nach und in den Grenzen des § 10 b (1) EStG Berücksichtigung finden. Bei der Gewerbesteuer können Spenden und Mitgliedsbeiträge dennoch über § 9 Nr. 5 GewStG berücksichtigt werden, so dass es grundsätzlich zu einer Einkommen- und Gewerbesteuerentlastung kommen kann.

Da Kapitalgesellschaften aufgrund Ihrer Art quasi kein „Privatleben" besitzen, sind Spenden bei ihnen als Betriebsausgaben zu betrachten und nach den Bestimmungen des § 9 (1) Nr. 2 KStG von der Körperschaftsteuerbemessungsgrundlage sowie nach § 7 S. 1 GewStG über § 8 Nr. 9 GewStG i.V.m. § 9 Nr. 5 GewStG von der Gewerbesteuerbemessungsgrundlage abzugsfähig. Der steuerliche Abzug der Spenden ist bei den erwähnten Vorschriften jeweils auf 20 % des Gesamtbetrages der Einkünfte oder auf vier Promille der Summe der gesamten Umsätze und der im Kalenderjahr aufgewendeten Löhne und Gehälter beschränkt. In allen Fällen ist die Vorlage einer ordnungsgemäßen Spendenbescheinigung (Zuwendungsnachweis) notwendig (§ 50 (1) EStDV).

Begünstigte Empfänger von Spenden können nach § 10 b (1) S. 2 EStG z. B. inländische rechtsfähige und nicht rechtsfähige Vereine, aber auch Gesellschaften mit beschränkter Haftung oder haftungsbeschränkte Unternehmergesellschaften sein, die unmittelbar und ausschließlich gemeinnützigen Zwecken dienen und nach § 5 (1) Nr. 9 KStG von der Körperschaftsteuer befreit sind.[37]

Geldspenden werden zu dem Zeitpunkt berücksichtigt, in dem sie abgeflossen sind (§ 11 (2) EStG). Für den Teil der Spenden, der dabei die Höchstgrenzen (s. o.) nicht überschreitet, gelten für das freiberufliche und gewerbliche Einzelunternehmen bzw. die Kapitalgesellschaft, die bereits in (6) bis (9) für die allgemeinen CSR-Maßnahmen errechneten Beträge. Für den Teil der Spenden, der über dem Abzugsbetrag liegt, ergibt sich jeweils aufgrund der mangelnden steuerlichen Abzugsfähigkeit ($t = 0$), das Ergebnis aus (10).

Bei *Sachspenden,* also Wirtschaftsgütern, die zugewendet werden, kommt es darauf, ob sie aus dem Privatvermögen stammen oder einem Betriebsvermögen entnommen wurden. Da es hier um Zuwendungen von Unternehmen geht, soll der erste Fall hier nicht weiter verfolgt werden. Liegt der zweite Fall vor, so ist das Gut nach § 10 b (3) S. 2 EStG mit dem Entnahmewert zuzüglich der ggf. anfallenden Umsatzsteuer zu bewerten. Dabei ergibt sich nach § 6 (1) Nr. 4 S. 3, 4 EStG ein Wahlrecht zwischen dem Ansatz mit

---

[37] In der Praxis gründen Unternehmer auch selbst gemeinnützige Vereine oder GmbHs. Sie haben dann die Kontrolle über die ordnungsgemäße und zeitnahe Verwendung ihrer Spenden. Theoretisch kann der Gesellschafter-Geschäftsführer einer sog. Ein-Mann-GmbH gleichzeitig auch Gesellschafter und Geschäftsführer einer gemeinnützigen Unternehmergesellschaft sein und auf diese Weise für seine GmbH oder für sich als Person Spendenbescheinigungen ausstellen.

dem Teilwert oder dem Buchwert. Der ertragsteuerliche Unterschied kann an folgendem Beispiel deutlich gemacht werden: Ein Lieferwagen, der mit Vorsteuerabzug angeschafft wurde und nur noch einen Buchwert von einem Euro als Erinnerungswert besitzt und der für 1000,00 € zuzüglich Umsatzsteuer wiederbeschafft und veräußert werden könnte, soll an eine gemeinnützige Organisation gespendet werden. Umsatzsteuerlich liegt eine unentgeltliche Lieferung nach § 3 (1b) Nr. 1 UStG vor; die Bemessungsgrundlage beträgt nach § 10 (4) UStG 1000,00 €, so dass die Umsatzsteuer nach § 12 (1) UStG bei 190,00 € liegt. Beim Ansatz der Spende zum Buchwert ist die Spende mit 191,00 € anzusetzen (1 € Restbuchwert zuzüglich 190,00 € Umsatzsteuer). Beim Ansatz zum Teilwert ist auf der Spendenbescheinigung ein Betrag von 1190,00 € auszuweisen. Gleichzeitig ist allerdings ein Entnahmeertrag von 999,00 € (1000,00 − 1,00 €) zu versteuern. Per Saldo ergibt sich wiederum die ertragsteuerliche Konsequenz i. H. v. 191,00 € (1190,00 − 999,00 €). Die allgemeine Formel für die Effizienz aus (1) ist dann in beiden Fällen, wenn der Höchstbetrag nicht überschritten und ein Restbuchwert von Null unterstellt wird[38]:

$$x = \frac{B + B \cdot 0,19 \cdot (1-t)}{B \cdot 1,19} = \frac{B \cdot (1 + 0,19 \cdot (1-t))}{B \cdot 1,19} = \frac{1 + 0,19 \cdot (1-t)}{1,19} \quad (11)$$

und es ergeben sich für die Effizienzen der unterschiedlichen Rechtsformen dann folgende Beträge:

$$x_F = \frac{1 + 0,19 \cdot (1 - 0,4331)}{1,19} = 93,08 \,\% \quad (12)$$

$$x_G = \frac{1 + 0,19 \cdot (1 - 0,4599)}{1,19} = 91,22 \,\% \quad (13)$$

$$x_{K1} = \frac{1 + 0,19 \cdot (1 - 0,30805)}{1,19} = 95,08 \,\% \quad (14)$$

$$x_{K1+2} = \frac{1 + 0,19 \cdot (1 - 0,49055)}{1,19} = 92,17 \,\% \quad (15)$$

Für den Teil der Spenden, die über dem Abzugsbetrag liegen, ergibt sich jeweils aufgrund der mangelnden steuerlichen Abzugsfähigkeit wiederum das Ergebnis aus (10). Da es bei sog. Aufwandsspenden meist um den Verzicht von Vereinsmitgliedern auf Aufwandsersatz (z. B. für Reisekosten) handelt, werden sie hier im Unterschied zu **_Rückspenden_** nicht behandelt: Verzichtet z. B. ein Steuerberater nachträglich auf seinen Honoraranspruch, hat er trotzdem seine Betriebseinnahme zu versteuern und der Umsatzsteuer zu unterwerfen. Das Honorar gilt zu diesem Zeitpunkt als zugeflossen und die begünstigte gemeinnützige

---

[38] B sind in diesem Fall die Wiederbeschaffungskosten vor Umsatzsteuer.

Organisation darf bei Vorliegen aller weiteren Voraussetzungen eine Spendenbescheinigung in Höhe des Bruttobetrages ausstellen.[39] Sofern die Leistungen des zuwendenden Unternehmens der Umsatzsteuer unterliegen, ergeben sich somit die dieselben Beträge für x wie im Falle der Sachspenden. Der in der Ausgangsrechnung ausgewiesene Nettobetrag ist in diesem Fall als Beitrag B zu verstehen. **Parteispenden** können den CSR-Maßnahmen zugerechnet werden, da und soweit sie den demokratischen Wettbewerb fördern und damit dem Staatswesen dienen. Bei Personenunternehmen gehören sie nicht zu den Betriebsausgaben, und nur insoweit zu den Sonderausgaben nach § 10 b (1) EStG, wie sie nicht zur Ermäßigung der Einkommensteuer nach § 34 g EStG beigetragen haben. Beispiel: Eine Parteispende i. H. v. 10.000,00 € ermäßigt die Einkommensteuer bei einer Person, die einzeln veranlagt wird, um 825,00 €. Als Sonderausgabe nach § 10 b (2) EStG können nun noch berücksichtigt werden: 10.000,00 € − 1650,00 € = 8350,00 €, aber maximal 1650,00 €. Der Restbetrag i. H. v. 10.000,00 € − 1650,00 € − 1650,00 € = 6700,00 € kann nicht berücksichtigt werden.[40] Gewerbesteuerlich sind Pateispenden nicht nach § 9 Nr. 5 GewStG begünstigt. Je nach Höhe der Spende kommt es für den Wert der steuerlichen Effizienz x zu folgenden Ergebnissen für die Einzelunternehmen unter Berücksichtigung der jeweiligen individuellen Grenzeinkommensteuersätze:

$$\text{Für Spenden von } 0,00-1650,00 \text{ Euro:} \quad x = \frac{B*0,5}{B} = 0,5 = x_F = x_G = 50\% \quad (16)$$

$$\text{Für Spenden von } 1651,00-3300,00 \text{ Euro:} \quad x = \frac{B\cdot(1-t)+1.650\cdot t - 825}{B} = x_F = x_G \quad (17)$$

Es ergeben sich dann Werte zwischen 50 % (für 1.651,00 Euro) und 52,85 % (für 3300,00 Euro)

$$\text{Für Spenden von über } 3.300,00 \text{ Euro:} \quad x = \frac{B-1650\cdot t - 825}{B} = x_F = x_G \quad (18)$$

Es ergeben sich dann Werte zwischen 52,86 % (für 3.301,00 Euro) und 100 % (bei $B \to \infty$)

Bei Kapitalgesellschaften gehören sie nicht zu abzugsfähigen Betriebsausgaben nach § 9 (1) Nr. 2 KStG, so dass sie letztlich den Gewinn nicht mindern und auch sonst steuerlich keine Berücksichtigung finden.[41] Da die Parteien sie nach den Bestimmungen des

---

[39] Siehe zur steuerlichen Anerkennung von Rückspenden auch das neue BMF-Schreiben v. 25.11.2014 (BStBl. I S. 591), was ab dem 1.1.2015 Anwendung finden soll.

[40] Damit wird auch deutlich, dass Parteispenden von Personen, die ein Einkommen haben, das unter dem steuerlichen Existenzminimum liegt, steuerlich nicht subventioniert werden.

[41] In praxi gibt es allerdings den jeweiligen Parteien nahestehende Stiftungen, die den Vorschriften der §§ 51 ff. AO entsprechen, so dass Unternehmen statt den Parteien selbst diesen ihre Zuwendungen zukommen lassen können. Fraglich aber ist, ob diese Umgehung im Sinne von CSR korrekt ist.

Parteiengesetzes auch nicht versteuern müssen, ergibt sich für die jeweiligen x wieder das Ergebnis aus (10).

c. Sponsoring

Nach dem „Schreiben betr. ertragsteuerliche Behandlung des Sponsoring"(Sponsoring-Erlass) des Bundesministerium der Finanzen[42] versteht man unter Sponsoring „üblicherweise die Gewährung von Geld oder geldwerten Vorteilen durch Unternehmen zur Förderung von Personen, Gruppen und/oder Organisationen in sportlichen, kulturellen, kirchlichen, wissenschaftlichen, sozialen, ökologischen oder ähnlich bedeutsamen gesellschaftspolitischen Bereichen, mit der regelmäßig auch eigene unternehmensbezogene Ziele der Werbung oder Öffentlichkeitsarbeit verfolgt werden." Sie beruhen in der Regel auf vertraglichen Vereinbarungen und können Betriebsausgaben i.S.v. § 4 (4) EStG, Spenden nach § 10 b, § 9 (1) Nr. 2 KStG und § 9 Nr. 5 GewStG sein, Kosten der privaten Lebensführung i.S.v. § 12 Nr. 1 EStG oder auch verdeckte Gewinnausschüttungen nach § 8 (3) S. 2 KStG bei Kapitalgesellschaften sein. Der *Sponsor* kann seine Leistungen gegenüber dem Sportler oder Künstler dann steuerlich voll als Betriebsausgaben absetzen, wenn er wirtschaftliche Vorteile für sein Unternehmen anstrebt oder für Produkte seines Unternehmens werben will. Dabei sollten seine Leistungen und die angestrebten wirtschaftlichen Vorteile nicht in einem „krassen Missverhältnis" zueinander stehen, weil sonst das Abzugsverbot nach § 4 (5) S. 1 Nr. 7 EStG greift, soweit die Aufwendungen nach der allgemeinen Verkehrsauffassung als unangemessen zu betrachten sind. In der Regel handelt es sich bei dem *Empfänger* um eine gemeinnützige Körperschaft, die entweder steuerfreie Einnahmen in ihrem ideellen Bereich oder im Bereich der Vermögensverwaltung hat. Unter der Annahme, dass die Sponsoringaufwendungen des Unternehmens einer gemeinnützigen Körperschaft steuerfrei zugewendet werden, entsprechen die Werte für x den bereits für die allgemeinen CSR-Maßnahmen errechneten Beträgen in (6) bis (10).

d. Beiträge für Arbeitnehmer

Auf Basis von CSR sollen in diesem Abschnitt freiwillige Leistungen, die Unternehmen gegenüber ihren Arbeitnehmern erbringen können und aus den Bereichen Soziales, Gesundheitsförderung, Fort – und Weiterbildung und Altersvorsorge stammen, diskutiert und hinsichtlich ihrer steuerlichen Effizienz analysiert werden.[43] Dazu ist es sinnvoll, sie in für den Arbeitnehmer steuerpflichtige und steuerfreie Leistungen zu unterscheiden.[44] Freiwillige Leistungen sind beim Arbeitnehmer voll *steuerpflichtig*, wenn bei Ihnen ein

---

[42] BMF-Schreiben v. 18.2.1998 (BStBl. I S. 212).
[43] Die Nichteinhaltung gesetzlicher Verpflichtungen z. B. zur fristgerechten Abführung von Sozialversicherungsbeiträgen und der Lohnsteuer ist nicht nur aus CSR-Sicht nicht akzeptabel.
[44] Daneben gibt es noch steuerbegünstigte Leistungen, wie z. B. die pauschale Versteuerung nach § 40 c (1) und (2) EStG für Beiträge für Direktversicherungen mit 20 %: Die Zuwendungen dürfen 1752,00 Euro im Kalenderjahr nicht übersteigen.

objektiver Zusammenhang zwischen den Einnahmen und dem Dienstverhältnis im Sinne von § 19 (1) EStG besteht. Dies ist z. B. dann der Fall, wenn Löhne und Gehälter derart angehoben werden, dass sie den sozialen Standards nach CSR entsprechen. Allgemein kann man darunter alle Leistungen eines Arbeitgebers verstehen, die nicht steuerbefreit sind (siehe unten). Für die Berechnung ihrer steuerlichen Effizienz wird im Unterschied zu den bisherigen Berechnungen folgendes zusätzlich angenommen: Da die Sozialversicherungsbeiträge einen nicht unerheblichen Teil der Arbeitgeberleistung ausmachen und in der Regel der rechtlichen Beurteilung in der (Lohn-)Steuerpflicht folgen, werden sie wie folgt berücksichtigt: Für das Unternehmen als Arbeitgeber erhöht der Arbeitgeberanteil an den Sozialversicherungsbeiträgen den freiwilligen Beitrag B einer für den Arbeitnehmer erbrachten CSR-Leistung. Er wird hier mit 25 % angenommen und gehört unstreitig zu den abzugsfähigen Betriebsausgaben, die dann bei $B \cdot 1,25$ liegen. Für den Arbeitnehmer ist der Arbeitgeberanteil zur Kranken-, Pflege-, Arbeitslosen- und Rentenversicherung nach § 3 Nr. 62 EStG steuerfrei; der Arbeitnehmeranteil mindert den originär gewünschten CSR-Beitrag zu Gunsten eines Eigenbeitrages zur Zukunftssicherung des Arbeitnehmers. Insgesamt erhält er einen steuerpflichtigen Teil B und einen steuerfreien Teil in Höhe des Arbeitgeberbeitrages i. H. v. $B \cdot 0,25$. Wie bei den Annahmen in Abschn. 5.2 dargestellt, liegt der angenommene Grenzsteuersatz für den Arbeitnehmer bei 35 %, also unter demjenigen der Gesellschafter bzw. Inhaber der Unternehmen. Insgesamt führt dies zu folgender allgemeiner Formel für die Berechnung der Steuereffizienz:

$$x = \frac{B \cdot 1,25 \cdot (1-t)}{B \cdot (1-t_E) + B \cdot 0,25} = \frac{B \cdot 1,25 \cdot (1-t)}{B \cdot (1-t_E + 0,25)} = \frac{1,25 \cdot (1-t)}{1-0,35+0,25} \text{ bzw. weiter verkürzt:} \quad (19)$$

$$x = \frac{1,25 \cdot (1-t)}{0,9} \quad (20)$$

Es ergeben sich dann je nach Rechtsform folgende Werte für x:

$$x_F = \frac{1,25 \cdot (1-0,4331)}{0,9} = 0,7086 = 70,86\ \% \quad (21)$$

$$x_G = \frac{1,25 \cdot (1-0,4599)}{0,9} = 0,7874 = 78,74\ \% \quad (22)$$

$$x_{K1} = \frac{1,25 \cdot (1-0,30805)}{0,9} = 0,9610 = 96,10\ \% \quad (23)$$

$$x_{K1+2} = \frac{1,25 \cdot (1-0,49055)}{0,9} = 0,70751 = 70,75\ \% \quad (24)$$

Wenn das jeweils leistende Unternehmen auf die Steuerentlastung verzichtet $(t=0)$, ergibt sich dagegen:

$$x = \frac{B \cdot 1,25}{B \cdot (1-t_E) + B \cdot 0,25} = \frac{B \cdot 1,25 \cdot}{B \cdot (1-t_E + 0,25)} = \frac{1,25}{1-0,35+0,25} \text{ bzw. weiter verkürzt:} \quad (25)$$

$$x = x_F = x_G = x_{K1} = x_{K1+2} = \frac{1,25}{0,9} = 1,3889 = 138,89 \text{ \%, d.h.} \quad (26)$$

um 100,00 € nach Steuern dem Arbeitnehmer zukommen zu lassen, muss das Unternehmen mehr als 138,00 € aufwenden. Als Beispiele für *steuerfreie* CSR-Leistungen der Arbeitgeber können angeführt werden: **Soziale Maßnahmen**, wie die Gestellung und Einrichtung von Sozial- und Ruheräumen, Duschräumen, Sportanlagen und die altersgerechte Gestaltung der Arbeitsplätze[45] oder die Ausrichtung von Weihnachtsfeiern, sofern sie üblich sind und nicht die Grenze von 110,00 € inklusive Umsatzsteuer pro Veranstaltung und Person übertreffen,[46] sind genauso steuerfrei wie Maßnahmen zur betrieblichen **Fort- und Weiterbildung**, bei denen das betriebliche Interesse überwiegt. Sofern das sog. corporate volunteering[47] als Maßnahme der Persönlichkeitsentwicklung des Arbeitnehmers betrachtet wird, ist sie ebenso steuerfrei. Zur **Vereinbarkeit von Beruf und Familie** kann der Arbeitgeber Zuschüsse zur Unterbringung und Betreuung von nicht schulpflichtigen Kindern nach § 3 Nr. 33 EStG leisten, sofern sie zusätzlich zum ohnehin geschuldeten Arbeitslohn erbracht werden. Im Bereich der **Gesundheitsvorsorge** können nach § 3 Nr. 34 EStG zusätzlich zum ohnehin geschuldeten Arbeitslohn Leistungen zur Verbesserung des allgemeinen Gesundheitszustandes und der betrieblichen Gesundheitsförderung steuerfrei erbracht werden, soweit sie 500,00 € pro Kalenderjahr und Arbeitnehmer nicht überschreiten.[48] Die Werte für die Effizienz x entsprechen in diesem Fall wieder denjenigen, die auch für die allgemeinen CSR-Maßnahmen in (6)–(10) errechnet wurden.

5.5 Ergebnisübersicht

Die Ergebnisse für die Effizienz x können nun wie folgt zusammengefasst werden (Tab. 1):

---

[45] Dies gilt aber nur dann und insoweit, wie sie überwiegend dem eigenbetrieblichen Interesse dienen (BFH-Urteil v. 27.9.1996, VI R44/96, BStBl. 1997 II S. 146).
[46] LStR 19.5 (5).
[47] Hierbei werden Arbeitnehmer für ehrenamtliche Tätigkeiten z. B. für gemeinnützige Zwecke vom Unternehmen freigestellt. Die damit verbundenen Kosten sind dann wie beim Sponsoring unbegrenzt abziehbar, wenn durch sie z. B. Werbeziele verfolgt werden können.
[48] Hierbei geht es vornehmlich um Leistungen der sog. Primärprävention, wie z. B. Maßnahmen zur Stressbewältigung, zur Vermeidung von Mängelernährung oder zur Reduzierung von Bewegungsmangel.

Tab. 1 Übersicht über die Beträge der Effizienz in den ausgewählten Fällen (alle Werte in %)

	Freiberufliches Einzelunternehmen	Gewerbliches Einzelunternehmen	Kapitalgesellschaft 1. Ebene	Kapitalgesellschaft gesamt
Allg. CSR-Beiträge	56,69	54,01	69,20	50,95
Allg. CSR-Beiträge[a]	100,00	100,00	100,00	100,00
Spenden				
Geldspenden				
Bis Höchstgrenze	56,69	54,01	69,20	50,95
Über Höchstgrenze	100,00	100,00	100,00	100,00
Sachspenden				
Bis Höchstgrenze	93,08	91,22	95,08	92,17
Über Höchstgrenze	100,00	100,00	100,00	100,00
Rückspenden				
Bis Höchstgrenze	93,08	91,22	95,08	92,17
Über Höchstgrenze	100,00	100,00	100,00	100,00
Alle Spenden[a]	100,00	100,00	100,00	100,00
Parteispenden				
0,00–1650,00 €	50,00	50,00	100,00	100,00
0,00–1650,00 €[a]	100,00	100,00	100,00	100,00
1651,00–3300,00 €	50 bis 52,85	50 bis 52,85	100,00	100,00
1651,00–3300,00 €[a]	100,00	100,00	100,00	100,00
3301,00 – unendlich	52,86 bis 100	46,67 bis 100	100,00	100,00
3301,00 – unendlich[a]	100,00	100,00	100,00	100,00
Sponsoring	56,69	54,01	69,20	50,95
Beiträge für Arbeitnehmer				
Stpfl. Leistungen	70,86	78,74	96,1	70,75
Stpfl. Leistungen[a]	138,89	138,89	138,89	138,89
Stfr. Leistungen	56,69	54,01	69,20	50,95
Stfr. Leistungen[a]	100,00	100,00	100,00	100,00

[a] t=0 und § 34 g EStG wird ggf. nicht in Anspruch genommen

Es wird zum einen deutlich, dass die allgemeinen CSR-Beiträge, das Sponsoring und die für den Arbeitnehmer steuerfreien Leistungen im Vergleich zu den anderen Maßnahmen bei allen Rechtsformen am effizientesten sind. Am „teuersten" sind die Maßnahmen, die keinen Betriebsausgabenabzug zulassen, z. B. die Spenden über den abzugsfähigen Höchstbetrag hinaus. Zum anderen sind die Werte bei der Kapitalgesellschaft, wenn die Gesamtwirkung auf allen beiden Ebenen betrachtet wird, im Vergleich zu den anderen Rechtsformen besser. Verzichtet das Unternehmen komplett auf die Steuerentlastung, so muss es im Fall der steuerpflichtigen Leistungen über 138,00 € aufwenden, um dem Arbeitnehmer 100,00 € netto mehr zukommen lassen zu können.[49]

6 Fazit und Ausblick

Ungeachtet dessen, dass nicht alle mit CSR in Verbindung stehenden steuerlichen Aspekte behandelt werden konnten (z. B. das Thema der Transparenz von Steuerdaten; erbschaft-/schenkungsteuerliche Tatbestände), hat sich gezeigt, dass der CSR – Ansatz im Bereich Steuern bisher wenig entwickelt ist und jedes Unternehmen selbst entscheiden muss, ob und inwieweit es auch sein steuerliches Verhalten an CSR ausrichtet – und dies gilt auch für den steuerlichen Berater. Dies gilt ebenso für die Frage, ob und inwieweit ein Unternehmen den Staat zur Mitfinanzierung von selbst gewählten CSR-Maßnahmen über einen ganz, teilweise oder gar nicht vorgenommenen Betriebsausgabenabzug in Anspruch nehmen möchte, auch wenn dies der deutsche Gesetzgeber z. B. über die Spendenabzugsmöglichkeiten ausdrücklich begrüßt.[50]

Bei den einzelnen Maßnahmen zeigte sich, dass manche einzelne Maßnahmen effizienter sind als andere und dass es dabei auch auf die Rechtsform ankommt. In Verbindung mit einer Gewichtung der Maßnahmen hinsichtlich der Außenwirkung kann der steuerliche Berater somit mithelfen, für das Unternehmen den optimalen Einsatz von CSR-Maßnahmen strategisch zu planen.

Fraglich ist, ob die deutschsprachigen Steuerwissenschaften sich nicht verstärkt mit CSR auseinandersetzen sollten, um ihren z. B. ordnungspolitischen Beitrag zur Diskussion leisten zu können, indem sie bei der Entwicklung entsprechender CSR-Leitlinien mitwirken.[51]

Literatur

Birk (2014): „A. Das Phänomen > Corporate Social Responsibility<" in: Fezer (2014): UWG-Kommentar Bd. 2, München, S. 5.
Brähler (2014): Internationales Steuerrecht, Wiesbaden.
Frey/Kirchgässner (2002): Demokratische Wirtschaftspolitik, München.

---

[49] Unabhängig davon, ob das Unternehmen auf seine Steuerentlastung verzichtet, gibt es einen Anreiz, dem Arbeitnehmer eher frei zu geben als eine Lohnerhöhung auszuzahlen, da Freizeit steuerfrei ist.
[50] Dies zeigt sich auch darin, dass freiwillige Steuerzahlungen im Gegensatz zu Spenden steuerlich nicht abzugsfähig sind.
[51] Vgl. Fisher (2014): „Fairer Shores: Tax Havens, Tax Avoidance, and Corporate Social Responsibility" in: Boston Universal Law Review Vol. 94, S. 365: „Therefore the incorporation of antiavoidance principles into CSR could provide incentives for self-regulation where external regulation proves unsuccessful."

Hardeck (2013): Reputative Risiken bei aggressiver Steuerplanung – Empirische Evidenz und internationale Bezüge, Berlin.
Hey in: Tipke/Lang (2013): Steuerrecht, Köln.
Homburg (2015): Allgemeine Steuerlehre, München.
Hüttemann (2009): „Steuerliche Aspekte der Corporate Social Responsibility von Unternehmen" in: Steuerzentrierte Rechtsberatung, Festschrift für Harald Schaumburg, Köln.
König/Maßbaum/ Sureth (2013): Besteuerung und Rechtsformwahl, Herne.
Pöllath (2008): „Unternehmensführung (Corporate Governance) und Besteuerung" in: Transaktionen, Vermögen, Pro Bono, Festschrift zum zehnjährigen Bestehen von P+P Pöllath+Partners, S. 3–27.
Schreiber (2013): International Company Taxation, Heidelberg u. a.
Seer in: Tipke/Lang (2013): Steuerrecht, Köln.

CSR und nachhaltige Korruptionsprävention

Sina Janke

Zusammenfassung

Corporate Social Responsibility und Korruptionsprävention: Wer gesellschaftliche Verantwortung und nachhaltiges Wirtschaften zu seinen unternehmerischen Leitprinzipien zählt, kommt nicht umhin, sich mit Korruption und Korruptionsprävention eingehender und aus einer anderen Perspektive zu befassen, als dies im Zuge der Compliance Bewegung heute bereits Standard ist: „Anti-Korruption" muss für verantwortungsbewusste Unternehmer mehr sein als nur ein Mittel zu Haftungsvermeidung und Imagepflege.

Der Beitrag erläutert die rechtliche Situation aus deutscher Sicht und zeigt praktische Ansätze für nachhaltige Korruptionsprävention in Unternehmen auf.

1 CSR und Korruptionsprävention

Korruption gab es und wird es immer geben. Die Häufigkeit ihres Auftretens, die Phänomene und das Ausmaß der gesellschaftlichen Betroffenheit werden sich verändern.[1]

Unternehmen, die ihre tragende Rolle bei der Mitgestaltung heutigen und künftigen Wirtschaftslebens und die daraus resultierende gesellschaftliche Verantwortung bewusst und aktiv ausfüllen wollen, müssen sich mit Korruption und Korruptionsprävention eingehender und aus einer anderen Perspektive befassen, als dies im Zuge der Compliance-Bewe-

---

[1] Wabnitz/Janovsky, Handbuch des Wirtschafts- und Steuerstrafrechts, C.H.Beck Verlag, 4. Auflage 2014, S. 701, Rn 2.

S. Janke (✉)
Janke Legal, München, Deutschland
E-Mail: janke@janke-legal.com

gung heute bereits Standard ist. „Anti-Korruption" darf nicht nur Mittel zu Haftungsvermeidung und Imagepflege sein.

So wie der Begriff Korruption einer ethisch-moralischen Idealvorstellung entspringt (Macht und Vertrauen seien treuevoll und nicht missbräuchlich zu eigenen Gunsten zu gebrauchen), muss auch erfolgreiche Korruptionsprävention beim ethischen Selbstverständnis ansetzen – von Unternehmen, von Mitarbeitern, von jedem Einzelnen. Denn: Die sozialen Normen des Umfelds haben entscheidenden Einfluss darauf, ob Korruption stattfindet oder nicht.[2] Der typische deutsche Korruptionstäter sei *„männlich, nicht vorbestraft, karriereorientiert und erfahren"*, bekleide in der Regel eine höhere Position und *„folge meistens einem korruptionsfördernden Klima in Unternehmen und Verwaltungen, weniger der eigenen kriminellen Energie".*[3] Eine Analyse der Organisation für wirtschaftliche Zusammenarbeit und Entwicklung (OECD) zu den großen Korruptionsverfahren der letzten fünfzehn Jahre[4] bestätigt: Bestochen wird in den meisten Fällen mit Billigung der Geschäftsleitung.

Ziel der Anti-Korruptions-Kampagne verantwortungsbewusster Unternehmen muss also mehr sein, als nur die umfassende Information über rechtliche Grundlagen und Bewertungen, über Graubereiche und Handlungsalternativen. Wesentlich ist es, Verständnis zu schaffen für Sinn und Zweck von Korruptionsbekämpfung und ein klares absolutes Bekenntnis zu Anti-Korruption zu kommunizieren.

> Das beste Bollwerk gegen Korruption ist eine in Politik, Verwaltung, Wirtschaft und in der Gesellschaft fest verankerte Kultur, die Korruption ächtet und ihr keine Chance lässt, sich auszubreiten.[5]

Korruption in Deutschland
Korruption findet nicht nur in Entwicklungs- und Schwellenländern und totalitären Regimes statt. Es gibt Korruption auch in Deutschland. Jährlich entsteht dadurch ein volkswirtschaftlicher Schaden in Millionenhöhe[6], 2013 wurden mehr als 7000 Korruptionsstraftaten registriert[7]. Korruptives Handeln soll in der überwiegenden Anzahl der Fälle[8] Aufträge oder behördliche Genehmigungen, aber auch interne Informationen oder sonsti-

---

[2] Rabl/Kühlmann, Understanding Corruption in Organizations, Journal of Business Ethics 82, 2008, S. 477–495.

[3] Prof. Britta Bannenberg in: Nürnberger Zeitung vom 12.07.2012.

[4] OECD (2014), OECD Foreign Bribery Report: An Analysis of the Crime of Bribery of Foreign Public Officials.

[5] Dölling, Gutachten C zum 61. Deutschen Juristentag in Karlsruhe 1996, München, S. 8.

[6] 2009–145 Mio., 2010–176 Mio., 2011–276 Mio., 2012–354 Mio., 2013–175 Mio., **ohne die beträchtlichen Dunkelziffern**; Bundeskriminalamt, Korruption Bundeslagebild 2013, S. 10.

[7] Bundeskriminalamt, Korruption Bundeslagebild 2013, S. 6.

[8] Bundeskriminalamt, Korruption Bundeslagebild 2013, S. 13.

ge Wettbewerbsvorteile verschaffen und zielt dementsprechend hauptsächlich auf Öffentliche Verwaltung (zu 60 %) oder Wirtschaftsunternehmen (zu 30 %)[9].

Opferlose Kriminalität
Korruptionsdelikte sind besondere, entpersonalisierte Straftaten – es gibt keine individuellen Opfer. Das strafbare Handeln verursacht enorme volkswirtschaftliche Schäden und zieht die Lauterkeit der öffentlichen Verwaltung und den freien Wettbewerb als Schutzgüter der Allgemeinheit in Mitleidenschaft. Für die unmittelbar an der Korruptionstat Beteiligten ergibt sich aber gleichermaßen eine Gewinnsituation.

> **Beispiel**
>
> Die X GmbH bewirbt sich um einen großen Auftrag der Y AG. Der dort angestellte Einkaufs-Sachbearbeiter A ist für die Vergabe und Abwicklung des Auftrags zuständig. Er trifft sich mit Vertriebsmitarbeiter B von der X GmbH zu Vertragsverhandlungen. Für die X GmbH ist der potentielle Auftrag sehr wichtig. Um ihn zum Vertragsabschluss zu bewegen, stellt B Herrn A eine persönliche Prämie in Höhe von 1 % des Auftragsvolumens in Aussicht.
>
> Kommt das Geschäft zu Stande, erhält Sachbearbeiter A seine Prämie, Vertriebsmitarbeiter B kann für die X GmbH einen Auftrag realisieren: für A und B sowie die X GmbH eine Win-Win-Situation.

Dieser besondere Umstand bedeutet eine besondere Herausforderung bei der Bekämpfung[10] und Vermeidung von Korruption: Erfolge hängen stark von qualifizierten Hinweisen ab, fast alle der verfolgten Taten werden den Ermittlungsbehörden nur auf diese Weise bekannt.[11] Korruption wird deshalb auch als „Kontrollkriminalität" bezeichnet.

Korruptionsdelikte sind selten situativer Art – d. h. spontan ohne gezielte Planung oder Vorbereitung – sondern überwiegend struktureller Natur und auf Grundlage lang- oder längerfristig angelegter Beziehungen vorab bewusst geplant.[12] Dieses Merkmal ist im Blick zu behalten. Arbeitsorganisatorische Maßnahmen sollten hier ansetzen und gegensteuern:

---

[9] Bundeskriminalamt, Korruption Bundeslagebild 2013, S. 10.

[10] Dr. Beate Merk, ehem. Bayerische Staatsministerin der Justiz und für Verbraucherschutz, bezeichnete es anlässlich der Internationalen Tagung „Schutz der finanziellen Interessen der EU durch Korruptionsbekämpfung in Europa" in München, 16. Januar 2008, als *„besondere Herausforderung für unsere Ermittler"*.

[11] Mindestens zwei Drittel der registrierten Taten, Bundeskriminalamt, Korruption Bundeslagebild 2013, S. 14; Korruption – Lagedarstellung und Forschungsbedarf aus polizeilicher Sicht, Bundeskriminalamt, Heike Bruhn, 08.05.2014, S. 5; an anderer Stelle ist von **etwa 95 %** aller Taten die Rede, vgl. Wabnitz/Janovsky, Handbuch des Wirtschafts- und Steuerstrafrechts, C.H. Beck Verlag, 4. Auflage 2014, S. 73, Rn 53 m. w. N.

[12] Das Bundeskriminalamt schätzt, dass bei rund 86 % der bekannten Fälle strukturelle Korruption vorliegt (Bundeskriminalamt, Bundeslagebild Korruption 2013, S. 5). Dauerhafte Beziehungen zwischen Nehmern und Gebern von mehr als einem Jahr sind Merkmal der überwiegenden Anzahl der Bestechungsdelikte, zumeist Verbindungen mit einer Dauer von drei bis fünf Jahren oder länger

- Vier-Augen-Prinzip
  Mehrzuständigkeit mit entsprechender Dokumentation und gemeinsamer Freigabekompetenz
- Job-Rotation
  Regelmäßiger Wechsel der Zuständigkeits- bzw. Verantwortungsbereiche mindestens des zweiten Augenpaares
- Mitarbeiterteams
  Teamarbeit fördert Transparenz und Neutralität

2 Das gesetzliche Korruptionsverbot in Deutschland

2.1 Grundprinzipien strafrechtlicher und ordnungswidrigkeitenrechtlicher Verantwortlichkeit

Strafbar bzw. ordnungswidrigkeitenrechtlich verantwortlich ist nicht nur, wer eine Tat unmittelbar ausführt. Auch derjenige, der als verantwortlicher Vorgesetzter, als Führungskraft oder Mitglied der Unternehmensleitung durch sein Handeln aber auch durch ein Außerachtlassen seiner Pflichten[13] eine Tat initiiert, erlaubt, ermöglicht oder fördert, kann zur Verantwortung gezogen werden. Verantwortlich ist ebenso, wer kraft seiner „Organisationsherrschaft" die Tatausführung durch einen anderen veranlasst[14]:

> **Beispiel**
>
> Herr C, Geschäftsführer eines IT-Unternehmens X, weist Sachbearbeiterin D zur Zahlung von 5.000,00 € auf das private Konto von Herrn E an. Herr E ist Leiter der Abteilung EDV & Kommunikation bei einem Unternehmen, das X schon einmal mit Wartungsarbeiten an ihrem Rechenzentrum beauftragt hat. C möchte Herrn E die Summe als Anreiz für die Vergabe eines weiteren Auftrags zukommen lassen, Bestechung. Frau D erläutert er wahrheitswidrig, es handele sich um einen nachträglichen Rabatt für das Unternehmen. D ist irritiert, das angegebene Konto stimmt nicht mit dem hinterlegten Geschäftskonto überein. Herr C gibt unzutreffend an, die neue Kontoverbindung sei erst kürzlich von dem Unternehmen schriftlich mitgeteilt worden.
>
> Geschäftsführer C setzt die ahnungslose Sachbearbeiterin als „Werkzeug" zur Tatbegehung ein.

(Bundeskriminalamt, Bundeslagebild Korruption 2013, S. 10). Der bestechliche Täter ist – ein weiteres typisches Kennzeichen – mit seiner jeweiligen Aufgabe bereits seit langer Zeit betraut: mehr als 10 Jahre in 29,2 % aller Fälle, 6 bis 10 Jahre in 27,9 % aller Fälle, 3 bis 5 Jahre in 32,5 % aller Fälle, 1 bis 2 Jahre in 10,2 % aller Fälle, bis 1 Jahr in 5,2 % aller Fälle (Bundeskriminalamt, Korruption Bundeslagebild 2013, S. 11).

[13] *„Geschäftsherrenhaftung"*, BGH St 54, 44.
[14] BGHSt 49, 147; BGH, NStZ 2008, 89.

Arbeitsteilung

Sind innerhalb des Unternehmens oder der Unternehmensleitung Zuständigkeiten eindeutig und explizit getrennt (Ressortprinzip, Spartenorganisation), so wird grundsätzlich auch die Verantwortung für strafbare Handlungen entsprechend dieser Arbeitsteilung klar begrenzt.[15]

Bei einer gesamtverantwortlichen Geschäftsführung können einzelne Aufgaben und Kompetenzen durch Delegation zugeordnet werden. Die Aufgabenübertragung muss bestimmten Anforderungen genügen: Sie muss explizit erfolgen und zeitlich begrenzt sein, darf nicht generell sondern muss speziell sein, der Delegat muss entsprechend kompetent sein.[16] Die Verantwortung dafür sowie für Aufsicht und Kontrolle trägt der Vertretene.[17]

Vertikale Delegation und Outsourcing

Werden Aufgaben und Befugnisse auf nachgeordnete oder ausgelagerte Mitarbeiter bzw. Organisationen übertragen, verbleibt die Verpflichtung zur sorgfältigen Auswahl, Einweisung und Aufsicht.[18]

Gremienentscheidungen

Liegt der strafbaren Handlung eine gemeinsame Entscheidung mehrerer verantwortlicher Personen im Unternehmen zu Grunde, so tragen diese grundsätzlich auch gemeinsam die volle (strafrechtliche) Verantwortung. Hat ein Mitglied gegen die Entscheidung votiert und aktiv versucht, das Gremium umzustimmen, kann seine Verantwortung entfallen.[19]

Strafbarkeit des Compliance Beauftragten

Der Compliance Beauftragte oder Compliance Officer im Unternehmen hat die konkrete Pflicht, Straftaten von Unternehmensangehörigen zu verhindern.[20] Unterlässt er die unmittelbar geeigneten und erforderlichen Maßnahmen zur Abwendung einer konkreten Tat, so kann er selbst strafbar sein. Voraussetzung ist eine **wirksame Übertragung** der damit

---

[15] Tiedemann, Wirtschaftsstrafrecht Einführung und Allgemeiner Teil, 4. Auflage 2014, Franz Vahlen Verlag, Rn 361.
[16] Tiedemann, Wirtschaftsstrafrecht Einführung und Allgemeiner Teil, 4. Auflage 2014, Franz Vahlen Verlag, Rn 361; Wabnitz/Janovsky, Handbuch des Wirtschafts- und Steuerstrafrechts, C.H.Beck Verlag, 4. Auflage 2014, S. 338 Rn 34 ff.
[17] Tiedemann, Wirtschaftsstrafrecht Einführung und Allgemeiner Teil, 4. Auflage 2014, Franz Vahlen Verlag, Rn 361.
[18] Wabnitz/Janovsky, Handbuch des Wirtschafts- und Steuerstrafrechts, C.H.Beck Verlag, 4. Auflage 2014, S. 340 Rn 41 ff.
[19] Vgl. etwa Achenbach/Ransiek, Handbuch Wirtschaftsstrafrecht, C.F. Müller Verlag, 3. Auflage 2012, S. 63 Rn 50 ff.
[20] BGH, Urteil vom 17.07.2009, BGH St 54, 44.

verbundenen Überwachung- und Schutzpflichten, z. B. durch Dienstvertrag, und die **tatsächliche Übernahme** dieses Pflichtenkreises.[21]

Unternehmensstrafbarkeit

Im Deutschen Recht gibt es anders als in den meisten anderen Rechtssystemen[22] keine Unternehmensstrafbarkeit. Eine unmittelbare Sanktionierung von Unternehmen, mittels Geldbuße, sieht das Ordnungswidrigkeitenrecht (§ 30 OWiG) vor. Haftbar ist das Unternehmen als solches dann, wenn durch eine Straftat oder Ordnungswidrigkeit eines Unternehmens-Repräsentanten (Organ, Vorstand oder Vorstandsmitglied, Vertreter wie Prokurist oder Handlungsbevollmächtigter, Leitungsperson) Pflichten des Unternehmens verletzt wurden oder wenn das Unternehmen durch dieses Handeln bereichert wurde oder werden sollte. Eine Konzernhaftung ist möglich, etwa wenn Organe des Mutterunternehmens ihren beherrschenden Einfluss auf das Tochterunternehmen zur Bereicherung der Konzernmutter ausüben.[23]

Business Judgement

Unternehmensverantwortliche haben bei betriebswirtschaftlichen Entscheidungen zur Geschäftsführung einen weiten Spielraum. Ihr „Business judgement" ist zunächst einmal nur beschränkt durch die Grenzen von Verantwortungsbewusstsein, Sorgfalt und Unternehmenswohl.[24] Reicht die eigene Sachkenntnis zur Einschätzung von Chancen und insbesondere Risiken nicht aus, ist sachverständige Hilfe einzuholen.[25] Strafbar kann uneigennütziges wohlmeinendes Unternehmerhandeln dann sein, wenn die damit verbundenen Risiken unangemessen hoch sind oder leichtfertig in Kauf genommen werden, sodass eine Pflichtverletzung *„klar und evident"* ist und die Entscheidung aus diesem Grund unter jedem Gesichtspunkt unvertretbar scheint.[26]

---

[21] Achenbach/Ransiek, Handbuch Wirtschaftsstrafrecht, C.F. Müller Verlag, 3. Auflage 2012, S. 63 Rn 35.

[22] So etwa Belgien, Dänemark, England, Frankreich, Japan, Niederlande, Österreich, Polen, Schweiz, USA; Italien, Schweden und Spanien sehen eine dem Deutschen Recht ähnliche außerstrafrechtliche bzw. verwaltungsrechtliche Verantwortlichkeit von Verbänden vor.

[23] Karlsruher Kommentar zum Ordnungswidrigkeitengesetz, C.H.Beck Verlag, 3. Auflage 2006, § 30 Rn 70a.

[24] Vgl. etwa Wabnitz/Janovsky, Handbuch des Wirtschafts- und Steuerstrafrechts, C.H.Beck Verlag, 4. Auflage 2014, S. 285 Rn 93.

[25] BGH NJW 260, 453, 455, „Ision".

[26] Wabnitz/Janovsky, Handbuch des Wirtschafts- und Steuerstrafrechts, C.H.Beck Verlag, 4. Auflage 2014, S. 284 Rn 93 f.

2.2 Korruptionsbegriff

Korruption/Herkunft lateinisch corrumpere/bestechen, verführen, verleiten, missbrauchen, verderben, vernichten.

„Korruption" ist ein moralischer Begriff, kein juristischer. Dementsprechend gibt es keine allen Rechtsordnungen gemeinsame Definition. Für das Grundverständnis ist die weit gefasste Definition der gemeinnützigen Vereinigung Transparency International[27] praktikabel:
Korruption ist Missbrauch von anvertrauter Macht zum privaten Nutzen oder Vorteil.
Weiteren Aufschluss bietet die in der Deutschen Kriminologie gebräuchliche Definition, nach der Korruption als *„Missbrauch eines öffentlichen Amtes, einer Funktion in der Wirtschaft oder eines politischen Mandats zugunsten eines Anderen, auf dessen Veranlassung oder Eigeninitiative, zur Erlangung eines Vorteils für sich oder einen Dritten, mit Eintritt oder in Erwartung des Eintritts eines Schadens oder Nachteils für die Allgemeinheit (in amtlicher oder politischer Funktion) oder für ein Unternehmen (betreffend Täter als Funktionsträger in der Wirtschaft)"* verstanden wird.[28]

Das deutsche Strafrecht führt den Begriff der „Korruption" nicht und es gibt keine übergreifende Korruptionsstrafvorschrift, korruptives Handeln wird durch verschiedene Straftatbestände sanktioniert. Im Bereich der freien Wirtschaft ist es strafbar als Wettbewerbsdelikt gemäß § 298 StGB (verbotene wettbewerbsbeschränkende Absprachen bei Ausschreibungen) bzw. §§ 299, 300 StGB (Bestechlichkeit/Bestechung im geschäftlichen Verkehr, die sogenannte „Angestelltenbestechung"). Korruption im öffentlichen Sektor ist strafbar als Vorteilsannahme/Vorteilsgewährung gemäß §§ 331 332 StGB, als Bestechlichkeit/Bestechung, §§ 333, 334, 335 StGB. Strafbar sind auch Wählerbestechung (§ 108b StGB) und Abgeordnetenbestechung (§ 108 e StGB).

Gemeinsames Merkmal der Korruptionsdelikte im Deutschen Strafrecht ist der *„regelwidrige Tausch von Vorteilen"*[29] – Vorteil gegen regelwidrige Einflussnahme.

Mit der Korruptionstat gehen regelmäßig zugleich weitere Straftaten einher, insbesondere Untreue (§ 266 StGB), Geldwäsche bzw. die Verschleierung illegalen Vermögens (§ 261 StGB) und Betrug (§ 263 StGB), spezieller Subventionsbetrug (§ 264 StGB) oder Kreditbetrug (§ 265 b StGB).

---

[27] Transparency International (www.transparency.org) ist eine international tätige, nach eigenem Verständnis gemeinnützige, parteipolitisch unabhängige Bewegung von gleichgesinnten Menschen aus aller Welt, die sich dem globalen Kampf gegen die Korruption verschrieben haben und wurde 1993 von Dr. Peter Eigen, deutscher Jurist, und seinen Mitstreiterinnen und Mitstreitern in London und Berlin gegründet.
[28] Bundeskriminalamt, http://www.bka.de/DE/ThemenABisZ/Deliktsbereiche/Korruption/korruption__node.html?__nnn=true.
[29] Achenbach/Ransiek, Handbuch Wirtschaftsstrafrecht, C.F. Müller Verlag, 3. Auflage 2012, S. 234 Rn. 5.

2.3 Korruption in der freien Wirtschaft – „Angestelltenbestechung", §§ 299 f StGB

Etwa ein Drittel aller verfolgten Korruptionsdelikte betreffen die freie Wirtschaft.[30] Zentraler Straftatbestand in diesem Bereich ist § 299 StGB, „Bestechung und Bestechlichkeit im geschäftlichen Verkehr". Er verbietet das Anbieten, Versprechen oder Gewähren bzw. spiegelbildlich das Fordern, Sich Versprechen lassen und Annehmen eines Vorteils als Gegenleistung für eine unlautere Bevorzugung beim Bezug von Waren oder Dienstleistungen im geschäftlichen Verkehr. Empfänger des Vorteils im regelwidrigen Tauschgeschäft ist dabei ein Angestellter oder Beauftragter eines geschäftlichen Betriebes, daher der Beiname „Angestelltenbestechung".

Das Verbot gilt auch für Handlungen im ausländischen Wettbewerb.

Angestellte und Beauftragte eines geschäftlichen Betriebs
„**Angestellter**" ist, wer weisungsgebunden in einem (mindestens faktischen) Dienstverhältnis steht[31], „**Beauftragter**", wer ohne eine solche Anstellung befugter maßen für den Geschäftsbetrieb tätig wird und dabei berechtigt und verpflichtet ist, auf Entscheidungen über den Waren- und Dienstleistungsaustausch Einfluss zu nehmen[32], wie Geschäftsführer und Vorstandsmitglieder, aber auch gebundene Handelsvertreter, Berater, Architekten oder Ingenieure.[33] (Alleinige) Geschäftsinhaber können den Tatbestand nicht verwirklichen.[34] Das bedeutet aber nicht, dass ihre Einwilligung die Tat eines Angestellten oder Beauftragten rechtfertigt.[35]

Vorteil, auch für einen Dritten
Vorteil ist nicht nur das sprichwörtliche „Schmiergeld". **Jede persönliche Begünstigung** materieller oder immaterieller Art, auf die der Empfänger **keinen Anspruch** hat, kann in einem entsprechenden Szenario unzulässig sein.[36] Das Bundeskriminalamt zählt als typische Bestechungsmittel[37] Sachzuwendungen (38,7 %), Bargeld (33,5 %), Bewirtung

---

[30] Bundeskriminalamt, Korruption Bundeslagebild 2013, S. 10.
[31] Fischer, Kommentar zum Strafgesetzbuch, C.H.Beck Verlag, 61. Auflage 2014, § 299 Rn 9 m. w. N.
[32] Fischer, Kommentar zum Strafgesetzbuch, C.H.Beck Verlag, 61. Auflage 2014, § 299 Rn 10 m. w. N.
[33] Fischer, Kommentar zum Strafgesetzbuch, C.H.Beck Verlag, 61. Auflage 2014, § 299 Rn 10a m. w. N.
[34] Fischer, Kommentar zum Strafgesetzbuch, C.H.Beck Verlag, 61. Auflage 2014, § 299 Rn 8a m. w. N.
[35] H.M., vgl. Fischer, Kommentar zum Strafgesetzbuch, C.H.Beck Verlag, 61. Auflage 2014, § 299 Rn 23 m. w. N.
[36] Vgl. Fischer, Kommentar zum Strafgesetzbuch, C.H.Beck Verlag, 61. Auflage 2014, § 299 Rn 7 m. w. N.; materiell = Provision, Honorar, Rückvergütung, Nebeneinkünfte, Darlehensgewährung und -stundung, Gebrauchsgüter, Wohnraum, Reisen; immateriell = Auszeichnungen, berufliche Chancen, Ehrenamt, Unterstützung in privaten Angelegenheiten.
[37] Bundeskriminalamt, Korruption Bundeslagebild 2013, S. 12.

und Feiern (8,3 %), Arbeits- bzw. Dienstleistungen (6,6 %), Teilnahme an Veranstaltungen (5,8 %) und Reisen (3,9 %) auf.

Eine nur mittelbare Begünstigung ist von dem Verbot ebenso erfasst wie Drittvorteile.

> **Beispiel**
>
> Im Gegenzug für den Abschluss eines Liefervertrags verlangt der zuständige Einkaufssachbearbeiter G für fiktive Berater-Vermittlungstätigkeiten eine Provisionszahlung an das Beratungsunternehmen G Consulting, das seine Ehefrau betreibt.

Sozialadäquanz
Übliche Vorteilsgewährungen geringen Umfangs, die **nicht geeignet** sind, **den Wettbewerb zu beeinträchtigen**, werden gemeinhin als „sozialadäquat" angesehen.[38] Werbegeschenke, Trinkgelder, normale Geschäftsessen gelten grundsätzlich nicht als strafrechtlich relevante Vorteile. Was in diesem Sinn als angemessen zu verstehen ist, lässt sich an einem fixen Betrag nicht festmachen und wird sich üblicher Weise nach Stellung und Lebensumständen des Vorteilsempfängers und nach Art und Anlass der Vorteilsgewährung bemessen.[39]

Von Gefälligkeit zu Gefügigkeit
Schwierig in der praktischen Handhabe sind all die persönlichen Gesten und Annehmlichkeiten für Kundenmitarbeiter, die unter dem Stichwort „Klimapflege" zusammen zu fassen sind. Auch diese sind persönliche Vorteile, die aber unter bestimmten Gesichtspunkten meist unbedenklich sind. Die **Grenze zu verbotener Beeinflussung ist fließend** und abhängig von den Umständen im Einzelfall. Sie ist übertreten, wenn der Zuwendungsempfänger sich durch das „Anfüttern" einer Erwartungshaltung ausgesetzt sieht, die ihn bei künftigen Entscheidungen beeinflussen wird. Eine feste Kategorisierung ist schwierig, neben dem Wert sind auch Anlass und Häufigkeit solcher persönlichen Begünstigungen maßgeblich.

Unbedenklich werden meist die Einladung zum Geschäftsessen oder ein Weihnachtsgeschenk im üblichen, angemessenen Rahmen sein. Grenzfälle sind Pitch-Dinner, Projekt-Wochenenden, persönliche Geburtstagspräsente und Einladungen zur Firmen-Jahresgala.

Wertgrenzen
Viele Unternehmen geben vor diesem Hintergrund intern feste Wertgrenzen für ihre Mitarbeiter vor im Sinne zulässiger Freibeträge für gegebene oder genommene Vorteile.

---

[38] Achenbach/Ransiek, Handbuch Wirtschaftsstrafrecht, C.F. Müller Verlag, 3. Auflage 2012, S. 252 Rn. 23.
[39] Achenbach/Ransiek, Handbuch Wirtschaftsstrafrecht, C.F. Müller Verlag, 3. Auflage 2012, S. 253 Rn. 24.

In der Praxis führt dies zu Schwierigkeiten, wenn nicht zusätzlich nachgehalten wird, wie häufig und auf welche Art diese Beträge ausgeschöpft werden. Zunehmend mehr Unternehmen verbieten es ihren Mitarbeitern in internen Verhaltensrichtlinien gänzlich, Zuwendungen Externer anzunehmen (s. u. **Ziff. 3.2**).

Unrechtsvereinbarung
Der Vorteil ist verboten, wenn er als Gegenleistung für eine künftige unlautere Bevorzugung gedacht ist. Unlauter meint dabei eine Bevorzugung, die sachwidrig und unter Umgehung der Regeln des Wettbewerbs (z. B. trotz eines überhöhten Preises) erfolgt. Wie diese konkret auszufallen hat, muss noch nicht vereinbart sein.

2.4 Korruption in der öffentlichen Verwaltung – Amtsträgerdelikte, §§ 331 ff StGB

Korruption spielt sich zu einem großen Teil in der öffentlichen Verwaltung ab[40], 2013 waren in Deutschland in 66 % der verfolgten Straftaten Amtsträger involviert.[41] Jeder fünfte Staatsdiener wird gelegentlich oder oftmals mit Korruptionsversuchen von Unternehmen konfrontiert.[42]

Die in der freien Wirtschaft als „sozialadäquat" zulässige **Klimapflege** ist im Bereich öffentlicher Verwaltung **kriminalisiert**, um Lauterkeit und Neutralität der öffentlichen Hand zu gewährleisten und ihr allgemeines Ansehen zu schützen. Anders als Angestellten oder Beauftragten ist es Amtsträgern deshalb verboten, auch solche Zuwendungen anzunehmen, die nicht auf eine konkrete Bevorzugung bzw. eine bestimmte Diensthandlung sondern auf generelles Wohlwollen abzielen.

Begriff des Amtsträgers
Amtsträger im strafrechtlichen Sinn ist, wer dazu bestellt ist, bei einer Behörde oder sonstigen Stelle oder in deren Auftrag Aufgaben öffentlicher Verwaltung wahrzunehmen.[43] Ausländische Amtsträger werden nach den Bestimmungen von EuBestG und IntBestG er-

---

[40] Zielbereich der Korruptionsstraftaten 2013 zu 60 % Öffentliche Verwaltung, 9 % Strafverfolgungs-/Justizbehörden; Bundeskriminalamt, Korruption Bundeslagebild 2013, S. 10.

[41] Bundeskriminalamt, Korruption Bundeslagebild 2013, S. 10.

[42] Klaus F. Röhl, Rechtssoziologie-online (November 2012), § 78 Korruption, S. 1162, aus: Steffen Salvenmoser u. a. (PwC); Kai-D. Bussmann/Andreas Schroth (Martin-Luther Universität Halle-Wittenberg); Oliver Krieg (TNS Emnid), Kriminalität im öffentlichen Sektor, 2010. Auf der Spur von Korruption & Co, Oktober 2010.

[43] Beamte und Richter, Minister, Notare, aber auch Vorstand einer Landesbank, Geschäftsführer einer gemeinnützigen Wohnungsbaugesellschaft, Bundesbahn-Beamte, vgl. etwa Fischer, Kommentar zum Strafgesetzbuch, C.H.Beck Verlag, 61. Auflage 2014, § 331 Rn 4c m. w. N.

fasst.[44] Abgeordnete sind keine Amtsträger, Abgeordnetenbestechung und -bestechlichkeit sind in einem eigenen Straftatbestand geregelt (s. u. **Ziff. 2.5**).

Sonderfälle
Vertreter von Hochschulen und anderen öffentlichen Bildungseinrichtungen
Hochschulprofessoren, Schulleiter und andere Personen, die als Vertreter oder Mitarbeiter staatlicher Bildungsstätten mit der Wahrnehmung öffentlich-rechtlicher Aufgaben betraut sind, haben grundsätzlich Amtsträgerstatus (s. u. **Ziff. 5.5**).

Ärzte
Nicht nur Ärzte im Beamtenstatus sind Amtsträger, sondern auch alle angestellten Ärzte im öffentlichen Bereich, etwa in Universitätskliniken, Kreis-, Bezirks- oder städtischen Krankenhäusern (auch bei einer Trägerschaft in privatrechtlicher Form); sie nehmen Aufgaben der öffentlichen Daseinsvorsorge wahr (s. u. **Ziff. 5.4**).

Journalisten und Medienvertreter
Redakteure öffentlich-rechtlicher Rundfunkanstalten werden als Amtsträger angesehen, sie erfüllen mit der „Sicherstellung einer Grundversorgung der Bevölkerung mit Rundfunkprogrammen" Aufgaben der öffentlichen Verwaltung (staatliche Daseinsvorsorge). Besteht zwischen einem öffentlich-rechtlichen Sender und dem Mitarbeiter kein öffentlich-rechtliches Dienstverhältnis (freier Mitarbeiter), ist seine Amtsträgereigenschaft zu verneinen, es sei denn, seine Tätigkeit wirkt sich ganz wesentlich auf den Rundfunk-Grundversorgungsauftrag aus.[45]

Verboten: Vorteil für die Dienstausübung
Die Vorteilszuwendung muss nur allgemein mit der Dienstausübung verknüpft sein, nicht notwendig mit Bezug auf eine bestimmte Diensthandlung, im Unterschied zur Angestelltenbestechung ist diese „gelockerte Unrechtsvereinbarung" ausreichend. Eine nette Aufmerksamkeit „für die gute Zusammenarbeit" und sonstige Zuwendungen auch für vergangene Dienste sind verboten.

Ausnahmen
Auch hier sind sozialadäquate Zuwendungen nicht erfasst, allerdings gilt ein **engerer Rahmen**. Sozialadäquat ist, was der allgemeinen Höflichkeit entspricht – eine Tasse Kaffee bei einer Besprechung, die Teilnahme am Büffet bei der Bauabnahme, ein Neujahrs-

---

[44] EUBestG – Gesetz zu dem Protokoll vom 27. September 1996 zum Übereinkommen über den Schutz der finanziellen Interessen der Europäischen Gemeinschaften; IntBestG – Gesetz zu dem Übereinkommen vom 17. Dezember 1997 über die Bekämpfung der Bestechung ausländischer Amtsträger im internationalen Geschäftsverkehr; regeln im Wesentlichen die Gleichstellung in- und ausländischer Beamter und anderer Amtspersonen.
[45] BGH Urteil vom 27.11.2009, BGH 2 StR 104/09.

geschenk an Mitarbeiter der Müllabfuhr.[46] Abgrenzungsfragen stellen sich, wenn Zuwendungen mit Repräsentationsaufgaben verbunden sind.

Die Einwerbung von Wahlkampfspenden oder Drittmitteln für öffentlich-rechtliche Einrichtungen muss nach den gesetzlichen Vorgaben und unter Einhaltung bestimmter Prinzipien erfolgen (vgl. auch u. **Ziff. 5.5**).

2.5 Korruption in der Politik, §§ 108b, 108e StGB

Verbot des Stimmenkaufs

Das Verbot der Wählerbestechung bestimmt § 108b StGB, der den Bestechungstatbeständen der §§ 331 ff. StGB nachgebildet ist. Die unzulässige Vorteilszuwendung zielt hier auf eine konkrete zukünftige Stimmabgabe ab, erkauftes Wohlwollen im Sinn einer allgemeinen Klimapflege ist nicht kriminalisiert.[47]

Illegaler Lobbyismus

Lange überfällig[48], wird mit dem im Februar 2014 neu gefassten § 108e StGB[49] politische Korruption, eigennütziger Missbrauch des politischen Mandats, in Deutschland nun rigider bestraft. Nach alter Rechtslage war nur das Stimmverhalten in politischen Gremien erfasst, nicht aber Fälle *„allgemeiner wirtschaftlicher Interessenverflechtung"*[50]. Vorteilszuwendungen, die nicht unmittelbar auf die Beeinflussung einer Abstimmung zielten, waren straffrei, eine *„skandalöse Verweigerung von Rechtmäßigkeit, durch diejenigen, die es angeht."*[51]

§ 108e StGB untersagt strafwürdige korruptive Verhaltensweisen von und gegenüber Mandatsträgern, soll aber zugleich dem Grundsatz des freien Mandats der Abgeordneten und den Besonderheiten parlamentarischer Willensbildung Rechnung tragen[52]: Grund-

---

[46] Wabnitz/Janovsky, Handbuch des Wirtschafts- und Steuerstrafrechts, C.H.Beck Verlag, 4. Auflage 2014, S. 737 Rn. 64 m. w. N.

[47] Wabnitz/Janovsky, Handbuch des Wirtschafts- und Steuerstrafrechts, C.H.Beck Verlag, 4. Auflage 2014, S. 757 Rn. 101.

[48] Die zuvor geltende Regelung blieb hinter den Vorgaben aus dem Strafrechtsübereinkommen des Europarates über Korruption vom 27. Januar 1999 und dem Übereinkommen der Vereinten Nationen gegen Korruption vom 31. Oktober 2003, beide von Deutschland unterzeichnet, zurück. Regelungsbedarf konstatierte auch der 5. Strafsenat des Bundesgerichtshofs in einem Urteil vom Mai 2006 (5 StR 453/05).

[49] In Kraft getreten am 01.09.2014.

[50] Fischer, Kommentar zum Strafgesetzbuch, C.H.Beck Verlag, 61. Auflage 2014, § 108e StGB Rn 3.

[51] Fischer, Kommentar zum Strafgesetzbuch, C.H.Beck Verlag, 61. Auflage 2014, § 108e Rn 1 unten.

[52] BT-Drucks. 18/476 vom 11.02.2014.

sätzlich gestattet sind weiterhin die Annahme von Spenden (§ 44a Abs. 2 S. 4 AbgG), geldwerte Zuwendungen aus Anlass der Wahrnehmung interparlamentarischer oder internationaler Beziehungen sowie zur Teilnahme an Veranstaltungen zur politischen Information, zur Darstellung der Standpunkte des Deutschen Bundestages oder seiner Fraktion oder in Repräsentanz des Deutschen Bundestages sowie Gastgeschenke in Bezug auf das Mandat.

3 Überobligatorische Maßnahmen zur Korruptionsprävention

Eine aktive Beteiligung im „*Kampf gegen Korruption*" verlangt Unternehmen mehr ab, als bloße Vorkehrungen zur Sicherung eines regeltreuen Geschäftsbetriebs. Dafür gibt es viele sinnvolle Initiativen und Instrumente:

3.1 Tone at the Top

Eine Unternehmensführung, die ihre feste Überzeugung gegen Korruption zum Leitprinzip hat und dies auch ausdrücklich so kommuniziert, ist ein wichtiges Vorbild für die eigenen Mitarbeiter und Geschäftspartner. Für Wettbewerber und beim Kunden setzt sie ein nicht zu unterschätzendes Signal.

Dazu gehört, korruptionsfördernde Strukturen alternativ zu gestalten. Ein wichtiger Aspekt ist die Abkehr von „Incentives" (intern und extern) zur Geschäftsförderung: offen nach Alternativen zu suchen, den Mitarbeitern Verständnis und Unterstützung entgegen zu bringen, Leistungsprämien für eigene Mitarbeiter nicht von den bloßen Vertriebszahlen abhängig zu machen und nur „korruptionsfreie" Erfolge als Erfolge zu verstehen.

Überzeugen durch Leistung
„Incentivierung" ist erkauftes Wohlwollen und der erste Schritt zur Verzerrung des Wettbewerbs. Ein echter Leistungswettbewerb verträgt sich nicht mit von Eigennutz getragenen Sympathieentscheidungen. Wenn „Klimapflege" allerdings Standard ist, wird sie zum Kriterium befördert. Es ist allein an den Unternehmen, diese Entwicklung auszubremsen.

Sponsoring und Charity
Sponsoring – das Fördern von Themen wie Sport, Kultur, Soziale Umwelt und Medien durch das Bereitstellen von Geld, Sachmitteln, Dienstleistungen oder Know How an Personen oder Organisationen[53] – ist für viele Unternehmen und Institutionen ein wichtiges Marketinginstrument.

---

[53] Wabnitz/Janovsky, Handbuch des Wirtschafts- und Steuerstrafrechts, C.H.Beck Verlag, 4. Auflage 2014, S. 739 Rn 67.

Liegt eine sachgemäße Kopplung zwischen dieser Zwecksetzung und der Förderung vor, ist diese Praxis korruptionsrechtlich unbedenklich und sozial wünschenswert. Hat der Sponsor über den Imagegewinn hinaus die Erwartung eines anderweitigen Entgegenkommens (künftige Geschäftsbeziehungen, Recruitment etc.), ist dies anders zu beurteilen.

Verantwortungsvolles Sponsoring beinhaltet, jede Initiative nach dieser Maßgabe kritisch zu hinterfragen. Rein karitatives Engagement sollte auf jeglichen Marketing- und Werbeeffekt verzichten.

3.2 Code of Conduct

Unternehmensinterne Verhaltensrichtlinien sind ein wichtiges Anti-Korruptions-Instrument, sollten sich aber nicht in der Wiedergabe des gesetzlichen Korruptionsverbots erschöpfen. Auch solche Verhaltensweisen, die für sich genommen zulässig und unbedenklich sind, in ihrer Gesamtheit aber ein korruptionsanfälliges Klima fördern können, sollten aufgegriffen und geregelt werden. Einige namhafte Unternehmen verbieten es ihren Mitarbeitern bereits heute **gänzlich**, jegliche Art von Zuwendungen Externer anzunehmen.

Ernstzunehmende Sanktionierungen für Verstöße sind wichtig, nicht nur für die Durchsetzbarkeit der Regelungen. Sie verleihen dem Tone at the Top Nachdruck.

3.3 Branchenkodex

Die freiwillige Verpflichtung nicht nur auf den unternehmenseigenen, sondern dazu auch auf einen branchenweiten Kodex[54], ist sinnvoll. Häufig sind diese Regelwerke zwar rein programmatisch und nicht verbindlich. Durch die Bündelung von Anti-Korruptions-Initiativen wird aber ein sichtbares Zeichen gesetzt und der Weg zu neuen Impulsen eröffnet.

3.4 Compliance Klauseln

Gängige Praxis sollte die Verankerung von Anti-Korruptionsklauseln in Verträgen über die Geschäftsbeziehung mit Lieferanten, Subunternehmern und anderen Geschäftspartnern sein, die die Nichteinhaltung des eigenen Korruptionspräventionsstandards regeln (Geltungsklausel, Vertragsstrafe, pauschalierter Schadensersatz, Auditierungsrechte).

Eine Verpflichtung des Geschäftspartners zur Weitergabe des Standards auch in seine Lieferkette ist sinnvoll, aber praktisch schwer umsetzbar. Eine entsprechende „Bemühens-

---

[54] Kodizes deutscher Wirtschafts- und Interessenverbände finden sich bei www.csrgermany.de, eine gemeinsame Initiative der Bundesvereinigung der Deutschen Arbeitgeberverbände (BDA), des Bundesverband der Deutschen Industrie (BDI), des Deutsche Industrie- und Handelskammertags (DIHK) und des Zentralverbands des Deutschen Handwerks (ZDH).

klausel", die zumindest die Verpflichtung zum bestmöglichen Bemühen festlegt, ist eine denkbare Alternative und zusätzliche Verlautbarung der eigenen Anti-Korruptions Mission.

3.5 Know Your Business Partner

Programme zur standardisierten Geschäftspartneridentifizierung bzw. -überprüfung setzen sich insbesondere im Zuge verschärfter Anforderungen der internationalen Geldwäschegesetzgebung mehr und mehr durch. Diese verlangen dem Unternehmen eine Identifizierung der gesellschaftsrechtlichen Strukturen ihres Geschäftspartners und des ggf. dahinterstehenden „wirtschaftlich Begünstigten" ab. Verdachtsmomente auf eine Verstrickung in Korruptionstaten müssen aufgeklärt werden.

Dieses Business Partner Screening bewirkt Transparenz und vermittelt korruptionsfreies Geschäftsgebaren als wirtschaftlichen Faktor und hat so auch korruptionspräventive Wirkung.

3.6 Überwachung des eigenen Zahlungsverkehrs

Die Umsetzung restriktiver Vorgaben für die Abwicklung des Zahlungsverkehrs im Unternehmen und insbesondere deren Überwachung sind aufwendig, tragen aber effektiv zur Aufklärung und Vermeidung von Korruptionssachverhalten und zur Anti-Korruptions-Kultur bei.

Entsprechende Arbeitsanweisungen und technische Vorkehrungen und die korrespondierende Stammdatenpflege verhindern Zu- und Abfluss von Korruptionszahlungen, die typischer Weise etwa unter Umgehung des 4-Augen-Prinzips, von/auf Privatkonten und Scheinfirmen, über Scheinleistungen, mittels fiktiver Spesenabrechnungen oder durch fingierte Falsch- und Doppelbuchungen erfolgen.

3.7 Freiwillige Nachhaltigkeitsberichte

Transparenz – von Geschäftsabläufen und -beziehungen – ist ein Kernaspekt der Korruptionsprävention. Etwa die Hälfte der 150 größten deutschen Unternehmen veröffentlicht „Nachhaltigkeitsberichte", zu den ökologischen, sozialen und gesellschaftlichen Aspekten ihres Handelns. Fast alle diese Berichte orientieren sich an den Richtlinien der Global Reporting Initiative (GRI[55]). Im Bereich Korruption und Politik sehen die Richtlinien vier berichtspflichtige Kernindikatoren vor.

---

[55] www.globalreporting.org; GRI ist eine gemeinnützige Stiftung, die 1997 durch CERES und das Umweltprogramm der Vereinten Nationen (UNEP) in den USA gegründet wurde.

Allerdings: Transparency Deutschland Arbeitsgruppe „Internationale Vereinbarungen" hat 21 Nachhaltigkeitsberichte deutscher Großunternehmen analysiert, die alle erklären, dass sie die GRI-Richtlinien auf der höchsten Anforderungsstufe befolgen,[56] Ergebnis: Nur ein Bericht erfüllte die GRI-Anforderungen voll, elf hatten keinen einzigen der vier Kernindikatoren ausreichend berücksichtigt.

3.8 Whistleblowing/Ombudsstellen

Hinweisgebersysteme, die Anzeigen Unternehmensangehöriger oder Externer zu korruptiven Missständen im Unternehmen erfassen und verfolgen, sogenannte „Whistleblowing" Systeme, sind zur Aufklärung und Vermeidung von Korruption äußerst wirkungsvoll. Die weit überwiegende Anzahl an Korruptionsfällen wird nur durch solche Hinweise bekannt.[57]

Ob ein internes Whistleblowing System und/oder eine externe Ombudsstelle etabliert werden, ob Hinweise anonym oder namentlich anzubringen sind, ist an individuellen Faktoren (Art und Größe des Unternehmens, Branche, bekannte Korruptions-Risiken) fest zu machen. Ein flankierendes **Amnestieprogramm** (s. u.) kann den Erfolg solcher Systeme verbessern.

Die Internationale Handelskammer in Deutschland empfiehlt allen Unternehmen zur Korruptionsbekämpfung die Einrichtung einer internen oder externen Hinweisgeberstelle.[58]

3.9 Amnestieprogramme

Wichtiger Beitrag nicht nur zur Aufklärung erfolgter Korruptionsstraftaten sondern auch zur Korruptionsprävention können unternehmensinterne Amnestieprogramme sein. Die Zusage, auf Kündigung, Schadensersatz und Strafanzeige zu verzichten, wenn im Gegenzug eine aktive Mitwirkung bei der Aufklärung des Korruptionssachverhalts erfolgt, kann insbesondere bei etablierten Korruptionsstrukturen sinnvolle Maßnahme zur Abkehr sein.

---

[56] Der Scheinwerfer, Transparency International Deutschland, Ausg. 58 März 2013, S. 16.
[57] Vgl. oben Fn 11; Achenbach/Ransiek, Handbuch Wirtschaftsstrafrecht, C.F. Müller Verlag, 3. Auflage 2012, S. 73 Rn 53 m. w. N.
[58] ICC Verhaltenskodex für die Wirtschaft, S. 12; abrufbar unter: http://www.iccgermany.de/icc-regeln-und-richtlinien/icc-verhaltensrichtlinien/icc-verhaltensrichtlinien-anti-korruption-bestechung-in-deutschland-definition-geschichte.html.

4 Die Rechtslage im internationalen Verkehr

4.1 Anwendungsbereich des Deutschen (Korruptions-)Strafrechts

Deutsches Korruptionsstrafrecht findet Anwendung auf alle „Inlandstaten", korruptive Handlungen, die ganz oder teilweise (durch mittäterschaftliche oder Beihilfehandlungen, durch zugehörige oder vorbereitende Absprachen, Telefonate, E-Mail-Kommunikation) in/aus Deutschland ausgeführt wurden (*Territorialitätsprinzip*).

Spielt sich die Korruptionstat ohne eine solche „Grenzüberschreitung" vollständig im Ausland ab, ist deutsches Strafrecht dennoch anwendbar, wenn der Täter Deutscher Staatsangehöriger ist (*Personalitätsprinzip*) und die Tat auch nach dem Recht des betroffenen ausländischen Staats strafbar wäre.

4.2 Anwendbarkeit ausländischen Korruptionsstrafrechts

Auch ausländisches Recht mitsamt seinen jeweiligen Bestimmungen zu Anti-Korruption ist grundsätzlich nur anwendbar, wenn durch Tatort (*Territorialitätsprinzip*) und/oder Täter (*Personalitätsprinzip*) ein entsprechender Bezug gegeben ist.

Einige nationale Regelwerke finden durch eine extensive Auslegung dieser beiden Prinzipien (auch) auf viele Unternehmen in Deutschland Anwendung:

FCPA
Der US-amerikanische Foreign Corrupt Practices Act (FCPA) sanktioniert (nur) die aktive Bestechung ausländischer Amtspersonen („*Foreign Officials*"[59]), nimmt davon aber sogenannte „**Facilitation Payments**"[60] aus, wenn sie nach lokal geltendem Gesetz erlaubt sind.

Er verpflichtet US-Börsennotierte Unternehmen und Unternehmen mit US-Börsenaufsichts-Meldepflichten, alle sonstigen Gesellschaften und Organisationen nach US-Recht oder mit Sitz in den USA und ihre für sie auftretenden Repräsentanten (Organe, Geschäftsführer, Angestellte oder Aktionäre) sowie alle Personen mit US-Staatsangehörigkeit, -Nationalität oder mit Wohnsitz in den USA.

Fällt ein Unternehmen durch Akquisition erstmals in den Anwendungsbereich des FCPA, so scheidet eine rückwirkende Strafbarkeit aus. Künftige Erträge aus seinen Verträgen und sonstigen Aktivvermögenswerten, die in der Vergangenheit durch nach dem

---

[59] Mitarbeiter (Beamte, Angestellte, Beauftragte) ausländischer Regierungen, Ministerien, Behörden oder öffentlich-rechtlicher internationaler Organisationen, Personen, die für staatliche oder staatlich kontrollierte Unternehmen im offiziellen Regierungsauftrag handeln, Vertreter politischer Parteien, Kandidaten für ein politisches Amt, vgl. 15 U.S.C. §§ 78dd−1 (f)(1),−2 (h)(2),−3 (f)(2).

[60] Vgl. 15 U.S.C. § 78dd−1(b); Zahlungen, die eine Förderung oder Beschleunigung routinemäßiger (Dienst-)Handlungen bezwecken.

FCPA verbotene korrupte Praktiken erworben wurden, können allerdings als „**bemakelt**" Haftungswirkung entfalten, sog. „*Tainted Asset Liability*".

Andere ausländische Gesellschaften bzw. ihre Vertreter (Organe, Geschäftsführer, Angestellte oder Aktionäre) unterliegen den Bestimmungen des FCPA, soweit sie **verbotene Handlungen auf US-Territorium** vornehmen oder diese veranlassen.

Erfasst wird nicht nur korrumpierendes Handeln auf US-amerikanischem Grund und Boden, sondern auch **Korruption mit Mitteln des zwischenstaatlichen Handels**[61], also beispielsweise bereits der Versand einer Email „eindeutigen Inhalts", die über einen US-amerikanischen Server zugestellt wird.

Daneben stellt der FCPA **Regeln für eine korrekte und transparente Buchführung** auf („*Accounting and Internal Control Provisions*"[62]) und verlangt insbesondere die Errichtung eines internen Buchprüfungssystems. für eigene Unternehmen und Tochtergesellschaften (mit einer Beteiligung > 50 %).

Im gemeinsamen Leitfaden von US Justizministerium und US Börsenaufsicht finden sich praktische Hinweise zur Anwendung und Auslegung des Gesetzes.[63] **Der FCPA Guide empfiehlt folgende Compliance Maßnahmen:**

- **Klares Bekenntnis der Unternehmensleitung zu Anti-Korruption und eine klare Policy gegen Korruption** („*Commitment from Senior Management and a Clearly Articulated Policy Against Corruption*")
- **Einführung eines Code of Conduct und von Compliance-Prozessen** („*Code of Conduct and Compliance Policies and Procedures*")
- **Compliance-Verantwortliche mit ausreichend Einblick, Unabhängigkeit und Ressourcen** („*Oversight, Autonomy, and Resources*")
- **Risikoanalyse** („*Risk Assessment*")
- **Training und kontinuierliche Beratung** („*Training and Continuing Advice*")
- **Anreize für regeltreues, Sanktionen für regelwidriges Verhalten** („*Incentives and Disciplinary Measures*")
- **Überwachung von Geschäftspartnern und Zahlungsströmen** („*Third-Party Due Diligence and Payments*")
- **Berichterstattung und interne Aufklärung** („*Confidential Reporting and Internal Investigation*")
- **Fortlaufende Verbesserung durch Überwachung und Überprüfung mittels Stichproben** („*Continuous Improvement: Periodic Testing and Review*")
- **Due Diligence bei M&A Aktivitäten** („*Mergers and Acquisitions: Pre-Acquisition Due Diligence and Post-Acquisition Integration*")

---

[61] „*Interstate Commerce*", 15 U.S.C. § 78dd−1(a), 2(a); darunter fallen Bahn, Schiff, Flugzeug, Post- und Telefondienste, Zahlungsverkehr von/zu/durch US-amerikanischem/s Hoheitsgebiet.

[62] Vgl. 15 U.S.C. § 78 m(b).

[63] Vgl. A Resource Guide to the U.S. Foreign Corrupt Practices Act, U.S. Department of Justice, U.S. Securities and Exchange Commission.

Unternehmen und sonstige Betroffene haben die Möglichkeit einer förmlichen Anfrage („*Opinion Request*") zu konkreten Vorhaben an das US-amerikanische Justizministerium.

UKBA
Der UK Bribery Act (UKBA) ist seit 2011 Kernstück der britischen Anti-Korruptions-Gesetzgebung.

Er beinhaltet **extensive Regelungen gegen aktive und passive Korruption sowohl im öffentlichen als auch im privaten Sektor**. Besonderheit ist die unmittelbare **Sanktionierung von Unternehmen**, die keine geeigneten Compliance-Maßnahmen unternommen und so Bestechungshandlungen ihrer „*associated persons*" (natürliche Personen, die mit dem Unternehmen als Angestellte, Beauftragte oder Agenten verbunden sind, Tochtergesellschaften und Niederlassungen) ermöglicht haben. Umgekehrt können derartige Maßnahmen im Korruptionsfall eine **Haftungsmilderung** bewirken.

Bedeutung für deutsche Unternehmen resultiert aus dem weiten räumlichen Anwendungsbereich des UKBA: Besteht ein geschäftlicher Bezug zu Großbritannien („*carry on business*" in the UK) werden grundsätzlich auch ausländische Unternehmen erfasst. Eine Sanktionierung erfolgt dann auch für Korruptionstaten außerhalb des Hoheitsgebiets des Vereinigten Königreichs.

Im begleitenden Leitfaden „UKBA Guidance"[64] des britischen Justizministeriums werden zur Umsetzung der gesetzlichen Vorgaben als Compliance Maßnahmen empfohlen:
- **Ergreifung angemessener Maßnahmen** („*proportional procedures*"),
- **Verpflichtung und Bekenntnis der Führungsebene** („*top level commitment*")
- **Risikobewertung** („*risk assessment*"),
- **Sorgfältige Geschäftspartnerauswahl** („*due diligence*"),
- **Kommunikation und Schulungen** („*communication and trainings*")
- **Überwachung und Überprüfung** („*monitoring and review*").

Sarbanes-Oxley-Act
Section 406 des US amerikanischen Sarbanes-Oxley-Act aus dem Jahr 2002 schreibt für alle in den USA börsennotierten Unternehmen die **Etablierung verbindlicher interner Kodizes zum Umgang mit Geschenken und anderen Zuwendungen** vor.

4.3 Unterschiede im weltweiten Korruptionsstrafrecht

Das Grundprinzip des Korruptionsstrafrechts, das Verbot des regelwidrigen Tauschs von Vorteil und Bevorzugung als Gegenleistung, ist allen Rechtssystemen bekannt. Große Unterschiede gibt es in der damit verbundenen Strafandrohung.

Drei völkerrechtliche Abkommen der letzten Jahre

---
[64] www.justice.gov.uk/downloads/guidance/making-reviewing-law/bribery-act-2010-guidance.pdf.

- die OECD Konvention gegen Bestechung ausländischer Amtsträger vom 15. Februar 1999[65]
- das Strafrechtsübereinkommen über Korruption des Europarats vom 17. Dezember 1997 (in Kraft seit Juli 2002)[66]
- das Übereinkommen der Vereinten Nationen gegen Korruption (UNCAC) (in Kraft seit 16. September 2005)[67]

werden für die nähere Zukunft eine weitere Angleichung und „Globalisierung" des Korruptionsstrafrechts bewirken.

Gleichwohl gibt es heute noch wesentliche Unterschiede, einige seien besonders hervorgehoben:
- **Unternehmensstrafbarkeit/-verantwortlichkeit**

Eine **unmittelbare Strafbarkeit** von Unternehmen für Korruptionstaten verantwortlicher oder zugehöriger Personen sehen Belgien, Dänemark, England, Frankreich, Japan, die Niederlande, Österreich, Polen, die Schweiz und die USA vor.

In Italien, Schweden und Spanien werden Unternehmen und Verbände (ähnlich der Regelung in Deutschland) **außerstrafrechtlich bzw. verwaltungsrechtlich** zur Verantwortung gezogen.

Brasilien und viele weitere Länder Lateinamerikas kennen eine Verantwortlichkeit des Unternehmens bzw. der juristischen Person hinter den Korruptionstätern **nicht**.
- **Verpflichtung zu Anti-Korruptions-Maßnahmen**

Eine gesetzliche Verpflichtung für Unternehmen, korruptionspräventive Compliance Maßnahmen zu etablieren, gibt es in den USA und in Russland.
- **Exkulpation durch Compliance Maßnahmen**

In Portugal, Italien und nach UK-Recht ist für Unternehmen eine Enthaftung bzw. Haftungsmilderung unmittelbar gesetzlich vorgesehen, wenn sie adäquate und effiziente Compliance Maßnahmen vorweisen können.

---

[65] Alle 34 Mitgliedsstaaten, sowie die 7 Nicht-Mitglieder – Argentinien, Brasilien, Bulgarien, Kolumbien, Lettland, Russland und Südafrika sind beigetreten.

[66] Unterzeichnet durch alle Mitgliedsstaaten außer Montenegro und Serbien sowie durch die Nicht-Mitglieder Belarus, Heiliger Stuhl, Japan, Kanada, Mexiko, Vereinigte Staaten von Amerika; bislang nicht ratifiziert durch Deutschland, Italien, Liechtenstein, Österreich, San Marino, Heiliger Stuhl, Japan, Kanada, Mexiko, Vereinigte Staaten von Amerika; aktueller Stand: http://conventions.coe.int/Treaty/Commun/ChercheSig.asp?NT=173&CM=1&DF=11/07/2012&CL=GER.

[67] Unterzeichnet von 140 Staaten, ratifiziert von 173 Staaten; aktueller Stand: http://www.unodc.org/unodc/en/treaties/CAC/signatories.html.

- **Korruptionsverbot für den privaten Sektor**

Indien und Bosnien Herzegowina kennen kein Verbot korrupten Handelns für die Privatwirtschaft.
- **Amtsträgerkorruption**

Der Begriff des „*Amtsträgers*" ist nicht einheitlich, mitunter umfasst er auch Angestellte und Beauftragte nicht-staatlicher Unternehmen, Politiker und (freie) Journalisten.

In einigen Ländern ist lediglich Amtsträger**bestechlichkeit** strafbar, nicht aber Amtsträger**bestechung**.

Bestechungszahlungen geringen Werts für pflichtgemäße Diensthandlungen, sogenannte Facilitation Payments, werden in einigen Ländern nicht strafrechtlich verfolgt. Mitunter sind generell nur solche Bestechungshandlungen strafbar, die auf eine pflichtwidrige Handlung des Amtsträgers abzielen.

Nach Schweizer Recht ist die Bestechung ausländischer Amtsträger nicht unter Strafe gestellt.
- **Wertgrenzen**

Zuwendungen an Unternehmensmitarbeiter oder -zugehörige unterhalb eines bestimmten Werts[68] werden in einigen Ländern nach gängiger Praxis nicht als strafbare Vorteile behandelt, in Österreich ist dies unmittelbar gesetzlich bestimmt.

4.4 Fazit

Grundsätzlich gibt es in den sogenannten „Wirtschaftsnationen" ein ähnliches Niveau der Kriminalisierung von Korruption. Gewisse Unterschiede – etwa bei der Behandlung von Korruption im öffentlichen Sektor (erlaubte Facilitation Payments) oder der wertmäßigen Definition verbotener Zuwendungen – lassen im internationalen Geschäftsverkehr jedoch Spielräume zu.

Eine abweichende Praxis bei einzelnen Ländergesellschaften entsprechend der jeweiligen nationalen Rechtslage kann für Unternehmen kurzfristig betrachtet wirtschaftlich sinnvoll sein, aber auf lange Sicht negative Effekte haben und sollte daher sorgfältig bedacht werden: Die Glaubwürdigkeit der eigenen Anti-Korruptions-Mission kann leiden, die Wirkung von Wertekatalog und internen Verhaltensrichtlinien bei den eigenen Mitarbeitern geschwächt werden.

---

[68] Beispielhaft: China bis 300 CNY (ca. 40,00 EUR), Kroatien bis 500 HRK (ca. 65,00 EUR), Russland bis 3000 RUB (ca. 45,00 EUR).

„Zero Tolerance" kann andererseits das Haftungsrisiko erhöhen, wenn Zuwendungen zwar nicht als Bestechungszahlungen strafbar, aber nach den unternehmensinternen Regeln untersagt sind. Dann nämlich stellen sie für den Handelnden eine wegen Untreue strafbare Pflichtverletzung dar (§ 266 Abs. 1 Var. 2 StGB).

5 Gesetzliche Maßnahmen zur Korruptionsprävention – Ausblick

Denkbare Maßnahmen zur generellen Korruptionsprävention sind gesetzlich noch nicht voll ausgeschöpft. Regelungsdefizite gibt es überdies mit Blick auf strukturelle Besonderheiten bestimmter Wirtschaftszweige. Die aktuelle Debatte kreist im Wesentlichen zu Recht um diese Themen:

5.1 Whistleblowing

Obwohl wesentlicher Faktor bei der Korruptionsbekämpfung[69], werden Hinweisgeber, „Whistleblower", gesetzlich noch nicht ausreichend geschützt. Angestellten drohen auch bei wahrheitsgemäßer Anzeige disziplinarische Sanktionen und (zulässige[70]) Kündigung. Das in § 612a BGB verankerte Benachteiligungsverbot ist zu schwach.

Bestrebungen, den gesetzlichen Schutz für Hinweisgeber zu verbessern, gibt es bereits seit längerem.[71] Die Debatte ist nach wie vor aktuell. Das 2012 von der SPD Fraktion entworfene Hinweisgeberschutzgesetz[72] soll Arbeitnehmer, die auf Missstände in ihrem Betrieb hinweisen, vor arbeitsrechtlichen Nachteilen schützen. Benachteiligungen (*„jede unmittelbare oder mittelbare, tatsächliche oder rechtliche Beeinträchtigung der persönlichen, gesundheitlichen, beruflichen oder finanziellen Stellung"*, insbesondere die Beeinträchtigung von beruflichen Entwicklungs- und Karrierechancen) und Kündigungen aufgrund rechtmäßiger Hinweise sollen verboten werden.

Der Gesetzentwurf der Fraktion BÜNDNIS 90/DIE GRÜNEN[73] sieht vor, dass ein Mitarbeiter sich zwar zunächst an eine innerbetriebliche Stelle wenden muss, wenn er auf Missstände aufmerksam wird. Existiert eine solche nicht oder kommt der Arbeitgeber

---

[69] Vgl. oben Fn. 11.
[70] BAG NJW 2004, 1547.
[71] Gemeinsamer Vorschlag des BMAS, BMELV, BMJ für eine gesetzliche Verankerung des Informantenschutzes für Arbeitnehmer im BGB vom 30.04.2008, BT-AusschussDrucks 16(10)849; Gesetzentwurf der SPD-Fraktion für ein Hinweisgeberschutzgesetz vom 07.02.2012, BT-Drucks 17/8567; Gesetzentwurf der Fraktion BÜNDNIS 90/DIE GRÜNEN für ein Whistleblower-Schutzgesetz vom 23.05.2012, BT-Drucks. 17/9782.
[72] Gesetzentwurf für ein „Gesetz zum Schutz von Hinweisgebern – Whistleblowern (Hinweisgeberschutzgesetz) vom 07.02.2012, BT-Drucks. 17/8567.
[73] Gesetzentwurf der Fraktion BÜNDNIS 90/DIE GRÜNEN für ein Whistleblower-Schutzgesetz vom 04.11.2014, BT-Drucks. 18/3039.

dem Abhilfeverlangen nicht nach, soll der Arbeitnehmer sich aber auch der Öffentlichkeit mitteilen dürfen.

5.2 Kronzeugenregelung, Amnestie

Im Kartellrecht etabliertes Instrument, könnte eine Kronzeugenregelung auch im Kampf gegen Korruption eine wirkungsvolle Methode sein. Die Symmetrie der Bestrafung von Korruption (gleiche Strafe für Bestecher und Bestechlichen) verursache ein „*Schweigekartell*", das durch die Einführung asymmetrischer Strafen destabilisiert werden könne.[74]

Das Österreichische Strafrecht kennt mit § 209a StPO seit dem Jahr 2011 bereits eine auch auf Korruptionsdelikte anwendbare „Kronzeugenregelung". Die Staatsanwaltschaft kann danach gegen Auflagen von der Verfolgung einer Straftat absehen, wenn der Beschuldigte freiwillig sein Wissen über noch unbekannte Tatsachen offenbart, deren Kenntnis wesentlich zur Aufklärung beiträgt.

5.3 Korruptionsregister

Abschreckung durch drohende Ächtung – mehrere Bundesländer[75] führen bereits Korruptionsregister, in denen Unternehmen beim Nachweis korruptionsrelevanter oder sonstiger Rechtsverstöße im Geschäftsverkehr oder mit Bezug zum Geschäftsverkehr gelistet werden.

Über ein bundesweites Register dieser Art wurde schon mehrfach im Bundestag debattiert[76], die Initiative scheiterte jedoch bislang vornehmlich wegen des Widerstands einzelner Unternehmerverbände.

5.4 Pharmaindustrie

Eine für Korruption anfällige Branche ist das Gesundheitswesen[77]. Hier gibt es einige **Sonderkonstellationen**, insbesondere das Verhältnis von niedergelassenen Ärzten,

---

[74] Klaus F. Röhl, Rechtssoziologie-online, November 2012, § 78 Korruption S. 1180 m. w. N.

[75] Antikorruptionsgesetz Nordrhein-Westfalen, Korruptionsregistergesetz Berlin; auf Erlassebene durch entsprechende Verwaltungsvorschriften in Baden-Württemberg, Bayern, Bremen, Hessen und Rheinland-Pfalz.

[76] Gesetzentwurf der Bundesregierung für ein Gesetz zur tariflichen Entlohnung bei öffentlichen Aufträgen und zur Einrichtung eines Registers über unzuverlässige Unternehmen vom 20.02.2002, BT-Drucks. 14/82285; Gesetzentwurf der Fraktion BÜNDNIS 90/DIE GRÜNEN für ein Korruptionsregister-Gesetz vom 25.06.2008, BT-Drucks. 16/9780, vom 07.11.2012, BT-Drucks. 17/11415.

[77] 8,3 % aller Korruptionsstraftaten in 2011 und 6,2 % in 2012 betrafen diese Branche; Bundeskriminalamt, Korruption Bundeslagebild 2012, S. 9.

Pharmaunternehmen und gesetzlichen Krankenkassen. Diskutiert wurde, ob niedergelassene Ärzte bei Verschreibungen und medikamentöser Therapie als „Beauftragte" der Krankenkassen anzusehen sind oder wegen ihres Wirkens bei der öffentlichen Gesundheitsversorgung sogar als Amtsträger, was in (korruptions-) strafrechtlicher Hinsicht dann Konsequenzen nach sich ziehen würde, wenn sie sich dabei durch Anreize von Pharmaunternehmen – Verschreibungsprämien, hochvergütete Anwendungsbeobachtungen oder Gutachtentätigkeit etc. – beeinflussen lassen.

Der Deutsche Bundesgerichtshof hat beides in einer Grundsatzentscheidung verneint[78], dabei aber klar gestellt, dass dies nicht zugleich eine Verneinung der Strafwürdigkeit solchen Verhaltens bedeutet.

Der Gesetzgeber hat diesen Ruf gehört, ein erster Gesetzentwurf für eine Änderung des Strafrechts durch einen neuen „§ 299a StGB Bestechlichkeit und Bestechung im Gesundheitswesen" wurde am 14.08.2013 vorgelegt[79], jedoch in der vergangen Legislaturperiode nicht mehr abgeschlossen. Laut aktuellem Koalitionsvertrag der Bundesregierung[80] ist ein neuer Straftatbestand der Bestechlichkeit und Bestechung im Gesundheitswesen vorgesehen.

5.5 Bildungseinrichtungen

Mitarbeiter staatlicher Bildungsstätten (Hochschulprofessoren oder Verwaltungsbeamte, aber auch sonstige Personen, die mit der Wahrnehmung öffentlich-rechtlicher Aufgaben betraut sind) können Amtsträgerstatus haben, unmittelbare Zuwendungen an solche Personen sind deshalb stets kritisch.

Relevant sind überdies Zuwendungen innerhalb von Kooperationen zwischen Unternehmen und Bildungseinrichtung – sei es durch Sponsoring, Geld- und Sachspenden, die Zusammenarbeit bei Projekten und Studienarbeiten, die Förderung von oder Mitwirkung bei Veranstaltungen, Vorträgen, Vorlesungen und Messen, die Vergabe von Stipendien und Praktika. Kommen damit verbundene Vorteile indirekt auch einzelnen „Amtspersonen" zu Gute, kann auch eine derartige Förderung als Korruption zu beurteilen sein.

Drittmittel
Noch regelungsbedürftig ist dabei insbesondere die exzessive „Drittmittelvergabe" von Wirtschaftsunternehmen an Hochschulen und andere Bildungseinrichtungen durch Spenden, Sponsoring und Kooperationen. Der Graubereich zwischen erwünschter Förderung und korruptiver Beeinflussung ist groß[81], die Thematik vordringlich: Die Universitäten

---

[78] BGH Urteil vom 29.03.2012, BGH St 57, 202.
[79] BT-Drucks. 17/14575 vom 14.08.2013.
[80] Koalitionsvertrag zwischen CDU, CSU und SPD 18. Legislaturperiode, S. 77.
[81] Vgl. die in der öffentlichen Wahrnehmung umstrittenen Kooperationen von Deutsche Bank, HU Berlin und TU Berlin („Quantitative Products Laboratory"), Universität zu Köln und Bayer Health AG.

in der Schweiz erwirtschaften durch die Vergütung für „*Forschungsmandate und Dienstleistungen*" umgerechnet fast eine halbe Milliarde Euro und decken damit etwa 8% ihrer Gesamtkosten.[82] In Deutschland liegt der Anteil an externen Finanzmitteln, die aus der freien Wirtschaft kommen, bei mehr als 20%.[83]

Eine Hochschulfinanzaufsicht, die dem Standard für andere verselbständigte Körperschaften, Anstalten oder Stiftungen des öffentlichen Rechts entspricht, sieht seit 2014 erstmals das neue Hochschulgesetz in Nordrhein-Westfalen vor.[84]

5.6 Sport

Mit jährlichen Umsätzen in Milliardenhöhe ist die Sportbranche ein gewichtiger Wirtschaftszweig. Korruption ist auch in diesem Bereich in allen Spielarten denkbar, etwa in Zusammenhang mit der Vergabe großer Bauvorhaben oder von Verträgen über Spielerausstattung, bei der Auswahl von Spielstätten[85], in Form von Sponsoring oder in Fällen von Spielmanipulation.

Beträchtliche Strafbarkeitslücken ergeben sich dabei derzeit vor allem noch deshalb, weil Funktionäre von Sportverbänden in den meisten Ländern nicht als Amtsträger behandelt werden.

Mit der Ausweitung ihrer Geldwäschegesetzgebung[86] hat die Schweiz Ende 2014 einen ersten Schritt für mehr Transparenz in diesem Sektor realisiert: Die Bestimmungen, die Finanzinstitute zur Kontrolle von Zahlungsströmen auf Konten „politisch exponierter Personen" und ihres nahen Umfelds verpflichten, treffen nun auch Spitzenfunktionäre der internationalen Sportverbände wie FIFA und IOC.

6 Fazit

Erasmus von Rotterdam[87] konstatierte schon im 16. Jahrhundert: „*Stiehlt einer ein Goldstück, dann hängt man ihn. Wer öffentliche Gelder unterschlägt, wer durch Monopole, Wucher und tausenderlei Machenschaften und Betrügereien noch so viel zusammenstiehlt, der wird unter die vornehmen Leute gerechnet.*"

Ziel einer ernst gemeinten Initiative zur nachhaltigen Korruptionsprävention muss sein, dieses auch heute noch gültige Verständnis zu erschüttern.

---

[82] DIE ZEIT, „Im Teufelskreis", 11/2013.
[83] DIE ZEIT Online, „Drittmittel sind ungleich verteilt", vom 18.02.2014; DER SPIEGEL Online, „Transparency International beobachtet Universitäten" vom 14.12.2012.
[84] Hochschulzukunftsgesetz Nordrhein-Westfalen (HZG NRW) vom 11.09.2014.
[85] Etwa im sogenannten „FIFA-Skandal" um die WM-Vergabe nach Katar.
[86] Überarbeitung der Geldwäschegesetzgebung im Zuge der sog. „LEX FIFA".
[87] Niederländischer Gelehrter des Humanismus, 1466 bis 1536.

CSR im Umwelt- und Energierecht: Motivation und Möglichkeiten für freiwilligen betrieblichen Umweltschutz

Alexander Rossner

> **Zusammenfassung**
>
> CSR-Aktivitäten werden zu einem Gutteil von ökologischen Verbesserungsleistungen geprägt. Dies ist angesichts der Tatsache, dass unter CSR mehrheitlich nur freiwillige Maßnahmen verstanden werden, ökonomisch erstaunlich und wirft die Frage nach der Motivation für freiwilligen betrieblichen Umweltschutz auf. Im Anschluss werden mögliche CSR-Maßnahmen im Umwelt- und Energiebereich erörtert. Hierbei wird namentlich auf die Frage eingegangen, welche Maßnahmen auf Ökoeffizienz und welche auf Ökoeffektivität hinaus laufen und ob CSR-Umweltmaßnahmen einen Einfluss auf das Umweltverhalten der Gesellschaft haben können. Abschließend werden die relevanten CSR-Umweltstandards kursorisch dargestellt.

1 Einleitung

1.1 Zu Grunde liegendes Verständnis von CSR

Unternehmerische Aktivitäten im Umfeld von Energie- und Umweltthemen sind zahlreich. Das liegt einerseits an einer dichten Gesetzgebung im Umwelt- und Energierecht, andererseits an einer Reihe von Maßnahmen, die sich in der unternehmerischen Praxis als gute Standards zu etablieren beginnen. Im nachfolgenden Beitrag werden nur solche unternehmerischen Aktivitäten dargestellt, die im Rahmen von Corporate Social Responsibility (CSR) getroffen werden. Es sind dies Maßnahmen, zu deren Durchführung keine

---

A. Rossner (✉)
zukunftswerk eG, Starnberg, Deutschland
E-Mail: alex.rossner@zukunftswerk.org

gesetzliche Verpflichtung besteht, die also in diesem Sinne überobligationsmäßig bzw. freiwillig getroffen werden.[1,2] Die Befolgung der zahlreichen umwelt- und energierechtlichen Vorschriften des Gesetzgebers auf europäischer Ebene, auf der Ebene des Bundes und der Länder sowie der kommunalen Gebietskörperschaften wird damit implizit als Vorbedingung für verantwortungsvolles unternehmerisches Verhalten angesehen.[3]

1.2 Reichweite des Umwelt- und Energierechts

Mit diesem Verständnis von CSR wird zugleich deutlich, dass eine weitere Eingrenzung der Betrachtungsaspekte für diesen Beitrag nicht erfolgen muss: Unter Umwelt- und Energierecht wird mithin die Gesamtheit aller unmittelbaren und mittelbaren ökologischen Ein- und Auswirkungen verstanden, die unternehmerische Tätigkeit dadurch mit sich bringt, dass für die Herstellung von Produkten oder die Erbringung von Dienstleistungen Rohstoffe in Anspruch genommen werden, bei deren Gebrauch Auswirkungen auf die Umwelt entstehen können. Da auch die Herstellung und Nutzung von Energie unter ökologischen Aspekten letztlich nur die Inanspruchnahme von Rohstoffen bedeutet, muss für Zwecke dieses Beitrags auch nicht zwischen Umweltrecht einerseits und Energierecht andererseits unterschieden werden. Beide Rechtsbereiche zeichnen sich dadurch aus, dass unternehmerisches Wirken bedeutet, dass 1) natürliche Ressourcen in Anspruch genommen werden, 2) bei deren bestimmungsgemäßem Gebrauch Umwelteinwirkungen entstehen und 3) nach ihrem bestimmungsgemäßen Gebrauch Wertstoffe zurückbleiben. CSR-Maßnahmen lassen sich hinsichtlich der Quantität einer ökologischen Auswirkung einerseits und der Qualität einer solchen Auswirkung andererseits unterscheiden, wobei die Grenzen vielfach fließend sind.

1.3 Motivationen für CSR im Umwelt- und Energiebereich

Angesichts der vergleichsweise dichten Umweltgesetzgebung Deutschlands erscheint ein freiwilliger Mehreinsatz für Umweltthemen durch Unternehmen im Rahmen von CSR-Aktivitäten zunächst überraschend. Die Frage, warum sich Unternehmen unter bestimmten Umweltaspekten verantwortungsvoller verhalten als sie eigentlich müssten, lässt sich

---

[1] Steurer, Reinhard: „Einführung in die staatliche CSR-Politik, Hintergrundpapier für die Arbeitsgruppe 6 des deutschen CSR-Forums", 2009, S. 3, vgl. https://www.csr-in-deutschland.de/fileadmin/user_upload/Downloads/CSR_in_Deutschland/CSR_Forum/AG_6_Einfuehrung_in_die_staatliche_CSR-Politik.pdf.

[2] Hetzel, Sabine M: „CSR-Berichterstattung-Das neue EU-Recht: Bewertung des EU-Richtlinienvorschlags vom 16. April 2013 und die Rechtsbestimmungen der CSR-Vorreiter Dänemark und Frankreich", Diplomica Verlag, 2013, S. 15 (unter Bezug auf das Grünbuch der EU-Kommission 2001).

[3] Steurer, a. a. O.

nicht einheitlich beantworten. In nahezu allen Fällen spielen jedoch intrinsische und extrinsische Motivationen entscheidende Rollen.[4]

1.3.1 Intrinsische Motivation für CSR: Geschäftsethik

Aus allen Umfragen unter Unternehmen, die sich für Umweltschutz engagieren, geht hervor, dass ein signifikanter Teil der Befragten Umweltschutz aus Überzeugung betreibt. Unternehmen und Unternehmer wollen sich als *gute Bürger* im Gemeinwesen verhalten und über ihre Versorgungsfunktion hinaus weitere Verantwortung für die Weiterentwicklung der Gemeinschaft übernehmen. Moralphilosophisch lässt sich diese Haltung auf Aristoteles und Kant zurückführen, nach denen allein die Erkenntnis der Gründe der sittlichen Verpflichtung den Erkennenden dazu motiviert, sich ethisch korrekt zu verhalten (Internalismus).[5] Akteure der Wirtschaft, die sich in diesem Sinne intrinsisch für Belange der Umwelt einsetzen, sind vielfach auch vom Wunsch beseelt, die gegenwärtige Wirtschaftsverfassung durch ihr gutes Beispiel zum Besseren zu verändern. Dieser Veränderungswunsch hängt wohl überwiegend mit dem Eindruck zusammen, dass Umweltschutz und Nachhaltigkeit zwar seit 1994 in Art. 20a GG erwähnt werden, unsere Wirtschaftsverfassung aber in den letzten 20 Jahren die Auslagerung ökologischer Schäden in andere Regionen und Zeiten eher beschleunigt als eingedämmt hat.[6]

1.3.2 Extrinsische Motivation für CSR: Marktbedingungen und Erwartungen

Daneben begünstigen Marktbedingungen das Engagement für Umweltthemen im Rahmen von CSR-Programmen.[7] Solche externen Einflüsse sind zahlreich: Sie reichen von steigenden Preisen für Energie und Rohstoffe bis hin zu den Erwartungen der Anspruchsgruppen, von denen ein Unternehmen umgeben ist: Kunden, Lieferanten, Arbeitnehmer, Banken, die Gebietskörperschaft am Sitz des Unternehmens, die lokale Bevölkerung, (soziale) Medien und Presse und letztlich auch Wettbewerber begünstigen das unternehmerische Umweltengagement heute auf vielfältige Weise: Konsumenten erwarten Produkte, mit denen alles in Ordnung ist, Arbeitnehmer orientieren sich bei der Wahl ihres Arbeitgebers auch an dessen CSR-Aktivitäten, Banken beginnen, Aspekte verantwortungsvollen Wirtschaftens in ihre Kreditvergabeerwägungen einzubeziehen. Je nach dem Selbstverständnis

---

[4] Sandberg, Berit: „CSR-Politik zwischen öffentlichem Auftrag und Stakeholder-Erwartungen–Eine empirische Studie zum Selbstverständnis öffentlicher Unternehmen." *Corporate Social Responsibility in kommunalen Unternehmen*. VS Verlag für Sozialwissenschaften, 2011, S. 131–148.

[5] Instruktiv hierzu: Raith, Dirk: „Corporate Social Responsibility im wirtschaftsethischen Diskurs." Mythos CSR. Springer Fachmedien Wiesbaden, 2013, S. 21–64.

[6] Insgesamt ähnlich: Backhaus-Maul, Holger und Kunze, Martin: „Unternehmen als gesellschaftliche Akteure – soziologische Zugänge" Corporate Social Responsibility in der Wirtschaftskrise: Reichweiten der Verantwortung 18 (2010): S. 85 ff.

[7] Siehe z. B. Schaltegger, Stefan, und Holger Petersen. „Corporate Social Responsibility (CSR) nachhaltig im Unternehmen verankern. Eine Herausforderung an die Managementbildung." JSSE-Journal of Social Science Education 8.3 (2009), S. 67 ff.

des Unternehmens bzw. seiner Führung werden diese externen Erwartungen reaktiv abgearbeitet oder aber als Möglichkeit zum Wandel des Unternehmens, seines Kerngeschäfts und seiner Geschäftsprozesse verstanden.

1.4 CSR-Maßnahmen im Umwelt- und Energiebereich

Maßnahmen, die im Energie- und Umweltkontext von Unternehmen im Rahmen ihrer CSR-Aktivitäten getroffen werden, können unter mannigfachen Aspekten systematisiert werden. Im Folgenden werden diese Maßnahmen in Anlehnung an den Berichtsrahmen der Global Reporting Initiative (GRI G4)[8, 9] beschrieben:

- Inventarisierung der eingesetzten Materialien nach Gewicht oder Volumen
- Erhöhung des Anteils von Recyclingmaterial am Gesamtmaterialeinsatz
- Ermittlung des direkten und indirekten Energieverbrauchs aufgeschlüsselt nach Primärenergiequellen
- Energieeinsparungen aufgrund von umweltbewusstem Einsatz und Effizienzsteigerungen
- Schaffung von Initiativen zur Gestaltung von Produkten und Dienstleistungen mit höherer Energieeffizienz und solchen, die auf erneuerbaren Energien basieren
- Schaffung von Initiativen zur Verringerung des indirekten Energieverbrauchs und Ermittlung der hierdurch erzielten Einsparungen
- Ermittlung der Gesamtwasserentnahme aufgeteilt nach Quellen („Water Footprint")
- Identifikation von Wasserquellen, die wesentlich von der Entnahme von Wasser durch den Betrieb einer Organisation betroffen sind
- Ermittlung des Anteil in Prozent und Gesamtvolumen an rückgewonnenem und wiederverwendetem Wasser
- Ermittlung von Ort/Größe von Grundstücken in Schutzgebieten oder angrenzend an Schutzgebiete sowie Ort und Größe von Grundstücken in Gebieten mit hohem Biodiversitätswert außerhalb von Schutzgebieten
- Ermittlung von Unternehmensaktivitäten in geschützten oder wiederhergestellten natürlichen Lebensräumen
- Strategien, laufende Maßnahmen und Zukunftspläne für das Management der Auswirkungen auf die Biodiversität
- Ermittlung der Anzahl von Arten auf der Roten Liste der IUCN und auf nationalen Listen, die ihren natürlichen Lebensraum in Gebieten haben, die von der Geschäftstätigkeit der Organisation betroffen sind

---

[8] Der Berichtsrahmen der Global Reporting Initiative (GRI G4) kann auf der Webseite der Organisation eingesehen werden: http://www.globalreporting.org.

[9] Die nachfolgend dargestellten Umweltaspekte sind angelehnt an die Umweltaspekte der Global Reporting Initiative (GRI G4), wie sie u. a. im Implementation Manual 2013 (S. 84 ff.) beschrieben werden.

- Ermittlung der gesamten direkten und indirekten Treibhausgasemissionen der Geschäftstätigkeit des Unternehmens nach Gewicht („Corporate Carbon Footprint")
- Ermittlung anderer relevanter Treibhausgasemissionen nach Gewicht (z. B. „Product Carbon Footprints")
- Schaffung von Initiativen zur Verringerung der Treibhausgasemissionen und erzielte Ergebnisse
- Ermittlung von Emissionen von Ozon abbauenden Stoffen nach Gewicht
- Ermittlung von NOx, SOx und anderer wesentlicher Luftemissionen nach Art und Gewicht
- Darstellung der gesamten Abwassereinleitungen nach Art und Einleitungsort
- Ermittlung des Gesamtgewichts des Abfalls nach Art und Entsorgungsmethode
- Ermittlung der Gesamtzahl und des Volumens wesentlicher Freisetzungen
- Ermittlung des Gewichts des transportierten, importierten, exportierten oder behandelten gefährlichen Abfalls
- Feststellung des Biodiversitätswerts von Gewässern und damit verbundenen natürlichen Lebensräumen, die von den Abwassereinleitungen und dem Oberflächenabfluss erheblich betroffen sind
- Schaffung von Initiativen, um die Umweltauswirkungen von Produkten und Dienstleistungen zu minimieren und Ausmaß ihrer Auswirkungen
- Ermittlung des Anteils in Prozent der verkauften Produkte, bei denen das dazugehörige Verpackungsmaterial zurückgenommen wurde, aufgeteilt nach Kategorien
- Darstellung des Geldwerts wesentlicher Bußgelder und Gesamtzahl nicht-monetärer Strafen wegen Nichteinhaltung von Rechtsvorschriften im Umweltbereich
- Darstellung wesentlicher Umweltauswirkungen verursacht durch den Transport von Produkten und anderen Gütern und Materialien sowie durch den Transport von Mitarbeitern
- Darstellung der gesamten Umweltschutzausgaben und -investitionen, aufgeschlüsselt nach Art der Ausgaben und Investitionen

Wie aus der Auflistung der GRI-Kriterien aus dem Handlungsbereich Ökologie hervor geht, lassen sich die Maßnahmen im Umwelt- und Energiebereich grundsätzlich in vier Handlungsschritte einteilen: 1) Ermittlung des Status Quo des Unternehmens hinsichtlich der in Frage kommenden Umwelteinwirkung. 2) Schaffung von Initiativen (Strategien) zur Verbesserung der jeweiligen Umweltleistung. 3) Durchführung von Maßnahmen, die geeignet sind, die jeweiligen Ziele der Strategie zu erreichen. 4) Darstellung des Erfolgs der Strategie und hierauf beruhender Maßnahmen vor dem Ziel der Verbesserung der Umweltleistung.

1.5 Ökoeffizienz und Ökoeffektivität

Der größte Teil der Bemühungen rund um die Verbesserung unternehmerischer Umweltleistungen hat Effizienzbestrebungen, also den wirtschaftlich verbesserten Umgang mit als knapp oder schützenswert erkannten Ressourcen, zum Gegenstand.[10] Die verbesserte Ökoeffizienz, der höhere wirtschaftliche Wert eines Produktes gemessen an den durch den Herstellungsvorgang auf die Umwelt ausgeübten Auswirkungen, ist auch die Bestrebung von produktbezogenen Lebenszyklusanalysen (Life Cycle Assessments), die entweder eine spezifische Umweltauswirkung oder eine Vielzahl von Umweltauswirkungen zum Gegenstand haben. Der ökologische Nutzen von Effizienzsteigerungen, z. B. beim Einsatz von Material oder Energie, ist grundsätzlich unbestritten. Es darf jedoch angenommen werden, dass nicht alle theoretisch erzielbaren Effizienzsteigerungen der Höhe nach zum gewünschten Effekt führen, was primär an gegenläufigen Marktreaktionen auf die erzielte Effizienzsteigerung liegt. Wird z. B. eine Energiedienstleistung effizienter erbracht, kann sie günstiger angeboten werden, was auf die Dienstleistung nachfrageerhöhend wirkt. Dieser Effekt wird Reboundeffekt genannt. Er zehrt einen Teil der Effizienzsteigerung durch Mehrverbrauch auf. In Fällen, in denen die theoretisch erzielbare Effizienzsteigerung durch gegenläufige Marktreaktionen im Ergebnis zu einem absoluten Mehrverbrauch an Material oder Energie führt, spricht man von Backfire. Die Quantifizierung der durch Rebound und Backfire verursachten Effekte wird als schwer bis unmöglich angesehen.[11]

Ein kleinerer Teil der Bemühungen um bessere unternehmerische Umweltleistungen hat demgegenüber Effektivität zum Gegenstand. Ökoeffektivität[12] soll dabei der Indikator für die Wirksamkeit nachhaltiger Herstellungsprozesse sein. Die unter dem Aspekt der Ökoeffektivität optimierten Produkte (und mit ihnen zusammenhängende Materialströme) zeichnen sich dadurch aus, dass sie ökologische Systeme nicht belasten. Bedeutsamste Vertreter der Ökoeffektivität sind Braungart/McDonough, die sich als Entwickler des Systems Cradle-to-cradle[13] dafür einsetzen, dass Produkte so gestaltet werden, dass ihre Bestandteile nach Gebrauch ihrerseits ausnahmslos entweder Bestandteil eines biologischen oder eines technischen Kreislaufs werden. Das gegenwärtige Paradigma, dass ein Produkt ein Lebensende hat (cradle-to-grave), an dessen Punkt es darum geht, die Produktbestandteile zu entsorgen, wird durch den Anspruch ersetzt, dass jedes Produkt, sollte es einmal unbrauchbar werden, vollständig als Rohstoff für neue, hochwertige Pro-

---

[10] Grieshuber, Eva:„,CSR als Hebel für ganzheitliche Innovation." Corporate Social Responsibility. Springer Berlin Heidelberg, 2012, S. 371–384, 376.

[11] Ausführlich hierzu: Madlener, Reinhard, und Blake Alcott. „Energy rebound and economic growth: A review of the main issues and research needs." *Energy* 34.3 (2009), S. 370–376.

[12] Zum Begriff und seiner Gegenüberstellung zur Ökoeffizienz: Huber, Joseph. „Industrielle Ökologie. Konsistenz, Effizienz und Suffizienz in zyklusanalytischer Betrachtung." *Global Change. Berlin: Verlag Arno Spitz* (2000): S. 109–126.

[13] McDonough, William, und Michael Braungart. Cradle to cradle: Remaking the way we make things. MacMillan, 2010.

dukte dient. Dieses Verständnis von Produktgestaltung ist nur in Teilen kongruent mit dem Postulat, den Gebrauch von Rohstoffen zu verringern, Produkte wiederzuverwenden und zu rezyklieren (reduce, reuse, recycle), denn neben dem Aspekt, die Umwelt nicht zu belasten, legen Braungart/McDonough großen Wert auf Produktbestandteile, die Menschen und Tieren beim bestimmungsgemäßen Gebrauch der Produkte nicht schaden.[14] Dieses Verständnis von Produktgestaltung geht derzeit noch mit höheren Herstellungskosten einher. Aus diesem Grund und um dem Hersteller den Zugriff auf die Rohstoffe zu erhalten, werden rund um Produkte, die nach den Prinzipien von Cradle-to-cradle gestaltet wurden, vielfach neue Geschäftsmodelle etabliert, die nicht mehr durch den Verkauf einer Sache und der Verschaffung von Eigentum an ihr bestimmt sind: Eine Reihe von Cradle-to-cradle-Produkten wird dem Nutzer auf der Grundlage von Verträgen übergeben, die miet- und leasingähnliche Gestaltungen aufweisen oder – um es griffig zu formulieren: Der Kunde kauft keine Waschmaschine, der Kunde mietet eine Waschmaschine oder erwirbt das Recht, eine bestimmte Anzahl an Waschvorgängen durchzuführen.

1.6 Neue Geschäftsmodelle

Cradle-to-cradle ist nicht das einzige Konzept, bei dem neue Geschäftsmodelle eine zentrale Rolle spielen. Umwelt- und Energieerwägungen sind (neben sozialen und kulturellen Vorstellungen) auch bei anderen Erscheinungsformen der nachhaltigen Ökonomie zu beobachten. Es sind derzeit in erster Linie zahlreiche noch kleine und mittlere Unternehmen, die betriebswirtschaftlich neue Wege gehen, aber hierbei vielfach auf traditionelle juristische Vertragsformen zurückgreifen. Beispiele hierfür sind Unternehmen der Share Economy[15] (auch Shareconomy oder Kokonsum genannt), deren Umweltziel darin besteht, den Ressourcenverbrauch durch die gemeinsame zeitlich begrenzte Nutzung von Dingen, die nicht dauerhaft benötigt werden, zu vermindern. So bilden sich z. B. Tauschringe, deren Organisation durch das Internet begünstigt wird. Schlagwortartig formuliert zielt die Share Economy darauf ab, das Eigentum an Dingen durch deren zeitlich begrenzte Nutzung zu ersetzen.[16]

Diese Virtualisierung der Ökonomie – von der Produktion zur Dienstleistung – zur Reduktion der Umweltbelastung wird vielfach als zentrale Herausforderung angesehen, um zu einer nachhaltigen Zukunft zu gelangen. Lubin und Esty haben diese Transfor-

---

[14] Braungart spricht in diesem Zusammenhang nicht von Nachhaltigkeit, sondern von totaler Schönheit – total beauty, ein Begriff, der in ähnlichem Kontext auch von Edwin Datschewski gebraucht wird: Datschefski, Edwin: „The total beauty of sustainable products." Switzerland, Rotovision, 2001.
[15] Ausführlich zur Rolle der Shareconomy im Kontext der Nachhaltigkeit: Trumm, Dominik, et al.: „Shareconomy & Co. als Unterstützer einer nachhaltigen Entwicklung?-Klassifikation und Analyse bestehender Angebote." (2013).
[16] Weitere Beispiele bei Grieshuber, Eva, a. a. O.

mation im Jahre 2010 beschrieben.[17] Sie sprechen von einem schrittweisen Übergang in eine nachhaltige Ökonomie, der sich in mehreren Stufen vollzieht: Während in einem ersten Schritt aus Umwelt- und Energieerwägungen heraus nur einzelne Komponenten eines Produkts ersetzt werden (Schritt 1: „Altes auf neue Weise tun"), das Produkt aber im Wesentlichen unverändert bleibt, wird das Produkt selbst in einem zweiten Schritt weitgehend oder vollständig neu gedacht (Schritt 2: „Neues auf neue Weise tun"). In einem dritten Schritt verändert das Unternehmen, das das Produkt herstellt, seine Geschäftsmodelle, indem es von der Herstellung eines Produkts auf die Bereitstellung einer Dienstleistung übergeht (Schritt 3: „Umwandlung im Kerngeschäft"). Diese schrittweise Transformation kann nach Rubin und Esty am Beispiel der Fahrzeugproduktion gut nachvollzogen werden: In einem ersten Schritt werden nur einzelne Komponenten eines Fahrzeugs ausgetauscht, z. B. die Polsterung eines Sitzes. Das Fahrzeug selbst bleibt im Wesentlichen unverändert. In einem zweiten Schritt ändert sich die Antriebsart des Fahrzeugs, indem von fossilen Energieträgern auf erneuerbare Energieträger umgestellt wird (z. B. Elektro, Brennstoffzelle). Im dritten Schritt entscheidet sich das Unternehmen dazu, sich vom Hersteller von Fahrzeugen zum Mobilitätsdienstleister umzuwandeln. Diese Transformation kombiniert eine Reihe von Effizienz- und Effektivitätsbemühungen, die ganz wesentlich, wenn nicht gar überwiegend durch Umwelt- und Energieerwägungen motiviert sind.

Neben der Virtualisierung[18] der Ökonomie spielt auch deren Reregionalisierung[19] eine zentrale Rolle – und auch dies vorwiegend unter Umwelt- und Energieaspekten. Diese Entwicklung kann am besten anhand der zahlreichen Energiegesellschaften nachvollzogen werden, die – überwiegend in Bürgerhand und auf Basis der eingetragenen Genossenschaft als Rechtsform – kleinräumig Energie auf der Basis erneuerbarer Energieträger erzeugen.[20] Während die Dynamik dieser Entwicklung zu einem maßgeblichen Teil auch mit der öffentlichen Förderung erneuerbarer Energieträger zusammenhängt, sind andere kleinräumig wirtschaftende Unternehmen mit diesem Phänomen nicht zu erklären, da sie nicht öffentlich subventioniert werden. So formierten sich im letzten Jahrzehnt in Deutschland zahlreiche Gesellschaften, die zwar die unterschiedlichsten Zwecke verfolgen, denen aber wesenseigen ist, dass sie ihre jeweilige Geschäftstätigkeit nur in einem eng gesteckten geographischen Rahmen ausüben: Seien es Unternehmen zur gemeinsamen Herstellung von Lebensmitteln oder zur Bereitstellung von Mobilitätsdienstleistungen, der Fokus dieser neuen Unternehmen liegt auf der kleinräumigen Versorgung mit lokalen oder regio-

---

[17] Lubin, David A., und Daniel C. Esty: „Megatrend Nachhaltigkeit", Harvard Business Manager, Juli 2010, S. 74–85.

[18] U. a. gefordert von Paech, Niko: „Unternehmerische Nachhaltigkeit und die ungelöste Wachstumsfrage: Von der Funktionsorientierung zur Bedarfssubstitution." *uwf UmweltWirtschaftsForum* 15.2 (2007): S. 86–91.

[19] Vgl. Deckwirth, Christina: „Ein „Green New Deal im Interesse der Beschäftigten?." Die Rolle von Arbeitnehmerinteressen in den aktuellen Debatten und Initiativen zur Überwindung der Wirtschafts-und Klimakrise. Abschlussbericht für die Hans-Böckler-Stiftung (2010).

[20] Sehr ausführlich hierzu: Schröder, Carolin, und Heike Walk (Hrsg.): „Genossenschaften und Klimaschutz: Akteure für zukunftsfähige, solidarische Städte", Vol. 41, Springer-Verlag, 2014.

nalen Produkten und Dienstleistungen.[21] Wie bereits erwähnt, sind diese Neugründungen häufig kleine und mittlere Unternehmen. Anders als bei vielen Großunternehmen ist Umweltschutz bei ihnen nicht nur ein Aspekt der CSR-Aktivitäten, sondern vielfach zentrales Gründungsmotiv der Unternehmer., so dass sich die Frage stellt, ob in diesem Kontext überhaupt noch von CSR-Maßnahmen gesprochen werden kann oder ob nicht ein anderer Begriff passender wäre, der besser umschreibt, dass Umwelt- und Ressourcenschutz bei diesen Unternehmen nicht nur einen Aspekt der Geschäftstätigkeit darstellt, sondern vielmehr das Unternehmen seine gesamte Geschäftstätigkeit zentral auf Umwelt- und Ressourcenschutz aufbaut.

Gesellschaftsrechtlich ist bemerkenswert, dass die Rechtsform der eingetragenen Genossenschaft durch die nachhaltige Ökonomie ein Comeback feiert. Allein in Bayern belief sich die Anzahl der eingetragenen Genossenschaften im Jahr 2014 auf 1.200. Neben Banken und Wohnungsbaugesellschaften entscheiden sich zunehmend auch Bürgerenergievorhaben, Erzeugergemeinschaften, Beratungsgesellschaften bis hin zu Kleinstunternehmen wie z. B. einem Dorfladen, für diese Rechtsform.

1.7 Schutzrichtung von CSR-Maßnahmen im Umwelt- und Energiebereich

Hinsichtlich der Ziele, auf die CSR-Maßnahmen im Umwelt- und Energiebereich abstellen, kann nicht stringent nach einer bestimmten Schutzrichtung unterschieden werden: Zwar bezweckt die jeweils getroffene Maßnahme den Schutz einer speziellen Ressource, alle Maßnahmen laufen aber insgesamt auf den verantwortungsvollen Umgang mit der Umwelt und den natürlichen Ressourcen hinaus. Die Schutzrichtung von CSR-Maßnahmen wird hier auch nur deswegen thematisiert, weil es für das Verständnis von umweltbezogenen CSR-Maßnahmen wichtig ist, dass diese zwar in ihrer Gesamtheit dem Schutz der Umwelt, der natürlichen Ressourcen und der Biodiversität dienen, dass diese Schutzziele aber wiederum dem Erhalt der Lebensgrundlagen aller Lebewesen dienen. Insoweit ist es auch gerechtfertigt, Umwelt- und Energiethemen als wesentlichen Bestandteil von CSR zu definieren: Zwar beinhaltet der Topos CSR begrifflich nicht explizit auch die ökologische Verantwortung eines Unternehmens, diese wird aber mittelbar über die Wirkungsbeziehung zwischen Unternehmen, Umwelt und Menschen in die unternehmerische Verantwortung mit einbezogen.

---

[21] Elsen, Susanne: „Genossenschaften als Organisationen der sozialen Innovation und nachhaltigen Entwicklung." *Gesellschaft innovativ*. VS Verlag für Sozialwissenschaften, 2012. S. 85–102.

1.8 Einfluss unternehmerischen Handelns auf Umweltverhalten

Unternehmen, die sich CSR-Themen widmen, verfolgen damit, wie dies bereits einleitend festgestellt wurde, auch unternehmerische Ziele. In der Regel ist mit einem freiwilligen Engagement des Unternehmens für die Umwelt der Wunsch verbunden, das Unternehmen möge von der Positionierung als verantwortungsvoll handelnd am Markt wahrgenommen werden und hiervon profitieren. Fraglich ist, ob und inwieweit Unternehmen, die sich für CSR engagieren, durch ihr Engagement das Umweltverhalten ihrer Anspruchsgruppen beeinflussen. Diese Frage kann hier nur kurz am Rande aufgegriffen werden.[22] Es ist plausibel anzunehmen, dass das glaubwürdige Engagement von Unternehmen für CSR im Umweltbereich ein Treiber für Umweltbewusstsein darstellen kann.[23] Je mehr Unternehmen ihr Verhalten unter einem bestimmten Aspekt freiwillig den gleichen Umweltstandards unterstellen, wie dies z. B. gegenwärtig bei der Verwendung von Recyclingpapier mit dem Blauen Engel oder von Papier aus nachhaltiger Forstwirtschaft (FSC, PEFC) beobachtet werden kann, desto eher wird der Gedanke der Schutzwürdigkeit einer bestimmten Ressource verbreitet und zur Normalität.

1.9 CSR und Glaubwürdigkeit (Stichwort: „Greenwashing")

Unternehmen, die sich Umwelt- und Energiethemen widmen, werden mitunter dem Verdacht ausgesetzt, sie wollten sich mit ihren Maßnahmen lediglich „ein grünes Mäntelchen" umhängen, das von Fehlleistungen im Umweltbereich ablenken soll. Dieser Vorwurf wird landläufig mit dem Begriff Greenwashing umschrieben.[24] Der Vorwurf des Greenwashing wird aus verschiedenen Anlässen erhoben, wobei unterschieden werden muss zwischen der Maßnahme selbst und ihrer Kommunikation an die Anspruchsgruppen.[25] Sieht man von Fällen ab, in denen die behauptete Maßnahme tatsächlich nicht getroffen wurde, ist jede Umweltmaßnahme, die ein Unternehmen freiwillig trifft, ein positiver Umweltbeitrag. Vielfach werden jedoch bei der Kommunikation der Maßnahme Fehler begangen, sei es, dass das Unternehmen Selbstverständlichkeiten als Umweltleistungen deklariert, dass irrelevante, vage oder nicht nachprüfbare Behauptungen mit Umweltbezug erhoben wer-

---

[22] Ausführlich hierzu: Rieth, L.: „Global Governance und Corporate Social Responsibility. Welchen Einfluss haben der UN Global Compact, die Global Reporting Initiative und die OECD-Leitsätze auf das CSR-Engagement deutscher Unternehmen?" Budrich UniPress, Opladen 2009.

[23] Ähnlich: Schrader, Ulf: „Transparenz über Corporate Social Responsibility (CSR) als Voraussetzung für einen Wandel zu nachhaltigerem Konsum." Nachhaltigkeit als radikaler Wandel. VS Verlag für Sozialwissenschaften, 2008, S. 149–166.

[24] Begriff und Tatbestände mit Bezug zu ökologischen Themen bei: Ramus, Catherine A., und Ivan Montiel: „When are corporate environmental policies a form of greenwashing?" *Business & Society* 44.4 (2005), S. 377–414.

[25] Vgl. im Detail: Delmas, Magali A., und Vanessa Cuerel Burbano: „The drivers of greenwashing." *California Management Review* 54.1 (2011): S. 64.

den oder eine Behauptung mit Umweltbezug zwar wahr ist, aber nichts daran ändert, dass das Produkt als solches schädliche Umwelt- und Gesundheitsauswirkungen hat. Letzteres wird z. B. Herstellern von Tabakprodukten vorgeworfen, die Tabakwaren aus biologisch angebautem Tabak herstellen.

Nach deutschem Recht kann gegen einen Teil der Sünden des Greenwashing mit juristischen Mitteln vorgegangen werden. Es versteht sich von selbst, dass z. B. unwahre Tatsachenbehauptungen mit Umweltbezug wettbewerbswidrig und daher mit dem UWG nicht vereinbar sind. Ähnliches gilt für vage oder nicht nachweisbare Tatsachenbehauptungen mit Umweltbezug, wie z. B. der Behauptung, ein bestimmtes Produkt sei „umweltfreundlich". Neben den juristischen Risiken des Greenwashing besteht die Gefahr der Kritik von Unternehmen aufgrund von beanstandeter Verhaltensweisen in den sozialen Medien. Dies gilt umso mehr, je mehr ein Unternehmen aufgrund seines Geschäftsgegenstandes ohnehin in der öffentlichen Kritik steht, wie dies z. B. bei der Waffenproduktion, bei der Herstellung von Tabakprodukten oder gentechnisch veränderten Substanzen, beim Betrieb von Atom- oder Kohlekraftwerken und ähnlichen Geschäftsinhalten der Fall ist.

Generell ist die Kommunikation von Leistungen im Umweltbereich keine einfache Aufgabe. Hauptursachen hierfür sind das stark divergierende Umweltbewusstsein in der Bevölkerung, eine uneinheitlich gute Umweltbildung, die Angst vor Umweltproblemen, die unter anderem auch eine Abwehrhaltung gegenüber Umweltthemen verursachen kann, sowie die mangelnde Zeit, Bereitschaft oder Gelegenheit, sich mit Umweltthemen zu beschäftigen. Viele Marketingmanager, die von Umweltleistungen ihrer Unternehmen überzeugt sind, überschätzen die Affinität ihrer Zielgruppen für Umweltthemen massiv.[26]

2 CSR-Standards im Umwelt- und Energiebereich

Eine wichtige Rolle bei CSR-Maßnahmen spielen Standards, zu deren Einhaltung sich ein Unternehmen freiwillig verpflichtet. CSR-Standards im Umwelt- und Energiebereich können unter verschiedenen Aspekten unterschieden werden. Eine mögliche Unterscheidung kann danach erfolgen, ob Umwelt- und Energiestandards bestimmte Verhaltensweisen vorschreiben („Verhaltensstandards") oder lediglich einen Berichtsrahmen über Umweltleistungen bereitstellen („Transparenzstandards"). Ferner erscheint eine weitere Unterscheidung im Hinblick auf die Geltung des jeweiligen Standards sinnvoll, so dass zwischen internationalen Standards, überbetrieblichen Standards und betrieblichen Standards unterschieden werden kann. Die Unterscheidung hinsichtlich der Art der Sanktionierung eines Standards für den Fall von Verstößen erscheint demgegenüber als nicht hilfreich, da ohnehin nur freiwillige Umwelt- und Energiemaßnahmen zur Rede stehen, so dass etwaige Verstöße allenfalls allgemeine korporationsrechtliche Folgen (Ermahnung, Vertragsstrafe, Ausschluss) zur Folge haben können.

---

[26] Spiller, Achim, et al. „Nachhaltigkeitsmarketing II." (2007), S. 44 ff.

2.1 Nationale und internationale Umwelt- und CSR-Standards

Eine Reihe von Umwelt- und Energieaspekten finden sich zusammengefasst in umfassenden CSR-Standards, die internationale oder europäische Geltung beanspruchen. Diese internationalen Standards zeichnen sich dadurch aus, dass sie einen breiten Fokus haben, also typischerweise mehrere Umweltthemen abdecken. Innerhalb der internationalen Umweltstandards wird unterschieden zwischen Verhaltens- und Transparenzstandards.

Unternehmen, die sich an diese Standards halten bzw. nach ihnen auditiert oder zertifiziert sind, verwenden die vom jeweiligen Standardgeber hierfür vorgesehene Kennzeichnung (Labels) in der Unternehmenskommunikation. Die Verwendung dieser Kennzeichen auf Produkten ist von den Standardgebern einheitlich ausgeschlossen, da sich die bescheinigten Leistungen lediglich auf das Unternehmen beziehen, nicht jedoch auch auf ein einzelnes Produkt.

2.1.1 Verhaltensstandards mit Umwelt- und Energieaspekten

Nachfolgend werden kurz die fünf wichtigsten internationalen Verhaltensstandards vorgestellt, die Umwelt- und Energiethemen zum Gegenstand haben.

UN Global Compact Der UN Global Compact[27] ist ein Vertrag zwischen dem Unternehmen und den Vereinten Nationen. Durch diesen Vertrag verpflichtet sich das Unternehmen zur Einhaltung der zehn Prinzipien des Global Compact. Drei dieser zehn Prinzipien haben Umweltleistungen zum Gegenstand. Es sind dies die Prinzipien 7–9: Demnach sollen die teilnehmenden Unternehmen eine vorsorgende Haltung gegenüber Umweltgefährdungen einnehmen, Initiativen zur Förderung größeren Umweltbewusstseins ergreifen und die Entwicklung und die Verbreitung umweltfreundlicher Technologien ermutigen. UN Global Compact ist der am weitesten verbreitete, internationale CSR-Standard. Inhaltlich wird er als Mindeststandard angesehen.

Eco-Management and Audit Scheme (EMAS) der EU Das EU-Öko-Audit bzw. Öko-Audit EMAS[28] wurde von der Europäischen Union entwickelt. Sie beruht auf der Verordnung Nr. 1221/2009 des Europäischen Parlamentes und des Rates vom 25. November 2009. Die EMAS enthält sowohl Vorschriften für das Umweltmanagement als auch für die Auditierung von Organisationen, die EMAS einführen. Organisationen, die EMAS einführen wollen, müssen eine Umwelterklärung erstellen, veröffentlichen und in bestimmten Abständen aktualisieren. Die Umwelterklärung hat zu enthalten: Alle Umwelteinwirkungen, die Umweltleistung des Unternehmens unter verschiedenen Aspekten sowie die Umweltziele der berichtenden Organisation. Um das EMAS-Kennzeichen nutzen zu dürfen, muss die Umwelterklärung von einem unabhängigen Umweltgutachter überprüft werden. Eine Besonderheit der EMAS ist, dass der Umweltgutachter, für den die Vorschriften

---

[27] http://www.unglobalcompact.org.
[28] Deutsche EMAS-Seite abrufbar unter http://www.emas.de.

des Umweltauditgesetzes (UAG) gelten, neben dem Umweltmanagementsystem und der Umwelterklärung zugleich auch die Einhaltung der Umweltgesetze durch die berichtende Organisation prüft. Die ISO 14000-Gruppe und EMAS sind einander inhaltlich ähnlich.

ISO 14000-Gruppe Unter ISO 14000[29] wird eine Gruppe von Umweltstandards verstanden, die ein mit der Produktion von Gütern und der Erbringung von Dienstleistungen Umweltmanagementsystem zum Gegenstand haben, das sich verschiedenen Umweltaspekten widmet. Der Standard wird bereitgestellt von der International Organization for Standardization. Programmatische Ziele der ISO 14000-Normen sind: Reduzierung des Material- und Ressourcenverbrauchs, des Energiebedarfs und der Abfallproduktion, die Verbesserung der Prozesseffizienz sowie der vermehrte Einsatz erneuerbarer Ressourcen. Unternehmen, die sich nach diesen Standards richten wollen, führen diese Standards ein und werden durch unabhängige Prüfstellen auditiert. Die Details der Auditierung sind in den ISO-Normen 14010 bis 14015 festgelegt. Neben generellen Anforderungen an ein Umweltmanagementsystem in ISO 14001:2004 und ISO 14004:2004 enthält die ISO 14000-Familie auch Normen für die immer wichtiger werdenden Lebenszyklusanalysen von Produkten (auch „Ökobilanzen" genannt), eine Normengruppe, die sich mit der Bemessung von CO2-Emissionsbilanzen von Unternehmen und Produkten widmet sowie mit ISO 14063 auch eine Vorschrift, die sich mit der Kommunikation von Umweltaspekten beschäftigt.

ISO 26000 ISO 26000[30] ist ein CSR-Standard, der auf Empfehlungen beruht und nicht auditiert bzw. zertifiziert werden kann. Die ISO 26000 gliedert sich in sieben Abschnitte, von denen der sechste die sieben Kernthemen beschreibt, die nach ISO 26000 verantwortungsvolle Unternehmensführung ausmachen sollen. Die umweltbezogenen Empfehlungen der ISO 26000 sind in Kapital 6.5 enthalten und beinhalten im Wesentlichen die Ziele, die durch die Befolgung der Norm erreicht werden sollen: Vermeidung von Umweltverschmutzung (6.5.3.), nachhaltiger Einsatz von Ressourcen (6.5.4.), Klimaschutz und Anpassung an den Klimawandel (6.5.5.) sowie Schutz der Umwelt, der Biodiversität und Wiederherstellung der natürlichen Habitate (6.5.6.).

OECD-Leitsätze für multinationale Unternehmen Die OECD-Leitsätze für multinationale Unternehmen[31] sind ein Verhaltenskodex. Die Leitsätze sind in 10 Kapital eingeteilt, von denen eines der Umwelt gewidmet ist. Bei den – teilweise sehr vagen – OECD-Leitsätzen handelt es sich um Empfehlungen von Regierungen an die Wirtschaft. Ein Beitritt ist nur den Regierungen möglich, die sich durch die Unterzeichnung der OECD-Leitsätze dazu

---

[29] International Organization for Standardization (ISO), http://www.iso.org/iso/iso14000.
[30] International Organization for Standardization (ISO), http://www.iso.org/iso/home/standards/iso26000.htm.
[31] OECD (2011), OECD-Leitsätze für multinationale Unternehmen, OECD Publishing, online abrufbar unter http://dx.doi.org/10.1787/9789264122352-de.

verpflichten, eine nationale Kontaktstelle einzurichten, bei der Beschwerden gegen Unternehmen erhoben werden können. Verstößt ein Unternehmen gegen die OECD-Leitsätze, prüft die nationale Kontaktstelle diese und leitet gegebenenfalls ein Vermittlungsverfahren ein. Sanktionen sind im Verfahren nicht vorgesehen. Die Umweltempfehlungen der OECD-Leitsätze wurden im Jahre 2011 überarbeitet und ergänzt. Das Kapitel über die Umwelt gibt im Wesentlichen die Empfehlungen wieder, die in der Rio-Erklärung über Umwelt und Entwicklung, der Agenda 21 formuliert wurden.

2.1.2 Transparenzstandards mit Umwelt- und Energieaspekten

Im Gegensatz zu den Verhaltensstandards erheben Transparenzstandards keinen unmittelbaren Anspruch an die Umweltleistungen des Unternehmens. Sie dienen dem Zweck, einen einheitlichen Rahmen für die Nachhaltigkeitsinformation von Organisationen zu bieten. Transparenzstandards stellen die Grundlage für Nachhaltigkeitsberichterstattung dar.

Bedeutung im Rahmen dieser Informationsstandards haben erlangt: Die G4-Leitlinien der Global Reporting Initiative (GRI G4), der Deutsche Nachhaltigkeitskodex[32] des Rates für Nachhaltige Entwicklung sowie die Schlüsselindikatoren für ökologische, soziale und gesellschaftliche Leistungen (KPIs for ESG) der EFFAS.[33, 34] Einen Berichtsrahmen, der für das Sonderthema Treibhausgasemissionen vorbehalten ist, stellt das Carbon Disclosure Project (CDP)[35] zur Verfügung. Nachfolgend werden diese vier Berichtsstandards kurz vorgestellt.

G4-Leitlinien der Global Reporting Initiative (GRI) Die Global Reporting Initiative (GRI) mit Sitz in Amsterdam entwickelt in einem partizipativen Verfahren Standards für die strukturierte Kommunikation von Nachhaltigkeit, in erster Linie von Nachhaltigkeitsberichten. Die Standards wurden für den Bedarf von internationalen Großunternehmen entwickelt, werden aber zwischenzeitlich auch von kleinen und mittleren Unternehmen, Regierungen und Nichtregierungsorganisationen angewandt. Das Ziel von GRI ist Transparenz und Vergleichbarkeit bei der Kommunikation von Nachhaltigkeitsleistungen. GRI ist der am meisten verbreitete Berichtsstandard für Nachhaltigkeit, was nicht zuletzt auch darauf zurückzuführen ist, dass Teilnehmern am United Nations Global Compact die Erstellung eines GRI-basierten Nachhaltigkeitsberichts empfohlen wird und auch der Deutsche Nachhaltigkeitskodex inhaltlich u. a. auf GRI G4 verweist. GRI teilt die verschiedenen Ansprüche an ein Unternehmen in Indikatoren ein, die zu Gruppen zusammengefasst werden. Die ökologischen Indikatoren sind im Indikatorprotokollsatz Umwelt

---

[32] Rat für Nachhaltige Entwicklung: Der Deutsche Nachhaltigkeitskodex, 2. komplett überarbeitete Fassung 2015, http://www.deutscher-nachhaltigkeitskodex.de.
[33] European Federation of Financial AnalystsSocieties, http://effas.net.
[34] Die KPIs for ESG können von der Webseite der EFFAS Commission on ESG heruntergeladen werden: http://www.effas-esg.com.
[35] http://www.cdp.net.

(EN) zusammengefasst, der aus 30 Indikatoren besteht,[36] wobei diese in Kernindikatoren und zusätzliche Indikatoren unterteilt sind. Die Indikatoren wurden weiter oben (unter 1.4.) zur Darstellung der CSR-Maßnahmen im Umweltbereich aufgelistet.

KPIs for ESG der EFFAS Die Schlüsselkriterien zur Nachhaltigkeit (KPIs for ESG) wurden im Jahre 2007 von der Deutschen Vereinigung für Finanzanalyse und Asset Management (DVFA) entwickelt. Der europäische Verband „European Federation of Financial Analysts Societies" (EFFAS) ist an der Weiterentwicklung des Standards beteiligt. Es handelt sich bei den KPI for ESG ausschließlich um extrafinanzielle Indikatoren. Die Anzahl der Indikatoren stieg im Lauf der Entwicklung von 25 auf gegenwärtig etwa 130 an, wobei ca. 100 Indikatoren branchenspezifisch sind. Die umweltbezogenen Indikatoren der KPI for ESG sind denen von GRI G4 stark angenähert. Die KPIs for ESG sollen Transparenz und Vergleichbarkeit schaffen. Gegenwärtig ist die dritte Fassung der KPIs for ESG veröffentlicht (KPIs for ESG 3.0). Der Standard zeichnet sich dadurch aus, dass er die Vergleichbarkeit der Nachhaltigkeitsleistungen der berichtenden Unternehmen dadurch unterstützt, dass diese in über 100 Industrien eingeteilt werden und für jede Industrie ein auf die spezifischen Risiken der jeweiligen Industrie zugeschnittener Berichtsrahmen vorgeschlagen wird.

Deutscher Nachhaltigkeitskodex Der Deutsche Nachhaltigkeitskodex ist eine aus 20 Kriterien bestehende Empfehlung des Rates für Nachhaltige Entwicklung (RNE) der Bundesregierung. Er wurde erstmals im Oktober 2010 vorgestellt. Im Januar 2015 hat der RNE den Deutschen Nachhaltigkeitskodex in 2. Fassung vollständig überarbeitet veröffentlicht. Unternehmen, die den Deutschen Nachhaltigkeitskodex auf ihre Berichterstattung anwenden, geben eine Entsprechenserklärung ab. Die Entsprechenserklärung beinhaltet die Aussage, inwieweit Unternehmen die Kodexkriterien erfüllen bzw. von ihnen abweichen. Die Kriterien 11 bis 13 des Deutschen Nachhaltigkeitskodex sind Umweltaspekten gewidmet, wobei diese drei Kriterien die Umwelteinflüsse der berichtenden Organisation unter dem Aspekt der Inanspruchnahme natürlicher Ressourcen, dem Ressourcenmanagement sowie den klimarelevanten Emissionen lediglich zusammenfassend beschreiben. Zur inhaltlichen Konkretisierung der Ansprüche verweist der Deutsche Nachhaltigkeitskodex inhaltlich auf 12 Kriterien aus GRI G4 und den KPIs for ESG 3.0 der EFFAS.

Carbon Disclosure Project (CDP) Das Carbon Disclosure Project (CDP) wurde im Jahr 2000 in London gegründet. Die Organisation versendet einmal jährlich namens der sie unterstützenden Finanzinvestoren Fragebögen, die sich mit vier Kernthemen des Klimawandels beschäftigen. Die teilnehmenden Unternehmen müssen zu folgenden Aspekten ihrer Tätigkeit Auskunft erteilen:
- Chancen und Risiken des Unternehmens durch den Klimawandel
- Vollständige Erfassung der Treibhausgasemissionen des Unternehmens

---

[36] Siehe: https://www.globalreporting.org/resourcelibrary/German-G3-Environmental-Indicator-Protocols.pdf.

- Unternehmensstrategien zur Verminderung der Treibhausgase
- Corporate Governance in Bezug auf den Klimawandel

Eine Besonderheit des Carbon Disclosure Projects ist, dass der Organisation über 650 institutionelle Anleger mit signifikanten Anteilen an den größten börsennotierten Gesellschaften als Mitglied angehören, die in ihrer Verbundenheit Transparenzdruck auf die berichtenden Unternehmen ausüben. Dieser Druck wird durch die Veröffentlichung eines Teils der Daten und durch Rankings[37] seitens des Carbon Disclosure Projects verstärkt.

2.2 Überbetriebliche themenbezogene Umwelt- und Energiestandards

Die vorgenannten Verhaltens- und Transparenzstandards zeichnen sich dadurch aus, dass sie Regelungen für eine Vielzahl von Umweltaspekten vorsehen. Demgegenüber gibt es eine Flut von überbetrieblichen Umweltstandards, die sich lediglich auf einzelne Aspekte der Unternehmenstätigkeit beziehen. Diese Standards sind in der Regel eng mit der Herstellung eines bestimmten Produkts verbunden, vielfach soll eine bestimmte Produkteigenschaft unter Umweltaspekten durch den Standard und dessen Erfüllung ja gerade bestätigt werden.[38] Das erklärt, warum die Mehrzahl der themenbezogenen Umwelt- und Energiestandards gestatten, dass die Kennzeichen eines Standards auch in der Produktkommunikation, also in direkter Verbindung mit dem Produkt oder seiner Verpackung, eingesetzt werden dürfen.

Damit ist zugleich die Flut an produktbezogenen Umweltkennzeichen erklärt: Es besteht der Wunsch danach, die positiven Umwelteigenschaften eines Produkts so zu kommunizieren, dass das Produkt im Regal einen Vorteil gegenüber anderen Produkten erzielt. Da es zahllose Umweltaspekte gibt, unter denen sich ein Produkt gegenüber dem Wettbewerb abheben kann, gibt es entsprechend viele Standards und entsprechende Produktkennzeichnungen, von denen nur wenige Bedeutung erlangt haben. Neben herstellerneutralen Standards haben sich – namentlich bei Lebensmitteln – zahlreiche Eigenstandards von Unternehmens (zumeist einer Handelskette) etabliert. Unter den bedeutsamen Kennzeichen sind hervorzuheben:

---

[37] Carbon Disclosure Leadership Index (CDLI), siehe z. B. den Index für 2014: https://www.cdp.net/CDPResults/CDP-climate-performance-leadership-index-2014.pdf.

[38] Schoenheit, Ingo, und Ursula Hansen: „Corporate Social Responsibility – eine neue Herausforderung für den vergleichenden Warentest. Management mit Vision und Verantwortung." Gabler Verlag, 2004, S. 231 ff, 233.

Die führenden Bio-Kennzeichen (Bioland, Demeter, Deutsches Bio-Siegel, EU-Bio-Label, Naturland[39], Der Blaue Engel[40] als das mit Abstand bekannteste Umweltsiegel Deutschlands, Cradle-to-cradle[41], das EU-Ecolabel[42], das EU-Energielabel[43], aus dem Segment der nachhaltigen Forstwirtschaft die Standards Forest Stewardship Council (FSC)[44] und PEFC[45], der Global Organic Textile Standard[46], für Ökostrom die Kennzeichen Grüner Strom Label[47] und ok Power Label[48], das Marine Stewardship Council (MSC)[49] für Fisch aus nachhaltiger Fischerei, das Kennzeichen Ohne Gentechnik[50], der Roundtable on Sustainable Palm Oil (RSPO)[51] und Öko-Tex[52].

Literatur

Backhaus-Maul, Holger und Kunze, Martin: "Unternehmen als gesellschaftliche Akteure – soziologische Zugänge" Corporate Social Responsibility in der Wirtschaftskrise: Reichweiten der Verantwortung 18 (2010): S. 85 ff.

Datschefski, Edwin: „The total beauty of sustainable products." Switzerland, Rotovision, 2001.

Deckwirth, Christina: „Ein „Green New Deal im Interesse der Beschäftigten?." Die Rolle von Arbeitnehmerinteressen in den aktuellen Debatten und Initiativen zur Überwindung der Wirtschafts-und Klimakrise. Abschlussbericht für die Hans-Böckler-Stiftung (2010).

Delmas, Magali A., und Vanessa Cuerel Burbano: „The drivers of greenwashing." *California Management Review* 54.1 (2011): S. 64.

Elsen, Susanne: „Genossenschaften als Organisationen der sozialen Innovation und nachhaltigen Entwicklung." *Gesellschaft innovativ*. VS Verlag für Sozialwissenschaften, 2012. 85–102.

Grieshuber, Eva: „CSR als Hebel für ganzheitliche Innovation." Corporate Social Responsibility. Springer Berlin Heidelberg, 2012, S. 371–384.

Hetzel, Sabine M: „CSR-Berichterstattung-Das neue EU-Recht: Bewertung des EU-Richtlinienvorschlags vom 16. April 2013 und die Rechtsbestimmungen der CSR-Vorreiter Dänemark und Frankreich", Diplomica Verlag, 2013

---

[39] Zu den unterschiedlichen Bio-Standards vgl.: Bioland: http://www.bioland.de; Demeter: http://www.demeter.de; Deutsches Bio-Siegel: http://www.oekolandbau.de; EU-Bio-Label: http://ec.europa.eu/agriculture/organic/index_de.htm; Naturland: http://www.naturland.de.

[40] Siehe https://www.blauer-engel.de.

[41] Siehe http://epea-hamburg.org/de.

[42] Siehe http://www.eu-ecolabel.de.

[43] Siehe http://www.newenergylabel.com/index.php/de/home/.

[44] Siehe http://www.fsc-deutschland.de.

[45] Siehe https://pefc.de.

[46] Siehe http://www.global-standard.org/de/.

[47] Siehe http://www.gruenerstromlabel.de.

[48] Siehe http://www.ok-power.de/home.html.

[49] Siehe http://www.msc.org/de.

[50] Siehe http://www.ohnegentechnik.org.

[51] Siehe http://www.rspo.org.

[52] Siehe https://www.oeko-tex.com.

Huber, Joseph: „Industrielle Ökologie. Konsistenz, Effizienz und Suffizienz in zyklusanalytischer Betrachtung." *Global Change. Berlin. Verlag Arno Spitz* (2000), S. 109–126.

Lubin, David A., und Daniel C. Esty: „Megatrend Nachhaltigkeit", Harvard Business Manager, Juli 2010, S. 74–85.

Madlener, Reinhard, und Blake Alcott. „Energy rebound and economic growth: A review of the main issues and research needs." *Energy* 34.3 (2009), S. 370–376.

McDonough, William, und Michael Braungart. Cradle to cradle: Remaking the way we make things. MacMillan, 2010.

Paech, Niko: „Unternehmerische Nachhaltigkeit und die ungelöste Wachstumsfrage: Von der Funktionsorientierung zur Bedarfssubstitution." *uwf UmweltWirtschaftsForum* 15.2 (2007), S. 86–91.

Raith, Dirk: „Corporate Social Responsibility im wirtschaftsethischen Diskurs." Mythos CSR, Springer Fachmedien Wiesbaden, 2013, S. 21–64.

Ramus, Catherine A., und Ivan Montiel: „When are corporate environmental policies a form of greenwashing?" *Business & Society* 44.4 (2005), S. 377–414.

Rieth, L.: „Global Governance und Corporate Social Responsibility. Welchen Einfluss haben der UN Global Compact, die Global Reporting Initiative und die OECD-Leitsätze auf das CSR-Engagement deutscher Unternehmen?" Budrich UniPress, Opladen 2009

Sandberg, Berit: „CSR-Politik zwischen öffentlichem Auftrag und Stakeholder-Erwartungen–Eine empirische Studie zum Selbstverständnis öffentlicher Unternehmen." *Corporate Social Responsibility in kommunalen Unternehmen*. VS Verlag für Sozialwissenschaften, 2011, S. 131–148.

Schaltegger, Stefan, und Holger Petersen: „Corporate Social Responsibility (CSR) nachhaltig im Unternehmen verankern. Eine Herausforderung an die Managementbildung." JSSE-Journal of Social Science Education 8.3 (2009), S. 67 ff.

Schoenheit, Ingo, und Ursula Hansen: „Corporate Social Responsibility – eine neue Herausforderung für den vergleichenden Warentest. Management mit Vision und Verantwortung." Gabler Verlag, 2004, S. 231 ff, 233

Schrader, Ulf: „Transparenz über Corporate Social Responsibility (CSR) als Voraussetzung für einen Wandel zu nachhaltigerem Konsum." Nachhaltigkeit als radikaler Wandel. VS Verlag für Sozialwissenschaften, 2008., S. 149–166.

Schröder, Carolin, und Heike Walk (Hrsg.): „Genossenschaften und Klimaschutz: Akteure für zukunftsfähige, solidarische Städte", Vol. 41, Springer-Verlag, 2014.

Spiller, Achim, et al. „Nachhaltigkeitsmarketing II." (2007), S. 44 ff.

Steurer, Reinhard: „Einführung in die staatliche CSR-Politik, Hintergrundpapier für die Arbeitsgruppe 6 des deutschen CSR-Forums", 2009

Trumm, Dominik, et al.: „Shareconomy & Co. als Unterstützer einer nachhaltigen Entwicklung?-Klassifikation und Analyse bestehender Angebote." (2013).

CSR im Auslandsinvestitionsrecht – Platzhalter für fehlende globale rechtliche Steuerung und Überforderung bereitwilliger Unternehmen

Friederike Diaby-Pentzlin

Gerechtes Verhalten gewährt jedem gleichermaßen sein Recht.
(Definition Gerechtigkeit nach Online-Duden 2014)

Zusammenfassung

Dreihundert Jahre globaler Marktwirtschaft hat die Einteilung der Welt in „Haves" und „Have nots" verfestigt. Strategisch denkende Staaten und robuste Regulierung von Unternehmensverhalten standen an der Wiege von Wohlstand und Leben in Würde für die Menschen in Europa, Nordamerika, Japan, Südkorea und anderen ostasiatischen Ländern. Hoch sind die Erwartungen armer Bevölkerungsgruppen an den Entwicklungsbeitrag ausländischer Direktinvestitionen für den Entwicklungsweg von Modernisierung, (nachholender) Industrialisierung und Integration in Weltmärkte. Seit Jahrzehnten schreiben jedoch Marktfundamentalismus und Deregulierung die Verhältnisse fest. Unternehmen können zwar Schutzsubjekt internationaler Investitionsschutzabkommen, nie jedoch Adressat internationaler Verpflichtungen sein. Eine Überfülle internationaler Erklärungen richtet sich daher immer nur in rechtlich unverbindlicher Form an Unternehmen. Empfehlungen, Prinzipien, Leitlinien, Handreichungen internationaler Organisationen für Unternehmen enthalten so im Investitionsrecht zwangsläufig immer über das geltende Recht hinausgehende freiwillige Mehrverantwortung, sind per definitionem CSR. In geringem Maße kann solche CSR Schäden abwehren, Gerechtigkeit für die schiefe Schlachtordnung des Investitionsrechts erfordert mehr. Das macht das Konzept CSR für dieses Rechtsgebiet besonders zwiespältig.

Prof. Dr. F. Diaby-Pentzlin (✉)
Hochschule Wismar, University of Applied Sciences Technology, Business and Design, Wismar, Deutschland
E-Mail: friederike.diaby-pentzlin@hs-wismar.de

1 Einleitung

Auslandsinvestitionsrecht ist kein eingeführtes Rechtsgebiet, sondern eine Sammelbezeichnung für verschiedene Sachgebiete, ein Konglomerat von Vorschriften auf verschiedenen Regulierungsebenen. Welchen Aspekten in den verschiedenen rechtlichen Arenen dabei Bedeutung zugemessen wird, hängt vom Standpunkt des Betrachters ab. Regierungen und Menschen in Entwicklungsländern erhoffen sich Kapital, Technologietransfer, Anschluss, Wohlstand und wollen keinen Schaden für Mensch und Umwelt. Investoren dagegen fordern Investitionsfreiheit, Eigentumsschutz und maximale Absicherung von Gewinnerwartungen.

Wichtigste Ebene für Regelung von Investitionen ist der Nationalstaat. Während in den reichen Ländern komplexes Recht und gesellschaftliche „Checks and Balances" zur Einhegung der Unternehmen mit deren Entstehung mitwuchsen, stehen mächtigen Unternehmen in armen, meist erst spät entkolonialisierten Ländern schwache Institutionen von Regierung, Verwaltung und Gesellschaft gegenüber. Schwache Rechtsstaatlichkeit und Willkür in Kapital aufnehmenden Gaststaaten bedrohen allerdings auch das Eigentum von Investoren. Diese Lücke im Ordnungs- und Rechtssystem der Gaststaaten füllt heute das internationale Investitions*schutz*recht. Dank seines als Einbahnstraße, in der Vollstreckung privat-rechtlich angelegten Investor-Staat Klagemechanismus gehört es zu den durchschlagendsten Teilgebieten des Völkerrechts überhaupt. Üben in den schwachen Gaststaaten jedoch mächtige Investoren oder auch weniger mächtige Klein- und Mittelunternehmen Druck und Korruption aus, dann vertreiben sie Kleinbauern von Land, vertiefen die Armut, wandeln Umwelt in Kloaken, dann arbeiten Menschen in Fabriken zu absurden Arbeitsbedingungen und verletzen Wachschutzdienste Menschenrechte aufs Gröbste. Hier schließt kein internationales Recht die Lücken an guter Gaststaaten-Governance.

Nach heute wirtschafts-freundlicher[1] herrschender Meinung dürfen Unternehmen zwar Schutzsubjekt internationaler Abkommen, nie jedoch Adressat internationaler Verpflichtungen sein. Internationale Erklärungen richten sich daher immer nur in rechtlich unverbindlicher Form an Unternehmen. Empfehlungen, Prinzipien, Leitlinien, Handreichungen internationaler Organisationen für Unternehmen enthalten so im Investitionsrecht

---

[1] Dazu, dass die derzeitige Ausprägung der Investitionsrechtsarchitektur generell nicht das Ergebnis kluger juristischer Argumentationen, sondern von Machtverhältnissen und massiven Einflussnahmen ist, siehe Martens, Corporate Influence on the Business and Human Rights Agenda of the United Nations, Miserior/GFP/Brot für die Welt Working Paper, June 2014; Pingeot, Corporate Influence in the Post–2015 process, Miserior/GFP/Brot für die Welt Working Paper, January 2014. Die Brüsseler Nicht-Regierungsorganisation (NRO) Corporate Europe Observatory hat in einer Serie forschungs-basierter Darstellungen zum Beispiel die Interventionen zu TTIP von Lobbyisten bei Generaldirektion Handel der Europäischen Kommission untersucht. Von 560 Interventionen in der Zeit von 2012 bis Anfang 2013 waren 520 (92 %) von Lobbyisten für Geschäftsinteressen und nur 26 (4 %) von öffentlichen Interessengruppen. Mit 113 Interventionen liegen agro-industrielle Unternehmen mit großem Abstand zum nächsten Geschäftsfeld ganz vorn (Automobil: 29 Interventionen), http://corporateeurope.org/international-trade/2014/07/who-lobbies-most-ttip (abgerufen 31.12.14).

zwangsläufig immer nur „über das geltende Recht hinausgehende freiwillige Mehrverantwortung"[2], sie sind per definitionem CSR. Im internationalen Recht für Auslandsinvestitionen *ergänzt* CSR nicht das geltende Recht, sondern CSR *ersetzt* von „herrschender"[3] Meinung gewollt inexistentes, international einhegendes Unternehmensrecht. Das macht das Konzept CSR für dieses Rechtsgebiet besonders zwiespältig.

Nach einführenden Zahlen und Empirie von Auslandsinvestitionen in einer globalisierten und geteilten Welt geht der dritte Abschnitt dem Pingpong-mäßigen Schlagabtausch in der Entwicklung des Auslandsinvestitionsrechts bis zur heutigen asymmetrischen Ausprägung nach Wunsch der Wirtschaft mit entsprechender Rollenzuweisung an CSR nach. Der vierte Abschnitt vertieft die Argumente zur Zweischneidigkeit von CSR am Beispiel von Investitionen in Rohstoffe. Fazit: Gekoppelt mit harten Sanktionen kann CSR in geringem Maße Schaden abwehren, Gerechtigkeit für die „schiefe Schlachtordnung"[4] des Investitionsrechts erfordert mehr.

2 CSR und Auslandsinvestitionen in geteilter und globalisierter Welt

Die Welt ist globalisiert. 2013 wurden vom weltweiten Bruttosozialprodukt von ca. US$ 74 Billionen ein Viertel, nämlich ca. 18,3 Billionen exportiert. Neue Investitionen im Ausland gab es in Höhe von 1,5 Billionen, der kumulierte Bestand an ausländischen Direktinvestitionen (ADI) lag bei ca. 20 Billionen. 2008 gab es 82.000 transnationale Unternehmen mit mehr als 800.000 Tochterunternehmen[5]. Über deren Umsatz liegen keine Zahlen vor; sicher liegt er jedoch weit über dem Volumen des Weltexports. Handel und Investition sind zunehmend weniger trennbar. Globale Unternehmen wirtschaften in weltweiten Wertschöpfungsketten mit Zulieferern (out sourcing) oder mit Tochterunternehmen (off shoring). Seriöse Schätzungen gehen davon aus, dass der Handel mit Zwischenprodukten in globalen Produktionsnetzen inzwischen mehr als die Hälfte der Importe in die entwickelten Industrienationen ausmacht[6].

Aus Sicht wertorientierter Juristen stehen wir heute vor dem ungelösten Regulationsproblem, globale Unternehmen einzuhegen. Von Anbeginn des Markt- und Industriekapitalismus um 1750 bis in die 1970er Jahre wurden Gegensätze, wie z. B. zwischen Kapi-

---

[2] So die Definition für CSR von Bungenberg/Dutzi/Krebs/Zimmermann (Hrsg.), Corporate Compliance und Corporate Social Responsibility, Chancen und Risiken sanfter Regulierung, 2014, S. 5.
[3] Wie sich in Rechtsprechung und Wissenschaft wirtschafts-interessengeleitete „herrschende Meinung" herausbildet, siehe den immer noch lesenswerten Aufsatz von Wesel, Herrschende Meinung, in: Wesel, Aufklärung über Recht. Zehn Beiträge zur Entmythologisierung, 1981, S. 14–40.
[4] Ausdruck von Zielke, Sieg über das Gesetz, Süddeutsche online vom 03.05.14, http://www.sueddeutsche.de/politik/transatlantisches-freihandelsabkommen-ttip-sieg-ueber-das-gesetz-1.1948221-2 (abgerufen am 29.12.14).
[5] Nach Angaben der Bundeszentrale für politische Bildung, http://www.bpb.de/nachschlagen/zahlen-und-fakten/globalisierung/52630/anzahl (abgerufen am 29.12.14).
[6] Le Monde diplomatique, Atlas der Globalisierung 2011, S. 34.

tal und Arbeit, im nationalstaatlichen Rahmen ausgetragen. Globale Firmengebilde sind weiterhin (auf subtile und weniger subtile Weise) auf staatliche Macht und Leistungen wie Infrastruktur[7], Rechtssicherheit oder auch Aushandlung und Durchsetzung weltwirtschaftlicher Rahmenbedingungen[8] angewiesen. Seit den 1970er Jahren können globalisierte Unternehmen jedoch wählen, in welchen Staaten zu welchen Rahmenbedingungen sie tätig werden. Wer sich ihrer Logik und ihrem Druck widersetzt, verliert seine ausländischen Investoren oder kann erst gar keine Investoren anziehen[9]. „Die Fähigkeit von Unternehmern, sich einzelne Staaten auf der ganzen Welt zunutze zu machen und damit von den Ansprüchen aller frei zu bleiben, ist neu", resümiert der Wirtschaftshistoriker Beckert in seiner Geschichte des globalen Kapitalismus[10].

Die armen Staaten produzieren wenig, spielen von den Handelszahlen her im Welthandel kaum ein Rolle und auch Auslandsinvestitionen sind kaum nennenswert. Der Anteil Afrikas am weltweiten Bruttoinlandsprodukt (BIP) liegt bei unter 3 %, der am Welthandel sank von 7 % in den Siebzigern auf rund 2,3 % im Jahr 2013. Der Weltanteil am akkumulierten Bestand aller ausländischen Direktinvestitionen liegt unter 3 %. Auch wenn Entwicklungsländer in absoluten Zahlen wenig (oft in Monokulturen Agrarrohstoffe, Bergbauerzeugnisse oder einfache Konsumwaren) produzieren und exportieren, so sind ihre kleinen Volkswirtschaften mit ihren großen Bevölkerungen jedoch anteilsmäßig schon immer mehr in die Weltwirtschaft integriert als Industrieländer. Der Anteil der Importe und Exporte an ihrer nationalen Wirtschaftsleistung lag 2009 für die Länder Subsahara Afrikas im Durchschnitt bei 64 %, für alle Entwicklungsländer bei 63 % (ohne China!); für die Export- und Auslandsinvestitionsstarke EU dagegen lag der Anteil nur bei 24 %, für die USA noch einmal darunter[11]. Geltendes Weltwirtschaftsrecht wahrt vor allem die Interessen handels- und investitionsstarker Industrie- und Schwellenländer und deren globalen Unternehmen, seine Bedingungen allerdings betreffen Milliarden mehr Menschen in Entwicklungsländern.

Der von Massenproduktion geprägte Kapitalismus war von Beginn an, seitdem Europa in 1750er Jahren seine Textilindustrie schuf, globalisiert[12]. Und nicht etwa Handels- und

---

[7] Beckert, King Cotton – Eine Geschichte des globalen Kapitalismus, 2014, S. 394 f. Beispiel Beckerts: als Subvention an ihre Baumwollerzeuger zahlten die USA 2001 eine Rekordsumme von 4 Milliarden US-Dollar – 30 % mehr als der Marktwert der Ernte. Diese Subventionen waren dreimal so hoch wie die gesamte US-Entwicklungshilfe dieses Jahres für Afrika. Hochsubventionierte Baumwolle wird die Weltmärkte gepumpt und drückt dann die Preise für billigere Erzeugnisse in Afrika und anderswo.

[8] „Völker"recht bindet Staaten. Auch in der globalen Welt, werden internationale Regeln immer noch zwischenstaatlich verhandelt und letztlich innerstaatlich durchgesetzt.

[9] Le Monde diplomatique (Fn. 6) S. 30.

[10] Beckert (Fn 7), S. 394.

[11] Le Monde diplomatique, Atlas der Globalisierung 2009, S. 58.

[12] Beckert (Fn. 7), S. 12: „Die Bewegung von Kapital, Menschen, Gütern und Rohmaterialien um den Globus und die Verbindungen zwischen verschiedenen Gebieten der Welt bilden den Kern der großen Transformation, die der Kapitalismus darstellte."

Investitionsfreiheit begründeten seinen Erfolg, sondern robuster staatlicher Protektionismus begleitet von nicht-wirtschaftlichen Zwangsmaßnahmen[13]. Zuerst regten freie indische Importe im 18. Jahrhundert die europäische Herstellung neuer Stoffe an, produziert auch mit neuer, abgeschauter Technologie und angeeigneten Produktionsmethoden. Sehr bald kam es dann zum Schutz der jungen europäischen verarbeitenden Textilindustrie vor weiteren indischen Stoffimporten. Importverbote, die europäische Industriestaaten über bedruckte Textilien verhängten, um ihre eigenen nationale Produktion zu stärken, gaben so europäischen Herstellern, die mit den indischen Webern noch nicht frei konkurrieren konnten, den nötigen Schutz zum Aufbau ihrer Konkurrenzfähigkeit[14].

Im 19. Jahrhundert schützte sich Kontinentaleuropa gegen den nunmehrigen Vorreiter England, der jetzt auf Liberalisierung und starken Patent- und Technologieschutz pochte. Der deutsche Ökonom Friedrich List entwarf die passende Entwicklungstheorie von „Erziehungszöllen", einem laufend abgestimmten Mix von Schutz und Marktöffnung. Die Anwendung dieser Lehre stellte wiederum im 20. Jahrhundert die Leiter, auf der ostasiatische Staaten ihre nächsten Entwicklungsstufen erklommen: Robuste staatliche Orchestrierung von gestaffeltem Zollschutz für unerwünschte Importe, abgesenkten Zöllen für benötigte Güter, Strafzöllen für Exporte unverarbeiteter Produkte, schwachem Patentschutz für ausländische Technologien, Investitionsverboten für Schlüsselindustrien, Investitionsauflagen etwa zu Joint-Ventures sowie verschiedenen Maßnahmen zur Exportförderung einheimischer Produkte (günstige staatliche Exportkredite für bestimmte Produkte, Forschungsförderung). Das alles führte junge Industriezweige („Infant Industries") schrittweise an den internationalen Wettbewerb heran und begründete den Erfolg von Süd-Korea und China. Seitdem internationales Recht Freiheit und Nicht-Diskriminierung für Handel und Investitionen festschreibt, ist den Ländern, die sich heute auf den unteren Stufen von Industrialisierung befinden, dieser Weg zur Anhebung ihres industriellen Entwicklungsniveaus verwehrt. „Kicking away the ladder – Development Strategy in Historical Perspective" nannte der Südkoreaner Ha-Joon Chang sein Erfolgsbuch im Jahr 2002.

Zu den Ländern, deren Wirtschaft immer noch vom kolonialen Fußabdruck gezeichnet ist, gehören fast alle Staaten Subsahara Afrikas. Es sind die ärmsten Staaten der Welt, deren Entkolonialisierung erst gut fünfzig Jahre und kürzer zurück liegt. In der Kolonialzeit wurde die Geldwirtschaft eingeführt und „moderne Sektoren" geschaffen, die mit ihren Infrastrukturen alle nur auf Rohstoffexporte (Agrar- und Bergbauprodukte) in die Länder

---

[13] Der ideologisch unverdächtige Harvard Professor für Wirtschaftsgeschichte ibid. S. 51 f: „In Asien und Afrika siedelten die Europäer in Küstenenklaven und dominierten den Überseehandel, ohne sich zunächst groß im Anbau und in der Verarbeitung der Rohstoffe zu engagieren. In anderen Teilen der Erde, vor allem in den Amerikas, wurde die einheimische Bevölkerung enteignet und oft umgesiedelt oder getötet, und die Europäer erschufen eine neue Welt, indem sie riesige Plantagen errichteten. Einmal in den Produktionsprozess involviert, festigten die Europäer ihren wirtschaftlichen Erfolg mit der Sklaverei. Diese drei Schritte – imperiale Expansion, Enteignung, Slaverei – wurden zu Grundsteinen einer neuen Organisation wirtschaftlicher Abläufe".

[14] Ibid S. 60 f: 1774 wurde z. B. jeglicher Verkauf indischer Baumwolle in England für strafbar erklärt.

der „Colonial Masters" (so der Ausdruck in Ghana) ausgerichtet wurden. Ghanas charismatischer erster Präsident Nkrumah glaubte 1957 zur Zeit der Erreichung der Unabhängigkeit noch, das damalige Japan in zwanzig Jahren aufholen zu können. Die Hoffnungen solcher Staaten nach der Unabhängigkeit auf einen Entwicklungsweg von (nachholender) Industrialisierung und die Integration in Weltmärkte zu kommen, waren groß, entsprechend auch die Erwartungen an ausländische Direktinvestitionen.

▶ **Merke** CSR müsste in Bezug auf wirtschaftliche Entwicklung eine „do good" Funktion erfüllen

Für Staaten mit kleiner (formeller) Volkswirtschaft stellt sich mit dem Hineinpflanzen großer Wirtschaftseinheiten, wie etwa den Tochtergesellschaften transnationaler Konzerne, darüber hinaus oft auch erst dann die Aufgabe, eine entsprechende rechtliche Infrastruktur zu schaffen; zweihundert Jahre Zeit für einen organischen Einbau in das Rechtsgefüge des Landes oder für ein Wachsen lassen pluralistisch ausgeformter Gegenmachtstrukturen waren dort nicht vorhanden. Das Ergebnis ist, dass viel Macht für Unternehmen und wenig Kontrolle durch staatliche Verwaltung und zivile Gesellschaft den Machtmissbrauch erleichtern. Die Probleme, die auch im Norden durch Unternehmenstätigkeit in Bezug auf Gefährdung von Umwelt, menschlicher Gesundheit und anderem entstehen, sind damit im Süden weittragender und gefährlicher.

▶ **Merke** Es besteht eine CSR Dimension von „at least do no harm" in Bezug auf den Schutz von Umwelt und Menschenrechten

Gern kommen manche Unternehmen in eine Region, um billiges Land oder Löhne, niedrige Umweltstandards, Förderprogramme oder auch Absatzmöglichkeiten in Anspruch zu nehmen. Kaum verwoben mit der Region sind globale Unternehmen darüber hinaus auch schnell in der Lage, Investitionen abzuziehen, wenn der Standort nicht die erwarteten Vorteile bietet. Nationaler Wirtschaftspolitik fehlen meist die Instrumentarien dem entgegenzusteuern. Großunternehmen können mit Landnutzungsumwälzungen, Arbeitsplatzabbau, Kapitalabzug und Bezugsquellenänderung Regionen sozial und wirtschaftlich schnell destabilisieren.

▶ **Merke** Die CSR Dimension von „do no harm" gilt auch für wirtschaftliche Entwicklung

Aus **Sicht armer Staaten** steht das öffentliche Interesse an sozialer Einbindung von Auslandsinvestitionen im Vordergrund. Ausländische Direktinvestitionen[15] sollen als Motor

---

[15] ADI, die mehr als reine Finanzanlagen sind, liegen vor, wenn Kapitalexporte in ein anderes Land mit dem Ziel erfolgen, dort Betriebsstätten oder Tochterunternehmen zu errichten, ausländische Unternehmen zu erwerben oder sich an ihnen mit einem Anteil zu beteiligen, der einen entscheidenden Einfluss auf die Unternehmenspolitik gewährleistet (üblicherweise ab einer Beteiligung

der Entwicklung strukturelle Schwächen und volkswirtschaftliche Abhängigkeiten überwinden und sie sollen keinen Schaden anrichten. Erhofft werden:

1. **Wirtschaftsförderung und Technologietransfer**
   - Direkte Wirkungen: Arbeitsplätze und Steuern
   - Indirekte Wirkungen: Anregung von Investitions- bzw. Produktionsaktivitäten in vor- und nachgelagerten Produktionsstufen (z. B. lokale Vorprodukte verwenden), Diversifizierung der Produktivitätsstruktur
   - Allgemeine Förderung der Wirtschaft
   - Technologietransfer (Fertigkeiten, Informationen, Know-how, Patente)
   - Produktivitätssteigerungen
2. **Anhaltende, positive Auswirkungen auf die Zahlungsbilanz durch**
   - Kapitalzufluss und möglichst wenig Abfluss durch Firmengeflechts-interne Zahlungen (z. B. für Lizenzen oder Gewinnverlagerungen in Steueroasen)
   - Rückinvestition von Gewinnen im Gastland
   - Exportsteigerungen

Die privaten **Interessen der Investoren** in armen Gaststaaten richten sich dagegen auf:

1. **Investitionsfreiheit, Schutz ihres Eigentums vor Enteignung und weitest-gehende Absicherung von Gewinnen.** Wirtschaftliche Vorteile bieten:
   - Geringe Lohnkosten, möglichst wenig Störung durch gewerkschaftliche Tätigkeit
   - Generell wirtschaftlich günstige (niedrige) Standards im Arbeits- und Baurecht (Mindestlohn, Arbeitszeitregelungen, Arbeitsschutz, Brandschutz und Gebäudestandards, Organisation in Gewerkschaften)
   - Geringer Aufwand für Umweltschutz
   - Niedrige Steuern und Investitionsförderungen durch Vorleistungen von Infrastruktur (Strom, Wasser, Verkehrswege u. a.)
   - Möglichkeiten der Kapitalaufnahme auf Kreditmärkten des Gastlandes
   - Freier Gewinn- und Kapitaltransfer
   - Investitionsschutz auch vor sog. indirekter Enteignung (Einfrieren aller öffentlich-rechtlicher Vorschriften)
2. **Rechtssicherheit und rechtsstaatliche Konfliktlösungen**

---

mit 10 % Eigenkapital). Auch bloßer Immobilien/Landerwerb ist eine Auslandsinvestition. Da die Richtlinien zu Direktinvestitionen im IWF- „Balance of Payment Manual" nicht bindend sind, kommt es zu Unterschieden bei Definitionen und statistischen Erfassungen. Dies wird deutlich, wenn die Direktinvestitionen „aus allen Ländern der Welt" mit denen „in alle Länder der Welt" verglichen werden. Wären die Erfassungskriterien der Empfänger- und Geberländer identisch, müssten sich die Daten entsprechen.

Aus diesem Interessengegensatz und den unterschiedlichen Erwartungen ergeben sich für Investitions-aufnehmende Entwicklungsländer folgende **Vorteile und Risiken ADI**[16]:

	Mögliche Vorteile	Einschränkungen und Risiken
Beschäftigung	„Greenfield" Investitionen und arbeitsintensive Produktionsweisen schaffen Arbeitsplätze	• Bei Unternehmensfusionen & -käufen (merger & acquisitions) werden oft keine neuen Arbeitsplätze geschaffen. Arbeitsplätze entfallen oft bei m&a nach Privatisierungen • Nur wenige qualifizierte Arbeitskräfte werden angestellt • In Sonderwirtschaftszonen fehlen bei niedrigen Arbeitsstandards positive indirekte Wirkungen auf vor-und nachgelagerte Produktionsstufen
Bruttokapitalbildung (Gesamteffekt hängt von Anpassungsreaktionen heimischer Akteure auf ADI ab)	„Crowding in": es entstehen komplementäre Wirtschaftseinheiten. *Indikator*: Summe der Investitionen erhöht sich im Gastland um mehr als die Summe der ADI	„Crowding out": ADI verdrängen lokale Unternehmen vom Markt oder verhindern heimische Investitionen. *Indikator*: ADI erhöhen die Summe der Gesamtinvestitionen um weniger als die Summe aller ADI
Wettbewerbsfähigkeit	Lokale Unternehmen verbessern ihre Fertigkeiten	Lokale Firmen gehen in die Insolvenz
Know how & Technologietransfer	Auswirkungen von Aktivitäten auf andere Ebenen und Bereiche (spill-over Effekte) …	…treten nur ein, wenn lokale Unternehmen bereits einen gewissen Standard erreicht haben, um Technologie aufnehmen zu können
Staatshaushalt	Steuern	Abwärtswettlauf: Steuerbefreiungen
Zahlungsbilanz	Frühstadium: Kapitaltransfer und so geringere Abhängigkeit von ausländischen Krediten	Spätere Stadien: Gewinntransfer, Zahlungen für Lizenzen und Verrechnungspreise (transfer pricing)
Umwelt	Neue Umwelttechnologien	• Entwicklungsländer als Kloake: Gewässer-, Luft- und Bodenverschmutzung • Agrarsektor: Boden- und Grundwasserdegradierung

---

[16] Argumente teils nach VENRO (Verband Entwicklungspolitik Deutscher Nichtregierungsorganisationen), 2015 im Gespräch Nr. 11, Ausländische Direktinvestitionen – Königsweg für die Entwicklung im Süden? 2007.

	Mögliche Vorteile	Einschränkungen und Risiken
Menschenrechte	Anschluss an moderne universelle Standards	• Hohe Sterblichkeit aufgrund von umweltverschmutzung
		• Verletzung von Kernarbeitsnormen
		• Landnahme und Vertreibungen
Gesamtwirtschaftliche Vorteile	Positive Wirkungen hauptsächlich in anschlussfähigen Schwellenländern	• Vernachlässigung einheimischer Wirtschafts- und Strukturpolitik, die den Schwerpunkt auf lokale Klein- und Mittelbetriebe sowie auf die Unterstützung lokaler Märkte und Kreditmärkte legen sollte
		• Schneller Abzug von ADI in Konsumgüter-orientierten Wertschöpfungsketten („global working bank" Unternehmen)
		• Land grab durch ADI

3 PING PONG des Schlagabtauschs bis zum Stand: Harter Schutz und sanfte Verpflichtung

Der Interessengegensatz von Gemeinwohl in den Gaststaaten und Eigennutz der Investoren ist alt. Neu ist die Selbstverständlichkeit, mit der das Völkerrecht heute akzeptiert, dass ein Netz völkerrechtlich verbindlicher „harter" bi-nationaler, regionaler oder sektoraler Abkommen mit durchschlagender Wirkung ausländisches Eigentum schützt, während unzählige lediglich rechtlich unverbindliche, „weiche" internationale Empfehlungen mit fraglicher Wirkung in den ärmsten Staaten öffentliche Interessen an „good quality investments" sicher stellen sollen. Auf das Entwicklungsgefälle hat Auslandsinvestitionsrecht in der Architektur seiner interdependenten Regulationsebenen im Verlauf der Zeit unterschiedlich reagiert. Die Entwicklung des Auslandsinvestitionsrechts bis hin zu seiner heutigen asymmetrischen Ausprägung, mit der besonderen Rollenzuweisung an sanfte CSR in diesem System, lässt sich gut als ein Austausch von Schlag und Gegenschlag darstellen: Vier Schläge der Gewinner und drei Gegenschläge der Verlierer.

Den *ersten Schlag* führen die Gewinner: In der **ersten Hälfte des 20. Jahrhunderts** konnten multinationale Agrar-, Bergbau- und Erdölunternehmen der Industriestaaten in den Kolonien und Einflussgebieten ihrer Heimatstaaten lange Zeit hohe Gewinne ohne Einschränkungen einfahren.

Im *Gegenschlag* der heutigen Verlierer kam es ab den **50er Jahren** im Zusammenhang mit politischen und wirtschaftlichen Dekolonisationsprozessen zum Teil zu spektakulären Enteignungen.

Zweiter Schlag Die Eigentumsschutz-Regeln des allgemeinen gewohnheitsrechtlichen Völkerrechts („Fremdenrecht") boten aus Sicht der Investoren dagegen keinen ausreichenden Schutz. Daher wurde zum einen versucht, Konzessionsverträge zwischen Investor und Gastgeberstaat aus der Sphäre des nationalen Wirtschaftsrechts auf die Ebene des Völkerrechts zu ziehen. Sogenannte „Stabilitätsklauseln" sollten das Recht des Gastgeberstaates zum Zeitpunkt des Vertragsabschlusses einfrieren, um spätere Enteignungen unmöglich zu machen. „Internationalisierungsklauseln" sollten den direkten Weg zur internationalen Schiedsgerichtsbarkeit und dort auch die Anwendung von völkerrechtlichem Enteignungsschutz sicherstellen.

Außerdem entwarfen **1959** der Direktor von Shell Petroleum, Rechtsanwalt Shawcross, und der Vorstand der Deutschen Bank, Abs, die sog. „Abs-Shawcross Draft Convention on Investment Abroad" mit hohen Schutzstandards. Sie formulierten „gerechte und billige Behandlung" von Investitionen und bereiteten damit dem Konzept von sog. „indirekten Enteignungen" den Boden. Ein Diskriminierungsverbot und damit das Gebot der Gleichbehandlung mit nationalen Unternehmen beabsichtigte, die Förderung und Bevorzugung junger lokaler Industrien der Gaststaaten zu illegalisieren; eine Abschirmklausel („umbrella clause") flankierte die Konzessions- und Investitionsverträge zwischen Staaten und Unternehmen und schrieben nun auf völkerrechtlicher Ebene alle Rahmenbedingungen (Steuern, Umweltauflagen etc.) von Verträgen mit Privatpersonen fest und stellten so den von den Investoren angestrebten Verzicht der Gaststaaten auf ihre Souveränität auf völkerrechtlicher Ebene unstreitig und dauerhaft sicher. Ein Annex enthielt Formulierungen zur Einrichtung einer Investor-Staat Schiedsgerichtsbarkeit. Als Konvention scheiterte dieser Entwurf der wichtigsten damaligen Wirtschaftskapitäne Englands und Deutschlands. Die einseitigen Regeln zum Schutz ausländischen Eigentums hielten jedoch noch im selben Jahr Einzug in das erste bilaterale Investitionsschutzabkommen zwischen Deutschland und Pakistan. Noch bis heute orientieren sich über 3000 bilaterale Investitionsschutzabkommen in weiten Teilen an dieser Wunschliste von Shell und Deutscher Bank. Die Idee der Investor-Staat Schiedsgerichtsbarkeit wurde sechs Jahre später, 1965 von der Weltbank mit Einrichtung des „International Centre for Settlement of Investment Disputes" (ICSID) umgesetzt.

Mit starkem *Gegenschlag* verzögerte die Forderung nach einer „Neuen Weltwirtschaftsordnung" (NWWO) in den **60er und 70er Jahren** diese Entwicklungen. Ziel der Entwicklungsländer war nach der politischen jetzt die wirtschaftliche Unabhängigkeit. Lateinamerikanische u. a. Gaststaaten mit einem gewissen Industrialisierungsgrad erließen Technologietransfer- und Investitionsgesetze. Der Norden sieht Investitionen und Technologietransfer als privatrechtliche Austauschbeziehungen. Dem Süden ging es bei der Regulation transnationaler Konzerne vor allem darum, den spezifischen Entwicklungsbeitrag sicher zu stellen, den Auslandsinvestitionen beim Entwicklungsweg der nachholenden Industrialisierung auch nach neoliberaler Auffassung den Ökonomien des Südens bringen soll. Einerseits waren Technologie, Know-how und Kapital erwünscht, andererseits war abzusichern, dass die in den ausländischen Unternehmenszentralen beschlossenen Strategien sich nicht zum Nachteil der Entwicklungsziele der Gastländer auswirkten. „Performance-Auflagen" sollten die angestrebten Wachstums- und Ausstrahlungseffekte sicherstellen; Vorschriften zur Mindestbeteiligung nationaler Partnerunternehmen sollten zu größerer wirtschaftlicher Unabhängigkeit führen, bzw. Eingliederung der Auslandsinvestitionen in die nationale Wirtschaft zur allgemeinen Wohlstandssteigerung beitragen. Diesen Zielen dienten auch Auflagen zur Anstellung lokaler Führungskräfte und Verwendung lokaler Vorprodukte („local content"). Der Beeinträchtigung von Zahlungsbilanzen durch Zahlungen für Patente, Lizenzen, Transferpreiszahlungen und von offenen Gewinnauszahlungen an die ausländischen Mütter wurde mit vorgeschriebenen Höchstsätzen für Lizenzgebühren und Gewinntransferbeschränkungen entgegen getreten.

Investitionsverträge enthielten neuartige Klauseln. Vor allem im Erdölsektor entwickelten sich neue Vertragsformen mit Vorbildcharakter. Der Weg ging von den Konzessionen über Joint-Venture-Verträge mit verschiedenen Ausgestaltungen von „Profit-sharing" bis hin zu reinen Dienstleistungsverträgen ohne jegliche Kapitalbeteiligung seitens der ausländischen Unternehmen. Durch Ausschluss ausländischer Kapitalbeteiligung stieg so im Erdölsektor der Staatsanteil der OPEC[17]-Staaten an der Erdölproduktion von 2,3 % im Jahr 1970 auf 75 % bis Mitte der siebziger Jahre.

Um die Verhandlungsmacht gegenüber den transnationalen Konzernen zu stärken, wurden auch Kontrollen auf internationaler Ebene angestrebt. UN-Resolutionen der 70er Jahre richteten sich erstmalig nicht nur an Heimat- und Gaststaaten, sondern an die Unternehmen selbst, um diese auf bestimmte Verhaltensweisen zu verpflichten. Die materiellen Kodex-Vorschriften, die den transnationalen Konzernen Pflichten auferlegten, wurden aus der Zusammenstellung von Vorschriften verschiedener nationaler Investitions- und Technologietransfergesetze gewonnen. Das "Centre for Transnational Corporations" (heute Kern der UNCTAD "Division Investment and Enterprise") erarbeitete den "UNCTC Draft International Code on Transnational Corporations". Die UNCTAD legte den Entwurf des „International Code of Conduct on Transfer of Technology" und 1980 noch den "Set of Multilaterally Agreed Equitable Principles and Rules for the Control of Restrictive Business Practices"[18] vor. Die Entwürfe waren von den Entwicklungsländern als zwingende Vorschrift („hard law") angedacht und strebten sanktionsbewehrte Umsetzung auf internationaler Ebene an. Der Entwurf des Technologietransfer-Kodex etwa entwarf in seinem 8. Kapitel z. B. eine Gemeinschaftseinrichtung („international institutional machinery"), die die Einhaltung des Kodex überwachen und seine Durchsetzung gewährleisten sollte. Nach Vorstellung der in der Gruppe 77 zusammen geschlossenen Entwicklungsländer sollte diese Einrichtung durchaus auch gerichtliche Funktionen wahrnehmen[19].

Der dritte Schlag vernichtet die Ansätze der NWWO und verbannt harte rechtliche Regelungen zur Einhegung von Unternehmen endgültig in die Sphäre sanfter CSR. In Erkenntnis des neuen Trends verabschiedeten nun auch eher den Industriestaaten nahestehende Organisationen wie die Internationale Handelskammer in Paris (ICC) Richtlinien, deren Inhalt sich jedoch vorrangig an Investitionsschutz und Sicherung von Patent- und Warenzeichenrechten orientierte. Die OECD beschloss **1976** die „Declaration on Inter-

---

[17] Das Kartell „Organization of the Petroleum Exporting Countries" wurde 1960 gegründet.

[18] Fikentscher/Straub, Der RBP-Kodex der Vereinten Nationen – Weltkartellrichtlinien, GRUR Zeitschrift der Deutschen Vereinigung für Gewerblichen Rechtsschutz und Urheberrecht 1982, S. 637–646.

[19] Fikentscher/Kunz-Hallstein/Kleiner/Pentzlin/Straub, The Draft International Code of Conduct on the International Transfer of Technology— A Study in Third World Development, 1980, Kap. 12.

national Investment and Multinational Enterprises"[20]. Diese unverbindlichen Richtlinien enthielten nichts:„was nicht ohnehin in der Regel als gute, rationale Geschäftspraxis angesehen wird. Unternehmen stärken mit dieser Bereitschaft diejenigen politischen Kräfte, die sich gegen die staatliche Reglementierung möglichst vieler Bereiche unternehmerischer Kräfte stemmen", hieß in einem Investitionsführer von 1986[21]. OECD, ICC[22] und auch die nach Prinzip der dreigliedrigen Vertretung (Staaten, Arbeitnehmer, Arbeitgeber) arbeitende Internationale Arbeitsorganisation[23] wiesen die Richtung für kommende unverbindliche internationale Empfehlungen.

Seit den **80er Jahren** dominieren neo-liberale Theorien und Marktfundamentalismus wirtschaftliche Verhaltensregeln. In den Vereinten Nationen wurde das Thema völkerrechtlich verbindlicher Regeln für transnationale Unternehmen bis heute erfolgreich mit Tabu belegt. Der Ort für gemeinnützige Interessen von Armutsbekämpfung oder Umweltschutz wird stattdessen bei den unverbindlichen internationalen Richtlinien und Verhaltenskodizes gesehen, die von internationalen Organisationen als Soft Law oder auch privat, etwa von NRO oder Unternehmensverbänden erlassen werden. Diese weltweite Welle unverbindlicher Kodizes verschiedenster Provenienz bestellt seitdem das Feld für gesellschaftliche Verantwortung von Unternehmen. Neben den Kodizes von internationalen Organisationen („soft law") gibt es inzwischen Hunderte, oft auf bestimmte Wirtschaftssektoren bezogene Standards, die von Unternehmen und Unternehmensverbänden selbst, von Nicht-Regierungsorganisationen und Gewerkschaften oder aber gemeinschaftlich als sog. Multi-Stakeholder Initiativen herausgegeben werden. Für Agrarinvestitionen etwa hielt die FAO – neben zahlreichen allgemeinen Instrumenten – stolze 16 Sektor-spezifische Initiativen für wichtig[24]. 2014 misslang es, diese in ein einheitliches Instrument für verantwortliche Agrarinvestitionen zu überführen.

All diese Instrumente, wie auch die Vereinten Nationen seit **1999** mit ihrem „Global Compact", setzen auf Partnerschaft mit der Wirtschaft: Statt Pflichten nur noch Hinweise auf CSR und Veröffentlichung von „best practices". Der Interessengegensatz von Gemeinwohl und Eigennutz wird von Seiten der Privatwirtschaft verschleiert. Wirtschaftsjuristen

---

[20] Nach Reformen 1979, 1984, 1991, 2000 und 2011 sind dies heute die „OECD Guidelines for Multinational Enterprises".

[21] Zitiert in Pentzlin, Kontrolle transnationaler Konzerne als Testfall für die Durchsetzbarkeit entwicklungspolitischer Vorstellungen – Von den Versuchen sozialer Einbindung in den 70er Jahren über die Neoliberalisierung der 80er zur „ökologischen Selbstkontrolle" in den 90ern, NORD-SÜD aktuell 1992, 633–645, S. 644.

[22] Die Internationale Handelskammer in Paris gab bereits 1972 Leitsätze für Auslandsinvestitionen heraus.

[23] "ILO Tripartite Declaration of Principles concerning Multinational Enterprises and Social Policy" von 1977.

[24] CFS Open Ended Working Group on principles for responsible agricultural investments which enhance food security and nutrition, Consultancy output 1, Summary of international initiatives that provide guidance on responsible investment: key characteristics, 29.01.2013, http://www.fao.org/fileadmin/templates/cfs/Docs1314/rai/CFS_RAI_Sum_Int_Init_EN.pdf (abgerufen am 29.12.14).

gehen gerne, ohne jeweils zu hinter fragen, davon aus, dass jegliche ADI per se gut und entwicklungsfördernd seien[25]. Die CSR Dimensionen von „do good" und „do no harm" in Bezug auf wirtschaftliche Entwicklung finden in vielen sanften CSR-Instrumenten keinen Wiederhall und sind im Investitionsrecht doch die wichtigsten.

▶ **Merke** Der Inhalt von CSR verengt sich in den Zeiten des Marktfundamentalismus auf die Dimension von „do no harm" in Bezug auf Umwelt und Menschenrechte. „Do good" jeglicher ADI in Bezug auf wirtschaftliche Entwicklung wird unhinterfragt vorausgesetzt.

Schwache Gegenschläge Nur einmal noch gelang **2003** einer von der Wirtschaft nicht beachteten Untergruppe der damaligen Menschenrechtskommission unerwartet ein Entwurf für „Norms on the Responsibilities of Transnational Corporations and Other Business Enterprises with Regard to Human Rights". Erstmalig seit den 70er Jahren sah dieser Entwurf wieder international-rechtlich verbindliche Pflichten für Unternehmen vor. Nachdem die Kommission 2006 durch den Menschenrechtsrat ersetzt wurde, ereilte den Entwurf das Schicksal aller bisherigen ähnlichen Versuche: Er geriet in eine diplomatische Sackgasse und verschwand ohne weitere Abstimmung in der Schublade. Dafür wurde 2005 das neue Mandat eines Sonderbeauftragten des UN-Generalsekretärs zum Thema Wirtschaft und Menschenrechte geschaffen. **2011** wurden seine Vorschläge als „UN-Leitprinzipien für Wirtschaft und Menschenrechte" vom UN-Menschenrechtsrat verabschiedet[26]. Das Konzept von „Protect, Respect and Remedy" bündelt heute die kritischen Stimmen und bestimmt tonangebend den Inhalt von CSR. Andere freiwillige Instrumente, wie auch die FAO Leitlinien zu Bodenmanagement[27] und Prinzipien für verantwortliche Agrarinvestitionen[28] beziehen sich auf diese neuen Standards[29]. Wenn auch die Staatengemeinschaft direkte Verpflichtung untersagt hat, so wird mit diesem Drei-Säulen-Modell freiwillige

---

[25] Typisch ist etwa die Aussage des deutschen Investitionsrechtsexperten Griebel, Internationales Investitionsrecht, 2008, S. 4 z. B. so: „Investitionen haben zumeist einen positiven Effekt besonders auf die entwicklungspolitisch zentralen Bereiche der Infrastruktur und Bildung…(Auslandsinvestitionen) dienen natürlich auch der Erlangung wirtschaftlicher Vorteile durch den Investor… Der entwicklungspolitische Faktor von Auslandsinvestitionen wird allerdings seitens der Industrienationen bei ihrer Entwicklungshilfepolitik noch viel zu sehr vernachlässigt."

[26] "Guiding Principles on Business and Human Rights: Implementing the United Nations 'Protect, Respect and Remedy' Framework", UN doc. A/HRC/17/31.

[27] Im Mai 2012 verabschiedete das bei der FAO angesiedelte "Committee on World Food Security " (CFS) die "Voluntary Guidelines on the Responsible Governance of Tenure of Land, Fisheries and Forests in the Context of National Food Security".

[28] Die CFS "Principles for responsible agriculture and food investments" wurden am 15.10.14 beschlossen.

[29] Siehe dazu auch den Beitrag von B. Wehrmann, CSR im Kontext von Nachhaltigkeit und Menschenrechten, in diesem Buch.

Verpflichtung doch pragmatisch klug so nah wie nur möglich an Verbindlichkeit heran geführt[30].

Der *vierte Schlag* schreibt endgültig die heutige Schieflage im Investitionsrecht fest. Deregulierung und Investitionsschutz sind das unanfechtbare Leitbild **seit den 90er Jahren.** Zwar kam es zu keiner umfassenden globalen Investitionskonvention[31], von 1959 bis heute gelang jedoch ein ungeheurer Siegeszug bilateraler Abkommen („bilateral investment treaties"–BITs). Deutschland ist mit über 130 seit 1959 abgeschlossenen Schutzabkommen führend. Nach dem Mauerfall kam es nochmals zu einer deutlichen Erhöhung des Investitionsschutzes, insbesondere durch Klauseln für freien Markteintritt vor allem in US-amerikanischen BITs. 1994 schlossen die USA, Kanada und Mexiko das Nordamerikanische Freihandelsabkommen (NAFTA), das in seinem Kap. 11 auch weitgehenden Investitionsschutz, Investitionsliberalisierung und Bestimmungen zur Investor-Staat-Streitbeilegung enthält. NAFTA begründete den Trend zu kombinierten Handels- und Investitionsabkommen in mega-regionalen Abkommen (sog. Mega-Regionals). Seit den Industrieländern in der Welthandelsorganisation WTO die einseitige Durchsetzung ihrer Interessen schwerer fällt[32], seit globale Verhandlungen ihnen mehr Kompromisse abfordern als sie einzugehen bereit sind[33], werden WTO-Verhandlungen umgangen. Statt dessen werden Handels- und Investitionserleichterungen in Instrumente verlagert, wie sie **heute** etwa mit dem Transatlantischen Freihandels- und Investitionsabkommen (TTIP)[34] und dem kanadischen Freihandelsabkommen (CETA)[35] in einer breiten Öffentlichkeit zur Diskussion stehen[36].

Zur Durchsetzung von Investitionsschutz dient kaum noch das Staat-Staat-Verfahren, sondern fast nur noch das sog. Investor-Staat-Verfahren. Unternehmen können aufgrund der Verletzung von Bestimmungen gegen ausländische Staaten auf Schadenersatz klagen.

---

[30] Darüber hinaus wird seit 2014 parallel der Ansatz bindender Regeln wieder verfolgt. Am 26. Juni 2014 verabschiedete der UN-Menschenrechtsrat die Resolution: "Elaboration of an international legally binding instrument on transnational corporations and other business enterprises with respect to human rights".

[31] Über erste Regelungen der WTO „Trade Related Investment Measures" von 1995 hinaus scheiterte 1999 der Versuch der OECD für ein multilateralen Abkommen über Investitionen (MAI), mehr aufgrund interner Differenzen und des Austieges Frankreichs, aber auch aufgrund heftiger Proteste der Zivilgesellschaft.

[32] 2001 trat China der WTO bei, Russlands 2012. Einzig Eritrea hält sich noch fern. Ansonsten sind nur Kleinstaaten (z. B. Kiribati), „failing States" (Südsudan, Somalia), umstrittene Staaten (West-Sahara) oder „Rogue States" (Nord-Korea) weder Mitglied, noch Beobachter, noch in Beitritts-Verhandlungen. Damit ist die WTO ähnlich global aufgestellt wie die Vereinten Nationen.

[33] Die globalen Verhandlungen stocken, seit die Entwicklungsländer auf der 4. WTO-Ministerkonferenz von 2001 in Doha die Aushandlung einer „Doha Development Agenda" durchsetzten.

[34] Transatlantic Trade and Investment Partnership (USA – EU Handelsabkommen).

[35] Comprehensive Economic and Trade Agreement (Kanada – EU Handelsabkommen).

[36] Mit Entwicklungsländern aus Afrika, der Karibik und des Pazifik versucht die EU Investitionsschutz in den europäischen Wirtschaftspartnerschaftsabkommen (EPAs) festzuschreiben, Abkommen, deren erstes Ziel die Förderung von wirtschaftlicher Entwicklung in Entwicklungsländern sein soll.

Umgekehrt gibt es kein Klagerecht für einen Staat gegen einen Investor, denn es fehlen ja die internationalen Pflichten für Investoren. Internationalen Schiedssprüche des „International Centre for Settlement of Investment Disputes" werden gemäß der ICSID Konvention in den Mitgliedsstaaten (ohne ordre public Ausnahme!) anerkannt und für sofort vollstreckbar erklärt[37].

Für die Wirtschaft interessant sind auch die Schutz erweiternden Auslegungen, welche die Klauseln in BITS oder Investionsverträgen durch die Schiedssprüche der Schiedsgerichte erfahren. Zum begrifflich weiten Standard der „gerechten und billigen Behandlung" wird in Schiedsverfahren etwa danach gefragt, ob ein Gaststaat berechtigte Erwartungen („legitimate expectations")[38] eines Investors enttäuscht hat; beispielsweise wenn ein Benzinzusatz als krebserregend verboten wird, und der ausländische Hersteller dies als Enteignung zukünftiger Gewinne ansieht und deshalb auf Entschädigung für negative Folgen des Verbots aufgrund eines internationalen Investitionsabkommens klagt[39]. Zum Stichwort von „indirekter Enteignung" gibt es inzwischen unzählige Schiedsverfahren, in denen staatliche Regelsetzung zu am Gemeinwohl orientierten Zwecken angegriffen wurde und wird.

Ob Umwelt-, Arbeits-, Verbraucher- oder Gesundheitsschutz, ob Mindestlohn oder Steuererhöhung, stets können Investoren gegen Gastgeberstaaten klagen, wenn sie ihre „legitimen Erwartungen" auf Gewinn geschmälert sehen. Der politische Entscheidungsraum von Staaten („policy space") ist beeinträchtigt. Aus Angst vor dem unsicheren Ausgang von Verfahren und drohenden hohen, den Staatshaushalt belastenden Entschädigungszahlungen unterlassen manche (finanz-) schwachen Staaten Investitions-einhegende, am Gemeinwohl orientierte Gesetzgebungen („regulatory chill"). Dies ist dann im Hinblick darauf, dass in unverbindlichen Richtlinien Gaststaaten zur genau solcher aufgefordert sein können, ein tückischer Widerspruch.

▶ **Merke** Es gibt einen tückischen Widerspruch für CSR im Investitionsrecht: Sanfte Regeln fordern Gaststaaten und Unternehmen zu einem Verhalten auf, für genau dessen Einhaltung hartes Investitionsschutzrecht Sanktionen austeilt.

Seit dem Vertrag von Lissabon liegt die Zuständigkeit in der Europäischen Union für Verhandlung und Abschluss von internationaler Investitionsabkommen (IIA) nicht mehr

---

[37] Für Entscheidungen anderer Schiedsinstanzen, wie z. B. des nächstwichtigen Schiedsgerichts der Stockholmer Handelskammer, gelten mit dem „New Yorker Übereinkommen über die Anerkennung und Vollstreckung ausländischer Schiedssprüche" von 1958 ebenfalls privatrechtliche Vollstreckungsregeln. Dagegen ist die Vollstreckung der Urteile des völkerrechtlichen Internationalen Gerichtshofs gem. Art. 94 I UN-Charta auf den bloßen politischen Willen der Staaten angewiesen.

[38] Diese Auslegung hat übrigens in den Entwurf des Freihandelsabkommens CETA zwischen Kanada und der EU als Zusatz zur FET-Klausel Eingang gefunden, http://trade.ec.europa.eu/doclib/docs/2013/november/tradoc_151918.pdf (abgerufen am 29.12.14).

[39] Klagen von Investoren gegen die Einfuhr gesundheitsschädlicher Benzinzusätze auf Grundlage von NAFTA hat es verschiedentlich mit unterschiedlichen Ergebnissen gegeben.

bei den Einzelstaaten, sondern nunmehr bei der EU. Formal sind dadurch die Möglichkeiten gestiegen, auf mehr rechtlich verbindliche Kohärenz zwischen Investitionsschutz und nachhaltiger Entwicklung zu drängen; dies gab Anlass zu großen Hoffnungen auf neue Anknüpfungspunkte für eine entwicklungsfreundlichere Ausgestaltung zukünftiger europäischer IIA[40]. Die europa-rechtliche Wissensgemeinschaft schien aufgeschlossen für kritische Argumente zu einseitigen BIT-Klauseln und deren verstärkend wirtschaftsnahen Auslegung in den Streitbeilegungsverfahren[41]. Mit den Positionen, die die Europäische Kommission in die Verhandlungen zu TTIP, CETA und andere IIA einbringt, sind die Hoffnungen von Entwicklungs-, Umwelt- und Menschenrechtspolitik auf „Kohärenz" und Verbindlichkeit für Anliegen nachhaltiger Entwicklung schnell zerstoben. Tagungen sind in dem kleinen Zirkel des Investitions*schutz*rechts ein wichtiges Verständigungsmittel[42]. Ein neuerer Tagungsband aus europäischen Investitionsrechtskreisen zeigt, dass statt rechtlicher Unternehmenspflichten zur Durchsetzung des Wertes „nachhaltiger Entwicklung" hier nun auch für europäische IIA nur noch gefordert wird: „Corporate Compliance und Corporate Social Responsibility"[43]. Die allgemeine, Politik leitende Bestimmung des Art. 21 Abs. 2 Lissabonner Vertrag für eine EU, die Wirtschaftsinteressen ausgewogen neben Umweltschutz, Armutsbeseitigung in den Entwicklungsländern und dem Einsatz für eine verantwortungsvolle Weltordnung berücksichtigt[44], hat sich – gegen andere, stärkere Kräfte – im Investitionsrecht noch nicht ausgewirkt.

Fazit zum Schlagabtausch Das Recht in seiner transnationalen Dimension unterliegt einem tiefgreifenden Wandel. Im Eindruck der Schrecken des zweiten Weltkriegs standen die Werte Kooperation, Frieden und allseitige Gerechtigkeit bei der bis 1948 angedachten UN-basierten Internationalen Handelsorganisation (ITO) noch hoch im Kurs. Nach Jahrzehnten, trotz Finanzkrise ungebrochener neoliberaler Marktideologie, gehorchen „immer mehr internationale Schaltstellen, Institutionen und Gremien inzwischen dem regulativen Muster des ökonomischen Utilitarismus". Wertgebundene Rechtsanwendung modernisiert und entstellt sich zugleich zu einer „wertfreien, aber ganz und gar nicht interessenlosen

---

[40] Berger/Harten, Welche Chancen bieten die neuen internationalen Investitionsabkommen der EU für Entwicklungsländer? DIE 2012.

[41] Eingeschworene Investitionsrechner befürchteten daher Versäumnisse: "This lenience of mainstream investment law can prove problematic when new epistemic communities, such as EU lawyers at present, take an interest in international investment law and, from consulting the literature, get a distorted view about the general thinking of investment lawyers", Schill, W(h)ither Fragmentation? On the Literature and Sociology of International Investment Law, EJIL 2011, 875–908, S. 899.

[42] Ibid. S. 886.

[43] So der Name des Tagungsbandes von Bungenberg/Dutzi/Krebs/Zimmermann, 2014 (Fn. 2).

[44] Art. 21 Abs. 2 des Lissabonner Vertrags: „Die Union legt die gemeinsame Politik … fest … auf allen Gebieten der internationalen Beziehungen …, um … d) die nachhaltige Entwicklung in Bezug auf Wirtschaft, Gesellschaft und Umwelt in den Entwicklungsländern zu fördern mit dem vorrangigen Ziel, die Armut zu beseitigen … f) eine Weltordnung zu fördern, die auf einer verstärkten multilateralen Zusammenarbeit und einer verantwortungsvollen Weltordnungspolitik beruht".

Steuerung"⁴⁵. Investitionsrecht setzt heute für wertegebundenes Verhalten von Unternehmen ausschließlich auf freiwillige CSR.

In Bezug auf seine „do no harm" Dimension vermag CSR zur Verhinderung von Umweltschäden und Menschenrechtsverletzungen noch beitragen können. In einer freien Wettbewerbswirtschaft ist es jedoch ein grundsätzlich zweifelhafter Auftrag, private Unternehmen mit der Schaffung einer gerechten, weil alle Interessen gleichermaßen berücksichtigenden Weltwirtschaftsordnung zu betrauen. Schon nach Unternehmensrecht darf ein Vorstand betriebswirtschaftliche Ziele nicht hintan stellen.⁴⁶

Auf dem Gebiet wirtschaftlicher Entwicklung kann CSR also nur sehr eingeschränkt sowohl in seiner „do good", als auch in der „do no harm" Dimension zum Tragen kommen. Einen wertegetragenen Ordnungsrahmen zu setzten für entwicklungsförderndes, alle Interessen ausgleichend gerecht bedienendes Unternehmensverhalten zu setzen, das kann nur die Aufgabe von Recht sein.

▶ **Merke** Dass es gewollt kein globales Recht gibt, welches globale Unternehmen auf nachhaltige Entwicklung verpflichtet und dass gleichzeitig CSR dafür Ersatzinstrument sein soll, aber schwerlich sein kann, setzt CSR im Investitionsrecht in ein trübes Licht.

4 Diffizile Ausgangslage für positiv motivierte Unternehmen

Die Weltwirtschaftsordnung als solche und die jeweiligen Regierungspolitiken sind entscheidend an dem Zustandekommen oder dem Ausbleiben von Wohlfahrtseffekten durch Auslandsinvestitionen beteiligt. Den einzelnen Unternehmen direkt eine ungerechte Weltwirtschaftsordnung vorzuwerfen, ist problematisch. Verbesserung der Weltwirtschaftsordnung als solcher ist im CSR-Ansatz schwer unterzubringen. Auch ist es schwierig, einzelne Unternehmen, die im Einklang mit dem Recht des Gaststaates Rohstoffe abbauen und Land nehmen für nicht-entwicklungsorientierte politische Systeme verantwortlich zu machen, die einseitig bestimmte Gruppen begünstigen. Als Platzhalter für rechtliche Steuerung kann CSR für die entwicklungspolitische „do good" Dimension natürlich Listen aufstellen und „best practices" etwa für Agrarinvestitionen beschreiben. Jenseits gängiger Marktmodelle agro-industrieller Produktion über Großunternehmen und Auslandsinvestitionen mit einem Kranz kleiner Vertragsbauern gibt es selbstverständlich Alternativen zu Kauf und Landpacht, wie etwa fairen Vertragsanbau und Beschaffung der Rohstoffe über Kooperativen von Kleinbauern. Freiwillig handelt die große Masse der Marktteilnehmer jedoch Gewinn orientiert nach rein betriebswirtschaftlichen Gesichtspunkten. Eine kleine

---

⁴⁵ Beide Zitate Zielcke 2014 (Fn. 4).
⁴⁶ Vgl. dazu in diesem Buch den Beitrag von D. Walden, Die Bedeutung von CSR für die Unternehmensleitung.

Minderheit entwicklungspolitisch versierter und ethisch motivierter Unternehmer wird die strukturellen Verwerfungen im Investitionsrecht schwerlich korrigieren.

Wer freiwillig mehr tut, dem drohen auch Wettbewerbsnachteile. Erst wenn ethische Gebote zu Gesetzen werden, können sie auch unbestreitbar die allgemeine Managementpflicht zur Steigerung des Unternehmenswerts verdrängen. Standards dringen daher in der Regel zu den Unternehmen erst dann durch, wenn harte Sanktionen drohen. So zeigte es sich am Beispiel des CSR-Gebot, nicht korrupt auftreten zu sollen.

> **Beispiel Unternehmensmotivation und Korruption: Sanfte oder harte Regeln?**
> - 1975 verabschiedete die UN ihre sanfte Resolution: „Measures against Corrupt Practices of Transnational and Other Corporations". Dennoch wurden Bestechungsgelder im internationalen Wirtschaftsverkehr noch lange danach nicht negativ gesehen, sondern als Exportchance empfunden. In Deutschland waren Bestechungsgelder als „nützliche Aufwendungen" steuerlich absetzbar.
> - Zwei Jahrzehnte später trat 1999 das noch regional beschränkte OECD Übereinkommen über die Bekämpfung der Bestechung ausländischer Amtsträger im internationalen Geschäftsverkehr in Kraft, 2005 dann die globale UN-Konvention gegen Korruption. Erst 1999 strich OECD Land Deutschland im Zusammenhang mit dem Erlass des Gesetzes zur Bekämpfung internationaler Bestechung alle Steuererleichterungen für Bestechungsgelder. Bestechlichkeit und Bestechung im geschäftlichen Verkehr wird gemäß § 299 StGB mit Freiheitsstrafe und Geldbuße geahndet, seit 2002 hat dieser Paragraph einen Abs. 3, durch den diese Tatbestände auch auf Taten im Ausland ausgedehnt werden.
> - Im Fall Siemens flossen in der Zeit von 2000–2006 ca. 1,3 Mrd. € in dunkle Kanäle. Regierungsmitarbeiter in verschiedenen Ländern wurden für die Vergabe von U-Bahnbau oder Mobilfunksystemen bestochen. Die Anwendung von § 299 Abs. 3 StGB auf Taten von Siemens seit 2002 führte in Deutschland zu Geldstrafen in Höhe von ca. 400 Mrd. €. In den USA wurden dann für Siemens noch einmal ca. 600 € fällig. Aufgeschreckt durch den Fall Siemens lösten erst diese hohen Schadensersatzzahlungen eine Welle der Einrichtung von Compliance Systemen aus, auch bei Siemens, ganz dicht am Vorstand.

Rechtliche Sanktionen scheinen also sicherer zu Verhaltensänderungen zu führen als positive Anreize[47]. Vom Kodex Hammurabi über das römische Recht bis heute ist verbindliches Recht mit dem Durchsetzungsmechanismus von gerichtlicher Rechtsanwendung und hoheitlicher Vollstreckung eine Konstante. Der juristische Berufsstand ist nicht umsonst allgegenwärtig. Folgerichtig liegt die Zuständigkeit für freiwillige Richtlinien in den Unternehmen meist in nach außen orientierten Abteilungen für Öffentlichkeitsarbeit

---

[47] Schoeberlein, Motivating Business to Counter Corruption – A Global Survey on Anti-Corruption Incentives and Sanctions, Humbolt-Viadrina School of Governance, 2012.

und Image und nicht bei den nach innen gewandten Controlling- oder Compliance Abteilungen, die die eigentlichen Unternehmensabläufe und Handlungen bestimmen. Den wenigsten Unternehmensmitarbeitern sind freiwillige Standards für Auslandsinvestitionen überhaupt bekannt.

▶ **Merke** Über einen kleinen Kreis entwicklungspolitisch motivierter Unternehmen hinaus, zeigen CSR-Instrumente im Auslandsinvestitionsrecht dann Wirkung, wenn sie von harten Sanktionen begleitet sind.

4.1 Aussichtsreicher Ansatz von CSR entlang von Wertschöpfungsketten

In den ärmsten Entwicklungsländern dominieren Investitionen in den Rohstoffsektor (Bergbau und Agrarinvestitionen). Der Entwicklungsbeitrag von Investitionen in die Herstellung von Gütern, deren komparativer Vorteil sich allein auf Bodenschätze, Klima und Boden gründet (sog. Ricardo-Güter), ist fragwürdig[48]. Manche sprechen gar vom Rohstofffluch. Anstieg der Rohstoffpreise und Auslandsinvestitionen in Agrarland und Bergbau tragen zwar gerade entscheidend zum Wachstum in verschiedenen Entwicklungsländern bei. Bedeutet Wachstum, das auf Förderung von Rohstoffen beruht, jedoch auch wirklich Entwicklung?[49] Entwicklung, die sich auf das ganze Land auswirkt und nicht nur auf wenige große Städte? Die Ungleichheiten sind immens. Auch wenn statistische Zahlen und Angaben nicht immer zuverlässig sind, gibt es Aussagen, nach denen 60 % des afrikanischen Bruttosozialprodukts im Vermögen von 0,01 % der Bevölkerung liegen[50].

Im **Bergbau** sind Auslandsinvestitionen in Entwicklungsländern für Importe in die Industrieländer allerdings seit Jahrzehnten Normalität und werden es angesichts der Rohstoffabhängigkeit von rohstoffarmen Industrieländern wie Deutschland auch bleiben. Standards für Unternehmensverhalten werden Entwicklungsorientierung nicht herbeiregeln, können jedoch die Art und Weise der Produktion verbessern. Soweit globale Produktion sich nicht nur über Verträge mit Zulieferern organisiert, sondern über Tochterunternehmen, die in anderen Ländern Rohstoffe an- oder abbauen, kommt auch im Investitionsrecht der Ansatz von CSR entlang einer Lieferkette[51], bzw. hier entlang einer Wertschöpfungskette zum Tragen.

---

[48] Nuscheler, Entwicklungspolitik. Lern- und Arbeitsbuch, 7. Aufl. 2012, S. 370; Campbell, Corporate Social Responsibility and development in Africa: Redefining the roles and responsibilities of public and private actors in the mining sector, Resources Policy, Juni 2012, 138–142.

[49] Siehe dazu die lateinamerikanische Debatte zu Extraktionismus und Entwicklung.

[50] Mit offenen Karten, Wachstumsregionen in Afrika, Arte Ausstrahlung vom 22. Juni 2013, http://ddc.arte.tv/unsere-karten/wachstumsregionen-in-afrika (abgerufen am 29.12.14).

[51] Siehe dazu den Beitrag in diesem Buch von A. Depping, CSR in internationalen Lieferverträgen.

Für Unternehmen sind berechenbare, klare und einfach handhabbare Standards wichtig, an deren Einhaltung keine Nachteile gebunden sind, weil sie wettbewerbsgerecht für alle gelten. Seitdem die Obama-Regierung mit Sec. 1502 des „Dodd–Frank Wall Street Reform and Consumer Protection Act" 2010 (rechtskräftig 2014) kapitalmarktrechtliche Berichtspflichten für börsennotierte Unternehmen zur Einfuhr von Konfliktrohstoffen, Abbaubedingungen und wirtschaftlichen Entwicklung des Abbaus anordnete, gibt es für rohstoffabbauende Investitionen in Land diverse Instrumente für CSR entlang von Wertschöpfungsketten. Mit Einführung der verbindlichen Rechtspflicht zur Berichtserstattung versiegten auch die von Wirtschaftsseite zuvor eingebrachten Einwände praktischer Überforderung. Es ist immer wieder zu beobachten: Haben sich rechtspolitische Differenzen durch Gesetzgebung erledigt, lassen sich juristische Folgearbeiten fast immer problemlos erledigen. Schon ab 2012 stellten Unternehmensberatungen umfangreiche Hilfestellungen ins Netz. 2013 ging die OECD weiter und gab gemeinsam mit den zentralafrikanischen Ländern der großen Seen die OECD „Due Diligence Guidance for Responsible Supply Chains of Minerals from Conflict-Affected and High-Risk Areas" heraus, mit zwei ausführlichen und praxisorientierten Ergänzungen für „Due Diligence" Prüfungen der Wertschöpfungsketten von Zinn, Tantal und Wolfram sowie von Gold[52].

▶ **Merke FAZIT** CSR entlang einer Wertschöpfungskette kann zumindest zur Verbesserung eines (entwicklungspolitisch allerdings bedenklichen) Status quo bereits etablierter Investitionen beitragen. Dies vor allem, wenn solche CSR-Instrumente mit harten Regelungen wie Transparenzauflageno der EU-Einfuhrverboten[53] verbunden werden.

4.2 Im Agrarsektor kann CSR zweifelhafte Investitionen und fragwürdige Entwicklungsmodelle fördern (Stichwort Land Grab)

Seit 2008 gelangen mit steigenden Agrarpreisen private ausländische Investitionen von bis dato unbekannten Dimensionen auch in abgelegenste ländliche Gebiete Afrikas[54]. Agrarproduktion ist keine Güterproduktion, die konzentriert in bestimmten Gebieten und Sonderwirtschaftszonen anfällt. Viel mehr als andere Wirtschaftsbereiche, die in der Regel in einem mehr oder weniger einheitlich standardisierten gesamtwirtschaftlichen und auch

---

[52] http://www.oecd.org/daf/inv/mne/GuidanceEdition2.pdf.
[53] Siehe etwa den Kimberley- Prozess zu sog. „Blutdiamanten" und die Verordnung des Rates der Europäischen Union (EG) Nr. 2368/2002 vom 20. 12.02.
[54] Statistiken zu Landkauf- und Landpachtverträgen müssen mühselig aus vielen Einzelmeldungen zusammen getragen werden. Verdient gemacht hat sich die Initiative „Land Matrix", die inzwischen von einem Konsortium verschiedener Forschungs- und Entwicklungsinstitutionen getragen wird, siehe Anseeuw/Boche/Breu/Giger/Lay/Messerli/Nolte, Land Matrix Partnership (CDE, CIRAD, GIGA, GIZ, ILC), Transnational Land Deals for Agriculture in the Global South. Analytical Report based on the Land Matrix Database No 1, 2012.

städtischen Umfeld arbeiten, sind Agrarunternehmen tief eingebettet und verkettet mit den immer einzigartigen Bedingungen ländlichen Dorflebens. Ihre Verankerung sowohl in den alten, herkömmlichen ländlichen Lebenswelten mit ihren besonderen Wirtschaften, als auch in den genormten formalen Märkten macht globale Agrarunternehmen gefährlicher als viele andere Investoren. Gewinnerzielungsabsicht von Agrarunternehmen kann mit der Gefährdung der Sicherung der ländlichen Lebensgrundlagen von hundert tausenden Kleinbauern und Landarbeiterinnen in diesem besonders sensiblen Wirtschaftssektor auch zu politischer Instabilität und offenen Konflikten führen[55]. Die Einsätze sind hoch in Bezug auf mögliche negative Auswirkungen, vor allem dann, wenn die für den sensiblen Landsektor besonders wichtige staatliche Aufsicht und Regelsetzung nicht in die ländlichen Räume reichen. Seit 2008 haben Auslandsinvestitionen jedenfalls Dimensionen erreicht, die nicht mehr auf Armutsüberwindung und Anschluss, sondern auf Hunger, Verdrängung und Menschenrechtsverletzung hinweisen[56].

Im besonders sensiblen Agrarsektor sind also Entwicklungsmodelle fragwürdig, die auf massivem Kapitalimport durch ADI beruhen, vor allem, solange Gaststaaten-Governance den Geistern nicht gewachsen ist, die gerufen wurden. Viele Landrechte gerade armer Bauern und Bäuerinnen sind in Entwicklungsländern nicht registriert. Es werden zu einer Zeit, in der afrikanische Staaten (oft in konfliktreichem Umfeld) erst noch angepasste und effektive Institutionen des Land(markt)managements überhaupt aufbauen und testen, seit 2008 mit dem Anschwellen von Agrarinvestitionen gleich neue Konzepte noch dringlicher, die auf den wachsenden Einfluss ausländischer Immobilien- und Agrarkonzerne reagieren, die als juristische Personen zwar Rechte haben, jedoch nur in Ausnahmen für das Handeln ihrer Tochterunternehmen zur Rechenschaft gezogen werden können.

---

[55] So etwa Brüntrop/Swetman/Michalscheck/Asante, Factors of Success and Failure of Large Agro-Enterprises (Production, Processing, Marketing). A Pilot Study in Ghana. Results of Case Studies in the Fruit, Maize, and Palm Oil Sub-Sectors, African Journal of Food, Agriculture, Nutrition and Development (AJFAND) 2013, Heft 5, S. 4 und 7, https://www.die-gdi.de/externe-publikationen/article/factors-of-success-and-failure-of-large-agro-enterprises-production-processing-and-marketing-a-pilot-study-results-of-case-studies-in-the-fruit-maize-and-palm-oil-sectors/ (abgerufen am 29.12.14).

[56] Dass der „Raub des Bodens" Lebensmittelkrisen drastisch verschärft, beklagt Ziegler, UN-Sonderberichterstatter für das Recht auf Nahrung von 2000 bis 2008: Ziegler, Wir lassen sie verhungern. Die Massenvernichtung in der Dritten Welt, 2011, S. 281 ff. Cotula, The Great African Land Grab? Agricultural Investments and the Global Food System, 2013 gründet sein Fazit, dass (nicht nur ausländische) Investitionen für die lokale Bevölkerung in Subsahara Afrika meist schlechte Nachrichten bedeuten, auf langjährige Forschungen für die FAO und das International Institute for Environment and Development (IIED). Erwähnenswert sind noch die Bücher zweier investigativer Journalisten: Liberti, Landraub. Reisen ins Reich des neuen Kolonialismus, 2012 und Pearce, The Land Grabbers. The New Fight over who Owns the Earth. How Wall Street, Chinese billionaires, oil sheikhs, and agribusiness are buying up huge tracts of land in a hungry, crowded world, 2012.

Dass einhegende Gaststaaten-Regelungen in Entwicklungsländern mit schwacher Governance erst noch erfolgen müssen[57], birgt zweifache Gefahr. *Erstens* sind die tückischen Widersprüche zum harten Investitions*schutz*recht bei Agrarinvestitionen besonders gefährlich. Jede neue Land-, Umwelt-, Arbeitsschutz- oder Ernährungssicherheitsregel in Gaststaaten kann bestehende Investitionen in ihren „legitimate expectations" verletzen und Schadensersatzzahlungen bei den Gaststaaten auslösen. In der Realität des harten Investor-Schutzes führte schwache Land-Governance auch schon zu folgender Klage: Im Mai 2013 haben eine Brüsseler und eine burundische Kanzlei beim von der Weltbank geführten International Centre for Settlement of Investment Disputes (ICSID) Schadensersatzklage unter Berufung auf ein 1989 zwischen Burundi und Belgien abgeschlossenes Investitionsabkommen gegen den Burundischen Staat eingereicht. Der Grund: Eine von einem Belgier erworbene Landfläche sei durch „Landbesetzung" derer, die dort den Boden lokal nutzen, faktisch enteignet. Das Klageergebnis steht noch aus[58].

Gegen den „regulatory chill" und für den Erhalt von „policy space"[59] von Gaststaaten hat Forschung zur Vermeidung tückischer Widersprüche eine „public interest clause for food security in an international treaty on investment", die für internationale Investitionsschutzabkommen entwickelt:

„Nothing in this Agreement shall be construed

1. *To prevent a Contracting Party from taking measures necessary*
   (1) For the protection of its national and local population's food security as defined by relevant international organisations.
   (2) For the conservation of exhaustible natural resources, water, and livestock adversely impacted by the investments carried out by an investor of the other Contracting Party.
   (3) For the fulfilment of a Contracting Party's international obligations relating to human rights as defined in relevant international treaties and standards.
   (4) For ensuring the enjoyment of all legitimate claims to land by rightful individual or communal landowners...."[60]

Zweitens gefährdet es Menschen und Umwelt, wenn afrikanische Regierungen oder lokale Autoritäten in Verträgen mit weltgewandten Investoren schlicht Land weggeben, lokale Analphabeten zustimmen lassen und auf Investor-Versprechungen für Arbeitsplätze und Infrastruktur hinweisen. Wenn weder das regulative Umfeld des Gasstaates mit bis in die

---

[57] Dazu, welche Institutionen zusammenspielen sollten, Cotula, Foreign investment, law and sustainable development. A handbook on agriculture and extractive industries, IIED 2014.

[58] Joseph Houben v. Republic of Burundi, ICSID Case No. ARB/13/7, IIA, UNCTAD, Issue Note, Recent Developments in Investor State Dispute Settlements, April 2014, S. 26, http://unctad.org/en/PublicationsLibrary/webdiaepcb2014d3_en.pdf (abgerufen am 04.09.14).

[59] Zum Titel von „politischer Kohärenz" stellte bereits 2011 Leitprinzip Nr. 9 der UN Leitprinzipien für Wirtschaft und Menschenrechte ausdrücklich den Bezug zum internationalen Investitionsschutzrecht her und fordert von Staaten beim Abschluss von Investitionsschutzabkommen: „should maintain adequate domestic policy space".

[60] Häberli/Smith, Food Security and Agri-Foreign Direct Investment in Weak States: Finding the Governance Gap to Avoid "Land Grab", The Modern Law Review 2014, 189–222, S. 222.

Dörfer reichender Rechtsdurchsetzung noch Entwicklungsprojekte nachhalten, dass solche Investitionen sich für die ländliche Bevölkerung des Gastlandes positiv auswirken, kann es für die Armen dieser Welt in Agrarstaaten gefährlich sein, wenn international allein unverbindliche CSR und Aufforderungen an die Gaststaaten als ausreichende Maßnahme angesehen werden, Landinvestitionen sozial einzuhegen. Engagierte Forschung will daher im Landsektor auch erst den Beweis erbracht sehen, dass ausländische Agrarinvestitionen sich auch positiv auf arme Bevölkerungsgruppen auswirken[61].

Die 2014 vom UN-Komitee für Welternährungssicherheit (CFS) verabschiedeten freiwilligen Prinzipien für verantwortliche Agrarinvestitionen (RAI) enttäuschen. Es ist ärgerlich, dass ein Instrument, welches ausschließlich Investitionen zum Inhalt hat, die Chance verschenkt, Anschluss zum Investitionsrecht zu versuchen. Weder fordern die RAI Heimatstaaten auf, beim Abschluss (oder Nachverhandlungen) von Investitionsabkommen eine „public interest clause for food security" aufzunehmen, noch weisen sie auf den Reformbedarf von Konzern- und Verfahrensrechts hin für Klagemöglichkeiten[62] gegen verantwortungslose Unternehmen in ihren Heimatstaaten[63]. Es wird nicht erwähnt, dass Landnahmen (solange die Institutionen des Gaststaats dazu noch nicht in der Lage sind) jenseits von Schutz international verbindlich zu rahmen sind und etwa völkerrechtliche Gerichtshöfe für Investitionen, Umwelt oder Menschenrechte einzurichten wären. In Bezug auf operationale Pflichten sind die RAI im Vergleich zu UN-Leitprinzipien für Wirtschaft und Menschenrechte weniger pointiert und laufen dadurch auch Gefahr, deren Ansätze zu verwässern. So ist der Mehrwert der RAI gegenüber bereits bestehenden Instrumenten zweifelhaft und das Risiko groß, dass sie letztlich einmal mehr die schiefe Schlachtordnung im Investitionsrecht bestätigten.

> **Merke** Solange Investitionen weder auf internationaler noch auf Gaststaaten- noch auf Heimatstaatenebene gerahmt werden, steht der Beitrag von Auslandsinvestitionen zur Armutsüberwindung in Frage. Im Agrarsektor läuft CSR daher Gefahr, vor allem Gewissen zu beruhigen, entwicklungspolitischen Widerstand einzuschläfern und fragwürdigem Tun Legitimation zu verschaffen.

---

[61] Vorley/del Pozo-Bergnes/Barnett, Small producer agency in globalized markets. Making choices in a globalized market, IIED/HIVOS 2012.

[62] Siehe etwa die Reformvorschläge von ECCHR/Brot für die Welt/Miserior, Unternehmen zur Verantwortung ziehen. Erfahrungen aus transnationalen Menschenrechtsklagen, 2014.

[63] Die „extraterritoriale" Anwendung nationalen Rechts bildet eines der großen aktuellen Themen des internationalen Wirtschaftsrechts, Herdegen, Internationales Wirtschaftsrecht, 10 Aufl. 2014, S. 4, 26 ff.

5 Ausblick: Von vager Verantwortlichkeit zu präziser Haftung

Unternehmen rügen allein für den Agrarbereich eine Überfülle von Initiativen, die bei ihnen und in der Öffentlichkeit Verwirrung stiften[64]. Konzentration auf wenige Instrumente mit übersichtlichen Pflichten erleichtert Compliance. Die UN-Leitprinzipien für Wirtschaft und Menschenrechte sind in ihrem Drei-Säulen-Konzept gut durchdacht und bieten sich am ehesten zur Bündelung von allgemeiner wie Sektor spezifischer CSR an. Die erste Säule formuliert die staatliche Pflicht zum Schutz der Menschenrechte, auch gegen Beeinträchtigungen durch Unternehmen („Protect"). In der zweiten Säule „Respekt" der Wirtschaft vor den Menschenrechten haben die Leitprinzipien – vorausschauend auf Gelegenheiten für harte deliktsrechtliche Sanktionen – den Schwerpunkt weniger auf die Ausformulierung materieller Standards, als auf prozessuale, operative Pflichten für eine menschenrechtliche „Due Diligence". In der dritten Säule werden Staaten wie Unternehmen auf Zugang zu Rechtsmitteln für die Betroffenen von Menschenrechtsverletzungen und wirksame Mechanismen zur Wiedergutmachung verpflichtet („Remedy"). Weitere Instrumente konkretisieren die Leitlinien und detaillieren z. B., wie Menschenrechte etwa beim Abschluss von Konzessionsverträgen zu wahren sind[65].

> **Haftung bei Non-Compliance von CSR: Hybride Rechtsentwicklung in der Schnittstelle zwischen sanften internationalen Leitlinien und hartem nationalen Recht[66]**
> Als verbindliche Konvention waren die UN-Leitprinzipien für Wirtschaft und Menschenrechte politisch nicht durchsetzbar. Der Sonderbeauftragte des UN-Generalsekretärs für Wirtschaft und Menschenrechte Ruggie stand für „principled pragmatism". Er hatte als Harvard-Professor für Politikwissenschaften und studierter Historiker längere Zeiträume im Blick. Die Leitprinzipien setzen keinen Endpunkt, sondern legen Grundsteine, auf denen neue Rechtsentwicklungen aufbauen können. Eine gut vernetzte Gemeinschaft menschenrechts-bewegter Juristinnen und Juristen[67] kann und soll nun strategisch gewählte Pilotfälle vor Gericht bringen.

---

[64] EBC Capital, Responsible Investments in Agriculture: Overview of Private Sector-related Initiatives, 2014, S. 4 (Auftragsarbeit für die Schweizer Entwicklungszusammenarbeit), http://ebg-capital.com/pdf/Responsible_investments_in_agriculture_Overview_final.pdf (abgerufen am 29.12.14).

[65] Principles for responsible contracts: integrating the management of human rights risks into State-investor contract negotiations: guidance for negotiators, Report of the Special Representative of the Secretary-General on the issue of human rights and transnational corporations and other business enterprises, John Ruggie Addendum, UN doc A/HRC/17/31/Add.3, http://www.ohchr.org/documents/issues/business/a.hrc.17.31.add.3.pdf (abgerufen am 01.01.14).

[66] Spießhofer, Wirtschaft und Menschenrechte – rechtliche Aspekte der Corporate Social Responsibility, NJW 2014, 2473– 2479, 2474 f.

[67] Seit den sog. Pariser Prinzipien von 1994 zur Einrichtung von „Nationalen Institutionen zur Förderung und zum Schutz der Menschenrechte" gibt es in ca. 100 Ländern nach den dort entwi-

In Deutschland erlaubt die völkerrechtsfreundliche Tendenz des Grundgesetzes es etwa, bei der Auslegung unbestimmter Rechtsbegriffe Gemeinschaftsinteressen mit weltweitem Geltungsanspruch zu berücksichtigen, auch wenn diese in nichtrechtlich verbindlichen Prinzipien definiert wurden[68]. Einfallstore für harte innerstaatliche Sanktionen können strafrechtlicher, öffentlich-rechtlicher oder zivilrechtlicher Natur sein. Im Wissen um die Möglichkeiten hybriden Rechts fordern die Ruggie-Prinzipien z. B. zum Problem von Bergbau in Konfliktgebieten die Heimatstaaten explizit auf, ggf. öffentliche Auslandsinvestitionsförderung (wie Absicherung über Ausfallbürgschaften) einzustellen[69] und generell auf ihre im Ausland tätigen Unternehmen einzuwirken[70].

Die oft allgemein und programmatisch formulierten Menschenrechte verpflichteten bisher grundsätzlich die Staaten. In der an die Wirtschaft gerichteten Säule von „Respekt" trifft diese Verpflichtung nun gleichermaßen private Unternehmen. Ruggie geht dabei auf das Problem des Konkretisierungsbedarfs für unmittelbare Drittwirkung von Grund- und Menschenrechten[71] auf private Unternehmen nicht tiefer ein. Ebenfalls nur angedeutet werden Probleme von Konzernrecht und extraterritorialer Anwendung des Heimatstaatenrechts auf staats-fremde Tochterunternehmen,

---

ckelten Standards von der UN akkreditierte nationale Menschenrechtsinstitutionen. Neben diesen im Kern staatlich finanzierten Einrichtungen werden weltweit zusätzlich so viele öffentliche und private Mittel mobilisiert, dass ein Netz explizit unternehmenskritischer, unabhängiger Menschenrechts-Nicht-Regierungs-Organisationen (NRO) sich spezialisiert und sich schlagkräftig auch der Außenwirtschaft und seinem Recht widmen kann. So veröffentlicht das in Großbritannien als gemeinnützig registrierte "Business & Human Rights Resource Centre" (BHRRC) zum Stichwort "Corporate Legal Accountability" Rechtsfälle, die insbes. in OECD-Staaten gegen Unternehmen wegen Menschenrechtsverletzung angestrengt wurden. Das BHRRC wertet und teilt laufend sowohl Rechtssprechungserfolge zu Fällen mit extraterritorialer Anwendung, als auch zu prozessrechtlichen und anderen Hindernissen und erarbeitet Politikempfehlungen, http://business-humanrights.org/.

[68] So bereits 1972 die „Nigeria-Kulturgut" Entscheidung des BGH für den Begriff der „guten Sitten" in § 138 BGB. Im Nachklang zu den Forderungen einer Neuen Weltwirtschaftsordnung davon konzeptionell angeregt Pentzlin, Der universelle ordre public im Wirtschaftsrecht als ein Ordnungsprinzip des innerstaatlichen Rechts, 1985 mit weiteren Einfallstoren für innerstaatliche Durchsetzung internationalen Soft Laws mit gewisser, global anerkannter Autorität.

[69] Prinzip 7 (c) lautet: "Denying access to public support and services for a business enterprise that is involved with gross human rights abuses and refuses to cooperate in addressing the situation".

[70] Prinzip 7 wird ergänzend kommentiert: "In conflict-affected areas, the "host" State may be unable to protect human rights adequately due to a lack of effective control. Where transnational corporations are involved, their "home" States therefore have roles to play in assisting both those corporations and host States to ensure that businesses are not involved with human rights abuse".

[71] Zum dogmatischen Stand der „Privatisierung" von Grund- und Menschenrechten Spießhofer 2014 (s. o. Fn. 66), NJW 2014, 2475.

die als eigenständige juristische Personen meist die Staatszugehörigkeit zu ihren souveränen Gaststaaten aufweisen; bzw. auf Mutterunternehmen, die nach heutiger Meinung dann in Bezug auf Rechtsverletzungen ihrer Töchter im Ausland besondere eigene Haftungstatbestände verwirklicht haben müssen. Stattdessen formuliert Ruggie schlicht operationale und prozessuale Sorgfaltspflichten. Unterlassung bestehender Sorgfalts- und Verkehrssicherungspflichten ist in späteren Prozessen eher beweisbar. Komplexe Fragen des internationalen Wirtschaftsrechts (wie eben die Verantwortungszurechnung im Konzern oder international privatrechtliche Anknüpfung für Rechtsanwendung[72]), werden geschickt umgangen und künftiger Rechtsentwicklung überlassen, durch staatliche Rechtsprechungen oder durch nationale wie internationale Gesetzesänderungen. Zu den Prinzipien einer neuen menschenrechtlichen *due diligence* gehören

- die Entwicklung einer Unternehmenspolitik zu Menschenrechten, die entlang der gesamten Unternehmensstruktur in die Entscheidungsprozesse integriert wird;
- die kontinuierliche Analyse der Auswirkungen der eigenen Tätigkeit und Geschäftsbeziehungen auf die Menschenrechte unter Einbeziehung der betroffenen Zivilgesellschaft;
- das Ergreifen effektiver Gegenmaßnahmen, um die Missstände zu beheben und wiedergutzumachen;
- die Einrichtung einer Kommunikationsstruktur, die es externen Stakeholdern ermöglicht, die Effektivität der getroffenen Gegenmaßnahmen zu beurteilen sowie ggf. die Einrichtung von oder Beteiligung an Beschwerdemechanismen, die für die Betroffenen zugänglich sind.

Der Politologe Ruggie hat rechtspolitisch visionär Grundsteine gelegt. Juristen, denen es um die Durchsetzung von Werten wie Umweltschutz, Menschenrechte oder global ausgewogener Entwicklung aller Menschen geht, hat er hartes Brot gegeben für rechtliche Umsetzungen im Alltag der verschiedenen staatlichen Rechtsordnungen. Es gibt wenige Einfallstore und gerne werden sie geschlossen[73]. Einseitig und ideologisch wird Wirtschaftsrecht heute im Sinne eines Instruments für die Wirtschaft eingesetzt. Doch Türen lockern sich auch[74].

---

[72] In der EU schreibt Rom II Verordnung von 2007 die Anwendung ausländischen Rechts für deliktische Ansprüche vor. Ob das Handeln der Konzernmutter menschenrechtliche *due diligence* (also Sorgfalt- oder Verkehrssicherungspflichten) verletzt hat, könnte sich somit nach dem Recht des Gastlandes bestimmen, in dem die Menschenrechtsverletzung zu Schäden führte.

[73] Etwa mit der Entscheidung des U.S. Supreme Court vom 17.04.2013 in Sachen Esther Kiobel et al. V. Royal Dutch Petroleum Co. et. al., die die bis dato angenommene universelle Zuständigkeit US-amerikanischer Gerichte für die Verletzung internationaler Menschenrechte im Ausland (gem. Alien Tort Statute –ATS, bekannter als Alien Tort Claims Act – ATCA) abgelehnte, United States Supreme Court No. 10–1491.

[74] In der Siemens-Korruptionsaffäre formulierte die Entscheidung des LG München I vom 10.12.13, NZG 2014 eine Gesamtverantwortung des Vorstands zur Einrichtung und Umsetzung eines effekti-

Gerne wollen viele Unternehmen ihre Gewinne mit guten Investitionen erzielen; sie wollen umweltverträglich Kapital und Arbeitsplätze bringen und gewinnbringend auch anschlussfähige neue Technologien für lokale Bedürfnisse mitentwickeln oder Subsistenzbauern in angepasste Geschäftsmodelle und regionale Wertschöpfungsketten für lokale Märkte einbinden. „Der Mensch ist gut – aber weil er Teil ist von übergeordneten Strukturen und Institutionen, die regulieren und Handlungswege vorschreiben, ermöglichen oder verhindern, kann es immer dazu kommen, dass die solidarische Ausrichtung umgebogen wird"[75].

Justitia hält eine Waage. 2015 ist ein gutes Jahr für Neuausrichtungen weg vom Marktfundamentalismus und hin zu Werten. Bereitwillig verantwortungsvolle Unternehmen können auf Lobbyisten hinwirken, gerechte Positionen zu vertreten im Sinne eines guten Lebens für alle. Interessenvertreter sollten nachhaltige Entwicklung ernst nehmen in den Verhandlungen zu megaregionalen Handels- und Investitionsschutzabkommen, zur Post-2015 Entwicklungsagenda, zum Welt-Klimaabkommen oder zum EU-Recht zur Unternehmenshaftung im Ausland. In einer Welt, in der öffentliche Institutionen langfristig und strategisch global die Durchsetzung gewisser Werte sicherstellen, hätte dann auch im Investitionsrecht ergänzende sanfte CSR einen guten Platz.

Literatur

Anseeuw/Boche/Breu/Giger/Lay/Messerli/Nolte, Land Matrix Partnership (CDE, CIRAD, GIGA, GIZ, ILC), Transnational Land Deals for Agriculture in the Global South. Analytical Report based on the Land Matrix Database No 1, 2012.

Beckert, King Cotton – Eine Geschichte des globalen Kapitalismus, 2014.

Berger/Harten, Welche Chancen bieten die neuen internationalen Investitionsabkommen der EU für Entwicklungsländer? DIE 2012.

Brüntrop/Swetman/Michalscheck/Asante, Factors of Success and Failure of Large Agro-Enterprises (Production, Processing, Marketing). A Pilot Study in Ghana. Results of Case Studies in the Fruit, Maize, and Palm Oil Sub-Sectors, African Journal of Food, Agriculture, Nutrition and Development (AJFAND) 2013, Heft 5.

Bungenberg/Dutzi/Krebs/Zimmermann (Hrsg.), Corporate Compliance und Corporate Social Responsibility, Chancen und Risiken sanfter Regulierung, 2014.

Campbell, Corporate Social Responsibility and development in Africa: Redefining the roles and responsibilities of public and private actors in the mining sector, Resources Policy, June 2012, 138–142.

CFS Open Ended Working Group on principles for responsible agricultural investments which enhance food security and nutrition, Consultancy output 1, Summary of international initiatives that provide guidance on responsible investment: key characteristics, http://www.fao.org/fileadmin/templates/cfs/Docs1314/rai/CFS_RAI_Sum_Int_Init_EN.pdf.

---

ven Compliance – Systems, im Fall konkret zur Verhinderung gesetzlich auch im Ausland verbotener Schmiergeldzahlungen.

[75] So der Bonner Philosophieprofessor Gabriel in der TAZ vom 24/25/26.12.14, S. 3.

Cotula, Foreign investment, law and sustainable development. A handbook on agriculture and extractive industries, IIED 2014.

Ders., The Great African Land Grab? Agricultural Investments and the Global Food System, 2013.

EBC Capital, Responsible Investments in Agriculture: Overview of Private Sector-related Initiatives, 2014, S. 4 (Auftragsarbeit für die Schweitzer Entwicklungszusammenarbeit), http://ebg-capital.com/pdf/Responsible_investments_in_agriculture_Overview_final.pdf.

ECCHR/Brot für die Welt/Miserior, Unternehmen zur Verantwortung ziehen. Erfahrungen aus transnationalen Menschenrechtsklagen, 2014.

Fikentscher/Kunz-Hallstein/Kleiner/Pentzlin/Straub, The Draft International Code of Conduct on the International Transfer of Technology— A Study in Third World Development, 1980.

Fikentscher/Straub, Der RBP-Kodex der Vereinten Nationen – Weltkartellrichtlinien, GRUR Zeitschrift der Deutschen Vereinigung für Gewerblichen Rechtsschutz und Urheberrecht 1982, S. 637–646.

Griebel, Internationales Investitionsrecht, 2008.

Ha-Joon Chang, Kicking away the ladder – Development Strategy in Historical Perspective", 2002.

Häberli/Smith, Food Security and Agri-Foreign Direct Investment in Weak States: Finding the Governance Gap to Avoid "Land Grab", The Modern Law Review 2014, 189–222.

Herdegen, Internationales Wirtschaftsrecht, 10 Aufl. 2014.

Le Monde diplomatique, Atlas der Globalisierung 2009 und 2011.

Liberti, Landraub. Reisen ins Reich des neuen Kolonialismus, 2012.

Martens, Corporate Influence on the Business and Human Rights Agenda of the United Nations, Miserior/GFP/Brot für die Welt Working Paper, June 2014.

Nuscheler, Entwicklungspolitik. Lern- und Arbeitsbuch, 7. Aufl. 2012.

OECD „Due Diligence Guidance for Responsible Supply Chains of Minerals from Conflict-Affected and High-Risk Areas, 2. Aufl. 2013.

Pearce, The Land Grabbers. The New Fight over who Owns the Earth. How Wall Street, Chinese billionaires, oil sheikhs, and agribusiness are buying up huge tracts of land in a hungry, crowded world, 2012.

Pentzlin, Der universelle ordre public im Wirtschaftsrecht als ein Ordnungsprinzip des innerstaatlichen Rechts, 1985.

Pentzlin, Kontrolle transnationaler Konzerne als Testfall für die Durchsetzbarkeit entwicklungspolitischer Vorstellungen – Von den Versuchen sozialer Einbindung in den 70er Jahren über die Neoliberalisierung der 80er zur „ökologischen Selbstkontrolle" in den 90ern, NORD-SÜD aktuell 1992, 633–645.

Pingeot, Corporate Influence in the Post-2015 process, Miserior/GFP/Brot für die Welt Working Paper, January 2014.

Schill, W(h)ither Fragmentation? On the Literature and Sociology of International Investment Law, EJIL 2011, 875–908.

Schoeberlein, Motivating Business to Counter Corruption – A Global Survey on Anti-Corruption Incentives and Sanctions, Humbolt-Viadrina School of Governance, 2012.

Spießhofer, Wirtschaft und Menschenrechte – rechtliche Aspekte der Corporate Social Responsibility, NJW 2014, 2473–2479.

VENRO (Verband Entwicklungspolitik Deutscher Nichtregierungsorganisationen), 2015 im Gespräch Nr. 11, Ausländische Direktinvestitionen – Königsweg für die Entwicklung im Süden? 2007.

Vorley/del Pozo-Bergnes/Barnett, Small producer agency in globalized markets. Making choices in a globalized market, IIED/HIVOS 2012.

Wesel, Herrschende Meinung, in: Wesel, Aufklärung über Recht. Zehn Beiträge zur Entmythologisierung, 1981, S. 14–40.
Ziegler, Wir lassen sie verhungern. Die Massenvernichtung in der Dritten Welt, 2011.
Zielke, Sieg über das Gesetz, Süddeutsche online vom 03.05.14, http://www.sueddeutsche.de/politik/transatlantisches-freihandelsabkommen-ttip-sieg-ueber-das-gesetz-1.1948221-2.

Corporate Sustainable Restructuring (CSR): Die planetaren Commons konstituieren Zukunftsfähigkeit

J. Daniel Dahm

> „Wer sich der Praxis hingibt ohne Wissenschaft, ist wie der Steuermann, der ein Schiff ohne Ruder und Kompass besteigt und nie weiß, wohin er fährt."
> [Leonardo da Vinci]

Zusammenfassung

Für eine friedliche und gerechte, würdevolle und lebenswerte Zukunft ist eine Abkehr von den ökonomisch-politischen Ideologien des 20. Jahrhunderts und irrationalen Machbarkeitsfantasien brennend geboten. Die klimaökologische und damit verbundene kulturell-humanitäre Situation der Menschheit fordert eine Neuausrichtung unternehmerischen Handelns an ökologischen Prinzipien wie Vielfalt und Differenz, wie Freiheit und Verbundenheit. Unternehmen müssen sich umstrukturieren, um den globalen Prozess zu einer zukunftsfähigen Entwicklung zu ermöglichen. Der Erhalt und Aufbau der Commons (= *Gemeinschaftsgüter*) steht in deren Zentrum.

Zukunftsfähigkeit schließt die Externalisierung ökologischer und sozial-kultureller Schäden aus Wirtschaftstätigkeiten kategorisch aus und verlangt die Internalisierung aller Kosten oder deren vollumfängliche Kompensation. Dafür ist ein konsequenter mikro- und makroökonomischer Umbau notwendig – von Infrastrukturen, Kapitalanlagen, unternehmerischer Performancemessung und den Profiterwartungen. Unternehmen, die sich nicht nachhaltig restrukturieren und aufstellen, müssen und werden vom Markt verschwinden. Zukunftsfähigkeit ist **die** Benchmark wirtschaftlichen Erfolgs, heute und morgen erst recht.

Dr. J. D. Dahm (✉)
United Sustainability, Vereinigung Deutscher Wissenschaftler (VDW), Berlin, Köln, Deutschland
E-Mail: jdd@unitedsustainability.com

1 Ziel: Zukunftsfähigkeit

Zukunftsfähigkeit vereint den Schutz, die Integrität, den Aufbau und die Stabilisierung unserer gemeinsamen Lebensgrundlagen und der lebendigen Vielfalt der Evolution inklusive des Menschen.

Zukunftsfähigkeit ist heute das wichtigste Paradigma gesellschaftlicher, politischer und wirtschaftlicher Entwicklung. Noch nie war eine umfassende kulturelle und politische Transformation von Wirtschaft und Gesellschaft für eine zukunftsfähige Entwicklung so unerlässlich wie heute. Das Schicksal der Menschen und Gemeinschaften, ihrer Zukunft und Lebensqualität hängen davon ab.

Den Hintergrund bilden die empirisch messbaren Veränderungen des Ökosystems Erde und dessen sich verringernde Belastbarkeit. Aber es sind auch die gesellschaftlichen und politischen Veränderungen und Konfliktpotenziale innerhalb und zwischen den Menschen und Kulturen, die einen radikalen Bedarf nach einer Reform unserer ökonomischen Handlungen und regulativen Rahmenbedingungen begründen.

Für den zukünftigen Entwicklungspfad, den die Menschen und ihre Institutionen einschlagen, ist die Funktion, die Zielrichtung und Umsetzung von Wirtschaftsaktivitäten entscheidend, insbesondere im unternehmerischen Handeln. Die auslösenden Prozesse und Treiber des Verbrauches von Ressourcen und ökologischer Substanz und der Zerstörung und Verschmutzung von Natur sind nicht mehr bestreitbar, genauso wie die Ursachen sozialer und wirtschaftlicher Ungleichheit.

Dennoch erscheint es schwer, die unterschiedlichen Treiber verschiedener, dabei aber komplementärer Prozesse und Phänomene auf ihre gemeinsamen Ursachen und Mechanismen zurückzuführen und ihre Dynamiken zu identifizieren. Dies ist nötig, um für phänomenologisch differierende, funktionale Konflikte gemeinsame, praxisorientierte Lösungsansätze zu finden und zu realisieren.

Die materiell-energetischen Kreisläufe des Ökosystems Erde sind untrennbar mit den kulturellen und gesellschaftlichen Fundamenten der Menschheit verbunden, den Bedeutungen und Symbolen, wie sie Traditionen und Glaubenssysteme über Generationen gestalteten. Auch wenn die industrielle Entwicklung und das Aufsteigen der Finanzwirtschaft (gefolgt von der Zwangsvorstellung fortschreitenden Wachstums) suggerierte, Ökologie und Ökonomie ständen in einem Konkurrenzverhältnis, so entstammen beide Begriffe doch derselben etymologischen Wurzel *oikos* (altgriechisch: οἶκος = Haushalt, Wirtschaftsgemeinschaft). Sie stehen nicht im Widerspruch, sondern sind voneinander abhängig.

Betrachten wir den gemeinsamen Erdhaushalt als Wirtschaftsgemeinschaft und darin die Menschen, Gesellschaften und ihre Institutionen als Wirtschaftsakteure, dann erlangen die Verhältnisse zwischen den Privatgütern und gemeinschaftlichen Gütern (*Commons*) signifikante Bedeutung. Die Externalisierung von Schäden und Belastungen auf andere Geographien und Generationen und die private Akkumulation der Profite resultiert in konflikträchtigen Umverteilungsdynamiken, die entsprechend als Gegenprozesse zu Nachhaltigkeit betrachtet werden müssen. Den Schlüssel zur lebensdienlichen Transformation des gegenwärtig lebenszerstörenden Prozesses menschlicher Entwicklung liefert die Interdependenzbeziehung zwischen Biogeosphäre und Anthroposphäre.

Im Folgenden werden Menschen in ihrer gestaltenden Wirkung auf das planetare Lebenssystem anhand des globalen Wandels kultureller und ökonomischer Beziehungen analysiert. Analysebasis bildet das Zielszenario, eine zukunftsfähige Transformation von Unternehmen und ihrer Verhältnisse zu Natur, Kultur und Gesellschaft zu gestalten und zu verwirklichen.

2 Lebensraum Erde: Biogeosphäre und Anthroposphäre

Der Mensch ist das Modell der Welt. [Leonardo da Vinci]

Ständig transformieren Menschen mit ihren Institutionen – Unternehmen, Organisationen, Kommunen, Staaten, Wirtschaftsbündnisse – ihre Lebensräume entlang ihrer Vorstellungswelten. Deutungen, Symbole, Sprache, Erklärungsmodelle und Sinnbilder dominieren die Idee davon, wie wir Natur und das Leben darin verstehen und wahrnehmen. *„Living complexes do not follow the mechanistic ideas of the old physics. The manifestations of life emerge and vanish in a highly dynamic flow of interactions. In this way, reality is created in a permanent transformative process."* [1]Doch der geistig-kulturelle Raum der Menschheit prallt destruktiv auf das naturgegebene planetare Ökosystem der Erde.

2.1 Anthroposphäre

Die *Anthroposphäre* ist ein kollektiv erschaffener Deutungs- und Gestaltungsraum. Sie ist geformt durch die Vielfalt und Einfalt kultureller Bedeutungen, sozialer Vorstellungen, politischer und wirtschaftlicher Strategien, von Institutionen und Praktiken u.v.m. und stellt so ein räumliches Abstraktum der geistig-kulturellen Sphäre des Menschen dar. Zu ihren vielen immateriellen, in ständiger Wandlung und Umdeutung befindlichen Gestaltungsaspekten gehören Konsumgewohnheiten, Hierarchien, Mensch-Natur-Verhältnisse, Konflikt- und Kommunikationskulturen, Geschlechterrollen, Sprachen und Wertevorstellungen, Glaube und Wissen (Abb. 1).

Trotz und mittels ihrer Immaterialität ist die Anthroposphäre essentiell wirksam für die Gestaltung der vielfältigen Wechselwirkungen mit den materiell-energetischen Prozessen der Erde. Insbesondere über die Ökonomie, ihre Institutionen und Wirtschaftsaktivitäten wirkt die Anthroposphäre materiell und energetisch auf die Biogeosphäre und gestaltet diese wechselwirksam um. Wirtschaftsdenken und -streben ist dabei geformt und geprägt von Prozessen gesellschaftlicher Aushandlung, von Lebensstilfragen, Lehren und kulturellen Traditionen, Vorstellungen u.v.m. Insoweit ist Ökonomie nicht mehr oder weniger

---

[1] Dahm, Bannas (2011).

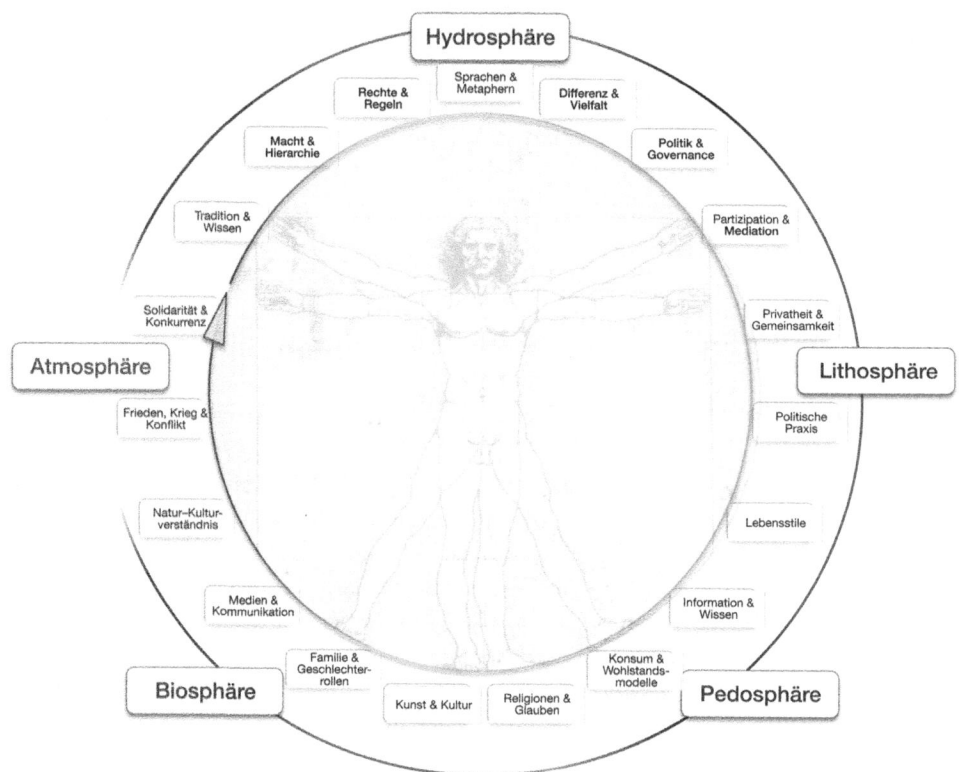

Abb. 1 Anthroposphäre & Biogeosphäre. (Dahm, D., 2014)

als ein funktionales (oder dysfunktionales) Subsystem von Kultur und Gesellschaft – ein Werkzeug.

Angetrieben werden Wirtschaftserwartungen und Versorgungsansprüche vom Bedarf zur alltäglichen Daseinsfürsorge, von Wohlstandsvorstellungen und Konsumleitbildern, von sozialem Hierarchie- und Machtstreben, von der Suche nach individueller und gemeinschaftlicher Sicherheit, nach Kommunikation und Teilhabe und dem immerwährenden Streben nach einem guten und erfüllten Leben.

2.2 Biogeosphäre

Eingebettet ist die Anthroposphäre in die *Biogeosphäre* der Erde (Abb. 1). Diese lässt sich geowissenschaftlich unterteilen in

A.) die *Atmosphäre* (die gasförmige Hülle der Erde mit der wetteraktiven Troposphäre, der Stratosphäre, Mesosphäre und Ionosphäre) und
B.) die *Hydrosphäre* (die Gesamtheit des irdischen Wassers, vom Kapillarwasser über Flüsse, Seen und Ozeane, ohne das atmosphärische Wasser);

C.) die *Lithosphäre* (der äußerste Erdmantel mit Erdkruste, tektonischen Platten, Gestein und fossilen Rohstoffen);

D.) die *Pedosphäre* (der von Böden eingenommene Bereich der Erdoberfläche in dem sich Lithosphäre, Hydrosphäre, Atmosphäre und Biosphäre überschneiden) und

E.) die *Biosphäre* (der komplexe, durch die Diversität von Arten und Ökosystemen lebendig erfüllte Raum von ca. fünf Kilometer unterhalb bis ca. 60 km oberhalb der Erdoberfläche).

Terminologisch sind die Sphären trennbar, aber sie durchdringen sich chemisch und physikalisch wechselseitig. Insbesondere in ihren Grenzbereichen geht Trennschärfe verloren. So treffen z. B. in der Pedosphäre Wasserkreislauf und anstehendes Gestein aufeinander, ein intensiver Gasaustausch mit der atmosphärischen und biologischen Umgebung vollzieht sich und stofflicher Umsatz und biologisches Leben – Vegetation, Insekten, Würmer und sonstige Kreaturen – finden ihren Boden.

Auch der Mensch ist Teil der Biogeosphäre; er ist ökologisch integriert und wie auch die anderen Species von seinem Lebensraum abhängig. Wie alle Lebensformen vermittelt Homo sapiens zwischen den vielfältigen Aspekten des globalen Ökosystems und verändert es. *„The description of ecology, biological and cultural plurality, and human impacts on nature, demands the describing and consequent inclusion of the in-betweens and go-betweens*[2]*, of aspects of an inter-connected relatedness that are not measurable. Within such intelligence, the aspects of fuzziness and uncertainty are indivisibly integrated in the comprehension of nature, life and ecology.*"[3] Was ihn von anderen Arten unterscheidet, ist die selbstgeschaffene, performative Anthroposphäre, die Eigenlogiken enthält, die sich zwar kulturell, aber oftmals nicht ökologisch rechtfertigen lassen.

2.3 Commons

Biogeosphäre und Anthroposphäre sind in einer Co-evolution[4] wechselwirksam verbunden. Sie beherbergen die Commons[5] (=*Gemeinschaftsgüter*) und dienen als Grundlage des Lebens allen Menschen und ihrer kulturellen und sozialen Entfaltung.

A.) Die *natürlichen Commons* umfassen alle lokalen, regionalen und globalen natürlichen Lebensgrundlagen in ihrer Gesamtheit und Potenzialität. Dazu gehören die ökologische, biologische und genetische Vielfalt, der Reichtum und die Fruchtbarkeit der Flora und Fauna von Böden, Vegetationssystemen und Landschaften, von Ozeanen, Flüssen und Seen, die Stabilität und Widerstandsfähigkeit der Klima- und Ökosys-

---

[2] Vergl. Turnbull (2004).
[3] Dahm, Bannas (2011).
[4] Futuyma, Slatkin (1983).
[5] Vergl. Dahm (2013b); Helfrich und Böll-Stiftung (2012).

teme sowie Nahrungsketten und auch die Wasser- und Rohstoffvorkommen. Sie sind gemeinschaftliche Güter, denn wir sind in ihnen geboren und sie dienen allen vergangenen, derzeitigen und künftigen Menschen und allem Lebendigen als Grundlage des Lebens.

B.) Die *kulturellen Commons* umfassen die kulturelle und gesellschaftliche Vielfalt der Menschheit in ihren unterschiedlichen lokalen, regionalen und globalen Ausformungen und Möglichkeiten. Dazu gehören Wissen, Bildung und Künste, Traditionen und Werte, Gesundheit und Beteiligung, Rechtssicherheit und Ökonomie aber auch Frieden und Freiheit. Sie sind gemeinschaftliche Güter, denn sie sind im gemeinsamen Austausch von allen vergangenen, derzeitigen und künftigen Menschen geschaffen und dienen allen Menschen als Grundlage für Politik, Gesellschaft und Wirtschaft, Kommunikation und Innovation, für Entwicklung, Gemeinsamkeit und Kultur.

Zukunftsfähigkeit braucht intakte und starke Commons für widerstandsfähige (=*resiliente*) Wirtschaftsstandorte, hochwertige nachhaltige agroforstliche Produktivität, langfristige Ressourcenverfügbarkeit, sozialen und politischen Frieden und für eine gerechte und lebenswerte Zukunft.

3 Der Raub an den Commons

> Das Problem zu erkennen, ist wichtiger, als die Lösung zu erkennen, denn die genaue Darstellung des Problems führt zur Lösung. [Albert Einstein]

In einer Dominanz, wie sie seit dem Mesozoikum (da lebten Dinosaurier) bei keiner Species nachweisbar ist, beeinflussen die *anthropogenen* (=menschengemachten) Aktivitäten die energetischen Kreisläufe, Stoffströme und den Ressourcenbestand der Biogeosphäre. Zwischen menschlicher Fantasie und planetarer Begrenzung ist es, vor allem im 20. Jahrhundert, zum Aufstieg eines eklatanten Missverhältnisses gekommen, welches alle Lebensbereiche und -räume transformiert und Anthroposphäre und Biogeosphäre des Planeten mit zerstörerischer Kraft aufeinander prallen lässt. Nun werden die biogeoökologischen Ressourcen ausgezehrt und ihre Regenerationsfähigkeit überschritten.

3.1 Planetary Boundaries: Homo sapiens verlässt den sicheren Bereich

Besonders deutlich wird das anhand der *Planetary Boundaries*[6] (=Belastungsgrenzen des Planeten) (Abb. 2).

Rockström priorisiert neun für das System Erde essentielle ökologische Dimensionen und definiert deren globalen Grenzwerte, die zur Vermeidung weltweiter katastrophaler

---

[6] Rockström (2009).

Abb. 2 Planetary Boundaries: A safe operating space for humanity. (Steffen, Richardson, Rockström et al., 2015)

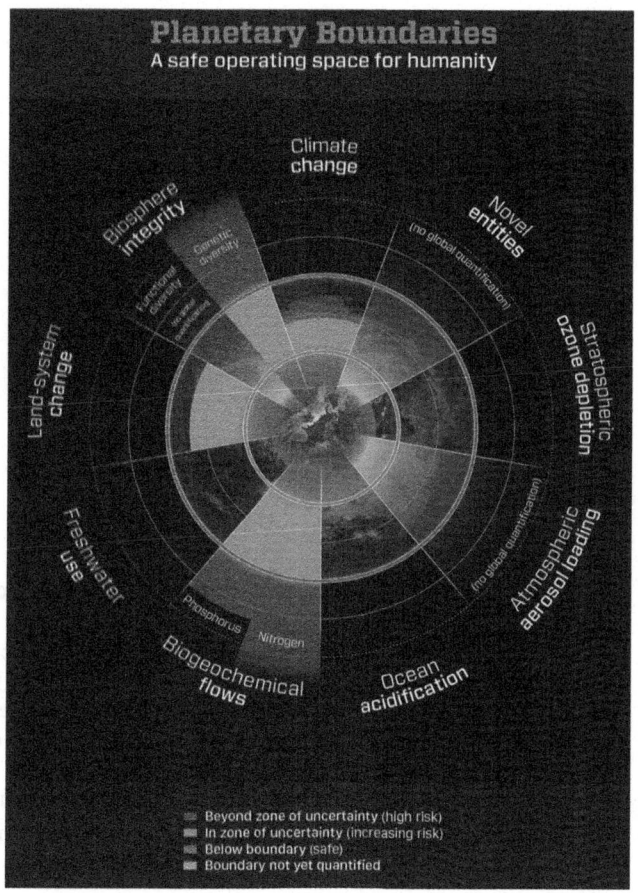

Umweltveränderungen von der Menschheit beachtet werden sollten. Wird eine Grenze überschritten, besteht die Gefahr irreversibler und plötzlicher Umweltveränderungen, die die Bewohnbarkeit der Erde für die Menschheit einschränken. Im Januar 2015 gibt Steffen vom Stockholm Resilience Center bekannt[7], dass, nach aktuellsten Berechnungen, die Menschheit den sicheren Bereich in vier Dimensionen (*1. Klimawandel; 2. Artenvielfalt; 3. Landnutzung; 4. globale Phosphor- und Stickstoffkreisläufe*) bereits verlassen hat.

Die daraus resultierende umfassende Schädigung der Lebensgrundlagen äußert sich z. B. im Anstieg klimaökologischer Krisenszenarien durch Extremwetterereignisse und dem polaren Kollaps, aber auch im Verlust von Böden und Wäldern und der Schwächung von Nahrungsketten.

Das ist nicht gut.

---

[7] Steffen (2015).

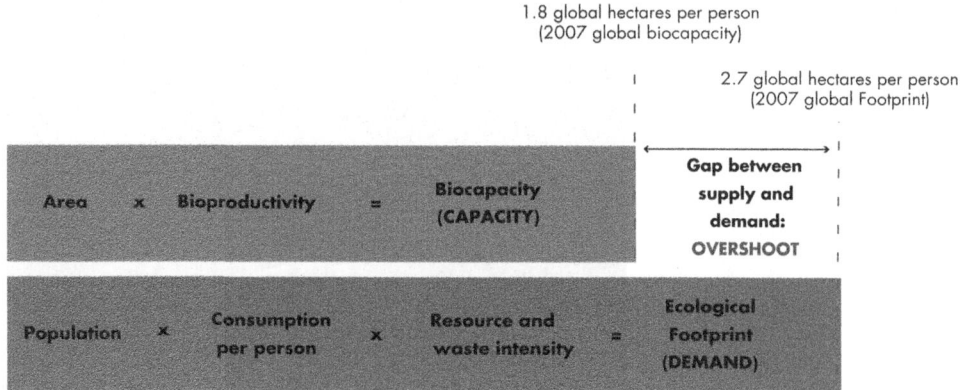

Abb. 3 Global Overshoot: Crossing natural boundaries – Material consumption and wasting resources destroys the global biocapacity. (Global Footprint Network, 2010)

3.2 Global Overshoot: der radikale Verbrauch der Biokapazität

[Der Global Overshoot] bildet auf globalem Niveau die Aufzehrung der globalen Gemeinschaftsgüter in Jahreszyklen ab, und stellt diese auch für die jeweiligen geowirtschaftlichen Referenzräume dar[8]. Er macht das Maß der Überschreitung der Biokapazität – der Beschädigung der Naturgrenzen – durch die Menschheit exemplarisch (Abb. 3).

Das Hinausschießen des ökologischen Fußabdrucks über die Kapazität der Biosphäre kann geographisch als eine Virtualisierung des ökonomischen Wachstumsraumes betrachtet werden – allerdings nur über einen begrenzten Zeitabschnitt.

Das ist ein Ergebnis eines alten, bis heute andauernden industriellen Denkens und Deutens, entlang dessen sich mechanistische Handlungsmuster und materialistische Wohlstandsleitbilder etablierten. Zusammen mit privaten wie institutionellen Profitinteressen mündeten sie in mikro- und makroökonomische Strategien, die verursachend sind für die steigenden ökologischen und sozioökonomischen Krisen und Risiken. Bis heute werden diese fortgesetzt und globalisiert verbreitet. Mit den hierauf basierenden institutionellen, technischen und sozioökonomischen Infrastrukturen wird der Raubbau an den Lebensgrundlagen möglich und realisiert.

Commons werden in einer historisch einzigartigen Ausbeutungskultur abgebaut und an ihrer Stelle Güter privat produziert.

Ihre Substanz wird durch industrielle Agrar- und Forstwirtschaft, Massentierhaltung und Überfischung, großflächige Bödenübernutzungen und -versiegelung, Flächenzerstörungen, excessive Emissionen von Treibhausgasen und Abwässern u.v.m. über die Regenerationsfähigkeit hinaus ausgezehrt.[9] In der Folge wird die Entfaltungsfähigkeit der

---

[8] Dahm (2012a).

[9] Vergl. *Global mean surface temperature and anthropogenic CO_2 emissions.* IPCC (2014).

Evolution immer weiter beschädigt und fortschreitend das lebendige Potenzial des Planeten verbraucht. Die energetische Aufladung[10] und das Kippen des Klimasystems mit räumlichen und saisonalen Verschiebung von Klimazonen und Niederschlägen, einer rasanten Dynamisierung des Wettergeschehens mit Extremereignissen wie Dürren, Stürmen, Starkregen und Überschwemmungen sind Effekte hiervon[11]. Weitere Dimensionen der ökologischen Krise sind der Anstieg der Meeresspiegel[12], der Kollaps der maritimen Zirkulationssysteme und ozeanischen Nahrungsketten, Verluste an Süßwasser, schwindende fruchtbare Böden, großflächige Erosionen und Landschaftsdegradationen[13] und irreversible Verluste an Biodiversität.

Jahr für Jahr nimmt damit die *Resilienz* (= Widerstandsfähigkeit) der uns einbettenden Lebenszusammenhänge ab. Aufgrund negativer Rückkopplung zwischen dem Abbau bio-ökologischer Differenz, der biologischen Produktivität und der Störung von materiellen und energetischen Kreisläufen geschieht dies weit über den Grad des Overshoot hinaus.

Der umfassende Abbau der Produktivität globaler Ökosysteme wird durch den *Peak Everything* – die Entnahme und den irreversiblen Verbrauch endlicher Rohstoffe – ergänzt.[14] Der Overshoot simuliert temporär im Verbund mit dem Peak Everything für eine kurze Zeitspanne ein hypothetisches Produktivitätswachstum, welches sich nicht mehr in der Vermehrung eines Güterwohlstandes entfaltet.

3.3 Peak Everything: die totale Extraktion

Seit Beginn der Industrialisierung hatten sich die ökonomische Entwicklung und das Paradigma des grenzenlosen Wirtschaftswachstums im Kern auf die Verfügbarkeit von Rohstoffen, biologischen Reserven und der Produktivkraft des Menschen gestützt und verlassen.

Diese Grundlagen industrieller Produktion galten lange als prinzipiell unbegrenzt. Ab Mitte des 20. Jahrhunderts wurden diese Grundannahmen vermehrt in Zweifel gezogen. Zum Bewusstsein der Verletzlichkeit der Biogeosphäre gesellte sich nun die Erfahrung der Erschöpfbarkeit der Bodenschätze hinzu – fossiler und nuklearer Energieträger, seltener Erden, Metalle u.v.m. (Abb. 4).

Zwar erzwingt die Verknappung der endlichen Rohstoffreserven des Planeten eine aufwendigere Rohstoffgewinnung und deren Wiederverwertung und bewirkt eine schleichende Verteuerung der Produktionskosten. Staaten und Regionen, Wirtschaftsräume und ganze Staatenverbünde leiden zunehmend unter der schrittweisen Beschädigung ihrer natür-

---

[10] Vergl. *Observed changes in surface temperatures.* (ebenda); *Near term projections of global mean temperatures* (ebenda).

[11] Vergl. *Extreme weather and climate events.* (ebenda).

[12] Vergl. *Multiple observed indicators of changing global climate* (ebenda).

[13] Vergl. *Desertification vulnerability.* US Department of Agriculture (1996).

[14] Vergl. *End of the Line.* BP Statistical review of world energy (2010).

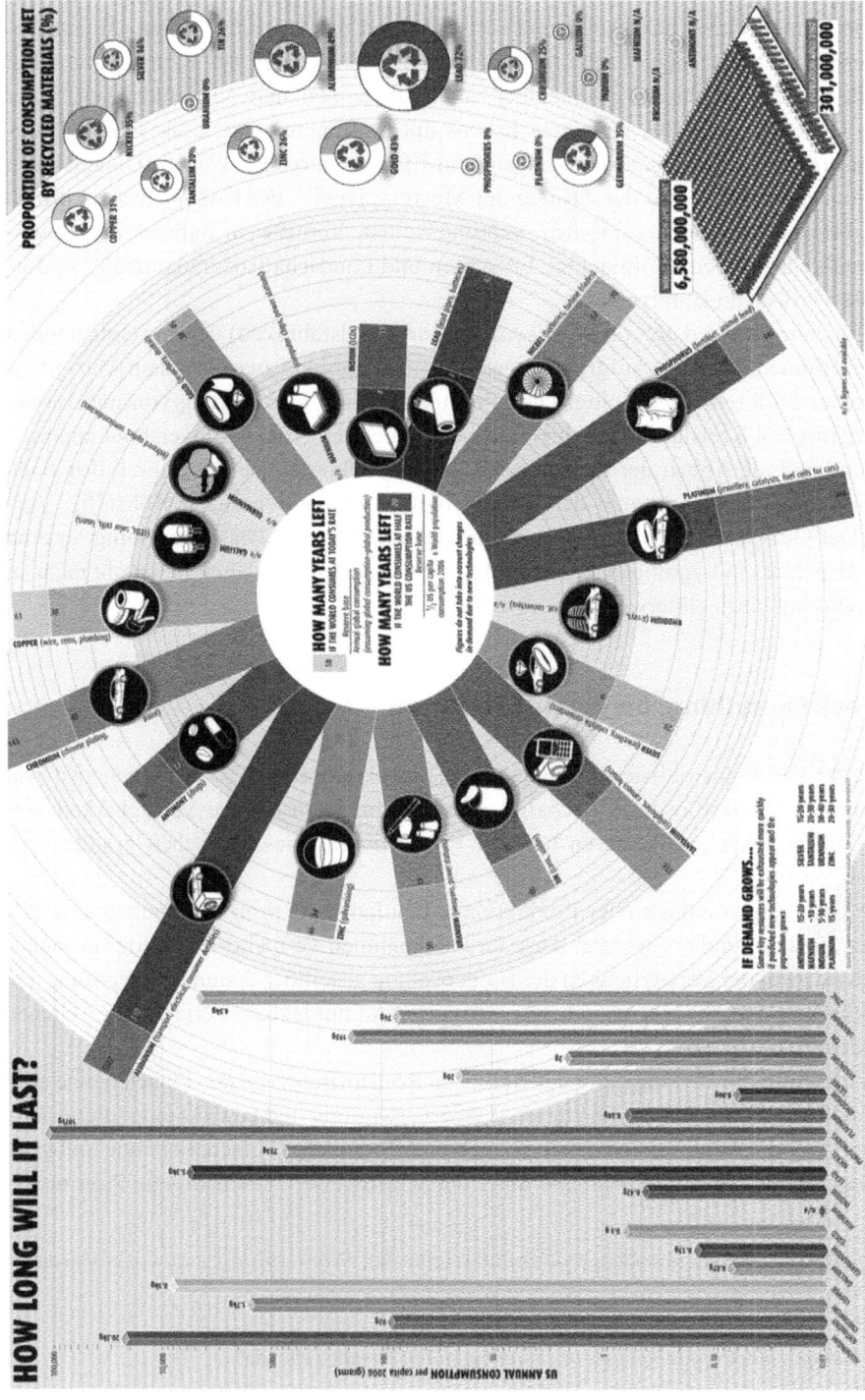

Abb. 4 How long will it last? (Renner, A. 2012)

lichen Produktionsgrundlagen und werden klimaökologisch, sozioökonomisch und auch politisch zu Risikostandorten. Aber ohne die innewohnende stoffliche und energetische Begrenztheit des globalen Lebenssystems zu berücksichtigen, wird weiterhin die ökonomische Wachstumsentwicklung der Vergangenheit in den biogeoökologischen Raum extrapoliert. Menschen, Gesellschaften und Demokratien, Märkte, Natur und Lebensräume werden durch Konsum, Profit- und Machtstreben pervertiert und geopfert. Die systemischen Risiken werden für alle menschlichen Aktivitäten und Wirtschaftsstandorte immer höher.

Ein „Weiter-so" ist denkbar, aber nicht machbar.

Vor der nicht abweisbaren empirischen Realität entlarven sich Vorstellungen stetig steigender Profitabilität von Wirtschaftsleistung und -erträgen als ideologischer Wahn. „Growth for the sake of growth is the ideology of a cancer cell."[15]

3.4 End-of-the-pipe: No return

Angeführt von den Industrie- und Massenkonsumgesellschaften hat sich die Menschheit in ein *End-of-the-Pipe-Szenario* manövriert.

global overshoot x peak everything = peak living conditions x peak consumerism[16]

$$[g_o \, x \, p_e = p_{lc} \, x]$$

Der Entwicklungspfad, den die letzten Generationen beschritten, kann nicht fortgeschrieben werden. Ein einmaliger Höhepunkt ist für die bisherig gewohnten Lebensbedingungen und Konsumgewohnheiten erreicht, der nicht wieder kehren kann.

3.5 Commons versus Privates: Externalisierung

In einem begrenzten Raum kommt stetiges Wachstum nicht ohne *Externalisierung* (= Auslagerung) von Wachstumskosten aus. Verursachte Schäden und Kosten sind nicht wahrhaftig abgewälzt, denn sie sind nicht „weg". Externalisierungen überführen im wirtschaftlichen Produktionsprozess Commons in warenförmige private Güter. Der Nutzen natürlicher Lebens- und Produktionsgrundlagen wird privatisiert und faktisch der Gemeinschaft enteignet. Ein großer Teil der Kosten und systemischen Risiken aus Güterproduktion und -nutzung werden nicht privatwirtschaftlich getragen, sondern in den Commons belassen (z. B. als Landschaftsdegradationen) oder in sie verlagert (z. B. als Emissionen). In Kauf genommen wird mit diesem einseitig ertragreichen Geschäft die Destabilisierung der Lebensräume und damit des wirtschaftlichen Umfeldes.

---

[15] Abbey (1989)
[16] Dahm (2012c).

Zeit- und raumversetzt schwächen Externalisierungen die Menschen an ihren Lebensorten, in ihren Gesellschaften und Volkswirtschaften und destabilisieren auch Staaten und Staatenverbünde. Aber nicht nur geoökologisch werden die Lebensbedingungen Aller beschädigt und Systemrisiken gefährlich erhöht, auch die wirtschaftlichen Investitions- und Standortrisiken steigen[17] und fallen durch höhere Produktionskosten zukünftig an.[18] Die externalisierten Umweltkosten kumulieren sich finanz- und realwirtschaftlich zu relevanten Risiken und Kosten, z. B. durch die Destabilisierung von Standorten und Wirtschaftsräumen. Ökologische Risiken entfalten sich über Staaten, Volkswirtschaften und Wirtschaftsregionen in geopolitischen Risiken.[19] Diese finden auch in Investitionsportfolios[20] und Finanzmarktvolatilitäten ihren Widerhall.

Die externalisierten Umweltkosten entsprachen im Jahr 2008 weltweit rund US$ 6600 Mrd.[21], das sind 11 % des globalen *Gross Domestic Product GDP* (entspricht Bruttoinlandsprodukt BIP). Die enormen Zahlen spiegeln nur einen Teil der monetär quantifizierbaren Kosten von Externalisierung in die Biogeosphäre, unterstreichen aber deren wirtschaftliche Relevanz überzeugend. Das ungleich größere Spektrum nicht-monetarisierbarer Externalisierungseffekte, die z. B. zu unwiederbringlichen Verlusten von Artenvielfalt und ganzen Lebensräumen führen, ist hier nicht enthalten, ebenso wenig wie deren Wirkungen auf Lebensqualität, kulturelle Vielfalt u. a. In der Regel werden diese in der Bewertung ökonomischer Performance verschwiegen.

Die monetäre Wertschöpfung verschleiert und verbirgt die ökologischen und sozialkulturellen Folgekosten des wirtschaftlichen Handelns.

3.6 Externalisierung: Wachstumsmaschine und Profitakkumulation

> Die Ungleichheit ist die Ursache aller örtlichen Bewegungen. [Leonardo da Vinci]

Die bisherige ökonomische Doktrin orientierte sich an der Idee „Wohlstand für Alle"[22] zu generieren, nicht nur in Deutschland, sondern prinzipiell in allen Industrieländern. Vermittelt über Wirtschaftstätigkeiten und politische Maßgaben ergeben sich aus dem Verhältnis von Privatgütern zu Gemeinschaftsgütern ausgeprägte Akkumulations- und Verteilungseffekte. Jedoch sind diese nicht im Sinne der Mehrzahl der Beteiligten gestaltet. Seine Ausführungen zum Haftungsproblem begann Eucken mit der Formulierung „Wer den Nutzen hat, muss auch den Schaden tragen".[23] Entstandene Kosten sollten internalisiert und eine Distribution der Wohlstandsgewinne realisiert werden. Das Primat der Kapital-

---

[17] Vergl. Meadows et al. (2012), WBGU (2011), WWF International (2012).
[18] Vergl. z. B. Natural Capital at Risk. The top 100 Externalities of Business. Trucost (2013).
[19] UNEP Finance Initiative (2011).
[20] Flow of externalities through equity portfolio. Ebenda.
[21] Annual environmental costs for the global economy. Ebenda.
[22] Erhard (1957)
[23] Eucken (1952).

akkumulation – die grundsätzliche Möglichkeit, Werte, Nutzen und Verfügungsmacht zu privatisieren und anzusammeln – sollte dabei dem Ziel der allgemeinen Wohlstandserhöhung dienen.

Dauerhafte Akkumulation kann auf einem begrenzten Planeten aber nur unter bestimmten Bedingungen funktionieren:

Fall A.) *wenn private Güter von Personen oder Institutionen in andere Hände übergehen, oder*

Fall B.) *wenn zusätzlich rechtlich ungeschützte, hypothetisch „freie" Güter privatisiert werden.*

Der Fall A.) setzt der privaten Kapitalakkumulation eine Grenze. Eine relative Umverteilung zwischen Akteursgruppen wird realisiert, aber der private Gesamtbestand bleibt gleich.

Der Fall B.) kann die Voraussetzung für eine Wachstumsideologie schaffen, denn er ermöglicht eine absolute Erhöhung des Gesamtbestandes privaten Besitzes, indem ein (vermeintlich beständiger) Zufluss an Kapitalien (von Außen aus den Commons) die beständige Erhöhung der Akkumulation privater Werte ermöglicht.

In der Verbindung beider Prozesse überführen Externalisierungen Gemeinschaftsgüter in private Güter und akkumulieren diese in den Händen von Wenigen. Parallel mit dem Raubbau an den gemeinsamen Lebensgrundlagen flossen die daraus resultierenden Erträge auf die Konten von Wenigen (Abb. 5).

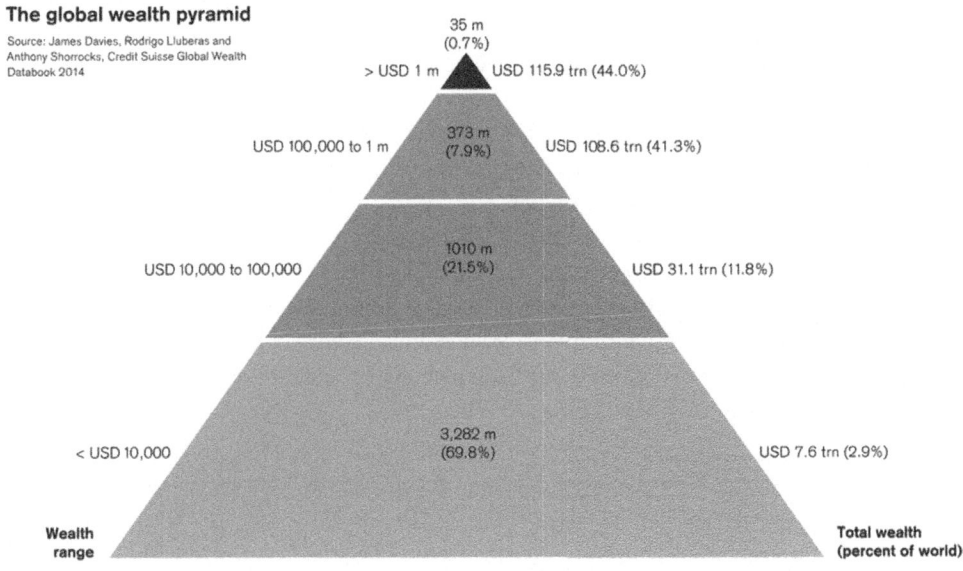

Abb. 5 Global wealth pyramid (Global Wealth Report, Credit Suisse, 2014)

Tragen bzw. ausgleichen müssen die Defizite aus Externalisierungen die lebenden und zukünftigen Menschen und ihre Institutionen, die Volkswirtschaften, Regionen und Kommunen. Sofern sie monetär bezahlbar sind, fallen sie als Kosten an. Sofern sie nicht bezahlbar sind und nicht monetär quantifizierbar (wie z. B. Wohlbefinden, Lebensqualität, Künste, Wissen, Frieden, Biodiversität,...), gehen sie zu Lasten der Lebensqualität und freien Entfaltung der Menschen und Kulturen, vereinfacht, zu Lasten von Zukunftsfähigkeit. In der Folge driftet der Wohlstand innerhalb der Gesellschaften und zwischen den Kulturen immer weiter auseinander. Materie, Energie und Versorgungsinfrastrukturen, Dienstleistungen und Konsumgüter, Wissen, politische Teilhabe u.v.m. verteilen oder konzentrieren sich immer weniger ausbalanciert.

Eine Einkommens- und Vermögensspreizung zwischen den Menschen und Gesellschaften hat sich vollzogen, die den gesellschaftlichen Frieden und die kulturelle Entwicklung aller Menschen tiefgreifend gefährdet.

Die Akkumulation von Materie und Gütern, Wissen und Vermögen, Einkommen und politischer und gesellschaftlicher Macht steht im krassen Widerspruch zur Verteilung der Orte der Bedarfe nach Gütern und Wissen, nach Energie und Infrastruktur, Nahrungsmittel- und Frischwasserverfügbarkeit. Dieses zeigt eindrücklich der Vergleich der räumlichen Verteilung globaler Biokapazität zum globalen Konsum, der dokumentiert, wo ökonomische (finanzielle) Produktivität mit ökologischen Krediten erkauft wird.[24]

Denn die ökologischen Kreditgeber zählen zu den ärmsten Ländern der Welt[25], während diejenigen Staaten, die diese ökologische Substanz dominant verbrauchen, die industriell hochentwickeltsten Staaten der Welt sind.[26] Die reproduktiven Vorbedingungen der genutzten und verbrauchten ökologischen Produktivität werden dabei unberücksichtigt mit verbraucht. Aufgrund des internationalen Wohlstandsgefälles[27] und der entsprechend unterschiedlichen geopolitischen Einflussmöglichkeiten sind die Voraussetzungen deutlich zu Ungunsten der ökologischen Geberstaaten gestaltet. Der Ressourcenhunger der Industriestaaten ist davon begünstigt,[28] während die Mehrzahl der Menschen und Gesellschaften durch Armut und humanitäre Katastrophen, Wetterextreme, Flüchtlingsströme aber auch militärisch mit Toten, Verletzten und Zerstörungen aufeinander prallen und den gemeinsamen Frieden weltweit schwächen.

Die Asymmetrie der Aussagen, wonach *A.) Wachstum Wohlstand erzeuge* und *B.) Externalisierung Wohlstand zerstöre*, wird mit den planetaren Grenzen praktisch.

Mangels ausreichenden Begriffs der Mechanismen und Konflikte wird die Ideologie fortschreitenden absoluten (quantitativen) Wachstums als wirtschaftspolitischer Entwicklungspfad in die Zukunft extrapoliert, zu Ungunsten der Mehrzahl der Menschen.

---

[24] *Ecological Footprint of consumption per person.* Global Footprint Network (2010).
[25] *World wealth levels 2014.* Credit Suisse (2014).
[26] *Global ecological creditor and debtor countries.* Global Footprint Network (2010).
[27] *Total global wealth 2000–2014, by region.* Credit Suisse (2014).
[28] *Global resource extraction.* OECD (2012).

Externalisation = destruction and privatisation of commons = antipode of sustainability = driver of economic growth = accumulation of private goods[29]

Nur der Wiederaufbau der Geobiosphäre und ihrer Kapazitätsreserven führt aus dem Konflikt heraus. Sie müssen die Schäden der privaten Wirtschaftsaktivitäten und Profitakkumulation ausgleichen, zusammen mit der Leistung von Menschen und ihren Gemeinschaften.

4 Umgestaltung: Commons-sensitive Ökonomie

Begriffe, welche sich bei der Ordnung der Dinge als nützlich erwiesen haben, erlangen über uns leicht eine solche Autorität, dass wir sie als unabänderliche Gegebenheiten hinnehmen. Sie werden zu „Denknotwendigkeiten" gestempelt. Der Weg des wissenschaftlichen Fortschritts wird durch solche Irrtümer oft für lange Zeit ungangbar gemacht. [Albert Einstein]

Für eine lebensdienliche Gestaltung der Anthroposphäre ist die synergetische Anpassung kultureller Bedeutungen und Symbole, davon, was Sehnsucht weckt und Antrieb gibt, ein wichtiger Schlüssel. Dazu gehören Vorstellungen von Erfolg und Glück, Wohlstand und Konsum, von Freiheit und einem guten erfüllten Leben. Doch ohne eine umfassende Transformation der Wirtschaftspraxis, des ökonomischen Denkens und Wirtschaftsrahmens und deren Zielsetzungen kann Zukunftsfähigkeit schwerlich gelingen.

Um die Eskalation ökologischer, demographischer, sozialer und politischer Konflikte aufzuhalten, sind intelligente, anschlussfähige Instrumente zur Transition notwendig und dringend gebraucht. Diese müssen kurzfristig etabliert werden können. Sie werden auf den bestehenden Systemeigenschaften aufsetzen müssen, aber ohne ihren lebenszerstörenden Entwicklungspfad fortzuführen. Die Aussage, dass *„Instrumente, die in einen Teufelskreis hineinführen, nicht aus ihm herausführen"*[30], schließt nicht aus, innerhalb dessen Instrumente zu installieren, die den „Drehmoment umkehren" und so den Teufelskreis von Innen heraus auflösen. Im Wirtschaftsdenken und -handeln bedarf es dafür einer strategischen Zuwendung zu den natürlichen und kulturellen Commons, um eine Kultivierung der ökonomischen Schnittstellen und Wechselwirkungen im Verständnis von Lebensdienlichkeit zu ermöglichen.

Hierzu braucht es – metaphorisch – einer schnellen Anpassung des Spielfeldes, der Spielregeln und der Spielziele, und dann Zeit für Evolution.

4.1 Das Ganze der Kapitalien

Die bisherigen (numerischen) Maßstäbe für wirtschaftliche Entwicklung, wie das BIP/Jahr bzw. das GDP/Jahr, sind unzulänglich, um die qualitativen Zieldimensionen von

---

[29] Dahm (2012c).
[30] Einstein.

Wirtschaft adäquat abzubilden. Sie spiegeln nur die monetär bemessbare Wertschöpfung und blenden damit alle nicht in Geld-Äquivalenten berechenbaren Leistungen und Ergebnisse von Wirtschaftsaktivitäten aus. Außerdem sind sie bezogen auf einen vorgefassten, relativ kurzen Referenzzeitraum, über den mittel- und langfristiger Potenzialaufbau und nachhaltige Entwicklung nur schwerlich erfasst werden kann, nämlich den einjährigen Umlauf der Erde um die Sonne.

Zwar sind zahlreiche Werke und Methoden für die Bewertung unternehmerischen Handelns, wirtschaftlicher Produktionsprozesse, der Wertschöpfungsstufen und -ketten und der angebotenen Produkte und Dienstleistungen verfügbar und Rankings und Ratingverfahren, Indizes und Bilanzierungsmethoden haben in den letzten Jahrzehnten immer mehr Bedeutung gewonnen.[31]

Sie geben aber keine absolute Auskunft darüber, was wir tun und welche Folgewirkungen unser Handeln auslöst. Wir verstehen uns zumeist selber nicht. Maßgeblich ist die Dualität zwischen dem, was in welcher Qualität und Quantität eingebracht (geleistet) wird (=*Input*), zu dem Ergebnis, was in welcher Qualität und Quantität herauskommt (hergestellt wird) (=*Output*). Um die konkrete Wirkungsweise wirtschaftlicher und gesellschaftlicher Aktivitäten, ihrer Energie- und Ressourcenintensität aber auch der eingebrachten menschlichen Arbeit empirisch analysieren und bewerten zu können, ist eine transparente und vor allem möglichst vollständige Input-Output-Messung von Wirtschaftsunternehmen, Volkswirtschaften und ganzen Wirtschaftsregionen notwendig. Sie bildet die analytische Grundlage nötige Verbesserungs- und Transformationsbedarfe zu identifizieren und darauf politisch, strategisch und unternehmerisch zu reagieren.

Deutlich wird, dass Ökonomie sich nicht auf Finanzkapital und Wirtschaftskapital begrenzen lässt, wenn wirtschaftliche Zukunftsfähigkeit eine Bedingung ist. Um das *Ganze der Kapitalien* in Betracht zu nehmen, ist die bioökologische Grundlage allen Wirtschaftens – *die Natur* – ebenso bedeutsam, wie die Grundlagen anthropogener Wirtschaftsprozesse – *die Gemeinschaft der Menschen und ihrer Institutionen*. Im natürlichen Haushalt des Lebens vereinigt sich das Soziale mit dem Wirtschaften. Den gemeinsamen Boden menschlichen Handelns, der unser Leben trägt, bildet der Planet Erde in all seinen materiellen und immateriellen Wechselwirkungen und Transformationen.

---

[31] Vergl. u. a.: 1) *Corporate Responsibility Rating* der oekom research AG; 2) *Öko-Effizienz-Verfahren* der Bank Sarasin & Cie.; 3) *Rating der unternehmerischen Nachhaltigkeit der Sustainable Asset Management Group* (SAM); 4) *Nachhaltigkeitsanalyse des Instituts für Markt-Umwelt-Gesellschaft (imug)*; 5) *Corporate Social Responsibility Rating* von E. Capital Partners; 6) *Kriteriologie des Osservatorio FINETICA*; 7) *Frankfurt-Hohenheim Leitfaden zur Bewertung von Unternehmen und Kapitalanlagen*; 8) *Inrate Nachhaltigkeitsrating*; 9) *Environmental Impact Assessment (EIA)* of the United Nations Environment Programme (UNEP); 10) *Principles for Responsible Investment (PRI) initiative* by the United Nations Environment Program Finance Initiative (UNEP FI) and the *UN Global Compact*; 11) *ISO 26000 Leitfaden*; 12) *Gemeinwohl-Bilanzierung der Gemeinwohlökonomie*; 13) *PROSA (Product Sustainability Assessment)* des Öko-Instituts; 14) *GRI-Richtlinie für Nachhaltigkeitsberichterstattung* der Global Reporting Initiative; 15) Richtlinie des Vereins Deutscher Ingenieure *VDI 4070 Nachhaltiges Wirtschaften in kleinen und mittelständischen Unternehmen – Anleitung zum Nachhaltigen Wirtschaften*;….

Ökonomische Zukunftsfähigkeit dient also dem Erhalt und der Stärkung der *das Leben betreffenden* Kapitalien.

Erst im Zusammenwirken der Kapitalien entsteht Wirtschaftskapital. Hierzu gehört eine integrierte Betrachtung der verschiedenen wechselwirksam verbundenen Kapitalbegriffe, die in ihren verschiedenen Phänomenologien, Qualitäten und Vermögen als *Naturkapital, Sozialkapital, Kulturkapital, institutionelles Kapital, infrastrukturelles Kapital* und *Finanzkapital* die Breite der planetaren Lebens- und Produktionsgrundlagen umschreiben.[32]

Zueinander sind die Kapitalien nicht substituierbar, sondern können nur im Ganzen des Kapitals zur Entfaltung kommen. Dies bedeutet, dass kein echter ökonomischer Wert entsteht, wenn Finanzkapital zu Lasten von z. B. Natur- und Sozialkapital wächst, denn es ist primär eine numerische Subkategorie von Wirtschaftskapital, während das Fundament aller Wertschöpfung in der ökologischen, kulturellen und sozialen Lebendigkeit ruht.

Trieben also Markt und Wettbewerb die Unternehmen, gesellschaftlichen und politischen Institutionen dazu an, zusammen mit dem produzierten Gut die höchste ökologische und kulturelle Nutzenstiftung zu generieren, wäre dies das Ende eines raubenden Kapitalismus und der Beginn einer lebensdienlichen und pluralistischen[33] Marktökonomie.

4.2 Transformationsinstrument: Ordnungspolitische Rahmenbedingungen

Die Aushandlung des Zusammenspiels von Partikular- bzw. Privatinteressen zu Gemeinschaftsinteressen ist nicht neu und stand politisch immer im Zentrum der Aushandlung zwischen einzelnen Individuen und Gruppierungen und der Gesellschaft als Ganzes. Die Spielregeln des marktlichen Wettbewerbes sind bislang für eine „Raubritterökonomie" gestaltet, in der derjenige gewinnt, der am rücksichtslosesten agiert. Besonders an den Produktionsgrundlagen und Eigentumsverhältnissen ist ein historisch gewachsenes Missverhältnis deutlich.

Die Commons sind nicht im gleichen Verhältnis geschützt wie die Privatgüter. Privatinteressen dominieren die Nutzung der geteilten Commons, wälzen Schäden und Kosten in die Gemeinschaft ab und akkumulieren den Nutzen und die Gewinne im Privaten. Betriebswirtschaftlich betrachtet werden nicht alle Kosten, die mit der Produktion von Gütern entstehen, bezahlt oder sonst wie ausgeglichen. Es werden mehr Ressourcen entnommen, als wieder aufgefüllt werden, ein Teil der entnommenen Ressourcen wird quasi nicht bezahlt. So werden Unternehmen durch die Externalisierung von Anteilen der Produktionskosten in die Gemeinschaftsgüter wettbewerbsstärker. Das Unterlassen des (Wieder-)Auffüllens (Regeneration und Renaturierung, Instandsetzung, Rückführung und Kompen-

---

[32] Weitere Differenzierungen lassen sich benennen, z. B. *Ökonomisches Kapital, Bildungskapital* und *geistiges Kapital, symbolisches Kapital, strukturelles Kapital, Lokalkapital, Humankapital*. Vergl. u. a. Bourdieu (1983).

[33] Lippe (2012).

sation) der genutzten Gemeinschaftsressourcen führt in einen fortschreitenden Abbau der Biokapazität und der verfügbaren Rohstoffe. Das verschafft einen Kostenvorteil durch eine höhere, günstigere Produktion, der einen Wettbewerbsvorteil ermöglicht. Produkte werden billiger am Markt angeboten oder attraktiver und wertvoller ausgestattet, als wenn der wahre Preis der Produktion getragen werden müsste. Zurück bleibt auf Seiten der Gemeinschaftsgüter ein Defizit, auf Seiten der verursachenden Privatwirtschaft bewirkt dies einen Gewinn und die Akkumulation von Einkommen, Kapitalvermögen und materiellen Wohlstand. Würden Unternehmen beginnen, freiwillig zu internalisieren (= *Gegenteil von Externalisierung*), d. h. Externalisierungen in den Produktionsprozess einzubinden (Schließung der Stoffströme, Vermeidung von Abfall und Emissionen, etc.) und damit ökologische und soziale Folgekosten unternehmerisch soweit verinnerlichen, dass diese nicht als negative Folgewirkungen die Gemeinschaft und kommenden Generationen belasten, wären sie im Wettbewerb gegenüber dem Preisdruck ihrer externalisierenden Konkurrenz benachteiligt und riskierten, vom Markt verdrängt zu werden. Der rechtliche und regulatorische Rahmen, der dies ermöglicht, ist über die ordnungspolitischen Rahmenbedingungen für die ökonomische Praxis gesetzt und auf Grundlage von Verfassung, geltendem Recht und sozialen und ethischen Normen im Abgleich staatlicher, regionaler, multilateraler und internationaler Übereinkünfte entschieden. Auf diese Weise wird im marktlichen Wettbewerb durch die ökonomische Ordnung Externalisierung gefördert und Zukunftsfähigkeit faktisch verhindert.

Aus dem Vorrang des Schutzes und der freien Verfügbarkeit der Privatgüter gegenüber den Commons resultiert der Mechanismus der Externalisierung und damit der Zerstörung der geteilten, natürlichen und kulturellen Lebensgrundlagen. Ihr tatsächlicher, lebensweltlicher Vorrang kommt hierbei nicht zum Tragen. Es bedarf einer grundlegenden Umkehrung der Logik des marktlichen Wettbewerbs, so, dass sich Substanzaufbau an Natur, an ihrer Vielfalt und ökologischen Integrität als unternehmerischer Vorteil am Markt äußert.

Ein großer Schritt mit normativer Wirkung wäre ein (justiziables)[34] *Schutzrecht der Commons* gegenüber den privaten Gütern, das Wirtschaftsakteure verpflichtet, die Regeneration genutzter Commons zu ermöglichen, sie auszugleichen und aufzubauen. Dies sollte sinngemäß mindestens das Folgende wiedergeben:

Recht der Commons Alle Menschen und Gemeinschaften dürfen natürliche und kulturelle Commons nutzen, ohne sie zu verbrauchen oder zu schädigen. Das Recht zur Nutzung ist mit der Pflicht zu ihrem Erhalt verbunden.[35]

Ergänzt würde ein Recht der Commons durch ein Verbot, Externalisierung zu verschleiern und als Marktleistung auszugeben und damit den Wettbewerb zu verzerren. Erst wenn sich Partikular- und Gemeinschaftsinteressen wechselseitig überschneiden und alimentie-

---

[34] *Im Grundgesetz ist zwar im Artikel 20a der Schutz der natürlichen Lebensgrundlagen formuliert. Dessen Auslegung und Anwendung bleiben aber offen und wenig angewandt. Auch die Anwendungsrelevanz der Sozialpflichtigkeit des Eigentums bleibt vage.*
[35] Vergl. Scherhorn (2013).

ren, harmonisiert sich das Verhältnis zwischen Privatem und Gemeinsamen, das Besondere wird gemeinschaftsdienlich und die Gemeinschaft ermöglicht und stärkt Differenz.

Es ist nötig, in den Binnenmärkten und über Staatenverbünde und Wirtschaftsbündnisse hinweg eine schrittweise Umsteuerung der wirtschaftlichen und unternehmerischen Prozesse, Aktivitäten und Angebote zum Schutz und Aufbau der natürlichen und kulturellen Commons zu leisten. Nur in transsektoralen Allianzen bei einer Schließung der Wertschöpfungsstufen unter Beteiligung aller Akteursgruppen kann eine zukunftsfähige Gemeinschaftsgütersorge gelingen. Unverzichtbar für Pflege und Aufbau der Commons ist die Vielfalt und komplementäre Zusammenarbeit formeller und informeller Institutionen quer zu den Sektoren. Aber auch eine Neuausrichtung der Zielsetzung von Volkswirtschaften, Unternehmen und Investitionen und ihrer Performancemessung mit einer umfassenden Anpassung der ordnungspolitischen Rahmenbedingungen für unternehmerisches und investorisches Handeln ist nötig, um ein nachhaltiges Design der Wertschöpfungskreisläufe entlang der Produktionsprozesse und Anwendungen produzierter Güter und Dienstleistungen zu erreichen.

Elemente eines internationalen Reglements zum Schutz und Aufbau der natürlichen und kulturellen Commons sollten u. a. sein:

A.) *Gesetzliche Stärkung und Schutz der Commons und Reform des Wettbewerbsrecht:* Unterbindung von Wettbewerbsverzerrungen durch (verdeckte) Externalisierung von Folgekosten aus Produktionsprozessen, Wertschöpfungsketten und Logistik;

B.) *Schaffung von Anreizsystemen für ökologische, infrastrukturelle und sozialkulturelle Aufbauleistungen:* Förderung neuer, zukunftsfähiger Wachstumstreiber, u. a. mittels gesetzlicher, regulatorischer sowie fiskalischer Anpassungen zu Gunsten des Aufbaus von Natur-, Sozial- und Kulturkapital;

C.) *Reform von Agrar- und Forstwirtschaft:* Belohnung von Treuhänderschaft ökologischer Substanz, Schließung von Stoffströmen, Langfristigkeit und Regionalität;

D.) *Demokratisierung von Produktionsgrundlagen und ökonomischer Governance:* Neugestaltung der unternehmerischen Umfeldbeziehung, breite Etablierung von Kapitalbeteiligungsmodellen, neue, wettbewerbsfähige Unternehmenstypen und Organisationsformen, die in ihren Wirkungen und mittels Beteiligungsstrukturen Zukunftsfähigkeit erzeugen.

E.) *Reform von Finanzmärkten und Kapitalanlagepraxis:* Schaffung von Anreizstrukturen für nachhaltige (Direkt-) Investitionen, Beseitigung von Hemmnissen für Investoren, Anpassung der Regulationen[36] alternativer Kapitalanlagen und von Sachwertinvestitionen (u. a. Begünstigung der Eigenkapitalquote für nachhaltige Realwirtschaft); Begrenzung von Spekulationen auf Absicherungen von Geschäften mit Bezug zur Realwirtschaft; Neuregelung der Kreditgewährungspraxis von Banken und nichtstaatlichen Finanzeinrichtungen[37] mit Begünstigung der Schaffung nachhaltiger

---

[36] *z. B. Basel III und SOLVENCY II.*

[37] *Monetäre Finanzinstitute, Hedgefonds sowie ähnliche Konstrukte.*

Infrastrukturen, Realwirtschaft und demokratischer Kapitalbeteiligung; Beseitigung von Hochfrequenzhandel und virtueller monetärer Wertschöpfung.

Durch den strategischen Einsatz politischer und gesetzlicher Steuerungsinstrumente, von integrierten Rating- und Bilanzierungsmethoden, einer Reform kultureller Normen und Vorbilder, der Erfindung und Nutzung ökologischer, gesellschaftlicher und technischer Lösungsinnovationen und bei aktiver Einbindung der Gemeinschaft aller Akteursgruppen kann ein systematisches Umpumpen von Finanzkapital in Natur-, Sozial- und Infrastrukturkapital erreicht werden.

Eine Beendigung des Global Overshoot und ein schrittweiser, langfristiger Ausgleich der Degradationen der letzten Jahrzehnte und Jahrhunderte könnte über ein konstruktiv-konkurrierendes Wechselspiel der Marktakteure zu Gunsten von Biosphäre und Ressourcenverfügbarkeit auf dem Planeten gelingen.

5 Neugestaltung: Corporate Sustainable Restructuring

Gesellschaftlich, politisch und regulatorisch wird der wirtschaftliche Handlungsrahmen vorgegeben. Um den (langsamen) Prozess einer ökonomischen Rekultivierung zu ermöglichen, verlangt dies vor allem die Veränderung der wirtschaftlichen Handlungspraxis. Denn es sind die Wirtschaftsakteure und ökonomischen Institutionen, allen voran die Unternehmer und Unternehmen, die vor dem Hintergrund des gesellschaftlichen und politische Handlungsrahmens darüber bestimmen, wie Menschen im Wechselspiel zwischen Biogeosphäre und Anthroposphäre mit den Commons wirtschaften. Im Verbund mit anderen Akteuren erzeugen und vermitteln Unternehmen Güter und Warenströme mittels Land- und Forstwirtschaft, Ressourcenextraktion und Dienstleistungen und gestalten damit Lebensräume und Kulturformen unmittelbar um.

Indem Wirtschaftsorganisationen direkt zwischen den Interessen partikularer Gruppen und Individuen und der Gemeinschaft vermitteln, wächst Ihnen eine entscheidende Gestaltungsrolle zu.

5.1 Wirksamkeit und Handlungskraft: Unternehmen als „In-betweens"

In der Mitte von Schwierigkeiten liegen die Möglichkeiten. [Albert Einstein]

Alle unternehmerischen Funktionsverhältnisse sind gesellschaftlich und kulturell eingebettet, politisch und rechtlich reguliert und gerechtfertigt über Konsum und Lebensstile, Tradition und Machtverhältnisse, Medien u.v. a. Im anthropogenen und bioökologischen Lebenskomplex Erde werden ihre Funktionsbereiche und Qualitäten praktisch wirksam, sie sind wechselwirksam aufeinander bezogen und ergeben sich auseinander.

Aus der Analyse der Zusammenhänge, Treiber und Dynamiken zwischen Biogeosphäre und Anthroposphäre kristallisieren sich drei duale Qualitätspaare heraus, die in ihren Verhältnissen und Wirkungsbereichen konkret beschreibbar und steuerbar sind (Abb. 6):

Relation A.) Das Verhältnis von *Partikularinteressen zu Gemeinschaftsinteressen;*
Relation B.) das Verhältnis von *Input (Leistung) zu Output (Ergebnis);* und
Relation C.) das Verhältnis von *Verteilung zu Akkumulation.*

Als Intermediäre zwischen Privatgütern und Commons und den daran gebundenen Interessen und Bedürfnissen kommt Unternehmen die Rolle wichtiger Gestalter von Zukunftsfähigkeit zu. Setzt man als Maßstab voraus, dass die biologischen und anthropologischen Lebensgrundlagen, ihre Vielfalt und Entwicklungsfähigkeit (= Evolutionsfähigkeit) durch Wirtschaftsaktivitäten nicht beschädigt werden dürfen (ähnlich, wie ein gesundes Lebensmittel mindestens nicht gesundheitsschädlich sein sollte), schließt dies die Abwälzung von Schäden auf menschliche Gemeinschaften und in die Commons der Erde konsequent aus. Hieraus eröffnen sich neue Anforderungen an die strategische Unternehmensführung und neue Geschäftsfelder und Aufgabenbereiche für fast alle Sektoren und Wirtschaftsakteure.

Folgend werden *drei Transformationsinstrumente* vorgeschlagen, die eine tiefgreifende Veränderung der Zielsetzung, Bewertungsmaßstäbe und Profiterwartungen, der Wertschöpfungsketten und Produktionsprozesse, der genutzten Infrastrukturen und des Innen-Außen-Verhältnisses von Unternehmen bewirken. Dabei ist jedes Unternehmen bezüglich

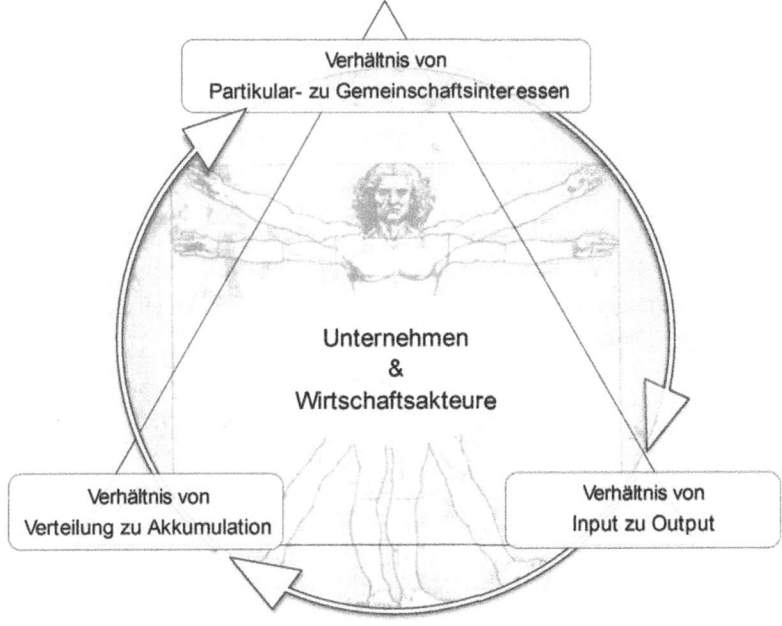

Abb. 6 Ökonomische Triangel: Regelkreis funktionaler Steuerung in Unternehmen. (Dahm, 2015)

genutzter natürlicher und sozialer Ressourcen, Zulieferer- und Logistikketten, involvierter Akteursgruppen und politischer Vorgaben, aber auch in Mitarbeiterstruktur, seinen tradierten Handelsbeziehungen, Marktanbindungen und Abhängigkeiten, ein besonderes Original, das eine gesonderte, maßgeschneiderte Transformationsstrategie benötigt.

5.2 Transformationsinstrument: Benchmarking und Bilanzierung

Um zu einer Bestimmung einer erreichten (oder verfehlten) Zieldimension und einer Bewertung des *Impact* (= der Wirksamkeit) von Wirtschaftsaktivitäten, -akteuren und ihren Erzeugnissen zu gelangen, sind neue Maßstäbe nötig. Diese sollen zu Transparenz über die Effekte von Einzelunternehmen, Marktakteuren und Produkten auf Zukunftsfähigkeit verhelfen. Für die Finanz- und Portfolioanalyse und Kapitalanlageentscheidungen sollen sie eine klare und übersichtliche Identifikation negativer wie positiver externer Effekte ermöglichen, um adäquate Risiko-Rendite-Analysen vornehmen und nachhaltigkeitsorientierte Asset-Allocation-Entscheidungen treffen zu können.

Setzt man Zukunftsfähigkeit normativ als Erfolgskriterium voraus und damit als Mindestbedingung für Erfolg von Wirtschaft, schließt dies eine fortschreitende Externalisierung kategorisch aus, bzw. dann diskreditierte sie ökonomischen Erfolg und kehrt ihn in sein Gegenteil.

Wird Zukunftsfähigkeit nicht erhöht, kann von wirtschaftlichem Erfolg keine Rede sein.

Für die Neuausrichtung der Zielsetzung von Unternehmen und Investitionen braucht es die

A.) *Etablierung einer Nachhaltigkeitsbenchmark* zur Förderung von Transparenz für Kunden, Partner und Konsumenten, um die Wirkungen von Unternehmen, Wirtschaftsaktivitäten, Produktion und Produkten verbindlich messen, darstellen und bewerten zu können;
B.) *Etablierung einer integrierten betriebswirtschaftlichen Performancemessung* zur Erweiterung der Publikationstransparenz unter Einbindung aller ökologischen und kulturellen Wirkungen und Risiken für Investoren, Unternehmen und Emittenten von Finanzmarktprodukten;
C.) *Methodische Erweiterung der Rendite-Risiko-Analyse und Performancemessung von Kapitalanlagen* unter Einbindung ökologischer und sozial-kultureller Kriterienbündel, um zu neuen Bewertungen und Strategien der Asset-Allocation gelangen zu können.

5.3 Transformationsinstrument: Kompensation und Internalisierung

Erst mit dem Aufbau der bereits degradierten Lebenssysteme und der Renaturierung und Rekultivierung der geschädigten Biokapazität des Planeten beginnt echte Zukunftsfähigkeit.

Für eine zukunftsstarke Restrukturierung von Unternehmen ist in der Regel eine umfassende technologische Umstellung, Sanierung und Erneuerung der Infrastrukturen für Produktion, Logistik und Vertrieb notwendig. Besonderes Gewicht kommt der betrieblichen Maximierung der Energie- und Materialeffizienz und damit der Ressourcen- und Energieproduktivität zu. Dazu gehören die Schließungen der Wertschöpfungskreisläufe mit möglichst verlustarmen Wiederverwertungsstufen bis idealtypisch zu echter Ökoeffektivität, aber auch die Investition in die kulturellen Commons, also z. B. in gesellschaftlichen Zusammenhalt, Gesundheit, Bildung, Beteiligungsverfahren, Kunst und (Alltags-)Kultur.

Diese *vollumfängliche Internalisierung* aller Produktionskosten inklusive der nichtmonetär messbaren Wertschöpfungsquellen macht nicht am eigenen Produktionsstandort, der eigenen Fertigungsstraße und Werkhalle halt, sondern betrifft alle Dienstleister, Zulieferer und darunter liegenden Logistikketten, Energie- und Ressourcenquellen, Extraktionsstufen und Standortverbindungen.

Da der Transformationsprozess zu einer umfassenden technologischen und infrastrukturellen Restrukturierung langwierig und kostenintensiv ist, ist es möglich, diesen durch eine voll- oder teilumfängliche *Kompensation aller ökologischen und sozio-kulturellen Kosten* auszugleichen und zu verlangsamen. So werden kleinere Transformationsschritte möglich, ohne im erschütternden Prozess der Destruktion unserer Lebensgrundlagen zu verharren.

Gestaltungselemente eines nachhaltigen Designs der Wertschöpfungskreisläufe entlang der Produktionsprozesse, Lieferketten und Anwendungen produzierter Güter und Dienstleistungen sind:

A.) *Unternehmerische Internalisierung des ökologischen Fußabdrucks:* Unternehmensbilanz, Dienstleistungen und Produkte binden die Folgekosten von Produktion, Nutzung, Wiederverwertung und Rückführung ganzheitlich ein;

B.) *Unternehmerische Effizienz in Material- und Energieeinsatz:* Energie und Materialien werden über Produktionsprozess, Logistikketten und Produktlebenszyklus so sparsam und effizient wie möglich eingesetzt, in die Wertschöpfungsketten zurückgeführt oder wieder verwertet;

C.) *Positive soziale und kulturelle Wirkung des Unternehmens:* Herstellungsbedingungen, Arbeitsverhältnisse und Lohnstruktur, Nutzung und Anwendung fördern die gesellschaftliche und kulturelle Entwicklung und stärken die kulturellen Commons, z. B. mittels Arbeits- und Lohnbedingungen, Unternehmenspolitik, kultureller Werte und fairer Handelsbedingungen;

D.) *Hohe Produktqualität:* Produzierte Güter, Dienstleistungen und Vorprodukte vereinen funktionale und ästhetische Hochwertigkeit, Langlebigkeit, Reparatur- und Update-freundlichkeit;

E.) *Starke unternehmerische Transparenz:* Herstellungsbedingungen, Rohstoffverwendung, Emissionen und Kompensationen ebenso wie Nutzungseigenschaften und Lebenszykluskosten werden transparent und informationsreich kommuniziert und ermöglichen und fördern bei Partnern, Kunden, Einkäufern und Konsumenten Verantwortungsbewusstsein.

5.4 Transformationsinstrument: Multistakeholder-Partizipation und Kapitalbeteiligung

Um die unternehmerischen Schnittstellen zur Anthroposphäre und zu den kulturellen Commons lebensdienlich umzuformen, ist die Optimierung der sozialen, kulturellen und politischen unternehmerischen Umfeldbeziehung von großer Relevanz. Hierzu gehört die aktive kommunikative Beteiligung aller im Wirtschaftsgeschehen involvierten Akteursgruppen. Dazu gehören die organisierte Zivilgesellschaft, die Wissenschaft, die Medien und die unmittelbare Stakeholder-Kommunikation, die Kommunen, Länder und Regionen, die angesiedelten Wirtschaftsunternehmen und Verbrauchergruppen.

Hierbei geht aber es um wesentlich mehr als die symbolische, kommunikative Beratung, Begleitung und Legitimation unternehmerischer Vorhaben und Entwicklungen. Ziel ist eine echte Demokratisierung der Produktionsgrundlagen, also der Aufbau einer innovativen ökonomischen Governance und eine Neugestaltung der Kapitalbesitzverhältnisse mit Instrumenten der Kapitalbeteiligungen für Mitarbeiter, Konsumenten und Bürger.

Dies verlangt die Etablierung neuer Unternehmenstypen und Organisationsformen, die in ihren Wirkungen und Beteiligungsstrukturen Zukunftsfähigkeit erzeugen und sich im Wettbewerb durchsetzen können. Wichtige Instrumente hierfür sind

A.) *Standortstärkung durch Multistakeholder-Beteiligung und deliberative Demokratie:* Alle von Wirtschaftstätigkeiten berührten Stakeholdergruppen werden direkt an den Standorten und quer zu den Sektoren in strategische Planungsprozesse, Umsetzungsentscheidungen und den laufenden Unternehmensbetrieb einbezogen. Die sozioökonomische und -kulturelle Stärkung der Wirtschaftsstandorte wird Wirtschaftsziel;

B.) *Transdisziplinäre Multistakeholder-Begleitung:* Fachliche, zivile und politische Begleitung und Unterstützung von Unternehmensentwicklung und -transformation durch Konsultation zivilgesellschaftlicher Organisationen, lokaler und regionaler politischer Körperschaften und Behörden, benachbarte Wirtschaftsunternehmen und -verbände, von Fachkräften, Wissenschaft, Kunst und Kultur u.v.m.;

C.) *Vom Stakeholder zum Shareholder – Mitarbeiterkapitalbeteiligungsverfahren:* Installation von Kapitalbeteiligungsmodellen für Mitarbeiter, z. B. nach Modellen der Employee Stock Ownership Plan (ESOP)[38], um z. B. kreditfinanzierte Zugänge zu Produktiveigentum zu gewinnen, Kapitalbildung und soziale Absicherung zu stützen, sowie die Identifikation und Leistungsbereitschaft der Mitarbeiterschaft gegenüber dem Unternehmen zu optimieren;

D.) *Vom Stakeholder zum Shareholder – Konsumentenkapitalbeteiligungsverfahren:* Installation von Kapitalbeteiligungsmodellen für Verbraucher, z. B. nach Modellen der Consumer Stock Ownership Plan (CSOP)[39], um die mittel- und langfristige Bedarfsorientierung von Produktionsmengen, -abnahme und Preisstruktur zu sichern und risi-

---

[38] Vergl. Ashford (1994); Kelso, Hetter (1964).
[39] Vergl. Lowitzsch, Goebel (2013).

koarme, prognostizierbare Zahlungsströme zu erlangen. Die Nachfrageorientierung an den Konsumenten erhöht die Bindung und Akzeptanz am Standort und sichert das Unternehmen soziopolitisch ab. Der kreditfinanzierte Zugang zum Produktiveigentum fördert soziale Sicherheit und Stabilität und ist gemeinwohldienlich, indem er Kapitalbildung bei der Breite der Konsumenten ermöglicht.

5.5 CSR wird Corporate Sustainable Restructuring

Die Analyse folgte den direkten Indizien und Resultaten unserer Wirtschaftspraxis, unternehmerischer Strategien und ihren theoretischen Fundamenten. Getrieben ist sie von der lebensfeindlichen Orientierung der zeitgenössischen Ökonomie und der Phänomenologie einer anbrandenden schwerwiegenden Krise. Intendiert sind praktische Anstöße zu einer umfassenden Restrukturierung unternehmerischer Organisation und Orientierung. Insbesondere den realwirtschaftlichen und infrastrukturellen Verwirklichungen von Unternehmen, industrieller Produktion und von Investitionen wachsen im Transformationsprozess Schlüsselfunktionen zu (Abb. 7). Konsequent muss das Verharren im Erhalt des Status Quo überwunden werden.

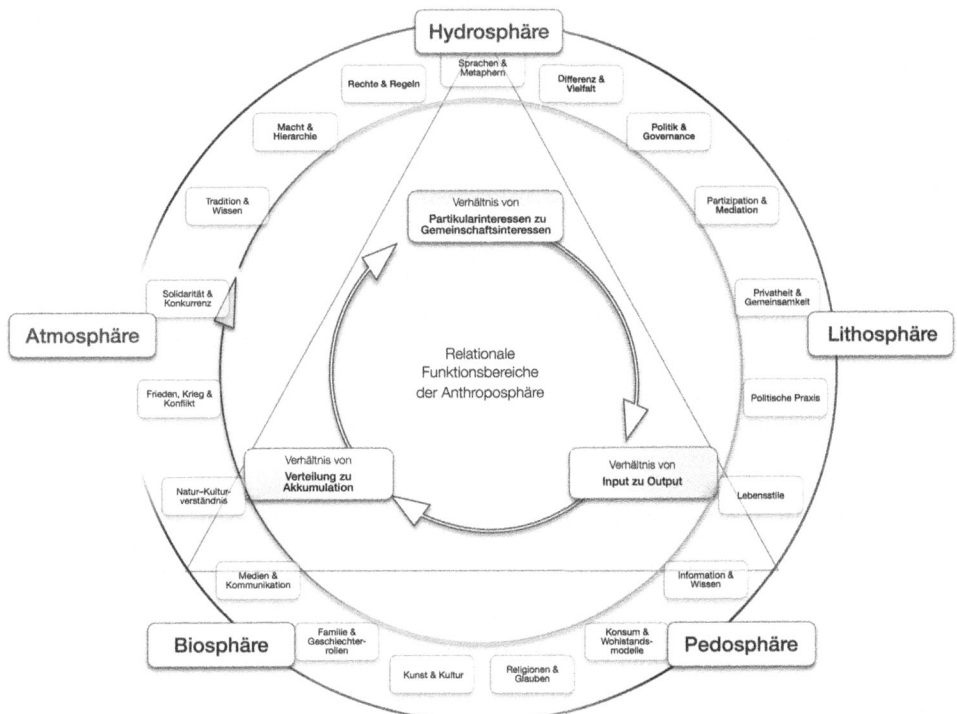

Abb. 7 Unternehmen als integrierte Funktion der Anthroposphäre. (Dahm, 2015)

Ökologie und Ökonomie entspringen demselben Stamm und derselben Bedeutung. Sie waren nie voneinander trennbar, sie sind intrinsisch miteinander verbunden.

Literatur

Abbey, E. (1989): A Voice Crying in the Wilderness: Notes from a Secret Journal. New York.
Ashford, R. (1994): The Binary Economics of Louis Kelso: A Democratic Private Property System for Growth and Justice. In: Miller, J. (1994): Curing World Poverty: The New Role of Property, Social Justice Review.
Bonhoeffer, D. (1944): Gedanken zum Tauftag von D. W. R.
Bourdieu, P. (1983): Ökonomisches Kapital, kulturelles Kapital, soziales Kapital. In: Kreckel, R. [Hrsg.](1983): Soziale Un-gleichheiten. Soziale Welt Sonderband 2, Göttingen.
BP (2014): BP Statistical Review of World Energy 2014. http://bp.com/statisticalreview.
Credit Suisse [Hrsg.] (2014): Global Wealth Report 2014. Credit Suisse AG, Research Institute. Zürich.
Dahm, D. (2009a): Towards Sustainable Business Cultures. BMW Foundation Herbert Quandt. Berlin.
Dahm, D. (2009b): Prinzipien einer ökologisch sozialen Marktwirtschaft. Basispapier zu einer zukunftsfähigen Wirtschaftsordnung. Berlin.
Dahm, D. (2012a): Nachhaltiger Wettbewerb – Externalisierungen internalisieren. Vortrag Februar 2012. 1. Runder Tisch „Nachhaltiger Wettbewerb". Projektgruppe Ethisch-Ökologisches Rating a. d. Goethe-Universität und Vereinigung Deutscher Wissenschaftler VDW. Berlin.
Dahm, D. (2012b): Give Peace a Chance. Externalisierung verzerrt den Wettbewerb. In: forum. München.
Dahm, D. (2012c): Preventing Day after Tomorrow. A level playingfield for sustainability. Vortrag November 2012. Konferenz „Sicherung der Welternährung und Armutsbekämpfung als Herausforderung für Frieden und Nachhaltigkeit." Georg-August-Universität Göttingen und Vereinigung Deutscher Wissenschaftler VDW. Göttingen, Berlin.
Dahm, D. (2013a): Marktwirtschaft ohne Externalisierung oder: die Überwindung des Overshoot. Toblacher Gespräche 2013. Mit UnternehmerGeist die großen Transformationen wagen. Akademie der Toblacher Gespräche, Toblach, Südtirol, Italien.
Dahm, D. (2013b): Nachhaltigkeit bedeutet Stärkung der Commons. Zur Renaissance unserer gemeinsamen Lebensgrundlagen. Braunschweig.
Dahm, D. (2013c): Zum Bedarf der Internalisierung externer Kosten. Vortragsskript zur Konferenz „Nachhaltigkeit – Verantwortung für eine begrenzte Welt". Georg-August-Universität Göttingen.
Dahm, D. (2014): Die schleichende „grüne" industrielle Revolution. Auf dem Weg zu einer Nachhaltigkeits-Null-Linie. Baden-Baden.
Dahm, D. (2015): Sustainability Zeroline. Brot für die Welt. Berlin.
Dahm, D., Bannas, S. (2011): The decline of the Fossil Age is the rise of distributive justice. In: International Development Policy Series. Graduate Institute of International Development Studies. Genf.
Dahm, D., Scherhorn, G. (2008): Urbane Subsistenz. Die zweite Quelle des Wohlstands. München.
Dahm, D., Dürr, H.-P., zur Lippe, R. (2005): Potsdamer Denkschrift & Potsdamer Manifest 2005 "We have to learn to think in a new way". München.
Enquete-Kommission Wachstum, Wohlstand, Lebensqualität (2013): „Gesamtbericht: Wege zu nachhaltigem Wirtschaften und gesellschaftlichem Fortschritt in der Sozialen Marktwirtschaft". Deutscher Bundestag. Berlin.
Erhard, L. (1957): Wohlstand für Alle. Düsseldorf.

Eucken, W. (1952): Grundsätze der Wirtschaftspolitik. Tübingen.
Futuyma, D. & Slatkin, M. [Ed.] (2011): Coevolution. Sinauer Associates: Sunderland 1983; Guimarães Jr, P.; Jordano, P. & Thompson, J.: Evolution and coevolution in mutualistic networks. Ecology Letters 14, 2011.
Global Footprint Network (2010): Ecological Footprint Atlas. www.footprintnetwork.org.
Hauff, V. [Hrsg.] (1987): Unsere gemeinsame Zukunft. Der Brundtland-Bericht der Weltkommission für Umwelt und Entwicklung. Greven.
Helfrich, S. & Böll-Stiftung (2012): Commons: Für eine neue Politik jenseits von Markt und Staat. Berlin.
IPCC (Intergovernmental Panel on Climate Change) (2014): Climate Change 2013. The physical science basis. Summary for policymakers. Working Group I.
Kelso, L.; Hetter, P. (1964): UPROOTING WORLD POVERTY: A JOB FOR BUSINESS. Business Horizon.
Lippe, R. zur (2012): Plurale Ökonomie: Streitschrift für Maß, Reichtum und Fülle. Freiburg.
Lowitzsch, J.; Goebel, K. (2013): Vom Verbraucher zum Energieproduzenten. Finanzierung dezentraler Energieproduktion unter Beteiligung von Bürgern als Konsumentenmittels sog. Consumer Stock Ownership Plans (CSOPs). Zeitschrift für neues Energierecht. Bochum.
Meadows, D., Randers, J., Meadows, D. (2012): Grenzen des Wachstums. Das 30-Jahre-Update. Stuttgart.
OECD (2012): Material resources, productivity and the environment: key findings. Paris.
Ostrom, E. (2012): Nested externalities and polycentric institutions: must we wait for global solutions to climate change before taking actions at other scales? In: Economic Theory 49(2).
Rockström, J. et al. (2009): Planetary Boundaries. Exploring the Safe Operating Space for Humanity. In: Ecology and Society.
Scherhorn, G. (2010): Die Politik in der Wachstumsfalle. Rehburg-Loccum: Evangelische Akademie.
Scherhorn, G. (2013): Das Gegenteil von Nachhaltigkeit ist Externalisierung. Vortragsskript. Köln.
Schumpeter, J. (1997): Theorie der wirtschaftlichen Entwicklung. Eine Untersuchung über Unternehmergewinn, Kapital, Kredit, Zins und den Konjunkturzyklus. Berlin.
Steffen, W., Richardson, K., Rockström, J., Gerten, D., Heinke, J. et al. (2015): Planetary Boundaries: guiding human development on a changing planet. In: Science.
Steffen, W.; Richardson, K.; Rockström, J. et al. (2015): Planetary boundaries: Guiding human development on a changing planet. Science 13 February 2015, Vol. 347 no. 6223. Online: http://www.sciencemag.org/content/347/6223/1259855.abstract.
Trucost PLC (2013): Natural Capital at Risk: The Top 100 Externalities of Business. www.trucost.com.
Turnbull, D. (2004): Go-betweens, Emergent Mapping and Multiplicity. Background Paper 2. Cambridge Museum of Archaeology and Anthropology project. E2D2 Emergent Databasing, Emergent Diversity.
United Nations (2013): A New Global Partnership: Eradicate Poverty and Transform Economies Through Sustainable Development – The Report of the High-Level Panel of Eminent Persons on the Post-2015 Development Agenda. New York.
UNEP Finance Initiative & World Business Council for Sustainable Development (2010): Translating environmental, social and governance factors into sustainable business value. Key insights for companies and investors.
UNEP Finance Initiative (2011): Universal Ownership. Why environmental externalities matter to institutional investors. www.unepfi.org
Wissenschaftlicher Beirat der Bundesregierung Globale Umweltveränderungen (WBGU) (2011): Welt im Wandel: Gesellschaftsvertrag für eine Große Transformation. Hauptgutachten. Berlin.
WWF International (2012): Living Planet Report 2012. Gland.

CSR und Konfliktmanagement: Spiegel des Bekenntnisses zur unternehmerischen Sozialverantwortung

Felix Wendenburg

> **Zusammenfassung**
>
> Wie ernst eine Organisation ihr Bekenntnis zur unternehmerischen Sozialverantwortung nimmt, erweist sich insbesondere daran, wie sie mit Konflikten umgeht: Hier steht sie unter besonders genauer Beobachtung aller unmittelbar und mittelbar vom Konflikt betroffenen Akteure, hier muss sie in Wertefragen „Farbe bekennen". Eine Organisation ist für diesen Kongruenztest umso besser gerüstet, je mehr sie sich aktiv dem Thema Konfliktmanagement zugewandt hat. Sie kann dabei auf wissenschaftlich fundierte und praktisch erprobte Modelle zurückgreifen und diese – dem frühen Etablierungsstadium von Konfliktmanagement sei Dank – passend zu ihrer Organisationskultur individuell ausgestalten.

1 Konfliktmanagement als integraler Bestandteil von Corporate Social Responsibility

Organisationen haben es nicht leicht. Als soziale Gebilde, die dauerhaft ein Ziel verfolgen und eine formale Struktur aufweisen, mit deren Hilfe die Aktivitäten der Mitglieder auf das verfolgte Ziel ausgerichtet werden sollen[1], müssen sie den Erwartungen begegnen, die ihre Mitglieder und die ihr Umfeld an sie richten. Wollte eine Organisation allen Erwartungen gerecht werden, verlöre sie rasch an Profil. Mit jeder Enttäuschung einer Erwar-

---

[1] Kieser/Walgenbach, 2007, S. 6.

F. Wendenburg (✉)
Europa-Universität Viadrina Frankfurt (Oder), Frankfurt (Oder), Deutschland
E-Mail: Wendenburg@europa-uni.de

© Springer-Verlag Berlin Heidelberg 2015
D. Walden, A. Depping (Hrsg.), *CSR und Recht*, Management-Reihe Corporate Social Responsibility, DOI 10.1007/978-3-662-44119-0_15

tung gefährdet eine Organisation hingegen den ihr entgegengebrachten guten Willen. Jede Organisation muss ihr Handeln also sorgsam danach austarieren, welche Erwartungen sie erfüllen will und welche sie frustrieren muss.[2]

1.1 Was ist Corporate Social Responsibility?

Der Begriff der Corporate Social Responsibility (CSR) beschreibt diejenigen an eine Organisation gerichteten Erwartungen, die sich auf ihr gemeinschaftsverträgliches Verhalten beziehen. Es handelt sich dabei um den Verhaltensausschnitt, der zwischen reiner Philanthropie und der Befolgung zwingender Vorschriften liegt. Entscheiden sich Organisationen für die Wahrnehmung unternehmerischer Gesellschaftsverantwortung, so folgt dies in der Regel einer Mischung aus reflektiertem Wertebewusstsein und strategischem Kalkül.

1.2 Was ist Konfliktmanagement?

Vor dem Hintergrund der von allen Seiten an sie herangetragenen Erwartungen sieht sich jede Organisation stets einer Vielzahl von Konflikten „an mehreren Fronten" ausgesetzt: von der Kundenbeschwerde über Zuliefererprobleme und Behördenstreitigkeiten bis hin zu Mitarbeiterauseinandersetzungen sind Organisationen permanent in Konflikte verstrickt. Wie geht eine Organisation in der Regel mit diesen Konflikten um? Eine Studie von PricewaterhouseCoopers (PwC) und der Europa-Universität Viadrina (EUV) belegte im Jahr 2007 ein tendenziell unsystematisch-erratisches Vorgehen[3]: Ob sich der Vorgesetzte, der Betriebsrat, die Unternehmens-Ombudsperson oder die Personalabteilung eines Mitarbeiterkonfliktes annimmt, wird hiernach weitgehend vom Zufall bestimmt; ob in einem B2B-Konflikt ein Gerichtsverfahren, eine Mediation oder ein schiedsgutachterliches Verfahren durchgeführt wird, hängt nicht zuletzt von der Vertrautheit der Rechtsabteilung mit diesen unterschiedlichen Verfahrenstypen ab[4] – ein Prozessmanagement im Sinne einer systematischen Steuerung und Evaluation von Abläufen findet jedenfalls in den wenigsten Fällen statt[5]. Konfliktmanagement (KM) versteht sich demgegenüber als systematischer und institutionalisierter Umgang mit Konflikten, durch den der Verlauf eines Konflikts gezielt beeinflusst wird.[6]

---

[2] Robrecht, 2013, S. 545.
[3] PricewaterhouseCoopers/Europa-Universität Viadrina, 2007, S. 9.
[4] PricewaterhouseCoopers/Europa-Universität Viadrina, 2007, S. 13 ff.; Hagel/Steinbrecher, 2014, S. 53 f.
[5] PricewaterhouseCoopers/Europa-Universität Viadrina, 2007, S. 17 ff.
[6] PricewaterhouseCoopers/Europa-Universität Viadrina, 2011, S. 17.

1.3 KM als integraler Bestandteil von CSR

CSR entfaltet sich für gewöhnlich im Kerngeschäft von Organisationen.[7] Nimmt eine Organisation unternehmerische Gesellschaftsverantwortung wahr, so zeigt sich dies in ihrem Umgang mit Mitarbeitern, mit Kunden, mit Stakeholdern (womit das gesamte gesellschaftliche Umfeld der Organisation gemeint ist[8]) und mit der Umwelt. CSR versteht sich als Dachbegriff für das aktive Bemühen einer Organisation, handlungsbestimmende Werte zu definieren und sich im Einklang mit diesen zu verhalten. Nimmt eine Organisation ihr CSR-Bekenntnis ernst, so geht es ihr darum, eine Kongruenz zwischen ihren nach außen kommunizierten Leitlinien und ihrem Handeln herzustellen.

Kaum ein Feld im Alltag einer Organisation eignet sich so sehr als Messlatte für die Erreichung dieses Kongruenzziels wie der Umgang mit Konflikten: Konflikte bleiben nicht auf eine Akteursgruppe im Umfeld der Organisation beschränkt. In der Konfliktaustragung wird die Organisation dazu gezwungen, zu Wertefragen (Transparenz vs. Effizienz, Qualitäts- vs. Kostenorientierung, Loyalität vs. Flexibilität im Verhältnis zu Mitarbeitern etc.) aktiv Stellung zu beziehen. Zudem verfolgen alle direkt und indirekt beteiligten Personen und Instanzen das Verhalten der Organisation in der Konfliktaustragung mit erhöhter Sensibilität: die Organisation hat, indem sie „Farbe bekennt", die Chance, ihrem nach außen getragenen Leitbild zu entsprechen – oder eben nicht.[9]

1.4 Mediation als Verfahren zur Bearbeitung von CSR-Konflikten

Noch in einer weiteren Hinsicht treffen die Felder CSR und KM aufeinander: nicht nur lässt die unternehmerische Sozialverantwortung KM-Maßnahmen geboten erscheinen; CSR-motivierte strategische Entscheidungen einer Organisation bzw. ihr Unterlassen von gebotenen CSR-Maßnahmen können durchaus selbst konfliktträchtig sein. So mag eine Organisation nach der Überarbeitung ihrer CSR-Richtlinien strengere Anforderungen an ihre Lieferanten stellen, für deren Erfüllung diese umgehend höhere Preise verlangen. Oder eine Organisation mag in das „Fadenkreuz" kritischer NGOs geraten, die nicht CSR-konforme Arbeitsbedingungen monieren.[10]

Bei der Wahl eines geeigneten Verfahrens zur Beilegung eines solchen Konflikts mag das Interesse der Organisation, eine langfristig angelegte Geschäftsbeziehung nicht vorschnell zu beenden, sondern im Sinne ihrer eigenen CSR-Erwägungen umzugestalten, eine große Rolle spielen. Gerade dann, wenn das (ggf. vorgeblich) nicht CSR-konforme Verhalten einer Organisation öffentlichkeitswirksam angeprangert wird, erweitert sich der

---

[7] Schneider, 2012, S. 31.
[8] Birk, 2015, Rn. 3.
[9] PricewaterhouseCoopers/Europa-Universität Viadrina, 2013, S. 72.
[10] Vgl. hierzu die ausführlichen Case Studies bei Lambooy 2009, S. 5, 6 ff., 38 ff. und Lambooy 2010, S. 383 ff.

Kreis der (mittelbar) Konfliktbeteiligten (Presse, NGOs, Kunden, die allgemein interessierte Öffentlichkeit, ggf. die beobachtende Konkurrenz etc.) rasch.[11] Hinzu tritt dann das Interesse der Organisation, mögliche Reputationsschäden zu vermeiden[12], indem sie zu den Vorwürfen rasch Stellung nimmt und ihre Ursachen beseitigt. Gerade Vorfälle dieser Art können Anlass geben, sich nicht nur öffentlichkeitswirksam zu CSR-Grundsätzen zu bekennen, sondern die oftmals weich formulierten CSR-Richtlinien zu konkretisieren und weiterzuentwickeln. Mediation rückt dann als ein Konfliktbeilegungsverfahren, das schnell einzuleiten ist, es ermöglicht, den Beteiligtenkreis weit zu fassen, langfristige strategische Interessen unterschiedlicher *stakeholder* mit einbeziehen kann, darauf angelegt ist, dass die Konfliktparteien sich um ein Verständnis der Gegenseite ernsthaft bemühen und das die kreative (Um-)Gestaltung des *Status quo* zum Ziel hat, in die engere Wahl.[13]

2 Motivationen für die Einführung von KM als Bestandteil von CSR

Das Vorurteil, nur „grüne Schönwetterunternehmen" und „social entrepreneurs" würden CSR betreiben, nicht jedoch Organisationen aus seriösen Branchen[14], gehört der Vergangenheit an. Im Falle von KM gab es solche Vorurteile nicht, wohl aber Vorbehalte, die v. a. das Eingehen eines gewissen Kostenrisikos mit ungewissem Nutzen und die aktive Beschäftigung mit dem negativ konnotierten Thema Konflikt betrafen.[15] Dass Konflikte in Organisationen omnipräsent sind, lässt sich nicht leugnen: hierarchische und nicht-hierarchische Zusammenarbeitskonstellationen, Projekte und Abteilungen bergen Schnittstellen, die konfliktanfällig sind.[16] Der horizontale Blick auf den Organisationsaufbau – Linien- und Stabsstellen, Verwaltung und produktive Bereiche – offenbart genauso wie der vertikale Blick auf die phasenhafte Entwicklungsgeschichte der Organisation über Veränderungsprozesse, Abspaltungen, Integrationen und Fusionen Spannungsfelder, in denen typischerweise Konflikte entstehen.[17] Führt man sich vor Augen, dass diese Konflikte nicht nur sichtbare (Gerichtskosten, Krankenstand, geringere Arbeitgeberattraktivität), sondern auch zunächst nicht sichtbare Kosten („Dienst nach Vorschrift", reduzierte Ergebnisqualität, Mitarbeiterfluktuation) verursachen[18], dann scheint die Motivation von Organisationen, sich dem Thema KM zu widmen, auf der Hand zu liegen: KM könnte

---

[11] Vgl. hierzu Lambooy, 2009, S. 5, 21, die beschreibt, wie kompliziert in einem rechtsförmigen Verfahren allein die Bestimmung der stakeholder-Eigenschaft sein kann.
[12] Lambooy, 2009, S. 5, 21.
[13] Vgl. vertiefend hierzu m. w. N. Lambooy, 2010, S. 44 Fn. 108.
[14] Referiert bei Schneider, 2012, S. 18.
[15] Kirchhoff/Wendenburg, 2014, S. 473, 481; Wulf, 2014, S. 189 ff.
[16] Ballreich, 2013, S. 527.
[17] Ballreich, 2013, S. 527, 528.
[18] PricewaterhouseCoopers/Europa-Universität Viadrina, 2013, S. 33, 36; s. hierzu insbesondere auch KPMG, 2009, und KPMG, 2011.

das letzte große Einsparpotential in der deutschen Wirtschaft realisieren. Überraschend ist vor diesem Hintergrund der Befund der Konfliktmanagement-Studien, die PwC und EUV in den Jahren 2011 und 2013 veröffentlicht haben: Auf der Basis einer jahrelangen Begleitforschung, die den Etablierungsprozess von KM in einer Vielzahl großer deutscher Unternehmen flankiert, kommen diese Studien zu dem Schluss, dass die Ausgangspunkte für die Einführung von KM-Initiativen in verschiedenen Organisationen ganz unterschiedlicher Natur sind[19]: Neben dem Aufruf zur Sondierung von Kosteneinsparpotentialen spielen vor allem ein sprunghaft erhöhtes Konfliktaufkommen im Rahmen von Veränderungsprozessen, eine angestrebte Optimierung der Arbeitgeberattraktivität, die beabsichtigte Steigerung der Kundenzufriedenheit oder auch eine organisationspolitische Neudefinition von Werten und Leitbildern eine Rolle.

Bei SAP[20] beispielsweise, das bei der Etablierung von KM eine Pionierposition eingenommen hat, stand die Absicht einer Reduktion von Konfliktkosten nicht im Vordergrund. Vielmehr sah man sich aufgrund der sich rapide ändernden Marktbedingungen veranlasst, mehrere umfangreiche Veränderungsprozesse zu beginnen, deren Konfliktpotential von vornherein absehbar war. Die Einführung verschiedener Elemente von KM[21] – u. a. die Etablierung von Konfliktanlaufstellen und eines konzernweiten Mediatorenpools – sollte helfen, Konfliktursachen frühzeitig aufzudecken und das in ihnen schlummernde Potential produktiv zu nutzen. Explizit sollte das KM einen Beitrag zu einer positiven Organisationskulturentwicklung leisten.[22]

Anlass für die Etablierung von KM-Elementen bei der Deutschen Bahn[23] war demgegenüber der Abschluss eines Tarifvertrages zur Beschäftigungssicherung, der die Rahmenbedingungen einer konzerninternen Vermittlung von Mitarbeitern regeln sollte, die im Zuge von Rationalisierungsmaßnahmen ihre angestammten Stellen verloren. Zur Klärung von individuellen Streitigkeiten aus diesem Tarifvertrag wurde eine Ombudsstelle eingerichtet. Anhand der Fragen, mit denen sich diese Stelle konfrontiert sah (diese Fragen betrafen u. a. auch Integrationsprozesse von Mitarbeitern, Diskriminierungsvorwürfe und Fragen der Laufbahngestaltung im Konzern[24]), wurde rasch deutlich, dass auch ein Bedarf für professionell geschulte Vermittler bestand: Die Deutsche Bahn begann daraufhin, einen internen Mediatorenpool aufzubauen.

Bei der Deutschen Bank[25] entwickelten sich erste KM-Ansätze hingegen aus einem bereits bestehenden System heraus: Das konzerninterne Programm „dbfairness@work", das zu einer Verbesserung des Miteinanders darauf zielte, Mobbing-Opfern eine Anlaufstelle zur Verfügung zu stellen, wurde um das Element der Mediation ergänzt, um den

---

[19] PricewaterhouseCoopers/Europa-Universität Viadrina, 2013, S. 22.
[20] Briem, 2011, S. 146.
[21] Für eine systematische Darstellung dieser Elemente vgl. unten 3.1.
[22] Briem, 2011, S. 146, 149.
[23] Gantz-Rathmann, 2012, S. 160.
[24] Gantz-Rathmann, 2012, S. 160.
[25] Thiesen, 2012, S. 17.

Beteiligten eine Möglichkeit zum systematischen Ausverhandeln ihrer Wahrnehmungen und deren Konsequenzen zu bieten.

Die Einrichtung einer Ombudsstelle bei der E-Plus-Gruppe[26] folgte demgegenüber aus erfolgreichen unternehmensinternen Vermittlungsgesprächen, die die spätere Ombudsfrau maßgeblich mitgestaltet hatte. Rasch wurde die Einrichtung der Stelle als Zeichen dafür verstanden, dass man mit Konflikten im Organisationsalltag rechnen müsse: Es sei kein Ausweis von Führungsschwäche, in Konfliktsituationen um professionelle Unterstützung nachzusuchen; anstatt Konflikte „unter den Teppich zu kehren", sollten sie frühzeitig und aktiv bearbeitet werden.[27]

Die Motivation für die Einrichtung eines Tools, das Mitarbeiter dabei unterstützt, bei der Vorbereitung von B2B-Auseinandersetzungen das am besten geeignete Verfahren auszuwählen, ergab sich bei Bombardier Transportation[28] aus der Erkenntnis, dass das Potential alternativer Streitbeilegungsverfahren trotz einer abstrakten Überzeugung von ihrer Sinnhaftigkeit im eigentlichen Konfliktfall kaum genutzt werde. Eine konzernweite Richtlinie zum KM legte daraufhin die Mediation als bevorzugtes Verfahren fest und bildete den Ausgangspunkt für die Entwicklung eines komplexen toolgestützten Verfahrens-Auswahlmechanismus, dessen Ergebnis für die über die Einleitung eines Konfliktbeilegungsverfahrens entscheidenden Akteure einen starken Empfehlungscharakter hat.

Dass organisationsinterne KM-Initiativen auch in der Außenwirkung eine „erwünschte Nebenwirkung" erzielen können, indem sie die Organisation als innovationsoffen und aufgeschlossen in Fragen des Umgangs mit Konflikten zeigen, lässt sich bei E.ON[29] beobachten, das das interne KM-Programm ganz bewusst bei der Werbung neuer qualifizierter Mitarbeiter einsetzt.[30]

Diese Aufzählung ließe sich fortsetzen.[31] Sie belegt, dass die Ausgangspunkte für die Beschäftigung mit dem Thema KM ganz unterschiedlich sein können. Sobald diese Beschäftigung begonnen hat, führt sie allerdings unweigerlich zu der Erkenntnis, dass eine stärkere Konfliktfestigkeit einer Organisation nicht lediglich Kosten erspart, die sich sonst durch eine nicht konstruktive Art der Konfliktbearbeitung ergeben, sondern dass sie v. a. das Aufdecken von Unklarheiten in Abläufen und Schnittstellen erleichtert. KM ist damit ein wesentlicher Bestandteil jeder Organisation, die sich als lernende versteht.[32]

---

[26] Küchler, 2012, S. 244, 248.
[27] Küchler, 2012, S. 244, 248.
[28] Hagel/Steinbrecher, 2014, S. 53, 54.
[29] Klowait, 2014, S. 145, 163.
[30] Vgl. hierzu auch Wulf, 2014, S. 189, 192.
[31] Vgl. hierzu die Reihe „Aus den Organisationen" aus der Zeitschrift Konfliktdynamik.
[32] Faller, 2013, S. 197, 200.

3 Konfliktmanagement: Von den Elementen zum System

Führt man sich die soeben skizzierten Etablierungsgeschichten vor Augen, wird deutlich, dass nicht nur die Ausgangspunkte, sondern auch die Umsetzungen von KM-Maßnahmen selbst sehr unterschiedlich sind. Sie unterscheiden sich mit Blick auf Inhalt, Umfang und Reichweite.

3.1 Systematisierung von Konfliktmanagement-Initiativen

Aus der Beobachtung heraus, dass es u. a. die fehlende Systematik ist, die einem rascheren Übergang von der abstrakt-theoretischen Überzeugung von der Sinnhaftigkeit von KM zu einer tatsächlichen praktischen Umsetzung im Wege steht, haben PwC und EUV im Jahr 2011 den Versuch unternommen, ein Modell zu entwickeln, das seither in zahlreichen Kontexten als Blaupause für KM-Systematisierungsinitiativen verwendet worden ist.[33] Das Modell verfolgt den Anspruch, KM-Elemente zueinander ins Verhältnis zu setzen, unabhängig davon, ob sie primär der Bearbeitung von B2B- oder von Arbeitsplatzkonflikten dienen. Aufgabe des Modells ist es, die unterschiedlichen KM-Elemente, die in Organisationen existieren – von Ombudspersonen über Mediatorenlisten, Vertragsklauseln oder Falldokumentationsbögen – entsprechend ihrer Funktion übergeordneter Komponenten einzuordnen. Als funktionsorientierte Kategorien bilden diese Komponenten gewissermaßen die „Schubladen" für unterschiedlich aufwändige Elemente, welche – passend zur Konfliktart und zur Organisationsgröße – für die konkrete Ausgestaltung des KM in einer Organisation genutzt werden können.[34] In der überarbeiteten Fassung von 2013[35] sieht das Modell folgendermaßen aus (Abb. 1):

Die Anordnung der Komponenten folgt dabei auf der rechten Seite der idealtypischen Chronologie der Konfliktbearbeitung, auf der linken Seite finden sich die Rahmenbedingungen, die eine systematische Konfliktbearbeitung ermöglichen.

Als *Konfliktanlaufstellen* agieren z. B. innerbetriebliche Konfliktlotsen, Ombudspersonen, oder die Personal- oder Rechtsabteilung. Ihre Aufgabe besteht darin, Konflikte möglichst frühzeitig zu erfassen und darauf hinzuwirken, dass eine systematische Maßnahmen- bzw. Verfahrenswahl für die jeweiligen Konflikte getroffen wird. Für die Komponente der *systematischen Maßnahmen- bzw. Verfahrenswahl* lassen sich in verschiedenen Organisationen unterschiedliche Umsetzungsvarianten – von der einfachen Checkliste bis zum computergestützten Auswahltool – finden. Sie soll sicherstellen, dass eine adäquate Reaktion auf das Auftreten eines Konfliktes nicht rein intuitiv oder gewohnheitsbasiert,

---

[33] Kirchhoff, 2012, S. 4 ff.
[34] Kirchhoff/Gläßer, 2013, S. 533 ff., Rn. 11.
[35] Rückmeldungen aus der praktischen Anwendung des Modells in Organisationen haben zu einigen Anpassungen im Detail geführt, vgl. PricewaterhouseCoopers/Europa-Universität Viadrina, 2013, S. 17 ff.

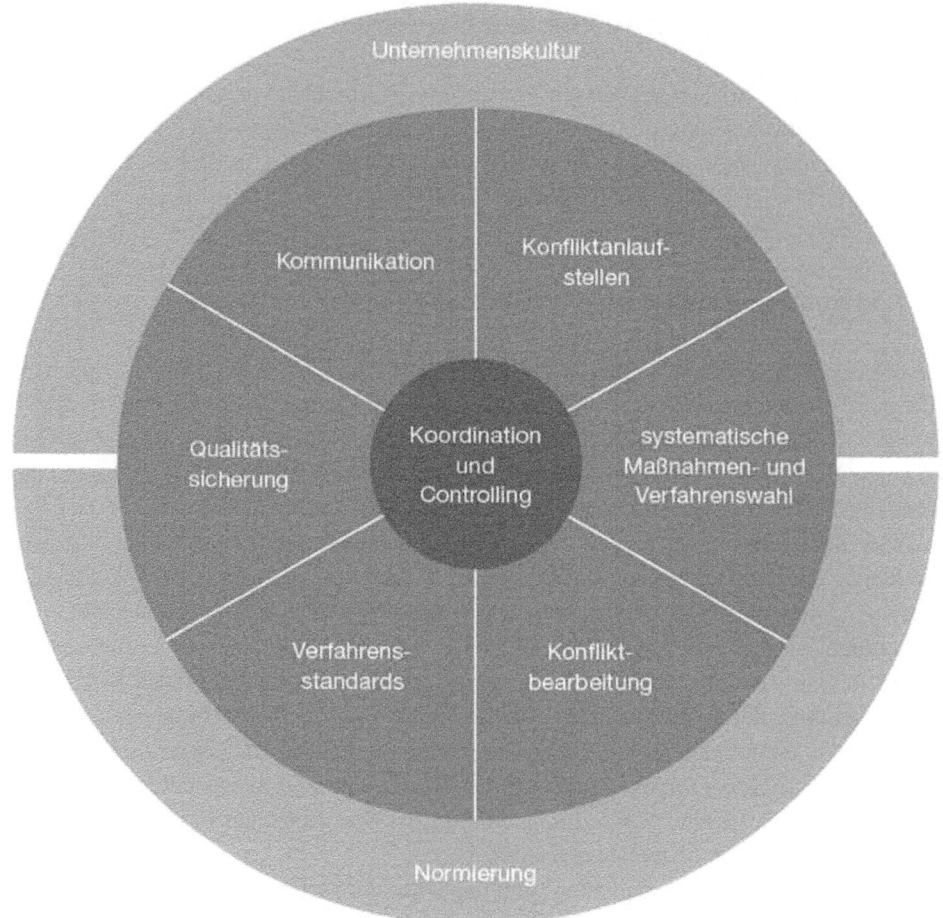

Abb. 1 Viadrina-Komponentenmodell eines Konfliktmanagement-Systems (2013)

sondern kriteriengeleitet erfolgt. Als *Konfliktbearbeiter* kommen je nach Organisationsgröße und Konfliktkontext z. B. in- oder externe Mediatoren, Coaches, die Personal- oder Rechtsabteilung oder der Betriebsrat in Betracht.

Die von der Organisation in Anspruch genommenen Konfliktbearbeitungsverfahren müssen zur Sicherung der Einheitlichkeit, Qualität und Vorhersehbarkeit ihrer Durchführung transparenten *Standards* unterliegen. Diese Standards können in organisationsinternen Richtlinien oder durch eine Bezugnahme auf bereits existierende Verfahrensordnungen von Verbänden geregelt sein. Das Anliegen der *Qualitätssicherung* erfüllen Maßnahmen, die jeweils komponentenspezifisch sind – Schulung und Supervision für Konfliktanlaufstellen, Falldokumentation und Weiterentwicklung von Kriterienkatalogen, die zu der jeweiligen Organisation passen etc. Die Komponente *Kommunikation* soll sicherstellen, dass die verfügbaren KM-Strukturen organisationsintern bekannt sind und auch tatsächlich genutzt werden. Darüber hinaus helfen Roadshows, CSR-Berichterstattung und auch Auszeichnungen[36] sowohl im Umfeld der Organisation als auch mittels positiver Rückwirkungen innerhalb derselben dabei, ihren Bekanntheitsgrad als konfliktfeste oder bisweilen sogar -freudige Organisation zu steigern.

Die zentrale Komponente im Viadrina-Komponentenmodell eines KM-Systems wird bewusst nicht als „Steuerung" bezeichnet[37], sondern trägt den Titel *Koordination und Controlling*. Hiermit soll betont werden, dass das Stellenprofil durch Aufgaben wie Planung, Information und Vernetzung gekennzeichnet ist – die Etablierung eines weiteren Steuerungszentrums innerhalb der Organisation erscheint in der Regel nicht notwendig.

Um Rollen- und Strukturklarheit zu gewährleisten, benötigt das KM-System zudem ein Regelgefüge, das das Zusammenspiel der Akteure, Instrumente und Prozesse der Konfliktprävention und -behandlung be- und vorschreibt. Wichtig ist, dass die KM-Strukturen explizit in dem unternehmerischen Leitbild bzw. der offiziellen Organisationskultur kongruent eingebettet sind.[38] Erst, wenn all diese Kriterien erfüllt sind, ist der Sprung von einzelnen Elementen bzw. Komponenten hin zu einem umfassenden KM-System vollzogen.[39]

3.2 Konfliktmanagementprogramme und -systeme

Kaum eine Organisation verfügt bislang über ein umfassendes KM-System, zahlreiche Organisationen haben jedoch eine oder mehrere Komponenten mit Leben gefüllt, indem sie einzelne KM-Elemente verwirklicht haben. Je nach Organisationskontext kann es ratsam sein, zunächst mit dem Aufbau eines Mediatorenpools (hier kann ggf. auf Mitarbeiter mit Mediationsausbildung zurückgegriffen werden), mit der Schulung von Konfliktanlaufstellen quer durch die Hierarchie der Organisation oder mit der Schaffung einer Stelle mit KM-Koordinationsverantwortung zu beginnen. KM-Programme, also jede planvolle Organisationsform von KM, die hinter einem vollumfänglichen KM-System (ggf. sogar bewusst) zurückbleibt[40], lassen sich mittlerweile in zahlreichen Organisationen finden.[41]

---

[36] Klowait, 2014, S. 145, 163.
[37] Zu der Abkehr von dem ursprünglich verwendeten Begriff der Steuerung vgl. PricewaterhouseCoopers/Europa-Universität Viadrina, 2013, S. 17.
[38] Vgl. hierzu noch ausführlich unten 4.
[39] PricewaterhouseCoopers/Europa-Universität Viadrina, 2011, und Kirchhoff/Gläßer, 2013, S. 533 ff., Rn. 19.
[40] PricewaterhouseCoopers/Europa-Universität Viadrina, 2013, S. 11.
[41] Vgl. hierzu die Reihe „Aus den Organisationen" aus der Zeitschrift Konfliktdynamik.

3.3 Die Rolle der Konfliktprävention

KM im hier vorgestellten Sinne befasst sich direkt nur mit bereits entstandenen Konflikten. Für Organisationen besonders relevant ist indes auch das Vorfeld: Ihr Anliegen ist es in der Regel, bereits die Entstehung von Konflikten (Konfliktentstehungsprävention) bzw. deren Eskalation (Konflikteskalationsprävention) zu verhindern[42], soweit die Konflikte dysfunktional[43] sind. Führt man sich vor Augen, wie vielfältig Maßnahmen allein auf dem Feld der Konfliktentstehungsprävention sein können – sie reichen von der gezielten Optimierung der Konfliktsensibilität, Feedbackkompetenz, Rollenklarheit und Selbstreflexion von Führungskräften über Verhandlungstrainings auf allen Hierarchieebenen bis hin zu der systematischen Auswertung von potentiell konflikthaften Situationen[44] –, dann wird deutlich, dass das vorgestellte Modell eines KM-Systems durch die Aufnahme weiterer Komponenten an Klarheit verlöre. Das Viadrina-Komponentenmodell eines KM-Systems soll deshalb, anders als andere Modelle, lediglich die Situation abbilden und regeln, in der ein Konflikt bereits entstanden ist und seine Eskalation vermieden werden soll. Bereits das Vorhandensein eines KM-Programms oder -Systems wirkt insbesondere dann, wenn Konfliktanlaufstellen so bekannt sind, dass sie frühzeitig kontaktiert werden, als präventiver Faktor.[45] Idealerweise wird die zielgerichtete Regelung bereits entstandener Konflikte ergänzt um flankierende Präventionsmaßnahmen, die mit einem KM-System in Wechselwirkung stehen: Je erfolgreicher die konfliktpräventiven Maßnahmen ausfallen, desto weniger Konflikte werden in das KM-System eingespeist; je präziser Koordination und Controlling des KM-Systems funktionieren, desto adäquater können konfliktpräventive Maßnahmen ausfallen.[46]

3.4 Modellanpassungen für kleinere und mittelständische Organisationen?

Der hier vorgestellte KM-Ansatz ist aus der mehrjährigen wissenschaftlichen Begleitung des im Jahr 2008 gegründeten Round Table Mediation und Konfliktmanagement der deutschen Wirtschaft (RTMKM) heraus entwickelt worden, einem Zusammenschluss von ca. 60 (mehrheitlich Groß-)Unternehmen, die auf kooperativer Basis ihre konzeptionellen Ansätze und praktischen Erfahrungen im Bereich KM diskutieren und optimieren und dabei das Ziel verfolgen, das Thema KM institutionell und organisatorisch fest in den Unternehmen zu verankern. Der Anspruch des vorgestellten Modells, das nicht nur in Großunternehmen als Blaupause für die Entwicklung von KM-Programmen verwendet wird, sondern z. B. auch in Organisationen wie dem Auswärtigen Amt und in verschiede-

---

[42] PricewaterhouseCoopers/Europa-Universität Viadrina, 2011, S. 17.
[43] Vgl. hierzu KPMG, 2009, S. 4, 12.
[44] Robrecht, 2013, S. 545, 549; PricewaterhouseCoopers/Europa-Universität Viadrina, 2013, S. 19.
[45] PricewaterhouseCoopers/Europa-Universität Viadrina, 2013, S. 20.
[46] Kirchhoff/Wendenburg, 2014, S. 473, 478 f.

nen Hochschulen, besteht darin, nicht lediglich auf die KM-bezogenen Erfahrungen und Erwartungen von Großunternehmen zu reagieren, sondern durchaus auch im Kontext kleiner und mittelständischer Organisationen Anwendung zu finden. Besondere Relevanz gewinnt diese Frage vor dem Hintergrund, dass die Zerstörungskraft von Konflikten in kleineren Organisationen tendenziell stärker ist als in größeren – so treffen gerade Konfliktkostenfaktoren wie die Mitarbeiterfluktuation oder der latente Motivationsverlust kleinere Organisationen besonders hart. Auch kann die Existenz von KM-Strukturen die gerade in diesem Kontext so bedeutsamen Lieferanten- und Kooperationsbeziehungen stärken. Da kleinere Organisationen mit wenigen Mitarbeitern in der Regel über wenige Ressourcen für ein umfassendes Management von Konflikten verfügen, besteht die Herausforderung bei der Etablierung von maßgeschneiderten KM-Programmen darin, jede einzelne Komponente daraufhin zu prüfen, ob sie intern oder extern besetzt bzw. ausgefüllt werden kann oder muss.[47] Praxisoptionen zum Design von KM-Programmen für kleinere Organisationen, wie zum Beispiel die Bündelung der Ressourcen mehrerer kleiner Organisationen, die auf einen gemeinsam finanzierten Pool von Konfliktanlaufstellen und -bearbeitern zurückgreifen bzw. mit externen Dienstleistern zu Fragen der Qualitätssicherung zusammenarbeiten, werden derzeit unter wissenschaftlicher Begleitung projekthaft erprobt.

3.5 Ausgewählte Einzelfragen der Etablierung

Als Vertreter einer vergleichsweise jungen Disziplin ergeht es den Protagonisten von KM in Organisationen ähnlich wie den CSR-Managern: Sie sehen sich in ihrem Tagesgeschäft mit zahlreichen Etablierungsfragen konfrontiert. Diese sollen an dieser Stelle nicht ausführlich nachgezeichnet, sondern es soll lediglich eine Auswahl kurz umrissen werden, die sich aus der qualitativen Clusterung der detailliert geführten RTMKM-Protokolle von 2008 bis 2013 sowie aus ergänzend durchgeführten Expertengesprächen ableiten lässt.[48]
- **Identifikation und Zusammenarbeit von Promotoren**[49]: Die aus der Innovationswissenschaft stammende Promotorentheorie gibt einen Hinweis darauf, welche Funktionen für einen erfolgreichen Innovations-Etablierungsprozess abgedeckt sein müssen. Im Bereich KM hat es sich regelmäßig als erfolgsträchtig erwiesen, wenn ein Fach-, ein Macht- und ein Prozesspromotor zusammengewirkt haben (wobei auch mehrere Funktionen in einer Person zusammenfallen können): Der Fachpromotor verfügt über vertieftes Wissen im Bereich KM und nimmt eine Informationsfunktion wahr; der Machtpromotor ist mit Führungs- und Budgetverantwortung ausgestattet und kann eine Entscheidung über ein (Pilot-)Projekt treffen; der Prozesspromotor ist

---
[47] PricewaterhouseCoopers/Europa-Universität Viadrina, 2013, S. 21.
[48] Kirchhoff/Wendenburg, 2014, S. 473, 474.
[49] Hierzu ausführlich von Oertzen in: PricewaterhouseCoopers/Europa-Universität Viadrina, 2011, S. 56 ff. und von Oertzen, 2014, S. 171 ff.

in der Organisation bestens vernetzt und hat die Rolle, die entscheidenden Personen zusammenzubringen.

- **Kosten/Nutzen-Abwägung bei allen Etablierungsentscheidungen:** Anders als bisweilen angenommen wird, rechtfertigt sich KM als Teil von CSR nicht von selbst. Vielmehr besteht ein oft auch explizit formuliertes[50] Interesse daran, Kosten und Nutzen von KM-Maßnahmen zu beziffern und einander gegenüberzustellen. Während mittlerweile Instrumente existieren, die Organisationen die Entscheidung darüber erleichtern, welche KM-Maßnahme aktuell zum Entwicklungsprozess der Organisation passt[51] und welche Kosten ihre Einrichtung auslöst[52], lassen sich die fiktiven Kosten vermiedener und konstruktiv beigelegter Konflikte oft nicht belastbar angeben. Anstatt an dieser Stelle quantitativ scheingenau zu werden, sollten vorhandene Instrumente[53] genutzt werden, um zu einer präzisen qualitativen Beschreibung von Konfliktkostenquellen („Dienst nach Vorschrift", Prozess-Sabotage, Vertrauensverlust in Vorgesetzte etc.) zu gelangen, die zumindest das ungefähre Ausmaß des Kosteneinsparpotentials deutlich macht.
- **Themenspezifischer Umgang mit Widerständen**[54]: Die Einführung neuer Programme und Systeme löst Widerstände aus. Da KM-Initiativen selbst beabsichtigen, Organisationen zu einem konstruktiven Umgang mit Spannungen zu verhelfen, ist hier eine Reaktion gefragt, die über das gewöhnliche Change Management-Instrumentarium hinausgeht. Nur wenn es einer Organisation gelingt, die Abwehr auslösende negative Befürchtung und das zugrunde liegende rationale und/oder emotionale positive Bedürfnis der Betroffenen zu identifizieren und hierauf einzugehen, anstatt sie argumentativ „mitzureißen", handelt sie im Einklang mit ihrem eigentlichen Anliegen der Etablierung einer konstruktiven Konfliktkultur.
- **Normative Verankerung in der Organisationskultur:** Um dauerhaft Mechanismen der konstruktiven Konfliktbeilegung in der Organisation zu verankern, bedarf es einer Verstetigung von Strukturen auch auf der normativen Ebene. Erfahrungsgemäß gehen Etablierungsinitiativen von Einzelpersonen aus – und laufen Gefahr, mit dem Abschied dieser Einzelpersonen aus der Organisation zu versiegen. Der Abschluss von Konzernbetriebsvereinbarungen[55] und die Unterzeichnung eines sog. Corporate ADR-Pledges[56], einer Selbstverpflichtung zur Inanspruchnahme von interessen- und konsensorientierten Streitbeilegungsverfahren im Konfliktfall, sind wirksame Schritte, um ein Bewusstsein für eine veränderte Organisationskultur zu schaffen – und gerade dann daran zu erinnern, wenn es darauf ankommt.

---

[50] PricewaterhouseCoopers/Europa-Universität Viadrina, 2013, S. 21 ff.
[51] PricewaterhouseCoopers/Europa-Universität Viadrina, 2013, S. 29, 67 ff.
[52] Händel, 2014, S. 209 ff.
[53] z. B. der Konfliktkostenquellenwürfel und die IOOI-Methode: PricewaterhouseCoopers/Europa-Universität Viadrina, 2013, S. 36 und S. 69.
[54] Wulf, 2014, S. 189 ff.
[55] Gantz-Rathmann, 2012, S. 160, 164.
[56] Hierzu näher: Klowait, 2007, S. 83, 85.

4 Fazit: KM als CSR-Bestandteil und als Instrument werteorientierter Unternehmensführung

Das Interesse von Organisationen daran, KM als Instrument werteorientierter Unternehmensführung und nicht in erster Linie als Kostenoptimierungsprogramm zu verstehen, ist neu.[57]

KM-Programme teilen als Bestandteil von CSR die Mehrdimensionalität des Ansatzes: CSR und KM sind jeweils zugleich Teil der Organisationskultur und organisationskulturbestimmende Faktoren. Als Teil der Organisationskultur müssen KM-Programme sich in ein gewachsenes Umfeld einfügen und sich daran anpassen. In diesem Zusammenhang sollten die entscheidenden Akteure beispielsweise Sensibilität dafür entwickeln, wie die Organisation mit dem Spannungsfeld von Vertraulichkeit und Datenerhebung zum Zwecke der Qualitätssicherung umgeht, wie sie zu Fragen der Führung und Verantwortungsübernahme steht und wie die Organisation Zugehörigkeit definiert (z. B. über Leistung, über Identifikation mit dem Organisationszweck oder über Kenntnis der internen Strukturen). Als Faktor, der die Organisationskultur mitbestimmen und -prägen soll, darf ein KM-Programm sich allerdings nicht nur affirmativ einfügen, sondern muss sich gleichzeitig kritisch zu tradierten Strukturen positionieren und auf eine Organisationskultur hinwirken, die sich in Maßnahmen und Haltung der Konfliktfestigkeit oder sogar -freudigkeit artikuliert.

Strukturell hat KM damit eine Querschnittsfunktion, die derjenigen der CSR ähnelt: So wie CSR „als Organisationsprinzip in der gesamten Unternehmensführung verankert ist und vom ganzen Unternehmenskörper gelebt und weitergedacht wird"[58], lässt KM sich nicht allein der Verantwortung von einzelnen zuordnen, sondern sollte nach und nach die gesamte Organisation durchdringen. Um die dabei naheliegende Gefahr von Redundanzen zu vermeiden und stattdessen alle erzielbaren Synergieeffekte mit komplementären und vernetzten Führungsstrukturen zu realisieren, sollte bereits in der Etablierungsphase sorgfältig darauf geachtet werden, dass die Schnittstellen des „neuen" Systems zu den bereits vorhandenen Management-Systemen (insbesondere zum Risiko-, Qualitäts- und Compliance-Management-System) identifiziert werden.[59]

Ähnlich wie CSR wird KM selbst auch kritisch wahrgenommen und wirft selbst auch ethische Fragen auf. Gerade in Organisationen, die bislang einen eher autoritären Führungsstil gepflegt haben, ist die Skepsis gegenüber KM-Initiativen (zu Recht) groß. Der Wandel eines Leitbildes setzt neben substantieller Überzeugungsarbeit vor allem eine Entsprechung von Vorgaben und eigenem Verhalten der entscheidenden Akteure voraus.[60] Darüber hinaus muss sich die Organisation mindestens zu den folgenden Fragen[61] posi-

---

[57] PricewaterhouseCoopers/Europa-Universität Viadrina, 2013, S. 24.
[58] Schneider, 2012, S. 32.
[59] Kirchhoff/Wendenburg, 2014, S. 473, 480 f.
[60] Gantz-Rathmann, 2012, S. 160, 163.
[61] PricewaterhouseCoopers/Europa-Universität Viadrina, 2013, S. 71 f.

tionieren: Wer ist der Initiator/Sponsor der KM-Maßnahmen – und wodurch wird gerade dieser Akteur dazu legitimiert? Welche Ziele werden primär, welche sekundär mit der Einrichtung des Programms verfolgt? Welche Akteure bestimmen auf welche Weise, was gerechte Strukturen und Abläufe eines KMS/KMP sind – wer wird beteiligt, wie wird dies ausgehandelt, wie werden Regeln formuliert? Darf eine Organisation den durch ein KM-Programm erzielbaren Imagegewinn nutzen, um sich wirtschaftlich und strategisch besser aufzustellen? Wie verhält sich ein KM-Programm auf systemischer Ebene zum Bekanntwerden von Rechts- und Compliance-Verstößen? Welche Konsequenzen hat die Entscheidungskultur im Konflikt auch für solche Situationen und Gestaltungsvorgänge in der Organisation, die nicht konflikthaft besetzt sind?

Nur wenn eine Organisation diese Fragen befriedigend beantworten kann, ist eine Basis für die interne Akzeptanz und damit für die nachhaltige Etablierung von KM gegeben.

Um die aufgeworfenen konkreten Fragen zu beantworten, muss eine Organisation sich auf der übergeordneten Ebene mit Wertefragen auseinandersetzen: Wie könnte eine ausgewogene Mischung aus Kosten-, Qualitäts- und Ethikorientierung aussehen, die zur Entwicklungsgeschichte und zur aktuellen Situation der Organisation passt? Welches Management-Verständnis soll organisationsprägenden Abläufen zugrunde liegen? Wie sieht die Nachhaltigkeitsstrategie der Organisation aus und welcher Form von gesellschaftlicher Verantwortung fühlt die Organisation sich verpflichtet? Eine Organisation kommt ohnehin nicht umhin, sich zumindest implizit zu diesen Wertefragen zu positionieren.[62] Wie die Heterogenität der Motivationen für die Einführung von KM-Programmen belegt, gibt das Thema KM als Ausschnitt von CSR Anlass, diese Positionierung bewusst und explizit vorzunehmen. Bisweilen honoriert die Gesellschaft die Positionierung einer Organisation zu Wertefragen auch durch eine höhere Marktakzeptanz ihrer Leistungen oder Produkte. Eine über Gewinnaspekte hinausgehende Orientierung an positiv besetzten Werten kann also durchaus mittelbar zu einem höheren Marktwert der Organisation selbst führen. Werte- und wertorientierte Unternehmensführung beeinflussen sich damit gegenseitig.[63]

Organisationen haben gerade im Konflikt, wenn unterschiedliche Perspektiven kollidieren und ihr Umgang mit der Situation mit größter Aufmerksamkeit verfolgt wird, die Chance, ihre Positionierung zu organisationsethischen Grundfragen nach innen und außen deutlich zu machen. Hier liegt ein Schatz, den es zukünftig noch bewusster und tatkräftiger zu heben gilt.

Literatur

B2B Arbeitskreis des Round Table Mediation & Konfliktmanagement: Die Erwartungen der Unternehmen an ihre Berater bei der Konfliktbearbeitung und -beilegung, in: Die neue Zeitschrift für Schiedsverfahren (SchiedsVZ) 2012, S. 254 ff.

---

[62] Kirchhoff/Wendenburg, 2014, S. 473, 484.
[63] PricewaterhouseCoopers/Europa-Universität Viadrina, 2013, S. 72.

Ballreich, Rudi: Grundlagen der Organisationsmediation, in: Trenczek/Berning/Lenz (Hg.): Mediation und Konfliktmanagement, 2013, S. 527 ff.

Birk, Axel: Corporate Social Responsibility im Lauterkeitsrecht, in: Fezer, UWG Lauterkeitsrecht Kommentar, 3. Auflage München 2015.

Briem, Jürgen: Professionelles Konfliktmanagement für innerbetriebliche Konflikte – Einführung eines Konfliktmanagementsystems bei SAP AG, in: Zeitschrift für Konfliktmanagement (ZKM) 2011, S. 146 ff.

Faller, Kurt: Systemdesign – Die Entwicklung von Konfliktmanagementsystemen, in: Trenczek/Berning/Lenz (Hg.): Mediation und Konfliktmanagement, 2013, S. 197 ff.

Gantz-Rathmann, Birgit: Ombudsstelle und Mediation bei der Deutschen Bahn AG, in: Konfliktdynamik 2012, S. 160 ff.

Händel, Christiane: Weichenstellende Aspekte bei der Etablierung konzerninterner Mediation, in: Gläßer/Kirchhoff/Wendenburg (Hg.): Konfliktmanagement in der Wirtschaft – Ansätze, Modelle, Systeme, Baden-Baden 2014, S. 209 ff.

Hagel, Ulrich/ Steinbrecher, Alexander: Systematik der Verfahrensauswahl – die toolgestützte Wahl des geeigneten Konfliktbeilegungsverfahrens, in: Gläßer/Kirchhoff/Wendenburg (Hg.): Konfliktmanagement in der Wirtschaft – Ansätze, Modelle, Systeme, Baden-Baden 2014, S. 53 ff.

Kieser, Alfred/ Walgenbach, Peter: Organisation, 5. Auflage, Stuttgart 2007.

Kirchhoff, Lars: Konfliktmanagement(-systeme) 2.0 – das Komponentenmodell in der Praxis, in: Konfliktdynamik 2012, S. 4 ff.

Kirchhoff, Lars/ Gläßer, Ulla: Die Praxis der Konfliktbearbeitung in (Groß-)Unternehmen, in: Trenczek/Berning/Lenz (Hg.): Mediation und Konfliktmanagement, 2013, S. 533.

Kirchhoff, Lars/ Wendenburg, Felix: Professionalisierungsperspektiven – Konfliktmanagement als Dienstleistung und als Instrument werteorientierter Unternehmensführung, in: Gläßer/Kirchhoff/Wendenburg (Hg.): Konfliktmanagement in der Wirtschaft – Ansätze, Modelle, Systeme, Baden-Baden 2014, S. 473 ff.

Klowait, Jürgen: Corporate Pledge – Königsweg zur Implementierung von Mediation in der Wirtschaft?, in: Die neue Zeitschrift für Schiedsverfahren (SchiedsVZ) 2007, S. 83 ff.

Klowait, Jürgen: Innen- und Außendarstellung von Konfliktmanagement, in: Gläßer/Kirchhoff/Wendenburg (Hg.): Konfliktmanagement in der Wirtschaft – Ansätze, Modelle, Systeme, Baden-Baden 2014, S. 145 ff.

KPMG: Konfliktkostenstudie. Die Kosten von Reibungsverlusten in Industrieunternehmen, Frankfurt am Main 2009.

KPMG: Konfliktkostenstudie II. Best Practice Konflikt(kosten)-Management – Der wahre Wert der Mediation, Frankfurt am Main 2012.

Küchler, Simone: Ombudsstelle und Konfliktlotsen als Beitrag zur Konfliktkultur bei der E-Plus-Gruppe, in: Konfliktdynamik 2012, S. 244 ff.

Lambooy, Tineke: Case study: the international CSR conflict and mediation – Supply-chain responsibility: western customers and the Indian textile industry, in: Nederlands-Vlaams tijdschrift voor mediation en conflictmanagement 2009 (13) 2, S. 5 ff.

Lambooy, Tineke: Corporate social responsibility: legal and semi-legal frameworks supporting CSR: developments 2000–2010 and Case Studies, Leiden 2010.

PricewaterhouseCoopers/Europa-Universität Viadrina Frankfurt (Oder) (Hg.): Praxis des Konfliktmanagements deutscher Unternehmen, Frankfurt/Main 2007.

PricewaterhouseCoopers/Europa-Universität Viadrina Frankfurt (Oder) (Hg.): Konfliktmanagement – Von den Elementen zum System, Frankfurt (Oder) 2011.

PricewaterhouseCoopers/Europa-Universität Viadrina Frankfurt (Oder) (Hg.): Konfliktmanagement als Instrument werteorientierter Unternehmensführung, Frankfurt am Main/Frankfurt (Oder) 2013.

Robrecht, Thomas: Mediative Kompetenzen für Führungskräfte in Organisationen, in: Trenczek/Berning/Lenz (Hg.): Mediation und Konfliktmanagement, 2013, S. 545.

Schneider, Andreas: Reifegradmodell CSR – eine Begriffsklärung und -abgrenzung, in: A. Schneider, R. Schmidpeter (Hg.), Corporate Social Responsibility – verantwortungsvolle Unternehmensführung in Theorie und Praxis, Berlin/Heidelberg 2012, S. 18 ff.

Thiesen, Ute: db fairness@work – von der Mobbingberatung zum Konfliktmanagement in der Deutschen Bank, in: Konfliktdynamik 2012, S. 16 ff.

Von Oertzen, Jürgen: Konfliktmanagement – Etablierungsprozesse und -strategien, in: Europa-Universität Viadrina/ PricewaterhouseCoopers (Hg.): Konfliktmanagement – Von den Elementen zum System, Frankfurt (Oder) 2011, S. 56 ff.

Von Oertzen, Jürgen: Promotoren des Konfliktmanagements, in: Gläßer/Kirchhoff/Wendenburg (Hg.): Konfliktmanagement in der Wirtschaft – Ansätze, Modelle, Systeme, Baden-Baden 2014, S. 171 ff.

Wulf, Daniela: Widerstände überwinden – Systematische Darstellung möglicher Vorbehalte gegen die Etablierung von Konfliktmanagement in Unternehmen – und wie man diesen begegnen kann, in: Gläßer/Kirchhoff/Wendenburg (Hg.): Konfliktmanagement in der Wirtschaft – Ansätze, Modelle, Systeme, Baden-Baden 2014, S. 189 ff.

The manufacturer's authorised representative in the EU is Springer Nature Customer Service Centre GmbH, Europaplatz 3, 69115 Heidelberg, Germany. If you have any concerns regarding our products, please contact ProductSafety@springernature.com

Printed and bound by CPI Group (UK) Ltd, Croydon, CR0 4YY

23/03/2026

02076674-0020